theory and practice of administrative litigation Ⅲ

행정소송의 이론과 실무 Ⅲ

노동 및 산업재해

서울행정법원 실무연구회

박영사

머 리 말

　　서울행정법원은 공법상 분쟁을 다루는 국내 유일의 전문법원으로서 축적된 실무경험과 연구 성과를 바탕으로 행정소송 관련 기초 및 심화이론은 물론 소송 유형별 재판절차운용과 구체적 심리방법을 두루 정리한 실무지침서 「행정소송의 이론과 실무」 초판을 2008년 발간하였습니다. 2013년에는 초판에 없던 난민, 국적법, 출입국관리법 관련 소송, 건축 및 징계 관련 소송, 주민소송을 추가하였고, 2016년에는 보건ㆍ의료 관련 소송, 사립학교 관련 소송, 입찰참가자격 제한 관련 소송 부분을 추가한 개정판 별책을 발간하였습니다. 「행정소송의 이론과 실무」는 행정소송 관련 실무지침서 중 가장 체계적이고도 풍부한 내용을 담았다는 평가를 받으며 실무 관계자들에게 오랜 기간 사랑을 받아 왔고, 법치주의의 확립과 그에 기반을 둔 행정의 적법성 확보, 국민의 기본권 보호에도 함께 기여해 왔습니다.

　　그러나 실무의 발전이 계속되어 새로운 분야가 속속 등장하고 법령 개정과 새로운 판례의 축적도 빨라지면서 지속적인 보완과 개정작업은 불가피하였습니다. 이에 점차 방대해지는 분량과 각 분야별 개정 작업의 속도 차이를 고려하여 단권으로 이루어져 있었던 것을 소송유형별로 분리ㆍ편제하기로 하고, 그에 따라 2021년 '도시정비 및 보건ㆍ의료' 분야를 분리한 「행정소송의 이론과 실무 Ⅰ」을, 2022년에는 '토지수용, 난민 및 학교폭력' 분야를 분리한 「행정소송의 이론과 실무 Ⅱ」를 발간하였습니다. 이 책은 그 뒤를 이은 「행정소송의 이론과 실무 Ⅲ」으로서, '노동ㆍ산업재해' 분야를 집중하여 다루고 있습니다.

　　노동ㆍ산업재해 관련 행정소송은 근로관계를 둘러싼 공법상 분쟁을 망라하는 것으로 행정소송 실무에서 그 중요성과 비중이 갈수록 높아져 가고 있습니다. 이 책에서는 노동ㆍ산업재해 분야의 개정된 법령과 새로운 판례를 반영하여 종전 내용을 대폭 수정ㆍ증보하였고, 실무에서 제기되고 있는 소송 유형을 가급적 빠짐없이 정리하였습니다. 특히 문제가 되고 있는 쟁점들에 관하여는 최신 하급심 법원의 선례를 최대한 수집하여 정리·반영하고, 아직 뚜렷하게 확립된 판례가 없는 논점에 대하여도 법관들의 연구, 토론 결과를 반영하여 참고하실 수 있도록 하였습니다. 다만 이러한 부분의 기재 내용은 어디까지나 집필과 감수에 참여한 법관들의 학술적 견해로서, 서울행정법원을 비롯한 사법부의 공식적인 견해가 아니라는 점은 분명하게 밝혀 둡니다.

바쁜 재판업무 중에도 발간·집필위원을 맡아 귀중한 시간을 내어 자료를 수집 정리하고 원고를 작성하며 토론 및 감수 작업에까지 고생하신 박정대, 이정희, 강재원, 최수진 부장판사님과 여러 판사님들, 특히나 모든 작업에 있어 시종일관 큰 관심과 애정으로 지도하고 이끌어 주신 김국현 서울행정법원장님께 깊은 감사를 드립니다. 아울러 발간 업무를 맡아 주신 박영사의 여러 관계자 여러분에게도 감사의 마음을 전합니다. 아무쪼록 이번에 발간되는 「행정소송의 이론과 실무 Ⅲ」이 노동, 산업재해 관련 실무를 담당하는 분들에게 도움을 드릴 수 있는 유익한 책으로서 널리 사랑받기를 희망합니다. 감사합니다.

2025. 2

서울행정법원 실무위원회

위원장 이주영

차 례

제1편 / 노 동

제2편 / 산 재

제1편 **노 동**

I. 서 론

1. 노동사건의 의의

근로관계 또는 노동관계라 함은 일반적으로 특정 사용자와 근로자의 근로계약 체결에 의하여 성립하는 노-사간의 법률관계를 말한다. 근로관계는 일단 성립된 후에는 일정한 사유로 소멸할 때까지 계속적·집단적으로 형성되어 가고, 그 존속과 내용은 종속적 지위에 있는 근로자의 생존권 보호를 위하여 노동관계법 등 각종의 사회정책적 입법에 따라 광범위한 규제를 받는다.

노동사건은 근로관계와 관련한 법률적 문제를 쟁점으로 하는 모든 소송사건을 일컫는 개념이다. 이는 ① 분쟁 주체를 기준으로 하여 근로자 개인과 사용자 사이의 개별분쟁과 노동조합 등 근로자 집단과 사용자, 노동조합과 조합원, 노동조합과 노동조합 사이 등의 집단분쟁으로 나뉜다. 또한 ② 분쟁 대상을 기준으로, 이미 규범에 의하여 발생한 권리의무의 존재 여부나 내용에 관한 권리분쟁 및 권리의무에 관한 규범이 없는 상태에서 권리의무의 형성을 지향하는 이익분쟁으로 나누어진다.

이러한 노동사건 가운데 ① 해고무효확인소송, 파견 관련 소송, 임금, 퇴직금 지급소송, 법정수당 지급청구 소송 등 개별적 근로관계에 관한 쟁송은 민사소송으로 해결하고, 예외적으로 근로자가 부당해고 등의 불이익처분에 대해 노동위원회에 구제신청을 한 경우에는 행정소송으로 다투게 된다. 또한 ② 부당노동행위, 교섭창구 단일화절차 및 공정대표의무 관련 소송, 차별시정 재심 판정의 취소소송 등은 중앙노동위원회위원장을 피고로 하고, 노동조합 설립신고 반려처분 취소소송, 노동조합 규약·단체협약 시정명령 취소소송 등은 고용노동부 행정청을 피고로 하여 행정소송으로 해결된다. 나아가 ③ 국가 또는 지방자치단체를 피고로 하는 공법상 근무관계

를 기초로 하는 경우(예를 들어, 지방소방공무원의 야간근무수당, 휴일근무수당청구소송)
와 ④ 공단을 피고로 하는 산업재해보상보험 급여 관련 각종 처분의 취소소송 역시
행정소송으로 해결되고 있는데, 넓은 의미에서는 이러한 소송도 노동사건의 범주에
포함될 수 있을 것이다.

2. 노동관계법의 정비

　1996. 12. 31. 법률 제5244호로 제정된 「노동조합 및 노동관계조정법」(이하 '노
동조합법'이라 한다)은 국회 의결절차에 대한 유·무효 논란 때문에[1] 1997. 3. 13. 법
률 제5306호로 폐지되고 같은 날 법률 제5310호로 새로운 노동조합법이 제정되었
다. 1997년 재제정된 노동조합법의 주요 내용은 ① 해고근로자의 조합원 자격을 중
앙노동위원회 재심판정이 있을 때까지 유지하는 것으로 하고, ② 복수노조의 설립을
허용하고, 노조전임자에 대하여 급여지급을 금지하였으며(다만 그 시행은 몇 차례 개
정을 거쳐 유예가 되었다), ③ 필수공익사업의 직권중재 제도를 두고 있었다.
　그 후 2006. 12. 30. 법률 제8158호로 개정된 노동조합법에서는 쟁의행위 찬반
투표 결과 공개에 관한 규정을 두고, 필수공익사업 직권중재제도를 폐지하였으며,
필수공익사업 필수유지업무제도를 신설하였다. 또한 2010. 1. 1. 법률 제9930호로
개정된 노동조합법에서는 교섭창구 단일화 제도, 교섭대표 노동조합, 교섭단위 분
리제도, 공정대표의무 등을 신설하는 것으로 개정되었으며, 2020. 6. 9. 법률 제
17432호로 개정된 법률은 운영비 원조 금지 조항이 과잉금지의 원칙에 반한다는
헌법불합치 결정[2]에 따라 운영비 원조행위가 부당노동행위에 해당하지 않는 예외
적인 경우를 추가하고, 고려요소 등을 신설하였다(노동조합법 제81조 제1항 제4호, 제
81조 제2항).
　2021. 1. 5. 법률 제17864호로 개정된 법률은 사업 또는 사업장에 종사하지 아
니하는 근로자에 대하여 기업별 노동조합에 가입할 수 있도록 허용하고(제2조 제4호
라목 단서 삭제, 제5조), 노동조합의 업무에만 종사하는 근로자에 대한 급여지급 금지

---

1) 1996년 이른바 노동법 날치기 통과 사건을 일컫는다.
2) 헌법재판소 2018. 5. 31. 선고 2012헌바90 결정.

규정 삭제(제24조 및 제24조의2) 등을 통해 근로자의 단결권 보장의 범위를 확대하기 위하여 개정되었다.

위와 같은 개정 절차를 거친 현행 노동조합 및 노동관계조정법의 주요 개정 내용은 다음과 같다.

- 필수공익사업에 대한 직권중재제도 폐지, 필수유지업무제도 도입
- 노동조합의 정치활동 허용
- 복수노조 허용
- 노조전임자 급여 지급 금지
- 확정된 구제명령 위반행위의 형사처벌
- (확정되지 않은 구제명령에 대하여) 법원에 의한 임시조치 결정 및 위반 시 과태료 부과

한편, 종래의 근로기준법도 1997. 3. 13. 법률 제5305호로 폐지되고, 같은 날 법률 제5309호로 다시 제정되었다. 그 후 근로기준법은 여러 차례 개정을 거쳐 2021. 5. 18. 법률 제18176호로 개정되어 현재에 이르고 있다.

2007. 1. 26. 법률 제8293호로 개정된 근로기준법은 정리해고자 우선 재고용 조항을 개정하여, 정리해고된 때부터 3년 안에 해고된 근로자의 경우 해고된 근로자를 우선적으로 고용하도록 사용자에게 의무를 부과하였고(제31조의2), 근로자를 해고할 때에는 해고사유와 시기를 서면으로 통지해야 효력이 있다고 규정하였으며(제32조의2), 구제명령 불이행자에 대하여 이행강제금을 부과하도록 규정하고, 확정된 구제명령을 이행하지 않은 자에 대하여 벌칙을 부과하였다(제33조의6, 제113조의2).

2019. 1. 15. 법률 제16270호로 개정된 근로기준법은 직장내 괴롭힘 금지 조항 및 직장내 괴롭힘 발생시 조치에 관한 조항이 신설되었다(제76조의2, 제76조의3).

2021. 4. 13. 법률 제18037호로 개정된 근로기준법은 직장내 괴롭힘 발생시 사용자에게 당사자 등을 대상으로 객관적인 조사를 하도록 하고, 사용자 등이 직장 내 괴롭힘 행위를 하거나 조치의무를 이행하지 않은 경우 과태료를 부과하는 등 제재 규정이 신설되었다(제76조의3 제2항, 제7항).

2021. 5. 18. 법률 제18176호로 개정된 근로기준법은 원직복직이 불가능해진 경우에도 근로자가 노동위원회의 부당해고 구제절차를 통해 금전보상을 받을 수 있

도록 근거를 마련하였다(제30조 제4항).

　위와 같은 개정 절차를 거쳐 현행 근로기준법의 주요 개정 내용은 다음과 같다.

- 해고사유의 서면통지 제도 신설
- 직장내 괴롭힘의 금지 및 분리조치의무, 조사의무, 비밀누설금지 등의 신설
- 근로자의 원직복직이 불가능한 경우에도 구제명령 결정을 하도록 하는 조항 신설
- 구제명령 불이행 시 (확정 여부와 관계없이) 이행강제금 부과
- 확정된 구제명령 불이행 시 형사처벌

3. 노동관계 행정소송의 유형

　노동관계 행정소송은 구제신청에 관한 노동위원회의 처분, 중재에 관한 노동위원회의 재정결정, 기타 일반 행정처분(주로 지방노동위원회의 처분, 시장·도지사 등의 노동관계 행정처분이 포함된다)이나 산재보험법에 따른 각종 급여에 관련된 행정기관(주로 공단)의 처분을 다투는 소송을 말한다.

　실무상 근로자에 대한 해고 등의 불이익처분에 대하여 근로기준법 제28조에 의한 구제신청이 있는 경우에 그에 따른 구제명령이나 그 신청을 기각하는 처분의 취소를 구하는 소송과 산재보험법 소정의 각종 급여 관련 소송이 주류를 이룬다. 헌법상의 노동 3권을 보장하는 제도로 마련된 부당노동행위 구제신청에 관한 노동위원회의 판정을 다투는 소송이나 노동위원회의 중재재정에 대한 소송은 상대적으로 그 비율이 낮다.

　이는 중재재정에 있어서 당사자가 노동위원회에 임의중재를 신청하는 경우는 거의 없고, 강제중재는 공익사업과 관련된 부분이어서 사업장 수가 많지 않은 데다가 다른 일반사업장과 비교하여 상대적으로 노동쟁의가 드물게 발생하는 데서 기인하는 것이고, 부당노동행위의 경우에는 노사관계의 규칙(rule)이 어느 정도 확립되어 노골적으로 부당노동행위를 하는 사례가 많이 줄어든 데다가 그 성립에 관한 증명책임이 근로자에게 있는 점 등 때문에 사실상 근로자의 승소율이 매우 낮아 노동조합이나 그 조합원인 근로자가 그러한 구제절차를 회피하는 데 원인이 있는 것으로

보인다.

그러나 부당노동행위나 중재재정에 관한 소송은 노동조합활동·쟁의 등 집단적 노사관계에서 비롯된 쟁송으로서 그 소송의 결과는 노사관계, 나아가 사회·경제 전반에 상당한 영향을 미치게 된다.

우리나라의 산업화가 본격적으로 시작한 1970년대 이후, 특히 1990년도 전후에 걸친 활발한 노동조합운동으로 다양한 노동관계 소송이 제기되었다. 이에 관한 하급심 및 대법원의 판결, 학자들의 연구가 쌓여 이제는 어지간한 노동법상 쟁점에 대해서는 판례와 학설이 상당 수준 체계화되기에 이르렀다. 이하에서는 현행 실무상 주로 제기되는 부당해고 등과 부당노동행위 구제신청 사건, 노동쟁의와 관련한 중재재정 사건 등 기타 노동위원회에서 다루는 주제들을 위주로 살펴보기로 한다(산재보험법상 각종 급여와 관련한 행정소송 등은 별도의 장에서 논한다).

4. 노동관련 사건의 특성

가. 전신적(全身的) 소송의 성격

기본적으로 긴장과 대립, 항쟁관계에 있는 근로관계에서는 관련 소송의 결과가 당해 사건의 승패를 떠나 사업장 나아가 전체 노사의 역학관계에 결정적인 영향을 미칠 수 있고, 사회 경제적 파장 또한 적지 않다. 당사자들은 사실인정의 세세한 부분까지 다투고, 다툼이 없는 사실에 대해서도 대부분 평가를 달리하며, 때로는 법정에서 상대방에 대한 불신과 반목의 감정까지 드러낸다.

또한, 노동위원회를 거친 사건 중 조정이나 화해 등이 가능한 사건은 상당수가 이미 조정이나 화해로 종결되었기 때문에, 소송단계에서 조정이나 화해로 사건이 해결되는 경우가 많지 않고, 사건에 따라서는 당사자들의 배후에 노동조합, 사용자 단체 등이 있어 당사자의 합의만으로 해결할 수 없는 경우도 있다.

따라서 법원으로서는 심리에 신중을 기하여야 하고, 판결에 이르기까지 중립적 입장을 지켜야 할 것이며 될 수 있는 대로 사실의 평가 또는 노사관계 등에 대한 가치관을 드러내지 않는 것을 원칙으로 삼아야 한다.

제 1 편
노 동

나. 자주적 해결에 대한 고려

앞서 본 바와 같이 노사관계에서 발생하는 분쟁은 권리분쟁과 이익분쟁으로 나뉘는데 그중 이익분쟁은 미래의 근로조건을 어떻게 형성할지를 놓고 벌어지는 분쟁으로서 노사의 교섭에 의한 자주적 해결을 이상으로 한다(노동조합법 제47조부터 제52조). 노사의 이해대립은 노사대등의 원칙에 입각한 해결이 전제되어 있을 때 자주적으로 해결할 가능성이 크고, 행정부(노동위원회)와 사법부의 개입은 그러한 해결에 이르는 장애를 제거하거나(부당노동행위 등에 관한 판단) 조정하는 등에 그쳐야 한다. 따라서 법률상의 쟁송을 심판할 권한을 지닌 법원이 당해 사건의 심리범위를 넘어 이익분쟁 자체의 해결을 도모하는 것은 적당하지 않다. 그리고 이익분쟁의 유동성에 비추어 법적 간섭은 최소한에 그치는 것이 분쟁의 근본적 해결에 오히려 도움이 될 수도 있으므로, 사건을 처리하는 법원은 자주적 해결의 촉진에 주력함을 기본 자세로 삼아야 하며 판단의 시기를 선택함에 있어서도 노사의 자주적 해결의 가능성을 배려할 필요가 있다.

다. 분쟁의 장기화에 따른 손해의 지속적인 확대(적시처리의 필요성)

부당해고 등 구제신청 사건의 특징은 사건이 종결되기까지 근로자가 원래의 업무에 종사하지 못하고(노동위원회에서 구제신청이 기각되거나 구제신청을 받아들여 구제명령을 하였더라도 사용자가 이에 따르지 아니한 경우) 이에 따라 노사 전체를 통틀어 보면 시간이 지날수록 손해가 지속해서 확대되며, 분쟁에서 패배한 당사자는 그때까지 발생한 모든 손해를 감당하여야 한다. 예를 들어 사건이 해고 후 3개월 만에 지방노동위원회 단계에서 종결된다면 패배한 당사자가 부담하는 손해는 3개월분의 임금과 그 밖의 손해가 되겠지만, 사건이 대법원까지 가서 해고 후 4년 만에 종결된다면 패소한 당사자가 부담하는 손해는 4년분의 임금과 그 밖의 손해가 될 것이다. 따라서 이러한 손해의 확대를 방지하기 위하여 가능한 한 신속히 사건을 종결할 필요가 있다. 또한, 구제명령에는 집행력이 없으므로[1] 사용자가 노동위원회의 구

---

[1] 다만 노동위원회는 구제명령을 받은 후 이행기한까지 이행하지 않은 사용자에 대하여 3,000만 원 이하의 이행강제금을 부과할 수 있다(근로기준법 제33조 제1항).

제명령에 대하여 그다지 다툴 사유가 없어 보임에도 이를 이행하지 아니한 채 소송 지연을 획책함으로써 근로자의 어려운 사정을 이용하여 분쟁을 유리하게 이끌려는 경우도 없지 않으므로 이 점도 주의할 필요가 있다.

집단적 노사분쟁에서 파생한 단체교섭 과정의 부당노동행위 구제신청 사건, 노동쟁의에 관한 긴급조정이나 중재회부결정 사건 등은 처리를 지연할 경우 사실상 구제의 실익이 소멸하는 경우가 대부분이고 사회경제적 파장도 매우 커서 소송결과에 이르기까지 노사 간 나아가 사회 전체의 소모적 논쟁이 지속되는 경우가 많다. 따라서 이러한 사건은 적시처리 사건으로 분류하여 조기에 쟁점을 정리하고 집중심리를 통하여 신속히 처리할 필요가 있다. 이러한 사건에서는 당사자들로 하여금 공개된 법정에서 실질적인 구술변론을 하게 함으로써 사건의 실체와 쟁점을 공론화하고, 필요한 경우 실질적 이해관계인(노사 관계자), 관계 행정청 및 관련 분야 전문가 등의 다양한 견해를 청취함으로써 더 합리적이고 타당한 결론을 도출하도록 노력하여야 한다.

5. 관할 및 국제재판관할권

가. 관할의 문제

노동관계 행정소송은 대부분 중앙노동위원회의 결정 또는 재심을 거쳐야 제기할 수 있고(노동위원회법 제26조, 근로기준법 제31조, 노동조합 및 노동관계조정법 제85조), 이 경우 중앙노동위원회위원장을 피고로 하여야 한다(노동위원회법 제27조 제1항). 그에 따라 중앙노동위원회위원장을 피고로 하게 되는 경우, 중앙노동위원회가 세종시에 위치하여 대전지방법원이 관할을 가지고, 중앙노동위원회가 합의제 행정기관으로 중앙행정기관의 부속기관의 지위를 가지므로 서울행정법원도 관할을 가지게 된다.

행정소송법 개정위원회에서 중앙노동위원회의 재심절차를 임의절차로 바꾸거나 중앙노동위원회의 재심에 대한 항고소송의 관할법원을 사건발생 사업장 소재지 행정법원에 분산하는 방안을 논의하였으나 채택되지 아니하여 장래의 과제로 남게 되었다.

노동위원회는 구제명령을 받은 후 이행기한까지 구제명령을 이행하지 아니한 사용자에게 이행강제금을 부과할 수 있는데(근로기준법 제33조 제1항), 지방노동위원회가 부과한 이행강제금 취소소송의 관할이 문제된다. 이는 행정소송법 제9조 제2항 제1호가 "중앙행정기관, 중앙행정기관의 부속기관과 합의제 행정기관 또는 그 장"에 해당하는 피고에 대하여 취소소송을 제기하는 경우에는 대법원소재지를 관할하는 행정법원에 제기할 수 있다고 규정하고 있으므로, 지방노동위원회를 '합의제 행정기관'에 해당하는 것으로 보아 서울행정법원에 소를 제기할 수 있는지에 관한 문제이다.

행정소송법 제9조 제2항이 도입된 이유는, 구 행정소송법(2014. 5. 20. 법률 제12596호로 개정되기 전의 것) 제9조 제1항 단서가 중앙행정기관 또는 그 장이 피고인 경우에는 대법원 소재지의 행정법원을 관할로 하고 있으나, 세종시로 다수의 행정부처가 이동하였음에도 여전히 대법원 소재지인 서울에서만 재판을 받도록 하는 것은 합리적이지 못하다는 이유로 중앙행정기관, 중앙행정기관의 부속기관과 합의제행정기관, 공공단체 또는 그 장이 피고인 경우에는 대법원 소재지 또는 해당 중앙행정기관 등의 소재지를 관할하는 행정법원에서 재판을 받을 수 있도록 하려는 것이다.[1] 그리고 행정소송법 제9조 제2항은 중앙행정기관, 중앙행정기관의 부속기관과 합의제행정기관 등에 대하여 별도의 정의 규정을 두고 있지 않으므로, 그 개념범위는 관련 법령, 특히 정부조직법 및 그 시행령인 행정기관의 조직과 정원에 관한 통칙 규정 등을 참고할 수밖에 없다.[2] 이와 같이 행정소송법 제9조 제2항 제1호의 '중앙행정기관'이 그 관할권의 범위가 전국에 미치는 행정기관을 말하므로 같은 호의 '합의제 행정기관'의 관할권의 범위 또한 동일하게 해석하는 것이 체계적 해석에 부합하

---

1) 사법연수원, 법원실무제요 행정[Ⅰ](2023), 47.
2) 정부조직법 제2조, 제4조, 제5조, 「행정기관의 조직과 정원에 관한 통칙」 제2조 등에 의하면, 국가행정기관은 중앙행정기관, 중앙행정기관의 부속기관, 합의제 행정기관, 특별지방행정기관 등으로 구분되는데, 그중 ① '중앙행정기관'이란 국가의 행정사무를 담당하기 위하여 설치된 행정기관으로서 그 관할권의 범위가 전국에 미치는 행정기관을 말하고, 정부조직법에 따라 설치된 부·처·청 및 방송통신위원회, 공정거래위원회, 국민권익위원회, 금융위원회, 개인정보 보호위원회, 원자력안전위원회, 행정중심복합도시건설청, 새만금개발청 등이 이에 해당하며, ② '중앙행정기관의 부속기관'이란 행정권의 직접적인 행사를 임무로 하는 기관에 부속하여 그 기관을 지원하는 행정기관으로서, 시험연구기관·교육훈련기관·문화기관·의료기관·제조기관 및 자문기관 등을 말하고, ③ '합의제 행정기관'이란 그 소관사무의 일부를 독립하여 수행할 필요가 있는 때에 설치하는 행정기관으로서, 행정위원회 등을 말한다.

는 점, 행정소송법 제9조 제2항이 신설된 경위 및 입법 취지 등을 종합하여 보면, 행정소송법 제9조 제2항 제1호의 '합의제 행정기관'의 의미는 관할권의 범위가 전국에 미치는 경우로 한정해석하는 것이 타당하다.

그런데 노동위원회법 제3조 제2항은 "지방노동위원회는 해당 관할구역에서 발생하는 사건을 관장하되, 둘 이상의 관할구역에 걸친 사건은 주된 사업장의 소재지를 관할하는 지방노동위원회에서 관장한다."라고 규정하고 있으므로, 관할권의 범위가 전국에 미치지 않고 해당 관할구역에만 인정되는 지방노동위원회는 '합의제 행정기관'에 해당한다고 볼 수 없다. 따라서 지방노동위원회가 부과한 이행강제금 부과처분이 문제되는 사건은 대법원 소재지를 관할하는 서울행정법원이 관할법원이 되는 것이 아니라, 지방노동위원회의 관할소재지에 관할이 있다.[1]

나. 국제재판관할권의 문제

사용자가 외국법인이고 소속 근로자인 대한민국 국민을 해고한 경우, 노동위원회가 그 해고의 정당성을 판단할 수 있는지 문제가 된다. 노동위원회법 제2조의2 제1호는 노동위원회의 소관사무에 대해 "근로기준법 등에 따른 판정·결정·의결·승인·인정 또는 차별적 처우 시정 등에 관한 업무"라 규정하고 있으므로, 준거법이 대한민국이 아니라 다른 국가인 사건은 근로기준법이 적용되지 아니하므로 노동위원회가 해고에 관하여 판단할 수 없다고 보는 하급심 판결이 있다.[2] 결국 노동위원회가 해고의 부당성 등을 판단할 수 있는 권한을 가지는지 여부는 해고관계에 적용되는 준거법의 문제로 귀결된다.

현행 국제사법 제48조는 "근로계약의 당사자가 준거법을 선택하지 아니한 경우 근로계약은 근로자가 일상적으로 노무를 제공하는 국가의 법에 따르며, 근로자가 일상적으로 어느 한 국가 안에서 노무를 제공하지 아니하는 경우에는 사용자가 근로자를 고용한 영업소가 있는 국가의 법에 따른다."라고 규정하고 있다.

---

1) 서울행정법원 2024. 8. 19. 자 2023구합85826 결정(미항고 확정).
2) 서울행정법원 2016. 10. 6. 선고 2016구합54565 판결 및 그 상급심 서울고등법원 2017. 1. 19. 선고 2016누68580 판결(대법원 2017. 5. 31. 자 2017두35363 결정 심리불속행기각); 서울행정법원 2023. 4. 27. 선고 2022구합57213 판결 및 그 상급심 서울고등법원 2024. 4. 19. 선고 2023누44056 판결(대법원 2024. 8. 29. 자 2024두42222 결정 심리불속행기각).

Ⅱ. 근로자

1. 서론

가. 근로자 개념의 중요성 및 의의

노동관련법의 적용과 해석에서 개별 근로관계의 성립·존속·소멸에 관한 권리·의무의 부담 주체는 근로자와 사용자로 한정되는데, 노동분쟁에서 근로자의 개념 정의 및 판단기준(즉, 누가 노동법상 근로자이고, 근로자성을 어떤 기준에 따라 어떤 방법으로 결정할 것인가)이 중요한 이유는 노동관계법의 적용 여부 및 그에 따른 보호 필요성을 판단하기 위한 첫 관문이기 때문이다.[1] 실천적 의미에서 살펴보면, 부당해고 구제신청, 해고무효확인의 소, 퇴직금지급의 소 등 각종 신청·소송사건에서 신청·소송당사자 확정(퇴직금지급 또는 임금지급청구 등 이행소송에서는 당사자적격)에 있어 근로자성이 부인되면 신청 내지 소 각하(이행소송에서는 청구기각)의 불이익을 입을 수밖에 없어 그 정의와 개념 표지에 관한 정립이 선결적으로 요구된다.

나. 근로자성 분쟁의 국면

■ **근로기준법**

제2조(정의) ① 이 법에서 사용하는 용어의 뜻은 다음과 같다.

---

[1] 즉 근로자성에 관한 분쟁은 "노동법의 입구 분쟁"에 속한다. 박수근, "노동법의 적용과 입구분쟁", 박제성 편, 노동판례리뷰(2008), 한국노동연구원, 21.

1. "근로자"란 직업의 종류와 관계없이 임금을 목적으로 사업이나 사업장에 근로를 제공하는 사람을 말한다.

■ **노동조합 및 노동관계조정법**

제2조(정의) 이 법에서 사용하는 용어의 정의는 다음과 같다.

1. "근로자"라 함은 직업의 종류를 불문하고 임금·급료 기타 이에 준하는 수입에 의하여 생활하는 자를 말한다.

4. "노동조합"이라 함은 근로자가 주체가 되어 자주적으로 단결하여 근로조건의 유지개선 기타 근로자의 경제적·사회적 지위의 향상을 도모함을 목적으로 조직하는 단체 또는 그 연합단체를 말한다. 다만, 다음 각목의 1에 해당하는 경우에는 노동조합으로 보지 아니한다.

라. 근로자가 아닌 자의 가입을 허용하는 경우

제12조(신고증의 교부) ③ 행정관청은 설립하고자 하는 노동조합이 다음 각호의 1에 해당하는 경우에는 설립신고서를 반려하여야 한다.

1. 제2조 제4호 각목의 1에 해당하는 경우

　　실무상 노동분쟁에서 근로자의 개념 표지가 가장 많이 다투어지는 경우는 노동관계법의 두 축인 근로기준법과 노동조합법의 적용이 문제되는 경우인데, 근로기준법과 노동조합법은 근로자 개념을 위와 같이 달리 정하고 있다.[1] 근로자성이 문제되는 사안에서 주위적으로는 근로기준법상 근로자에 해당함을 주장하면서 예비적으로 노동조합법상 근로자임을 주장하는 사례도 흔하게 찾아볼 수 있다. 다만 노동관계법에서 표준이 되는 근로자상은 근로기준법에서 정하는 근로자라고 할 수 있으므로,[2] 이하에서도 근로기준법상 근로자성을 중점적으로 살펴보되 필요한 범위에서 노동조합법상 근로자성을 함께 논하기로 한다.

---

[1] 반면, 사용자 개념에 대하여는 두 법이 동일하게 규정하고 있다(각 법 제2조 제1항 제2호).

[2] 노동조합법상 근로자 정의 규정이 오직 노동조합법에만 적용되는 것과는 달리, 대부분의 노동관계법령은 근로기준법의 정의 규정을 준용한다. 즉, 근로기준법상 근로자 정의 규정은 산업안전보건법(제2조 제3호), 최저임금법(제2조), 근로자퇴직급여 보장법(제2조 제1호), 임금채권보장법(제2조 제1호) 등 노동보호법령을 비롯하여, 산업재해보상보험법(제5조 제2호)과 같은 사회보험법령에도 준용되고 있으며, 집단적 노사관계법에 속하는 근로자참여 및 협력증진에 관한 법률(제2호 제2호)에도 준용되고 있다. 강성태, "근로자를 판단하는 새로운 태도—판례가 근로기준법상 근로자를 판단하는 방법의 개선", 법학논총 제39권 제2호, 한양대학교 법학연구소(2022), 88 등.

(1) 근로기준법상 근로자성의 분쟁 양상

근로기준법상 근로자성은 주로 고용·해고 제한, 임금(퇴직금 포함)·손해배상 분쟁, 휴일 및 휴가·휴일근로의 연장근로 문제 등에서 선결 쟁점으로 다투어져 왔다.

최근에는 경제·사회·기술 발전으로 인한 산업구조의 변화, 기업의 유연한 인력 운용에 따라 새로운 고용 형태와 지식정보화산업에서 자율성을 가진 정신적 업무를 주로 하는 관리·전문 직종 등 비전형적인 노동 방식이 등장하면서, 도급·위임 기타 업무처리계약을 체결한 노무제공자의 근로자성 인정 여부에 관한 문제가 그 양상을 달리하면서 지속적으로 제기되고 있다.

(2) 노동조합법상 근로자성의 분쟁 양상

노동조합법상 근로자의 개념은 집단적 노사관계 규율을 목적으로 '노무제공관계의 실질에 비추어 노동3권을 보장할 필요성'의 관점에서 판단한다. 따라서 특정 사용자에게 고용되어 현실적으로 취업하고 있는 사람뿐만 아니라, 일시적으로 실업 상태에 있거나 구직중인 자도 노동3권을 보장할 필요성이 있는 한 노동조합법상 근로자의 범위에 포함될 수 있다.[1] 또한 특수형태근로종사자[특수고용직(종사자) 또는 특고]로 불리는 노무제공자(이하 '특고'라 한다)가 노동조합법상 노동조합을 결성하거나 그에 가입할 수 있는 근로자인지, 아니면 진정한 자영업자로서 노동조합법의 보호를 받을 수 없는지가 주로 다투어진다.[2]

위와 같은 분쟁의 국면에서 노동조합법상 근로자성 판단의 직접적인 준거가 되는 규정은 노동조합법 제2조 제1호 및 제2조 제4호 라목이다. 실무상 두 규정은 노동조합 설립신고 제도를 통해 밀접하게 연결되는데, 대표적인 예로 노동조합 설립신고에 대하여 행정관청이 노동조합법 제12조 제3항 제1호에 따라 해당 노동조합이 결격요건인 '근로자가 아닌 자의 가입'을 허용하는 경우(제2조 제4호 단서 라목)에 해

---

1) 대법원 2004. 2. 27. 선고 2001두8568 판결, 대법원 2014. 2. 13. 선고 2011다78804 판결, 대법원 2015. 1. 29. 선고 2012두28247 판결 등 참조.

2) 학습지교사에 관한 대법원 2018. 6. 15. 선고 2014두12598, 12604 판결, 방송연기자에 관한 대법원 2018. 10. 12. 선고 2015두38092 판결, 매점운영자에 관한 대법원 2019. 2. 14. 선고 2016두41361 판결, 카마스터(자동차 판매원)에 관한 대법원 2019. 6. 13. 선고 2019두33712 판결 등.

당한다는 이유로 설립신고서를 반려하는 경우를 들 수 있다.

2. 법령 및 판례의 근로자 정의

가. 법령상 근로자의 정의

(1) 근로기준법, 산업재해보상보험법

앞서 본 것처럼 근로기준법상 '근로자'는 임금을 목적으로 사업이나 사업장에 근로를 제공하는 자를 말하고(근로기준법 제2조 제1항 제1호), 일반적으로 사용종속관계에서 임금을 목적으로 노무를 제공하는 자로 설명된다. 근로기준법상 근로자의 본질적 징표는 '사용종속관계에서 임금을 목적으로 노무를 제공한다'는 것이므로,[1] 노무의 내용이 육체적이든 정신적이든 상관없고, 실질적으로 사용종속관계에서 노무제공이 이루어지는 한 민법상 도급계약이나 위임계약의 형식을 빌린 것이라도 계약의 형식에 상관없이 근로기준법 소정의 근로자로 볼 수 있다.[2] 사용종속관계의 구체적 징표에 관하여는 아래 판례의 판단기준을 검토하면서 다시 자세히 본다.

구 산업재해보상보험법(2022. 6. 10. 법률 제18928호로 개정되기 전의 것. 이하 '구 산재보험법'이라 하고, 위와 같이 개정된 법률을 '개정 산재보험법'이라 한다)은 산재보험의 적용대상자를 원칙적으로 근로기준법에 따른 근로자로 하되(구 산재보험법 제5조 제2호), 근로기준법상의 근로자에 해당하지 않더라도 '특정 사업에의 전속성' 요건을 충족하는 특수형태근로종사자에 대한 특례를 두어 대통령령으로 정하는 직종에 종사하는 자[3]를 산재보험의 대상근로자로 포함하고 있었다(구 산재보험법 제125조 제1항, 제2항). 그런데 배달앱 등 온라인 플랫폼 등을 통해 복수의 사업에 노무를 제공

---

[1] 대법원 1992. 6. 26. 선고 92도674 판결(안마시술소 소속의 안마사), 대법원 1991. 10. 25. 선고 91도 1685 판결(도급계약 형식) 등.
[2] 대법원 1991. 12. 13. 선고 91다24250 판결(학술용역계약 형식), 대법원 1995. 12. 22. 선고 95누2050 판결(산업기술연수생인 외국인), 대법원 1991. 7. 26. 선고 90다20251 판결(노무 도급계약 형태의 용역계약체결자) 등.
[3] 구체적으로 보험설계사, 우체국보험 모집인, 콘크리트 믹서트럭을 소유하여 운전하는 사람, 학습지교사, 골프장 캐디, 택배원, 퀵서비스 배달원 등이 여기에 해당하였다(구 산재보험법 시행령 제125조 참조).

하는 경우와 같이 전속성 요건을 충족하지 못하여 산재보험의 적용을 받지 못하는 보호의 사각지대가 발생하자, 개정 산재보험법은 전속성 요건을 폐지하고 기존 특수형태근로종사자 및 온라인 플랫폼 종사자 등을 포괄하는 '노무제공자'의 정의를 신설하여 보호 범위를 확대하였다(제91조의15 내지 제91조의21 신설 및 제125조 삭제).[1]

(2) 노동조합법

노동조합법상 '근로자'란 직업의 종류를 불문하고 임금·급료 기타 이에 준하는 수입으로 생활하는 자를 말한다(노동조합법 제2조 제1호). 통설[2]·판례[3]는 '기타 이에 준하는 수입으로 생활하는 자'에 일시적으로 실업 상태에 있는 자나 구직 중인 자도 포함되는지에 관하여 노동3권을 보장할 필요성이 있는 한 그 범위에 포함된다고 해석하여 왔음은 앞서 본 바와 같다.

그런데 노동조합법은 2021. 1. 5. 법률 제17864호로 개정되면서 기업별 노동조합에서 해고된 조합원의 근로자성을 부인하는 근거가 되었던 제2조 제4호 라목 단서를 삭제하였고, 사업 또는 사업장에 종사하지 아니하는 조합원(이하 '비종사근로자'라 한다)도 사용자의 효율적인 사업 운영에 지장을 주지 않는 범위에서 사업 또는 사업장에서 노동조합 활동을 할 수 있도록 제5조 제2항을 신설하여 비종사근로자의 기업별 노동조합 가입을 허용함으로써 노동조합법상 근로자 범위의 해석에 관한 문제를 상당 부분 입법적으로 해결하였다.

---

1) 개정 산재보험법 부칙 제1조는 '개정 산재보험법은 2023. 7. 1.부터 시행하고, 부칙 제8조는 공포한 날부터 시행한다'고 규정하고 있고, 위 부칙 제8조는 '구 산재보험법 제125조 제1항에 따른 특수형태근로종사자가 이 법 공포 이후 2023. 9. 30.까지 같은 항 제1호에 따른 주된 사업 외의 사업에서 최초로 재해를 입은 경우에는 구 산재보험법을 적용받는 특수형태근로종사자로 본다'고 규정하여, 개정 산재보험법의 공포 이후 시행 전에 특수형태근로종사자가 주된 사업장 외의 보조사업장에서 업무상 재해를 입은 경우에도 산재보험이 적용될 수 있도록 특례를 두었다.
2) 임종률, 노동법, 박영사(2022), 37 등.
3) 대법원 2004. 2. 27. 선고 2001두8568 판결은 노동조합이 근로자가 아닌 자의 가입을 허용하는 경우 노동조합법상의 노동조합으로 보지 않는다고 규정한 구 노동조합법(2021. 1. 5. 법률 제17864호로 개정되기 전의 것) 제2조 제4호 단서는 기업별 노동조합의 경우를 말하므로, 지역별 노동조합의 성격을 가진 조합이 그 구성원으로 '구직 중인 여성 노동자'를 포함하여 노동조합설립신고를 한 경우, 그 역시 노동조합법상의 근로자에 해당하므로 신고를 반려한 처분은 위법하다고 판시하였다[위 판결의 의의에 관한 자세한 내용은 박대준, "지역별 노동조합의 구성원에 일시적인 실업자나 구직 중인 자가 포함되는지 여부", 판례해설(49), 851 이하 참조]. 또한 대법원 2019. 2. 14. 선고 2016두41361 판결은 "특정 사업자에 대한 소속을 전제로 하지 않을 뿐만 아니라 '고용 이외의 계약 유형'에 의한 노무제공자까지도 포함할 수 있도록 규정한 노동조합법의 근로자 정의 규정"이라고 판시하였다.

(3) 국민 평생 직업능력 개발법1)

'근로자'라 함은 사업주에게 고용된 사람과 취업할 의사가 있는 사람을 말한다 (「국민 평생 직업능력 개발법」 제2조 제4호). 여기서 취업할 의사란 사업주에게 고용되어 근로를 제공할 의사는 물론이고, 자영업을 영위할 의사도 포함한다.2) 따라서 「국민 평생 직업능력 개발법」의 근로자는 노동조합법의 근로자를 포함하는 가장 넓은 의미의 근로자라고 할 수 있다.

나. 판례의 근로자성 판단기준

(1) 근로기준법상 근로자 여부의 판단기준3)

(가) 1994년 판결

대법원은 1994. 12. 9. 선고 94다22859 판결(이하 '1994년 판결'이라 한다) 이전까지는 사안별로 그때그때 다양한 징표에 의하여 근로기준법상 근로자성(즉, 사용종속관계)을 판단해 왔을 뿐 일정한 판단기준을 제시하지는 않았다. 그런데 1994년 판결은 최초로 근로기준법상 근로자 해당 여부를 판단하는 일반적·구체적 기준을 정립하였고, 그 내용은 '기본적으로 사용종속관계의 존부에 따라 근로자성을 정하고(종속성), 사용종속관계의 존부는 계약의 형식이나 명칭이 아니라 노무공급관계의 실질에 따라 정하며(실질적 판단), 노무공급관계의 실질은 이를 둘러싼 제반요소를 종합적으로 고려(종합적 고려)하여 판단한다'는 것이다.

즉, 1994년 판결은 "근로기준법상 근로자에 해당하는지 판단함에 있어서는 그 계약의 형식이 민법상의 고용계약인지 또는 도급계약인지에 관계없이 그 실질에 있어 근로자가 사업 또는 사업장에 임금을 목적으로 종속적인 관계에서 사용자에게

---

1) 「근로자직업능력 개발법」이 2021. 8. 17. 법률 제18425호로 개정되고, 2022. 2. 18. 시행되면서 법률 명칭이 「국민 평생 직업능력 개발법」으로 변경되었다.
2) 임종률(본 책 16면 주 2), 38.
3) 근로기준법상 근로자성의 판단기준은 산재보험법상의 근로자성 판단에도 그대로 통용된다. 판례도 "산재보험법상의 보험급여를 받을 수 있는 근로자에 대하여 '근로기준법상의 근로자'를 말한다고 규정하는 외에 다른 규정을 두고 있지 아니하므로 보험급여대상자인 근로자는 오로지 '근로기준법상의 근로자'에 해당하는지에 의하여 판가름 나는 것이고, 그 해당 여부는 그 실질에 있어 그가 사업 또는 사업장에 임금을 목적으로 종속적인 관계에서 사용자에게 근로를 제공하였는지에 따라 판단하여야 한다"고 하였다(대법원 1999. 2. 24. 선고 98두2201 판결).

근로를 제공하였는지에 따라 판단하여야 할 것이고, 종속적인 관계가 있는지 판단함에 있어서는 업무의 내용이 사용자에 의하여 정하여지고 취업규칙·복무규정·인사규정 등의 적용을 받으며 업무수행 과정에 있어서도 사용자로부터 구체적이고 직접적인 지휘·감독을 받는지, 사용자에 의하여 근무시간과 근무장소가 지정되고 이에 구속을 받는지, 근로자 스스로가 제3자를 고용하여 업무를 대행케 하는 등 업무의 대체성 유무, 비품·원자재·작업도구 등의 소유관계, 보수가 근로 자체의 대상적(對償的) 성격을 갖고 있는지와 기본급이나 고정급이 정하여져 있는지 및 근로소득세의 원천징수 여부 등 보수에 관한 사항, 근로제공관계의 계속성과 사용자에의 전속성의 유무와 정도, 사회보장제도에 관한 법령 등 다른 법령에 의하여 근로자로서의 지위를 인정받는지, 양 당사자의 경제·사회적 조건 등 당사자 사이의 관계 전반에 나타나는 사정을 종합적으로 고려하여 판단하여야 한다."고 판시하였다.

(나) 2006년 판결[1]

대입학원 종합반 강사의 퇴직금이 문제된 사안에서 대법원 2006. 12. 7. 선고 2004다29736 판결(이하 '2006년 판결'이라 한다)은 1994년 판결의 주요 식별표지인 '종속성, 실질 우선, 종합적 고려'를 계승하면서, 지휘·감독의 정도를 '구체적, 직접적인 지휘·감독'에서 '상당한 지휘·감독'으로 완화하고,[2] 독립사업자성에 대한 판단기준을 강화하였으며, 사실적·실질적 징표와 부수적·형식적 징표를 구별하여 후자는 근로기준법상 근로자성을 강화하는 요소일 뿐이므로 그 부존재를 근로자성 불인정 사유로 삼지 말도록 단서를 추가하였다.[3]

이에 따라 2006년 판결은 "근로기준법상의 근로자에 해당하는지는 계약의 형식이 고용계약인지 도급계약인지보다 그 실질에 있어 근로자가 사업 또는 사업장에 임금을 목적으로 종속적인 관계에서 사용자에게 근로를 제공하였는지에 따라 판단

---

1) 2006년 판결 이후에도 여전히 1994년 판결의 판단기준을 따른 경우를 다수 찾아볼 수 있다(대법원 2007. 1. 25. 선고 2006다60793 판결, 대법원 2012. 12. 13. 선고 2012다77006 판결, 대법원 2016. 8. 24. 선고 2015다253986 판결 등).

2) 다만, 대법원 2019. 11. 28. 선고 2019두50168 판결은 더 나아가 '상당한'이라는 용어도 삭제하였다. 2006년 판결 이후 '상당한' 지휘·감독관계를 포섭함에 있어 사안별로 결론이 달라지는 경우를 많이 찾아볼 수 있는데, 대표적으로 아래 살펴볼 '채권추심원' 사례에 관한 대법원 판결에서도 이러한 경향을 확인할 수 있다.

3) 대법원 2019. 11. 28. 선고 2019두50168 판결은 '사용자가 정한 취업규칙 또는 복무(인사)규정 등이 적용되는지'도 기본급이나 고정급이 정해져 있는지 등과 마찬가지로 근로자성 불인정 사유로 고려되어서는 안 된다고 판시하였다.

하여야 하고, 여기에서 종속적인 관계가 있는지는 업무 내용을 사용자가 정하고 취업규칙 또는 복무(인사)규정 등의 적용을 받으며 업무 수행 과정에서 사용자가 상당한 지휘·감독을 하는지, 사용자가 근무시간과 근무장소를 지정하고 근로자가 이에 구속을 받는지, 노무제공자가 스스로 비품·원자재나 작업도구 등을 소유하거나 제3자를 고용하여 업무를 대행케 하는 등 독립하여 자신의 계산으로 사업을 영위할 수 있는지, 노무 제공을 통한 이윤의 창출과 손실의 초래 등 위험을 스스로 안고 있는지, 보수의 성격이 근로 자체의 대상적 성격인지, 기본급이나 고정급이 정하여졌는지 및 근로소득세의 원천징수 여부 등 보수에 관한 사항, 근로 제공 관계의 계속성과 사용자에 대한 전속성의 유무와 그 정도, 사회보장제도에 관한 법령에서 근로자로서 지위를 인정받는지 등의 경제적·사회적 여러 조건을 종합하여 판단하여야 한다. 다만, 기본급이나 고정급이 정하여졌는지, 근로소득세를 원천징수하였는지, 사회보장제도에 관하여 근로자로 인정받는지 등의 사정은 사용자가 경제적으로 우월한 지위를 이용하여 임의로 정할 여지가 크기 때문에, 그러한 점들이 인정되지 않는다는 것만으로 근로자성을 쉽게 부정하여서는 안 된다.”고 판시하였다.

(2) 노동조합법상 근로자 여부의 판단기준

노동조합법상 근로자성은 주로 노동조합설립신고 반려처분취소,[1] 계약해지 등에 대한 부당노동행위 구제,[2] 교섭단위 분리,[3] 교섭요구 사실 공고에 대한 시정[4] 등의 국면에서 문제된다.

대법원 1993. 5. 25. 선고 90누1731 판결은 노동조합법상 근로자성에 관하여 ‘노동조합법상 근로자란 타인과 사용종속관계가 있는 한 당해 노무공급계약의 형태가 고용, 도급, 위임, 무명계약 등 어느 형태이든 상관없고, 그 사용종속관계는 사용자와 노무제공자 사이의 지휘·감독관계 여부, 보수의 노무대가성, 노무의 성질과 내용 등 그 노무의 실질관계에 의하여 결정되며, 사용종속관계가 인정되는 한 노동조합법상의 근로자로 보아도 무방하다’는 법리를 최초로 설시하였고, 이러한 법리에

---

1) 대법원 1993. 5. 25. 선고 90누1731 판결 등.
2) 대법원 2018. 6. 15. 선고 2014두12598, 12604 판결, 대법원 2019. 6. 13. 선고 2019두33712 판결, 대법원 2019. 6. 13. 선고 2019두33828 판결 등.
3) 대법원 2018. 10. 12. 선고 2015두38092 판결 등.
4) 대법원 2019. 2. 14. 선고 2016두41361 판결 등.

따라 골프장 캐디가 노무제공의 대가로 캐디피를 지급받기로 하는 약정은 고용계약
관계와 근사하므로 캐디피를 근로기준법상 임금이라고 단정하기는 어렵더라도 노동
조합법상 '기타 이에 준하는 수입'으로 볼 소지가 있다는 등의 이유로 골프장 캐디
의 노동조합법상 근로자성을 인정하였다.

　　그 후 대법원은, '현실적으로 근로를 제공하는 자에 대하여 국가의 관리·감독
에 의한 직접적 보호 필요성이 있는가'의 관점에서 개별적 노사관계를 규율할 목적
으로 제정된 근로기준법과 달리 노동조합법은 '노무제공관계의 실질에 비추어 노동3
권을 보장할 필요성이 있는가'의 관점에서 집단적 노사관계를 규율할 목적으로 제정
된바 그 입법목적이 서로 다름을 전제로, 근로기준법상 근로자에 포함되지 않는 실
업자나 구직 중인 자에 대하여 노동조합법상 근로자성을 인정하였고(대법원 2004. 2.
27. 선고 2001두8568 판결), 출입국관리법위반으로 체류자격(취업자격) 없는 외국인에
게도 노동조합법상 근로자성을 인정함으로써 노동조합법상 근로자성의 인정 범위를
확장하였다(대법원 2015. 6. 25. 선고 2007두4995 전원합의체 판결).

　　한편, 대법원은 학습지교사의 근로자성에 관하여 설시한 2018. 6. 15. 선고
2014두12598, 12604 판결 이후 방송연기자에 관한 대법원 2018. 10. 12. 선고 2015
두38092 판결, 철도매점운영자에 관한 대법원 2019. 2. 14. 선고 2016두41361 판결,
카마스터에 관한 대법원 2019. 6. 13. 선고 2019두33712 판결 및 대법원 2019. 6.
13. 선고 2019두33828 판결 등에서 노동조합법상 근로자성에 관하여 '경제적·조직
적 종속성'을 중심으로 근로기준법상 근로자성의 판단기준과는 구별되는 새로운 기
준을 제시함으로써 노동조합법상 근로자의 인정범위가 근로기준법상 근로자의 인정
범위보다 넓다는 것을 분명히 하였는데, 이러한 최근 판결례는 ① '경제적 종속성'에
대한 주요 판단요소로 ㉠ 노무제공자의 소득이 특정 사업자에게 주로 의존하고 있
는지(소득 의존성), ㉡ 노무를 제공 받는 특정 사업자가 보수를 비롯하여 노무제공자
와 체결하는 계약 내용을 일방적으로 결정하는지(보수 등 계약 내용의 일방적 결정성),
㉢ 노무제공자와 특정 사업자의 법률관계가 상당한 정도로 지속적·전속적인지(법률
관계의 지속·전속성)를, '조직적 종속성'에 대한 주요 판단요소로 노무제공자가 특정
사업자의 사업 수행에 필수적인 노무를 제공함으로써 특정 사업자의 사업을 통해서
시장에 접근하는지(사업 수행상 필수적 노무 제공 및 특정 사업자를 통한 시장 접근성)를
제시하여 '경제적 종속성'을 노동조합법상 근로자성에 대한 주된 판단기준으로 하되,

'조직적 종속성'과 ③ 사용자와 노무제공자 사이에 어느 정도 지휘·감독관계[1]가 존재하는지, ④ 노무제공자가 특정 사업자로부터 받는 임금·급료 등 수입이 노무 제공의 대가인지 등을 함께 고려하고 있다.

3. 근로기준법의 적용범위

가. 서설

근로자성 인정 여부가 다투어지는 법률분쟁에서는 이와 더불어 해당 '사업 또는 사업장의 규모'가 근로기준법 적용 여부 및 범위와 관련하여 함께 문제된다. 예컨대, ① 원고(근로자)가 '피고(사용자)가 근로계약관계를 종료한 것은 근로기준법 제23조 제1항에서 정한 정당한 이유가 없는 부당해고'라고 주장하며 노동위원회에 구제신청을 하는 경우, 해당 사업 또는 사업장이 상시 5명 미만의 근로자를 사용하는 경우에는 '근로기준법 제23조 제1항, 제28조가 적용되지 않는다'는 이유로 각하 판정을 받게 되고, ② 원고가 같은 이유로 해고무효확인의소를 제기하여 소송절차에서 '피고가 근로기준법상 적법한 절차를 거치지 아니한 채 정당한 이유 없이 원고를 해고하였으므로 근로기준법 제23조, 제26조, 제27조에 반하여 무효'라고만 주장하더라도, 민법의 고용 관련 규정과 근로기준법은 '일반법과 특별법의 관계'에 있고[2] 확정된 사실에 대한 법률의 적용은 법원 본래의 직책이므로 변론주의나 처분권주의가 적용되지 아니하여 당사자의 주장 여부와 관계 없이 이를 판단할 수 있으므로(대법원 1996. 9. 20. 선고 96다25395 판결 등) 수소법원은 원고의 피고와의 계약 종료가 민법상 고용계약의 적법한 종료인지에 대하여도 나아가 살펴보게 되는 것이다. 이러한 측면에서 사업 또는 사업장의 규모에 따른 근로기준법의 적용 여부 및 범위에 관한

---

[1] 상당한 지휘·감독이라는 근로기준법상 근로자성 판단기준보다 완화된 판단기준이다.
[2] 상시 5명 미만의 근로자를 사용하는 사업 또는 사업장에는 근로기준법 제23조 제1항이 적용되지 않고 민법 제660조 제1항에 따라 사용자는 사유를 불문하고 언제든지 근로계약의 해지를 통고할 수 있게 된다. 다만, 민법 제660조 제1항은 임의규정이므로 사용자가 근로자와 기간의 정함이 없는 근로계약을 체결하면서 해고의 사유를 열거하고 그 사유에 의해서만 근로자를 해고할 수 있도록 하는 해고제한의 특약을 하였다면 근로자에 대한 해고는 민법 제660조 제1항이 아닌 위 해고제한의 특약에 따라야 하고, 이러한 제한을 위반한 해고는 무효가 된다(대법원 2008. 3. 14. 선고 2007다1418 판결).

판단 또한 '노동법의 입구 분쟁'에 속한다고 할 수 있다.

우리 근로기준법은 상시 근로자의 수를 기준으로 법의 적용 여부를 규정하는 입법태도를 취하고 있다. 현행 근로기준법 제11조에 따르면 상시 5명 이상의 근로자를 사용하는 사업 또는 사업장에는 근로기준법이 전면 적용되는 반면, 상시 4명 이하의 근로자를 사용하는 사업 또는 사업장에는 원칙적으로 근로기준법의 적용을 배제하되 근로기준법 시행령 별표1에서 예외적으로 적용되는 규정을 열거하는 방식을 취하고 있다.

나. '상시 사용하는 근로자'의 개념 및 산정방법

(1) '상시 근로자'의 의미

'상시 5명 이상'에서 '상시'란 상태(常態: 즉 평상시의 모양새)라는 의미로 상시 '근무'하는 근로자 수가 아니라 상시 '사용'하는 근로자 수가 때때로 5인 미만이 되는 경우가 있더라도 '상태적'으로 보아 5인 이상인 사업 또는 사업장을 의미한다(대법원 2000. 3. 14. 선고 99도1243 판결 등).

'상시근로자'는 상용·일용근로자, 기간제·단시간근로자, 도급직근로자, 사립학교교직원연금법 적용의 교직원, 불법체류의 외국인 근로자 등 고용형태를 불문하고 사실상 고용된 모든 근로자를 뜻하고, 산정기간 중 출산·휴가·육아휴직·병직·정직 등으로 출근하지 않은 근로자, 노동조합의 쟁의에 참가한 근로자라고 하더라도 사용자와 고용관계가 유지되고 있는 근로자는 모두 상시근로자 수 산정범위에 포함한다(대법원 1987. 4. 14. 선고 87도153 판결, 대법원 1997. 8. 26. 선고 97다18875 판결, 대법원 1997. 11. 28. 선고 97다28971 판결; 근로기준팀-5649, 2007. 7. 27.; 근로기준과-1967, 2009. 6. 12. 등).

당해 사업장에 직접 고용되지 않은 파견근로자(근로기준법 시행령 제7조의2 제4항), 하청업체의 근로자(근기 68219-1633, 2003. 12. 18.)는 '상시근로자'에 포함되지 않고, 해고된 근로자 또한 그 해고의 정당성 여부와 관계없이 해고기간 동안 근로관계가 단절된 것이 사실이므로 '상시근로자' 수에 산입하지 않는다(중앙노동위원회 2008부해768, 2008. 12. 3.).

(2) '상시 사용 근로자' 수의 산정방법[1]

'상시 사용 근로자수'는 '산정기간(법 적용 사유 발생일 전 1개월) 동안 사용한 근로자의 연인원'을 '가동일수'로 나누어 산정하되(근로기준법 시행령 제7조의2 제1항), 일(日)별 근로자수를 파악하여 5명 미만 일수가 1/2 미만이면 5명 이상 사업(장)으로 보고(근로기준법 시행령 제7조의2 제1항 제1호), 1/2 이상이면 5명 이상 사업(장)으로 보지 않는다(근로기준법 시행령 제7조의2 제1항 제2호).

$$상시근로자수 = \frac{산정기간\ 동안\ 사용한\ 근로자의\ 연인원}{산정기간\ 중\ 가동일수}$$

※ 연인원: 어떠한 일에 동원된 인원수와 일수를 계산하여, 그 일이 하루에 완성되었다고 가정하고 일수를 인수로 환산한 총인원수
[예시] 4인이 12일, 6인이 10일 근무했다면 연인원은 108명{=(4인×12일=48일)+(6인×10일=60일)}

※ 가동일수: 사업기간 중 그 사업이 행해진 날의 합계일(구체적 산정방법은 해당 사업의 성격, 사업수행과정에서의 근로관계실태 등을 종합적으로 고려함)
[예시 1] 연장·야간·휴일근로 가산임금, 해고제한, 휴업수당 등 법 적용사유 발생일이 2024. 7. 14.이고, 산정기간(2024. 6. 14.~2024. 7. 13.) 동안 사용근로자의 연인원은 138명, 산정기간 중 가동일수는 25일인 경우
☞ 상시근로자 수(5.52명) = 138명(산정기간 중 연인원) ÷ 25일(산정기간 중 가동일수)

[예시 2] 2023. 11. 15.에 법 적용사유가 발생하고, 산정기간(2023. 10. 15.~2023. 11. 14.) 동안 사용근로자의 연인원은 108명, 가동일수는 24일인 경우 상시근로자 수는 4.5명(=108명÷24일)이 되나, 5명 이상인 날이 16일, 5명 미만인 날이 8일인 경우
☞ 연장·야간·휴일근로 가산임금, 해고제한, 휴업수당 등에 대하여 법 적용 사업(장)으로 봄

∵ 상시근로자 수는 5인 미만이라도, 1개월간 하루 5인 이상 사용한 날이 절반 이상

---

[1] 본문 표의 내용은 고용노동부, 근로기준법 적용범위 관련 상시근로자수 판단기준, 근로기준과-877 회시(2008) 참조.

이므로 법 적용

[예시 3] 2024. 2. 7.에 법 적용사유가 발생하고, 산정기간(2024. 1. 7.~2024. 2. 6.) 동안 사용근로자의 연인원은 130명, 가동일수는 25일인 경우 상시근로자 수는 5.2명 (=130명÷25일)이 되나, 5명 이상인 날이 11일, 5명 미만인 날이 14일인 경우

☞ 연장·야간·휴일근로 가산임금, 해고제한, 휴업수당 등에 대하여 법 적용 사업(장)으로 보지 않음

∴ 상시근로자 수는 5인 이상이라도, 1개월간 하루 5인 이상 사용한 날이 절반 이하 이므로 법 미적용

○ 주휴일(근로기준법 제55조 제1항, 법상 근로제공의무가 없는 유급 휴일)에 실제 근무하지 않은 근로자를 상시 근로자수 산정기준이 되는 사용한 근로자의 연인원 및 일별 근로자수에 포함시켜야 하는지[대법원 2023. 6. 15. 선고 2020도16228 판결 (부정)]

☞ 주휴일은 근로기준법 제55조 제1항에 의하여 주 1회 이상 휴일로 보장되는 근로의무가 없는 날이므로, 주휴일에 실제 근무하지 않은 근로자는 근로기준법 제11조 제3항의 '상시 사용하는 근로자수'를 산정하는 기준이 되는 같은 법 시행령 제7조의2 제1항의 '산정기간 동안 사용한 근로자의 연인원' 및 같은 조 제2항 각 호의 '일(日)별 근로자수'에 포함하여서는 아니 됨

☞ 주휴일은 매주 일정하게 발생하는 휴일로서, 주휴일에 실제 출근하지 않은 근로자를 상시 사용 근로자수에서 제외하여야 해당 사업장의 보통 때의 통상적인 사용 상태를 제대로 반영할 수 있고, 이를 제외하여도 사용자나 근로자가 근로기준법의 적용 여부를 사전에 파악하는 데에 어려움이 없어 법적안정성과 예측가능성을 해하지 않기 때문임

※ 위 판례에서는 '주휴일에 휴무한 근로자'에 대해서만 상시근로자 수 계산에서 제외 하도록 판단하였을 뿐 '휴직자'나 '휴가자' 등에 대해서는 판단을 제시하지 아니하여, 실무적으로 법률 해석의 공백이 존재함

다. '사업 또는 사업장'의 개념

판례는 '사업 또는 사업장'은 경영상의 일체를 이루는 기업체를 뜻한다고 하고, 경영상의 일체를 이루면서 유기적으로 운영되는 기업조직은 하나의 사업으로 본다. 사업의 목적, 허가 유무나 업종은 불문하고, 영리 목적 이외에 국가·지방자치단체 (근로기준법 제12조)가 운영하는 비영리사업, 공공기관, 사회사업단체, 종교단체 및 정당 사무국 등이 행하는 계속적인 활동도 근로기준법상 '사업'에 속하며, 상시 5인

제 1 편
노 동

이상의 근로자를 사용한다면 '업'으로서 계속하려는 의도가 있는 이상 1회적 또는
일시적 사업이라고 하더라도 근로기준법이 적용된다.

대법원 1993. 10. 12. 선고 93다18365 판결: 동일한 기업주체에 의하여 경영상
일체를 이루면서 운영되는 서울 본사(무역업무 담당)와 부산 공장(생산업무 담당)은
하나의 사업에 해당한다고 본 사례

대법원 1993. 2. 9. 선고 91다21381 판결: 한국방송공사의 방송업무 부문과 시
청료 징수업무 부분은 하나의 사업에 해당한다고 본 사례

대법원 1994. 10. 25. 선고 94다21979 판결: 근로기준법의 적용대상 사업인지
는 상시 5인 이상의 근로자를 사용하는지에 달려 있으므로 상시 5인 이상의 근로자
를 사용하는 사업이라면 그 사업이 1회적이거나, 일시적이라 하여 근로기준법의 적
용대상이 아니라 할 수 없다고 한 사례

라. 4인 이하 사업 또는 사업장에 대한 근로기준법 적용 범위[1]

상시 4명 이하의 근로자를 사용하는 사업 또는 사업장에는 원칙적으로 근로기
준법의 적용을 배제하되, 근로기준법 제11조 제2항, 동법 시행령 제7조 [별표 1]에
서 아래와 같이 예외적으로 적용되는 규정을 열거하는 방식을 취하고 있다.

구분	적용 규정	적용 제외 주요 규정
제1장 총칙	제1조~제13조(목적, 정의, 근로조건의 기준·결정·준수, 균등처우, 강제근로금지, 폭행금지, 중간착취배제, 공민권행사보장, 적용범위, 보고출석의무)	제14조(법령요지의 게시)
제2장 근로계약	제15조(이 법을 위반한 근로계약), 제17조(근로조건의 명시), 제18조(단시간 근로자의 근로조건), 제19조 제1항(근로조건 위반에 대한 손해배상 청구), 제20~22조(위약예정금지, 전차금상계금지, 강제저금금지), 제23조 제2항(절	제19조 제2항(노동위원회에 손해배상 청구), 제23조 제1항(정당한 이유 없는 해고금지), 제24조(경영상 이유로 인한 해고제한), 제27조(해고사유 등의 서면통지), 제28조(부당해고 등의 구제절차)

1) 자세한 내용은 이준희, "4명 이하 사업장에 대한 근로기준법 적용 확대 관련 쟁점과 대안", 법학연구
제34권 제4호, 충남대학교 법학연구소(2023), 449~488.

	대적 해고금지), **제26조**(해고예고), **제35~42조**(해고예고적용제외, 금품청산, 미지급임금에 대한 지연이자, 임금채권 우선변제, 사용증명서 교부, 취업방해 금지, 근로자명부 작성, 계약서류 보존)	☞ 사용자는 해고시기를 제한한 규정(제23조 제2항)을 위반하지 않는 한 근로기준법 소정의 해고사유가 존재하지 않더라도 근로자를 해고할 수 있고, 해고사유를 서면으로 통지할 필요도 없음(다만, 해고예고수당을 지급하면 됨)
제3장 임금	**제43~45조**(임금지급원칙, 도급사업에 대한 임금지급, 임금의 비상시 지급), **제47~49조**(도급근로자보호, 임금대장, 임금시효)	**제46조**(휴업수당), **제50조**(근로시간의 제한)
제4장 근로시간과 휴식	**제54조**(휴게), **제55조**(휴일) 제1항, **제63조**(근로시간, 휴게, 휴일규정 적용제외)	**제50조**(기준근로시간), **제51조**, **제51조의2**, **제52조**(유연근로시간제), **제55조 제2항**(공휴일), **제56조**(연장야간휴일근로시 가산수당 지급), **제60~62조**(연차유급휴가) ☞ 사용자는 기준근로시간 및 연장근로시간의 제한에 상관없이 임산부 여성이 아닌 한 모든 근로자에게 최대한 근로제공을 요구할 수 있고, 근로자가 연장근로 등 초과근로를 제공하더라도 법정가산임금(통상임금의 50%)을 지급할 필요가 없음
제5장 여성과 소년	**제64조**(최저연령과 취직인허증), **제65조 제1항·제3항**(여성 및 연소자의 사용금지직종, 임산부와 18세 미만인 자로 한정한다), **제66~69조**(연소자증명서, 미성년자 근로계약, 임금청구권, 연소자 근로시간), **제70조 제2항·제3항**(야간 및 휴일근로 인가), **제71조**(산후 1년 미만자 시간외 근로), **제72조**(갱내근로금지), **제74조**(임산부 보호)	**제73조**(생리휴가)
제6장 안전과 보건	**제76조**(안전과 보건)	
제8장 재해보상	**제78~92조**(제8장 재해보상규정 전부)	**제93조**(취업규칙) ☞ 취업규칙을 작성·비치할 의무 없음 ☞ 취업규칙 작성·신고는 상시

		10명 이상 사업장에 적용됨
제11장 근로감독관 등	제101~106조(제11장 근로감독관 규정 전부)	
제12장 벌칙	제107~116조(제1~6장, 제8장, 제11장 규정 중 상시 4명 이하 근로자를 사용하는 사업 또는 사업장에 적용되는 규정을 위반한 경우로 한정한다)	

마. 국제근로관계에서의 근로기준법 적용 여부

[행정해석] 국제근로관계에서 준거법 관련 행정해석 보완 및 변경

회시번호: 근로기준정책과–4248, 회시일자: 2022. 12. 29.

Ⅰ. 배경

- 기업들의 국제적인 활동이 늘어나면서 외국적(국제적)인 요소들을 가지고 있는 법률관계 및 근로계약이 지속적으로 증가하는 상황
- 외국적 요소가 있는 근로계약관계에서 어느 나라의 법이 적용되는지 등은 「국제사법」에 따라 결정되고, 현행 「국제사법」은 1962년 제정된 「섭외사법」이 2001년*과 2022년 전면 개정되어 현재에 이르고 있으나, 기존의 주요 행정해석은 「섭외사법」이 적용되던 1999년과, 「국제사법」이 전면 개정되기 이전 시기를 반영하고 있음
  * 2001년 전면 개정 당시 법 명칭을 「국제사법」으로 하고, 근로자를 보호할 목적으로 준거법 결정 등에 관한 특칙을 규정(현행 제48조)

- 이에 「국제사법」 개정 내용 및 최근의 법원 판결 등을 반영하여 기존 행정해석을 보완 및 변경하고자 함

Ⅱ. 「국제사법」 관련 규정

- 외국적 요소가 있는 법률관계는 「국제사법」이 적용됨(제1조)
- 계약은 기본적으로 당사자가 명시적·묵시적으로 선택한 법이 적용(제45조)되나, 근로계약은 별도 규정을 두어 당사자가 준거법을 선택하더라도 근로자가 일상적으로 노무를 제공하는 국가의 강행규정에 따른 근로자 보호를 박탈하지 못하도록 규정(제48조 제1항)
- 한편, 근로계약의 당사자가 준거법을 선택하지 않은 경우에는 '근로자가 일상적으로

노무를 제공하는 국가의 법'이 적용됨(제48조 제2항)

Ⅲ. 「국제사법」이 적용되는 근로계약관계에서의 적용법 판단

• 외국적 요소가 있는 근로계약관계에서 근로계약 당사자가 어느 나라의 법을 적용받는 지에 대해 판단하기 위해서는 「국제사법」에 따라 명시적·묵시적으로 선택한 준거법 이 있는지와 '근로자가 일상적으로 노무를 제공하는 국가'에 대한 판단이 필요

• 다만, 묵시적 준거법 선택 여부와 준거법을 선택하지 않은 경우 등을 현실적으로 구별 하기 어렵고, 판례에서도 개별 사안마다 구체적 사정을 살펴 판시하고 있는 점 등을 고려할 때, '묵시적 준거법 선택 여부' 및 '일상적 노무 제공 국가'에 대한 판단시
  – 전체 근로계약기간 중 해외근무기간
  – 근무장소 및 국내복귀예정 여부(한시적으로 해외에 파견한 경우인지 등)
  – 근로계약 체결 장소
  – 근로시간 등 노무지휘 및 임금지급의 주체
  – 노무제공의 실질적인 수령자
  – 법 적용에 관한 근로자의 기대·인식 정도 등을 종합적으로 고려하여 근로기준법 적용 여부를 판단해야 함

• 이에 따라 상기 기준을 종합적으로 고려하였을 때, 우리나라 기업이 소속 근로자를 한 시적으로 해외 사무소 등에 파견한 경우에는 묵시적으로 근로기준법을 선택하였거나 일상적 노무제공 국가를 우리나라로 볼 소지가 크므로 근로기준법이 적용된다고 봄이 타당할 것이며, 반면에 우리나라 기업이 해외사무소 등에서 현지 근로자를 채용한 경 우에는 명시적으로 근로기준법을 준거법으로 선택하지 않은 이상 해외 현지 국가의 법이 적용된다고 볼 것임

• 다만, 위 사례의 경우 일반적인 경우를 상정한 것이므로 개별 사안에 대한 근로기준법 적용 여부 판단시 상기 제시한 기준을 종합적으로 고려하여 개별·구체적으로 판단해 야 할 것임

Ⅳ. 행정사항

• 시행일 : 2022. 12. 29.
• 근로기준법이 준거법에 우선하여 적용된다는 취지의 기존의 행정해석(근로개선정책과-4720, 고용차별개선과-1390)은 이번 행정해석 시행과 동시에 폐지함

〈폐지하는 행정해석〉

• (근로개선정책과-4720, 2012. 9. 20.) 근로기준법은 대한민국 국민간의 고용계약
  에 의한 근로인 이상 그 취업장소가 국내이거나 국외이거나를 가리지 않고 적용됨

• (고용차별개선과-1390, 2014. 7. 17.) 우리나라 법인이 해외지사에서 한국인을 현
  지 채용하면서 준거법을 해외법으로 선택하였더라도 국제사법 제7조에 따라 근로
  기준법과 「기간제 및 단시간근로자 보호 등에 관한 법률」의 강행규정은 준거법에
  우선하여 적용되어야 함

• 아울러 기존 행정해석 내용 중 이번 행정해석과 배치되는 부분은 이번 행정해석의 내
  용을 따르도록 함(근기68207-1002 등)

4. 근로자성이 문제된 판례의 유형별 분석 및 검토

가. 근로자성 판단에 관한 심리상 유의점

하나의 사건에서 다수의 근로자가 당사자인 경우가 적지 않다. 그러나 이러한 경우라도 근로자 여부는 각 근로자별로 담당 업무의 내용이나 실제 수행하는 업무의 형태를 검토하고, 각 근로자에 대한 사용자의 상당한 지휘·감독이 이루어지는지에 따라 개별적으로 살펴보아야 한다.

또한 비슷한 종류의 노무를 제공하는 경우에 관한 선례를 찾아보는 것이 도움이 됨은 물론이나 이는 어디까지나 유용한 참고자료가 될 뿐이다. 아래에서 자세히 보는 바와 같이 유사한 형태의 노무를 제공한 경우라도 사업장마다 사용종속성에 관한 판단이 다른 경우가 적지 않다. 대법원도 '근로자성이 다투어지는 개별 사건에서 근로자에 해당하는지는 개별 근무지에서의 업무형태 등 구체적인 사실관계 및 증명의 정도에 따라 달라질 수밖에 없고, 사실심의 심리 결과 근로자성을 인정하기 어려운 사정들이 밝혀지거나, 근로자성을 증명할 책임이 있는 당사자가 소송과정에서 근로자성을 인정할 수 있는 구체적인 사실을 증명할 증거를 제출하지 않는 등의 경우에는 근로자성이 부정될 수 있다'고 하여 변론주의 원칙에 따라 유사 사건에서

근로자성 판단의 결론이 달라질 수 있다고 판시하였다.[1]

　　그럼에도 불구하고 이하에서는 근로기준법상 근로자 개념의 판단기준에 관한 기본 구도를 제시한 1994년 판결 전후의 사례와 위 기본 구도를 유지하면서도 판단 방식을 세부적으로 진화시킨 2006년 판결 이후의 사례를 근로제공의 유형별로 분류하여, 근로자성이 인정된 경우와 부정된 경우를 구체적으로 검토한다.

나. 1994년 판결 전·후부터 2006년 판결 이전의 사례 분석

(1) 근로기준법상 근로자성을 인정한 사례

◈ 실습생
• 판례번호: 대법원 1987. 6. 9. 선고 86다카2920 판결

◈ 전공의
• 판례번호: 대법원 1989. 7. 11. 선고 88다카21296 판결, 대법원 1998. 4. 24. 선고 97다57672 판결

◈ 신문사의 광고 외근원
• 판례번호: 대법원 1988. 11. 8. 선고 87다카683 판결

◈ 신문판매 확장요원
• 판례번호: 대법원 1996. 10. 29. 선고 95다53171 판결

◈ 신문사의 광고영업사원
• 판례번호: 대법원 2001. 6. 26. 선고 99다5484 판결
• 비고: 처음으로 "사용종속성의 판단에 있어서는 노동관계법에 의한 보호 필요성도 고려하여야 한다"고 설시함

◈ 안마시술소 안마사
• 판례번호: 대법원 1992. 6. 26. 선고 92도675 판결

◈ 한국방송공사의 텔레비전 시청료 위탁직 징수원
• 판례번호: 대법원 1993. 2. 9. 선고 91다21381 판결

◈ 방송사와 전속계약을 체결한 관현악단원
• 판례번호: 대법원 1997. 12. 26. 선고 97다17575 판결

---

1) 대법원 2020. 6. 25. 선고 2020다207864 판결.

◈ 이삿짐 운반용 트럭운전기사
- 판례번호: 대법원 2001. 2. 9. 선고 2000다57498 판결
- 비고: 처음으로 근로자성 판단기준의 여러 요소 중 일부가 결여되었더라도 전체적으로 보아 근로자성을 인정함

◈ 한국방송공사 드라마제작국의 외부제작요원
- 판례번호: 대법원 2002. 7. 26. 선고 2000다27671 판결
- 비고: 진행요원(F.D.: Floor Director), 기록요원(S.C.: Scripter)

◈ 이른바 '소사장 법인' 소속 근로자
- 판례번호: 대법원 2004. 3. 11. 선고 2004두916 판결

◈ 퀵서비스 택배배달원
- 판례번호: 대법원 2004. 3. 26. 선고 2003두13939 판결
- 비고: 자기 소유의 오토바이를 이용하여 택배 업무에 종사하는 배달원의 근로자성이 문제된 사안임

◈ 택시회사의 일용대무기사
- 판례번호: 대법원 2005. 4. 14. 선고 2004도1108 판결

◈ 외국인 산업기술연수생
- 판례번호: 대법원 2005. 11. 10. 선고 2005다50034 판결

(2) 근로기준법상 근로자성을 부정한 사례

◈ 한국전력 주식회사의 위탁수금원
- 판례번호: 대법원 1970. 7. 21. 선고 69누152 판결, 대법원 1978. 7. 25. 선고 78다510 판결

◈ 동방생명보험회사 외무원
- 판례번호: 대법원 1977. 10. 11. 선고 77다972 판결, 대법원 1990. 5. 22. 선고 88다카28112 판결

◈ 전세버스회사의 일용 예비운전기사
- 판례번호: 대법원 1991. 1. 15. 선고 90다11431 판결

◈ 유흥업소 접객원
- 판례번호: 대법원 1994. 4. 29. 선고 93누16680 판결

◆ 유흥업소 출연가수
• 판례번호: 대법원 1996. 9. 6. 선고 95다35289 판결

◆ 이른바 '소사장'
• 판례번호: 대법원 1995. 6. 30. 선고 94도2122 판결

◆ 학습지 교육상담교사
• 판례번호: 대법원 1996. 4. 26. 선고 95다20348 판결, 대법원 2005. 11. 24. 선고 2005다39136 판결
• 비고:
  - 95다20348 판결은 1994년 판결을 그대로 인용한 대표적인 판결로서, 학습지 등을 제작·판매하는 회사와 업무위탁계약을 체결하여 회원 모집 및 유지관리, 회비 수금 등 업무를 수행하고 실적에 따라 수수료를 지급받는 학습지 교육상담교사는 근로자가 아니라고 한 사례임
  - 대법원 2016. 12. 29. 자 2016다42640 판결(심리불속행), 대법원 2018. 6. 15. 선고 2014두12598, 12604 판결(다만, 노동조합법상의 근로자성은 인정)도 근로자성을 부정함

◆ 입시학원 단과반 강사
• 판례번호: 대법원 1996. 7. 30. 선고 96도732 판결

◆ 골프장 캐디
• 판례번호: 대법원 1996. 7. 30. 선고 95누13432 판결, 대법원 2002. 6. 28. 선고 2002도601 판결
• 비고:
  - 대법원 1993. 5. 25. 선고 90누1731 판결은 노동조합법상 근로자성은 인정
  - 골프장 캐디의 근로자성에 관하여는 이하 별도 상술함

◆ 신문사의 지사장
• 판례번호: 대법원 1999. 11. 12. 선고 99도2451 판결
• 비고: 대법원 2010. 10. 28. 선고 2010도9240 판결도 근로자성을 부정함

◆ 레미콘차량 지입차주 겸 운전기사
• 판례번호: 대법원 1995. 6. 30. 선고 94도2122 판결, 대법원 1997. 2. 14. 선고 96누1795 판결, 대법원 1997. 11. 28. 선고 97다7998 판결, 대법원 2003. 1. 10. 선고 2002다57959 판결

◈ 화물차 지입차주
- 판례번호: 대법원 1996. 11. 29. 선고 96누11181 판결, 대법원 2001. 4. 13. 선고 2000도4901 판결
- 비고: 96누11181 판결은 화물 자동차를 구입하여 운수회사에 지입한 후 회사에는 지입료와 제세공과금만을 납부하고, 자동차의 운행에 관해서는 전적으로 자신의 책임 아래 운전기사를 고용하고 자신도 차주 겸 운전사로서 그 자동차를 운전하며 화물운송업에 종사한 지입차주에 관한 사안임

◈ 임차한 중기의 지입차주 겸 운전사
- 판례번호: 대법원 1998. 5. 8. 선고 98다6084 판결
- 비고: 지입차주가 중기를 지입회사 명의로 구입해 지입회사와 형식상의 관리계약을 체결한 후 차주 겸 운전사로서 중기임대업에 종사한 경우, 그 지입차주는 지입회사나 중기의 임차인으로부터 임금을 받을 것을 목적으로 근로를 제공하는 자가 아니므로 근로기준법 및 산업재해보상보험법상의 근로자에 해당하지 않는다고 한 사례임

◈ 프랑스생명보험 보험모집인
- 판례번호: 대법원 2000. 1. 28. 선고 98두9219 판결

◈ 양복점 재봉공
- 판례번호: 대법원 2001. 8. 21. 선고 2001도2778 판결

◈ 방문판매회사의 판매대리인
- 판례번호: 대법원 2002. 7. 12. 선고 2001도5995 판결

◈ 정수기 플래너
- 판례번호: 대법원 2002. 7. 12. 선고 2001도5995 판결
- 비고:
  - '정수기 플래너'는 필터 교체 등 단순한 정기점검 업무만을 수행하고 주로 판매영업을 담당한다는 점에서 근로자성이 부정됨
  - 근로기준법상 근로자성이 인정된 '정수기 엔지니어(A/S 기사)'와 구별되며, 엔지니어는 주로 정수기 설치·사후관리 업무를 수행함(대법원 2021. 11. 11. 선고 2020다273939 판결 등)

제 1 편
노 동

다. 2006년 판결 이후의 사례 분석

(1) 교육 관련 업무 종사자

(가) 학원강사 등

1) 긍정한 사례

2006년 판결 이전에 대법원은 입시학원 단과반 강사의 경우 ① 학원이 강의내용에 대하여 거의 규제를 하지 않은 점, ② 학원 강사들이 독자적으로 각자 지명도를 높이기 위한 선전광고를 하였고, 특정 학원에만 출강한 것도 아니었으며 불법 고액 과외 등 다른 형태의 업무에도 종사한 점, ③ 월 강사료가 616,000원인 강사가 있었던 반면 4,750,000원인 강사도 있는 등 수강생 감소로 인한 위험을 강사가 전적으로 부담한 점 등을 이유로 원심을 파기하고 근로자성을 부인하였다.[1]

그러나 이후 대법원은 입시학원 단과반 강사가 입시학원에서 한 특강 시간, 정규반 강의나 질의응답 시간이 소정근로시간에 포함되는지가 쟁점이 된 사안에서, 입시학원 단과반 강사의 근로기준법상 근로자성이 인정됨을 전제로 ① 학원이 특강의 개설이나 폐지 여부를 결정하였고, 강사들은 학원이 개설하여 배정한 시간에 학원이 지정한 장소에서 특강 강의를 한 점, ② 학원이 정규반 강의와 질의응답 시간 외에 특강 시간까지 포함하여 수강생들의 일정을 관리하였고, 이를 위하여 학원과 강사들이 특강의 개설과 배정, 보수의 지급 등에 관하여 미리 정하고 있었다고 보이는 등 학원이 강사들의 특강 업무를 구체적으로 관리·감독하였다고 보이는 점, ③ 강사들이 특강에 대한 대가로 수강생이 지급한 수업료의 50%를 지급받았다고 하여 그러한 보수가 근로의 대가로 지급된 임금이 아니라고 볼 수 없는 점 등을 논거로 소정근로시간에 해당한다고 판단하였다.[2]

대법원은 2006년 판결 이후 대체로 학원 강사의 근로기준법상 근로자성을 인정하는 추세이다. 대학입시학원 종합반 강사,[3] 대학입시학원의 담임강사·보직강사,[4] 대학입시 기숙학원 강사,[5] 영어학원 원어민 강사,[6] 수학학원 강사,[7] 미용학원 피부

---

[1] 대법원 1996. 7. 30. 선고 96도732 판결. 그러나 이는 '1994년 판결'의 판단기준을 토대로 한 것이므로, '2006년 판결'의 판단기준에 의하더라도 결론이 동일할 것으로 단정하기는 어렵다.
[2] 대법원 2019. 1. 17. 선고 2018다260602 판결.
[3] 대법원 2006. 12. 7. 선고 2004다29736 판결.
[4] 대법원 2007. 1. 25. 선고 2005두8436 판결.

관리 강사[1]) 사건에서 학원 강사들의 근로기준법상 근로자성이 모두 인정되었다. 학원강사를 포함하여 대법원이 교육 관련 종사자에 대하여 근로기준법상 근로자성을 인정한 주요 사례는 아래와 같다.

직업	판례번호	비고
대학입시학원 종합반 강사	대법원 2006. 12. 7. 선고 2004다29736 판결	'1994년 판결'보다 진화한 근로자성 판단방식을 제시한 '2006년 판결'임
대학입시학원 담임 강사, 보직강사	대법원 2007. 1. 25. 선고 2006두8436 판결	
대학입시 기숙학원 강사	대법원 2012. 7. 26. 선고 2010도15672 판결	
영어학원 강사	대법원 2008. 9. 25. 선고 2008도6048 판결	
영어학원 원어민 강사	대법원 2015. 6. 11. 선고 2014다88161 판결 대법원 2019. 10. 18. 선고 2018다239110 판결 대법원 2021. 4. 29. 선고 2018다277570 판결	
수학학원 단과반 강사	대법원 2011. 8. 18. 선고 2011도2236 판결	
미용학원 피부관리 강사	대법원 2007. 9. 7. 선고 2006도777 판결	
컨설팅회사의 외부교육 강사	대법원 2008. 9. 11. 선고 2008다27035 판결	기업체로부터 의뢰 받은 강의를 전속강사에게 배정하여 강의하게 한 경우 컨설팅회사와 전속강사 사이의 근로자성이 문제된 사안으로, 회사가 직접적으로 지휘·감독을 하지는 않았더라도 강

---

5) 대법원 2012. 7. 26. 선고 2010도15672 판결.
6) 대법원 2015. 6. 11. 선고 2014다88161 판결, 대법원 2019. 10. 18. 선고 2018다239110 판결, 대법원 2021. 4. 29. 선고 2018다277570 판결.
7) 대법원 2011. 8. 18. 선고 2011도2236 판결.
1) 대법원 2007. 9. 7. 선고 2006도777 판결.

		의평가를 통하여 간접적인 지휘·감독을 하였다고 봄
대학교 시간강사	대법원 2007. 3. 29. 선고 2005두13018, 13025 판결 대법원 2019. 3. 14. 선고 2015두46321 판결	1학기에 매주 2시간, 매월 8시간 강의를 담당하는 등 비교적 전속성이 약하다고 하더라도 이는 시간제 근로자에게 일반적으로 나타나는 현상이므로 이러한 사정을 들어 근로자성을 부정할 수 없다고 하였음[1]
대학교 겸임교수	대법원 2014. 12. 24. 선고 2012다81609 판결	

근로기준법상 근로자성이 인정된 위 판례 사안에서는 아래와 같은 사정들이 긍정적 요소로 평가되었다.

2006년 판결의 근로자성 판단기준(징표)		긍정적 요소
종속 노동성	업무내용을 사용자가 정함	• 사용자가 강의 내용, 커리큘럼, 강의진도표, 강의 교재, 강의 배정에 관한 주도권을 가짐
	취업규칙 또는 복무(인사) 규정 등의 적용	
	업무수행과정에서 사용자의 상당한 지휘·감독	• 사용자가 선임강사 등을 지정하여 강의기술 등을 지도하고 지침을 제공함 • 강의실에 CCTV 등을 설치함 • 강의평가를 강의료 산정 등에 반영함 • 강의태만, 직장분위기 훼손, 수강생 관리 소홀, 수강생 감소 등을 이유로 계약을 해지할 수 있었음 • 강의 외 모의고사 시험 감독, 자습 감독, 학부

---

1) 대법원 2007. 3. 29. 선고 2005두13018, 13025 판결은 "… 이 사건 각 대학교의 시간강사들이 전임교원들과 같은 정해진 기본급이나 고정급을 지급받지 아니하고 근로제공관계가 단속적인 경우가 일반적이며 특정 사용자에게 전속되어 있지도 않을 뿐만 아니라 원고들로부터 근로소득세를 원천징수당하지 아니하는 등의 사정이 있다 하더라도, 이러한 사정들은 최근에 급격하게 증가하고 있는 시간제 근로자에게 일반적으로 나타나는 현상으로 볼 수 있는 데다가 사용자인 원고들이 경제적으로 우월한 지위에서 사실상 임의로 정할 수 있는 사정들에 불과하다. 또한, 시간강사들이 원고들로부터 강의내용이나 방법 등에 관한 구체적인 지휘·감독을 받지 않은 것은 지적 활동으로 이루어지는 강의업무의 특성에 기인하는 것일 뿐 그들이 근로자가 아니기 때문이라고 할 수도 없다. 따라서 위와 같은 사정들만으로는 이 사건 각 대학교의 시간강사들의 근로자성을 부정할 수 없다."고 하였다.

		모 상담 등 부수적 업무를 시킴
	사용자가 지정한 근무시간과 근무장소에의 구속	• 사용자가 출퇴근 시간을 관리함 • 사용자가 강의 시간 및 장소(사무실 자리)를 지정하고, 근로자가 강의가 없는 자유시간에 자유로이 학원 등을 이탈하기 어려움
독립사업자성 (기술·조직· 경제적독립성)	노무제공자 스스로 비품·원자재, 작업도구 등 소유	• 강의에 사용한 장비(강의실, 칠판, 컴퓨터, 복사기 등)가 사용자의 소유이고, 사용자로부터 강의 교재를 제공받음[1] * 다만, 강의 업무의 성격상 근로자성 인정의 '결정적'인 논거가 되기는 어렵다고 보았음
	제3자를 고용하여 업무를 대행케 하는 등 독립하여 자기의 계산으로 사업을 영위하는지	• 제3자로 하여금 강의를 대신 하게 하는 것이 허용되지 않음[2] • 다른 학원 등에서 강의하는 것이 계약으로 금지되거나, 해당 학원 등에 상당한 시간을 근무하여 현실적으로 다른 학원 등에서 강의하기가 불가능함
	노무 제공을 통한 이윤의 창출과 손실의 초래 등 위험을 스스로 안고 있는지	
보수의 근로대가성	보수의 성격이 근로 자체의 대상적 성격인지	• 강의시간에 비례하여 강사료를 지급받음(수강생 수와 비례한 강의료 증감이 보수에 영향을 미치는 비중이 없거나 적음)
계약관계의 계속성· 전속성	근로제공관계의 계속성과 사용자에 대한 전속성의 유무 및 정도	• 컨설팅회사 외부교육 강사 사안(2008다27035)에서는 '근로자가 정기적·주기적으로 강의하는 것이 아니어서 월별, 연도별 강의시간 편차가 심하더라도 이는 회사의 강의 용역 수주에 따라 그때그때 강의가 맡겨지기 때문에 발생하는 사정일 뿐이므로 그로 인하여 근로의 계속성이 부정된다고 할 정도는 아니다'라고 판시함

---

1) 한편, 초등학교 특별활동 담당 강사가 학교법인의 근로자인지 문제된 사안(대법원 2004. 3. 26. 선고 2003도3188 판결)에서는, 학교측이 제공한 강의재료 등을 사용하기는 하였으나 업무의 특성상 부득이한 사정일 뿐이라고 하여 근로기준법상 근로자성을 부정하였다.

2) 초등학교 특별활동 담당 강사가 학교법인의 근로자인지 문제된 사안(대법원 2004. 3. 26. 선고 2003도3188 판결)에서는, 해당 업무가 교원자격증이 필요한 업무로서 제3자를 통한 대행이 사실상 불가능하다는 점은 업무 특성에서 기인하는 부득이한 것으로 중요한 요소가 아니라며 근로기준법상 근로자성을 부정하는 논거로 삼았다.

부차적 징표	기본급·고정급 정함 여부	
	근로소득세 원천징수 여부	
	사회보장제도에 관한 법령상 근로자 지위 인정 여부 등 기타 경제적·사회적 조건	

2) 부정한 사례

소액사건이었던 대법원 2023. 2. 2. 선고 2022다281866 판결은 근로기준법상 근로자성을 부정한 원심을 유지하였는데, 위 사안에서는 근로자가 보수로 기본급 없이 수강생이 납부한 수강료의 40%를 지급받았고, 월별 수강생 수에 따라 보수액에 편차가 컸다.

나아가 초등학교 특별활동 담당 강사가 학교법인의 근로자인지 문제된 대법원 2004. 3. 26. 선고 2003도3188 판결은 ① 강사들이 수업계획서를 작성하여 교감 등과 상의 후 강의를 진행하였고, 교원자격증이 필요한 업무로서 제3자를 통한 대행이 사실상 불가능하였으며 학교측이 제공한 강의재료 등을 사용하기는 하였으나, 이는 업무의 특성상 부득이한 것으로 보일 뿐인 점, ② 강의시간에 따라 자유로이 출퇴근하였던 점, ③ 강사료는 특별활동 교육시간에 따라 학교로부터 지급받기는 하였는데, 강의가 없는 방학기간에 보수가 전혀 지급되지 아니하였고, 강사료는 전액 학부모들로부터 납부받은 특별활동비로 지급된 점, ④ 강의시간 외에 자유롭게 별도의 과외교습을 한 점 등을 근거로 근로기준법상 근로자성을 부정하였다.

또한 초등학교와 방과 후 교육 운영계약을 체결하고 수강 학생 모집 실적에 따라 수수료를 지급하는 것을 조건으로 강사를 모집하여 개별 초등학교에 파견하는 회사의 소속 강사들이 근로기준법상 근로자인지 문제된 사안에서, 대법원 2017. 11. 29. 선고 2014두10356 판결은 ① 위 회사가 사용자로서 근로자인 강사의 근무장소를 지정한 것으로 보기 어렵고 특별히 강사의 출퇴근 시간을 정하지 않고 있었으며, ② 회사와 강사계약을 체결한 강사가 학교의 결재 하에 수업내용을 구체적으로 결정하고, ③ 강사는 회사가 제정한 취업규칙이나 복무규정의 적용을 받지 않는 점, ④ 회사가 강사에 대하여 계약해제 이외에 징계조치를 하고 있지 않은 점, ⑤ 강사가 노무제공의 보수로 받는 수수료는 강사가 모집한 학생의 수에 비례하는 점 등을 근거로 근로기준법상 근로자성을 부정한 원심의 판단을 수긍하였다.

(나) 학습지교사 – 노동조합법상 근로자성을 인정한 사례

대법원 2018. 6. 15. 선고 2014두12598, 12604 판결(이하 '학습지교사 판결'이라 한다)은 학습지교사에 관하여 근로기준법상 근로자성은 부정하되 노동조합법상 근로자성을 인정하였고,[1] 그 후 같은 취지의 판결들[2]이 나오고 있다. 학습지교사 판결은 취업 중인 노무제공자에 대해서도 노동조합법상 근로자성 인정 범위가 근로기준법상 근로자성 인정 범위보다 넓다는 것을 분명히 하였고, 근로기준법상 근로자성 판단기준과 다른 노동조합법상 근로자성 판단기준으로 6개의 주요 요소(① 노무제공자의 소득이 특정 사업자에게 주로 의존하고 있는지, ② 노무를 제공받는 특정 사업자가 보수를 비롯하여 노무제공자와 체결하는 계약 내용을 일방적으로 결정하는지, ③ 노무제공자가 특정 사업자에게 그 사업 수행에 필수적인 노무를 제공함으로써 특정 사업자의 사업을 통해서 시장에 접근하는지, ④ 노무제공자와 특정 사업자의 법률관계가 상당한 정도로 지속적·전속적인지, ⑤ 사용자와 노무제공자 사이에 어느 정도 지휘·감독관계가 존재하는지, ⑥ 노무제공자가 특정 사업자로부터 받는 임금·급료 등 수입이 노무 제공의 대가인지)를 구체적으로 제시하였다는 점에 의의가 있다. 학습지교사 판결이 근로자성을 판단한 근거는 아래와 같다.

근로자성 판단	판단 근거
근로기준법상 근로자성 부정[3]	① [취업규칙 등 미적용] 일반 정규직원에게 적용되는 취업규칙과 인사규정은 적용되지 않고, 학습지교사들에게 위탁계약서에서 정한 바에 따라 적용되는 별도의 업무지침이나 사업관리 규정에는 학습지교사의 승진, 근무시간, 휴가, 징계 등 인사에 관한 규정이 없음 ② [상당한 지휘·감독 불인정] ㉠ 학습지교사들은 1년을 계약기간으로 하는 위탁사업계약을 체결하고, 위탁사업계약에서 정한 회원 유지·관리·모집 등 업무를 수행함. 회사가

---

1) 이 판결 이전에도 대법원 1996. 4. 26. 선고 95다20348 판결, 대법원 2016. 12. 29. 선고 2016다42640 판결(심리불속행)이 근로기준법상 근로자성을 부정하였으나, 대법원 95다20348 판결은 2006년 판결 이전에 선고된 판결로서 '구체적·직접적인 지휘·감독' 여부를 판단요소로 삼았다.
2) 근로기준법상 근로자성을 부정한 서울고등법원 2023. 8. 17. 선고 2022누63333 판결(미상고 확정), 노동조합법상 근로자성을 인정한 대법원 2021. 11. 11. 자 2021두48649 판결(심리불속행) 등.
3) 대법원은 근로기준법상 근로자성에 관하여 근로자성을 부정한 원심의 판단을 원용하였고 추가 설시는 하지 않았으므로, 원심판결의 내용을 인용하였다.

학습지교사들의 담당 관리 구역을 배정하는데 구역 배정은 교사들 간 불필요한 경쟁을 막아 적정 회원 수를 확보해 주기 위한 조치일 뿐 인사상 조치로 활용되지는 않은 것으로 보임

ⓛ 학습지교사는 언제 어디서 교육할지 회원과 협의하여 자율적으로 정하고, 지도 시간, 업무수행 방법도 학습지교사의 자율과 능력에 맡겨져 있으며, 회사가 학습지도서나 표준필수업무를 시달하였으나 지원·권고적 역할에 그칠 뿐 강제성은 없었음

ⓒ 매일 출퇴근할 의무가 없고, 매주 3회 조회 또는 능력향상과정이 진행되지만 참석이 강제되지 않으며(불참하더라도 제재나 불이익이 없음) 위탁업무를 수행한 후에는 자유롭게 업무에서 이탈할 수 있음

ⓡ 계약서에서 정한 사유 발생 시 위탁계약을 해지하는 것 외에 규정 위반 등을 이유로 징계조치를 할 수 없었음

ⓜ 학습지교사들이 매월 초 작성하여 제출한 사업계획서나 지국장이 회원관리카드 등에 표시한 대로 업무수행이 이루어지지 않더라도 실적에 따른 수수료 증감 외에 목표달성 또는 지시 이행 여부 자체에 따른 이익·불이익은 없었는바, 이는 회사가 위탁자의 지위에서 하는 위탁업무 진행 속도의 조정이나 실적 독려 등 최소한의 지시에 불과함

③ [보수의 근로대가성도 불인정] 학습지교사들이 받은 수수료는 업무의 내용이나 시간에 관계없이 객관적으로 나타난 위탁업무의 이행실적에 따라 그 지급 여부 및 지급액이 결정되고, 교사들 상호 간에 매월 받는 수수료에는 큰 차이가 있으며, 동일한 교사가 매월 받는 수수료도 그 실적에 따라 달라짐

④ [작업 도구 등의 제공과 비용 부담에 관한 평가] 지국 사무실에 교사별 사물함, 책상, 의자 및 공용 컴퓨터, 프린터, 복사기를 제공하였으나 사무실로 출근할 의무가 없는 점(주 1회 교재 수령을 위한 방문 제외)을 고려하면 위와 같은 물품 제공은 편의제공적 성격이고, 이동 차량이나 교통비가 제공되지 않았으며, 홍보에 필요한 명함, 스티커 등 제작 비용도 교사가 부담함

⑤ [전속성 증명 부족] 학습지교사의 겸업을 금지하지 않았고 전속성도 충분히 증명되지 않았음

⑥ [사회보장제도 기타 사회·경제적 조건] 학습지교사들은 각자 사업자등록을 한 후 수수료 소득에 대하여 사업소득세를 납부하였고, 개별적으로 지역의료보험에 임의 가입함

노동조합법상 근로자성 인정[1]	① [특정 사업자에 소득 의존] 업무 내용, 업무 준비 및 업무 수행에 필요한 시간 등에 비추어 볼 때 학습지교사들이 겸업을 하는 것은 현실적으로 어려워 보여, 회사로부터 받는 수수료가 학습지교사들의 주된 소득원이었을 것으로 보임

---

1) 노동조합법상 근로자성을 부정한 원심을 파기하였다.

② [계약 내용의 일방적 결정] 회사는 불특정다수의 학습지교사들을 상대로 미리 마련한 정형화된 형식으로 위탁사업계약을 체결하였으므로, 보수를 비롯하여 위탁사업계약의 주요 내용이 회사에 의하여 일방적으로 결정되었다고 볼 수 있음

③ [특정사업자에 필수적 노무를 제공하고, 특정사업자를 통하여 시장에 접근] 학습지교사들이 제공한 노무는 회사의 학습지 관련 사업 수행에 필수적이었고, 학습지교사들은 회사의 사업을 통해 학습지 개발 및 학습지회원에 대한 관리·교육 등에 관한 시장에 접근하였음

④ [상당한 정도로 지속적·전속적] 학습지교사들은 회사와 일반적으로 1년 단위로 위탁사업계약을 체결하고 계약기간을 자동연장하여 왔으므로 그 위탁사업계약관계는 지속적이었고, 회사에 상당한 정도로 전속되어 있었던 것으로 보임

⑤ [어느 정도의 지휘·감독]
  ㉠ 회사는 신규 학습지교사들을 상대로 입사실무교육을 실시하고, 사무국장 및 단위조직장을 통하여 신규 학습지교사들을 특정 단위조직에 배정한 후 관리회원을 배정하였음
  ㉡ 일반 직원에게 적용되는 취업규칙과는 구별되지만 학습지교사들에게 적용되는 업무처리지침 등이 존재하였고, 회사는 학습지교사들에게 학습지도서를 제작·배부하고 표준필수업무를 시달하였음
  ㉢ 학습지교사들은 매월 말일 지국장에게 회원 리스트와 회비 납부 여부 등을 확인한 자료를 제출하고 정기적으로 회사 홈페이지에 로그인하여 회원들의 진도상황과 진단평가결과 및 회비수납 상황 등을 입력하며, 2~3달에 1회 정도 집필시험을 치렀음
  ㉣ 회사는 회원관리카드 및 관리현황을 보유하면서 때때로 학습지교사들에게 일정한 지시를 하고, 주 3회 오전에 교사들을 참여시켜 지국장 주재 조회와 능력향상과정을 진행하기도 하였음

(2) 운전 관련 업무 종사자

(가) 학원버스, 회사 통근버스 지입차주

대법원 판례의 주류적 흐름을 보면 전속성이 인정되고 업무대체성이 없는 전속 지입차주에 관한 사안에서는 대체로 지입차주의 근로자성을 인정해온 것으로 보인다.[1]

1) 긍정한 사례

① 대법원 2007. 9. 6. 선고 2007다37165 판결, 대법원 2014. 7. 10. 선고 2012

---

[1] 노동법실무연구회, 근로기준법주해 Ⅰ, 박영사(2020), 145.

다92494 판결, 대법원 2015. 5. 28. 선고 2014다62749 판결: 근무시간, 근무장소(운행구간)가 구체적으로 정해져 있고, 차량 크기에 따라 월정액으로 고정적인 급여를 받은 점, 학원의 승인 없이 제3자가 운행하는 것이 금지되고, 다른 사업을 영위하는 것이 법령상으로나 자동차종합보험상으로 불가능한 점, 근로자임을 전제로 한 4대 보험 가입, 근로소득세 원천징수 등의 사정을 근거로 학원버스 지입차주의 근로자성을 인정하였다.

② 대법원 2014. 7. 24. 선고 2014다202530 판결: 근무시간, 근무장소(운행구간)가 정해져 있고, 회사의 운행과 정비 및 청소 상태에 관한 점검 등 지시 및 통제를 받은 점, 다른 운전기사를 대체투입할 수 없었고 통근버스 운행 외에 별도의 유상운송사업을 영위할 수 없었으며 매달 일정액의 지입차량 사용료를 지급받은 점 등의 사정을 근거로 회사 통근버스 지입차주의 근로자성을 인정하였다.

2) 부정한 사례

대법원 2014. 7. 24. 선고 2012두16442 판결은 학원버스 지입차주들이 ① 기존 근로계약서 대신 새로이 차량운행용역계약서를 작성하면서 개별적으로 사업자등록을 하고 퇴직금을 지급받지 아니하며 4대 보험의 적용을 받지 아니하기로 약정한 점, ② 출근부에 서명하지 아니하고 학생들의 수송을 마치면 자유롭게 귀가하였으며 취업규칙의 적용을 받지 아니한 점, ③ 상당한 가격의 45인승 버스를 지입한 후 실제로 버스를 소유·관리하면서 그 운행에 관한 모든 책임을 부담한 점, ④ 별다른 제약 없이 대차운행, 대리운행을 하고 업무 외의 영업행위를 한 점, ⑤ 버스 운행에 대한 수수료는 차량의 승차인원, 연식, 운행거리 등에 따라 차등적으로 지급받은 점 등의 사정을 근거로 학원버스 지입차주의 근로자성을 부정하였다.

(나) 화물운송 지입차주

화물운송 지입차주에 관한 판례의 사안은 사용자를 화주로 주장한 경우와 지입회사로 주장한 경우로 나뉜다.

1) 긍정한 사례

① 대법원 2013. 4. 26. 선고 2012도5385 판결: 운전기사가 철선제품을 생산하는 A회사와 차량임대차계약을 체결하고, 자신 소유의 차량을 A회사 명의로 소유권

이전등록을 마친 다음 A회사로부터 일정한 임대료를 받으면서 A회사의 지정에 따라 A회사가 생산한 철선제품을 운송한 사안으로, 일반적인 지입차주 사안과는 사실관계가 다소 다르다(대법원은 임대료 중 차량 사용 대가 또는 실비변상적 성격에 해당하는 금원이 있으므로 임대료 전액을 평균임금 산정의 기초가 되는 임금으로 볼 수 없다는 취지로 원심을 파기하였다).

② 대법원 2018. 10. 25. 선고 2015두51460 판결: 운전기사가 B회사로부터 물류창고의 관리 및 제품 운송 업무를 위탁받은 C회사와 제품운송계약을 체결하고 위 물류창고로 출근하여 C회사의 지시에 따라 B회사 제품을 운송한 사안이다.

이 사건의 경우 명확하지는 않으나 운전기사가 화물자동차에 대한 소유권과 화물자동차 운송사업면허를 모두 보유하고 있었고, C회사에 별도로 지입료를 지급하지 않았던 것으로 보인다. 한편 C회사는 B회사의 특수관계회사로 B회사와의 내부거래율이 96% 이상이었던 것으로 보여, 사실상 화주와 업무지시회사가 동일하다고 볼 여지도 있었던 사안이다.

③ 대법원 2024. 1. 25. 선고 2020두54869 판결: 운전기사가 지입회사인 D회사가 아니라 D회사와 문서파쇄 및 운송 업무에 관한 위탁계약을 체결한 E회사(기업체로부터 문서파쇄를 의뢰받아 현장에서 문서파쇄를 대행하는 업체임)의 근로자에 해당하고, 화물자동차 운송사업 허가가 필요하여 D회사와 지입계약을 체결한 것일 뿐이라 판단한 사안이다.

사실관계를 보면, E회사가 운전기사에게 직접적인 업무지시를 하고, 매월 일정한 보수를 지급하였으며, 운전기사는 위 보수에서 일부를 D회사에 지입료로 지급하였는데, D회사는 차량의 소유명의자로서 행정적 지원 업무만 대행하였고 E회사의 문서파쇄 업무를 운전기사에게 알선하거나 운전기사의 업무수행을 관리하지 않았다. 일부 다른 지입차주들이 지입료 등의 문제로 E회사에 지입회사의 변경을 요구하자 E회사가 지입회사를 다른 회사로 변경해주기도 하였다.

2) 부정한 사례

① 대법원 2011. 6. 9. 선고 2009두9062 판결: 운전기사는 F회사와 운송계약을 체결한 특정 업체의 화물을 F회사가 지정하는 내용에 따라 운송하였다.

② 대법원 2013. 7. 11. 선고 2012다57040 판결: 운전기사는 G회사와 운송계

약을 체결한 H회사로부터 운송 업무를 재위탁받은 I회사와 용역계약을 체결하고 G 회사의 화물을 운송하였다.

근무시간·휴일이 일정하였고, 고정급을 보수로 지급받았으며, 회사가 지정한 화물만 운송할 수 있었고, 회사가 복장·차량상태·차량 외장 및 도색 등을 통제한 사안으로, 제1심과 원심이 근로자성을 긍정하였으나, 대법원은 근로자성을 부정하였다. 대법원의 판시를 보면 근로자성이 긍정될 수 있는 사정들에 대하여, 이를 이유로 근로자성이 긍정되기 어렵다는 취지의 판시를 하였을 뿐, 운송용역계약상 제3자가 업무를 대행함에 특별한 장애가 없었던 것으로 보인다는 것 외에 근로자성을 부정할 수 있는 주요 논거에 대해서는 별다른 언급을 하지 않았다.[1]

(다) 화물차 운전용역 등 계약자

① 대법원 2010. 5. 27. 선고 2007두9471 판결: J회사가 회사 소유의 트랙터와 트레일러를 운전기사에게 무상으로 제공하고, 지정한 현장에서 레미콘 원자재 등 운송 업무를 수행하도록 한 사안으로 근로자성을 인정하였다.

② 대법원 2021. 4. 29. 선고 2019두39314 판결: K회사가 회사 소유의 트랙터와 트레일러를 운전기사에게 임대차보증금 200만 원에 임대하였고, 운전기사는 L회사 제천 공장 등에서 생산된 콘크리트파일 등을 K회사가 지정한 공사현장으로 운송하는 업무를 수행한 사안으로, 근로자성을 인정하였다.

(3) 채권추심업무 종사자

채권추심업무 종사자의 근로자성이 다투어진 사건에서 대법원은 팀 등 조직체계와 실제 운영 실태, 전산프로그램 등의 운영 방법, 실적 관리기준 및 방법, 교육의 내용, 회사의 통제권 내지 지휘명령권의 행사 유무 등 상당한 지휘·감독의 구체적 내용과 정도, 수수료의 편차 정도, 제3자를 통한 업무대행 가능성 등과 같은 주된 근로자성 판단 징표의 증명 정도에 따라 같은 채권추심회사의 경우라도 지점, 지사, 기간을 구분하여 근로자성 인정 여부를 달리 판단하고 있다.

---

1) 임상민, "근로자성의 인정범위", 법관연수 어드밴스(Advance) 과정 연구논문집, 사법연수원(2017), 제 743면은 대법원이 제3자의 업무 대체성에 대하여 사실관계에 반한 판단을 하였다고 평가하였다.

(가) 부정한 사례

대법원 2009. 5. 14. 선고 2009다6998 판결은 M회사에 정시 내지 매일 출근할 의무가 없었고, 지점장의 채권배당을 위한 소집에도 응할 의무가 없었으며, 취업규칙의 적용을 받지 않은 점, 지급받은 성과수수료가 전혀 없거나 6개월간 156,000원에 불과한 점, 계약기간 동안 지급받은 성과수수료가 연평균 279만 원 정도에 불과하여 회사에 종속되어 구체적이고 개별적인 지휘·감독을 받으며 업무에 전념하였다고 보기에는 그 액수가 지나치게 작은 점 등을 이유로 신용정보회사 소속 채권추심원이 근로기준법상 근로자에 해당하지 않는다고 보았다. 그 후에도 고정급이 없고 수수료 편차가 큰 점, 실적 관리 및 그에 따른 불이익조치 등 상당한 지휘·감독에 대한 증명이 부족한 점 등을 이유로 채권추심원의 근로기준법상 근로자성을 부정한 대법원 판결들이 나왔다.

판례번호	사안
대법원 2013. 7. 12. 선고 2013다27336 판결	도료, 합성수지 등의 제조·판매업 등을 주된 영업으로 하는 회사로서, 채권추심업무가 회사 본래의 업무인 다른 사건들과는 차이가 있음
대법원 2015. 9. 10. 선고 2013다40612, 40629 판결	○○신용정보 '甲지사' 채권추심원 *'乙지사'는 근로자성 부정
대법원 2019. 4. 23. 선고 2018다268125 판결	△△△신용정보
대법원 2020. 1. 16. 선고 2018다282077 판결	△△△신용정보
대법원 2022. 8. 19. 선고 2020다296819 판결	○○신용정보 '甲지사' 채권추심원 *'乙지사'는 근로자성 부정
대법원 2022. 9. 29. 선고 2020다253225 판결	농업협동조합자산관리회사

(나) 긍정한 사례

이에 반하여 대법원 2010. 4. 15. 선고 2009다99396 판결(□□신용정보 채권추심원의 퇴직금 청구사건으로, 평균임금 쟁점으로 파기환송됨)은 정규직과 촉탁직 사이에 담당 업무내용이나 지휘·감독 정도에 있어 실질적으로는 아무 차이가 없어 후자에 대하여도 근무시간 및 장소 지정, 복장 및 용모 점검, 업무지시 및 교육훈련, 부진 시의 불이익조치 등의 통제가 고강도로 이루어진 사실, 촉탁 계약이 업무수행방법, 금지사항, 보수지급기준 등 취업규칙을 갈음할 만한 사항을 다수 포함하고 있고, 징계해고나 정리해고 사유에 상응하는 사유들을 해지사유로 정하고 있으며, 최초 계약 시에는 회사의 손해를 배상할 담보로 신원보증인과 신용보증서를 입보하도록 되어 있는 사실, 회사가 사무실과 함께 각종 사무집기 비품, 각종 보고서 및 의뢰서 양식, 전산망 접속용 아이디 및 신용정보업종사원증 등을 제공하고 전화 및 우편요금, 각종 등·초본 발급비용 등 제반비용을 부담해왔던 사실 등을 근거로 신용정보회사 소속 채권추심원을 근로기준법상 근로자로 인정하였다. 이외에도 대법원은 아래와 같이 다수의 판결에서 채권추심원의 근로자성을 인정하는 판결을 하였다.

판례번호	사안
대법원 2007. 11. 30. 선고 2005도2201 판결	소규모채권추심업체의 채권회수업무 담당직원
대법원 2008. 5. 15. 선고 2008두1566 판결	○○카드로부터 채권회수업무를 위임받아 수행하던 중 사망한 채권추심원의 모친이 산재보험법상 유족급여 및 장의비 지급을 청구한 사건
대법원 2012. 6. 14. 선고 2012다20048 판결	◇◇신용정보
대법원 2015. 7. 9. 선고 2012다20550 판결 대법원 2015. 7. 9. 선고 2012다79149 판결 대법원 2015. 7. 9. 선고 2013다23877 판결 대법원 2015. 8. 13. 선고 2012다74168 판결	N회사 소속 채권추심원들(4개 판결의 원고들이 소속된 지사는 다양함)이 퇴직금을 청구한 사건으로, 환송 전 원심판결들은 대책회의[1]에 따라 변경된 2008. 6. 16. 자 계약서 체결 이전에는 근로자성을 인정하고 그 후에는 근로자성을 부정하였으나, 대법원은 2008. 6. 16. 자로 변경된 계약서 양식에 따라 계약을 체결한 이후에도 근로자성이 유지된다고 보아 모두 파기환송함
대법원 2012. 6. 14. 선고 2012다20048 판결	□□신용정보 채권추심원의 퇴직금 청구사건(상고기각판결임에도 상세한 이유를 기재함)
대법원 2015. 10. 15. 선고 2014다86769 판결	○○신용정보 '乙지사' 채권추심원 *'甲지사'는 근로자성 부정

---

1) 농업협동조합자산관리회사는 채권추심원의 근로자성을 확인하는 판결(대법원 2015. 7. 9. 선고 2012도 20550 판결)이 선고된 이후에 채권추심업무계약과 관련된 각종 문서 양식을 변경하고, 근로자성의 징표로 판단된 여러 사항들을 제거하려고 노력하였음.

대법원 2016. 4. 15. 선고 2015다252891 판결	☆☆신용정보
대법원 2018. 6. 28. 선고 2018다211655 판결	◇◇신용정보와 채권추심업무에 관한 위임계약을 체결하고 수개월 단위로 계약이 반복되어 업무를 수행하다가 담보 및 임대차조사업무에 관한 위임계약으로 변경하여 조사업무를 수행하던 중 퇴직한 사안으로, 위임계약 해지 후 위임계약의 형식을 떠나 근로자임을 주장하면서 재직기간에 상응하는 퇴직금을 청구한 사례
대법원 2020. 4. 29. 선고 2018다229120 판결	○○○평가정보
대법원 2020. 6. 25. 선고 2018다292418 판결	A대부의 채권추심원이 퇴직금을 청구한 사안으로, 다른 회사에 일정 기간 겸직하여 A대부에서 얻은 소득의 50% 이상을 얻은 기간에도 여전히 A대부의 근로자성을 인정함
대법원 2022. 12. 1. 선고 2021다210829 판결	B대부

(다) 근로자성 판단요소의 구체적 검토

1) 채권추심원의 근로자성 인정 여부는 이처럼 소속된 채권추심회사의 지점, 지사 등 개별 근무지에서의 업무형태 등 구체적인 사실관계 및 증명의 정도에 따라 달라지기 때문에, 같은 회사, 같은 지점 소속 채권추심원인 경우에도 사안마다 판단이 다르게 나오고 있다. 판례에 나타난 신용정보회사의 채권추심원에 대한 근로자성 인정의 부정적 요소와 긍정적 요소를 비교하여 정리하면 아래와 같다.

긍정적 요소	부정적 요소
• 비록 위임계약서의 형식을 취하고 있으나, 그 안에 업무수행방법, 금지사항, 보수지급기준 등 취업규칙에 갈음할 만한 사항들이 다수 포함되어 있고, 징계해고나 정리해고 사유에 해당하는 사유들이 계약해지 사유로 되어 있음	• 계약서에 독립사업자로서 '위임에 의하여' 채권추심업무를 대행한다고 규정되어 있음 • 채권추심원들에게 회사의 취업규칙이 적용되지 않음
• 회사에 대한 손해배상의 담보로 신원보증인 또는 신원보증보험을 요구함	
• 회사로부터 할당받은 채권을 추심하는 업무를 수행하면서 피고의 전산망에 당일	• 추심대상 채권에 대한 추심순위를 지시하거나 채권추심업무의 내용이나 수행방법

수행한 업무내용 등을 입력하는 방식으로 보고함	및 업무 수행시간, 장소 등에 대한 구체적인 지시·감독이 없음
• 채권추심원들에 대한 근태기록부를 만들어 매일의 근무상황을 관리함	• 정시 내지 매일 출근할 의무가 없음 • 출장을 가거나 개인적인 업무 등을 위해 사무실에서 나갈 때에 회사의 승인이나 보고절차가 없음
• 일별, 주별, 월별 목표치를 설정하여소속 지점에 제출함 • 채권추심원별 일일 회수실적을 취합하고, 본부나 지점으로 하여금 부진을 해소할 대책을 수립·시행하게 하며, 각 지점은 '시말서 징구', '채권 차등 할당', '지속 부진자 퇴출' 등의 관리방안을 마련함	• 개인별 월 달성목표액을 정하는 등 채권추심원들에게 구체적인 업무성과 달성을 강요하지 않음 • 추심실적이 부진하다고 하여 불이익을 당하지 않음
• 정기적으로 지사장 또는 팀장을 통해 법적대응방법, 전화대응방법, 민원방지방법 등 채권추심활동에 필요한 전반적인 교육을 실시함	
• 회사가 채권추심원들에게 사무실, 사무집기, 비품을 제공하고, 전화·우편요금, 등·초본 발급비용 등 제비용을 부담함	• 사무실 전화비용만 회사에서 부담할 뿐 그 외 휴대전화요금, 교통비, 주유비용, 식대 등 업무수행 중 발생하는 대부분의 비용은 채권추심원이 부담함
• 제3자에게 업무를 대행하게 할 수 없고, 계약상으로나 실제상으로나 회사에 전속되어 그 업무만을 수행하여 왔으며, 특별한 사정이 없는 한 계약기간이 계속 갱신됨	• 채권추심업 이외에는 별다른 겸직 제한이 없음 • 실제로 다른 회사의 채권추심업무를 하거나 추심업무 외 다른 업무를 하는 추심인이 있음
• 매월 정기적으로 수수료가 지급되고, 그 액수도 원고들이 제공한 근로의 질과 양에 따라 달라짐	• 제공한 근로의 내용이나 시간과 관계없이 오로지 채권회수 실적에 따른 성과수수료만을 지급할 뿐이고 고정급여가 없음 • 성과수수료가 기간별로 큰 차이를 보이며 성과수수료를 전혀 지급받지 못한 기간도 있음
	• 근로소득세를 납부하지 않고 4대 보험에 가입하지 않음

2) 채권추심원에 관한 대표적인 대법원 판례로 근로자성을 부정한 2015년 ○○신용정보 주식회사 사례와 근로자성을 인정한 2016년 ☆☆신용정보 주식회사 사례

에 나타난 근로자성 판단 징표를 비교하면 아래 표와 같다.

근로자성 판단 요소	○○신용정보 (대법원 2015. 9. 10. 선고 2013다40612, 40629 판결)	☆☆신용정보 (대법원 2016. 4. 15. 선고 2015다252891 판결)
업무 내용을 사용자가 정함	위임계약서(신용정보의 이용 및 보호에 관한 법률 제27조 제2항 제2호에 의거한 위임직 채권추심인의 신분)	• 계약기간 6개월의 채권추심 위임업무수행계약 체결 • 지정한 팀에 소속되어 회사로부터 배정받은 채권에 관한 추심업무를 함
취업규칙 또는 복무(인사)규정 등의 적용을 받음	취업(복무)규칙이 적용되지 않았고, 추심순위를 지정하거나 구체적 추심업무의 내용 내지 방법 등을 지시한 바 없으며, 근무태도나 근무성적 등을 평가하거나 추심실적이 부진하다고 손해를 주지 않았음	채권추심원들을 구속하는 취업규칙이나 내규를 정하지는 않았음
업무수행 과정에서 사용자의 상당한 지휘·감독을 받음	• 팀장이 출퇴근 상황을 점검·보고 / 회의를 소집하여 업무현황 등 점검 / 월 목표액을 달성하라고 요청하는 경우도 있고, 지시에 순응하지 않는 추심인에게는 불리하게 사건을 배당하기도 하였지만, 대부분의 경우 추심대상채권의 수나 액수 등에서 실질적으로 공정하게 배당되었고 개인별 월 달성목표액을 정하지도 않아 구체적인 업무성과 달성을 강요하지도 않았던 점에 비추어 위와 같은 지시 또는 강요가 일부 지사장 개인의 성향에 따른 현상으로 보일 뿐, 회사 차원에서 이루어졌다고 보기는 어려움. • 전산입력은 다수 채권을 관리하는 추심인에게 개별 채권에 관한 세부 상황을 관리하는 어려움을 줄이는 등 추심인의 업무 편의를 위한 것이지, 지	• 불이익을 받지 않기 위해 캠페인, 조기출근, 야근, 토요일 근무 등 피고가 업무실적향상을 위해 동참을 요구하는 각종 조치에 따를 수밖에 없었음 • 자체적으로 교육하고 교육참가확인서를 받음 • 채권추심업무를 수행하는 과정에서 목표설정에서부터 채권추심업무의 처리에 이르기까지 모든 업무의 과정을 채권관리시스템에 입력하게 함으로써 원고들의 업무를 구체적으로 지휘하고 관리·감독함(회사의 지시에 따라 채권관리시스템에 모든 방문에 관하여 방문시간, 방문결과, 비용 등을 입력함 / 매월 초순경 채권관리시스템에 그 달의 업무목표량을 전화통화, 방문, 법조치, 입금 약속 등의 항목별로 등록한 후 상급자의 승

	사장에 대한 업무보고 등 노무관리를 위한 것이라고 보기 어려움.	인을 받음)
사용자가 근무시간과 근무장소를 지정하고 근로자가 구속을 받음	업무장소를 자유롭게 선택할 수 있었고, 출퇴근 등 근무형태와 관련 간섭하거나 불이익을 주지 않았음	오전 9시까지 출근하고, 실적향상을 위해 조기출근, 토요일 근무, 야근을 독려받으면서 동참하지 않는 경우 채권배분 등에서 불이익을 줄 수 있다는 공지를 받기도 함
노무제공자 스스로 비품·원자재나 작업도구 등을 소유	• 사무실 전화비용만을 회사가 부담할 뿐, 그 외에 휴대전화 요금, 교통비, 주유비용, 차량 감가상가비, 식대, 법적 조치 비용 등 채권회수 업무 수행 중에 발생하는 모든 비용은 추심인이 부담함 • 사무실, 컴퓨터와 전화기, 비품 등을 제공하고, 전산시스템에 접속할 수 있는 장소, 시간을 정하고, 사무실 내에 CCTV를 설치하고, 개인정보 유출 방지용 프로그램을 추심인들이 사용하는 컴퓨터에 설치하였으나, 이는 채권자 및 채무자의 인적 사항과 신용정보를 보호하고 유출에 따른 민·형사 책임을 예방하기 위해 정보관리자로서 필요한 조치를 한 것이거나 추심인들의 위임계약에 따른 위임업무 수행에 편의를 제공하는 차원에서 한 것임	• 우편발송비와 일정한 기준에 따라 교통비 등을 지원 • 회사의 사무실에서 컴퓨터 등 집기를 무상으로 제공받아 채권관리시스템에 정해진 프로그램에 따라 정보수집, 채무자에 대한 문자, 통지서의 발송, 추심활동내역 입력 등 전반적인 업무를 수행하였고 회사의 정규직원, 파트장 등이 올린 공지사항을 열람함
제3자를 고용하여 업무를 대행케 하는 등 독립하여 자신의 계산으로 사업을 영위할 수 있는지, 노무 제공을 통한 이윤의 창출과 손실의 초래 등	다른 사람으로 하여금 위 업무를 대행하게 할 수는 없게 하고, 다른 회사의 채권추심업무를 겸할 수도 없었으나, 이는 법령상 제한임	

위험을 스스로 안고 있는지		
보수의 성격이 근로 자체의 대상적 성격인지, 기본급이나 고정급이 정하여졌는지, 근로소득세의 원천징수 등 보수에 관한 사항	• 기본급이나 고정급을 받은 바 없고, 오로지 채권의 회수 실적에 따른 수수료만을 받았는데, 그 수수료는 실적에 따라 매월 큰 편차가 있었음(최저액과 최고액의 차이가 약 72배로, 위 수수료가 오로지 추심 결과물인 추심실적에 따라 산정되었다는 점)	• 보수는 기본급이나 고정급 없이 성과급의 형태로만 지급되었지만 이는 채권추심업무의 특성에 의한 것일 뿐임 • 수수료 금액은 채권추심실적에 따라 변동됨
근로제공관계의 계속성과 사용자에 대한 전속성의 유무 및 정도	• 추심인은 보통 6개월인 위임계약기간 중이라도 언제든지 계약을 해지할 수 있음 • 회사는 신용정보법에 따라 다른 회사의 채권추심업무 겸직을 사실상 제한할 뿐, 채권추심업무 외의 업무에 대해서는 겸직을 제한하지 않고 있음	• 최초 계약기간은 6개월로 정하였지만 반복적인 재계약 또는 기간연장 합의를 통해 약 3년 내지 5년 동안 종사하여 업무의 계속성 있음
사회보장제도에 관한 법령에서 근로자 지위를 인정받는지	사업소득세 징수, 4대보험에 가입하지 않음	
경제적·사회적 여러 조건 종합 판단	(근로자성 부정)	계약의 형식은 위임계약처럼 되어 있지만, 그 실질은 임금을 목적으로 종속적인 관계에서 근로를 제공한 근로계약관계로 봄 (근로자성 인정)

(4) 방송 관련 업무 종사자

2006년 판결 이전에 드라마 제작국의 외부제작요원(FD, SC)[1]과 방송사와 전속 계약을 체결한 관현악단원[2]에 대하여 근로기준법상 근로자성을 인정한바 있음은 앞서 본 것과 같다. 2006년 판결 이후 방송 관련 업무 종사자의 근로자성이 다투어진

---

1) 대법원 2002. 7. 26. 선고 2000다27671 판결.
2) 대법원 1997. 12. 26. 선고 97다17575 판결.

주요 사안은 아래와 같다.

(가) 방송프로그램 제작 PD

문화방송 방송프로그램 제작PD가 계약기간 만료 통보를 받은 사안에서 서울고
등법원 2011. 6. 30. 선고 2010누37973 판결은 ① 기본급이나 고정급의 정함이 없
었고, 사업소득세가 원천징수되었으며, 사회보장제도와 관련하여 근로자로 인정받지
못하였고, 취업규칙이나 복무규정을 적용받지 않았으나 이는 부차적인 요소에 불과
한 점, ② 회사용 전자메일 계정, 업무용 컴퓨터, 직원용 출입증을 제공하지 아니한
것은 의도적으로 근로자로 처우하였다고 오인될 만한 편의제공을 하지 아니한 데서
비롯된 점, ③ 업무를 게을리하거나 능력이 부족하더라도 업무에서 배제될 뿐 징계
등 별도의 제재를 받도록 예정되지는 않았으나, 이는 취업규칙이나 복무규정을 적용
하지 않은 데 따른 것이고 업무 배제는 사실상 해고와 다름없어 징계보다도 더욱
가혹한 점, ④ 스스로 프리랜서로 인정하고 있었다고 하여 근로관계의 실질이 달라
지는 것도 아니므로 그러한 사정만으로 곧바로 독립된 사업자성을 인정할 수 없는
점, ⑤ 정식 채용절차를 거치지 않았지만 마찬가지로 별도의 업무위탁계약을 체결한
바도 없었으므로 채용과정을 근거로 사용종속관계가 아니라고 볼 수는 없는 점 등
을 이유로 근로자성을 인정한 제1심의 판단을 수긍하였고, 대법원 2014. 4. 10. 선
고 2011두19390 판결로 상고기각되어 확정되었으나 근로자성은 상고이유가 아니어
서 근로자성 쟁점에 관한 대법원의 판단은 이루어지지 않았다.

나아가 약 14년간 청주방송에 계속 근무하다가 망인이 준비하고 있던 프로그램
제작진의 인건비 인상을 요구했다는 이유로 프로그램 제작 업무에서 배제된 것이
부당해고인지 문제된 사안인 청주지방법원 2021. 5. 13. 선고 2020나10528 판결(미
상고 확정)에서도 조연출(Assistant Director, AD)[1]과 연출(PD) 업무를 수행한 근로자
의 근로자성이 인정되었다.

(나) 영상취재원(VJ)

한국방송공사(KBS) 영상취재원(Video Journalist, VJ)의 근로자성이 문제된 대법
원 2011. 3. 24. 선고 2010두10754 판결은 ① KBS의 채용공고에 의하여 VJ로 채용
되어 KBS가 기획·의도한 특정한 장소에서 특정한 시간 내에 일정한 영상을 촬영

---

1) assistant director.

하여 수정·편집하여 온 점, ② 영상제작 작업의 특성상 일정한 재량을 가지고 작업을 하여 왔으나, KBS 소속 취재담당기자의 기획의도에 따라 제작된 촬영 및 편집구성안에 의하여 구체적인 인터뷰 내용 및 방법, 촬영 방법, 기타 영상 내용 등에 대해 촬영부터 편집 작업까지 지속적으로 수정 지시를 받았고, 또 현장에서 구두나 이메일로 지속적인 수정 지시를 받아온 점, ③ 위와 같은 업무수행의 대가로 프로그램 아이템의 촬영 영상당 일정액으로 계산된 금액을 지급받은 것이 아니라, 매월을 기본단위로 하여 일당 일정액에 실제 근무일수를 곱한 금액을 급여로 지급받아 온 점, ④ 다른 회사의 VJ로 근무하는 것이 금지되지는 않았으나 업무일지 등에 기재된 실제 근무일과 근무시간상 다른 회사의 영상 관련 업무에 종사하는 것은 사실상 불가능하였던 점, ⑤ 원업무 수행에 잘못이 있는 경우 그 경위를 기재한 시말서 등을 징구하여 온 점, ⑥ KBS는 2년 또는 5년 동안 근로관계를 지속적으로 유지해 오다가 이른바 비정규직 보호법 발효를 앞둔 2007. 8. 2. 위 법의 적용을 배제하기 위한 목적으로 사업자등록을 요구한 후 계약종료에 이르게 된 것과 KBS 스스로 작성한 'VJ운영개선방안'의 내용 등에 비추어, KBS 스스로도 VJ의 근로형태가 근로기준법상 근로자로 인정받을 수 있음을 충분히 예상하였다고 보이는 점, ⑦ 정해진 기본급이나 고정급을 지급받은 것은 아니고 근로소득세를 원천징수당하지 아니하였으며 취업규칙 등의 규정을 적용하지 않은 사정이 있으나, 이러한 사정들은 최근에 급격하게 증가하고 있는 비정규직 근로자에게 일반적으로 나타나는 현상으로 볼 수 있을 뿐 아니라 사용자인 KBS가 경제적으로 우월한 지위에서 사실상 임의로 정할 수 있는 사정들에 불과한 점 등을 종합하여 보면, 비록 6㎜ 카메라를 직접 소유하고 있고 명시적인 출퇴근시간 등의 근태관리를 받지 않았으며 4대 보험이 가입되어 있지 않다고 하더라도, 근로관계에 있어 임금을 목적으로 종속적인 관계에서 근로를 제공한 근로자에 해당한다고 한 제1심의 판단을 수긍하였다.

(다) 프리랜서 아나운서

1) 긍정한 사례

대법원 2023. 12. 21. 선고 2022다22225 판결[1]은 ① 원고가 약 4년 동안 피고

---

1) 한국방송공사와 프로그램 출연계약(소위 프리랜서 계약)을 체결하고 뉴스 진행을 해 왔던 아나운서가 방송사의 신입사원 채용으로 인력이 충원되면서 뉴스 진행 업무에서 배제되자 근로자지위의 확인을 구한 사안. 이에 대한 평석으로는 조상균, "방송사 프리랜서 아나운서의 근로기준법상 근로자성 판단

(한국방송공사)의 상당한 지휘·감독[1]에 따라 정규직 아나운서와 동일한 업무를 수행하였고, 피고에 대하여 종속적인 관계에 있는 아나운서가 아니라면 수행하지 않을 업무[2]도 상당 부분 수행한 점, ② 원고의 출퇴근시간은 피고가 편성한 방송스케줄에 따라 정해졌고, 원고의 휴가일정이 피고에게 보고·관리될 수밖에 없는 시스템이었던 점, ③ 원고가 피고가 제작하는 방송 프로그램 이외에 별도로 방송출연을 했다는 자료를 찾기 어려운 점, ④ 평일 및 주말에 방송국에 출근하면서 모든 방송 스케줄 및 주말 당직 근무를 소화하였으며, 단체 카카오톡 대화방을 통하여 방송 일정을 긴밀하게 공유하면서 다른 아나운서들의 일정에 차질이 생길 경우 이를 대체하기로 하였던 점, ⑤ 피고로부터 받은 급여는 원고가 진행한 프로그램에 대한 건별 대가로서 근로 자체의 대상적 성격을 가지는 점 등을 이유로 근로자성을 인정한 원심의 판단을 수긍하였다.

2) 부정한 사례

대법원 2023. 8. 31. 선고 2022다270590 판결[3]은 ① 원고가 피고(경기방송)와 체결한 계약서에 구체적인 근로조건에 대한 기재가 없고, 원고는 방송프로그램 제작에 지장이 발생하지 않는 한 출퇴근시간 등에 구속을 받지 않는 점, ② 피고가 사무공간을 제공하였다는 사정만으로 원고가 이에 구속되었다고 보기도 어렵고, 오히려 원고가 방송 시작 전후에 한 행위는 방송출연과 관련한 업무의 수행 내지 협조의 일환이었다고 보이는 점, ③ 계약서상 겸직이 가능하고 실제로 원고는 피고의 방송 프로그램 진행자로 활동하면서도 자유로이 영리활동 내지 겸직을 하였던 것으로 보이는데, 피고의 취업규칙 등에 의하면 피고의 직원들은 허가 없이는 영리를 위한 업무에 종사하거나 겸직하는 것이 금지된 점, ④ 원고는 휴가일정을 사전에 조율하고

과 지위확인의 효과 - 대상판결: 서울고등법원 2022. 2. 16. 선고 2020나2048261 판결", 인권법평론 제31호, 전남대학교 공익인권법센타(2023. 8.), 421~450 참조.

1) 아나운서부에서 이루어지는 근무 배정 회의에 매번 참석하여 업무 분장을 협의하고, 방송 전에 미리 원고에게 피해야 할 의상 색상을 지시하기도 하였으며, 방송 구성이나 내레이션 멘트가 정리된 문서를 제공하였고, 원고는 이에 따라 방송을 진행함.

2) 방송편성부장의 지시에 따라 방송사의 개국기념식이나 종무식에서 사회를 보고, 방송사가 기획하여 진행하는 '찾아가는 미디어 교육강의', '찾아가는 미디어 진로 특강 두-드림' 등의 행사에서 다른 아나운서들과 학교를 분담하여 강의를 진행하였으며, 외부에서 방송국 견학을 오면 간단한 특강, 질의 답변 업무를 수행하기도 하였고, 방송사의 일원으로 봉사활동에도 참여함.

3) 경기방송과 프리랜서 계약을 체결하고 약 12년 동안 라디오 방송프로그램 진행자로 활동한 아나운서가 근로기준법상 근로자라고 주장하며 야간근로수당, 휴일근로수당, 연차수당, 퇴직금의 지급을 청구한 사안.

휴가를 가기도 하였으나, 원고의 업무 특성이나 계약의 내용 등에 비추어 사전에 휴가일정을 조율하는 것은 당연히 필요한 것으로 보이는 한편 원고는 담당 팀장과 휴가일정을 조율하였을 뿐 피고의 취업규칙에서 정한 절차에 따라 휴가를 사용한 바 없는 점 등을 이유로 근로자성을 부정한 원심의 판단을 정당한 것으로 수긍하였다.

(라) 방송연기자 – 노동조합법상 근로자성을 인정한 사례

탤런트, 성우, 코미디언, 무술연기자 등 방송연기자를 조직대상으로 설립된 한국방송연기자노동조합(이하 '연기자노조'라 한다)은 25여년 간 KBS와 출연료 등에 관한 단체협약을 체결해 오다가 2012년 갱신 체결을 위한 교섭이 타결되지 않던 중 복수노조 교섭창구 단일화제도가 시행되자 KBS의 다른 근로자들과 교섭단위를 분리해 줄 것을 노동위원회에 신청하였다. 위 사안에서 방송연기자들의 노동조합법상 근로자성이 부정되면 연기자노조는 노동조합법상 적법한 노동조합이 될 수 없으므로 교섭단위 분리 신청을 할 자격(당사자적격)이 없게 되므로 위 쟁점이 문제되었다.

이에 대하여 지방노동위원회는 방송연기자의 노동조합법상 근로자성을 인정하였으나 중앙노동위원회는 근로자성을 부정하였고, 위 재심판정의 취소를 구하는 행정소송이 제기되자 제1심은 중앙노동위원회와 마찬가지로 방송연기자의 노동조합법상 근로자성을 부정하였으나, 항소심에서 이를 취소하고 다시 근로자성을 인정하였다.

대법원 2018. 10. 12. 선고 2015두38092 판결은 ① KBS가 방송연기자의 출연료 등 보수를 일방적으로 결정하고 있는 점, ② 방송연기자가 제공하는 노무인 방송연기는 KBS의 방송사업 수행을 위한 필요 요소이며, 방송연기자는 KBS 등 방송사업자의 방송사업을 통해 방송연기시장에 접근하는 점, ③ 방송연기자 업무의 기본적 내용은 KBS가 지정하는 역할과 대본 등에 의해 결정되며, KBS가 방송연기자들의 업무수행 과정에서 구체적·개별적인 지휘·감독을 하는 점, ④ 방송연기자가 KBS로부터 받는 출연료에는 저작인접권에 대한 대가가 일부 포함되기는 하나 기본적으로는 방송연기라는 노무제공의 대가에 해당하는 점, ⑤ 그동안 KBS는 방송연기자가 노동조합법상 근로자이며, 원고 역시 노동조합법상 노동조합에 해당함을 전제로 단체교섭을 하고 단체협약을 체결해 온 점 등을 이유로 연기자노조의 조합원인 방송연기자들이 노동조합법상 근로자에 해당하므로 연기자노조가 노동조합법상 노동조합에 해당하고 교섭단위 분리 신청을 할 자격이 있다고 판단하여 상고를 기각하고 원심판결을 확정하였다.

위 대법원 판결은 학습지교사 판결에서 제시한 노동조합법상 근로자성 판단기준의 6개 주요 요소(① 노무제공자의 소득이 특정 사업자에게 주로 의존하고 있는지, ② 노무를 제공받는 특정 사업자가 보수를 비롯하여 노무제공자와 체결하는 계약 내용을 일방적으로 결정하는지, ③ 노무제공자가 특정 사업자에게 그 사업 수행에 필수적인 노무를 제공함으로써 특정 사업자의 사업을 통해서 시장에 접근하는지, ④ 노무제공자와 특정 사업자의 법률관계가 상당한 정도로 지속적·전속적인지, ⑤ 사용자와 노무제공자 사이에 어느 정도 지휘·감독관계가 존재하는지, ⑥ 노무제공자가 특정 사업자로부터 받는 임금·급료 등 수입이 노무 제공의 대가인지) 중 ① 소득의존성 요소나 ④ 전속성 요소가 강하지 아니한 측면이 있다고 하더라도, 다른 요소에 관한 제반 사정 등을 고려하여 노동조합법상 근로자로 인정할 수 있다고 판단한 점에 의의가 있다.

(5) 보험업무 종사자

(가) 보험업 영업 조직구조

보험회사 조직은 통상 광역시·도별로 영업본부를 설치하고 각 영업본부 산하에 지역본부 → 지역단·총국 → 지점(영업소 등)을 운영하는 구조로 이루어져 있고, 영업단위인 지점은 ① 보험설계사, ② 보험설계사의 관리·교육·지원, 보험계약 유지·관리업무 등을 담당하는 육성·교육·조직팀장이나 트레이너, ③ 지점의 운영·관리를 총괄하는 지점장 등으로 구성된다. 이러한 보험업계 종사자들은 보험회사와 통상 위촉계약을 맺고 업무를 수행하는데, 위촉기간 중 근로기준법상 근로자였음을 주장하면서 퇴직금, 업무상 재해로 인한 산업재해보상금 및 기타 법정수당을 청구하는 민사소송, 부당해고구제 재심판정의 취소를 구하는 행정소송, 또는 퇴직금 미지급을 이유로 한 진정·형사사건에서 근로자성 인정 여부가 빈번하게 다투어진다.

(나) 보험설계사

1) 대면영업 보험설계사

보험설계사 중 가장 전형적인 형태라 할 수 있는 대면영업 보험설계사(외무원 형태로 보험을 모집하는 보험설계사)는 실질적으로 보험회사와 위임에 유사한 관계에 있다고 보이고, 고객을 만나 자유롭게 영업활동을 하는 업무의 특성상 보험회사의 직접적 지휘·감독을 받지 않고 근무시간 및 장소의 제약도 적기 때문에, 법원[1]은 대체로 근로자성을 부정하고 있다.

제 1 편
노 동

판례번호	근로자성 부정 요소
우체국 보험관리사 퇴직금 사건 대법원 2013. 6. 27. 선고 2011다44276 판결 대법원 2013. 7. 12. 선고 2011다46371 판결	① 위촉계약의 체결 ② 보험설계사에 대한 별도의 규정 존재 ③ 보험설계사의 자격에 대한 특별한 제한 및 전형절차 부재 ④ 징계에 관한 규정은 없이 계약해지에 해당하는 해촉에 관한 규정만 존재 ⑤ 조회, 석회 시의 교육실적 확인은 수탁업무의 원활한 수행을 위한 교육과 최소한의 지시에 불과 ⑥ 보험계약 실적에 따른 수당 지급(정해진 실적 미달시 기본수당 미지급) ⑦ 법률에 의한 겸업금지의 제한이 있었으나 다른 영업 종사에 대한 제한의 부재 ⑧ 타인의 노동력 이용 등 업무수행방식에 대한 제한 부재 ⑨ 업무수행 과정에서의 임의이탈 가능 ⑩ 사업소득세의 원천징수 및 사회보험의 미적용

2) 통신판매 보험설계사(텔레마케터)

잠재 고객에게 전화를 걸어 유선상 보험모집 영업에 종사하는 이른바 '텔레마케터'에 관하여는 하급심을 포함하여 근로기준법상 근로자성이 인정된 사례와 부정된 사례가 아래와 같이 병존한다.

가) 긍정한 사례

사건	판례번호	근로자성 인정 요소
○○손해보험	대법원 2020. 12. 10. 선고 2017다281817 판결	① 회사가 제공한 전화기, PC 등 비품과 dB를 이용하여 전화로 보험 가입을 권유하고, 소모품도 회사로부터 제공받음
자동차보험센터 전화상담	수원지방법원 2019. 12. 13. 선고 2018나76408 판결	

---

1) 2006년 판결 이전에도 근로자성을 부정한 대법원 1990. 5. 22. 선고 88다카28112 판결(동방생명보험 회사의 외무원), 대법원 2000. 1. 28. 선고 98두9219 판결(프랑스생명보험 보험모집인)이 존재함은 앞서 3의 나.(2)항에서 본 바와 같다.

A 생명보험	대전지방법원 2011. 3. 24. 선고 2010나11154, 11161 판결[1]	② 매일 정해진 시간에 조회를 하고 통화목표치를 부여하며, 미달하면 dB 배분 차단, 수수료 공제 등 불이익을 줌 ③ 사업장 내 TV모니터를 통해 통화량을 실시간 공개함 ④ 회사의 근태규정상 지각·조퇴·결근에 대한 페널티를 주고, 그에 대한 벌칙으로 dB 제공중단, 지각비 부과, 지각·조퇴·결근 누적 시 징계해고 등이 규정되어 있음 ⑤ 기본급이나 고정급의 정함은 없으나, 매월 보험영업 활동에 따라 회사가 정한 기준에 의해 계산된 수수료를 지급받음 ⑥ 텔레마케터들의 업무는 금융위원회에 등록된 회사의 보험모집인 코드를 가지고 있는 자만이 할 수 있었고, 회사 보험센터 내에서 근무하였으므로 실질적으로 제3자를 고용하거나 제3자에게 업무를 대행케 하는 것은 불가능하였음

나) 부정한 사례

사건	판례번호	근로자성 부정 요소
B 생명보험	대법원 2020. 12. 24. 선고 2018다298775, 298782 판결	① 회사로부터 dB를 제공받아 전화로 보험가입을 권유하는 위촉업무 특성상 업무장소 및 회사 프로그램 사용 등에 상호 양해가 있었음 ② 정해진 콜센터 운영시간은 사업장을 이용할 수 있는 시간을 의미하는 것으로, 회사가 업무시간 등을 파악하여 독려하고 시책금 지급기준 등으로 활용한 바는 있으나 출근 자체나 출퇴근시간 준수를 강제하지는 않음
	서울고등법원 2020. 10. 30. 선고 2019나2048296 사건	
A화재 해상보험	서울중앙지방법원 2019. 10. 10. 선고 2018가합576449 판결	

---

[1] A생명보험에서 해촉된 텔레마케터가 업무상 질병으로 인한 요양비 및 위자료, 부당한 계약체결 및 부당해고로 인한 정신적 손해와 일실수입 손해배상 등을 청구한 사건으로, 제1심은 원고패소 판결을 하였으나(소액사건으로 이유 미기재), 항소심은 원고의 근로자성을 인정하여 회사의 업무상 질병으로 인한 치료비 및 리쿠르팅 수당 지급의무를 인정하였고(기타 부당해고 등은 부정), 양측 모두 상고하지 아니하여 위 판결이 확정됨.

제 1 편
노 동

③ 콜타임 시간을 특정하여 강제하지 않음
④ 회사가 지급한 dB를 일정 기간 보유하며 대상 고객 내지 상품 선택 등에서 구체적 지휘·감독 없이 자신의 재량과 역량에 따라 자율적으로 업무를 수행함
⑤ 표준스크립트, 통화내용품질 모니터링, QA매뉴얼 등의 시행은 보험업 관련 법령의 준수를 위한 것으로, 회사의 영업적 판단에 따라 개별적 업무수행 내용을 정하고 강제하기 위해 작성·시행한 것이 아님
⑥ 가이드라인 위반에 대한 제재는 근태불량이나 실적부족과 무관하고 보험상품 관련 설명 누락 등 보험계약의 완전성을 위한 것으로 보임
⑦ 회사측 직원 등을 통한 영업목표 관리 및 실적 독려는 반드시 종속적 고용관계에서만 가능한 것이 아님(목표 미달성 시 제재 없음)
⑧ 보험업법상 다른 보험회사를 위한 보험모집활동이 불가능할 뿐 다른 종류 영업 종사가 가능하며, dB 이용 영업 외에 연고·지인계약 내지 파생계약도 가능하였고 실제로 상당 건이 존재하였음

(다) 지점장

영업소장, 위임직 지점장, 사업가형 지점장, 위탁(위촉)계약형 지점장 등으로 불리는 관리직 보험설계사[이하 '(위탁계약형)지점장'이라 한다]는 전형적 의미의 보험설계사와는 달리 직접 보험모집 활동을 하기보다는 소속 보험설계사들의 활동을 지원하고 실적을 관리하는 등 관리자 역할을 수행한다.

대법원은 2022. 4. 14. 보험회사 위탁계약형 지점장의 근로기준법상 근로자성 인정 여부가 쟁점이 된 6건의 사안에 대하여 판결을 선고하였는데, C생명보험 및 D생명보험과 관련된 2개의 판결에서는 근로자성을 인정하였고, E생명보험 및 B화재해상보험과 관련된 4개의 판결에서는 근로자성을 부정하였다.[1] 이처럼 대법원은 명

---

1) 이에 관한 자세한 논의는 한국노동연구원, "보험회사 위탁계약형 지점장의 근로기준법상 근로자성 판단기준", 노동판례리뷰(2022. 6.).

칭이나 계약의 형식이 외형상 거의 동일하더라도 각 회사별로 지점장의 업무형태 등 구체적 사실관계에 따라 근로자성에 관한 판단을 달리하고 있다.

위 6건의 판결 이전에도 종종 지점장의 근로자성 관련 분쟁이 법원에서 다투어 진 사례가 있으나, 모두 하급심에서 종결되거나 대법원에 상고되더라도 심리불속행 기각으로 종결되었다.

1) 하급심 또는 심리불속행 기각으로 종결된 사례

가) 긍정한 사례

① 서울고등법원 2016. 9. 28. 선고 2016나2005786 판결(미상고 확정): ㅁㅁ손 해보험의 교차지점을 관리하던 교차사업소장이 회사를 그만둔 후 근로자임을 주장 하며 퇴직금을 청구한 사건

② 서울고등법원 2018. 12. 4. 선고 2017나2028311 판결(미상고 확정): ㅁㅁ손 해보험의 지점장이 해촉 후 퇴직금을 청구한 사건

판례번호	근로자성 인정 근거
2016나 2005786	① 교차사업소장의 구체적인 업무 수행이 '교차영업 운영지침' 등 회사가 정한 대로 이루어졌고, 업무에 대해 결정권이나 재량권이 없었음 ② 취업규칙과 유사한 성격의 '교차사업 운영지침' 등에 따라 영업목표, 운영비 집행을 관리·감독하며, 사업소장을 선발·전환배치·해임하고 보수를 지급함 ③ 무단결근, 근태불량이 계약해지 사유로 규정(근태불량 해임 사례 존재), 근태관리 전산망에 접속시간 기록, 휴가일정 취합·관리 등 근태관리가 이루어짐 ④ 회사가 사무실 및 업무에 필요한 집기·비품을 제공하고, 제3자의 업무 대행이 불가능하며, 법인카드를 지급받고 그 사용내역을 회사가 통제함 ⑤ 교차사업소장은 일반 보험설계사와 달리 수수료 환급이 없고, 교차사업소 실적 및 업무평가결과에 따른 수수료는 교차사업소의 유지, 관리의 대가로 지급된 것이어서 노동의 양과 질을 평가하는 것으로 임금성이 있음 ⑥ 고정액의 최저 보수를 지급하기도 하고, 실적 외 '장기계약관리', '장기고객관리' 등 명목의 비례성 수수료를 별도 지급함
2017나 2028311	① 'AM사업소 제규정(안)' 등 회사가 정한 바에 따라 업무가 수행되고 '회사 요구 불응'시 해촉 가능한 등 지점장에게 독립적 업무결정권, 재량권이 없었음 ② AM지점장과 근로자인 지점장을 구분하여 관리하는 내부지침이 없고, 업무내용 및 업무지시·보고 체계도 아무런 차이가 없었음

③ 'AM사업소 제규정(안)'은 AM지점장의 업무 권한에 대해 근로자인 지점장의 업무권한을 준용하며 이 규정과 위임계약서가 취업규칙과 유사한 역할을 함
④ 회사는 지점별 목표를 설정하고 달성을 독려하며 Work Plan에 따른 업무 진행을 지시하면서 실행 여부를 수시로 확인·감독함
⑤ 회사의 근태관리가 이루어졌고, 회사가 AM지점장의 근무지를 지정·변경함
⑥ 회사가 업무수행에 필요한 비품, 사무집기를 제공하고 매월 운영비를 지급함
⑦ 성과급 형태의 수수료 역시 담당 지점의 운영 및 관리라는 근로의 대가임
⑧ 제3자에 의한 업무대행이 금지되고 사실상 자유로운 겸업이 어려웠음

나) 부정한 사례

① 서울고등법원 2009. 7. 3. 선고 2008나7804 판결: 대법원 2009. 11. 12. 자 2009다65966 판결(심리불속행 기각): F생명보험의 위임직 지점장들이 해고무효 확인을 구한 사건

② 부산지방법원 서부지원 2019. 9. 10. 선고 2018가단102872 판결(미항소 확정): C해상화재보험의 교차팀장이 회사를 그만둔 후 제기한 퇴직금을 청구한 사건

③ 서울고등법원 2020. 5. 22. 선고 2019나2004029 판결(미상고 확정): F생명보험을 퇴사한 위임직 지점장이 퇴직금을 청구한 사건

판례번호	근로자성 부정 근거
2008나 7804	① 위임직 지점장의 주된 업무인 보험설계사 교육 및 관리는 신뢰관계 형성에 기초한 것으로 다양한 방식으로 자율적으로 업무를 수행할 필요가 있음 ② 회사의 영업목표 수치 제시 및 영업추진전략 통보는 그 내용이 추상적·일반적이어서 업무수행 과정에 상당한 지휘·감독을 한 것으로 보기 어려움 ③ 회사의 인사규정, 취업규칙 적용이 배제되고, 지점장은 사실상 회사 직원들의 근무시간에 맞춰 출퇴근하였으나 근로시간 제한, 출퇴근시간 관리는 없었음 ④ 기본급, 고정급 없이 업적에 따른 수수료를 수령함(보수에 상당한 격차 존재) ⑤ 종전 근로계약과 위임계약의 차이를 잘 인식하면서 자율적 업무 수행에 의한 소득 증대의 장점을 기대하고 자발적으로 위임계약을 체결함 ⑥ 사업소득세를 납부하고 4대보험에 가입하지 아니함

2018가단 102872	① 회사는 교차팀장의 구체적 업무수행방식에 관여하지 아니함 ② 대체로 일정한 출퇴근 시간을 준수하였으나(전산시스템상 보험계약 내용 입력이 일과시간 중에만 가능) 회사가 출퇴근시간 준수를 관리·강제한 바 없음 ③ 주로 회사 사무실에서 업무를 수행한 점은 업무 내용상 필요에 의한 것임 ④ 정기적으로 실시된 역량향상 교육 및 실적 관련 회의는 회사가 위임자 지위에서 행하는 최소한의 교육 또는 회의이거나 위임계약의 의무이행과정의 일환으로 보이며, 불참에 대해 불이익을 가한 바 없음 ⑤ 교차팀장이 지급받은 대리점 수수료(비례)는 소속 설계사에 대한 관리·지원업무 자체보다 교차설계사들의 실적에 따라 액수가 좌우되어 임금성이 약함 ⑥ 회사 취업규칙 적용이 없고, 사업소득세를 납부하며, 4대보험 적용이 없음
2019나 2004029	① 위임직 지점장의 주된 업무인 보험설계사 교육 및 관리는 신뢰관계 형성에 기초한 것이어서 다양한 방식으로 자율적으로 업무를 수행함 ② 회사의 업무계획, 실적목표 등을 제시하고 독려는 그 내용이 추상적·일반적이어서 업무수행 과정에 상당한 지휘·감독을 한 것으로 보기 어려움 ③ 위임직 지점장 상대의 세미나 및 교육과정은 영업 노하우 전수, 불완전판매 방지를 위한 정보제공으로 보이고, 불참을 이유로 불이익조치를 가한 바 없음 ④ 회사의 인사규정, 취업규칙 적용이 배제되고, 회사가 근로시간을 제한하거나 출퇴근시간을 별도 관리한 바 없음 ⑤ 기본급, 고정급 없이 업적에 따른 수수료를 수령함(보수에 상당한 격차 존재) ⑥ 사업소득세를 납부하고 4대보험에 가입하지 아니함

2) 최근 대법원 판결례

가) 긍정한 사례

① 대법원 2022. 4. 14. 선고 2020다238691 판결: C생명보험과 BM(Branch Manager) 위촉계약을 체결하고 근무하다가 위촉계약 해지를 통보받은 원고가 근로자임을 주장하며 해고무효 확인을 구한 사건으로, 제1심은 원고의 청구를 기각하였으나, 항소심은 제1심 판결을 취소하고 원고의 청구를 인용하였고, 대법원에서 상고기각됨

② 대법원 2022. 4. 14. 선고 2021두33715 판결: D생명보험과 보험설계사 위촉계약을 체결하였다가 사업가형 지점장(FP 신분 지점장, Branch Manager) 추가업무 위탁계약을 체결하고 업무를 수행하던 원고가 위탁계약 해지 통지를 받고 부당해고

구제 재심신청을 하였는데 기각되자 재심판정의 취소를 구하는 행정소송을 제기한 사건으로, 제1심과 항소심은 원고의 근로자성을 부정하였으나, 대법원은 원심판결을 파기하며 원고의 근로자성을 인정함

판례번호	근로자성 인정 근거
2020다 238691	① 원고가 지점 운영에 관한 독립적 결정권·재량권을 갖고 독자적 방법으로 업무를 수행했다고 볼 수 없음: 회사의 정규직 근로자인 지점장과 같이 '지점 운영 매뉴얼'을 준수하는 등 회사가 정한 업무를 수행함 ② 회사가 일방적으로 제·개정하는 규정·지침에 따를 의무를 부담하고 회사는 이를 통해 업무수행을 지휘·감독함 ③ 회사의 사업단장이 실적목표 지정, 추진일정 제시 등으로 지점을 관리하고 주간 업무보고, 일일 업무보고 등을 받음 ④ 근로자인 지점장과 마찬가지로 회사가 정한 근무시간과 장소에 맞추어 업무를 수행함: 회사 소속 직원이 출근보고를 받는 등 원고의 재량에 따라 근무시간과 장소를 정할 수 없었음 ⑤ 원고가 독립하여 자신의 계산으로 사업을 영위하였다고 볼 수 없음: 회사가 지점 운영에 필요한 사무실과 비품 일체를 제공하고 소속 직원을 배치하며 지점운영비 명목으로 법인카드를 제공함 ⑥ 수수료 감소 외에는 특별한 위험 부담이 없어 지점 운영에 따른 손실의 위험을 스스로 부담한다고 보기도 어려움 ⑦ 수수료는 지점의 운영 및 관리 등 원고가 제공한 근로의 양과 질에 대한 대가로서 성과급 형태의 임금임: '10년간 500만 원 수수료 보장' 등 고정급으로 볼 요소도 존재함 ⑧ 근로 제공의 계속성과 전속성이 인정됨: 위촉계약상 독립적으로 자유롭게 다른 업무를 수행할 수 없었음
2021두 33715	① 회사의 지역단장이 정규직 지점장과 같은 방식으로 원고에게 시기별 실적목표 제시, 구체적 업무내용에 관한 일일보고, 현장활동보고 등을 지시하는 등 상당한 지휘·감독이 이루어짐 ② 정규직 지점장의 인사이동과 같이 회사의 필요에 따른 지점 변경이 가능했음 ③ 근무시간에 관한 규정은 없으나, 근무시간과 근무장소에 구속받은 것으로 보임: 실제 업무시간이 정규직 지점장과 비슷하고, 현장활동과 휴가 일정이 지역단에 보고되며, 회사 소속 직원에 의한 출근부 관리가 이루어진 것으로 볼 여지도 있음 ④ 원고가 독립하여 자신의 계산으로 사업을 영위하였다고 볼 수 없고, 실적에 따른 수수료 증가·감소 외에는 지점 운영에 따른 이윤 창출과 손실 초래 등 위험을 스스로 안고 있다 보기 어려움: 회사가 지점 운영에 필요한 사무실과 비품 일체를 제공하고 회사 소속 서무직원을 배치함 ⑤ 수수료는 지점 운영이라는 근로의 대가로서 임금의 성격을 지님: 수수

> 료 편차가 적지 않지만 성과급 형태의 보수는 업무 특성에 기인한 것으로 정규직 지점장도 보수의 편차가 있었고 상당한 액수의 최소 수수료도 보장함
> ⑥ 근로 제공의 계속성과 전속성이 인정됨

나) 부정한 사례

① 대법원 2022. 4. 14. 선고 2020다254372 판결: E생명보험의 위탁계약형 지점장이 근로자였음을 주장하며 퇴직금 등의 지급을 청구한 사안임

② 대법원 2022. 4. 14. 선고 2020다287310 판결, 대법원 2022. 4. 14. 선고 2021다218205 판결, 대법원 2022. 4. 14. 선고 2021다246934 판결: B화재해상보험의 위탁계약형 지점장이 제기한 3건의 퇴직금 청구 사안임

판례번호	근로자성 부정 근거
2020다254372	① 회사는 실적목표를 제시하고 달성을 독려했으나 그 내용의 추상적·일반적 성격에 비추어 원고의 업무수행에 상당한 지휘·감독을 한 것으로 평가할 수 없음 ② 회사는 지점장 대상으로 연 1회 영업전략회의, 연 2회 평가 및 전략 회의를 개최하였으나, 이는 지점 운영 관련 정보제공을 위한 것으로 관련 법령의 규제에 따라 교육을 실시할 필요도 있었으며 참석의 강제성도 엿보이지 않음 ③ 회사는 본부장을 통해 지점장에게 구체적 업무를 위임하거나 업무수행결과를 취합하였으나, 이는 위임업무 수행을 위한 의사연락 필요성에 따른 것으로 이를 지점장에 대한 지휘·감독으로 평가하기 어려움 ④ 실적이 부진한 지점장을 전보, 해촉 조치한 것은 당사자의 근태와 무관한 것으로 통상의 위임계약에서도 활용 가능한 간접적 통제수단에 불과함 ⑤ 근로시간, 출퇴근시간을 정하거나 관리하지 않았고, 지점장의 휴가 사용 시에도 회사의 동의나 허가를 요하지 않았음 ⑥ 회사가 지원 스텝을 배치한 것은 위임업무의 편의를 위한 것일 뿐임: 지점장은 오히려 자신의 계산으로 업무보조인력을 채용하거나 산하 보험설계사의 미환수수당 발생 시 일부 환수책임을 부담하는 등 사업자로서 비용 내지 책임을 부담함 ⑦ 지점장의 수당은 모두 위임업무의 성과인 실적을 기준으로 산정되며 편차가 큼: 최소 수수료 금액의 지급이 보장되긴 하였으나, 이는 위촉계약상 의무이행에 대한 최소한의 대가로 볼 수 있음 ⑧ 회사가 일방적으로 'BM관리지침'을 정하였다 하더라도 이는 위촉계약에 기한 것이며, 산하 보험설계사의 관련 규정 위반행위에 대한 누적

	페널티로서 지점장의 보험설계사에 대한 교육 및 관리 능력을 계량화해 향후 위임계약 해지 등 조치에 반영하기 위한 제도 역시 위촉계약의 본질에 반한다고 볼 수 없음
2020다 287310 2021다 218205 2021다 246934	① 회사는 실적목표를 제시하고 달성을 독려했으나, 그 내용의 추상적·일반적 성격에 비추어 원고의 업무수행에 상당한 지휘·감독으로 평가할 수 없음 ② 회사는 지점장 대상으로 회의, 세미나 및 교육과정 등을 개최하였으나, 영업 노하우 전수나 불완전판매 방지를 위한 정보제공 차원이며 관련 법령의 규제에 따라 교육을 실시할 필요도 있었고 참석의 강제성도 엿보이지 않음 ③ 회사는 본부장을 통해 지점장에게 구체적 업무를 위임하거나 업무수행결과를 취합하였으나, 이는 위임업무 수행을 위한 의사연락 필요성에 따른 것으로 이를 지점장에 대한 지휘·감독으로 평가하기 어려움 ④ 실적이 부진한 지점장을 전보, 해촉 조치한 것은 당사자의 근태와 무관한 것으로 통상의 위임계약에서도 활용 가능한 간접적 통제수단에 불과함 ⑤ 지점장에게는 취업규칙이나 인사규정이 적용되지 않고 정규직 근로자와 달리 근로시간이나 출퇴근시간을 관리하지 않음 ⑥ 지점장은 기본급이나 고정급 없이 실적에 따른 수수료를 지급받으며 그 편차가 큼: 근로자에서 위탁계약형 지점장으로 전환하면서 일정 기간 일정 수수료를 보장한 바 있지만, 이를 근로 대가인 임금으로 볼 수는 없음 ⑦ 과거 금융감독원이 대리점수수료 일부를 개인용도로 사용한 지점장에 대해 조치요구하였으나, 근로자가 아닌 지점장에게는 징계권 행사가 불가하다는 법률자문 결과에 따라 징계조치를 하지 않는 등 근로자로 여기지 않았다고 볼 정황이 존재함

(라) 교육팀장

신인 보험설계사 교육 및 기타 보험모집업무 수행에 필요한 육성 등 업무를 같은 보험설계사로 하여금 수행하게 하는 경우가 있는데, 국민권익위원회는 2013년 보도자료[1])에서 이러한 교육담당 보험설계사들의 근로자성을 인정해야 한다는 의견을 표명하기도 하였으며, 법원에서도 이들의 근로자성이 종종 분쟁의 대상이 되고 있다.

---

1) 국민권익위원회 보도자료(2013. 4. 21.), "보험모집인에게도 근로 종속성 인정되면 퇴직금 지급해야".

1) 긍정한 사례

① 대법원 2024. 1. 11. 선고 2023다279983: △△△손해보험에서 보험설계사들의 보험청약 설계를 지원하고 교육하기 위하여 보험설계사 및 GA트레이너로 근무하던 원고가 퇴직금을 청구한 사건으로, 제1심(소액사건)은 원고의 청구를 기각하였으나, 항소심은 이를 취소하고 원고의 근로자성을 인정하였고, 피고가 상고하였으나 대법원은 근로자성에 대하여는 소액사건심판법 제3조의 상고이유에 해당하지 않는다고 보아 직접적인 판단을 하지 않았음(다만, 지연손해금에 대한 이율을 재산정하여 파기자판)

② 의정부지방법원 2024. 9. 12. 선고 2023나223448 판결(미상고 확정), 서부지방법원 2024. 9. 26. 선고 2023나49452 판결(2024. 10. 18. 피고가 상고하여 미확정)

2) 부정한 사례

① 대법원 2010. 5. 27. 선고 2010다20556 판결: G생명보험의 보험설계사로 활동하던 원고들이 보험설계사들에 대한 교육 기타 업무를 담당하는 트레이너(일반 트레이너)로 전환 근무를 하다가 퇴직한 후 퇴직금을 청구하였으나, 제1심과 항소심은 근로자성이 없다는 이유로 이를 기각하였고 대법원에서 심리불속행 기각됨

② 대법원 2016. 3. 24. 선고 2015다74299 판결: △△△손해보험과 보험설계사 위촉계약을 체결하고 활동하던 중 육성팀장 업무를 수행하고 신규 위촉 보험설계사들의 교육을 담당한 원고들이 퇴직금을 청구하였으나, 제1심과 항소심은 근로자성이 없다는 이유로 이를 기각하였고, 대법원에서 심리불속행 기각됨

③ 대법원 2022. 4. 28. 선고 2022다203361 판결: H생명보험에서 신인 보험설계사들의 교육·관리를 담당한 원고들이 퇴직금과 연차휴가미사용수당 등을 청구한 사건에서 제1심과 항소심은 근로자성이 없다는 이유로 이를 기각하였고, 대법원에서 심리불속행 기각됨

④ 서울고등법원 2021. 5. 25. 선고 2020나2004308 판결: ㅁㅁ손해보험에서 육성코치 업무를 수행하던 원고들이 퇴직금을 청구하였으나 제1심은 근로자성을 부정하였고, 항소기각된 후 원고들이 상고하지 않아 확정됨

⑤ 서울남부지방법원 2023. 2. 10. 선고 2022나57884 판결: C생명보험과 신입 보험설계사를 교육하는 교육매니저(Education Manager, EM) 위촉계약을 체결하고

근무하던 중 해촉 통보를 받고 퇴사한 원고들이 퇴직금을 청구한 사안으로, 제1심은 원고들의 근로자성을 인정하였으나 항소심은 이를 취소하고 원고들의 청구를 기각하였고, 현재 대법원 2023다219752 사건으로 상고심 계속중임

(6) 임원, 간부 등

임원이나 간부 등(상법상 임원 외에 비영리법인의 임원 등 포함)에 대한 적용법규의 판단에 있어 근로기준법상 근로자와 사용자의 관계에 있는지, 아니면 민법상 위임인과 수임인의 관계에 있는지가 선결 쟁점으로서 문제된다.

(가) 판단기준

1) 원칙적 기준

원칙적으로 "주식회사의 이사 등 임원은 회사로부터 일정한 사무처리의 위임(상법 제382조, 제415조 참조)을 받고 있는 것이므로, 사용자의 지휘·감독 아래 일정한 근로를 제공하고 소정의 임금을 받은 고용관계에 있는 것이 아니며, 따라서 일정한 보수를 받는 경우에도 이를 근로기준법 소정의 임금이라 할 수 없고, 회사의 규정에 의하여 이사 등 임원에게 퇴직금을 지급하는 경우도 그 퇴직금은 근로기준법 소정의 퇴직금이 아니라 재직 중의 직무집행에 대한 대가로 지급되는 보수에 불과하다(대법원 1988. 6. 14. 선고 87다카2268 판결, 대법원 2000. 9. 8. 선고 2000다22591 판결, 대법원 2001. 2. 23. 선고 2000다61312 판결, 대법원 2003. 9. 26. 선고 2002다64681 판결 등 참조)"고 한다.

2) 구체적 사정을 고려한 실질 판단

다만, "근로기준법의 적용을 받는 근로자에 해당하는지 여부는 계약의 형식에 관계없이 그 실질에 있어서 임금을 목적으로 종속적인 관계에서 사용자에게 근로를 제공하였는지 여부에 따라 판단하여야 할 것이므로, 회사의 이사 등 임원이라 하더라도 그 지위 또는 명칭이 형식적·명목적인 것이고 실제로는 매일 출근하여 업무집행권을 갖는 대표이사나 사용자의 지휘·감독 아래 일정한 근로를 제공하면서 그 대가로 보수를 받는 관계에 있다거나 또는 회사로부터 위임받은 사무를 처리하는 외에 대표이사 등의 지휘·감독 아래 일정한 노무를 담당하고 그 대가로 일정한 보수를 지급받아 왔다면 그러한 임원은 근로기준법상의 근로자에 해당한다(대법원 1988. 6. 14. 선고 87다카2268 판결, 대법원 2000. 9. 8. 선고 2000다22591 판결, 대법원 2001. 2.

23. 선고 2000다61312 판결, 대법원 2003. 9. 26. 선고 2002다64681 판결 등 참조)"고 한다.

한편, "회사의 임원이 담당하고 있는 업무 전체의 성격이나 업무수행의 실질이 위와 같은 정도로 사용자의 지휘·감독을 받으면서 일정한 근로를 제공하는 것에 그치지 아니하는 것이라면, 그 임원은 위임받은 사무를 처리하는 지위에 있다고 할 수 있으므로, 근로기준법상 근로자에 해당한다고 보기는 어렵"고, "특히 대규모 회사의 임원이 전문적인 분야에 속한 업무의 경영을 위하여 특별히 임용되어 해당 업무를 총괄하여 책임을 지고 독립적으로 운영하면서 등기이사와 마찬가지로 회사경영을 위한 의사결정에 참여하여 왔고 일반 직원과 차별화된 처우를 받은 경우에는, 이러한 구체적인 임용 경위, 담당 업무 및 처우에 관한 특수한 사정을 충분히 참작하여 회사로부터 위임받은 사무를 처리하는지를 가려야 한다(대법원 2017. 11. 9. 선고 2012다10959 판결)"고 판결하였다.

(나) 긍정한 사례

근로자성을 인정한 사례로는 ① 대법원 2002. 9. 4. 선고 2002다4429 판결(등기 이사), ② 대법원 2007. 5. 31. 선고 2006다78466 판결(부사장·비등기 임원), ③ 대법원 2013. 6. 27. 선고 2010다57459 판결(전무·비등기 임원), ④ 대법원 2013. 9. 26. 선고 2012다16896 판결(비등기 관리이사), ⑤ 대법원 2017. 9. 7. 선고 2017두46899 판결(등기 이사), ⑥ 대법원 2023. 8. 31. 선고 2023도6323 판결[Chief Operating Officer(COO)·비등기 임원] 등이 있다.

(다) 부정한 사례

근로자성을 부정한 사례로는 ① 대법원 2004. 2. 13. 선고 2003다48884 판결(주식회사 이사 또는 감사), ② 대법원 2017. 11. 9. 선고 2012다10959 판결(상무·비등기 임원), ③ 대법원 2013. 9. 26. 선고 2012다28813 판결(주식회사 이사), ④ 대법원 2015. 4. 23. 자 2015다854 판결(한국특수판매공제조합의 등기된 상근이사, 서울고등법원 2014. 11. 28. 선고 2014나21009 판결 심리불속행 기각), ⑤ 대법원 2016. 1. 28. 자 2015다241242 판결(재단법인 한국승강기안전기술원 상근이사, 서울고등법원 2015. 9. 18. 선고 2015나2007143 판결 심리불속행 기각), ⑥ 대법원 2016. 12. 15. 선고 2015두41838 판결(대구광역시 개별화물자동차 운송사업협회의 상무이사 및 전무이사) 등이 있다.

(7) 골프장 캐디

대법원은 1993. 5. 25. 선고 90누1731 판결에서 캐디피가 근로기준법상 임금이라고 단정할 수는 없지만 노동조합법상 '기타 이에 준하는 수입'에 해당할 수는 있다고 보아 골프장 캐디의 노동조합법상 근로자성을 인정한 바 있고, 1996. 7. 30. 선고 95누13432 판결에서는 골프장 캐디의 근로기준법상 근로자성을 부정한 바 있다. 대법원이 골프장 캐디의 근로기준법상 근로자성을 부정하면서 고려한 사정에는 ① 골프장 캐디는 골프장 시설운영자와 근로계약·고용계약 등의 노무공급계약을 전혀 체결하고 있지 않은 점, ② 경기 보조 업무는 원래 골프장측이 내장객에 대하여 당연히 제공하여야 하는 용역이 아니어서 캐디에 의한 용역 제공이 골프장 시설운영에 필요불가결하지 않은 점, ③ 내장객의 경기 보조 업무를 수행한 대가로 내장객으로부터 직접 캐디 피(caddie fee)라는 명목의 봉사료만 수령할 뿐 골프장 시설운영자로부터는 어떠한 금품도 지급받지 않는 점, ④ 골프장에서 용역을 제공하면서 순번의 정함은 있으나 근로시간의 정함이 없어 자신의 용역 제공을 마친 후에는 골프장 시설에서 곧바로 이탈할 수 있는 점, ⑤ 내장객의 감소 등으로 예정된 순번에 자신의 귀책사유 없이 용역 제공을 할 수 없게 되더라도 골프장 시설운영자가 캐디 피에 상응하는 금품이나 근로기준법에서 정한 휴업수당을 전혀 지급하지 않는 점, ⑥ 내장객에 대한 업무 수행과정에서 골프장 시설운용자로부터 구체적이고 직접적인 지휘·감독을 받지 않는 점, ⑦ 업무 수행을 게을리 하여도 순번이 맨 끝으로 배정되는 등 사실상의 불이익을 받을 뿐 회사가 달리 복무 질서 위배 등을 이유로 징계처분을 하지 않는 점, ⑧ 근로소득세를 납부하지 않는 점 등이 있다.

그 후 선고된 하급심 판결에서는 ① 캐디의 근로자성을 전면 부정한 경우, ② 캐디의 근로자성을 전면 인정한 경우, ③ 근로기준법상의 근로자성은 부정한 반면 노동조합법상의 근로자성은 인정한 경우 등 골프장 캐디의 근로자성에 대한 엇갈린 판단이 혼재하여 왔는데,[1] 대법원은 2014년 골프장 캐디의 근로기준법상 근로자성을 부정하는 판결을 다수 선고하였고,[2] 그 후 현재까지 대법원이 골프장 캐디의 근

---

1) 골프장 캐디는 전속지입차주인 운송기사와 함께 하급심에서 근로자성 판단이 가장 많이 갈렸던 직종이다. 노동법실무연구회, 근로기준법주해, 박영사(2021), 142.
2) 대법원 2014. 2. 13. 선고 2011다78804 판결(다만, 노동조합법상의 근로자성은 인정), 대법원 2014. 2. 27. 선고 2010두29284 판결, 대법원 2014. 3. 27. 선고 2012두28322 판결, 대법원 2014. 3. 27. 선고

로기준법상 근로자성을 인정한 판결은 보이지 않는다.[1]

(8) 자원봉사자

자원봉사활동은 무보수성·자발성·공익성·비영리성을 기본원칙으로 하는데,[2] 무보수라 할지라도 경제적 손실 보전을 위해 노무제공의 대가로서 임금 지급이 아닌 실비변상의 교통비, 식비 등 금품을 받은 유급 자원봉사자의 근로자성이 특히 문제되어 왔다.

기존에 대구 지역 배움터지킴이[3]들이 근로기준법상 근로자임을 전제로 임금 등을 청구한 여러 소송에서 제1심은 전부 근로자성을 긍정하였는데, 항소심은 근로자성을 부정하였고, 대법원은 모든 사건에서 심리불속행 기각 혹은 소액 상고기각 판결[4]로써 근로자성을 부정하였다.[5]

그러나 대법원[6]은 성남시 조례에 의하여 설치된 주민자치센터의 자원봉사자(참가인)가 근로자임을 전제로 성남시의 재위촉 거부는 부당해고임을 다투었던 사안에서,[7] 참가인이 재위촉 이후 추가 업무를 수행하게 된 경위와 추가 업무의 내용, 이

2013다79443 판결, 대법원 2014. 5. 29. 선고 2012다47241 판결, 대법원 2015. 7. 23. 선고 2011두18359 판결(다만, 노동조합법상의 근로자성은 인정), 대법원 2015. 9. 10. 선고 2009다33853 판결.

1) 골프장 캐디의 근로기준법상 근로자성을 부인한 판결의 구체적 논거에 대한 비판으로는 노동법실무연구회, 근로기준법주해, 박영사(2021), 142~143.

2) 자원봉사활동 기본법 제1조, 제2조 제2호, 제3조 제1호 참조.

3) 지방자치단체에 의해 자원봉사자로 선발된 다음 각급 학교에 1~2명씩 배치되어 매일 아침 출근해서 학교폭력 예방 등을 위한 학교 순찰, 등하교 지도, 교통안전 지도 등을 하고, 부스 형태의 초소에서 업무를 하면서 매달 실비보상 명목으로 일정 금액(1일 2만 원~3만 원)을 지급받은 사람들임.

4) 대법원 2015. 12. 24. 선고 2015다234350 판결(심리불속행 기각), 대법원 2015. 12. 24. 선고 2015다234367 판결(심리불속행 기각), 대법원 2015. 12. 24. 선고 2015다236264 판결(심리불속행 기각), 대법원 2015. 12. 24. 선고 2015다236875 판결(심리북속행 기각), 대법원 2015. 12. 24. 선고 2015다242030 판결(심리불속행 기각), 대법원 2015. 12. 24. 선고 2015다242092 판결(심리불속행 기각), 대법원 2015. 12. 24. 선고 2015다263257 판결(심리북속행 기각), 대법원 2015. 12. 24. 선고 2015다234350 판결(소액사건심판법상 상고허용사유가 없다는 이유로 상고기각).

5) 고용노동부는 배움터지킴이에 대하여 ① 근무시간과 근무장소가 정해져 있는 점, ② 별도 근무수칙을 정하여 준수의무를 부과하고 있는 점(근무시간 준수, 복장 등), ③ 매일 활동일지를 작성하고 결재를 받은 점, ④ 업무의 대체성이 없는 점, ⑤ 지급받은 보수가 실비변상적인 개념보다는 근로의 대상으로 받는 금품으로 볼 수 있는 점 등을 고려할 때 배움터지킴이는 종속적인 관계에서 임금을 목적으로 근로를 제공하는 근로기준법상의 당사자에 해당한다는 행정해석(근로기준과-293, 2010. 7. 28.)을 한 바 있으나, 대법원은 최종적으로 근로자성을 부정하였다.

6) 대법원 2019. 5. 30. 선고 2017두62235 판결, 대법원 2020. 7. 9. 선고 2018두38000 판결. 이에 대하여 '봉사'의 명목으로 실질적인 '노동'에 대한 정당한 대가를 주지 않는 관행을 멈추게 한 판결이라는 평석으로는 양승엽, "자원봉사자의 근로자성 판단기준", 노동법학 제71호(2019. 9.) 참조.

7) 참가인은 ① 2009. 1. 3.부터 자원봉사자로 위촉되어 시설물 관리와 프로그램 운영에 관한 보조지원

와 관련하여 지급받은 돈의 명목과 액수, 대가성에 대한 당사자들의 인식과 의사, 업무 수행에 관한 상당한 지휘·감독이 이루어진 사정 등을 고려하여 참가인이 재위촉 거부 당시 임금을 목적으로 종속적인 관계에서 근로를 제공한 근로자에 해당한다고 판단하였다.

(9) 기타

(가) 긍정한 사례

기타 근로자성을 긍정한 예로는, 의류 제조 봉제공,[1] 조선용 중장비 부품 가공·제조,[2] 제화공,[3] 장애인 활동보조인,[4] 요양보호사,[5] 사회복지법인 소속 간병인,[6] 정수기 코디,[7] 아이돌보미[8] 등이 있다.

업무를 수행하면서 1일당 2만 원의 봉사실비에 매월 12만 원~22만 원을 추가로 받았고, ② 2013. 1. 2. 자원봉사자로 재위촉된 이후 재위촉이 거부된 2015. 12.까지는 자원봉사자들의 업무를 총괄하는 총괄관리자로 선정되었으며 2013. 2.부터는 주민센터 회계업무까지 맡아 다른 자원봉사자들의 근태 확인 및 이들에 대한 수당 집행업무, 주민자치센터의 예산집행 및 자금관리업무까지 수행하면서 1일 8시간씩 주 5일 근무하고 매월 55만 원~60만 원을 받았으며 회계책임자로서의 업무수행에 대해 매월 10만 원~20만 원을 추가로 받아 월평균 135만 원을 지급받았다.

1) 대법원 2009. 10. 29. 선고 2009다51417 판결.
2) 대법원 2016. 5. 26. 선고 2014도12141 판결.
3) 대법원 2018. 6. 19. 선고 2016다256746 판결, 대법원 2018. 11. 29. 선고 2017다252079 판결.
4) 대법원 2012. 10. 25. 선고 2012도6219 판결.
5) 대법원 2012. 11. 15. 선고 2011도9077 판결. 대법원은 ① 관계 법령상 요양보호사가 개인적으로 요양대상자를 맡을 수 없고, 이 사건 회사와 같은 기관을 통하여서만 요양대상자를 맡을 수 있는 점, ② 이 사건 회사가 요양대상자와 요양계약을 체결하고 그 계약 내용에 따라 요양보호사의 근무시간, 장소, 내용이 모두 정해지는 점, 요양보호사가 근무시간을 변경하거나 휴가를 내기 위해서는 요양대상자와 협의하여 처리할 수는 없고 회사에 사전에 보고하여 조정하여야 하는 점, 매일 근무시간 및 근무내용을 기록한 근무상황일지를 작성하여 이를 매달 회사에 보고하도록 되어 있는 점, 요양보호사가 임의로 제3자를 고용하여 업무를 대행케 하는 등 독립하여 자신의 계산으로 사업을 영위할 수 없고, 회사에 보고하여 회사가 대체근무를 시키도록 되어 있는 점, 요양보호 시의 주의사항 등을 회사가 교육하도록 되어 있는 점, ③ 요양보호사의 업무성격에 따라 기본급이나 고정급이 정하여져 있지 않지만, 시간당 일정액에 정해진 근무시간을 곱한 금액을 보수로 지급받을 뿐 이윤창출과 손실 등을 부담하는 것이 아닌 점 등을 종합하면, 이 사건 회사의 요양보호사는 업무수행 전반에서 회사로부터 상당한 지휘·감독을 받아 종속적인 관계에서 노무를 제공하는 근로자에 해당한다고 판시하였다.
6) 대법원 2017. 7. 11. 선고 2015다62173 판결. 대법원은 사회복지법인이 노인전문병원으로부터 받은 간병비에서 다른 비용을 공제한 후 간병인에게 지급한 점, 사회복지법인의 관리책임자가 노인전문병원에 출근하여 간병인들을 감독한 점 등을 종합하면 사회복지법인이 간병인과 근로계약을 체결한 뒤 간병인을 노인전문병원에 파견하였다고 판단한 원심의 결론을 수긍하였다.
7) 대법원 2012. 5. 10. 선고 2010다5441 판결[정수기 코디는 정수기의 렌탈계약(판매 및 멤버십 회원 가입계약 포함) 체결, 렌탈 및 멤버십 회원에 대한 정기 방문 점검 서비스, 제품 필터 교환 등의 업무를 수행하였음].
8) 대법원 2023. 8. 18. 선고 2019다252004 판결, 대법원 2023. 8. 18. 선고 2019다252011 판결.

(나) 부정한 사례

기타 근로자성을 부정한 예로는, 객공,[1] 굴삭기 부품 용접공·제관공[2], 정수기 엔지니어(AS기사),[3] 한국전력 전기검침·송달·단전업무 위탁원,[4] 우체국 재택집배원,[5] 인터넷 설치기사,[6] 간병인협회 소속 간병인,[7] 백화점 판매원,[8] 자동차엔진첨가제 위탁관리담당자,[9] 일용 공사현장의 십장,[10] 손해사정회사의 현장출동서비스 기사,[11] 카마스터[12] 등이 있다.

---

1) 대법원 2009. 10. 29. 선고 2009다51417 판결. 객공은 의류 임가공 하청업체에서 일하는 봉제공 중 하청업체와 계약을 맺고 재단 및 봉제, 다림질 등의 작업을 하는 사람이다. 일반적으로 객공은 하청업체와 사이에, 하청업체가 제공한 원단을 일정한 작업장소에서 임가공 작업을 하여 제품을 완성하면 하청업체가 이를 원청업체에 납품한 후 그 수익금을 함께 분배받는 형식으로 계약을 체결하는 경우가 많고, 출퇴근시간에 대한 통제도 느슨한데다가 하청업체로부터 구체적이고 직접적인 지휘·감독을 받지 않는 경우가 많다.

2) 대법원 2018. 11. 29. 선고 2017다252079 판결, 대법원 2016. 3. 24. 선고 2011다1880 판결.

3) 대법원 2021. 11. 11. 선고 2020다273939 판결, 대법원 2021. 11. 11. 선고 2019다221352 판결, 대법원 2021. 8. 12. 선고 2021다222914 판결(위 판결들의 '정수기 엔지니어'는 판매업무를 일부 수행하기도 하였으나 주로 정수기 설치·사후관리 업무를 수행하였다는 점에서 '정수기 플래너(본책 33쪽)·코디(본책 71쪽 각주 7)'와 구별됨).

4) 대법원 2014. 11. 13. 선고 2013다25460, 25477 판결, 대법원 2014. 11. 13. 선고 2013다77805 판결, 대법원 2014. 11. 13. 선고 2014다42745 판결, 대법원 2014. 12. 11. 선고 2013다77706 판결, 대법원 2014. 12. 11. 선고 2014다42653 판결.

5) 대법원 2019. 4. 23. 선고 2016다277538 판결.

6) 대법원 2007. 6. 28. 선고 2005도8637 판결, 대법원 2019. 11. 28. 선고 2019두50168 판결.

7) 대법원 2009. 3. 12. 선고 2009도311 판결. 대법원은 간병인들의 ○○간병인협회(이하 '협회'라고 한다) 가입 또는 탈퇴가 매우 자유로운 것으로 보이는 점, 협회가 소속 간병인들의 업무수행을 지휘·감독하였다고 보기 어려운 점, 간병인 스스로 다른 간병인을 통하여 업무를 대행케 할 수 있고, 협회에 자유롭게 대체인력의 공급을 요구할 수 있는 점, 협회에는 간단한 내용의 협회 내규만이 있을 뿐 달리 간병인들에게 적용되는 취업규칙·복무규정·인사규정이 없는 점, 간병인들에 대한 기본급 내지 고정급이 없고, 4대 보험에도 가입되지 않은 점 등을 종합하면 간병인들이 협회의 근로자로 볼 수 없다고 판시하였다.

8) 대법원 2017. 1. 25. 선고 2015다59146 판결, 대법원 2017. 1. 25. 선고 2015다63299 판결, 대법원 2017. 2. 3. 선고 2016다15549 판결.

9) 대법원 2017. 7. 11. 선고 2017다4003 판결.

10) 대법원 2018. 8. 30. 선고 2018두43330 판결.

11) 대법원 2022. 4. 14. 선고 2020다237117 판결.

12) 대법원 2022. 7. 14. 선고 2021두60687 판결(다만, 대법원 2019. 6. 13. 선고 2019두33712 판결은 카마스터의 노동조합법상 근로자성은 인정).

5. 새로운 쟁점 – 플랫폼 노동 종사자의 근로자성

가. 서설

최근 디지털 데이터와 매칭 알고리즘 등을 기본 속성으로 하는 플랫폼을 기반으로 한 이른바 플랫폼 경제 시대가 도래함에 따라 플랫폼 노동 종사자의 근로자성에 관한 논의가 새로이 대두되고 있다. 이에 플랫폼 노동 종사자와 관련하여 ① 구 산재보험법 제125조에 정한 특수형태근로종사자 해당 여부가 문제된 사안, ② 노동조합법상 근로자성이 문제된 사안, ③ 근로기준법상 근로자성이 문제된 사안, ④ 플랫폼을 이용한 사업이 여객자동차운수사업법위반죄에 해당하는지가 문제된 사안에 관한 최근의 판례는 아래와 같다.

나. 판례의 태도

(1) 대법원 2018. 4. 26. 선고 2016두49372 판결

배달대행업체 소속 배달원으로 자신의 스마트폰에 배달대행프로그램(애플리케이션)을 설치하고 오토바이를 운전하여 배달 업무를 수행하다가 보행자와 충돌하는 사고를 당하여 폐쇄성 흉추 골절 등을 입은 사안에서, 대법원은 위 배달원에 관하여 근로기준법상 근로자에는 해당하지 않으나, 구 산재보험법 시행령 제125조 제6호에 정한 특수형태근로종사자에 해당한다는 취지로 판시하였다.

(2) 대법원 2018. 4. 26. 선고 2017두74719 판결

배달원이 오토바이배달대행 등의 서비스업을 영위하는 회사로부터 이륜자동차 1대를 임차하여 스마트폰 애플리케이션을 통하여 의뢰받은 음식적 배달 업무를 수행하던 중 오토바이가 빗길에 미끄러지면서 승용차와 충돌하는 사고로 사망하였는데, 대법원은 위 배달원이 구 산재보험법에서 정한 특수형태근로종사자에 해당한다는 취지로 판시하였다.

(3) 부산고등법원 2020. 8. 26. 선고 2019나58639 판결

피고들은 원고들로부터 스마트폰 어플리케이션을 통해 대리운전 업무를 배당받아 대리운전 업무를 해오다가 노동조합을 설립한 후 원고들에게 단체교섭을 요구하자, 원고들이 피고들을 상대로 노동조합법상 근로자 지위 부존재 확인의 소를 제기하였다. 제1심과 원심은 피고들이 노동조합법상 근로자에 해당한다고 보았고, 현재 상고기각(대법원 2020다267491)으로 확정되었다.

(4) 대법원 2023. 6. 1. 선고 2022도13414 판결

타다서비스가 여객자동차운수사업법위반죄에 해당하는지가 문제된 사안에서 법원은 피고인들의 행위는 기사 알선을 포함한 자동차대여에 해당할 뿐 유상으로 여객을 운송한 것으로 볼 수 없다고 보아 무죄를 선고하였다. 이 사건에서 방론으로 타다 드라이버의 근로자성 여부가 다투어지기도 하였으나, 법원은 관련 행정사건 (2020구합70229) 제1심 결과 등을 이유로 이를 인정하기 부족하다고 보았다. 그러나 아래 (5)항에서 보는 바와 같이 위 행정사건은 항소심에서 취소되었고, 대법원에서 상고가 기각되었다.

(5) 서울고등법원 2023. 12. 21. 선고 2022누56601 판결

쏘카에 인력을 공급하던 헤럴드에이치알이 소속 타다 드라이버들에게 인원감축 통보를 하자 타다드라이버가 부당해고 구제신청을 한 사안에서, 제1심 법원은 타다 드라이버가 근로기준법상 근로자라고 보기 어렵다고 하였으나, 항소심은 근로기준법상 근로자에 해당한다고 보았으며, 대법원에서도 근로자성이 인정되어 상고가 기각되었다(대법원 2024두32973).

Ⅲ. 임 금[1]

1. 임금의 개념

현행 근로기준법 제2조 제1항 제5호는 임금을 "사용자가 근로의 대가로 근로자에게 임금, 봉급, 그 밖에 어떠한 명칭으로든지 지급하는 일체의 금품"이라고 정의하고 있다.

종전의 판례는 노동대가설(주류)과 임금 2분설로 나누어져 있었는데, 대법원 1995. 12. 21. 선고 94다26721 전원합의체 판결은 "모든 임금은 근로의 대가로서 '근로자가 사용자의 지휘를 받으며 근로를 제공하는 것에 대한 보수'를 의미하므로 현실의 근로 제공을 전제로 하지 않고 단순히 근로자로서의 지위에 기하여 발생한다는 이른바 생활보장적 임금이란 있을 수 없고, 또한 우리 현행법상 임금을 사실상 근로를 제공한 데 대하여 지급받는 교환적 부분과 근로자로서의 지위에 기하여 받는 생활보장적 부분으로 2분할 아무런 법적 근거도 없다."라고 판시하여 임금 2분설을 폐기하였다.

임금에 해당하려면, 일반적으로 ① 사용자가 근로의 대가로 근로자에게 지급하는 일체의 금원으로서, ② 계속적·정기적으로 지급되고 ③ 단체협약, 취업규칙 등에 의하여 사용자가 이를 지급할 의무를 져야 한다고 설명된다.[2] 다만 계속적·정기적 지급에 관하여, 대법원은 "사용자가 근로자에게 지급하는 임금은 계속적·정기적

---

[1] 자세한 내용은 사법연수원, 해고와 임금(2016), 71 이하 참조. 국가나 지방자치단체를 상대로 당사자소송의 형태로 임금이나 각종 수당의 지급을 구하는 소송이 서울행정법원에 제기되거나 계속 중이기는 하나 국가공무원 및 지방공무원의 임용, 인사, 보수, 복무 등에 대하여는 국가공무원법 또는 지방공무원법, 공무원임용령, 공무원복무규정, 공무원 교육훈련법, 공무원수당규정 등이 특별법으로서 적용되므로 근로기준법상의 평균임금이나 통상임금의 개념이 적용될 여지는 거의 없다.

[2] 대법원 1999. 9. 3. 선고 98다34393 판결 등.

으로 지급되는 것이 통상적이므로 그 지급사유의 발생이 확정되어 있지 않고 일시적으로 지급되는 것은 근로의 제공과 관련 없이 지급되는 것으로 판단받을 여지가 많기는 하지만, 그렇다고 하여 반드시 계속적·정기적으로 지급되어야만 근로제공과 관련된 것이고 그렇지 않은 것은 근로제공과 무관한 것이라는 논리필연적인 관계가 있는 것은 아니므로, 드물게나마 계속적·정기적으로 지급되는 것이 아니라 하더라도 다른 사정을 종합하여 사용자가 근로자의 근로제공과 관련하여 지급하는 것으로 볼 수 있으면 임금에 해당한다."고 판시한 바 있다.[1]

2. 노동행정사건에서 임금의 의의

노동관계 행정소송절차에서 임금 또는 퇴직금 자체를 쟁송의 대상으로 삼는 경우는 거의 없다. 다만, 근로자는 부당해고 구제신청 사건에서 원직복직을 원하지 않는 경우 금전보상명령을 신청할 수 있고(노동위원회규칙[2] 제64조), 노동위원회가 금전보상명령을 할 수 있는데(근로기준법 제30조 제3항, 노동위원회규칙 제66조), 사용자가 이에 대해 불복할 수 있는 것은 당연하나 근로자가 노동위원회가 산정한 보상액이 근로자가 청구한 금액보다 적다하여 판정에 불복할 수 있는지에 관해서 아무런 규정은 없지만 이를 긍정하는 경우에는[3] 그 금액 산정의 적절성을 판단하여야 하는 경우도 발생할 수 있다.

부당해고가 다퉈지는 노동사건에서 근로자성이 문제되는 경우 지급된 금품의 성격, 예를 들어, 금품이 임금의 명목으로 지급된 것인지 임원 보수의 명목으로 지급된 것인지 여부 등이 문제될 수 있다. 나아가 차별처우 시정이 문제되는 노동사건에서도 임금은 근로자에게 지급된 명칭이나 목적, 구체적 성격에 따라(예를 들어 실비 변상적 명목인지, 장기근속을 유도하기 위함인지 여부) 불리한 처우가 있는지를 판단하기 위하여 비교대상근로자의 근로조건과 비교함에 있어 지급된 임금을 하나의 범주로 묶을 수 있는지 여부가 문제될 수 있고, 나아가 금품 지급의 성격에 따라 불리

---

1) 대법원 2006. 8. 24. 선고 2004다35052 판결.
2) 노동위원회법 제25조는 중앙노동위원회의 규칙 제정권을 규정하고 있다.
3) 노동법실무연구회, 근로기준법 주해Ⅱ, 박영사(2021), 639~640은 근로자도 금전보상명령의 보상액 산정이 적절하지 못한 경우에는 이에 대해 불복할 수 있다고 설명하고 있다.

한 처우에 정당한 사유가 있는지 여부도 달라질 수 있다.

택시운전근로자들과 택시운송사업을 영위하는 사용자 사이에 기준운송수입금 미납 등과 관련된 징계, 전직, 해고 등이 문제될 수 있다. 2019. 8. 27. 법률 제16563호로 여객자동차 운수사업법이 개정되어, '운송사업자는 일정 금액의 운송수입금 기준액을 정하여 수납하지 말고 운수종사자는 이를 납부하지 말 것'을 명시적으로 규정하는 제21조 제1항 제2호 및 제26조 제2항 제2호가 신설되어 2020. 1. 1.부터 시행되었다. 위 조항의 신설 이유는 '사납금 제도는 장시간 택시노동을 조장하는 등 택시 운수종사자들의 처우를 어렵게 하는 병폐로 오랜 기간 지적되어 온바, 운송사업자와 운수종사자의 준수사항에 운송수입금 전액관리제에 관한 구체적 근거를 명시함으로써 택시업계의 고질적 관행인 사납금 제도를 근절하고 일반택시 운수종사자들의 처우 개선과 국민에 대한 양질의 택시서비스 제공에 이바지'하기 위함이다. 위 규정의 개정연혁, 입법취지 등에 비추어 이는 강행규정으로 봄이 타당하고, 따라서 기준운송수입금을 납입할 것을 규정하는 임금협정이나 단체협정 등의 효력도 부정되어야 하며, 그 미납을 이유로 이루어진 징계 역시 부당하다.[1] 다만 위 신설조항이 고의적인 근무 태만 등 불성실한 근로까지 허용되는 것은 아니므로, 위 신설조항에 의하더라도 일정한 운송수입금 기준액을 정하고 이에 미달한다는 이유로 운수종사자에게 징계처분 등 제재를 가하는 것이 금지될 뿐, 운수종사자의 근무시간 부족 등 불성실한 근로를 이유로 징계를 하거나 그 밖에 운송수입금 기준액 미납의 직·간접적 원인이 되는 비위 행위에 대하여 제재를 가하는 것은 가능하다고 보아야 한다.[2]

한편, 택시운전사들에 대한 징계사건 중에는 최저임금을 잠탈하기 위한 소정근로시간 단축의 효력과 관련된 아래 대법원 판결이 배경이 된 사건들이 일부 있으므로, 그 판결 내용에 대해 간략하게 살펴본다. 대법원 2019. 4. 18. 선고 2016다2451 판결은 근로자들이 운송수입금 중 일정액만 사납금 명목으로 사용자에게 납부하고 이를 제외한 나머지 운송수입금(초과운송수입금)을 근로자들이 차지하며, 사용자로부

---

1) 서울행정법원 2020. 11. 17. 선고 2020구합84648 판결(항소기각, 대법원 심리불속행기각), 서울행정법원 2022. 12. 9. 선고 2021구합65262 판결(미항소 확정), 서울행정법원 2023. 4. 6. 선고 2021구합87125 판결(미항소 확정), 서울행정법원 2023. 11. 30. 선고 2022구합69322 판결(서울고등법원 2023누72457로 항소심 계속중이다).

2) 서울행정법원 2022. 12. 9. 선고 2021구합65262 판결(미항소 확정).

터 일정한 고정급을 지급받는 방식인 정액사납금제 형태의 임금을 지급받고 있는 상황에서, 2008. 3. 21. 법률 제8964호로 개정된 최저임금법 제6조 제5항[1])에 따라 최저임금에 산입되는 임금의 범위에서 '생산고에 따른 임금(=초과운송수입금)'이 제외되자, 취업규칙의 개정을 거쳐 실제 근무형태나 운행시간의 변경이 없음에도 소정근로시간을 순차로 단축하여 시간당 고정급의 외형상 액수를 증가시킨 것은 최저임금법을 잠탈하기 위한 탈법행위로서 무효라고 판단한 바 있다. 다만 대법원 2024. 1. 4. 선고 2023다237460 판결은 최저임금법 제6조 제5항 등의 적용을 잠탈하기 위한 탈법행위에 해당한다는 사유로 노사 간의 합의에 의해 정해진 소정근로시간의 효력을 부정하기 위해서는 관련 사정을 종합하여 엄격하게 판단하여야 한다는 취지로 판시한 바 있다.

3. 평균임금-사후적, 산술적 임금

평균임금이란 이를 산정하여야 할 사유가 발생한 날 이전 3개월 동안에 그 근로자에게 지급된 임금의 총액을 그 기간의 총일수로 나눈 금액을 말한다(근로기준법 제2조 제1항 제6호). 평균임금은 휴업수당, 재해보상금, 퇴직금의 산정 기준이 된다. 평균임금은 퇴직금 등 근로자에 대한 여러 가지 급여금을 산정하는 기준이 되고, 위 각 수당 및 보상 등에 관한 규정의 취지는 어디까지나 근로자의 생활을 보장하고자 하는 데 있으므로, 그 산정 기준인 평균임금은 근로자가 통상적으로 받는 생활임금을 현실대로 산정하는 것을 그 기본원리로 한다.[2])

4. 통상임금-사전적, 평가적 임금

통상임금이란 근로자에게 정기적이고 일률적으로 소정 근로 또는 총 근로에 대

---

1) 최저임금법 제6조(최저임금의 효력) ⑤ 제4항에도 불구하고 「여객자동차 운수사업법」 제3조 및 같은 법 시행령 제3조제2호다목에 따른 일반택시운송사업에서 운전업무에 종사하는 근로자의 최저임금에 산입되는 임금의 범위는 생산고에 따른 임금을 제외한 대통령령으로 정하는 임금으로 한다.
2) 대법원 1991. 4. 26. 선고 90누2772 판결, 대법원 1999. 11. 12 선고 98다49357 판결 등.

하여 지급하기로 정한 시간급 금액, 일급 금액, 주급 금액, 월급 금액 또는 도급 금액을 말한다(근로기준법 시행령 제6조 제1항). 통상임금은 해고예고수당, 연장근로수당, 야간근로수당, 휴일근로수당의 산정 기준이 된다.

종래 대법원은 "어떠한 임금이 통상임금에 속하는지 여부는 그 임금이 소정근로의 대가로 근로자에게 지급되는 금품으로서 정기적·일률적·고정적으로 지급되는 것인지를 기준으로 객관적인 성질에 따라 판단하여야 하고, 임금의 명칭이나 지급주기의 장단 등 형식적 기준에 의해 정할 것이 아니다."라고 판시하였다.[1] 위 대법원 판례의 의하면, 통상임금은 ① 소정근로의 대가로서 ② 정기성, ③ 일률성, ④ 고정성을 갖추어야 했다. 여기서 일률성은 '모든 근로자'에게 지급되는 것뿐만 아니라 '일정한 조건 또는 기준에 달한 모든 근로자'에게 지급되는 것도 포함하며, '일정한 조건'이란 고정적이고 평균적인 임금을 산출하려는 통상임금의 개념에 비추어 볼 때 고정적인 조건이어야 하고, 일정 범위의 모든 근로자에게 지급된 임금이 일률성을 갖추고 있는지 판단하는 잣대인 '일정한 조건 또는 기준'은 통상임금이 소정근로의 가치를 평가한 개념이라는 점을 고려할 때, 작업 내용이나 기술, 경력 등과 같이 소정근로의 가치 평가와 관련된 조건이라야 한다.[2] 또한 고정성은 '근로자가 제공한 근로에 대하여 업적, 성과 기타의 추가적인 조건과 관계없이 당연히 지급될 것이 확정되어 있는 성질'을 말하고, '고정적인 임금'은 '임금의 명칭 여하를 불문하고 임의의 날에 소정근로시간을 근무한 근로자가 그 다음 날 퇴직한다 하더라도 그 하루의 근로에 대한 대가로 당연하고도 확정적으로 지급받게 되는 최소한의 임금'이라고 정의할 수 있었다.[3]

그런데 '재직조건부 상여금'의 통상임금성 등이 문제된 사건에서 최근 대법원 전원합의체 판결은 통상임금의 개념에 있어서 고정성을 통상임금의 개념적 징표로 볼 수 없다고 보아 판례를 변경하였다.[4] 위 전원합의체 판결에서 고정성을 통상임금의 개념적 징표로 삼는 것이 타당하지 않다고 판단한 구체적 이유를 요약하면 다음과 같다. ① 고정성 개념은 법령상 근거가 없다. ② 고정성을 개념적 징표로 두는 것은 통상임금의 강행적 성격과 맞지 않다. ③ 고정성의 개념을 추가로 요구한다면

1) 대법원 2013. 12. 18. 선고 2012다89399 전원합의체 판결.
2) 대법원 2013. 12. 18. 선고 2012다89399 전원합의체 판결.
3) 대법원 2013. 12. 18. 선고 2012다89399 전원합의체 판결.
4) 대법원 2024. 12. 19. 선고 2020다247190 전원합의체 판결.

그와 같은 개념의 통상임금은 소정근로의 가치를 온전하게 반영하지 못한다. ④ 고정성을 통상임금의 개념적 징표로 삼는 것은 사전적으로 정해져야 할 통상임금 여부를 임금의 지급 여부나 지급액 확정 여부에 따라 결정하려는 문제가 있다. ⑤ 통상임금의 개념적 징표로서 고정성을 추가로 요구하는 것은 연장근로 등을 억제하고 그에 상응하는 보상을 하고자 하는 근로기준법의 정책 목표에 부합하지 않는다.

즉, 위 전원합의체 판결은 통상임금의 개념에 대해 고정성의 개념을 제외하고 "통상임금은 소정근로의 대가로서 정기적, 일률적으로 지급하기로 정한 임금을 말한다."라고 재정의하였다. 그에 따라 위 전원합의체 판결은 고정성을 통상임금의 개념적 징표로 삼은 부분, 구체적으로, 재직조건부 임금, 근무일수 조건부 임금, 성과급의 통상임금성을 고정성 인정 여부를 기준으로 판단한 부분, 재직조건부 임금이 조건의 부가로 인하여 소정근로 대가성을 갖추지 못하였다고 판단한 부분과 그와 같은 취지의 종전 판결들을 위 전원합의체 판결의 견해와 배치되는 범위 내에서 변경하였다. 또한 같은 날 선고된 대법원 전원합의체 판결은 위 판결 법리를 요약하여 제시하면서 소정근로일수 이하로 정한 근무일수 조건부 임금의 통상임금성을 인정하였다.[1]

다만 위 전원합의체 판결은 위 판결 법리가 적용되는 범위에 관하여 법적 안정성과 신뢰보호 등을 고려해 이 판결 선고일 이후의 통상임금 산정부터 적용하는 것으로 하되, 당해 사건 및 병행사건에 대해서는 새로운 법리를 소급 적용하여야 한다고 판시하였다.

---

1) 대법원 2024. 12. 19. 선고 2023다302838 전원합의체 판결.

IV. 부당해고 등 구제절차

1. 개요

부당해고 등 구제제도는 개별적 근로계약관계에서 근로자의 권리에 대한 침해를 행정절차로 간편·신속·저렴하게 구제하기 위한 것이다. 해고 등(휴직, 정직, 감봉 등 불이익처분을 포함하여 이하 '해고 등'이라고 한다)을 당한 근로자는 사용자를 상대로 민사소송으로써 해고 등 무효확인의 소를 제기할 수 있고, 노동위원회에 부당한 해고 등에 관한 구제신청을 할 수도 있다.[1] 부당해고 등 구제절차에 따른 구제명령은 사용자에 대하여 명령에 따를 공법상 의무를 지우는 것일 뿐 직접 근로자와 사용자 사이의 사법상의 법률관계를 발생 또는 변경시키는 것은 아니다. 따라서 위 구제절차에서 구제신청을 기각하는 노동위원회의 결정이 확정되었어도 동일한 불이익처분에 대하여 민사소송을 제기하는 것이 부적법한 것은 아니다.[2] 양 절차 중 택일하거나 양 절차를 모두 밟을 수 있다.

노동위원회는 구제신청이 신청기간을 지키지 않은 경우 등에는 이를 각하한다(노동위원회규칙 제60조). 그 밖의 경우에는 심문을 거쳐 해고 등이 부당하다고 판정하면 구제명령을 발하고 그렇지 않다고 판정하면 구제신청을 기각하는 결정을 한다(근로기준법 제29조, 제30조). 개정 전 노동위원회규칙 제60조 제1항 제3호, 제4호, 제6호에 의하면 '당사자 적격이 없는 경우', '구제신청의 내용이 노동위원회의 구제명령 대상이 아닌 경우', '신청하는 구제의 내용이 법령상이나 사실상 실현할 수 없거나 신청의 이익이 없음이 명백한 경우' 구제신청의 각하사유였으나, 노동위원회규칙

---

[1] 대법원 1991. 7. 12. 선고 90다9353 판결.
[2] 다만 근로자가 해고의 효력을 인정한 다음 장기간이 지난 후에 해고의 무효확인을 구하는 민사소송을 제기하는 것은 신의칙이나 금반언의 원칙에 위배되어 허용될 수 없다(대법원 2000. 4. 25. 선고 99다34475 판결).

이 2021. 10. 7. 제26호로 개정되면서 제3호, 제4호는 삭제되고 제6호는 '신청하는 구제의 내용이 법령상이나 사실상 실현할 수 없음이 명백한 경우'만 남게 되어, 나머지 경우는 모두 제60조 제2항에 따라 기각결정을 하게 되었다. 그 개정 취지는 '당사자 적격이 없는 경우, 구제명령 대상이 아닌 경우, 신청이익이 없는 경우를 각하사유에서 삭제함으로써 판정의 신뢰성과 일관성을 확보한다'는 것이다.

지방노동위원회의 결정에 불복하는 관계당사자는 구제명령서나 기각결정서를 통지받은 날부터 10일 이내에 중앙노동위원회에 재심을 신청할 수 있으며 중앙노동위원회는 이에 대하여 다시 심문을 거쳐 재심판정을 한다(근로기준법 제31조 제1항, 노동위원회법 제26조 제1항, 제2항).

중앙노동위원회는

(i) 지방노동위원회에서 인용한 구제신청에 대하여 ① 사용자의 재심신청이 이유 없는 경우에는 "이 사건 재심신청을 기각한다."는 내용의, ② 사용자의 재심신청이 이유 있는 경우에는 "초심결정을 취소한다, 이 사건 구제신청을 기각한다."는 내용의, (ii) 지방노동위원회에서 기각한 구제신청에 대하여 ① 근로자의 재심신청이 이유 없는 경우에는 "이 사건 재심신청을 기각한다."는 내용의, ② 근로자의 재심신청이 이유 있는 경우에는 "초심결정을 취소한다, 이 사건 해고는 부당해고 등임을 인정한다. 피신청인(사용자)은 30일 이내에 신청인(근로자)을 원직에 복직시키고, 신청인(근로자)이 해고기간 동안 정상적으로 근로하였다면 받을 수 있었던 임금 상당액을 지급하라."는 내용의 재심판정을 하게 된다.[1]

재심결정에도 불복할 경우 재심판정서를 송달받은 날부터 15일 이내에 중앙노동위원회위원장을 피고로 하여 행정소송을 제기할 수 있다(근로기준법 제31조 제2항, 노동위원회법 제27조 제1항).

구제명령은 행정처분으로서 공정력이 있으므로 하자가 있다고 하더라도 그 하자가 취소사유에 불과한 때에는 구제명령이 취소되지 않는 한 그 효력을 부정할 수 없고,[2] 노동위원회의 구제명령, 구제신청기각결정 또는 재심판정은 중앙노동위원회

---

1) 구제명령에서 지급의무의 대상이 되는 임금상당액의 액수를 구체적으로 특정하지 않고 '해고기간 동안 정상적으로 근무하였다면 받을 수 있었던 임금상당액'으로 정하였다고 하더라도 구제명령의 이행이 불가능할 정도로 불특정하여 위법·무효라고 할 수 없으므로, 그 구제명령을 이행하지 아니한 사용자에게 부과한 이행강제금 처분이 위법하다고 볼 수 없다(대법원 2010. 10. 28. 선고 2010두12682 판결 등 참조).

2) 대법원 2023. 6. 15. 선고 2019두40260 판결.

에 대한 재심신청이나 행정소송의 제기에 의하여 그 효력이 정지되지 아니한다(근로기준법 제32조, 노동위원회법 제27조 제2항). 노동위원회는 구제명령(구제명령을 내용으로 하는 재심판정을 포함)을 받은 후 이행기한까지 구제명령을 이행하지 아니한 사용자에게 3,000만 원 이하의 이행강제금을 부과할 수 있다(근로기준법 제33조).[1] 이행강제금은 근로자를 신속하게 구제하고 노동위원회가 발령한 구제명령의 실효성을 보장하기 위하여 구제명령을 이행하지 않은 사용자로 하여금 구제명령을 이행하도록 하는 행정상의 간접강제수단으로서 일정한 금원을 납부하게 하는 침익적 행정행위에 해당한다.[2]

이처럼 근로기준법이 사용자에게 구제명령에 대한 즉각적인 준수의무를 부과하는 것은 부당해고나 부당전보 등이 있으면 근로자는 생계의 곤란이나 생활상의 큰 불이익을 겪게 되어 신속한 구제가 필요한 반면, 사용자는 분쟁기간이 길어지더라도 실질적인 불이익이 크지 않다는 점을 고려하였기 때문이다.[3]

2. 해고 기타 불이익처분

가. 해고의 개념

해고란 사용자에 의한 일방적인 근로계약 해지의 의사표시이다. 근로계약의 종료사유는 근로자의 의사나 동의에 의하여 이루어지는 퇴직, 근로자의 의사에 반하여 사용자의 일방적 의사로 이루어지는 해고, 근로자나 사용자의 의사와는 관계없는 자동소멸 등으로 나누어 볼 수 있을 것인바, 그중 해고란 실제 사업장에서 불리는 명칭이나 절차에 관계없이 근로자의 의사에 반하여 사용자의 일방적 의사에 의하여 이루어지는 모든 근로계약관계의 종료를 의미한다.[4] 해고의 원인을 기준으로 근로

---

1) 이행강제금은 근로자를 신속하게 구제하고 노동위원회가 발령한 구제명령의 실효성을 보장하기 위하여 구제명령을 이행하지 않은 사용자로 하여금 구제명령을 이행하도록 하는 행정상의 간접강제수단으로서 일정한 금원을 납부하게 하는 침익적 행정행위에 해당한다(대법원 2010. 10. 28. 선고 2010두12682 판결 등 참조).

2) 대법원 2010. 10. 28. 선고 2010두12682 판결.

3) 대법원 2023. 6. 15. 선고 2019두40260 판결.

4) 대법원 1993. 10. 26. 선고 92다54210 판결. 회사가 어떠한 사유의 발생을 당연퇴직사유로 규정하고 그 절차를 통상의 해고나 징계해고와는 달리 하였더라도 근로자의 의사와 관계없이 사용자측에서 일

자의 기업질서위반 등 근로자의 귀책사유를 이유로 하는 징계해고, 기업의 경영상 필요에 따른 정리해고, 그 밖에 부득이한 사유가 있어 근로관계를 유지하기 어려움을 이유로 하는 통상해고로 나눌 수 있다.[1]

그런데 실제 사업장에서 적용되는 취업규칙이나 단체협약 등을 살펴보면 근로계약이 종료되는 방식은 징계해고, 해고(또는 직권면직), 퇴직, 당연퇴직(당연면직, 자연면직, 자동퇴직) 등 위에서 든 분류 이상의 다양한 모습을 보이고 있다. 이렇듯 다양한 형태의 근로계약 종료사유들은 그 명칭과 마찬가지로 내용도 회사가 정하기에 달린 것이지만 대부분 사유를 달리하고 그에 따라 절차에도 차이를 두고 있는 것이 보통이다. 사용자가 어떠한 사유의 발생을 당연퇴직사유로 규정하고 그 절차를 통상의 해고나 징계해고와는 달리하였더라도 근로자의 의사와 관계없이 사용자가 일방적으로 근로관계를 종료시키는 것이면 성질상 이는 해고로서 근로기준법에 의한 제한을 받는다. 이와 같이 근로관계의 종료사유 중 해고가 의미를 갖는 것은 근로기준법이 다른 퇴직사유와는 달리 해고의 경우에만 많은 제약을 가하고 있기 때문이다.

해고의 법적 성질은 근로계약 해지의 의사표시로서 상대방 있는 단독행위이다. 상대방 있는 단독행위는 그 의사표시가 상대방에게 도달한 때에 효력이 발생하므로(민법 제111조 제1항) 의사표시의 방법은 서면, 구두 또는 전화 등 어떠한 방법으로 알려도 상관없지만, 해고의 경우 해고사유와 해고시기를 서면으로 통지하여야만 효력이 있다(근로기준법 제27조). 이는 해고사유 등의 서면통지를 통해 사용자로 하여금 근로자를 해고하는 데 신중을 기하게 함과 아울러, 해고의 존부, 시기와 사유를 명확하게 하여 사후에 이를 둘러싼 분쟁을 쉽고 적정하게 해결할 수 있도록 하고, 근로자도 해고에 적절히 대응할 수 있게 하기 위한 취지이다.[2]

해고는 명시적 또는 묵시적 의사표시에 의해서도 이루어질 수 있으므로, 묵시적 의사표시에 의한 해고가 있는지 여부는 사용자의 노무 수령 거부 경위와 방법, 노무 수령 거부에 대하여 근로자가 보인 태도 등 제반 사정을 종합적으로 고려하여

방적으로 근로관계를 종료시키는 것이면 성질상 이는 해고로서 근로기준법에 의한 제한을 받는다.

[1] 이와 같은 분류방식은 독일의 해고제한법(Kündigungsschutzgesetz) 제1조에서 규정하고 있는 근로자의 행동상(또는 행태상) 사유, 긴박한 경영상 사유, 근로자의 일신상의 사유에 따른 해고에 대응하는 것이라고 한다.

[2] 대법원 2011. 10. 27. 선고 2011다42324 판결.

사용자가 근로관계를 일방적으로 종료할 확정적 의사를 표시한 것으로 볼 수 있는지 여부에 따라 판단하여야 한다.[1]

나. 법령의 규정과 해고 '등'의 의미

민법 제660조 제1항, 제2항은, "고용기간의 약정이 없는 때에는 당사자는 언제든지 계약해지의 통고를 할 수 있고, 상대방이 해지의 통고를 받은 날로부터 1월이 경과하면 해지의 효력이 생긴다."고 규정하여 해고의 자유를 인정하고 있다. 그리고 고용기간의 약정이 있는 경우에도 부득이한 사유가 있는 때에는 각 당사자는 계약을 해지할 수 있다(민법 제661조).

그러나 근로기준법상 사용자는 근로자에게 정당한 이유 없이 해고, 휴직, 정직, 전직, 감봉, 그 밖의 징벌(懲罰)을 하지 못한다(근로기준법 제23조 제1항). 해고 등 근로기준법에서 명시한 불이익처분은 예시에 불과하므로, 이와 비슷한 성질을 가진 불이익한 전출, 전적, 강등 등의 인사처분도 근로기준법의 제한을 받는다. 예컨대 근속승진누락의 경우, 급여상의 불이익을 받게 되어 감봉과 비슷한 징벌적 효과를 갖는 것으로서 사실상 견책보다 가혹한 불이익제재에 해당하여, 구제신청의 대상인 '그 밖의 징벌'에 해당한다고 본 하급심 판례,[2] 그리고 근로기준법 제76조의3 제5항에 따라 이루어진 분리조치가 구제신청의 대상이 된다고 본 하급심 판례가 있다.[3] 다만, '그 밖의 징벌'을 엄격하게 해석하여야 한다는 전제 하에, 인사고과,[4] 정기승급 감호조치,[5] 차등 성과급지급[6]은 구제신청의 대상이 되지 않는다고 본 하급심 판례도 있다.

또한, 사용자가 경영상 이유로 근로자를 해고하려면, ① 긴박한 경영상의 필요, ② 해고 회피를 위한 노력, ③ 합리적이고 공정한 해고 기준과 이에 따른 해고 대상자의 선정, ④ 근로자 과반수를 대표하는 노동조합 또는 근로자대표에게 통보하여 성실한 협의를 거칠 것을 필요로 한다(근로기준법 제24조).

---

1) 대법원 2023. 2. 2. 선고 2022두57695 판결.
2) 서울행정법원 2009. 7. 1. 선고 2008구합47494 판결(확정).
3) 서울행정법원 2023. 10. 19. 선고 2022구합70339 판결(항소).
4) 서울행정법원 2011. 7. 14. 선고 2010구합32587 판결(항소기각 및 심리불속행 상고기각 확정).
5) 서울행정법원 2013. 1. 31. 선고 2012구합15883 판결(항소기각 확정).
6) 서울행정법원 2010. 6. 4. 선고 2009구합44355 판결(확정).

다. 근로계약의 민법상 무효 또는 취소

　　근로계약은 근로자가 사용자에게 근로를 제공하고 사용자는 이에 대하여 임금을 지급하는 것을 목적으로 체결된 계약으로서(근로기준법 제2조 제1항 제4호) 기본적으로 그 법적 성질이 사법상 계약이므로 계약 체결에 관한 당사자들의 의사표시에 무효 또는 취소의 사유가 있으면 상대방은 이를 이유로 근로계약의 무효 또는 취소를 주장하여 그에 따른 법률효과의 발생을 부정하거나 소멸시킬 수 있다. 아파트 입주자대표회의 회장이 선출시점부터 그 지위 및 권한이 없었음이 법률적으로 확정된 경우 그 회장이 대표자로 체결한 근로계약은 무효이고, 따라서 무효를 선언하는 확인의 의미로서 근로계약의 취소를 통보하는 내용의 통지는 근로기준법 제23조 제1항이 정한 고유한 의미의 해고에 해당한다고 할 수 없다고 본 하급심 판례가 있다.[1]

　　다만 그와 같이 근로계약의 무효 또는 취소를 주장할 수 있다 하더라도 근로계약에 따라 그동안 행하여진 근로자의 노무 제공의 효과를 소급하여 부정하는 것은 타당하지 않으므로 이미 제공된 근로자의 노무를 기초로 형성된 취소 이전의 법률관계까지 효력을 잃는다고 보아서는 아니 되고, 취소의 의사표시 이후 장래에 관하여만 근로계약의 효력이 소멸된다.[2] 한편, 근로계약관계에 민법상 착오 또는 사기 등을 이유로 한 계약 취소의 법리를 획일적으로 적용하는 경우 보호되어야 할 근로자의 지위가 취약해질 우려가 있으므로, 근로관계의 특성 등을 고려하여 취소의 요건을 엄격히 해석하는 등 사용자의 취소권 행사를 적절히 제한할 필요가 있다.[3]

　　근로기준법 제23조 제1항은 사용자는 근로자에게 정당한 이유 없이 해고하지 못한다고 하여 해고를 제한하고 있으므로, 징계해고사유가 인정된다고 하더라도 사회통념상 고용관계를 계속할 수 없을 정도로 근로자에게 책임 있는 사유가 있는 경우에 한하여 해고의 정당성이 인정되는바, 이는 근로자가 입사 당시 제출한 이력서

---

1) 서울행정법원 2024. 8. 22. 선고 2022구합68992 판결(항소). 다만 위 판결은 근로계약의 무효 내지 취소의 통지는 구제신청의 대상적격이 있으므로 노동위원회가 이를 대상으로 심판절차를 진행한 것 자체가 위법하다고 볼 수는 없다고 하였다.
2) 대법원 2017. 12. 22. 선고 2013다25194, 25200 판결.
3) 서울행정법원 2022. 4. 22. 선고 2021구합72215 판결(항소기각 확정).

등에 경력 등을 허위로 기재한 행위를 이유로 근로계약을 해제, 취소를 하는 경우에도 마찬가지라는 전제 하에, 근로자에 대한 원직복직 등을 명하는 구제명령이 내려진 이후 그 확정 전에 사용자가 근로계약을 적법하게 취소하여 근로관계가 종료된 이상 그 구제명령은 그 이행이 객관적으로 불가능하게 되어 효력을 상실하게 되었다고 본 하급심 판례가 있다.[1]

라. 채용내정의 취소

채용내정이란 본채용 전에 채용할 자를 미리 결정하는 것으로, 그로 인해 사용자와 채용내정자 사이에 근로관계가 성립했다고 보기 위해서는 채용내정 통지 및 최종합격자 통보 등을 통해 사용자의 채용내정자에 대한 채용의사가 외부적·객관적으로 명확하게 표명되었을 것이 요구된다. 근로계약의 체결에 있어 청약의 유인에 해당하는 사용자의 모집에 대하여 근로자가 서류전형 및 면접절차에 응모, 응시하는 것은 근로계약의 청약에 해당하고 이에 대하여 사용자가 서류전형 및 면접절차 등을 거친 후 행하는 채용 내정 통지(최종 합격 통지)는 그 청약에 대한 승낙으로서 이에 따라 채용내정자와 사용자 사이에 해약권을 유보한 근로계약이 성립한다. 그 후 사용자가 채용내정자의 입사예정일 이후에 채용 내정을 취소하는 것은 해고에 해당하고,[2] 입사예정일 경과 전의 채용내정자는 근로자에 준하는 지위에 있다고 할 것이어서 입사예정일 전에 채용 내정을 취소하는 것 역시 실질적으로 해고에 해당한다.

---

1) 서울고등법원 2022. 1. 19. 선고 2020누63629 판결(확정).
2) 대법원 2000. 11. 28. 선고 2000다51476 판결, 대법원 2002. 12. 10. 선고 2000다25910 판결.

3. 구제신청권자

가. 구제신청권자

해고 등을 당한 근로자는 노동위원회에 부당해고 등 구제신청을 할 수 있다(근로기준법 제28조 제1항). 근로기준법 제28조에 의한 부당해고 등에 대한 구제신청제도는 불이익처분을 받은 '당해 근로자'가 더 간이하고 신속하게, 저렴한 비용으로 구제를 받을 수 있도록 하자는 데 그 취지가 있고, 위 조항은 근로자들이 조직한 노동조합의 존재 및 활동을 전제하고 있는 것이 아니므로, 신청인이 될 수 있는 자는 바로 해고 등의 불이익처분을 받은 '당해 근로자'에 한하며, 노동조합은 이에 해당하지 않는다.[1] 다만 실무상 노동조합이 사용자의 해고 등이 불이익 취급 또는 지배·개입의 부당노동행위에 해당한다고 주장하면서 근로자와 함께 구제신청을 하는 경우가 있다.

구제신청의 상대방은 구제명령에 따라 사업주로서 이를 시정할 주체인 사용자가 되어야 한다. 그러므로 구제명령이 사업주인 사용자의 일부 조직이나 업무집행기관 또는 업무담당자에 대한 것인 경우 그 구제명령은 실질적으로 사업주인 사용자에게 한 것으로 보아야 한다. 따라서 이에 대한 중앙노동위원회에의 재심신청이나 그 재심판정 취소소송 역시 당사자능력이 있는 당해 사업주만 원고적격자로서 소송을 제기할 수 있다.[2]

구제신청을 한 신청인이 2회이상 출석통지를 받고도 이에 응하지 아니하는 경우에는, 그의 책임없는 사유로 인하여 심문기일에 출석하지 못한 경우가 아닌 한 노동위원회는 위 신청을 각하할 수 있고, 구제신청의 당부에 관하여 판단하여야 하는 것은 아니다.[3]

---

1) 대법원 1993. 5. 25. 선고 92누12452 판결, 대법원 1992. 11. 13. 선고 92누11114 판결.
2) 대법원 2006. 2. 24. 선고 2005두5673 판결, 대법원 1999. 4. 9. 선고 97누19731 판결.
3) 대법원 1990. 2. 27. 선고 89누7337 판결.

나. 구제이익과 소의 이익

(1) 개념

부당해고 등 구제 신청사건에서 해고 등의 부당성이 인정되더라도 노동위원회가 실제로 구제명령을 발하는 것은 명령을 발하는 시점에 신청인이 구제를 받는 데 구체적인 이익이 있는 경우에 한하며, 이를 구제이익이라 한다. 구제이익이 존재하지 않는 경우에는 구제명령을 발할 필요가 없으므로 신청을 기각하여야 한다(앞서 본 바와 같이 노동위원회규칙이 2021. 10. 7. 개정되면서 구제이익이 없는 경우는 각하사유에서 제외되었다). 이와 같은 구제이익은 구제를 하는 것이 필요한지, 혹은 구제를 하는 것이 적절한지의 문제이다.

한편 중앙노동위원회의 재심판정에 대하여 행정소송을 제기한 경우에는 일반적인 행정소송(취소소송)과 마찬가지로 소의 이익, 즉 당해 명령이나 처분의 취소를 구할 법률상 이익이 있어야 한다. 소의 이익 유무가 문제되는 것은 대부분 중앙노동위원회의 명령·결정 후 사정의 변화에 따라 당해 명령·결정의 위법성을 다툴 실익이 존재하지 않게 된 경우이다. 명령·결정이 그 기초를 잃고 그것의 실현이 무의미하거나 불가능하게 된 때에는 명령·결정의 당부에 대한 실체적 판단에 앞서 명령·결정의 취소를 구할 법률상의 이익이 소멸하였으므로 소를 각하하여야 한다.

(2) 구제이익 존부 판단의 기준시점

행정처분은 그 근거 법령이 개정된 경우에도 경과 규정에서 달리 정함이 없는 한 처분 당시 시행되는 개정 법령과 그에서 정한 기준에 의하는 것이 원칙이고,[1] 그 행정처분이 위법한지도 처분시를 기준으로 판단하여야 한다. 따라서 부당해고 등 구제 재심판정 취소소송에 있어서 처분시라 함은 사용자가 부당해고 등을 한 때가 아니라 노동위원회가 구제명령을 발하거나 구제신청 기각의 결정을 한 때이며, 노동위원회는 구제명령 여부의 결정시(= 처분시)를 기준으로 부당해고 등의 구제이익 존부를 판단하게 된다.[2] 지방노동위원회의 구제명령 당시에 구제이익이 있었다고 하더라도, 중앙노동위원회가 그 구제명령을 유지하기 위해서는 중앙노동위원회의 결정

---

1) 대법원 1999. 5. 14. 선고 98다14030 판결, 대법원 2000. 3. 10. 선고 97누13818 판결.
2) 대법원 2004. 1. 15. 선고 2003두11247 판결.

당시에 구제이익이 있어야 한다.[1]

(3) 구제이익과 소의 이익의 관계

(가) 일반론

근로자가 부당해고 등 구제 재심판정에 대하여 그 취소를 구하는 소를 제기한 경우 소의 이익과 구제이익의 실질적인 내용은 같다고 볼 수 있다. 그것이 문제되는 시기가 구제절차인 경우에는 구제이익의 문제로 다루어지고, 소송절차인 경우에는 소의 이익의 문제가 되는 것이다. 다만 노동위원회의 구제명령시를 기준으로 하는 구제이익과 달리 소의 이익의 존부에 대한 판단의 기준시기는 일반의 취소소송과 같이 사실심 변론종결시이다.[2] 이에 초심판정 내지 재심판정에서 구제이익이 없다는 이유로 구제신청을 각하하였는데 근로자가 재심판정에 대하여 행정소송을 제기한 경우, 소의 이익이 없다는 이유로 소 각하 판결을 하는 사례들이 있으나,[3] 구제이익이 없다고 본 재심판정이 정당하다는 이유로 청구기각 판결을 하는 사례도 다수 발견되고 있다.[4]

(나) 구제이익 소멸사유가 발생한 경우 소의 이익

종래 대법원은, 재심판정 이전에 구제이익 소멸사유가 발생하였음에도 초심판정 내지 재심판정에서 이를 간과하여 구제신청을 각하[5]하지 않은 경우에 관하여, '해고의 효력을 다투어 지방노동위원회로부터 구제명령을 받은 근로자가 복직 후 중앙노동위원회의 재심판정이 있기 전에 자의로 사직원을 제출하였음에도 취업규칙 소정의 14일이 경과하도록 사용자가 이를 수리하지 않고 있던 상태에서 중앙노동위원회로부터 지방노동위원회의 구제명령을 취소하는 재심판정이 내려진 경우에는, 사

---

1) 대법원 2009. 12. 10. 선고 2008두22136 판결.
2) 노동법실무연구회, 근로기준법주해Ⅱ, 박영사(2020), 653(정진경 · 김용신).
3) 서울행정법원 2019. 6. 27. 선고 2018구합6430 판결(확정), 서울행정법원 2019. 12. 20. 선고 2019구합4424 판결(확정) 등.
4) 서울행정법원 2016. 11. 24. 선고 2016구합61594 판결(항소심 소 취하 확정), 서울행정법원 2017. 4. 6. 선고 2016구합71256 판결(확정), 서울행정법원 2018. 10. 12. 선고 2018구합449 판결(항소기각 확정), 서울행정법원 2018. 11. 1. 선고 2018구합3929 판결(확정), 서울행정법원 2018. 12. 14. 선고 2018구합3509 판결(항소기각 및 심리불속행 상고기각 확정) 등.
5) 노동위원회규칙이 2021. 10. 7. 개정되기 전, 구제이익이 없는 경우에는 구제신청 각하사유였던 실무에 따른 것이다. 이하 같다.

직원 제출일로부터 14일이 경과한 날짜로 사직원 제출에 의한 해지의 효력이 생김
으로써 근로자는 그 날짜로 사용자의 직원으로서의 신분을 상실하였다고 보아야 하
고, 그와 같이 근로자와 사용자 사이의 근로계약관계가 종료되었다면 근로자로서는
비록 이미 지급받은 해고기간 중의 임금을 부당이득으로 반환하여야 하는 의무를
면하기 위한 필요가 있거나 퇴직금 산정시 재직기간에 해고기간을 합산할 실익이
있다고 하여도, 그러한 이익은 민사소송절차를 통하여 해결될 수 있는 것이므로, 중
앙노동위원회의 재심판정을 다툴 소의 이익이 없다'고 하였다.[1] 또한, 재심판정 이
후에 구제이익 소멸사유가 발생한 경우에 관하여, 대법원은 '근로자가 제기한 부당
해고구제재심판정취소소송 도중 근로자가 당해 해고에 대하여 동의 또는 승인한 경
우에는 재심판정의 취소를 구할 소의 이익은 없게 된다'고 판시하여 소를 각하하여
야 한다고 하였다.[2]

　　그러나 대법원 2020. 2. 20. 선고 2019두52386 전원합의체 판결(구체적인 내용
은 후술한다)이 구제신청 이후 근로계약이 종료되는 경우에도 해고기간 중의 임금
상당액을 지급받을 필요가 있다면 구제이익이 유지되어 소의 이익이 인정된다는 점
을 분명히 하였으므로, 위 종래 대법원의 태도가 그대로 유지되기는 어려울 것으로
보인다. 따라서 법원으로서는 소 각하 판결을 하여서는 안 되고, 해고의 정당성 여
부를 판단하여야 한다.

(다) 구제명령에 포함된 임금지급 명령과 소의 이익

　　구제명령에 임금지급 명령이 포함되어 있는 경우 사용자는 구제명령에 따른 임
금지급 의무를 이행하였는지 여부와 무관하게 언제나 그 취소를 구할 소의 이익이
있다.[3] 사용자인 원고로서는 여전히 위 임금 상당액의 지급명령을 포함하는 노동위
원회의 결정에 따를 공법상의 의무를 부담하고 있는 상태여서 그 의무를 면할 필요
가 있기 때문이다. 한편 구제명령에 포함된 임금지급 명령이 그 지급의 범위를 구제
신청의 취지보다 적게 인정한 경우, 근로자는 추가적인 임금 상당액을 지급받기 위
하여 재심판정의 취소를 구할 소의 이익이 있다고 본 하급심 판례가 있다.[4]

---

1) 대법원 1997. 7. 8. 선고 96누5087 판결.
2) 대법원 1998. 2. 27. 선고 97누18202 판결.
3) 대법원 1993. 4. 27. 선고 92누13196 판결, 대법원 1994. 4. 29. 선고 93누16680 판결, 대법원 1993.
　 9. 14. 선고 93두1268 판결.
4) 서울행정법원 2024. 1. 18. 선고 2022구합4653 판결(확정).

다. 구체적인 사례

(1) 사용자에 의한 원상회복

(가) 일반론

근로자가 부당전보 내지 부당해고 구제신청을 하여 전보명령과 해고처분의 효력을 다투던 중 사용자가 그 전보명령과 해고처분을 철회 내지 취소하고 근로자를 복직시켰다면, 근로자로서는 구제를 구하는 사항이 위 복직 등에 의하여 실현됨으로써 구제신청의 목적을 달성하였으므로, 새로운 근무지로의 전보에 대한 효력을 다투는 것은 별론으로 하고, 더 이상 구제절차를 유지할 필요가 없게 되어 구제이익은 소멸한다고 보아야 한다.[1][2] 다만 사용자가 구제명령에 따라 복직시킨 경우는 공법상 의무를 이행하기 위하여 잠정적으로 종전 해고처분의 효력을 정지하고 복직시킨다는 뜻이지 근로자에 대한 해고 등을 종국적으로 취소한다는 뜻이라고는 볼 수 없으므로 사용자는 여전히 재심판정의 취소를 구할 소의 이익이 있다.[3]

(나) 구체적인 사례

근로자가 근로기준법 제30조 제3항에 의한 금전보상명령을 신청하였는데 사용자가 해고의 의사를 철회하고 원직복직을 명한 경우 구제이익의 유무가 문제되는데, 근로자가 해고에 대하여 부당해고 구제신청을 하자마자 곧바로 사용자의 진정한 의사에 따른 복직명령으로 해고가 철회되고 해고로 지급받지 못한 임금 상당액의 지급까지 이루어진 이상 원직복직명령과는 다르게 근로자에게 금전보상명령을 할 구제이익이 남아 있다고 볼 수 없다고 본 하급심 판례가 있다.[4]

사용자가 구제명령에 따라 복직시켰는데 아직 행정소송 등에서 해고의 정당성이 확정되지 않은 경우 근로자와 사용자 간의 법률관계가 문제되는데, 이는 그 동안

---

1) 대법원 2002. 2. 8. 선고 2000두7186 판결.
2) 이와 달리, 근로자가 구제명령을 신청한 이상 사용자가 해고를 철회하고 근로자에게 복귀를 요구하였다고 하더라도, 근로자는 노동위원회의 심문회의 개최일을 통보받기 전까지 원직복직을 갈음하는 금전보상명령을 신청할 수 있다고 봄이 타당하므로, 사용자의 원직복귀명령이 있었다는 사정만으로 곧바로 구제이익이 소멸하였다고 보아 근로자로 하여금 금전보상명령신청을 할 수 없다고 볼 것은 아니라고 판시한 사례가 있다[대전고등법원 2021. 9. 16. 선고 2020누12931 판결(확정)].
3) 대법원 2004. 2. 13. 선고 2003두8876 판결.
4) 서울고등법원 2018. 5. 25. 선고 2018누30886 판결(확정).

노무제공의 대가로 지급받은 금품이 임금인지 여부, 사용자가 근로기준법 위반행위를 하였을 때 형사처벌을 할 수 있는지 등의 다양한 법률문제와 관련되어 있다. 이에 관하여는 ① 유효한 근로계약관계로 보는 견해, ② 단순히 민사적 (무명)계약관계로 보는 견해, ③ 사후적으로 부당해고라고 판단되면 처음부터 근로계약관계이나 정당해고라고 판단되는 경우 민사적 계약관계로 보는 견해 등이 있다.[1] 하급심 판례 중에서는 사용자가 징계해고 이후 재심판정에 따라 복직시킨 뒤 재차 별개의 사유로 근로자에게 정직의 징계를 하였고 근로자가 이에 대하여 구제신청을 하였는데 위 해고가 행정소송에서 정당하다고 판단되어 확정된 경우, 더 이상 근로자로 볼 수 없고 정직에 대한 구제절차를 유지할 필요가 없게 되었으므로 구제이익도 소멸하였다고 본 사안이 있다.[2]

(2) 사직 또는 해고 등에 대한 근로자의 동의

구제명령은 해고 등이 있음을 전제로 한다. 그런데 사용자가 사직의 의사 없는 근로자로 하여금 어쩔 수 없이 사직서를 작성·제출하게 한 후 이를 수리하는 이른바 의원면직의 형식을 취하여 근로계약관계를 종료시키는 경우처럼 근로자의 사직서 제출이 진의 아닌 의사표시에 해당하는 등으로 무효이고 그에 대한 사용자의 수리행위를 실질적으로 사용자가 일방적 의사로 근로계약관계를 종료하는 것이라고 볼 수 있는 경우[3]가 아닌 한, 사용자가 사직서 제출에 따른 사직의 의사표시를 수락함으로써 사용자와 근로자 사이의 근로계약관계는 합의해지에 의하여 종료되는 것이므로 사용자의 의원면직처분을 해고라고 볼 수 없다.[4] 따라서 자진 사직의 경우는 구제명령의 대상적격이 없다. 그러나 사직의 의사 없는 근로자로 하여금 어쩔 수 없이 사직서를 작성·제출하게 하였다면 실질적으로 사용자의 일방적인 의사에 의하여 근로계약관계를 종료시키는 것이어서 해고에 해당한다.[5]

의원면직이 실질적으로 해고에 해당하는지 여부는 근로자가 사직서를 제출하

---

1) 이명철, "부당해고, 어떻게 구제할 것인가 – 부당해고의 행정적 구제절차와 관련한 최근 판례를 중심으로 – ", 사법연수원 장기연구과정 노동재판실무연구Ⅱ (2024), 20.
2) 대전고등법원 2021. 7. 1. 선고 2020누12375 판결(심리불속행 상고기각 확정).
3) 대법원 1997. 8. 29. 선고 97다12006 판결.
4) 대법원 1996. 7. 30. 선고 95누7765 판결, 대법원 1997. 8. 29. 선고 97다12006 판결, 대법원 2000. 4. 25. 선고 99다34475 판결.
5) 대법원 2014. 4. 24. 선고 2013다70958 판결.

게 된 경위, 사직서의 기재 내용과 회사의 관행, 사용자측의 퇴직권유 또는 종용의 방법, 강도 및 횟수, 사직서를 제출하지 않을 경우 예상되는 불이익의 정도, 사직서 제출에 따른 경제적 이익의 제공 여부, 사직서 제출 전후의 근로자의 태도 등을 종합적으로 고려하여 판단하여야 한다.[1] 그리고 해고는 명시적 또는 묵시적 의사표시에 의해서도 이루어질 수 있음은 앞서 본 바와 같다.

근로자의 사직 의사표시가 당해 근로계약을 종료시키는 취지의 해약고지인지 아니면 사용자에 대한 근로계약관계 합의해지의 청약인지 여부는 그 의사표시가 기재된 사직서의 구체적인 내용, 사직서 작성·제출의 동기 및 경위, 사직서 제출 이후의 상황 등 제반 사정을 참작하여 판단해야 한다.[2] 해약고지의 경우에는 상대방인 사용자에게 의사표시가 도달한 이후에는 사용자인 상대방의 동의 없이 근로자가 그 의사표시를 철회할 수 없으나, 합의해지 청약의 경우에는 상대방이 승낙할 때까지 그 의사표시를 철회할 수 있다(다만 신의칙에 의한 제한이 인정된다).

다시 말하면, 근로자가 사직원을 제출하여 근로계약관계의 해지를 청약하는 경우 그에 대하여 사용자가 한 승낙의 의사표시가 근로자에게 도달하기 이전에는 그 의사표시를 철회할 수 있으나 근로자의 사직 의사표시 철회가 사용자에게 예측할 수 없는 손해를 주는 등 신의칙에 반한다고 인정할 특별한 사정이 있는 경우에 한하여 그 철회가 허용되지 않는다. 그러나 사직의 의사표시는 특별한 사정이 없는 한 당해 근로계약을 종료하는 취지의 해약고지로 볼 것이고, 근로계약의 해지를 통고하는 사직의 의사표시가 사용자에게 도달한 이상 근로자로서는 사용자의 동의 없이는 비록 민법 제660조 제3항 소정의 기간이 경과하기 이전이라도 사직의 의사표시를 철회할 수 없다.[3]

실무상 근로자가 사용자의 사직서 제출에 따른 의원면직 처리가 부당해고라고 다투는 사건에서는 대개 근로자가 사용자의 지속적인 사직요구와 형사고소 제기 등의 위협이 있었음을 들어 그 사직서 제출이 비진의표시로서 무효이거나 강요에 의

---

[1] 대법원 2015. 2. 26. 선고 2014다52575 판결, 대법원 2017. 2. 3. 선고 2016다255910 판결.
[2] 대법원 2003. 4. 25. 선고 2002다11458 판결, 대법원 2007. 10. 11. 선고 2007다11668 판결, 대법원 2014. 5. 16. 선고 2012두26029 판결.
[3] 대법원 2000. 9. 5. 선고 99두8657 판결. 이에 반하여 공무원이 한 사직 의사표시의 철회나 취소는 그에 터잡은 의원면직처분이 있을 때까지 할 수 있는 것이고, 일단 면직처분이 있고 난 이후에는 철회나 취소할 여지가 없다(대법원 2001. 8. 24. 선고 99두9971 판결).

한 의사표시로서 취소사유가 있는 것이라고 주장한다. 그러나 근로자의 사직서 제출이 비진의표시 내지 강요에 의한 의사표시라는 주장은 잘 받아들여지지 않고,[1] 다만 기업의 합병, 영업양도 등으로 기업의 소유와 지배구조가 바뀌는 과정에서 사용자측이 일정 직급 이상의 근로자에게 사직서를 일괄하여 제출하도록 요구하고 이를 선별 수리한 사안에서 그 목적의 타당성과 선별기준의 합리성이 인정되지 않는 경우 근로자의 비진의표시 주장을 인정한 예가 있다.[2] 다만 현재는 민법 규정에 따라 의사표시의 무효 여부를 판단하는 단계를 거치지 않고, 근로자의 의사표시가 '진의'에 기초한 것인지를 살펴 사용자의 그 수리행위를 실질적으로 사용자의 일방적 의사표시에 의하여 근로계약관계를 종료시키는 해고라고 볼 수 있는지를 판단하는 것이 일반적이다.[3][4]

　　또한, 종래 대법원은 근로자가 제기한 부당해고 구제 재심판정 취소소송 도중 근로자가 당해 해고에 대하여 동의 또는 승인한 경우에는 재심판정의 취소를 구할 소의 이익은 없어지고,[5] 근로자가 부당징계 구제신청을 하여 징계의 효력을 다투던 중 지방노동위원회의 구제명령 후 사직서를 제출한 경우 근로자는 구제절차를 유지할 필요가 없어져 근로관계의 종료와 동시에 구제이익은 소멸한다고 보아야 하며 이 경우 중앙노동위원회는 지방노동위원회의 구제명령을 전부 취소하고 구제신청을 각하하여야 하므로 그 구제명령을 일부 유지한 재심판정은 위법하다는 입장이었으나,[6] 대법원 2020. 2. 20. 선고 2019두52386 전원합의체 판결(구체적인 내용은 후술한다)이 원직에 복직하는 것이 불가능하게 된 경우에도 해고기간 중의 임금 상당액을 지급받을 필요가 있다면 소의 이익이 인정된다고 판시하였으므로 위 종래 대법원의 입장은 유지되기 어려울 것으로 보인다.

---

1) 서울행정법원 2007. 8. 17. 선고 2006구합42495 판결, 서울행정법원 2007. 9. 7. 선고 2007구합20058 판결 등.
2) 대법원 1994. 4. 29. 선고 93누16185 판결.
3) 노동법실무연구회, 근로기준법주해Ⅱ, 박영사(2020), 293(도재형).
4) 예컨대 대법원 2005. 11. 25. 선고 2005다38270 판결은 '원고들은 특정 사원에 대한 위법한 해고를 회피하기 위한 피고의 사직서 제출요구를 견디지 못하고 사직 이외에는 다른 선택의 여지가 없는 상황에서 사직서를 제출하였다고 볼 것이고 따라서 원고들의 퇴직은 자발적인 사직의 의사에 따른 것이 아니라 피고가 일방적인 의사표시에 의하여 근로계약관계를 종료시킨 것으로서 사실상 해고에 해당한다'는 원심의 판단을 수긍하였다.
5) 대법원 1998. 2. 27. 선고 97누18202 판결.
6) 대법원 2009. 12. 10. 선고 2008두22136 판결.

(3) 근로관계의 종료

(가) 일반론

종래 대법원은 근로자가 부당해고 구제신청을 기각한 재심판정에 대해 소를 제기하여 해고의 효력을 다투던 중 사직하거나 정년에 도달하거나 근로계약기간이 만료하는 등의 이유로 근로관계가 종료한 경우, 근로자가 구제명령을 얻는다고 하더라도 객관적으로 보아 원직에 복직하는 것이 불가능하고, 해고기간 중에 지급받지 못한 임금을 지급받기 위한 필요가 있다고 하더라도 이는 민사소송절차를 통하여 해결할 수 있다는 등의 이유를 들어 소의 이익을 부정하여 왔다.[1] 이러한 종전 판례의 태도는 부당해고 구제신청 제도의 실효성에 부정적인 영향을 미쳤으며, 특히 기간제근로자의 경우에는 사실상 부당해고 구제신청을 통하여 종국적인 구제를 받기 어렵다는 문제가 제기되었다.[2]

그런데 대법원 2020. 2. 20. 선고 2019두52386 전원합의체 판결은 종래의 입장을 변경하여, 근로자가 부당해고 구제신청을 하여 해고의 효력을 다투던 중 정년에 이르거나 근로계약기간이 만료하는 등의 사유로 원직에 복직하는 것이 불가능하게 된 경우에도 해고기간 중의 임금 상당액을 지급받을 필요가 있다면 임금 상당액 지급의 구제명령을 받을 이익이 유지되므로 구제신청을 기각한 중앙노동위원회의 재심판정을 다툴 소의 이익이 있다고 보았다. 그 구체적인 논거는 다음과 같다.

> ① 근로기준법은 부당해고 구제명령제도에 관하여 "사용자가 근로자에게 부당해고 등을 하면 근로자는 노동위원회에 구제를 신청할 수 있다."(제28조 제1항), "노동위원회는 제29조에 따른 심문을 끝내고 부당해고 등이 성립한다고 판정하면 사용자에게 구제명령을 하여야 하며, 부당해고 등이 성립하지 아니한다고 판정하면 구제신청을 기각하는 결정을 하여야 한다."(제30조 제1항)라고 규정하고 있다. 부당해고 구제명령제도는 부당한 해고를 당한 근로자에 대한 원상회복, 즉 근로자가 부당해고를 당하지 않았다면 향

---

1) 대법원 1995. 12. 5. 선고 95누12347 판결, 대법원 2001. 4. 10. 선고 2001두533 판결, 대법원 2011. 5. 13. 선고 2011두1993 판결, 대법원 2012. 7. 26. 선고 2012두3484 판결, 대법원 2015. 1. 29. 선고 2012두4746 판결 등.

2) 권오성·박은정, "부당해고구제신청의 구제이익과 소의 이익", 법학논집 제24권 제3호, 이화여자대학교 법학연구소(2020. 3.), 374.

유할 법적 지위와 이익의 회복을 위해 도입된 제도로서, 근로자 지위의 회복만을 목적으로 하는 것이 아니다. 해고를 당한 근로자가 원직에 복직하는 것이 불가능하더라도, 부당한 해고라는 사실을 확인하여 해고기간 중의 임금 상당액을 지급받도록 하는 것도 부당해고 구제명령제도의 목적에 포함된다.

② 노동위원회는 부당해고가 성립한다고 인정되면 부당해고임을 확인하고 근로자를 원직에 복직시키고, 해고기간 동안 정상적으로 근로하였다면 받을 수 있었던 임금 상당액을 지급하라는 취지의 구제명령을 하고 있다. 부당한 해고를 당한 근로자를 원직에 복직하도록 하는 것과, 해고기간 중의 임금 상당액을 지급받도록 하는 것 중 어느 것이 더 우월한 구제방법이라고 말할 수 없다. 근로자를 원직에 복직하도록 하는 것은 장래의 근로관계에 대한 조치이고, 해고기간 중의 임금 상당액을 지급받도록 하는 것은 근로자가 부당한 해고의 효력을 다투고 있던 기간 중의 근로관계의 불확실성에 따른 법률관계를 정리하기 위한 것으로 서로 목적과 효과가 다르기 때문에 원직복직이 가능한 근로자에 한정하여 임금 상당액을 지급받도록 할 것은 아니다.

③ 노동위원회가 하는 구제명령은 사용자에게 이에 복종해야 할 공법상의 의무를 부담시킬 뿐 직접 노사 간의 사법상 법률관계를 발생 또는 변경시키는 것은 아니지만, 구제명령이 내려지면 사용자는 이를 이행하여야 할 공법상의 의무를 부담하고, 이행하지 아니할 경우에는 이행강제금이 부과되며(근로기준법 제33조), 확정된 구제명령을 이행하지 아니한 자는 형사처벌의 대상이 되는(근로기준법 제111조) 등 구제명령은 간접적인 강제력을 가진다. 따라서 근로자가 구제명령을 통해 유효한 집행권원을 획득하는 것은 아니지만, 해고기간 중의 미지급 임금과 관련하여 강제력 있는 구제명령을 얻을 이익이 있으므로 이를 위해 재심판정의 취소를 구할 이익도 인정된다고 봄이 타당하다.

④ 해고기간 중의 임금 상당액을 지급받기 위하여 민사소송을 제기할 수 있다는 사정이 소의 이익을 부정할 이유가 되지는 않는다. 행정적 구제절차인 부당해고 구제명령제도는 민사소송을 통한 통상적인 권리구제 방법에 따른 소송절차의 번잡성, 절차의 지연, 과다한 비용부담 등의 폐해를 지양하고 신속·간이하며 경제적이고 탄력적인 권리구제를 도모하는 데에 그 제도적 취지가 있다(대법원 1997. 2. 14. 선고 96누5926 판결 참조). 근로자가 해고기간 중 받지 못한 임금을 지급받기 위하여 민사소송을 제기할 수 있음은 물론이지만, 그와 별개로 신속·간이한 구제절차 및 이에 따른 행정소송을 통해 부당해고를 확인받고 부당해고로 입은 임금 상당액의 손실을 회복할 수 있도록 하는 것이 부당해고 구제명령제도의 취지에 부합한다.

⑤ 종전 판결은 금품지급명령을 도입한 근로기준법 개정 취지에 맞지 않고, 기간제근로

자의 실효적이고 직접적인 권리구제를 사실상 부정하는 결과가 되어 부당하다. 2007. 1. 26. 개정된 근로기준법 제33조의3 제1항(현행 근로기준법 제30조 제3항)은 부당한 해고의 구제방식을 다양화함으로써 권리구제의 실효성을 제고할 목적으로, 해고에 대한 구제명령을 할 때에 근로자가 원직복직을 원하지 아니하면 원직복직을 명하는 대신 근로자가 해고기간 동안 근로를 제공하였더라면 받을 수 있었던 임금 상당액 이상의 금품을 근로자에게 지급하도록 명할 수 있게 하였다. 이와 같이 원직복직을 전제로 하지 않는 구제수단을 제도적으로 도입한 점에 비추어 보면 원직복직이 불가능한 경우에도 소의 이익을 인정하여 근로자가 구제받을 기회를 주는 것이 타당하다. 기간제근로자가 근로계약기간 중 부당한 해고를 당했다는 이유로 부당해고 구제신청을 하였으나 구제신청이 기각된 경우, 근로자가 제기한 소송이 진행되는 중에 근로계약기간이 종료되는 경우가 적지 않다. 종전 판결에 따르면 이 경우 소의 이익이 인정되지 않으므로 기간제근로자는 구제받기 어렵다. 기간제근로자에 대한 부당해고의 원상회복을 위해서는 원직복직보다 해고기간 중의 임금 상당액을 지급받도록 하는 것이 더 중요할 수 있음에도 불구하고 본안을 판단하지 않는 종전 판결의 태도는 기간제근로자의 권리구제에 실질적인 흠결을 초래한다.

이후 2021. 5. 18. 개정되어 2021. 11. 19.부터 시행된 근로기준법(법률 제18176호)은 제30조 제4항을 신설하였는데, 이에 따르면 노동위원회는 근로계약기간의 만료, 정년의 도래 등으로 근로자가 원직복직(해고 이외의 경우는 원상회복을 말함)이 불가능한 경우에도 구제명령이나 기각결정을 하여야 하고, 이 경우 노동위원회는 부당해고 등이 성립한다고 판정하면 근로자가 해고기간 동안 근로를 제공하였더라면 받을 수 있었던 임금 상당액에 해당하는 금품(해고 이외의 경우에는 원상회복에 준하는 금품을 말함)을 사업주가 근로자에게 지급하도록 명할 수 있다. 다만 근로계약기간의 종료, 정년 등으로 원직복직이 불가능해진 경우 노동위원회로서는 '임금 상당액의 지급 명령'을 할 수 있을 뿐, 원직복직이 불가능해진 근로자에게 '장래의 근로관계에 대한 조치'인 '원직복직 명령'을 할 수는 없다고 본 하급심 판례가 있다.[1]

한편 대법원 2022. 7. 14. 선고 2020두54852 판결, 대법원 2022. 7. 14. 선고 2021두46285 판결은 근로자가 부당해고 구제신청을 할 당시 이미 정년에 이르거나 근로계약기간 만료, 폐업 등의 사유로 근로계약관계가 종료하여 근로자의 지위에서

---

1) 서울고등법원 2023. 9. 15. 선고 2022누47683 판결(상고기각 확정).

벗어난 경우에는 노동위원회의 구제명령을 받을 이익이 소멸하였다고 봄이 타당하고, 이와 같은 법리는 해고 이외의 징계나 그 밖의 징벌 등에 대한 구제신청에 대하여도 마찬가지로 적용된다고 판시하였다. 특히 위 판결들은 '대법원 2020. 2. 20. 선고 2019두52386 전원합의체 판결은 근로자가 부당해고 구제신청을 기각한 재심판정에 대해 소를 제기하여 해고의 효력을 다투던 중 정년에 이르거나 근로계약기간이 만료하는 등의 사유로 원직에 복직하는 것이 불가능하게 된 경우에도 해고기간 중의 임금 상당액을 지급받을 필요가 있다면 임금 상당액 지급의 구제명령을 받을 소의 이익이 유지된다는 취지이다. 따라서 근로자가 부당해고 등 구제신청을 하기 전에 이미 근로자의 지위에서 벗어난 경우까지 위와 같은 법리가 그대로 적용된다고 할 수 없다'고 하여, "구제신청 당시" 이미 근로계약관계가 종료한 경우에는 위 전원합의체 판결의 법리가 그대로 적용될 수 없다는 점을 분명히 하였다.

　　반면에 사용자의 경우 사업장의 폐쇄 등으로 근로계약이 종료한 이후에도 임금 상당액의 지급명령을 포함하는 노동위원회의 결정에 따를 공법상의 의무를 부담하고 있으므로 이를 면하기 위하여 재심결정의 취소를 구할 법률상의 이익이 있다.1)

　　종합하면, 근로자가 부당해고 등의 구제신청을 한 경우 구제신청을 할 당시 이미 근로계약관계가 종료하였다면 구제이익이 인정되지 않으나, 구제신청 이후에는 근로계약관계가 종료하였더라도 구제이익 내지 소의 이익이 인정되어 본안 판단에 나아가야 하고, 부당해고 등의 구제명령에 대하여 사용자가 취소소송을 제기한 경우에는 소의 이익이 존재한다.

---

1) 대법원 1993. 4. 27. 선고 92누13196 판결. 사용자가 원직복직, 임금 상당액 지급 등의 공법상 의무 이외에 이행강제금을 부과받은 경우 재심판정에 대한 소송의 결과에 따라 기왕의 이행강제금의 효력이 소멸될 수 있다는 면에서도 소의 이익은 존재한다고 볼 수 있다[서울행정법원 2012. 10. 23. 선고 2012구합10000 판결(항소기각 확정) 참조]. 노동위원회는 중앙노동위원회의 재심판정이나 법원의 확정판결에 따라 노동위원회의 구제명령이 취소되면 이행강제금의 부과·징수를 즉시 중지하고, 이미 징수한 이행강제금을 반환하여야 하기 때문이다(근로기준법 시행령 제15조 제1항). 다만 사용자가 이행강제금을 부과받은 적이 없고 공법상의 의무가 모두 이행 또는 합의에 따라 이행의무가 소멸되어 더는 노동위원회의 구제명령에 따른 공법상의 불이익이 없을 경우에도 부당해고 구제 재심판정의 취소소송의 소의 이익을 인정할 것인지에 관하여 의문이 있으나 대법원 판례는 명확하지 않다. 하급심 판례로는, 근로자가 재심판정 후에 사용자에게 '해고를 인정하고 해고 이후의 임금을 받을 수 없음을 인정한다'는 취지의 사직서를 제출한 경우 복직 및 임금지급을 명하는 노동위원회의 구제명령은 위와 같은 내용의 사직서 제출이라는 사정변경으로 사용자에 대한 구속력이 없어져 무의미한 것으로 되었으므로, 사용자는 재심판정의 취소를 구할 소의 이익이 없다고 본 하급심 판례가 있다[서울고등법원 2012. 6. 14. 선고 2012누2230 판결(상고이유서 미제출로 상고기각 확정)].

(나) 사업장의 소멸

종래 대법원은 근로자를 해고한 회사가 실질적으로 폐업하여 법인격까지 소멸됨으로써 복귀할 사업체의 실체가 없어졌다면 기업의 존재를 전제로 하는 구제신청의 이익도 없다고 판시하였다.[1] 그러나 대법원 2020. 2. 20. 선고 2019두52386 전원합의체 판결이 원직에 복직하는 것이 불가능하게 된 경우에도 해고기간 중의 임금 상당액을 지급받을 필요가 있다면 소의 이익이 인정된다는 점을 분명히 하였으므로, 사업장이 폐업하였더라도 (법인격까지 소멸하였는지 여부와 상관없이) 구제이익이 인정된다고 봄이 타당하다. 대법원 2022. 7. 14. 선고 2020두54852 판결 역시 '부당해고 구제신청을 할 당시 이미 폐업으로 근로계약관계가 종료하였다면 구제명령을 받을 이익을 인정할 수 없다'고 판시한바, 이를 반대해석하면 구제신청을 한 이후에는 사업장이 폐업하였더라도 구제이익이 인정된다고 볼 여지가 있다.

(다) 취업규칙의 변경과 정년의 단축

2013. 5. 22. 개정된 고용상 연령차별금지 및 고령자 고용촉진에 관한 법률(이하 '고령자고용법'이라 한다) 제19조 제1항은 "사업주는 근로자의 정년을 60세 이상으로 정하여야 한다."라고 규정하고, 같은 조 제2항은 "사업주가 제1항에도 불구하고 근로자의 정년을 60세 미만으로 정한 경우에는 정년을 60세로 정한 것으로 본다."라고 규정하고 있다. 고령자고용법 제19조가 시행된 이후에는 근로자의 정년을 60세 미만이 되도록 정한 근로계약, 취업규칙이나 단체협약은 위 규정에 위반되는 범위에서 무효라고 보아야 하고, 이때의 '정년'은 실제의 생년월일을 기준으로 산정하여야 한다.[2]

그러나 고령자고용법 제19조가 시행되기 전에는 개별 사업장마다 정년 제도의 설정 여부나 기준 등을 자율적으로 정할 수 있었으므로, 사용자가 근로자 집단의 집단적 의사결정 방법에 의한 동의를 받은 후 취업규칙을 변경해서 당시 근로관계 존속 중인 근로자에게 적용되는 정년 제도를 신설하거나 정년 연령을 단축하는 것도 가능하였다. 그러므로 위 규정이 시행되기 전에는 근로계약, 단체협약이나 취업규칙을 통해 정년을 60세 미만으로 정하거나 정년의 기산일을 실제 생년월일과 달리 정

---

1) 대법원 1990. 2. 27. 선고 89누6501 판결, 대법원 1991. 12. 24. 선고 91누2762 판결.
2) 대법원 2017. 3. 9. 선고 2016다249236 판결.

하였더라도 무효라고 할 수는 없다.[1]

한편 근로자의 정년을 정한 근로계약, 취업규칙이나 단체협약 등이 법령에 위반되지 않는 한 그에 명시된 정년에 도달하여 당연퇴직하게 된 근로자와의 근로관계를 정년을 연장하는 등의 방법으로 계속 유지할 것인지 여부는 원칙적으로 사용자의 권한에 속하는 것으로서, 해당 근로자에게 정년 연장을 요구할 수 있는 권리가 있다고 할 수 없다. 그러나 근로계약, 취업규칙, 단체협약 등에서 정년에 도달한 근로자가 일정한 요건을 충족하면 기간제근로자로 재고용하여야 한다는 취지의 규정을 두고 있거나, 그러한 규정이 없더라도 재고용을 실시하게 된 경위 및 그 실시기간, 해당 직종 또는 직무 분야에서 정년에 도달한 근로자 중 재고용된 사람의 비율, 재고용이 거절된 근로자가 있는 경우 그 사유 등의 여러 사정을 종합하여 볼 때, 사업장에 그에 준하는 정도의 재고용 관행이 확립되어 있다고 인정되는 등 근로계약 당사자 사이에 근로자가 정년에 도달하더라도 일정한 요건을 충족하면 기간제근로자로 재고용될 수 있다는 신뢰관계가 형성되어 있는 경우에는 특별한 사정이 없는 한 근로자는 그에 따라 정년 후 재고용되리라는 기대권을 가진다.[2] 이와 같이 정년퇴직하게 된 근로자에게 기간제근로자로의 재고용에 대한 기대권이 인정되는 경우, 사용자가 기간제근로자로의 재고용을 합리적 이유 없이 거절하는 것은 부당해고와 마찬가지로 근로자에게 효력이 없다.[3]

(라) 기간제근로자

2006. 12. 21 법률 제8074호로 「기간제 및 단시간근로자 보호 등에 관한 법률」이 제정되어 2007. 7. 1.부터 시행되었다. 이에 의하면 "기간제근로자"라 함은 기간의 정함이 있는 근로계약을 체결한 근로자를 말하고(제2조 제1호), 사용자는 2년을 초과하지 아니하는 범위(기간제 근로계약의 반복갱신 등의 경우에는 계속 근로기간이 2년을 초과하지 아니하는 범위)에서 기간제근로자를 사용할 수 있게 되었다(제4조 제1항).[4] 다만 사업의 완료 또는 특정한 업무의 완성에 필요한 기간을 정한 경우 등 제4조 제1항 단서의 사유가 인정되는 경우는 2년을 초과하여 기간제 근로자로 사용할

---

1) 대법원 2018. 11. 29. 선고 2018두41082 판결.
2) 대법원 2023. 6. 1. 선고 2018다275925 판결.
3) 대법원 2023. 6. 29. 선고 2018두62492 판결.
4) 구 근로기준법 제23조는 근로계약은 기간의 정함이 없는 것과 일정한 사업완료에 필요한 기간을 정한 것을 제외하고는 그 기간은 1년을 초과하지 못한다고 규정하였다.

수 있으나, 이러한 예외 사유가 없거나 소멸하였음에도 2년을 초과하여 기간제근로자로 사용하는 경우에는 그 근로자는 기간의 정함이 없는 근로계약을 체결한 근로자로 본다(제4조 제2항).

기간을 정하여 근로계약을 체결한 근로자의 경우 그 기간이 만료됨으로써 근로자로서의 신분관계는 당연히 종료되고, 근로계약을 갱신하지 못하면 갱신 거절의 의사표시가 없어도 당연 퇴직되는 것이 원칙이다. 그러나 근로계약, 취업규칙, 단체협약 등에서 기간이 만료되더라도 일정한 요건이 충족되면 당해 근로계약이 갱신된다는 취지의 규정을 두고 있거나, 그러한 규정이 없더라도 근로계약의 내용과 근로계약이 이루어지게 된 동기 및 경위, 계약 갱신의 기준 등 갱신에 관한 요건이나 절차의 설정 여부 및 그 실태, 근로자가 수행하는 업무의 내용 등 당해 근로관계를 둘러싼 여러 사정을 종합하여 볼 때 근로계약 당사자 사이에 일정한 요건이 충족되면 근로계약이 갱신된다는 신뢰관계가 형성되어 있어 근로자에게 근로계약이 갱신될 수 있으리라는 정당한 기대권이 인정되는 경우에는, 사용자가 이를 위반하여 부당하게 근로계약의 갱신을 거절하는 것은 부당해고와 마찬가지로 아무런 효력이 없고, 이 경우 기간만료 후의 근로관계는 종전의 근로계약이 갱신된 것과 동일하다.[1]

나아가 기간제 및 단시간근로자 보호 등에 관한 법률(이하 '기간제법'이라고 한다) 시행 이후에도 동일한 논거를 들어 기간제법의 시행만으로 그 시행 전에 이미 형성된 기간제근로자의 갱신에 대한 정당한 기대권이 배제 또는 제한된다고 볼 수는 없다고 보았고,[2] 기간제근로계약이 기간제법의 시행 후에 체결되었다고 하더라도, 그에 기한 근로관계가 반드시 2년 내에 종료된다거나 총 사용기간이 2년을 넘게 되는 갱신기대권이 인정될 수 없다고 볼 것은 아니라고 판시하여, 기간제법 시행 이후에 체결된 기간제근로계약의 경우에도 갱신기대권이 인정된다는 점을 분명히 하였다.[3]

근로자에게 정당한 갱신기대권이 인정되는 경우 근로계약기간이 만료된 후에도 갱신 거절의 유효 여부를 다툴 법률상 이익을 가지고, 최초 계약의 근로관계 개시일부터 2년이 지난 시점에 당연히 근로관계가 종료될 것이라고 가정하여 그 시점이 경과되었다는 이유만으로 갱신 거절의 효력을 다투는 소의 이익을 부정할 것은 아

---

1) 대법원 2011. 4. 14. 선고 2007두1729 판결.
2) 대법원 2014. 2. 13. 선고 2011두12528 판결.
3) 대법원 2017. 10. 12. 선고 2015두59907 판결.

니다.[1]

근로자가 부당해고 구제신청을 할 당시 근로계약관계가 종료하여 근로자의 지위에서 벗어난 경우에는 노동위원회의 구제명령을 받을 이익이 소멸하는 점은 앞서 본 바와 같다.[2] 이와 관련하여 근로계약기간 만료 이전에 해고된 기간제근로자가 근로계약기간 만료 이후 부당해고 구제신청을 한 경우 구제이익이 있는지가 문제되는데, 기간제근로자에게 근로계약 갱신에 대한 정당한 기대권이 인정되는지 여부를 살피고 그러한 기대권이 인정되는 경우에는 구제이익이 있다고 판시한 하급심 판례가 있다.[3]

(마) 민사절차에서 패소판결이 확정된 경우

노동위원회 구제명령의 법적 효력은 구제명령을 받은 사용자에 대하여 이에 복종할 공법상의 의무를 부담시킬 뿐이고 나아가 구제명령에 따라 직접 노사 간의 사법상 법률관계를 발생 또는 변경시키는 것은 아니다.[4] 따라서 부당해고 구제신청을 인용하는 노동위원회의 구제명령이 확정되었음에도 사용자가 이러한 구제명령에 응하지 않고 근로자를 복직시키지 않는다면, 근로자는 해고무효확인을 구하는 등의 민사소송을 제기하여 근로자의 지위를 확인하고 임금의 지급을 명하는 판결을 받을 수밖에 없다.

그런데 '근로자'가 부당해고 등 구제신청을 하여 구제절차가 진행 중에 별도로 사용자를 상대로 같은 사유로 해고무효확인청구의 소를 제기하였다가 청구가 이유 없다 하여 기각판결을 선고받아 확정되었다면, 부당해고가 아니라는 점은 이미 확정되어 더는 구제절차를 유지할 필요가 없게 되었으므로 구제이익은 소멸한다.[5] 따라서 구제신청을 기각하는 지방노동위원회의 결정에 대한 재심신청을 구할 이익이나 같은 내용의 중앙노동위원회의 재심결정에 대하여 취소를 구할 소의 이익도 없어진다고 할 것이다.[6]

반면에 노동위원회의 부당해고 구제명령이 있은 후 '사용자'가 그 취소를 구하

1) 대법원 2017. 10. 12. 선고 2015두59907 판결.
2) 대법원 2022. 7. 14. 선고 2020두54852 판결.
3) 서울행정법원 2024. 1. 26. 선고 2022구합84567 판결(항소기각, 상고).
4) 대법원 2011. 3. 24. 선고 2010다21962 판결.
5) 대법원 1992. 7. 28. 선고 92누6099 판결.
6) 대법원 2012. 5. 24. 선고 2010두15964 판결, 대법원 2019. 1. 31. 선고 2017두51228 판결.

는 재심절차 도중, 또는 재심판정에서 지방노동위원회의 구제명령이 유지되거나 새로이 구제명령이 발하여지고 사용자가 위 재심판정의 취소를 구하는 도중, 해고 등 무효확인청구의 민사소송에서 판결이 확정된 경우에는 그 민사판결의 결론과는 상관없이 사용자에게는 계속 재심을 신청할 이익이나 재심판정의 취소를 구할 소의 이익이 있다. 이는 구제명령이나 재심판정이 그대로 확정될 경우 민사재판의 결과와는 관계없이 사용자는 구제명령에 따른 공법상의 의무를 부담하며 이를 면하려면 구제명령을 취소하여야 하기 때문이다.

(4) 부당노동행위 구제제도와의 관계

　　노동조합법에 의한 부당노동행위 구제제도는 집단적 노사관계질서를 파괴하는 사용자의 행위를 예방·제거함으로써 근로자의 단결권·단체교섭권 및 단체행동권을 확보하여 노사관계의 질서를 신속하게 정상화하고자 함에 그 목적이 있음에 비하여, 근로기준법에 의한 부당해고 등 구제제도는 개별적 근로계약관계에 있어서 근로자에 대한 권리침해를 구제하기 위함에 그 목적이 있는 것으로, 이는 그 목적과 요건에 있어서 뿐만 아니라 그 구제명령의 내용 및 효력 등에 있어서도 서로 다른 별개의 제도라고 할 것이다. 그러므로 사용자로부터 해고된 근로자는 그 해고처분이 부당노동행위에 해당됨을 이유로 같은 부당노동행위 구제신청을 하면서 그와는 별도로 그 해고처분이 부당해고에 해당됨을 이유로 부당해고 구제신청을 할 수 있는 것이고, 근로자가 이와 같은 두 개의 구제신청을 모두 한 경우에 부당해고 구제절차에서 부당해고에 해당함을 이유로 구제명령이 발하여졌다고 하여도 그 구제명령은 근로자에 대한 해고처분이 부당노동행위에 해당함을 전제로 이루어진 것이라고 할 수 없으므로,[1] 그와 같은 부당해고에 대한 구제명령이 있었다는 사정만으로 부당노동행위 구제신청에 대한 구제이익 또는 그 구제신청을 받아들이지 않은 중앙노동위원회의 재심판정에 대한 취소소송에서의 소의 이익마저도 없게 되었다고 할 수 없다.[2]

---

1) 대법원 1992. 5. 22. 선고 91누5884 판결.
2) 대법원 1998. 5. 8. 선고 97누7448 판결.

제 1 편
노   동

(5) 해고 이전의 처분에 대한 구제신청의 경우

(가) 전보명령

근로자들이 전보명령 이후 해고되었다고 하더라도 그 해고의 효력을 둘러싸고 법률적인 다툼이 있어 그 해고가 정당한지 여부가 아직 확정되지 아니하였고, 그 해고가 전보명령에 따른 무단결근 등을 그 해고사유로 삼고 있어서 전보명령의 적법성 여부가 해고의 사유와도 직접 관련을 갖고 있다면, 전보명령에 대한 구제의 이익이 있다.[1]

(나) 승진 및 배치전환

근로자가 승진 및 배치전환 이후 해고되자 지방노동위원회에 부당해고 구제신청을 하였으나 신청기간 도과를 이유로 각하되었고 이에 중앙노동위원회에 재심신청을 하였으나 기각되어 위 각하 결정이 확정되었다고 하더라도 이로써 그 해고가 정당한지 여부가 아직 확정되지 아니하였다고 할 것이고, 더군다나 위 해고가 승진 및 배치전환에 따른 무단결근 등을 그 해고사유로 삼고 있어서 승진 및 배치전환의 부당노동행위 해당 여부가 위 해고의 사유와도 직접 관련을 갖고 있다면, 승진 및 배치전환에 대한 구제의 이익이 있다.[2]

(다) 대기발령

대기발령은 근로자가 현재의 직위 또는 직무를 장래에 계속 담당하게 되면 업무상 장애 등이 예상되는 경우에 이를 예방하기 위하여 일시적으로 해당 근로자에게 직위를 부여하지 않음으로써 직무에 종사하지 못하도록 하는 잠정적인 조치를 의미한다.[3] 그런데 대기발령이 장래를 향하여 실효되더라도 대기발령에 기하여 발생한 효과는 특별한 사정이 없는 한 소급하여 소멸하지 않으므로, 취업규칙 등에서 대기발령에 따른 효과로 승진, 승급에 제한을 가하는 등의 법률상 불이익을 규정하고 있는 경우 대기발령을 받은 근로자는 이러한 법률상 불이익을 제거하기 위하여 그 실효된 대기발령에 대한 구제를 신청할 이익이 있다.[4] 따라서 구제신청을 하기

---

1) 대법원 1995. 2. 17. 선고 94누7959 판결.
2) 대법원 1998. 12. 23. 선고 97누18035 판결.
3) 대법원 2011. 10. 13. 선고 2009다86246 판결.
4) 대법원 2010. 7. 29. 선고 2007두18406 판결.

전에 대기발령이 이미 실효되었다고 하더라도, 근로자가 구제신청 당시 근로자 지위를 유지한 채 위와 같은 불이익에서 회복되지 못한 상태에 있었다면 근로자로서는 대기발령에 대한 구제이익이 인정된다.[1]

4. 구제신청기간 및 재심신청기간

부당해고 등에 대한 구제신청기간은 부당해고 등이 있었던 날로부터 3개월이다(근로기준법 제28조 제2항). 그런데 부당해고 등 구제절차에서 최초 구제신청의 대상이 된 불이익처분을 다투는 범위에서 피신청인의 추가·변경이 허용되고, 이때 위 제척기간 준수 여부는 최초 구제신청이 이루어진 시점을 기준으로 판단하여야 한다.[2]

지방노동위원회의 구제명령 또는 기각결정에 불복하는 사용자나 근로자는 구제명령서나 기각결정서를 통지받은 날부터 10일 이내에 중앙노동위원회에 재심을 신청할 수 있다(근로기준법 제31조 제1항). 이는 불변기간이다(노동위원회법 제26조 제3항).

무기정직의 처분은 그 처분과 동시에 처분행위가 종료되는 것이지 정직 기간 동안 그 처분행위가 계속되는 것은 아니므로 구제신청기간도 그 처분일로부터 기산하고,[3] 취업규칙 등에서 징계처분에 대한 재심절차를 규정하고 있다 하여도 징계처분은 재심절차에서 취소·변경되지 않는 한 원래의 처분 시부터 그 효력을 갖는 것이므로 구제신청기간은 원칙적으로 원래의 처분이 있은 날로부터 기산한다.[4] 다만, 징계재심 절차에서 원징계처분을 취소하거나 변경하여 새로운 징계처분을 한 것으로 평가할 수 있는 경우에는 구제신청기간의 기산점은 그 재심처분일이라고 본 하

---

1) 대법원 2024. 9. 13. 선고 2024두40493 판결.
2) 대법원 2024. 7. 25. 선고 2024두32973 판결.
3) 대법원 1996. 8. 23. 선고 95누11238 판결, 대법원 1997. 2. 14. 선고 96누5926 판결. 다만 (특히 부당해고 등 구제신청사건에 있어서) 근로자로서는 일단 기업 내에 재심절차가 있다면 재심절차에서의 구제를 기다려 본 다음 재심절차에서의 구제를 받지 못하게 되었을 때 비로소 구제신청을 하는 것이 보통일 것이어서 기업 내의 재심절차 종료 후 구제신청기간이 진행된다는 취지의 서울행정법원 2008. 4. 24. 선고 2007구합29352 판결이 있다(본안심리 후 원고 청구 기각함. 항소기각 확정).
4) 대법원 1993. 5. 11. 선고 91누11698 판결. 징계처분에 대한 재심절차가 진행된 경우 징계처분의 효력 발생시기에 관한 자세한 설명은 박해성, "단체협약에 징계처분에 대하여 재심을 청구할 수 있도록 규정하고 있는 경우 징계해고의 효력 발생시기", 판례해설(19-2), 300 이하 참조.

급심 판례가 있다.[1][2] 해고 등의 불이익처분이 일정한 기간이 경과한 후에 그 효력을 발생하는 경우 구제신청기간은 그 효력발생일부터 기산하여야 한다.[3]

5. 구제명령 및 금전보상명령

가. 구제명령

(1) 일반론

노동위원회는 사용자의 행위가 부당해고에 해당한다고 의결하면 이를 시정하기 위한 조치로서 구제명령을 발하게 된다. 통상적으로 원직복직 명령과 함께 해고 시부터 원직에 복직할 때까지 해고가 없더라면 받을 수 있었던 임금을 지급하라는 임금지급 명령이 함께 내려진다. 구체적인 예를 들면 다음과 같은 형태가 된다.[4]

> 1. 이 사건 사용자가 2024. 4. 1. 이 사건 근로자에 대하여 한 해고는 부당해고임을 인정한다.
> 2. 이 사건 사용자는 이 사건 근로자를 이 판정서를 송달받은 날부터 ○○일 이내에 원직에 복직시키고, 해고기간 동안 근로하였다면 받을 수 있었던 임금 상당액을 지급하라.

반대로 구제명령을 기각하거나 각하하는 경우에는 "이 사건 근로자의 신청을 기각(각하)한다."는 형태가 된다.

구제명령 심판제도는 근로자에 대한 해고 등 불이익처분이 정당한 이유 없이 이루어진 경우에 노동위원회에 그 구제를 신청할 수 있도록 규정하여 노동위원회에 의한 행정적 구제절차를 마련함으로써 민사소송을 통한 통상적인 권리구제방법에

---

1) 서울행정법원 2011. 5. 13. 선고 2011구합921 판결(항소기각 및 심리불속행 상고기각 확정).
2) 서울행정법원 2012. 4. 19. 선고 2011구합30809 판결(확정).
3) 대법원 2002. 6. 14. 선고 2001두11076 판결.
4) 다만, 초심판정에서 부당해고를 인정하여 위와 같은 주문의 형태로 구제신청을 인용하고 재심판정에서 초심판정이 정당한 것으로 인정하는 경우 재심판정은 "사용자의 재심신청을 기각한다."는 주문만을 낸다.

따른 소송절차의 번잡성, 절차의 지연, 과다한 비용부담 등의 폐해를 지양하고 신속·간이하며 경제적이고 탄력적인 권리구제를 도모하기 위한 것으로서,[1] 그 실질은 노동위원회가 독립적 지위에서 법률관계의 분쟁을 해결하는 한편, 권리를 구제하는 제도이다.[2]

(2) 구제명령에 반하는 업무지시가 있는 경우

구제명령을 받은 사용자가 구제명령을 이행하지 아니한 채, 오히려 구제명령에 반하는 업무지시를 하고 근로자가 그 지시를 거부하였다는 이유로 근로자를 징계하는 것은 그 구제명령이 당연무효라는 등의 특별한 사정이 없는 한 정당성을 가진다고 보기 어렵다. 한편 그 업무지시 후 구제명령을 다투는 재심이나 행정소송에서 구제명령이 위법하다는 이유에서 이를 취소하는 판정이나 판결이 확정된 경우라면, 업무지시 당시 구제명령이 유효한 것으로 취급되고 있었다는 사정만을 들어 업무지시 거부 행위에 대한 징계가 허용되지 않는다고 볼 수 없다. 이때 그러한 징계가 정당한지는 앞서 본 구제명령 제도의 입법 취지를 충분히 고려하면서, 업무지시의 내용과 경위, 그 거부 행위의 동기와 태양, 구제명령 또는 구제명령을 내용으로 하는 재심판정의 이유, 구제명령에 대한 쟁송경과와 구제명령이 취소된 이유, 구제명령에 대한 근로자의 신뢰의 정도와 보호가치 등을 종합적으로 고려하여 판단하여야 한다.[3]

나. 금전보상명령

(1) 일반론

노동위원회는 해고에 대한 구제명령을 할 때에 근로자가 원직복직을 원하지 아니하면 원직복직을 명하는 대신 근로자가 해고기간 동안 근로를 제공하였더라면 받을 수 있었던 임금 상당액 이상의 금품을 근로자에게 지급하도록 명할 수 있다(근로기준법 제30조 제3항). 금전보상명령 제도는 정당한 이유 없는 해고에 대한 구제방식을 다양화함으로써 권리구제의 실효성을 제고하고 근로관계 단절상태의 장기화를

---

1) 대법원 1996. 8. 23. 선고 95누11238 판결.
2) 서울행정법원 2020. 1. 23. 선고 2018구합78053 판결(항소기각 및 상고기각 확정).
3) 대법원 2023. 6. 15. 선고 2019두40260 판결.

방지하여 근로관계를 조속히 안정시킨다는 의미를 갖는다.[1] 실무상 주로 노동위원회 판정에서 구제명령과 함께 금전보상명령을 하는 경우 사용자가 금전보상명령 자체가 금액 산정에 잘못이 있어 위법하다는 취지로 다투거나, 구제명령을 기각한 재심판정이 법원에서 취소됨에 따라 중앙노동위원회가 그 판결의 취지에 따라 재처분 판정(노동위원회규칙 제99조)을 하면서 구제명령과 동시에 금전보상명령을 하였는데 근로자가 금액 산정에 잘못이 있어 위법하다는 취지로 다투는 경우 등이 문제된다.

금전보상명령의 구체적인 예를 들면 다음과 같은 형태가 된다.

---

1. 이 사건 사용자가 2024. 4. 1. 이 사건 근로자에 대하여 한 해고는 부당해고임을 인정한다.
2. 이 사건 사용자는 이 사건 근로자에게 해고일부터 이 사건 판정일까지 이 사건 근로자가 정상적으로 근로하였더라면 받을 수 있었던 임금 상당액을 포함한 금 ○○원을 이 판정서를 송달받은 날부터 ○○일 이내에 지급하라.

---

(2) 금전보상명령의 신청

근로자는 부당해고 구제신청 사건에 있어서 원직 복직을 원하지 아니하는 경우에는 금전보상명령을 신청할 수 있다. 사용자의 부당해고 구제 재심 신청 사건에서 근로자가 원직복직을 원하지 아니하는 경우에도 신청이 가능하다. 금전보상명령을 신청하고자 하는 근로자는 노동위원회 심문회의 개최일을 통보받기 전까지 금전보상명령신청서를 제출하여야 한다(노동위원회규칙 제64조).

근로자가 노동위원회에 부당해고 구제신청을 하면서 원직복직 대신 금전보상명령을 신청하는 경우, 이는 근로자가 사용자에 대하여 가지는 부당해고 이후의 임금 채권 또는 손해배상금 채권을 근로기준법 제30조 제3항에 따른 임금 상당액 이상의 보상금 지급명령에 기하여 보전하겠다는 의사와 함께, 사용자에 대한 근로계약 해지의 의사표시를 포함하고 있다고 봄이 타당하다고 본 하급심 판례가 있다.[2]

---

1) 노동법실무연구회, 근로기준법주해Ⅱ, 박영사(2020), 637(정진경·김용신).
2) 서울행정법원 2020. 11. 27. 선고 2020구합55695 판결(항소기각 및 상고기각 확정).

(3) 금전보상액의 산정기준

금전보상명령 제도의 취지는 부당해고를 당한 근로자가 사용자와 신뢰관계 훼손으로 원직복직을 원하지 아니하여 근로관계가 종료되는 경우, 사용자로 하여금 근로자에게 근로자가 새로 취업하기까지의 장래의 수입상실에 대한 보상, 부당해고로 인한 고통 등에 대한 위자의 의미까지 포함하여 근로관계정산에 대한 대가로서 청산금을 지급할 의무를 부과하는 것이다. 정당한 이유 없는 해고에 대한 구제방식을 다양화하여 권리구제의 실효성을 제고시키기 위한 차원에서, 노동위원회는 위 보상 금액을 산정함에 있어 개별사안에 따라 적절한 청산금을 결정할 수 있는 상당한 재량을 갖는다고 봄이 타당하다.[1)]

노동위원회규칙 제65조 제2항은 "보상금액의 산정기간은 해고일로부터 당해사건의 판정일까지로 한다."고 규정하고 있다. '당해 사건의 판정일'이라 함은 금전보상의 전제가 되는 요건 사실, 즉 노동위원회에 의한 부당해고 사실이 판정된 날을 의미한다. 그렇다면 당초 구제신청 사건의 초심과 재심 판정이 모두 부당해고에 해당하지 않는다는 판정을 하였는데 법원의 판결이 부당해고에 해당한다는 이유로 재심판정을 취소하였고, 이후 중앙노동위원회의 재처분 판정에서 부당해고에 해당한다는 판정 및 금전보상명령이 이루어진 경우, 금전보상 금액 산정기간의 종기는 재처분 판정일이 된다.[2)]

그러나 위 산정기간은 노동위원회가 해고기간으로 인정할 수 있는 최대한의 기간을 규정한 것으로, 위 산정기간이 바로 부당해고기간을 의미하지 않고, 별도의 근로관계 종료 사유 또는 해고기간 종료 사유가 존재한다면 해고일부터 그 발생시점까지가 부당해고기간에 해당한다.[3)]

한편 중앙노동위원회가 합리적인 금전보상액의 산정기준을 마련하기 위하여 구성한 금전보상위원회는 2020. 11. 30. 중앙노동위원회에 '금전보상액 산정기준'을 권고하였는데, 이에 따르면 ① (기본 1개월분 지급) 판정일~판정문 송달일까지 약 1개월이 소요되는 점을 고려하여 1개월분 임금상당액을 지급하고, ② 이에 더하여 (1년

---

1) 서울행정법원 2023. 9. 21. 선고 2022구합86815 판결(확정).
2) 서울행정법원 2022. 10. 20. 선고 2022구합50335 판결(항소심 소 취하 확정).
3) 서울고등법원 2024. 10. 10. 선고 2024누40358 판결(상고), 서울행정법원 2022. 7. 22. 선고 2022구합 55675 판결(확정).

이상 근무자의 경우 근속연수에 따른 추가 지급) "근속년수(최대 10년×0.2)"을 기본으로 하되, 근로자 및 사용자의 귀책사유 등을 감안하여 1개월분 범위 내에서 증액 또는 감액하도록 하였다.

(4) 구제이익 관련

종래에는 "금전보상명령제는 입법 취지가 구제명령이 원직복직을 전제로 하지 않는 한 전혀 허용되지 않는다면 근로자가 부당해고를 당하였으나 원직복직을 원하지 않는 경우에는 구제명령이 효과적인 구제수단이 되지 못하는 문제점을 해결하기 위한 것으로서, 원직복직이 객관적으로 가능한 것을 전제로 한 부당해고에 대한 구제명령인 원직복직명령을 대신하여 부과할 수 있다는 것일 뿐, 나아가 원직복직이 객관적으로 가능하지 않는 경우에 임금지급명령만을 할 수 있다는 것까지 의미하지 않는다."[1]는 전제 하에 구제이익을 부정하는 하급심 판결들이 있었으나, 대법원 2020. 2. 20. 선고 2019두52386 전원합의체 판결에서 원직에 복직하는 것이 불가능하게 된 경우에도 해고기간 중의 임금 상당액을 지급받을 필요가 있다면 소의 이익이 인정된다고 하면서 위 법리는 근로자가 근로기준법 제30조 제3항에 따라 금전지급명령을 신청한 경우에도 마찬가지로 적용된다고 판시하였으므로, 위 종래 실무례가 그대로 유지되기는 어려울 것으로 보인다.

최근에는, ① 근로자가 금전지급명령을 신청하였는데 사용자가 원직복직을 명한 경우, 사용자가 노동위원회로부터 근로계약 해지의 의사표시가 기재된 근로자의 구제신청서 등을 송달받음으로써 사용자와 근로자 사이의 근로계약은 종료되었고, 사용자가 근로자에게 원직복직 명령을 하였다고 하더라도 이로 인하여 금전보상을 구하는 참가인의 구제신청의 목적이 달성되었다고 볼 수 없으므로 참가인이 한 구제신청의 구제이익은 상실되지 아니하고, 위와 같은 원직복직 명령이 해고를 취소하고 근로자를 원직에 복직시키고자 하는 진정한 의사에 따른 것으로 보기 어렵다는 점에서도 구제이익이 소멸되었다고 볼 수 없다고 본 하급심 판결,[2] ② 사업장의 폐업으로 원직복직이 불가능해진 경우에도 구제명령을 인용하면서 금전보상명령을 할

1) 서울고등법원 2012. 1. 1. 선고 2011누25465 판결(대법원에서 상고기각 확정), 대전고등법원 2018. 8. 31. 선고 2018누11324 판결(심리불속행 상고기각 확정).
2) 서울행정법원 2020. 11. 27. 선고 2020구합55695 판결(항소기각 및 상고기각 확정).

수 있다는 취지의 하급심 판결이 선고되었다.[1]

6. 심리

가. 제소기간

중앙노동위원회의 재심결정에 대하여 사용자나 근로자는 재심판정서를 송달받은 날부터 15일 이내에 행정소송법의 규정에 따라 소를 제기할 수 있다(근로기준법 제31조 제2항). 항고소송의 제소기간을 경과하였더라도 민사소송은 가능한 경우가 대부분이다. 해고무효확인 등 민사소송의 제소기간은 따로 정해져 있지 않고 실효의 원칙에 따른 권리행사의 허용 여부만 문제되기 때문이다.

나. 소장심사

(1) 인지

노동관계 행정소송은 항고소송으로서 비재산권상의 소이고, 그 소송목적의 값은 5천만 원이다(「민사소송 등 인지규칙」 제17조 4호, 제18조의2 본문).

취소를 구하는 중앙노동위원회의 재심판정은 하나지만, 수인의 구제신청을 대상으로 하여 실질적으로 수개의 재심판정에 해당함에도 하나의 청구에 해당하는 인지만을 첨부하는 경우가 적지 않다. 그러나 주관적 병합(여러 근로자의 구제신청에 대한 하나의 재심판정)의 경우 취소를 구하는 재심판정은 실질적으로 수개이므로 각 청구의 소송목적의 값을 합산하여야 한다는 점을 유의할 필요가 있다. 다만 근로자와 노동조합이 동일한 부당노동행위의 구제신청을 하여 하나의 재심판정이 이루어진 경우에는 취소를 구하는 재심판정(청구의 목적)이 1개의 법률관계에 해당하므로, 1개의 소로 보아 소송목적의 값을 계산한다(같은 규칙 제22조 단서).

객관적 병합(전보명령과 이어진 해고처분에 대하여, 또는 수개의 부당노동행위에 대

---

[1] 서울행정법원 2023. 11. 16. 선고 2022구합63508 판결(항소기각 확정).

하여 하나의 재심판정이 이루어진 경우)에 있어서는 실질적으로 수개의 재심판정이므로 각 청구의 소송목적의 값을 합산한다(같은 규칙 제22조 본문). 다만 다수의 근로자들에 대한 부당노동행위에 대하여는 근로자 수가 아닌 부당노동행위 횟수별로 하나의 소송물이 된다.

예컨대, 3명의 근로자가 각 부당정직, 부당해고 구제명령신청을 한 경우 1개의 초심 및 재심판정이 있었다고 하더라도 실질적으로는 총 6개의 불이익처분에 대한 노동위원회의 판정이 있었다고 보아야 하고, 그에 대한 취소소송의 소송물도 6개가 되므로, 그 각각에 대하여 위법 여부를 판단하게 된다.

(2) 피고경정

근로자 본인이 제소함에 있어 피고를 중앙노동위원회위원장이 아닌 중앙노동위원회 또는 사용자로 하는 경우가 있다. 이는 피고경정의 대상이므로 주의가 필요하다.

(3) 청구취지의 정리

처분일을 재심판정일이 아닌 재심판정 정본 작성일 또는 그 송달일로 기재한 경우가 있으므로 주의가 필요하다. 종종 재심판정의 취소 이외에 구제신청취지(원직복직, 임금 상당액 지급 등의 구제명령)를 부가한 경우가 있으나 불필요한 기재이다. 이 또한 정리(취하 또는 정정)가 필요하다.

또한, 청구취지 제1항에 흔히 '피고'의 00월 00일자 재심판정을 취소하라고 기재하는 경우가 많은데, 재심판정취소소송의 피고는 중앙노동위원회위원장이나 재심판정의 처분청은 중앙노동위원회이므로 피고 표시는 중앙노동위원회위원장으로 하더라도 청구취지 제1항은 피고가 아닌 '중앙노동위원회'의 00월 00일자 재심판정을 취소하는 것으로 정정하도록 할 필요가 있다.

(4) 청구원인의 보정

재심판정에 대한 제소기간이 15일에 불과하여 청구원인의 기재를 생략하거나 형식적으로 기재한 경우가 적지 않다. 이러한 경우에는 법원이 그 보정을 명하거나 권고한다.

다. 소송구조

해고된 근로자가 소를 제기한 사안에서는 임금 상당의 수입을 상실한 점 등을 고려하여 소송요건의 흠결 등으로 패소가 확실한 경우가 아니면 소송구조 신청을 적극 활용할 필요가 있다. 보통은 인지와 송달료는 근로자의 부담으로 하되 변호사 비용에 대하여는 소송구조를 인정하는 경우가 많다. 다만 근로자가 국민기초생활보장법상 수급자에 해당하는 등의 사정이 있으면 인지와 송달료에 대하여도 소송구조가 이루어지는 경우가 많다.

라. 소송의 대상

지방노동위원회의 원처분은 항고소송의 대상이 아니고, 그에 대한 행정심판 재결에 해당하는 중앙노동위원회의 처분만이 항고소송의 대상이 되므로(근로기준법 제31조 제2항, 노동위원회법 제27조 제1항), 재결취소소송에 있어서는 재결 자체에 고유한 위법만을 주장할 수 있다는 행정소송법 제19조 단서의 규정은 적용되지 않는다. 부당해고 등의 구제절차는 부당해고 등으로 주장되는 구체적 사실이 부당해고 등에 해당하는지 여부를 심리하고, 부당해고 등으로 인정되면 적절한 구제방법을 결정하여 구제명령을 하는 제도로서, 부당해고 등으로 주장되는 구체적 사실이 심사 대상이 된다. 그리고 부당해고 등의 구제신청에 관한 중앙노동위원회의 재심판정 취소소송의 소송물은 재심판정 자체의 위법성이므로, 부당해고 등으로 주장되는 구체적 사실이 부당해고 등에 해당하는지 여부를 심리하여 재심판정의 위법성 유무를 따져보게 된다.[1]

마. 피고 보조참가의 권고

(1) 일반론

부당해고 등 구제 재심판정 취소소송에서 피고는 형식적으로는 중앙노동위원회

---

[1] 대법원 2016. 12. 29. 선고 2015두776 판결, 대법원 2016. 12. 29. 선고 2015두38917 판결.

위원장이나, 그 소송의 결과에 대하여 가장 절실한 이해관계를 가질 뿐 아니라 확실한 증거자료를 가지고 있는 자는 구제신청절차에 있어서의 원고의 상대방(원고가 사용자라면 상대방인 근로자나 노동조합, 원고가 근로자나 노동조합이라면 상대방인 사용자)이므로 소송경제를 위해서나 실체적 진실발견을 위해서나 이들을 소송에 관여하게 할 필요가 있다.

　서울행정법원에서는 이들에게 민사소송법상의 보조참가(행정소송법 제16조에 의한 '제3자의 소송참가'가 아니다)를 하도록 권장하고 있고, 이를 위해 소장 부본 송달단계에서 재심판정서 등 기록에 나타난 이들의 주소로 '소송참가안내'라는 서면을 보내고 있다. 실제 보조참가 비율은 약 90%에 이른다. 사용자나 근로자가 행정소송법에 의한 제3자의 소송참가를 신청하는 경우, 별도의 결정을 하여야 하고 그 결정을 하고자 할 때에는 미리 당사자 및 제3자의 의견을 들어야 하므로(행정소송법 제16조 제1, 2항), 실무상 변론기일에 민사소송법상 보조참가로 정정시키는 경우가 많다. 참가인이 한 피고보조참가가 행정소송법상 제3자의 소송참가에 해당하지 아니하는 경우에도, 판결의 효력이 참가인에게 미치는 점 등 행정소송의 성질에 비추어 보면, 그 참가는 민사소송법 제78조에서 규정하는 공동소송적 보조참가라 할 것이다.[1]

(2) 피고보조참가인이 재심판정의 이유를 다툴 수 있는지 여부(법원의 심판대상)

　실무상 피고 중앙노동위원회위원장측에 보조참가한 사용자나 근로자가 청구기각 판결을 이끌어내기 위하여 재심판정의 이유 중 자신에게 불리하게 판정된 부분을 소송에서 다투는 경우가 다수 있다. 예컨대 ① 재심판정에서 징계사유가 대부분 인정되나 징계양정이 사용자의 재량권을 일탈·남용하였다는 이유로 구제신청을 인용하였는데, 사용자인 원고가 제기한 행정소송에서 참가인인 근로자가 위 재심판정에서 인정된 징계사유 전부 또는 일부가 인정되지 않는다고 다투는 경우, ② 반대로 재심판정에서 징계사유 일부만을 인정하고 그 징계사유로도 징계양정이 적정하다는 이유로 구제신청을 기각하였는데, 근로자인 원고가 제기한 행정소송에서 참가인인 사용자가 재심판정에서 인정하지 않은 징계사유가 인정되어야 한다고 다투는 경우, ③ 재심판정에서 징계절차는 적법하되 징계사유가 인정되지 않거나 징계재량

---

1) 대법원 2012. 11. 29. 선고 2011두30069 판결.

권을 일탈·남용하였다는 이유로 구제신청을 인용하였는데, 사용자인 원고가 제기한 행정소송에서 참가인인 근로자가 징계절차에 중대한 하자가 있다고 다투는 경우, ④ 재심판정에서 기간제근로자의 갱신기대권을 인정하되 사용자의 갱신거절에 합리적인 이유가 있다고 보아 구제신청을 기각하였는데, 근로자인 원고가 제기한 행정소송에서 참가인인 사용자가 갱신기대권이 인정되지 않는다고 다투는 경우 등이다.

이에 대하여 "중앙노동위원회는 재심판정을 하면서 징계사유 (5)를 징계사유로 인정하지 않았고, 그 외 나머지 사정들도 재심판정의 사유로 삼은 바 없음을 알 수 있다. 따라서 그 재심판정의 취소를 구하는 소송에서 참가인이 이를 주장하는 것은 피참가인이 할 수 없는 위법한 처분사유의 추가·변경에 해당하는 것이어서 허용될 수 없다"고 한 하급심 판례,[1] '기간제근로자인 원고의 정규직 전환기대권은 인정되지만, 사용자인 참가인의 정규직 전환 거절에는 합리적인 이유가 있으므로, 근로관계의 종료는 부당해고에 해당하지 않는다'는 취지의 재심판정에 관하여 참가인이 원고의 정규직 전환기대권이 인정되지 않는다는 취지로 주장할 경우 참가인의 소송행위가 피참가인의 소송행위에 어긋나는 경우에는 그 참가인의 소송행위는 효력을 가지지 아니한다는 규정(행정소송법 제8조 제2항, 민사소송법 제76조 제2항)을 근거로 위 주장에 대하여 별도로 판단하지 아니한 하급심 판례가 발견된다.[2]

그러나 대법원은 2016. 12. 29. 선고 2015두776 판결, 2016. 12. 29. 선고 2015두38917 판결에서 '부당해고 등의 구제절차 관련 규정, 재심판정 취소소송의 소송물, 그 심리 방식, 심판 대상이 되는 징계사유 등을 종합하면, 재심판정이 징계처분의 정당성에 관한 판단을 그르쳤는지 여부를 가리기 위해서는 징계위원회 등에서 징계처분의 근거로 삼은 징계사유에 의하여 징계처분이 정당한지 여부를 살펴보아야 한다'는 전제 하에, '여러 징계사유를 들어 징계처분을 한 경우에는 중앙노동위원회가 재심판정에서 징계사유로 인정한 것 이외에도 징계위원회 등에서 들었던 징계사유 전부를 심리하여 징계처분이 정당한지 여부를 판단하여야 한다'고 설시한 뒤 '참가인(사용자)이 제1, 2징계사유를 들어 징계처분을 한 이상, 원심으로서는 중앙노동위원회가 재심판정에서 징계사유로 인정한 제1 징계사유 이외에도 제2 징계사유

1) 서울고등법원 2012. 12. 5. 선고 2012누15441 판결(심리불속행 상고기각 확정).
2) 대전지방법원 2020. 12. 3. 선고 2019구합105398 판결(항소기각 확정).

를 심리하여 징계처분이 정당한지 여부를 판단하였어야 한다'고 하여, 참가인은 재심판정의 이유가 잘못되었다고 독자적으로 주장할 수 있고, 이는 법원의 심판대상이 된다는 취지로 판시하였다.

　　실제로 대다수의 하급심 실무는 참가인이 재심판정의 이유 중 일부를 다투는 주장을 하는 경우 이를 심판대상으로 삼아 판단을 하고 있다. 그 이유는 다음과 같다. ① 노동위원회 단계에서는 대등한 당사자였던 근로자와 사용자가 행정소송 단계에서는 원고와 피고보조참가인이라는 대등하지 않은 지위로 바뀌게 되는 것은, 준사법적 행정행위인 재심판정에 대한 불복을 일반 행정처분과 마찬가지로 행정청을 피고로 하는 행정소송을 통하도록 설계함으로써 발현된 문제이므로, 그 해결은 준사법적 행정행위의 특수성을 반영하는 방향으로 행정법 법리를 수정하는 법해석을 하는 것이어야 한다.[1] ② 부당해고 등 구제 재심판정 취소소송에서 참가의 법적 성격은 공동소송적 보조참가(민사소송법 제78조)라고 볼 것이고, 그렇다면 필수적 공동소송에 관한 민사소송법 제67조 제1항, 즉 '소송목적이 공동소송인 모두에게 합일적으로 확정되어야 할 공동소송의 경우에 공동소송인 가운데 한 사람의 소송행위는 모두의 이익을 위하여서만 효력을 가진다'고 한 규정이 준용되므로, 피참가인의 소송행위는 모두의 이익을 위하여서만 효력을 가지고, 공동소송적 보조참가인에게 불이익이 되는 것은 효력이 없다.[2] 따라서 피고(중앙노동위원회위원장)가 해당 부분에 관하여 원고와 일치하는 주장을 하더라도 재판상 자백은 성립하지 않게 된다. ③ 재심판정 취소소송의 소송물은 재심판정 자체의 위법성이다. 따라서 법원이 재심판정의 이유 중 일부가 부당하다고 판단하더라도 해고가 정당하다는, 또는 부당하다는 재심판정의 결론 자체가 타당하다면 재심판정을 취소할 수 없고 원고의 청구를 기각하여야 한다. 그렇다면 소송의 결과에 실질적으로 영향을 받는, 근로관계의 한쪽 당사자인 참가인에게도 재심판정의 이유 중 결론에 영향을 미칠 수 있는 부분에 관하여 다툴 기회를 부여할 필요성이 있다. 중앙노동위원회의 명령 또는 결정의 기초가 된 사실이 동일하다면 노동위원회에서 주장하지 아니한 사유도 행정소

[1] 이병희, "부당해고등 구제 재심판정에 대한 취소소송이 가지는 행정쟁송으로서의 보편성과 노동쟁송으로서의 특수성", 사법논집 67집, 법원도서관(2018), 424.
[2] 대법원 2013. 3. 28. 선고 2011두13729 판결. 한편 대법원 2001. 1. 19. 선고 2000다59333 판결은 공동소송적 보조참가의 경우 참가인이 피참가인인 피고와 저촉되는 소송행위를 할 수 있는 지위에 있다고 전제하고 있다.

송에서 주장할 수 있으므로,1) 위와 같이 보더라도 상대방인 원고에게 특별히 불리하다고 볼 수 없다. ④ 행정소송 단계에서 참가인의 주장까지 고려하여 해고의 정당성 전체를 판단하는 것이 신속한 근로자의 구제라는 부당해고 등 구제제도의 목적(참가인이 근로자인 경우) 또는 소송경제 실현(참가인이 사용자인 경우)에 부합한다.2)

따라서 법원으로서는 참가인 주장의 당부를 판단하여야 하고, 그 주장이 타당한 경우 원고의 청구를 기각하면서 결론 부분에 예컨대 '재심판정에는 해고에 징계절차상 중대한 하자가 없다고 본 잘못이 있으나, 해고가 부당하다는 이유로 참가인(근로자)의 구제신청을 받아들인 결론은 타당하므로, 재심판정은 위법하지 아니하다', '재심판정에는 원고(근로자)에 대한 제1 징계사유가 인정되지 않는다고 본 잘못이 있으나, 해고가 징계재량권을 일탈·남용하지 않아 정당하다는 결론 자체는 타당하므로, 재심판정은 위법하지 아니하다' 등의 형태로 설시하거나, 간략하게 '재심판정의 이유 중 이와 다른 취지의 부분은 다소 적절하지 아니하나'라는 문구를 추가하기도 한다.

바. 불복사유의 제한 여부

부당해고 등 구제신청에 관하여 중앙노동위원회가 한 재심판정의 위법 여부는 그것이 이루어진 시점을 기준으로 판단할 것이지만 그렇다고 노동위원회의 초심 또는 재심절차에서 이미 주장한 사유만 행정소송절차에서 주장할 수 있다고 볼 근거는 없다. 즉 부당해고 구제신청에 관한 중앙노동위원회의 명령 또는 결정의 취소를 구하는 소송에서 그 명령 또는 결정이 적법한지 여부는 그 명령 또는 결정이 이루어진 시점을 기준으로 판단하여야 하고, 그 명령 또는 결정 후에 생긴 사유를 들어 적법 여부를 판단할 수는 없으나, 그 명령 또는 결정의 기초가 된 사실이 동일하다면 노동위원회에서 주장하지 아니한 사유도 행정소송에서 주장할 수 있다.3)

1) 대법원 1990. 8. 10. 선고 89누8217 판결, 대법원 2021. 7. 29. 선고 2016두64876 판결.
2) 이병희, 위의 글, 425.
3) 대법원 1990. 8. 10. 선고 89누8217 판결, 대법원 2021. 7. 29. 선고 2016두64876 판결.

제 1 편
노 동

그러나 징계사유와 관련하여, 원래의 징계처분에서 징계사유로 삼지 아니한 징계사유를 재심절차에서 추가하는 것은 추가한 징계사유에 대한 재심의 기회를 박탈하는 결과가 되어 특별한 사정이 없는 한 허용할 수 없다.[1] 다만 근로자의 어떤 비위행위가 징계사유로 되어 있느냐는 구체적인 자료들을 통하여 징계위원회 등에서 그것을 징계사유로 삼았는가에 의하여 결정할 것이지[2] 반드시 징계의결서나 징계처분서에 기재된 취업규칙이나 징계규정 소정의 징계근거 사유만으로 징계사유가 한정되는 것은 아니고,[3] 여러 징계사유를 들어 징계처분을 한 경우에는 중앙노동위원회가 재심판정에서 징계사유로 인정한 것 이외에도 징계위원회 등에서 들었던 징계사유 전부를 심리하여 징계처분이 정당한지 여부를 판단하여야 한다.[4]

징계처분에서 징계사유로 삼지 아니한 비위행위라도 징계종류 선택(징계양정)의 자료로서 피징계자의 평소의 소행과 근무성적, 당해 징계처분 사유 전후에 저지른 비위행위 사실 등은 징계양정에 있어서의 참작자료로 삼을 수 있다.[5] 다만 단체협약이나 회사의 취업규칙 등의 징계규정에서 근로자에 대한 징계를 징계위원회의 의결을 거쳐 행하도록 규정하고 있는 경우에 그 징계처분의 당부는 징계위원회에서 징계양정의 사유로 삼은 사유에 의하여 판단하여야 하고 징계위원회에서 거론되지 아니한 사유를 포함시켜 징계처분의 당부를 판단할 수 없다.[6]

한편 노동위원회 조사 절차와 관련하여, 중앙노동위원회 심문 회의에 참여한 근로자위원이 임의로 조사행위를 하는 것은 위법하고, 이처럼 위법한 조사의 결과가 심판절차에서 현출되고 당사자가 이에 대하여 이의를 제기하기에 이르렀다면 해당 재심판정은 위법하다고 판시한 하급심 판례가 있다.[7]

---

1) 대법원 1996. 6. 14. 선고 95누6410 판결, 대법원 1998. 5. 22. 선고 98다2365 판결.
2) 비위행위가 정당한 징계사유에 해당하는지 여부는 취업규칙상 징계사유를 정한 규정의 객관적인 의미를 합리적으로 해석하여 판단하여야 한다(대법원 2020. 6. 25. 선고 2016두56042 판결).
3) 대법원 1997. 3. 14. 선고 95누16684 판결.
4) 대법원 2016. 12. 29. 선고 2015두776 판결, 대법원 2016. 12. 29. 선고 2015두38917 판결.
5) 대법원 2002. 5. 28. 선고 2001두10455 판결.
6) 대법원 2006. 6. 15. 선고 2005두8047 판결.
7) 서울고등법원 2021. 3. 5. 선고 2020누35181 판결(심리불속행 상고기각 확정).

사. 주장 · 증명책임

부당해고구제 재심판정을 다투는 소송에서 해고의 정당성에 관한 증명책임은 이를 주장하는 사용자가 부담한다.[1] 따라서 근로자의 구제신청이 인용된 경우 이에 대한 행정소송을 제기한 사용자(원고)가 주장·증명책임을 부담한다. 그리고 근로자의 구제신청에 대한 기각결정의 취소를 구하는 행정소송에서는 중앙노동위원회위원장(피고)과 사용자(피고보조참가인)가 주장·증명책임을 부담한다. 인정되는 일부 징계사유만으로 해당 징계처분의 타당성을 인정하기에 충분한지에 대한 증명책임도 사용자가 부담한다. 여러 개의 징계사유 중 일부 징계사유만으로 근로자에 대한 해당 징계처분의 타당성을 인정하기에 충분한지는 해당 기업의 구체적인 상황에 따라 다를 수 있으므로, 사용자가 징계처분에 이르게 된 경위와 주된 징계사유, 전체 징계사유 중 인정된 징계사유의 내용과 비중, 징계사유 중 일부가 인정되지 않은 이유, 해당 징계처분의 종류, 해당 기업이 정하고 있는 징계처분 결정 절차, 해당 기업의 규모·사업 성격 및 징계에 관한 기준과 관행 등에 비추어 인정된 징계사유만으로 동일한 징계처분을 할 가능성이 있는지를 고려하여 해당 징계처분을 유지하는 것이 근로자에게 예측하지 못한 불이익이 되지 않도록 신중하게 판단하여야 한다.[2]

아. 증거제출

노동위원회에서는 직접적인 사건 조사가 이루어지므로, 노동위원회의 구제절차에 제출한 주요 자료를 소송에 현출하는 것이 소송의 신속과 경제에 바람직하다. 따라서 원고는 지방노동위원회의 초심판정서와 중앙노동위원회의 재심판정서를,[3] 피

---

1) 대법원 2018. 4. 12. 선고 2017두74702 판결, 대법원 2021. 7. 29. 선고 2016두64876 판결(사업 부문의 일부 폐지를 이유로 한 해고가 통상해고로서 정당성을 갖추었는지에 관한 증명책임은 이를 주장하는 사용자가 부담한다고 본 사안).
2) 대법원 2019. 11. 28. 선고 2017두57318 판결.
3) 원고의 제출 여부와 상관없이 피고 소송수행자가 초심판정서와 재심판정서를 pdf나 hwp 파일의 형태로 다시 제출하는 경우가 대다수이다. 그런데 원고가 제출한 판정서의 경우 일부 페이지가 누락되는 경우가 있고 스캔을 거쳐 가독성이 떨어지는 경우가 많은 반면 피고가 제출한 판정서는 원본 파일로서 페이지 누락이 없고 상대적으로 가독성이 우월하므로, 실무상 피고가 제출한 판정서를 많이 참조하게 된다.

고 소송수행자 또는 보조참가인은 징계처분서, 회의록 등을 제출할 필요가 있다. 원고가 정보공개청구를 통하여 확보한 자료를 직접 제출하는 경우가 더 많기는 하나,[1] 그렇지 않은 경우 법원은 피고에게 임의로 자료를 제출할 것을 권고하고, 피고가 이에 응하지 않는 경우 원고가 문서송부촉탁이나 문서제출명령을 신청하여 노동위원회에 제출한 자료를 소송에 현출하게 한다. 형사사건이 진행 중인 경우에는 형사사건 기록의 인증등본을 송부 받는 것이 도움이 된다.

징계해고·통상해고의 사유는 대체로 개별 근로계약이 아닌 취업규칙에서 정하고 있고, '인사규정', '복무규정' 등 인사나 근로자의 복무에 관하여 별개의 독립한 규정을 두는 경우도 많다. 근로자의 해고와 관련한 제반 규정으로서 당해 해고의 사유 및 절차와 관련된 것들은 개정일자에 유의하여 취업규칙, 인사규정, 복무규정 등 명칭 여하를 불문하고 빠짐없이 제출하도록 하여야 한다.[2]

자. 임금지급명령 부분만이 위법한 경우 취소의 범위

부당해고의 구제제도는 근로자가 부당해고라고 주장하는 구체적 사실에 대하여 그것이 부당해고에 해당하는지 여부를 심리하고 그것이 부당해고인 경우에 적절한 구제방법을 결정·명령하는 제도이므로, 부당해고라고 주장되는 구체적 사실이 심사의 대상이 되는 것이고, 따라서 부당해고라고 주장된 구체적 사실이 1개인 이상 그에 대하여 노동위원회가 발한 구제방법이 수개이고 또 각 구제방법이 독립하여 이행될 수 있는 것이라고 하더라도 행정처분으로서의 구제명령은 1개라고 할 것이나, 부당해고라고 주장된 구체적 사실이 복수인 경우에는 그에 대한 행정처분으로서의 노동위원회의 구제명령 또는 기각결정은 복수라고 보는 것이 타당하다.[3]

그러나 외형상 하나의 행정처분이라고 하더라도, 노동위원회의 구제명령에 포함된 여러 구제방법 중 근로자를 원직에 복직하도록 하는 것은 장래의 근로관계에 대한 조치이고, 해고기간 중의 임금 상당액을 지급받도록 하는 것은 근로자가 부당한 해고의 효력을 다투고 있던 기간 중의 근로관계의 불확실성에 따른 법률관계를

---

1) 근로자 또는 사용자가 노동위원회에 정보공개청구를 할 경우 노동위원회는 제출된 자료 전부를 CD에 담아 제공하는 것이 실무 관행이라고 한다.
2) 노동재판실무편람 집필위원회, 노동재판실무편람(2022), 209.
3) 부당노동행위에 관한 대법원 1995. 4. 7. 선고 94누1579 판결.

정리하기 위한 것으로 서로 목적과 효과가 다르기 때문에 원직복직이 가능한 근로자에 한정하여 임금 상당액을 지급받도록 할 것은 아니므로,[1] 근로자를 원직에 복직하도록 하는 것과 해고기간 중의 임금 상당액을 지급받도록 하는 것이 서로 유기적 관계에 있다고 볼 수 없고, 따라서 위 구제방법 중 일부에 대해서만 노동위원회의 구제명령을 취소하는 것도 가능하다고 봄이 타당하다.[2] 나아가 임금 상당액의 지급 명령 중 해고기간에 해당되는 부분만을 취소하는 것도 가능하다고 할 것이다.[3]

　이처럼 행정처분으로서의 구제명령은 1개이나, 외형상 하나의 행정처분이라고 하더라도 가분성이 있거나 처분대상의 일부가 특정될 수 있다면 그 일부만을 취소할 수 있고, 일부의 취소는 처분의 일부에 관해서만 효력을 미친다. 다만 법원은 원고가 취소를 구하지 않은 부분에 대하여 비록 그 부분이 위법하더라도 취소할 수 없고, 노동위원회도 취소판결이 확정되어 그 내용에 따라 변경하여 명령을 하는 경우에도 취소소송에서 원고가 취소를 구하지 않은 부분에 대하여는 이를 취소·변경할 수 없다.[4]

차. 조정

　구제절차 단계에서 상당한 사건이 화해로 종결되고 그 나머지 사건 가운데 재심판정에 불복하는 당사자가 소를 제기하므로 그만큼 화해의 가능성은 줄어든다. 그러나 구제절차에서 쟁점의 정리와 판단이 이루어진 점, 이에 이르기까지 상당한 기간이 경과하였고 앞으로도 3심급의 소송절차가 남아 있어 판결에 의한 해결에 이르기까지 길고 험난한 여정이 기다리는 점 등을 들어 심리의 초기단계에서 화해적 해결의 장점을 제시함으로써 그 가능성을 열어두고,[5] 이후 쟁점에 대한 심증 및 관련 법리와 판례 등을 제시하며 지속적인 노력을 기울이면 조정이 성공하는 예가 적지 않다.

　이러한 조정은 ① 해고처분을 수용하거나 사직서를 제출하여 근로관계를 끝내

---

1) 대법원 2020. 2. 20. 선고 2019두52386 전원합의체 판결.
2) 서울고등법원 2020. 4. 24. 선고 2019누58300 판결(심리불속행 상고기각 확정).
3) 서울고등법원 2023. 9. 15. 선고 2022누47683 판결(심리불속행 상고기각 확정).
4) 노동법실무연구회, 근로기준법주해Ⅱ, 박영사(2020), 661(정진경·김용신).
5) 심리의 초기단계에서 바로 조정을 시도하는 것은 구제절차에서 승소한 당사자의 반발 등으로 인하여 성공할 가능성이 크지 않다.

는 대신 퇴직위로금을 지급받는 금품청산형과 ② 복직(해고처분 취소)을 전제로 해고를 정직 등으로 감경하되 해고 기간의 임금 액수 중 일부만을 지급하는 원직복직형으로 대별할 수 있다. ①은 주로 사용자측이 원하는 유형으로서 근로자가 다른 사업체에 취업한 경우, 소규모 사업체로서 상호 신뢰관계의 회복이 어려운 경우(대기업의 관리직도 포함), 정년 등으로 장래 근로계약기간이 길지 않은 경우 및 해고사유는 인정되나 절차위반으로 구제신청이 인용된 경우 등에 적합하고, ②는 근로자측이 주로 제안하는 유형으로서 위와 반대되는 사정이 있는 경우, 특히 실체적 사유로 구제신청이 받아들여진 경우(대기업 생산직)에 적합하다.

정직 등 징계처분의 징계사유는 인정하면서도 징계절차나 징계양정의 문제로 구제신청을 인용한 사안에서는 당해 징계처분이 부당징계로 인정·확정되더라도 재징계처분이 가능하므로 이러한 절차의 반복을 들어 적정하다고 판단되는 징계처분으로의 조정을 권유하면 성공할 가능성이 높다.

전보 등의 배치전환의 효력을 다투는 사안에서는 인사시기와 인력수급상황 등을 고려하여 장래의 시점을 정하여 원래의 근무 장소나 직무로 복귀하는 내용의 조정을 시도하면 성사 가능성이 높다(경우에 따라서는 근로자가 배치전환을 수용하고 그 대신 사용자가 교통비 내지 이주비를 지원하는 내용도 가능하다).

부당노동행위 구제신청 사건에서는 주로 노동쟁의 과정이 문제가 되는데, 이 경우에는 노사 상호간의 존재 인정, 화합 내지 상생의 필요성을 들어 근로자측에는 적법한 조합활동 내지 쟁의행위를 선언하도록 하고, 사용자측에는 잔존하는 부당노동행위 결과의 시정을 요구하는 내용의 조정이 가능하다.

실무상 예컨대 사용자인 원고가 재심판정 취소소송에서 승소 가능성이 높지 않다고 판단할 경우 참가인인 근로자가 복직하지 않는 조건으로 해고기간 중의 임금 상당액을 지급한다는 취지의 조정권고를 제안하는 경우가 있고, 이러한 경우 법원은 다음과 같은 형태의 조정권고를 당사자들에게 보내게 된다.

1. 원고는 피고보조참가인을 200○. ○○. ○○. 자로 복직시키고, 피고보조참가인은 같은 날 원고로부터 사직한다.
2. 원고는 피고보조참가인에게 200○. ○. ○○. 자 해고 다음 날부터 위 제1항 기재 복직일까지의 미지급 임금 및 위 제1항 기재 사직에 따른 퇴직급여의 합계 ○○○,

○○○,○○○원을 20○○. ○○. ○○.까지 지급하고, 피고보조참가인은 이를 수령
한다.
3. 원고는 피고보조참가인에게 ○○,○○○,○○○원을 20○○. ○○. ○○.까지 위 제
2항의 금원과 별도로 분쟁해결금으로서 지급하고, 피고보조참가인은 이를 수령한다.
4. 위 제1 내지 3항이 이행되면 원고는 곧바로 이 사건 소를 취하하고, 피고 및 피고보
조참가인은 이에 동의한다.
5. 피고보조참가인은 향후 위 제1 내지 3항에 관하여 민·형사 기타 법률상 일체의 이의
를 제기하지 아니한다.
6. 소송비용은 각자 부담한다.

7. 판단

가. 일반론

　　재심판정의 위법 여부가 소송물이므로 이에 대한 판단을 주문에 나타내면 족하
고 구제신청에 대해서는 주문에 언급할 필요가 없다. 따라서 ① 소의 이익을 부정할
경우에는 "이 사건 소를 각하한다.", ② 청구가 모두 이유 없으면 "원고의 청구를 기
각한다.", ③ 여러 청구 가운데 일부만 이유 있는 경우(예컨대, 부당정직 및 부당해고
구제신청 중 부당해고 부분만 이유 있는 경우)에는 "중앙노동위원회가 20xx. xx. xx.
원고와 피고 보조참가인 사이의 중앙20xx부해xx호 부당해고 등 구제 재심신청 사
건에 관하여 한 재심판정 가운데 부당해고 부분(또는 ~에 대한 판정 부분)을 취소한
다. 원고의 나머지 청구를 기각한다.", ④ 청구의 전부가 이유 있는 경우에는 "중앙
노동위원회가 20xx. xx. xx. 원고와 피고 보조참가인 사이의 중앙20xx부해xx호 부
당해고 등 구제 재심신청 사건에 관하여 한 재심판정을 취소한다."는 취지의 주문을
내게 된다.
　　기본적으로 해고의 요건으로 '정당한 사유'가 있어야 하며(근로기준법 제23조 제1
항), 그 해고사유와 시기를 서면으로 통지하여야 하고(근로기준법 제27조 제1, 2항), 그
외 정리해고와 관련하여서는 별도의 요건이 규정되어 있다(근로기준법 제24조). 한편,

이러한 해고 제한 관련 규정들과 노동위원회에 대한 구제신청 관련 규정은 상시 5명 이상의 근로자를 사용하지 아니하는 사업 또는 사업장에는 적용되지 않는다(근로기준법 제11조 제1항).

해고와 관련한 논의의 전제로 해고사실 자체의 존재가 인정되어야 하는데, 이에 대한 증명책임을 누가 부담하는지에 관하여 하급심에서는 대립이 존재한다. 사용자에게 해고 사실의 입증책임이 있다고 판단한 하급심이 심리불속행 기각 판결로 확정된 사례들이 존재하나,[1] 반대로 근로자에게 해고 사실의 증명책임이 있다고 판단한 하급심이 심리불속행 기각 판결로 확정된 사례들도 존재한다.[2]

해고 사실의 증명책임에 관하여 정면으로 판시한 대법원 판례는 찾기 어려우나, '사직의 의사 없이 강요 등에 의하여 사직서를 작성하였다는 사정은 해고를 주장하는 근로자가 입증하여야 한다'고 판단한 원심 판결[3]에 대하여 "자발적으로 사직의사를 표시하였다고 봄이 상당하다고 판단한 것은 정당하고, 거기에 상고이유 주장과 같이 논리와 경험의 법칙을 위반하고 자유심증주의의 한계를 벗어나거나, 입증책임, 해고 제한, 고용보험금 수급자격 등에 관한 법리를 오해하여 판결에 영향을 미친 위법이 없다."라고 판단한 대법원 판결[4]을 고려하면 판례의 입장은 근로자에게 증명책임이 있다는 쪽으로 볼 여지가 있다. 법률요건분류설이라는 증명책임의 대원칙에 비추어 해고사실 자체에 대한 증명책임은 근로자에게 있다고 보되, 증명책임의 완화, 사실상 추정 등의 법리를 강구할 필요가 있다고 봄이 타당하다.[5]

---

1) 서울고등법원 2014누58350 판결 및 대법원 2015. 11. 26. 선고 2015두51088 판결, 서울고등법원 2017누84239 판결 및 대법원 2018. 8. 16. 선고 2018두43491 판결 등.
2) 서울고등법원 2012누38147 판결 및 대법원 2014. 1. 16. 선고 2014두21014 판결, 서울고등법원 2012누34756 판결 및 대법원 2014. 2. 28. 선고 2013두23904 판결 등.
3) 서울고등법원 2014. 7. 4. 선고 2013나73804 판결.
4) 대법원 2015. 2. 26. 선고 2014다52575 판결.
5) 임상민, "해고와 기타 근로관계 종료 사유의 구별 및 해고사실의 증명책임", 사법연수원 장기연구과정 노동재판실무연구Ⅱ (2024), 22.

나. 통상해고 및 징계해고의 실체적 정당성과 관련한 문제

(1) 판단기준

통상해고나 징계해고의 정당성을 판단하는 기준은 그 해고사유가 근로기준법 제23조 제1항 소정의 정당한 이유가 존재하는지 여부이고, 이에 관하여 판례는 "… 정당한 이유라 함은 사회통념상 고용계약을 계속시킬 수 없을 정도로 근로자에게 귀책사유가 있는 경우를 말한다."고 하여[1] 근로자의 일신상 사유나 비위행위 등이 형식적으로 취업규칙 등 소정의 해고사유에 해당하는 사정만으로 곧바로 당해 해고가 정당한 것으로 보지 않고, 실질적 정당성, 즉 취업규칙 등 소정의 해고사유에 해당하는 근로자의 비위사실 등이 당해 근로자와의 근로계약관계를 계속시킬 수 없는 정도의 사유에 해당하는지 따져 해고의 효력을 판단한다.[2] 이처럼 해고가 정당하기 위하여는, ① 해고사유가 존재하여야 하고, ② 해고사유에 해당하는 근로자의 행위 또는 사유가 사회통념상 근로계약을 유지할 수 없을 정도이어야 한다.

이에 따라 특히 징계해고에 관한 정당한 사유 판단에 있어서는, 먼저 징계 사유의 해당 여부를 살핀 뒤, 그 인정되는 징계사유를 이유로 한 해고가 징계권을 일탈·남용에 해당하는지 여부(즉 사회통념상 근로계약을 유지할 수 없을 정도인지 여부)를 살피는 방식으로 판단이 이루어지게 된다.

해고사유의 판단과 관련하여, 재심판정이 징계처분의 정당성에 관한 판단을 그르쳤는지를 가리기 위해서는 징계위원회 등에서 징계처분의 근거로 삼은 징계사유에 의하여 징계처분이 정당한지를 살펴보아야 하며, 여러 징계사유를 들어 징계처분을 한 경우에는 중앙노동위원회가 재심판정에서 징계사유로 인정한 것 이외에도 징계위원회 등에서 들었던 징계사유 전부를 심리하여 징계처분이 정당한지를 판단하여야 한다.[3]

---

1) 대법원 1992. 5. 12. 선고 91다27518 판결, 대법원 1993. 11. 9. 선고 93다37915 판결 등.
2) 대법원 1992. 2. 11. 선고 91다5976 판결, 대법원 1995. 4. 25. 선고 94누13053 판결 등.
3) 대법원 2016. 12. 29. 선고 2015두38917 판결. 제1징계사유와 제2징계사유 중 제1징계사유만 징계사유에 해당한다고 인정하면서도 해고 자체는 정당하다고 본 초심 및 재심판정에 대하여, 해고대상자인 근로자가 재심판정의 취소를 구하였던 사안이다. 제2징계사유도 인정되어야 한다고 주장하였던 피고 보조참가인(사용자)의 주장에 대하여 원심은 중앙노동위원회의 처분사유와 기본적 사실관계의 동일성이 인정되지 않는 새로운 처분사유를 추가하여 심리하는 것이 되어 허용되지 않는다고 판단하였으나,

징계처분의 당부를 다투는 행정소송에서 징계사유에 대한 증명책임은 그 처분의 적법성을 주장하는 자, 즉 사용자에게 증명책임이 있다. 다만 민사소송이나 행정소송에서 사실의 증명은 추호의 의혹도 없어야 한다는 자연과학적 증명이 아니고, 특별한 사정이 없는 한 경험칙에 비추어 모든 증거를 종합적으로 검토하여 볼 때 어떤 사실이 있었다는 점을 시인할 수 있는 고도의 개연성을 증명하는 것이고, 그 판정은 통상인이라면 의심을 품지 않을 정도일 것을 필요로 한다.[1]

(2) 통상해고의 정당성 관련

대법원은 통상해고를 명확히 정의하지는 아니하면서도 상당수의 경우 근로자의 일신상 사유가 문제되는 경우를 통상해고의 문제로 보고 있다. 예를 들어 근로자가 업무상 부상으로 팔에 영구적 장애를 입은 경우,[2] 구속 등을 이유로 노무제공이 정상적으로 이행될 수 없는 경우,[3] 근무성적이 불량하여 직무를 수행할 수 없는 경우 등이 대표적이다.

특정사유가 징계해고와 통상해고 사유 모두에 해당하는 경우, 사용자가 통상해고 처분을 택하는 것은 근로기준법 제23조 제1항에 반하지 않는 범위 내에서 사용자의 재량에 해당한다고 할 것이나, 통상해고라는 이유로 징계해고에 따른 소정의 절차를 생략할 수는 없다.[4]

대법원은 사업의 폐지를 위하여 그 청산과정에서 근로자를 해고하는 것은 위장폐업이 아닌 한 기업경영의 자유에 속하는 것으로서 파산관재인이 파산선고로 인하여 파산자 회사가 해산한 후에 사업의 폐지를 위하여 행하는 해고는 정리해고가 아니라 통상해고라고 하여 사용자측 사정에 의한 파산이나 폐업에 따른 해고 또한 통상해고로 보고 있다.[5] 그러나 사업의 일부 폐지·축소의 경우에는 일부 사업의 폐지·축소가 사업 전체의 폐지와 같다고 볼 만한 특별한 사정[6]이 없는 한 정리해고

대법원은 상고기각 판결을 하면서도 '징계사유 전부를 심리하여 징계처분이 정당한지 여부를 판단하여야 한다'는 설시를 하였다.

1) 대법원 2010. 10. 28. 선고 2008다6755 판결, 대법원 2018. 4. 12. 선고 2017두74702 판결, 대법원 2019. 11. 28. 선고 2017두57318 판결 등.
2) 대법원 1996. 12. 6. 선고 95다45934 판결.
3) 대법원 1992. 11. 13. 선고 92누6082 판결.
4) 대법원 1994. 10. 25. 선고 94다25889 판결.
5) 대법원 2003. 4. 25. 선고 2003다7005 판결, 대법원 2011. 3. 24. 선고 2010다92148 판결.
6) 어느 사업 부문이 다른 사업 부문과 인적·물적·장소적으로 분리·독립되어 있는지 여부, 재무 및 회

에 해당하여, 후술하는 정리해고의 요건을 갖추어야 한다.[1]

통상해고와 관련하여 근무성적 또는 능력의 불량 등 이른바 업무저성과자에 해당함을 이유로 한 통상해고의 경우(고의, 과실 등의 귀책사유를 이유로 한 업무저성과의 경우에는 통상적으로 징계해고로 의율되는 경우가 많을 것이므로, 주로 그와 같은 귀책사유 없이 근로자의 능력 자체가 부족한 경우가 주로 문제될 것이다)에도 정당한 이유가 있어야 한다.

대법원은 과거부터 저성과로 인한 해고 자체를 긍정하여 왔으며, 2021. 2. 25. 선고 2018다253680 판결에 이르러 업무저성과자 해고의 정당성 인정을 위한 구체적 요건을 설시하였다. 그에 따르면 사용자가 근로자의 ① 근무성적이나 근무능력이 불량하다고 판단한 근거가 되는 평가가 공정하고 객관적인 기준에 따라 이루어진 것이어야 할 뿐 아니라, ② 근로자의 근무성적이나 근무능력이 다른 근로자에 비하여 상대적으로 낮은 정도를 넘어 상당한 기간 동안 일반적으로 기대되는 최소한에도 미치지 못하고 향후에도 개선될 가능성을 인정하기 어렵다는 등 사회통념상 고용관계를 계속할 수 없을 정도인 경우에 한하여 해고의 정당성이 인정된다. 이때 사회통념상 고용관계를 계속할 수 없을 정도인지는 ㉠ 근로자의 지위와 담당 업무의 내용, 그에 따라 요구되는 성과나 전문성의 정도, ㉡ 근로자의 근무성적이나 근무능력이 부진한 정도와 기간, ㉢ 사용자가 교육과 전환배치 등 근무성적이나 근무능력 개선을 위한 기회를 부여하였는지 여부, 개선의 기회가 부여된 이후 근로자의 근무성적이나 근무능력의 개선 여부, ㉣ 근로자의 태도, 사업장의 여건 등 여러 사정을 종합적으로 고려하여 합리적으로 판단하여야 한다.[2] 이때 근로자의 지위와 담당 업무의 내용에 따라 나머지 요소들에 대한 심사 기준이 달라질 수 있다.

(3) 징계사유의 해당 여부

단체협약·취업규칙·인사규정 등에서 징계사유를 제한적으로 열거한 경우 그 밖의 사유로는 근로자를 징계할 수 없다.[3] 예를 들어 '고의로 중대한 사고를 발생시

계가 분리되어 있는지 여부, 폐지되는 사업 부문이 존속하는 다른 사업 부문과 취급하는 업무의 성질이 전혀 달라 다른 사업 부문으로의 전환배치가 사실상 불가능할 정도로 업무 종사의 호환성이 없는지 여부(대법원 2021. 7. 29. 선고 2016두64876 판결).

1) 대법원 2021. 7. 29. 선고 2016두64876 판결.
2) 대법원 2021. 2. 25. 선고 2018다253680 판결, 대법원 2023. 12. 28. 선고 2021두33470 판결 등.
3) 대법원 1992. 9. 8. 선고 91다27556 판결, 대법원 1994. 12. 27. 선고 93다52525 판결.

켜 손해를 끼친 경우'를 징계사유로 정하고 있다면, 과실에 대하여는 징계할 수 없다.[1] 단체협약에서 징계사유나 해고사유를 규정하면서 "단체협약에 정한 사유 외의 사유로는 징계 또는 해고할 수 없다"고 규정하는 등으로 징계사유를 명시적으로 제한한 경우에는 징계사유나 해고사유를 제한적으로 열거한 것이므로 취업규칙 등에서 새로운 징계사유나 해고사유를 규정하는 것은 무효이며 그에 따른 해고 역시 무효이다.[2] 만일 하나의 단체협약이나 취업규칙 내에서 서로 상충되는 규정이 있는 경우에는 근로자에게 유리한 규정이 적용되어야 한다.[3] 취업규칙과 단체협약이 서로 저촉되는 경우에는, 단체협약이 우선하게 된다.[4] 그러나 징계사유나 해고사유를 명시적으로 제한하지 아니한 경우에는 비록 단체협약이나 취업규칙 등에서 징계사유 등을 나열하고 있다 하더라도 취업규칙 등에서 새로운 징계사유나 해고사유를 규정할 수 있고, 나열하지 아니한 징계사유를 들어 징계할 수도 있다.[5]

근로자의 어떤 비위행위를 징계사유로 삼았는지는 구체적인 자료들을 통하여 징계위원회 등에서 그것을 징계사유로 삼았는지에 따라 결정하는 것이지, 반드시 징계의결서나 징계처분서에 기재한 취업규칙 소정의 징계근거 사유만으로 징계사유가 한정되는 것이 아니다.[6] 또한 문제되는 비위행위와 관련하여 징계권자가 징계처분 통보서에 어떠한 용어를 사용하였다 하더라도, 그 비위행위가 징계사유에 해당하는지는 원칙적으로 해당 사업장의 취업규칙 등 징계규정에서 정하고 있는 징계사유의 의미와 내용을 기준으로 판단하여야 하고, 단지 그 비위행위가 통보서에 쓰인 용어의 개념에 포함되는지 여부만을 기준으로 판단하여서는 아니된다.[7]

징계처분에 있어서 징계사유의 특정은 그 비위사실을 다른 사실과 구별될 정도로 적시함으로 충분하고[8] 형사소송법상 공소사실에 대하여 요구하는 정도로 엄격하

[1) 대법원 1993. 11. 9. 선고 93다37915 판결.
2) 대법원 1994. 6. 14. 선고 93다26151 판결, 대법원 2005. 5. 26. 선고 2005두1152 판결 등 참조.
3) 대법원 1994. 5. 27. 선고 93다57551 판결.
4) 대법원 1994. 6. 14. 선고 93다26151 판결.
5) 대법원 1997. 6. 13. 선고 97다13627 판결, 대법원 1999. 3. 26. 선고 98두4672 판결.
6) 대법원 2009. 4. 9. 선고 2008두22211 판결, 대법원 2020. 6. 25. 선고 2016두56042 판결 등.
7) 대법원 2021. 4. 29. 선고 2020다270770 판결. 징계처분 통보서에 '명예훼손에 해당하는 불법행위'라고 기재하였으나, 민법상 불법행위나 형사상 명예훼손 성립여부를 기준으로 징계사유 인정여부를 판단할 것이 아니라, '상호 인격을 존중하여 직장의 질서를 유지하여야 한다.'는 사규를 기준으로 판단하여야 한다고 본 사례.
8) 대법원 2005. 3. 24. 선고 2004두14380 판결 참조.

게 특정될 필요는 없다.

(4) 징계사유의 추가 · 변경

징계위원회에서 징계사유를 추가하는 것이 가능한지 여부와 관련하여, 취업규칙 등의 징계규정에서, 근로자에게 일정한 징계사유가 있을 때 징계의결 요구권자가 먼저 징계사유를 들어 징계위원회에 징계의결 요구를 하고 그 징계의결 결과에 따라 징계처분을 하되 징계위원회는 징계대상자에게 진술의 기회를 부여하고 이익되는 사실을 증명할 수 있도록 하며 징계의결을 하는 경우에는 징계의 원인이 된 사실 등을 명시한 징계의결서에 의하도록 규정하고 있을 경우, 징계위원회는 어디까지나 징계의결 요구권자에 의하여 징계의결이 요구된 징계사유를 심리대상으로 하여 그에 대하여만 심리 · 판단하여야 하고 징계의결이 요구된 징계사유를 근본적으로 수정하거나 징계의결 이후에 발생한 사정 등 그 밖의 징계사유를 추가하여 징계의결을 할 수는 없다.[1] 다만 징계의결이 요구된 당초의 징계사유와 기본적 사실관계의 동일성이 인정되는 한도 내에서는 징계사유를 추가하거나 변경할 수 있다.[2]

원래의 징계처분에서 징계사유로 삼지 아니한 징계사유를 재심절차에서 추가하는 것은 추가된 징계사유에 대한 재심의 기회를 박탈하는 것으로 특별한 사정이 없는 한 허용되지 않는다.[3]

법원의 판단 과정에서도 해고의 정당성 여부는 당해 해고처분에서 해고사유로 삼은 사유만으로 판단하여야지 그와 전혀 별개의 사유까지 포함하여 판단할 수는 없다. 따라서 당초의 해고사유와 다른 사유를 들거나 또는 이를 추가하여 해고처분이 정당하다고 주장하는 것은 허용할 수 없다.[4] 이는 대기발령,[5] 직위해제,[6] 기타 징계처분[7]도 마찬가지다.

그러나 중앙노동위원회의 명령 또는 결정의 기초가 된 사실이 동일하다면 노동

1) 대법원 2010. 12. 9. 선고 2010두12514 판결, 대법원 2012. 1. 27. 선고 2010다100919 판결.
2) 대법원 2015. 8. 27. 선고 2013다99300 판결.
3) 대법원 1996. 6. 14. 선고 95누6410 판결.
4) 대법원 1992. 6. 9. 선고 91다11537 판결, 대법원 1995. 3. 10. 선고 94누11880 판결.
5) 대법원 2000. 6. 23. 선고 98다54960 판결.
6) 대법원 1993. 11. 23. 선고 92다34933 판결.
7) 대법원 1988. 12. 13. 선고 86다204, 86다카1035 판결, 대법원 1995. 3. 10. 선고 94누11880 판결, 대법원 1992. 6. 9. 선고 91다11537 판결, 대법원 1997. 3. 14. 선고 95누16684 판결.

위원회에서 주장하지 아니한 사유도 행정소송에서 주장할 수 있다.[1]

(5) 징계양정 관련

(가) 비례의 원칙(상당성)

피징계자에게 징계사유가 있어서 징계처분을 하는 경우, 어떠한 처분을 할 것인가는 징계권자의 재량이고, 다만 징계처분이 사회통념상 현저하게 타당성을 잃어 징계권자가 재량권을 남용한 것으로 인정되는 경우에 한하여 징계처분이 위법하다고 할 수 있으며, 이러한 경우에 해당한다고 보려면 구체적인 사례에 따라 징계의 원인이 된 비위사실의 내용과 성질, 징계에 의하여 달성하려고 하는 목적, 징계양정의 기준 등 여러 요소를 종합하여 판단할 때 그 징계 내용이 객관적으로 명백히 부당하다고 인정할 수 있어야 한다.[2]

징계양정 기준과 관련하여 그 기준이 합리성이 없다는 등의 특별한 사정이 없다면 징계처분이 위법하다고 섣불리 단정할 수 없다.[3] 이때 공무원에 대한 징계양정 기준뿐 아니라 이를 차용한 사기업의 징계양정 기준에서도 고의, 과실 등의 개념을 사용하기도 하는데, 그 징계기준으로 규정된 '고의'나 '과실' 등은 반드시 형사법적인 개념으로 이해할 것은 아니고 징계사유의 내용에 따라 적정한 징계 양정을 하기 위하여 일응 귀책사유를 유형화한 것일 뿐이므로, 형사법적으로 고의에 의한 행위라는 이유만으로 그 경위나 비위 정도 등과 관계없이 중징계를 하여야 한다고 할수 없으며,[4] 양정기준은 사회통념상 합리성을 견지하는 관점에서 해석, 적용되어야 한다. 반복적인 비위행위에 대하여 징계양정을 가중하는 규정을 두는 경우 이는 원칙적으로 유효하나, 가중정도, 기간, 대상 징계 등이 사회통념상 현저하게 타당성을 잃으면 그 효력이 부정될 수 있다.[5]

다만 해고는 근로자에게 가장 불이익한 제재이므로, 해고보다 가벼운 제재 조치로 징계의 목적을 달성할 수 있음에도 해고 조치를 하였다면 이는 사용자가 징계

---

1) 대법원 2021. 7. 29. 선고 2016두64876 판결.
2) 대법원 2002. 8. 23. 선고 2000다60890, 60906 판결.
3) 대법원 2014. 11. 27. 선고 2011다41420 판결, 대법원 2019. 12. 24. 선고 2019두48684 판결, 대법원 2023. 3. 30. 선고 2021다226886 판결 등.
4) 대법원 2014. 2. 13. 선고 2013두19714 판결의 취지 참조.
5) 대법원 2014. 2. 13. 선고 2013두19714 판결.

에 관한 재량권을 남용한 경우에 해당하고, 이와 같은 판단은 근로자의 비위행위가 '사회통념상 근로계약을 계속할 수 없을 정도로 근로자에게 책임 있는 사유'에 해당 하는지 여부에 따르게 된다.

사회통념상 당해 근로자와의 고용관계를 계속할 수 없을 정도인지는 당해 사용 자의 사업 목적과 성격, 사업장의 여건, 당해 근로자의 지위 및 담당직무의 내용, 비 위행위의 동기와 경위, 이로 인하여 기업의 위계질서가 문란하게 될 위험성 등 기업 질서에 미칠 영향, 과거의 근무태도 등 여러 가지 사정을 종합 검토하여 판단하여야 한다.[1]

근로자에게 여러 가지 징계혐의사실이 있는 경우에 이에 대한 징계해고처분이 적정한지는 그 사유 하나씩 또는 그중 일부의 사유만 가지고 판단할 것이 아니고, 전체의 사유에 비추어 사회통념상 근로관계를 계속할 수 없을 정도로 근로자에게 책임이 있는지에 따라 판단하여야 한다.[2]

여러 개의 징계사유 중 일부가 인정되지 않더라도 인정되는 다른 일부 징계사 유만으로 해당 징계처분의 타당성을 인정하기에 충분한 경우에는 그 징계처분을 유 지하여도 위법하지 아니하다. 다만 여러 개의 징계사유 중 일부 징계사유만으로 근 로자에 대한 해당 징계처분의 타당성을 인정하기에 충분한지는 해당 기업의 구체적 인 상황에 따라 다를 수 있으므로, 사용자가 징계처분에 이르게 된 경위와 주된 징 계사유, 전체 징계사유 중 인정된 징계사유의 내용과 비중, 징계사유 중 일부가 인 정되지 않은 이유, 해당 징계처분의 종류, 해당 기업이 정하고 있는 징계처분 결정 절차, 해당 기업의 규모·사업 성격 및 징계에 관한 기준과 관행 등에 비추어 인정 된 징계사유만으로 동일한 징계처분을 할 가능성이 있는지를 고려하여 해당 징계처 분을 유지하는 것이 근로자에게 예측하지 못한 불이익이 되지 않도록 신중하게 판 단하여야 한다. 인정되는 징계사유만으로 해당 징계처분의 타당성을 인정하기에 충 분한지에 대한 증명책임 또한 사용자가 부담한다.[3]

1) 대법원 2002. 5. 28. 선고 2001두10455 판결, 대법원 2003. 7. 8. 선고 2001두8018 판결, 대법원 2013. 10. 31. 선고 2013두13198 판결, 대법원 2017. 3. 15. 선고 2013두26750 판결 등.
2) 대법원 1997. 12. 9. 선고 97누9161 판결.
3) 대법원 2019. 11. 28. 선고 2017두57318 판결.

(나) 형평의 원칙

징계대상자로 된 수인의 근로자들 사이에 그 징계의 양정이 있어 직무의 특성, 평소 소행, 근무성적, 개전의 정이 있는지 여부 등에 있어 별다른 차이가 없음에도 징계의 종류 선택과 양정에 있어 차별을 하는 것은 형평에 반하여 정당성이 인정되지 않는다.[1]

이와 관련하여, 동일한 징계사유에 해당하자는 자가 수없이 많아 그 자들을 전부 징계해고 한다면 업무에 지장을 줄 우려가 있다고 판단하여 상대적으로 비위의 정도가 낮은 자를 구제하기 위해 기준을 정하고 이에 따라 징계처분을 하였다면, 그 기준이 전혀 합리성이 없다거나 특정 근로자를 해고하기 위한 방편이라는 등의 특별한 사정이 없는 한 형평의 원칙에 반하지 않는다고 판단한 사례들이 있다.[2]

(다) 판단 대상

피징계자의 평소의 소행, 근무성적, 근무태도, 징계처분 전력 이외에도 당해 징계사유 전후에 저지른 징계사유로 되지 아니한 비위사실도 징계양정 과정에서 참작자료로 삼을 수 있다.[3] 면책합의되거나 징계시효가 지난 비위행위 또한 징계양정에 있어서 참작자료로 삼을 수 있다.[4] 이와 같이 참작할 사정은 징계사유 전 및 징계처분 이전까지에 국한되는 것이 아니고, 경우에 따라 징계해고를 한 후의 사정 또한 참작이 가능하다.[5] 반면 징계양정 역시 징계위원회에서 징계양정의 사유로 삼은 사유에 의하여 판단하여야 하고 징계과정에서 거론되지 않은 새로운 사유를 포함하여 징계처분의 당부를 판단할 수 없다고 판시하여 다소 상반되는 태도를 보이고 있는 대법원 판결도 두 건 존재하나,[6] 위 두 판결 이후에는 그와 같은 취지의 판결이 선

---

1) 대법원 1999. 8. 20. 선고 99두2611 판결, 대법원 2006. 4. 27. 선고 2004두12766 판결 등.
2) 대법원 1997. 9. 12. 선고 97누7165 판결, 대법원 1997. 10. 28. 선고 96누5780 판결, 대법원 1999. 8. 20. 선고 99두2611 판결, 대법원 2007. 2. 22. 선고 2006두10573 판결.
3) 대법원 2004. 6. 25. 선고 2002다51555 판결, 대법원 2014. 3. 27. 선고 2013두24402 판결.
4) 대법원 1994. 9. 30. 선고 94다4042 판결, 대법원 1995. 9. 5. 선고 94다52294 판결, 대법원 1999. 11. 26. 선고 98두10424 판결 등.
5) 대법원 1996. 4. 23. 선고 96다2378 판결, 대법원 2006. 2. 24. 선고 2005두11630 판결.
6) 대법원 2003. 6. 24. 선고 2001다23652 판결, 대법원 2006. 6. 15. 선고 2005두8047 판결. 그러나 위 두 판결이 선례로 인용하고 있는 대법원 1988. 12. 13. 선고 86다204, 86다카1035 판결은 '징계위원회에서 징계사유로 삼지 않은 비위사실을 징계사유에 포함시킨 것은 부당하다'고 판단한 사안이므로, 위 대법원 1988. 12. 13. 선고 86다204, 86다카1035 판결은 주류적 판례의 입장과 동일하다.

고되지 않고 있는 것으로 보여, 앞서 본 바와 같이 징계처분 후의 사정 또한 양정에 고려할 수 있다는 것이 판례의 주류적 입장으로 보인다.

(6) 징계해고에 있어 '정당한 이유' 관련 몇 가지 판례

(가) 학력 또는 경력 사칭을 이유로 한 해고[1]

학력 등의 허위기재를 이유로 징계해고를 함에 있어 사회통념상 고용관계를 계속할 수 없을 정도인지는 사용자가 사전에 그 허위 기재 사실을 알았더라면 근로계약을 체결하지 아니하였거나 적어도 동일 조건으로는 계약을 체결하지 않았으리라는 등 고용 당시의 사정뿐 아니라, 고용 이후 해고에 이르기까지 그 근로자가 종사한 근로의 내용과 기간, 허위기재를 한 학력 등이 종사한 근로의 정상적인 제공에 지장을 초래하는지 여부, 사용자가 학력 등의 허위 기재 사실을 알게 된 경위, 알고 난 이후 당해 근로자의 태도 및 사용자의 조치 내용, 학력 등이 종전에 알고 있던 것과 다르다는 사정이 드러남으로써 노사 간 및 근로자 상호 간 신뢰관계의 유지와 안정적인 기업경영과 질서유지에 미치는 영향 기타 여러 사정을 종합적으로 고려하여 판단할 것이다.

다만 사용자가 이력서에 근로자의 학력 등의 기재를 요구하는 것은 근로능력의 평가 외에 근로자의 진정성과 정직성, 당해 기업의 근로환경에 대한 적응성 등을 판단하기 위한 자료를 확보하고 나아가 노사 간 신뢰관계의 형성과 안정적인 경영환경의 유지 등을 도모하고자 하는 데에도 그 목적이 있는 것으로, 이는 고용계약의 체결뿐 아니라 고용관계의 유지에 있어서도 중요한 고려요소가 된다고 볼 수 있다. 따라서 취업규칙에서 근로자가 고용 당시 제출한 이력서 등에 학력 등을 허위로 기재한 행위를 징계해고사유로 특히 명시하고 있는 경우에는, 이를 이유로 해고하는 것은 고용 당시 및 그 이후의 제반 사정에 비추어 보아 사회통념상 현저히 부당하지 않다면 그 정당성이 인정된다 할 것이다.[2]

---

1) 대법원 1995. 3. 10. 선고 94다14650 판결, 대법원 1995. 8. 22. 선고 95누5943 판결, 대법원 1997. 12. 26. 선고 97누11126 판결.
2) 대법원 2012. 7. 5. 선고 2009두16763 판결, 대법원 2013. 9. 12. 선고 2013두11031 판결.

(나) 무단결근을 이유로 한 해고

무단결근 등 불성실근무 등을 징계해고 사유로 정한 취업규칙 등은 특별한 사정이 없는 한 근로기준법에 위배되어 무효라고 할 수 없다.[1] 다만 어떠한 경우가 무단결근으로 취급될 수 있는지는 이를 징계해고사유로 정하고 있는 취업규칙 등의 규정에 따라 판단하여야 하는바, 규정에서 사전 또는 사후에라도 결근계를 제출하도록 규정하고 있다면 이를 제출하지 아니한 이상 무단결근으로 취급되게 되나,[2] 연차휴가를 사용한 것으로 처리한 경우라면 결근으로 볼 수 없다.[3] 취업규칙 등에 일정기간 이상의 결근일수를 기준으로 하여 징계해고사유로 정하고 있는 경우도 유효하다. 다만 시간적 제한 없이 며칠 이상의 무단결근을 한 모든 경우를 의미하는 것이 아니라, 상당하다고 인정되는 일정한 기간 내에 합계 며칠 이상의 무단결근을 한 경우를 뜻한다고 제한적으로 해석하여야 한다.[4] 이와 관련하여 정당한 이유 없이 1개월 동안 3일 연속 무단결근한 것을 해고 사유로 규정한 단체협약이 유효하다고 본 사례,[5] 5일 이상 무단결근을 징계해고사유로 정한 것이 정당하다고 본 사례[6]가 있다. 근로자가 사용자의 전근, 전보 등 인사이동에 관한 명령에 반발하여 불응하여 출근을 하지 아니한 경우 무단결근에 해당하는지 여부는 사용자의 위 명령이 정당한지 여부에 따라 판단하여야 한다.[7]

(다) 업무상 지시 위반을 이유로 한 해고

사용자의 업무상 지시에 불응하였다는 것이 징계해고의 사유로 되는 경우에도 그 지시가 취업규칙 등이나 법령에 위반되지 않는 정당한 것인지 여부를 가려 그에 따라 징계해고의 당부를 판단하여야 한다. 쟁의행위의 경우에도, 그 정당성이 인정되지 않는다면 '중대한 비행 또는 정당한 명령에 대한 고의적인 불복종'에 해당하여 징계해고사유가 될 수 있다.[8]

---

1) 대법원 1990. 4. 27. 선고 89다카5451 판결, 대법원 1992. 4. 24. 선고 91다17931 판결.
2) 대법원 1990. 4. 27. 선고 89다카5451 판결.
3) 대법원 1992. 4. 10. 선고 92누404 판결.
4) 대법원 1995. 5. 26. 선고 94다46596 판결.
5) 대법원 1991. 3. 27. 선고 90다15631 판결.
6) 대법원 2002. 12. 27. 선고 2002두9063 판결.
7) 대법원 1994. 5. 10. 선고 93다47677 판결.
8) 대법원 1992. 9. 22. 선고 91다4317 판결.

(라) 동료 또는 상사에 대한 폭력 행사

근로자의 폭력 행사를 징계사유로 한 해고 처분은 그 비행의 동기와 경위 등 전후 여러 사정을 종합하여 그 징계해고 처분이 징계권의 남용에 해당하지 않아야 한다. 또한 취업규칙이나 단체협약에서 직장 내 폭력 행사를 징계해고 사유로 정하는 것은 무효라고 볼 수 없다.[1]

(마) 직장 내 성희롱

남녀고용평등법 제2조 제2항에서 규정한 '직장 내 성희롱'의 전제요건인 '성적인 언동 등'이란 남녀 간의 육체적 관계나 남성 또는 여성의 신체적 특징과 관련된 육체적, 언어적, 시각적 행위로서 사회공동체의 건전한 상식과 관행에 비추어 볼 때 객관적으로 상대방과 같은 처지에 있는 일반적이고도 평균적인 사람에게 성적 굴욕감이나 혐오감을 느끼게 할 수 있는 행위를 의미한다. 나아가 위 규정상의 성희롱이 성립하기 위해서는 행위자에게 반드시 성적 동기나 의도가 있어야 하는 것은 아니지만, 당사자의 관계, 행위가 행해진 장소 및 상황, 행위에 대한 상대방의 명시적 또는 추정적인 반응의 내용, 행위의 내용 및 정도, 행위가 일회적 또는 단기간의 것인지 아니면 계속적인 것인지 여부 등의 구체적 사정을 참작하여 볼 때, 객관적으로 상대방과 같은 처지에 있는 일반적이고도 평균적인 사람에게 성적 굴욕감이나 혐오감을 느낄 수 있게 하는 행위가 있고, 그로 인하여 행위의 상대방이 성적 굴욕감이나 혐오감을 느꼈음이 인정되어야 한다. 객관적으로 상대방과 같은 처지에 있는 일반적이고도 평균적인 사람의 입장에서 보아 어떠한 성희롱 행위가 고용환경을 악화시킬 정도로 매우 심하거나 또는 반복적으로 행해지는 경우, 사업주가 사용자책임으로 피해 근로자에 대해 손해배상책임을 지게 될 수도 있을 뿐 아니라 성희롱 행위자가 징계해고되지 않고 같은 직장에서 계속 근무하는 것이 성희롱 피해 근로자들의 고용환경을 감내할 수 없을 정도로 악화시키는 결과를 가져 올 수도 있으므로, 근로관계를 계속할 수 없을 정도로 근로자에게 책임이 있다고 보아 내린 징계해고 처분은 객관적으로 명백히 부당하다고 인정되는 경우가 아닌 한 쉽게 징계권을 남용하였다고 보아서는 안 된다.[2]

---

1) 대법원 1992. 3. 13. 선고 91다39559 판결.
2) 대법원 2008. 7. 10. 선고 2007두22498 판결.

(바) 직장 내 괴롭힘

근로기준법이 2019. 1. 15. 법률 제16270호로 개정됨에 따라 신설된 제76조의2는 "사용자 또는 근로자는 직장에서의 지위 또는 관계 등의 우위를 이용하여 업무상 적정범위를 넘어 다른 근로자에게 신체적·정신적 고통을 주거나 근무환경을 악화시키는 행위(이하 "직장 내 괴롭힘"이라 한다)를 하여서는 아니 된다."고 하여 직장 내 괴롭힘 금지를 명문으로 규정하면서 그 요건을 정하고 있다. 다만 사용자가 직장 내 괴롭힘 행위로 보아 징계를 하였으나 위와 같은 요건에 정확히 해당하지 않는 경우에도 징계사유 자체에는 해당할 수 있는 경우가 있다(예를 들어, 직장 내 관계에 있어 우위에 있지는 않으나, 집단 따돌림 등을 통하여 다른 근로자에게 신체적·정신적 고통을 주거나 근무환경을 악화시키는 경우 등).

(사) 직장동료 사이의 대화 녹음

"대기발령 후 해고를 당하기까지 십여 개월 동안 많게는 하루 녹음테이프 3개 이상의 분량으로 동료직원이나 상사와의 대화내용을 몰래 녹음해 왔고, 이러한 행위는 사생활의 비밀과 자유를 침해하고 직원 상호간에 불신을 야기하여 직장 내 화합을 해치는 것으로서 징계해고사유에 해당한다."고 본 사례가 있으나,[1] 방어권 행사 차원에서 이루어진 녹음행위의 경우에는 징계사유로 인정하지 않은 사례들도 많으므로 구체적 사안에 따라 녹음행위를 비위행위로 인정할 수 있는지 판단하여야 한다.

(아) 회사에 대한 범죄행위와 중대 사고로 인한 손해 야기

회사에 대하여 횡령, 배임, 절도, 손괴 등 범죄행위를 하거나 과실로 인하여 중대한 사고를 발생시킨 경우, 이는 근로계약상 근로자의 성실 의무를 중대하게 위반한 것이어서 징계해고를 하는데 정당성이 인정되는 경우가 많다.[2] 다만 주주나 경영진에 대한 불이익을 초래한 것만으로는 회사 자체에 불이익을 주거나 해를 끼치는 행위라고 볼 수 없어 해사행위에 해당하지 않는다고 본 사례가 있다.[3] 중대한

---

1) 대법원 2011. 3. 24. 선고 2010다21962 판결.
2) 대법원 1992. 4. 14. 선고 91다4775 판결, 대법원 1992. 8. 18. 선고 92다19910 판결, 대법원 1997. 4. 8. 선고 96다33556 판결 등.
3) 대법원 2009. 9. 10. 선고 1008다21983 판결.

과실로 인한 인명 피해나 물적 손해가 상당한 경우에는 해고가 가능하다고 본 사례
들이 있다.[1]

(자) 노동조합 활동, 기타 사업장 내 업무 외 활동 금지 위반

근로자의 집회, 연설, 유인물 게시, 배포 등이 헌법과 노동조합법에서 보장하는
노동조합 활동에 해당한다면 이를 이유로 한 징계해고는 부당하다. 근로자의 행위가
노동활동으로서 정당하다고 인정받기 위하여는, ① 주체의 측면에서 행위의 성질상
노동조합의 업무를 위한 활동으로 볼 수 있거나 노동조합의 묵시적 수권 혹은 승인
을 받았다고 볼 수 있어야 하고, ② 목적의 측면에서 근로조건의 유지·개선과 근로
자의 경제적 지위의 향상을 도모하기 위하여 필요하고 근로자들의 단결 강화에 도
움이 되는 행위이어야 하며, ③ 시기의 측면에서 취업규칙이나 단체협약에 별도의
허용규정이 있거나 관행이나 사용자의 승낙이 있는 경우 외에는 원칙적으로 근무시
간 외에 행하여져야 하고, ④ 수단·방법의 측면에서 사업장 내 조합활동에서는 사
용자의 시설관리권에 바탕을 둔 합리적인 규율이나 제약에 따라야 하며 폭력과 파
괴행위 등의 방법에 의하지 않는 것이어야 한다.[2] 징계해고 후 복직 전까지의 기간
중 위법한 쟁의행위에 가담한 경우, 그와 같은 쟁의행위 참가는 후에 해고가 무효로
되어 근로자의 신분을 회복하였을 때 징계사유가 될 수 있다.[3]

(차) 업무 외의 부분에서의 비행 내지 형사처벌 등을 이유로 한 해고

사생활에서의 비행사실 등은 사업주의 사업활동에 직접 관련이 있거나 기업의
사회적 평가를 훼손할 염려가 있는 경우에 한하여 정당한 징계사유가 될 수 있다.
특히 해고사유로 인정하기 위하여는 그 비위행위가 기업의 사회적 평가에 미친 악
영향이 상당히 중대하다고 객관적으로 평가될 수 있어야 한다.[4] 도시개발공사의 부
동산 관련 업무 담당 직원이 부동산매매업을 영위하였다고 볼 수 있을 정도로 부동
산 투기를 계속한 행위,[5] 고속버스 운전기사들이 취침 시간을 어기고 새벽까지 술
을 마시며 도박을 한 행위[6]를 해고사유로 인정한 사례들이 있다.

---

1) 대법원 1997. 4. 8. 선고 96다33556 판결, 대법원 1997. 4. 25. 선고 96누9508 판결 등.
2) 대법원 2020. 7. 29. 선고 2017도2478 판결, 대법원 2020. 3. 26. 선고 2018두49574 판결 등.
3) 대법원 1994. 9. 30. 선고 93다26496 판결.
4) 대법원 2001. 12. 14. 선고 2000두3689 판결.
5) 대법원 1994. 12. 13. 선고 93누23275 판결.
6) 대법원 1983. 11. 22. 선고 83다카1243 판결.

취업규칙 등에서 근로자가 형사상 범죄로 유죄판결을 받았다는 것을 징계해고 사유 또는 당연퇴직사유 등으로 정하고 있는 경우도 있는데, 이는 취업규칙 등의 해석상 미확정의 유죄판결도 징계해고사유로 삼고 있음이 분명한 경우가 아닌 한 확정판결만을 의미한다 할 것이고,[1] 징계처분 당시 유죄판결이 확정되지 아니한 이상 징계처분 후에 확정된다고 하여 징계처분의 하자가 치유되는 것은 아니다.[2]

한편, 실형의 판결이 선고되는 경우 기본적 의무인 근로제공의무를 이행할 수 없는 상태가 장기화되어 근로계약의 목적이 달성될 수 없으므로, 이를 당연퇴직사유로 정하는 것이 헌법상 무죄추정의 원칙에 어긋나는 것은 아니다.[3]

(7) 전보, 전근 등 인사명령 관련

(가) 관련 법령에 의한 제한

노동조합 가입 등을 이유로 한 전보는 부당노동행위[4]에 해당하므로 허용되지 아니한다. 그 외 성별, 국적, 신앙, 연령, 혼인, 임신, 출산, 가족 내 지위, 사회적 신분, 장애를 이유로 한 차별적 처우,[5] 임신 중이거나 산후 1년 이하의 여성·18세 미만자 등을 유해·위험한 사업에 종사하게 하는 경우[6] 등이 법령에 의하여 제한된다.

(나) 인사이동의 정당한 이유

근로자에 대한 전직이나 전보처분은 근로자가 제공하여야 할 근로의 종류, 내용, 장소 등에 변경을 가져온다는 점에서 근로자에게 불이익한 처분이 될 수 있으나 원칙적으로 인사권자인 사용자의 권한에 속하므로 업무상 필요한 범위 내에서는 상당한 재량이 인정된다. 다만 사용자가 근로자에게 정당한 이유 없이 전보 등 인사명령을 하는 경우 근로기준법 제23조 제1항을 근거로 하여 사법심사를 할 수 있다는

---

1) 대법원 1994. 6. 24. 선고 93다28584 판결, 대법원 1997. 7. 25. 선고 97다7066 판결.
2) 대법원 1997. 5. 23. 선고 97다9239 판결.
3) 대법원 1993. 5. 25. 선고 92누12452 판결, 대법원 1999. 9. 3. 선고 98두18848 판결.
4) 노동조합법 제81조 제1항.
5) 근로기준법 제6조, 외국인근로자의 고용 등에 관한 법률 제22조, 고용상 연령차별금지 및 고령자고용 촉진에 관한 법률 제4조의1 제1항 제4호, 남녀고용평등과 일·가정 양립 지원에 관한 법률 제10조, 제2조 제1호, 장애인고용촉진 및 직업재활법 제5조 제2항, 장애인차별 및 권리구제 등에 관한 법률 제4조 제1항, 제6조, 제10조 제1항.
6) 근로기준법 제65조, 제72조.

것이 확립된 견해이다. 만일 근로계약상 한정된 근로 내용·장소의 변경을 가져오는 인사명령의 경우에는 근로자의 동의가 없는 이상 원칙적으로 무효이다.

근로계약상 근로 내용·장소의 변경에 해당하지 않는 경우 전보 등 인사명령이 정당한 이유가 있는지는 해당 전보 등 인사명령의 업무상의 필요성과 인사명령에 따른 근로자의 생활상의 불이익을 비교·교량하고, 근로자측과의 협의 등 그 전직처분 등의 과정에서 신의칙상 요구되는 절차를 거쳤는지 여부를 종합적으로 고려하여 판단하여야 한다.

이때 '업무상 필요'란 인원 배치를 변경할 필요성이 있고, 그 변경에 어떠한 근로자를 포함시키는 것이 적절할 것인가 하는 인원선택의 합리성을 의미하는데, 여기에는 업무능률의 증진, 직장질서의 유지나 회복, 근로자 간의 인화 등의 사정도 포함된다.[1]

업무상 필요에 의한 전직처분 등에 따른 생활상의 불이익이 근로자가 통상 감수하여야 할 정도를 현저하게 벗어나지 않으면 전직처분 등의 정당한 이유가 인정되는데, 이러한 생활상 불이익은 해당 근로자가 받게 되는 일체의 불이익을 의미한다. 이와 관련하여 판례는 통근 소요시간,[2] 노동 강도, 임금 차이[3] 등과 같은 근로조건상의 불이익은 물론 주거생활의 수준, 가족, 사회생활 등 근로조건 외의 불이익도 함께 고려하면서,[4] 통근차량이나 숙소 제공, 특별수당의 지급 등 불이익을 완화하기 위한 조치의 존부까지도 고려하여 근로자의 생활상 불이익을 판단하고 있다.[5]

근로자측과 성실한 협의절차를 거쳤는지는 정당한 이유의 유무를 판단하는 하나의 요소라고 할 수 있으나, 그러한 절차를 거치지 아니하였다는 사정만으로 전직처분 등이 무효가 된다고 볼 수 없다.[6]

(다) 징계와의 구분

대기발령 등과 같이 근로자에게 불이익한 처분이라도 취업규칙이나 인사관리규

---

1) 대법원 2013. 2. 28. 선고 2010다52041 판결.
2) 대법원 1995. 5. 9. 선고 93다51263 판결.
3) 대법원 1991. 5. 28. 선고 90다8046 판결.
4) 대법원 1997. 12. 12. 선고 97다36316 판결.
5) 대법원 1997. 7. 22. 선고 97다18165, 18172 판결.
6) 대법원 2009. 4. 23. 선고 2007두20157 판결, 대법원 2018. 10. 25. 선고 2016두44162 판결, 대법원 2023. 7. 13. 선고 2020다253744 판결.

정 등에 징계처분의 하나로 규정되어 있지 않다면, 이는 원칙적으로 인사권자인 사용자의 고유권한에 속하는 인사명령의 범주에 속하는 것이라고 보아야 하고, 인사명령에 대하여는 업무상 필요한 범위 안에서 사용자에게 상당한 재량을 인정하여야 한다.[1] 이는 과거의 근로자의 비위행위에 대하여 기업질서 유지를 목적으로 행하여지는 징벌적 제재로서의 징계와는 그 성질이 다르므로, 그와 같은 경우에는 취업규칙 등에서 정한 징계절차에 따라 인사명령이 이루어질 필요가 있다고 할 수는 없다. 그러나 인사발령의 근거가 된 사유가 징계사유에도 해당한다면, 취업규칙에서 정한 징계절차를 거쳐야 한다. 이와 관련하여 취업규칙에서 '전직'을 징계의 종류로 정하고 있는 경우에는, 전직에 해당하는 인사발령을 할 업무상 필요성이 존재하고, 위 인사발령으로 인한 참가인의 생활상 불이익이 관리자급 근로자로서 감내하여야 할 범주를 초과하지 않더라도, 취업규칙에서 정한 징계절차를 거치지 않은 채 이루어진 인사발령은 절차적 하자가 있어 위법하다고 본 사례가 있다.[2]

(라) 대기발령 및 직위해제의 경우

'대기발령'과 '직위해제'(보직해임)의 경우 잠정적 조치로 징계와는 법적 성질이 구별되나, 이로 인하여 근로자는 근로제공을 할 수 없게 되고, 급여, 호봉, 승진 등에서 불이익한 처우를 받을 수 있으며, 일정 기간 경과 후에도 보직이 부여되지 않으면 직권면직, 당연퇴직 등으로 근로관계가 종료될 수도 있으므로, 근로자에게 불이익한 처분으로 사법심사의 대상이 된다.

명문의 규정이나 사유가 없더라도 대기발령 자체는 가능하고,[3] 그러한 경우 대기발령의 사유를 명시하지 않았다는 사정만으로 정당성이 상실되는 것은 아니다.[4] 그러나 취업규칙·단체협약 등에 대기발령 사유 등 실체적 요건이 규정되어 있는 경우에는 그러한 사유가 인정되어야 하고,[5] 당해 처분에서 대기발령 사유로 삼은 사유에 한정하여 그 정당한 이유가 있는지를 판단하여야 하며 전혀 별개의 사유까지 포함하여 판단할 수 없다.[6] 대기발령이 정당한 인사권의 범위 내에 속하는지 여부

---

1) 대법원 2018. 12. 27. 선고 2016두51443 판결.
2) 대법원 2021. 12. 10. 선고 2020두44213 판결.
3) 대법원 2013. 10. 11. 선고 2012다12870 판결.
4) 대법원 2002. 12. 26. 선고 2000두8011 판결.
5) 대법원 2006. 3. 9. 선고 2005두14226 판결.
6) 대법원 1995. 3. 10. 선고 94누11880 판결, 대법원 2000. 6. 23. 선고 98다54960 판결.

는, 전직 등 인사이동과 동일하게 대기발령의 업무상의 필요성과 그에 따른 근로자의 생활상의 불이익과의 비교·교량, 근로자와의 협의 등 대기발령을 하는 과정에서 신의칙상 요구되는 절차를 거쳤는지의 여부 등에 의하여 결정되어야 한다.[1]

(마) 인사명령 불응을 이유로 한 징계

전보 등 인사이동에 관한 명령이 정당한 명령에 해당함에도 근로자가 이에 반발하여 출근을 하지 않을 경우 무단결근에 해당하여 징계사유에 해당할 수 있다. 즉 정당한 인사명령에 따르지 않고 부임 등을 거부하는 것은 잘못이고,[2] 사용자는 이를 무단결근으로 보고 그 근로자를 해고할 수 있으나,[3] 부당한 인사명령을 거부하고 새로운 근무지 출근을 거부하는 것은 징계나 해고사유가 될 수 없다.[4]

(바) 노동위원회 구제명령에 따른 원직 복직 관련

한편, 해고무효확인판결이나 노동위원회의 구제명령 등에 따라 해고된 근로자를 복직시키며 일시적인 대기발령을 하는 경우 그 대기발령이 아무런 보직을 부여하지 않는 인사명령으로서 원직복직에 해당하지 않는다는 이유만으로 위법하다고 볼 것은 아니고, 그 대기발령이 이미 이루어진 인사질서, 사용주의 경영상 필요, 작업환경의 변화 등을 고려하여 근로자에게 원직복직에 해당하는 합당한 업무를 부여하기 위한 임시적인 조치로서 필요성과 상당성이 인정되는 경우에는 근로자의 생활상의 불이익과 비교·교량하고 근로자측과의 협의 등 신의칙상 요구되는 절차를 거쳤는지 여부 등을 종합적으로 고려하여 대기발령의 정당성을 인정할 수 있다.[5]

다. 통상해고 및 징계해고의 절차적 정당성과 관련한 문제

(1) 근로기준법에 따른 절차(근로기준법 제26조, 27조)

(가) 해고예고제도

사용자는 해고를 위하여 원칙적으로 30일 전에 해고를 예고하거나 그 예고에

---

1) 대법원 2002. 12. 26. 선고 2000두8011 판결.
2) 대법원 1991. 9. 24. 선고 90다12366 판결, 대법원 1994. 5. 10. 선고 93다47677 판결.
3) 대법원 1995. 8. 11. 선고 95다10778 판결.
4) 대법원 1997. 12. 12. 선고 97다36316 판결.
5) 대법원 2023. 7. 13. 선고 2020다253744 판결, 대법원 2024. 1. 4. 선고 2021다169 판결.

갈음하여 30일분 이상의 통상임금을 해고예고수당으로 지급하여야 한다(근로기준법 제26조). 다만 해고예고의 절차를 취하지 아니하고 근로자를 해고하였다고 하더라도 해고사유에 정당한 이유가 있는 이상, 해고예고수당을 지급하여야 함은 별론으로 하고 그와 같은 사정만으로 해고가 무효가 되는 것은 아니다.[1]

(나) 해고의 서면통지 및 징계사유의 특정 정도

사용자는 근로자를 해고하려면 해고사유와 해고시기를 서면으로 통지하여야 하며, 그와 같이 서면으로 통지하여야 해고의 효력이 있으므로(근로기준법 제27조 제1항, 제2항), 이를 위반한 해고는 무효이다.

이와 같은 서면통지 의무는 징계해고, 통상해고, 정리해고를 구분하지 아니하고 요구된다. 다만 기간제 근로계약의 경우 그 계약기간이 만료되면 근로관계가 당연히 종료하는 것이고, 근로기준법 제27조의 내용과 취지에 비추어 볼 때 기간제 근로계약이 종료된 후 갱신 거절의 통보를 하는 경우에까지 근로기준법 제27조를 준수하도록 예정하였다고 보기 어려우므로, 갱신 거절의 통보를 하는 경우에는 근로기준법 제27조가 적용되지 않는다.[2]

근로기준법이 서면통지 의무를 정한 것은 사용자에게 근로자를 해고하는 데 신중을 기하게 함과 아울러, 해고의 존부 및 시기와 사유를 명확하게 하여 사후에 이를 둘러싼 분쟁이 적정하고 용이하게 해결될 수 있도록 하고, 근로자에게도 해고에 적절히 대응할 수 있게 하기 위한 취지이므로, 사용자가 해고사유 등을 서면으로 통지할 때에는 근로자의 처지에서 해고사유가 무엇인지를 구체적으로 알 수 있어야 한다.[3]

특히 징계해고의 경우에는 해고의 실질적 사유가 되는 구체적 사실 또는 비위내용을 기재하여야 하며 징계대상자가 위반한 단체협약이나 취업규칙의 조문만 나열하는 것으로는 충분하다고 볼 수 없으나,[4] 다만 징계사유를 축약해 기재하는 등 상세하게 기재하지 않았다고 하더라도 해고 대상자가 이미 해고사유가 무엇인지 구체적으로 알고 있고 그에 대해 충분히 대응할 수 있었던 상황이라면 서면통지의무 위반이라고 할 수 없다. 징계해고의 경우 근로기준법 제27조에 따라 서면으로 통지

1) 대법원 1993. 9. 24. 선고 93누4199 판결, 대법원 1998. 11. 27. 선고 97누14132 판결 등.
2) 대법원 2021. 10. 28. 선고 2021두45114 판결.
3) 대법원 2015. 11. 27. 선고 2015두48136 판결.
4) 대법원 2011. 10. 27. 선고 2011다42324 판결.

된 해고사유가 축약되거나 다소 불분명하더라도 징계절차의 소명 과정이나 해고의 정당성을 다투는 국면을 통해 구체화하여 확정되는 것이 일반적이라고 할 것이므로 해고사유의 서면 통지 과정에서까지 그와 같은 수준의 특정을 요구할 것은 아니다.[1] 성비위행위의 경우 각 행위가 이루어진 상황에 따라 그 행위의 의미 및 피해자가 느끼는 수치심 등이 달라질 수 있으므로, 원칙적으로는 해고 대상자의 방어권을 보장하기 위해서 각 행위의 일시, 장소, 상대방, 행위 유형 및 구체적 상황이 다른 행위들과 구별될 수 있을 정도로는 특정되어야 하나, 불특정 다수를 상대로 하여 복수의 행위가 존재하고 해고 대상자가 그와 같은 행위 자체가 있었다는 점을 인정하는 경우에도 해고사유의 서면 통지 과정에서 개개의 행위를 모두 구체적으로 특정하여야 하는 것은 아니다.[2] 특히 성희롱 피해자의 경우 2차 피해 등의 우려가 있어 실명 등 구체적 인적사항 공개에 더욱 신중을 기할 필요가 있다는 점에서, 징계 혐의사실이 서로 구별될 수 있을 정도로 특정되어 있고 징계대상자가 징계사유의 구체적인 내용과 피해자를 충분히 알 수 있다고 인정되는 경우에는, 징계대상자에게 피해자의 '실명' 등 구체적인 인적사항이 공개되지 않는다고 하더라도, 그와 같은 사정만으로 징계대상자의 방어권 행사에 실질적인 지장이 초래된다고 볼 수 없다.[3]

징계처분서에 기재된 내용과 관계 법령 및 당해 징계에 이르기까지의 전체적인 과정 등을 종합적으로 고려하여, 해고 대상자가 이미 해고사유가 무엇인지 구체적으로 알고 있고 그에 대해 충분히 대응할 수 있는 상황이었다면 해고통지서에 해고사유를 상세하게 기재하지 않았더라도 위 조항을 위반한 것이라고 볼 수 없다. 그러나 근로기준법 제27조의 규정 내용과 취지를 고려할 때, 해고 대상자가 해고사유가 무엇인지 알고 있고 그에 대해 대응할 수 있는 상황이었다고 하더라도, 사용자가 해고를 서면으로 통지하면서 해고사유를 '전혀' 기재하지 않았다면 이는 근로기준법 제27조를 위반한 해고통지에 해당한다.[4]

(다) 서면통지의무의 '서면' 해당 여부

'서면'이란 일정한 내용을 적은 문서를 의미하고 이메일 등 전자문서와는 구별

---

1) 대법원 2011. 10. 27. 선고 2011다42324 판결, 대법원 2014. 12. 24. 선고 2012다81609 판결.
2) 대법원 2022. 1. 14. 선고 2021두50642 판결.
3) 대법원 2022. 7. 14. 선고 2022두33323 판결.
4) 대법원 2021. 2. 25. 선고 2017다226605 판결.

되지만, ① 전자문서 및 전자거래 기본법(이하 '전자문서법'이라고 한다) 제3조는 '이 법은 다른 법률에 특별한 규정이 있는 경우를 제외하고 모든 전자문서 및 전자거래에 적용한다.'고 규정하고 있고, 같은 법 제4조 제1항은 '전자문서는 다른 법률에 특별한 규정이 있는 경우를 제외하고는 전자적 형태로 되어 있다는 이유로 문서로서의 효력이 부인되지 아니한다.'고 규정하고 있는 점, ② 출력이 즉시 가능한 상태의 전자문서는 사실상 종이 형태의 서면과 다를 바 없고 저장과 보관에 있어서 지속성이나 정확성이 더 보장될 수도 있는 점, ③ 이메일(e-mail)의 형식과 작성 경위 등에 비추어 사용자의 해고 의사를 명확하게 확인할 수 있고, 이메일에 해고사유와 해고시기에 관한 내용이 구체적으로 기재되어 있으며, 해고에 적절히 대응하는 데에 아무런 지장이 없는 등 서면에 의한 해고통지의 역할과 기능을 충분히 수행하고 있다면, 단지 이메일 등 전자문서에 의한 통지라는 이유만으로 서면에 의한 통지가 아니라고 볼 것은 아닌 점 등을 고려하면, 근로자가 이메일을 수신하는 등으로 그 내용을 알고 있는 이상, 이메일에 의한 해고통지도 앞서 본 해고사유 등을 서면 통지하도록 규정한 근로기준법 제27조의 입법취지를 해치지 아니하는 범위 내에서 구체적 사안에 따라 서면에 의한 해고통지로서 유효하다고 볼 수 있다(다만, 위 판례 사안은 전자문서인 이메일을 지면과 동일하게 보았던 사안은 아니며, '대표이사 인감이 날인된 징계결과통보서를 복사한 파일'을 이메일을 통하여 송부한 후 그 수신 여부를 전화를 통하여 확인하였던 사안이다).[1]

　　문자메시지나 카카오톡 등을 이용한 해고통지의 경우는 원칙적으로 서명·날인이 존재하지 아니하여 작성자의 진정한 의사를 확인하기 어렵고, 발신번호 조작 등으로 해고 의사표시를 한 자의 특정이 어렵다는 등의 이유로 이를 서면통지로 볼 수 없다는 하급심 판결들이 다수 존재하여 왔고, 이에 관하여 명시적으로 판단한 대법원 판례는 아직 찾아보기 어렵다.

　　다만 사업주가 해고통지서를 서면으로 작성하였음에도 근로자가 주소를 알려주지 아니하여 직접 교부나 우편으로 전달하기 곤란하여 부득이하게 그 해고통지서를 촬영한 후 휴대전화 문자메시지를 이용하여 영상을 전송하는 방법으로 해고통지를 한 경우에 적법하다는 취지로 판단한 사례가 있는데, 특히 위 사안의 경우에는 사전에 정당한 이유 없이 휴대전화 번호를 차단하여 해고통지서를 촬영한 영상을 실제

---

1) 대법원 2015. 9. 10. 선고 2015두41401 판결.

로 근로자가 전송받지 못하였다고 하더라도 서면에 의한 해고 통지가 도달하였다고 인정하였다.[1] 또한 카카오톡 메신저로 인사발령문 결재문서 파일을 전송한 것을 서면에 의한 해고통지로서 유효하다고 본 하급심 판결이 심리불속행 판결로 확정된 사례가 존재한다.[2]

(2) 별도의 절차규정을 두지 아니한 경우

통상해고의 경우에는 취업규칙 등에서 별도의 절차규정을 두지 않은 경우가 많고, 그러한 경우 별도의 절차를 거칠 필요가 없다.

징계해고의 경우, 단체협약·취업규칙 등에서 징계대상자의 소명·변명에 관한 규정을 두고 있지 않은 이상 이러한 변명의 기회를 부여하였는지는 징계의 효력에 영향이 없다.[3] 또한 징계혐의 사실을 통지하여야 한다는 규정이 없는 경우에는 반드시 그 사실을 통지하여 줄 의무가 있는 것도 아니다.[4] 따라서 사용자가 근로자를 징계하면서 그같은 절차를 거치지 않았어도 징계처분이 무효라고 할 수 없다.

(3) 징계규정이 바뀐 경우 적용할 규정

취업규칙 위반행위 시와 징계처분 시에 취업규칙의 내용이 서로 다른 경우, 달리 특별한 사정이 없는 한 해고 등의 의사표시는 의사표시 당시 시행 중인 취업규칙 소정의 절차에 따라 행하면 족하지만, 징계권(징계사유)의 유무에 관한 결정은 징계가 근로자에게 있어서 불이익한 처분인만큼 문제된 행위 당시에 시행 중이던 취업규칙에 따라 행하여야 한다.[5] 즉 절차규정은 신 취업규칙에, 실체규정(징계사유의 존부)은 구 취업규칙에 따라야 한다. 한편 개정 취업규칙이 경과규정 없이 징계시효를 연장하는 규정을 두고 있는 경우, 원칙적으로 개정 취업규칙의 징계시효가 적용되고, 개정 전 취업규칙의 존속에 대한 근로자의 신뢰가 개정 취업규칙의 적용에 관한 공익상의 요구보다 더 보호가치가 있다고 인정되는 예외적인 경우에 한하여 신

---

1) 대법원 2021. 7. 29. 선고 2020두58274 판결.
2) 대법원 2021. 9. 30. 자 2021두42658 판결의 원심판결인 대전고등법원 2021. 6. 10. 선고 2020누 11853 판결 등.
3) 대법원 1992. 4. 14. 선고 91다4775 판결. 실질적으로는 징계사유에 해당하는 당연퇴직 사유에 관하여 는 대법원 1998. 4. 24. 선고 97다58750 판결.
4) 대법원 1992. 9. 25. 선고 92다18542 판결, 대법원 2020. 6. 25. 선고 2016두56042 판결.
5) 대법원 1994. 12. 13. 선고 94다27960 판결, 대법원 2005. 11. 25. 선고 2003두8210 판결.

의칙상 적용이 제한될 수 있다.[1]

(4) 통상적으로 문제되는 절차규정과 그 위반의 효력

(가) 징계사유 사전 통지 및 소명 기회 부여

징계사실의 통보시기에 관하여 취업규칙 등에 그에 관한 명문의 규정이 있는 경우에는 그에 따라야 한다. 징계사유의 사전 통보와 진술기회 부여와 관련하여, 그 통보의 시기와 방법에 관하여 특별히 규정한 바가 없다고 하여도 변명과 소명자료를 준비할 상당한 기간을 두어야 하며, 이러한 변명과 소명자료를 준비할 만한 시간적 여유를 주지 않고 촉박하게 이루어진 통보는 실질적으로 기회를 박탈하는 것이나 다를 바 없어 위법하다.[2]

단체협약이나 취업규칙에 진술의 기회를 부여하는 규정이 있는 경우에도 그 대상자에게 기회를 제공하면 되는 것이고 소명 자체가 반드시 있어야 하는 것은 아니다.[3] 소명기회 부여에도 불구하고 근로자가 특별한 이유 없이 징계위원회에 출석하지 아니하거나 소명서 등을 제출하지 아니한 경우에는 통보만으로 징계절차를 진행할 수 있다.[4] 그리고 징계위원회에서 징계대상자에게 징계혐의 사실을 고지하고 그에 대하여 진술할 기회를 부여하면 충분하고, 혐의사실 개개의 사항에 대하여 구체적으로 발문하여 징계대상자가 이에 대하여 빠짐없이 진술하도록 조치하여야 하는 것은 아니다.[5]

(나) 징계위원회 미개최

취업규칙 등에서 근로자를 징계하고자 할 때에는 징계위원회의 의결을 거치도록 명하고 있는 경우, 이러한 절차를 거치지 아니하고 한 징계처분은 원칙적으로 효력을 인정할 수 없다.[6]

1) 대법원 2014. 6. 12. 선고 2014두4931 판결.
2) 대법원 2004. 6. 25. 선고 2003두15317 판결.
3) 대법원 2014. 11. 27. 선고 2011다41420 판결.
4) 대법원 1995. 5. 23. 선고 94다24763 판결, 대법원 2003. 10. 24. 선고 2003다24475, 24482 판결.
5) 대법원 1995. 7. 14. 선고 94누11491 판결, 대법원 2020. 6. 25. 선고 2016두56042 판결.
6) 대법원 1996. 2. 9. 선고 95누12613 판결, 대법원 2011. 1. 13. 선고 2010다42044 판결.

(다) 징계위원회 구성의 하자

단체협약이나 취업규칙 또는 이에 근거를 둔 징계규정에서 징계위원회의 구성에 관하여 정하고 있는 경우 이와 다르게 징계위원회를 구성한 다음 그 결의를 거쳐 징계처분을 하였다면, 그 징계처분은 징계사유가 인정되는지 여부와 관계없이 원칙적으로 절차상 중대한 하자가 있어 무효이다.[1] 특히 징계위원회의 구성과 관련하여, 무자격위원을 제외하여도 의결정족수가 충족된다고 하여 그 징계해고가 유효한 것은 아니다.[2] 다만, 취업규칙, 징계규정 등에서 징계위원회 위원에서 배제하고 있는 '징계사유와 관계가 있는 자'는 당해 징계혐의 사유와 관련이 있는 모든 자를 가리키는 것이 아니라 구체적인 징계사유에 해당하는 행위의 직접적인 피해자를 의미한다고 해석하여야 하므로, 징계대상자의 비위행위에 대한 감독소홀을 이유로 하여 별도의 징계를 받은 상급자들이 '징계사유와 관계가 있는 자'로서 징계위원회에서 배제된다고 할 수 없다.[3]

단체협약이나 취업규칙에서 징계위원회에 근로자 또는 노동조합측을 대표하는 위원을 포함하도록 정하고 있음에도 이를 위반하여 징계위원회를 구성하였다거나 근로자를 대표하는 위원을 사용자가 임의로 선정하였다면 징계절차는 무효이나,[4] 그와 같은 규정이 없다면 징계위원회의 구성에 있어서 반드시 근로자 또는 노동조합측 견해를 대변할 사람을 징계위원으로 포함시켜야 하는 것은 아니다.[5]

또한 근로자측에 징계위원 선정권 등을 행사할 기회를 부여하였는데도 근로자측이 스스로 징계위원 선정을 포기 또는 거부한 것이라면 근로자측 징계위원이 참석하지 않은 징계위원회의 의결을 거친 징계처분이라고 하더라도 이를 무효로 볼 수는 없다.[6]

(라) 징계위원회 개최시한 미준수

단체협약에서 징계위원회 개최시한을 규정하면서, 이를 위반하여 개최된 징계

---

1) 대법원 1995. 5. 23. 선고 94다24763 판결, 대법원 2009. 3. 12. 선고 2008두2088 판결, 대법원 2020. 11. 26. 선고 2017두70793 판결.
2) 대법원 1996. 6. 28. 선고 94다53716 판결, 대법원 1999. 4. 27. 선고 98다42547 판결.
3) 대법원 1995. 4. 28. 선고 94다59882 판결, 대법원 2016. 11. 24. 선고 2015두54759 판결.
4) 대법원 2006. 11. 23. 선고 2006다48069 판결.
5) 대법원 1993. 11. 9. 선고 93다35384 판결.
6) 대법원 1999. 3. 26. 선고 98두4672 판결, 대법원 2011. 7. 28. 선고 2008두11693 판결.

위원회의 징계를 무효로 한다는 취지의 규정을 두고 있는 경우, 징계대상자 및 징계사유의 조사 및 확정에 상당한 기간이 소요되어 위 규정을 준수하기 어렵다는 등의 부득이한 사정이 없는 한, 위 규정을 위반하여 개최된 징계위원회에서 한 징계 결의는 무효이다. 한편 징계위원회 개최시한의 기산점은 원칙적으로 징계사유가 발생한 때이다.[1]

　　그러나 징계를 하는 것이 불가능한 사정이 있는 경우에는 그러한 사정이 없어진 때부터 위 기간이 기산된다. 만일 근로자에게 징계사유가 있더라도 그 사유가 나중에 밝혀지기 전까지 징계를 할 수 없었던 부득이한 사정이 있다면, 사용자가 징계절차를 개시해도 충분할 정도로 징계사유에 대한 증명이 있다는 것을 알게 된 때부터 징계위원회의 개최시한이 기산된다고 보아야 하고,[2] 쟁의기간 중에 쟁의 과정에서 발생한 징계사유를 들어 징계를 함에 있어서 앞서 본 '쟁의기간 중의 징계금지'와 같이 징계가 불가능한 사유가 있는 경우에는 쟁의행위가 종료된 때로부터 징계위원회 개최시한이 기산된다고 할 것이다.[3]

(마) 재심절차 관련

　　징계처분에 대한 재심절차는 징계처분에 대한 구제 내지 확정절차로서 원래의 징계절차와 함께 전부가 하나의 징계처분절차를 이루는 것으로서 그 절차의 정당성도 징계 과정 전부를 놓고 판단하여야 하고, 원래의 징계처분이 그 요건을 모두 갖추었어도 재심절차를 전혀 이행하지 않거나 재심절차에 중대한 하자가 있어 재심의 효력을 인정할 수 없는 경우에는 그 징계처분은 무효가 된다.[4] 따라서 징계처분에 대한 이의신청이 있은 후 6~7개월이 지나고 징계처분 취소소송이 제기된 후 이의절차를 개시한 경우,[5] 징계처분에 대한 재심청구를 이유 없이 반려한 채 징계결정을 유지하고 재심기간이 훨씬 지난 후 그 징계결정이 재심절차를 거치지 않아 무효라는 판결이 선고되자 비로소 인사위원회를 개최하여 재심청구를 기각하는 결정을 한 경우,[6]

---

1) 대법원 2013. 2. 15. 선고 2010두20362 판결.
2) 대법원 2017. 3. 15. 선고 2013두26750 판결.
3) 대법원 2013. 2. 15. 선고 2010두20362 판결.
4) 대법원 1998. 12. 8. 선고 98다31172 판결, 대법원 2010. 5. 27. 선고 2010두1743 판결, 대법원 2020. 11. 26. 선고 2017두70793 판결 등.
5) 대법원 1994. 1. 14. 선고 93다968 판결.
6) 대법원 1997. 9. 30. 선고 97다10956, 10963 판결.

그 재심절차는 원징계결정에 대한 구제절차로서의 적법한 재심이 될 수 없다.

그러나 근로자가 원징계처분 직후에 재심청구와 더불어 노동위원회에 구제신청을 하고 당시 재심청구 사건이 적체되는 등으로 인하여 재심처리기간이 지난 다음에 재심결정을 한 경우에는 그 절차위반이 징계처분을 무효로 할 정도의 절차상 하자라고 보기는 어렵다 할 것이다.[1]

한편 재심을 신청하였다 하더라도 일단 내려진 징계해고는 그 즉시 효력을 발생하므로, 부당해고등 구제신청 기간은 재심신청에 대한 기각결정 등 재심절차가 종료된 날부터 기산하는 것이 아니라 해고 등 사용자의 불이익처분이 있은 날(다만 계속하는 행위인 경우에는 그 종료일)로부터 기산된다.[2]

(바) 단체협약상 해고동의, 협의조항 관련

인사와 관련하여 노동조합의 관여 정도에 따라 협의 또는 동의를 하도록 정하고 있는 경우가 있다.

단체협약에 노조간부 등의 인사에 관하여 노동조합과 사전협의하도록 정한 경우, 이는 조합원에 대한 사용자의 자의적인 인사권이나 징계권 행사로 노동조합의 정상적인 활동을 방해하는 것을 막으려는 취지에서 사용자로 하여금 조합원에 대한 인사나 징계의 내용을 노동조합에 미리 통지하도록 함으로써 노동조합에 인사나 징계의 공정을 기하는 데 필요한 의견을 제시할 기회를 주고 이러한 의견을 참고자료로 고려하게 하는 정도에 지나지 않는 것으로 봄이 상당하므로, 노동조합의 임원 등에 대한 징계해고가 사전협의를 거치지 않았더라도 효력에는 영향이 없다.[3]

만일 단체협약에 노조간부 등의 인사에 관하여 단순한 사전협의를 넘어서서 노조의 동의, 합의 또는 승인을 받아야 한다고 규정한 경우 이러한 절차를 거치지 않았다면 그 징계는 원칙적으로 무효이다.[4] 다만, 단체협약상 명문으로 '합의'를 요한다고 규정하고 있는 경우에도 그것을 노동조합에게 의견 제시 기회를 주기 위한 사전협의 정도로 해석한 선례가 존재하기도 한다.[5]

---

1) 서울행정법원 2006. 9. 8. 선고 2006구합1982 판결(항소기각으로 확정), 서울행정법원 2007. 5. 25. 선고 2006구합10184 판결(상고취하로 확정).
2) 대법원 1996. 8. 23. 선고 95누11238 판결.
3) 대법원 1992. 9. 22. 선고 92다13400 판결, 대법원 1996. 4. 23. 선고 95다53102 판결, 대법원 2011. 7. 28. 선고 2008두11693 판결.
4) 대법원 1994. 9. 13. 선고 93다50017 판결, 대법원 2007. 9. 6. 선고 2005두8788 판결.
5) 대법원 1994. 3. 22. 선고 93다 28553 판결. 한편 징계절차 외에 쟁의행위와 관련하여 단체협약 '사전

제 1 편
노 동

노동조합의 동의 과정에서 노동조합 자체의 의견 수렴 절차를 거치지 아니하였다 하더라도 이는 노동조합 내부적 절차에 불과하여 징계 효력에는 영향이 없고,[1) 노동조합 스스로 동의거부권 등의 행사를 포기하였거나 동의거부권이 신의칙에 반하여 남용되었다는 특별한 사정이 있으면 이러한 절차를 거치지 않았어도 징계가 무효는 아니다.[2) 이와 관련하여 비위사실이 징계사유에 해당함이 객관적으로 명백하며 회사가 노동조합측과 사전 합의를 위하여 성실하고 진지한 노력을 다하였음에도 불구하고 노동조합측이 합리적 근거나 이유제시도 없이 무작정 징계에 반대함으로써 사전 합의에 이르지 못하였다고 인정되는 경우에는 합의 없이 한 해고가 유효하다고 본 사례가 있다.[3)

(사) 징계시효

취업규칙 등에 징계사유가 존재하더라도 그 발생일로부터 일정한 기간이 경과하면 징계를 할 수 없다는 취지의 이른바 징계시효 관련 규정을 두고 있는 경우가 많다. 징계시효 규정에 위반하여 이루어진 징계는 무효이나, 이러한 징계시효가 징계권의 내재적 법리로서 당연히 인정되는 것은 아니므로, 명문의 규정이 없는 경우에는 원칙적으로 징계시효가 문제되지는 않는다.

이러한 징계시효 규정은 근로자를 징계할 수 있었음에도 그 행사 여부를 확정하지 아니함으로써 근로자로 하여금 상당 기간 불안정한 지위에 있게 하는 것을 방지하고 아울러 사용자가 비교적 장기간에 걸쳐 징계권 행사를 게을리하여 근로자로서도 이제는 사용자가 징계권을 행사하지 않으리라는 기대를 갖게 된 상태에서 사용자가 새삼스럽게 징계권을 행사하는 것은 신의칙에도 반하는 것이 되므로 위 기간의 경과를 이유로 사용자의 징계권 행사에 제한을 가하려는 취지이다.[4)

징계시효의 기산점은 원칙적으로 징계사유가 발생한 때이며, 사용자가 징계사유를 알았거나 알 수 있었을 때가 아니고,[5) 비위행위 자체에 대한 징계시효가 만료

합의'의 문언을 '사전협의'의 취지로 해석한 사례로 대법원 2003. 7. 22. 선고 2002도7225 판결, 대법원 2003. 12. 11. 선고 2001도3429 판결 참조.
1) 대법원 1993. 7. 13. 선고 92다42774 판결.
2) 대법원 1995. 1. 24. 선고 94다24596 판결, 대법원 1995. 3. 28. 선고 94다46763 판결.
3) 대법원 2003. 6. 10. 선고 2001두3136 판결, 대법원 2007. 9. 6. 선고 2005두8788 판결.
4) 대법원 2008. 7. 10. 선고 2008두2484 판결.
5) 대법원 2008. 7. 10. 선고 2008두2484 판결, 대법원 2014. 10. 30. 선고 2012두25552 판결 등.

된 경우 그에 대하여 나중에 수사나 언론보도 등이 이루어진다고 하여 새로 징계사
유가 발생하였다거나 징계시효의 기산점이 된다고 할 수 없다.1) 비위행위가 계속하
여 행하여진 일련의 행위라면, 징계시효의 기산점은 일련의 행위 중 최종의 것을 기
준으로 하여야 한다.2)

징계시효 내에 징계처분이 모두 이루어질 것까지 요구하는 것은 아니며, 징계
요구가 시효 내에 이루어지면 시효를 준수하게 된다.3) 징계시효기간 내에 이루어진
1차 징계처분이 징계재량의 남용이라는 이유로 무효라는 판결이 확정되자, 동일한
징계사유를 들어 재차 징계를 한 경우에는 1차 징계처분 당시의 징계요구를 기준으
로 하여 징계시효가 도과한 것은 아니라고 본 사례가 있다.4)

(아) 기타

단체협약에서 정한 해고에 관한 절차위반이 그 해고를 무효로 하는지는 그 규
정의 취지에 따라 결정할 것5)이므로 사용자가 단체협약의 징계절차 규정을 위반함
으로써 형사처벌을 받았다거나 혹은 단순히 표현된 단체협약의 문언에 위반된다고
하여 언제나 해고가 무효인 것은 아니고,6) 사용자와 노동조합 사이에 근로자에 대
한 징계절차를 취업규칙에 정해진 징계절차보다 근로자에게 유리한 방식으로 운영
하기로 합의가 이루어져 상당한 기간 그에 따라 징계절차가 운영되어 왔고, 이에 대
하여 근로자들도 아무런 이의를 제기하지 아니하였다면, 징계절차의 운영이 취업규
칙에 따르지 않았다 하여 징계해고의 효력을 부인할 수는 없다.7)

징계와 관련된 절차가 외형상 취업규칙에서 예정하고 있는 것과 다르다고 하더
라도 근로자에게 어떠한 불이익이 있었다거나, 방어권을 행사하는 데 지장이 발생하
였다고 볼 수 없다면, 그 절차위반이 해고를 무효로 할 정도의 중대한 절차상 하자

---

1) 대법원 2008. 7. 10. 선고 2008두2484 판결, 대법원 2019. 10. 18. 선고 2019두40338 판결.
2) 대법원 1986. 1. 21. 선고 85누841 판결.
3) 대법원 2014. 1. 23. 선고 2013두19721 판결.
4) 대법원 1981. 5. 26. 선고 80다2945 판결.
5) 대법원 1992. 9. 25. 선고 92다18542 판결, 대법원 1993. 4. 23. 선고 92다34940 판결, 대법원 1993.
   7. 13. 선고 92다50263 판결 등.
6) 대법원 1994. 3. 22. 선고 93다28553 판결(조합원의 해고 문제는 노동조합과 합의하여야 한다는 단체
   협약 소정의 "합의"라는 용어는 단체협약의 전체적인 체계 및 내용 등에 비추어 인사나 징계의 공정을
   기하기 위하여 노동조합에게 필요한 의견을 제시할 기회를 주고, 제시된 노동조합의 의견을 참고로
   하게 하는 취지라고 한 사례).
7) 대법원 2001. 4. 10. 선고 2000두7605 판결.

라고 보기는 어렵다 할 것이다.[1]

단체협약이 효력을 잃었어도 임금, 퇴직금이나 노동시간, 그 밖에 개별적인 노동조건에 관한 부분은 그 단체협약의 적용을 받고 있던 근로자의 근로계약 내용이 되어 그것을 변경하는 새로운 단체협약, 취업규칙이 체결·작성되거나 또는 개별적인 근로자의 동의를 얻지 아니하는 한 개별 근로자의 근로계약 내용으로서 여전히 남아있어 사용자와 근로자를 규율하게 되는데, 단체협약 중 해고사유 및 해고의 절차에 관한 부분에 대하여도 이와 같은 법리가 그대로 적용된다.[2]

(5) 징계절차의 하자의 치유

단체협약이나 취업규칙 등에 정한 징계절차 규정에 위반한 하자가 있는 경우에도, 사후적으로 하자를 보완·치유하였다고 볼 사정이 있다면 종전의 하자는 치유되었다고 보아 징계절차가 위법하다고 볼 수 없다.

징계대상자에게 징계사실의 사전통지를 전혀 하지 않았거나, 변명과 소명 자료를 준비할 시간적 여유를 주지 않고 징계사실을 통보하는 등 징계위원회 개최 통지와 관련한 하자가 존재하는 경우라고 하더라도, 징계대상자 스스로 징계위원회 또는 재심위원회에 출석하여 통지절차나 소명기회 제공에 대한 이의를 제기함이 없이 충분히 변명하거나 소명자료를 제출한 때에는 위와 같은 절차상 하자는 치유된다.[3] 그러나 설사 징계대상자가 징계위원회에 출석하여 진술은 했더라도 변명과 소명자료를 준비할 시간적 여유가 존재하지 않았고, 징계대상자도 이에 불복하는 경우라면 그 하자가 치유된다고 볼 수 없다.[4]

징계처분에 대한 재심절차는 원래의 징계절차와 함께 전부가 하나의 징계처분절차를 이루는 것으로서 그 절차의 정당성도 징계과정 전부에 관하여 판단되어야 할 것이므로, 원래의 징계과정에 절차위반의 하자가 있더라도 재심 과정에서 보완되었다면 그 절차위반의 하자는 치유된다.[5]

징계위원회의 구성에 하자가 있거나 징계위원회 개최시한이 도과된 이후에 개

---

1) 대법원 2022. 10. 14. 선고 2022두41362 판결.
2) 대법원 2007. 12. 27. 선고 2007다51758 판결.
3) 대법원 1991. 2. 8. 선고 90다15884 판결, 대법원 2016. 11. 24. 선고 2015두54759 판결 등.
4) 대법원 1991. 7. 9. 선고 90다8077 판결(징계위원회 개최 30분 전 통보가 된 사건).
5) 대법원 1999. 3. 26. 선고 98두4672 판결, 대법원 2005. 11. 25. 선고 2003두8210 판결, 대법원 2009. 2. 12. 선고 2008다70336 판결.

최된 징계위원회의 결의에 의한 징계처분은 그 자체로서 무효라고 할 것이고, 징계대상자가 그 징계위원회에 참석하여 징계사유에 관하여 진술하였다고 하여 이러한 절차상의 중대한 하자가 치유된다고 할 수 없다.[1] 다만 원징계절차에 있어 징계위원회의 구성상 하자가 있는 경우 하자 있는 징계위원을 배제한 채 재심위원회에서 적법한 심의·의결을 거쳤다면 원징계절차의 하자가 재심 과정에서 치유될 수 있지만, 재심위원회를 개최하지도 않은 채 재심청구를 각하한 경우까지 그 하자가 재심 과정에서 보완되어 치유되었다고 볼 수 없다.[2]

(6) 통상해고절차와 징계해고절차의 관계

특정사유가 단체협약이나 취업규칙 등에서 징계해고사유와 통상해고사유에 모두 해당하는 경우뿐 아니라 징계해고사유에는 해당하나 통상해고사유에는 해당하지 않는 경우에도, 그 사유를 이유로 징계해고처분의 규정상 근거나 형식을 취하지 아니하고 근로자에게 더 유리한 통상해고처분을 택하는 것은, 근로기준법 제23조 제1항에 반하지 않는 범위에서 사용자의 재량에 속하는 적법한 것이지만, 근로자에게 변명의 기회를 주지 않더라도 해고가 당연한 것으로 볼 정도라는 등의 특별한 사유가 없는 한, 징계해고사유가 통상해고사유에도 해당하여 통상해고의 방법을 취하더라도 징계해고에 필요한 소정의 절차는 부가적으로 요구된다.[3]

반면 단체협약이나 취업규칙 등에 일정한 징계사유(이하 '전자의 사유'라 한다)를 이유로 해고처분 등을 할 때에는 일정한 절차를 꼭 거치도록 규정하는 한편, 그와 달리 일정한 사유(이하 '후자의 사유'라 한다)에 대하여는 아무런 절차 없이 해고처분 등을 할 수 있도록 규정하고 있다면, 후자의 사유가 동일하게 전자의 징계사유로 규정되어 있다는 등의 특별한 사정이 없는 한 사용자가 후자의 사유를 이유로 하여 해고처분 등을 할 때에는 전자의 징계사유를 이유로 하여 해고처분 등을 하는 경우와는 달리 어떠한 징계절차도 거치지 않고 할 수 있고, 후자의 사유가 실질적으로 징계사유로 보이는 경우에도 달리 볼 것은 아니다.[4] 이러한 경우는 흔히 취업규칙에 징계사유와는 별도로 '금고 이상의 형이 확정되었을 때'를 통상해고사유의 하나

---

1) 대법원 2013. 2. 15. 선고 2010두20362 판결.
2) 대법원 1997. 11. 11. 선고 96다23627 판결.
3) 대법원 1994. 10. 25. 선고 94다25889 판결.
4) 대법원 2000. 6. 23. 선고 99두4235 판결.

로 규정한 때에 문제가 된다.[1]

판례의 취지를 종합하면, (i) 징계해고사유, 통상해고사유 양자에 모두 해당하는 비위행위인 경우 이를 이유로 한 징계해고나 통상해고 모두 가능하지만 양자 모두 징계절차를 거쳐야 하고, (ii) 징계해고사유에는 해당하지 않고 통상해고사유에만 해당하는 비위행위(사실상 징계사유)인 경우 징계절차를 거칠 필요는 없지만 정당한 이유가 있어야 한다는 것이다.

라. 2차 징계 처분 관련 문제

근로자에 대한 징계처분은 자체 재심 절차에 의하여 취소될 수 있으므로, 사용자가 징계절차의 하자나, 징계사유의 인정, 징계양정의 부당 등에 잘못이 있음을 스스로 인정한 때에는 노동위원회의 구제명령이나 법원의 무효확인판결을 기다릴 것 없이 스스로 징계처분을 취소할 수 있고, 나아가 새로이 적법한 징계처분을 하는 것도 가능하다.

징계해고처분이 취소되면 해고무효확인판결이 확정된 것과 마찬가지로 소급하여 해고되지 아니한 것으로 보게 되므로, 그 후 새로이 같은 사유 또는 새로운 사유를 추가하여 다시 징계처분을 한다고 하여 일사부재리의 원칙이나 신의칙에 위배된다고 볼 수는 없다.[2] 제1차 해고의 효력이 다투어지고 있는 상태에서 그 제1차 해고를 취소함이 없이 절차를 보완하고 해고사유를 추가하여 행하여진 제2차 해고를, 그것이 단지 제1차 해고가 효력이 없을 것에 대비하여 행하여진 해고라는 것만으로 당연히 무효인 해고라고 할 수는 없다.[3]

1차 징계해고 처분이 무효라는 취지의 판결이 확정되더라도, 그 후 새로이 징계절차를 밟고 해고가 아닌 다른 처분을 행하는 2차 징계처분을 하는 것은 가능하다.[4] 또한 1차 징계해고 처분이 절차상 위법하다는 이유로 취소 또는 무효로 확인되는 경우 같은 징계사유를 들어 새로이 필요한 제반 징계절차를 밟아 다시 징계처분을 한다고 하여 일사부재리의 원칙이나 신의칙에 위배된다고 볼 수 없을 뿐더러,

---

[1] 대법원 2008. 9. 25. 선고 2006두18423 판결.
[2] 대법원 1994. 9. 30. 선고 93다26496 판결.
[3] 대법원 1996. 4. 23. 선고 95다53102 판결.
[4] 대법원 1997. 5. 28. 선고 95다45903 판결, 대법원 1998. 3. 24. 선고 97누13450 판결.

법원의 판결을 잠탈하는 것이라고 할 수도 없다.[1]

마. 시용, 수습, 기간제 근로계약의 경우

(1) 시용계약 및 수습계약

시용이란 근로계약을 체결하기 전에 해당 근로자의 직업적 능력, 자질, 인품, 성실성 등 업무적격성을 관찰·판단하고 평가하기 위해 일정 기간 시험적으로 고용하는 것을 의미하는데,[2] 시용기간 중에 있는 근로자의 경우에도 사용자의 해약권이 유보되어 있다는 사정만 다를 뿐 그 기간 중에 확정적 근로관계는 존재한다.[3] 또한 업무적격성 평가와 해약권 유보라는 시용의 목적에 따라 시용기간 중 제공된 근로 내용이 정규 근로자의 근로 내용과 차이가 있는 경우에도 종속적 관계에서 사용자를 위해 근로가 제공된 이상 시용 근로계약은 성립한다고 보아야 한다. 제공된 근로 내용이 업무 수행에 필요한 교육·훈련의 성격을 겸하고 있는 경우에도 마찬가지이다. 시용기간 중의 임금 등 근로조건은 경제적으로 우월한 지위에 있는 사용자가 자신의 의사대로 정할 여지가 있으므로 종속적 관계에서 사용자를 위해 근로가 제공된 이상, 시용기간 중의 임금 등을 정하지 않았다는 사정만으로 시용 근로계약의 성립을 쉽게 부정해서는 안 되고, 단순히 근로계약 체결 과정 중에 있다고 볼 수도 없다.[4]

시용계약은 시용기간 동안 해약권이 유보되어 있다는 측면에서 정식으로 본채용을 확정한 이후 신규 근로자의 업무능력이나 조직적응능력을 향상시키고자 부여하는 '수습기간'과 구분된다. 다만 실제 사례들에서는 수습기간과 시용기간의 개념을 혼용하는 경우가 잦으므로, 구체적 사건에 있어서는 그 계약의 실질에 따라 시용계약인지 또는 수습계약인지 여부가 판단되어야 한다.

시용기간 중에 있는 근로자를 해고하거나 시용기간 만료 시 본계약의 체결을 거부하는 것은 사용자에게 유보된 해약권의 행사로서, 해당 근로자의 업무능력, 자질, 인품, 성실성 등 업무적격성을 관찰·판단하려는 시용제도의 취지·목적에 비추어 볼 때 보통의 해고보다는 넓게 인정되나, 이 경우에도 객관적으로 합리적인 이유

1) 대법원 1994. 9. 30. 선고 93다26496 판결, 대법원 1995. 12. 5. 선고 95다36138 판결.
2) 대법원 2022. 2. 17. 선고 2021다218083 판결.
3) 대법원 2004. 7. 8. 선고 2004도2045 판결.
4) 대법원 2022. 4. 14. 선고 2019두55859 판결.

가 존재하여 사회통념상 타당하다고 인정되어야 한다.[1]

시용근로관계에서 사용자가 본 근로계약 체결을 거부하는 경우에도 해고의 서면통지와 마찬가지로 해당 근로자로 하여금 그 거부사유를 파악하여 대처할 수 있도록 구체적·실질적인 거부사유를 서면으로 통지하여야 한다.[2]

수습기간 중인 근로자로서 3개월 미만인 자에 대하여는 해고예고규정이 적용되지 아니한다(근로기준법 제35조).

(2) 기간제 근로계약

(가) 기간제법

기간을 정하여 근로계약을 체결한 근로자의 경우 그 기간이 만료됨으로써 근로자로서의 신분관계는 당연히 종료되고, 근로계약을 갱신하지 못하면 갱신 거절의 의사표시가 없어도 당연 퇴직되는 것이 원칙이나, 기간제법 시행 이후에는 같은 법 제4조 제1항 단서[3]가 정한 예외에 해당하는 경우가 아니라면, 2년을 초과하여 근로자를 사용하는 경우에는 기간의 정함이 없는 근로자로 간주되므로, 이 경우 사용자가 근로계약기간 만료를 이유로 고용을 종료하면 해고에 해당하고, 따라서 근로기준법 제23조에 따라 정당한 이유가 존재하여야 한다. 계속 근로한 총 기간은 수습기간,[4] 갱신기간 등이 모두 합산된다. 사용자의 부당한 갱신거절로 인하여 근로자가 실제 근로를 제공하지 못한 기간 또한 위 기간에 포함된다.[5] 다만 기간제 근로계약의 대

---

1) 대법원 2023. 11. 16. 선고 2019두59349 판결.
2) 대법원 2015. 11. 27. 선고 2015두48136 판결.
3) 제4조(기간제근로자의 사용) ① 사용자는 2년을 초과하지 아니하는 범위 안에서(기간제 근로계약의 반복갱신 등의 경우에는 그 계속근로한 총기간이 2년을 초과하지 아니하는 범위 안에서) 기간제근로자를 사용할 수 있다. 다만, 다음 각 호의 어느 하나에 해당하는 경우에는 2년을 초과하여 기간제근로자로 사용할 수 있다.
  1. 사업의 완료 또는 특정한 업무의 완성에 필요한 기간을 정한 경우
  2. 휴직·파견 등으로 결원이 발생하여 해당 근로자가 복귀할 때까지 그 업무를 대신할 필요가 있는 경우
  3. 근로자가 학업, 직업훈련 등을 이수함에 따라 그 이수에 필요한 기간을 정한 경우
  4. 「고령자고용촉진법」 제2조제1호의 고령자와 근로계약을 체결하는 경우
  5. 전문적 지식·기술의 활용이 필요한 경우와 정부의 복지정책·실업대책 등에 따라 일자리를 제공하는 경우로서 대통령령으로 정하는 경우
  6. 그 밖에 제1호부터 제5호까지에 준하는 합리적인 사유가 있는 경우로서 대통령령으로 정하는 경우
4) 대법원 2019. 11. 14. 선고 2015두52531 판결.
5) 대법원 2018. 6. 19. 선고 2013다85523 판결(기간제 근로자가 갱신거절로 인한 부당해고를 다투던 중 2년이 경과하였는데 갱신기대권이 소멸되었다고 볼 사정이 없다면 기간의 정함이 없는 근로자로 전환

상이 되는 업무의 성격, 기간제 근로계약의 반복 또는 갱신과 관련한 당사자들의 의
사, 반복 또는 갱신된 기간제 근로계약을 전후한 기간제근로자의 업무 내용·장소와
근로조건의 유사성, 기간제 근로계약의 종료와 반복 또는 갱신 과정에서 이루어진
절차나 그 경위 등을 종합적으로 고려할 때 당사자 사이에 기존 기간제 근로계약의
단순한 반복 또는 갱신이 아닌 새로운 근로관계가 형성되었다고 평가할 수 있는 특
별한 사정이 있는 경우에는 기간제근로자의 계속된 근로에도 불구하고 그 시점에 근
로관계가 단절되었다고 보아야 하고, 그 결과 기간제법 제4조에서 말하는 '계속 근로
한 총기간'을 산정할 때 그 시점을 전후한 기간제 근로계약기간을 합산할 수는 없
다.[1]

(나) 갱신기대권

기간제 근로계약 기간이 만료되는 경우에도 ① 근로계약, 취업규칙, 단체협약
등에서 기간이 만료되더라도 일정한 요건이 충족되면 당해 근로계약이 갱신된다는
취지의 규정을 두고 있거나, ② 그러한 규정이 없더라도 근로계약의 내용과 근로계
약이 이루어지게 된 동기 및 경위, 계약 갱신의 기준 등 갱신에 관한 요건이나 절차
의 설정 여부 및 그 실태, 근로자가 수행하는 업무의 내용 등 당해 근로관계를 둘러
싼 여러 사정을 종합하여 볼 때 근로계약 당사자 사이에 일정한 요건이 충족되면
근로계약이 갱신된다는 신뢰관계가 형성되어 있어 근로자에게 근로계약이 갱신될
수 있으리라는 정당한 기대권(=갱신기대권)이 인정되는 경우에는, 사용자가 이를 위
반하여 부당하게 근로계약의 갱신을 거절하는 것은 부당해고와 마찬가지로 아무런
효력이 없게 되고, 이 경우 기간만료 후의 근로관계는 종전의 근로계약이 갱신된 것
과 동일하게 되며[2] 이러한 법리는 기간제법 시행 이후에도 동일하게 적용되는 것은
앞서 본 바와 같다.[3]

그리고 기간제법의 입법 취지가 기간제근로자 및 단시간근로자에 대한 불합리
한 차별을 시정하고 근로조건 보호를 강화하기 위한 것임을 고려하면, 기간제법 제4
조 제1항 단서의 예외 사유에 해당한다는 이유만으로 갱신기대권에 관한 위 법리의

되었다고 본 사례).
1) 대법원 2020. 8. 20. 선고 2017두52153 판결, 대법원 2020. 8. 27. 선고 2017두61874 판결.
2) 대법원 2017. 2. 3. 선고 2016두50563 판결.
3) 대법원 2016. 7. 29. 선고 2013다47125 판결, 대법원 2017. 2. 3. 선고 2016두50563 판결 등.

적용이 배제된다고 볼 수는 없다.[1]

근로자에게 이미 형성된 갱신에 대한 정당한 기대권이 있는데도 사용자가 이를 배제하고 근로계약의 갱신을 거절하는 것이 유효한 것으로 인정되려면, 그 거절에 합리적 이유가 필요하고, 합리적 이유는 ① 사용자의 사업 목적과 성격, ② 사업장 여건, ③ 근로자의 지위와 담당 직무의 내용, ④ 근로계약 체결 경위, ⑤ 근로계약의 갱신 요건이나 절차의 설정 여부와 운용 실태, ⑥ 근로자에게 책임 있는 사유가 있는지 등 근로관계를 둘러싼 여러 사정을 종합하여 갱신 거부의 사유와 절차가 사회통념에 비추어 볼 때 객관적이고 합리적이며 공정한지를 기준으로 판단하여야 하고, 그러한 사정에 관한 증명책임은 사용자가 부담한다.[2]

판례상 갱신 거절의 합리성이 부정된 사례로는, 계약기간을 1년으로 하여 장애인콜택시 운행업무를 수행하던 운전자 등에 대한 위탁기간 만료 후 계약 갱신을 거절한 경우,[3] 농업협동조합이 계약기간을 1년으로 정하여 계약직 직원과 시간제 업무보조원으로 고용한 뒤 매년 재계약을 체결하는 방법으로 6년간 근로관계를 유지해 오다가, 계속 근로기간이 내부규정에서 한도로 정한 5년을 초과하였고 근무성적 평점이 재계약 기준이 되는 70점 미만이라는 이유로 재계약을 체결하지 않은 경우,[4] 계약기간을 2년으로 정하여 근로계약을 체결하고 한차례 계약을 갱신하여 노인종합복지관의 물리치료사로 근무해 오던 근로자와 재계약을 하지 않은 채 근로자에게 공개채용에 응시하도록 하고 근로자가 응시하지 않자 재계약 체결을 거절한 경우,[5] 시립교향악단에서 사용자가 갱신에 대한 정당한 기대권을 보유한 기간제근로자들에 대하여 사전 동의 절차를 거치거나 가점 부여 등의 구체적인 기준도 마련하지 않은 채 재계약 절차가 아닌 신규채용절차를 통하여 선발되어야만 계약 갱신을 해주겠다고 주장한 경우 등이 있다. 반대로 판례상 갱신거절의 합리성이 인정된 사례로 3년 동안의 실적평가가 최하위인 근로자에 대하여 회사가 마련한 기준이 정한 재계약 제외대상자(하위 5%) 규정을 적용한 경우,[6] 은행과 계약기간을 2년으로 정하여 근로계

---

1) 대법원 2017. 2. 3. 선고 2016두50563 판결, 이 사건 사안의 경우에는 제4호의 '고령자고용촉진법 제2조 제1호의 고령자와 근로계약을 체결하는 경우'에 해당하였다.
2) 대법원 2017. 10. 12. 선고 2015두44493 판결, 대법원 2019. 10. 31. 선고 2019두45647 판결.
3) 대법원 2011. 4. 14. 선고 2007두1729 판결.
4) 대법원 2011. 7. 28. 선고 2009두2665 판결.
5) 대법원 2012. 6. 14. 선고 2010두8225 판결.
6) 대법원 2011. 7. 28. 선고 2009두5374 판결.

약을 체결한 후 2회에 걸쳐 계약기간을 1년으로 정하여 근로계약을 갱신하였다가 더 이상의 계약기간 갱신 없이 최종 계약기간이 만료된 경우[1] 등이 있다.

다만, 기간제 근로계약의 종료에 따른 사용자의 갱신 거절은 근로자의 의사와 관계없이 사용자가 일방적으로 근로관계를 종료시키는 해고와는 구별되는 것이고, 근로관계의 지속에 대한 근로자의 신뢰나 기대 역시 동일하다고 평가할 수는 없다.[2] 이러한 판례의 취지를 고려하면 갱신거절의 '합리성'이 일반적 해고를 위한 '정당한 이유'보다 다소 완화된 기준으로 작용하여 근로계약의 종료를 좀 더 쉽게 인정하는 것으로 볼 수 있다.

(다) 그 외 기간제 근로자의 기대권

① 무기계약직(정규직) 전환 기대권

기간제법 제5조, 제8조 제1항, 제9조 제1항의 내용 및 입법 취지에 기간제근로자의 기대권에 관한 법리를 더하여 살펴보면, 근로계약, 취업규칙, 단체협약 등에서 기간제근로자의 계약기간이 만료될 무렵 인사평가 등을 거쳐 일정한 요건이 충족되면 기간의 정함이 없는 근로자로 전환된다는 취지의 규정을 두고 있거나, 그러한 규정이 없더라도 근로계약의 내용과 근로계약이 이루어지게 된 동기와 경위, 기간의 정함이 없는 근로자로의 전환에 관한 기준 등 그에 관한 요건이나 절차의 설정 여부 및 그 실태, 근로자가 수행하는 업무의 내용 등 근로관계를 둘러싼 여러 사정을 종합하여 볼 때, 근로계약 당사자 사이에 일정한 요건이 충족되면 기간의 정함이 없는 근로자로 전환된다는 신뢰관계가 형성되어 있어 근로자에게 기간의 정함이 없는 근로자로 전환될 수 있으리라는 정당한 기대권이 인정되는 경우에는 사용자가 이를 위반하여 합리적 이유 없이 기간의 정함이 없는 근로자로의 전환을 거절하며 근로계약의 종료를 통보하더라도 부당해고와 마찬가지로 효력이 없고, 그 이후의 근로관계는 기간의 정함이 없는 근로자로 전환된 것과 동일하다.[3]

---

1) 대법원 2011. 11. 10. 선고 2010두24128 판결.
2) 대법원 2021. 10. 28. 선고 2021두45114 판결.
3) 대법원 2016. 11. 10. 선고 2014두45765 판결.

② 정년 후 재고용 기대권

근로계약, 취업규칙, 단체협약 등에서 정년에 도달한 근로자가 일정한 요건을 충족하면 기간제근로자로 재고용해야 한다는 취지의 규정을 두고 있거나, 그러한 규정이 없더라도 재고용을 실시하게 된 경위 및 실시기간, 해당 직종 또는 직무 분야에서 정년에 도달한 근로자 중 재고용된 사람의 비율, 재고용이 거절된 근로자가 있는 경우 그 사유 등의 여러 사정을 종합해 볼 때, 사업장에 그에 준하는 정도의 재고용 관행이 확립되어 있다고 인정되는 등 근로계약 당사자 사이에 근로자가 정년에 도달하더라도 일정한 요건을 충족하면 기간제근로자로 재고용될 수 있다는 신뢰관계가 형성되어 있는 경우에는 특별한 사정이 없는 한 근로자는 그에 따라 정년후 재고용되리라는 기대권을 가진다. 이와 같이 정년퇴직하게 된 근로자에게 기간제근로자로의 재고용에 대한 기대권이 인정되는 경우, 사용자가 기간제근로자로의 재고용을 합리적 이유 없이 거절하는 것은 부당해고와 마찬가지로 근로자에게 효력이 없다.[1]

③ 고용승계기대권

도급업체가 사업장 내 업무의 일부를 기간을 정하여 다른 업체(이하 '용역업체'라 한다)에 위탁하고, 용역업체가 위탁받은 용역업무의 수행을 위해 해당 용역계약의 종료 시점까지 기간제근로자를 사용하여 왔는데, 해당 용역업체의 계약기간이 만료되고 새로운 용역업체가 해당 업무를 위탁받아 도급업체와 용역계약을 체결한 경우, 새로운 용역업체가 종전 용역업체 소속 근로자에 대한 고용을 승계하여 새로운 근로관계가 성립될 것이라는 신뢰관계가 형성되었다면, 특별한 사정이 없는 한 근로자에게는 그에 따라 새로운 용역업체로 고용이 승계되리라는 기대권이 인정된다. 이와 같이 근로자에게 고용승계에 대한 기대권이 인정되는 경우 근로자가 고용승계를 원하였는데도 새로운 용역업체가 합리적 이유 없이 고용승계를 거절하는 것은 부당해고와 마찬가지로 근로자에게 효력이 없다. 이때 근로자에게 고용승계에 대한 기대권이 인정되는지는 새로운 용역업체가 종전 용역업체 소속 근로자에 대한 고용을 승계하기로 하는 조항을 포함하고 있는지 여부를 포함한 구체적인 계약내용, 해당 용역계약의 체결 동기와 경위, 도급업체 사업장에서의 용역업체 변경에 따른 고용승계

---

1) 대법원 2023. 6. 29. 선고 2018두62492 판결.

관련 기존 관행, 위탁의 대상으로서 근로자가 수행하는 업무의 내용, 새로운 용역업체와 근로자들의 인식 등 근로관계 및 해당 용역계약을 둘러싼 여러 사정을 종합적으로 고려하여 판단하여야 한다.[1]

④ 자회사 정규직 전환 채용 기대권

도급업체가 업무 일부를 용역업체에 위탁하여 용역업체가 위탁받은 업무의 수행을 위해 기간을 정하여 근로자를 사용해 왔는데, 용역업체와의 위탁계약이 종료되고 도급업체가 자회사를 설립하여 자회사에 해당 업무를 위탁하는 경우, 자회사가 용역업체 소속 근로자를 정규직으로 채용하여 새롭게 근로관계가 성립될 것이라는 신뢰관계가 형성되었다면, 특별한 사정이 없는 한 근로자에게는 자회사의 정규직으로 전환 채용될 수 있으리라는 기대권이 인정된다. 이때 근로자에게 정규직 전환 채용에 대한 기대권이 인정되는지는 자회사의 설립 경위 및 목적, 정규직 전환 채용에 관한 협의의 진행경과 및 내용, 정규직 전환 채용 요건이나 절차의 설정 여부 및 실태, 기존의 고용승계 관련 관행, 근로자가 수행하는 업무의 내용, 자회사와 근로자의 인식 등 해당 근로관계 및 용역계약을 둘러싼 여러 사정을 종합적으로 고려하여 판단해야 한다. 근로자에게 정규직 전환 채용에 대한 기대권이 인정되는 경우 도급업체의 자회사가 합리적 이유 없이 채용을 거절하는 것은 부당해고와 마찬가지로 효력이 없다.[2]

바. 정리해고(경영상 이유에 의한 해고)

(1) 법령의 규정

정리해고라 함은 사용자가 경영상 이유로 근로자를 해고하는 것을 말한다(근로기준법 제24조). 사용자가 경제적·산업구조적·기술적 성격에 기인한 기업합리화 계획 등 긴급한 경영상의 필요에 따라 재직 근로자를 감축하거나 그 인원구성을 바꾸기 위해 일정한 요건을 갖춰 행하는 해고이다. 정리해고는 근로자에게 책임이 있는 사유가 있어서가 아니라 사용자측의 경영상 사정으로 인하여 근로자가 직장을 잃게 된다는 점에서 징계해고의 경우와 성격이 다르다.

---

1) 대법원 2021. 4. 29. 선고 2016두57045 판결.
2) 대법원 2023. 6. 15. 선고 2021두39034 판결.

1997. 3. 13. 법률 제5309호로 근로기준법이 전면 개정되기 전에는 정리해고만을 따로 분리하여 규제하는 특례규정을 두고 있지 않았으므로 모든 해고에는 정당한 이유가 있어야 한다는 일반규정에 의존하여 정리해고를 규제하고 있었다. 그런데 1998. 2. 20. 법률 제 5510호로 근로기준법이 개정되면서 제31조(현행 근로기준법 제24조)에 정리해고의 정당성 요건으로 ① 긴박한 경영상의 필요, ② 해고 회피를 위한 노력, ③ 합리적이고 공정한 해고 기준과 이에 따른 해고 대상자의 선정, ④ 근로자 과반수를 대표하는 노동조합 또는 근로자대표에 대한 통보 및 성실한 협의를 명문으로 규정하였다. 이는 종래 대법원 판례가 4가지 요건을 갖춘 경우에만 정리해고의 정당성을 인정하던 것[1]을 입법화한 것으로 이와 같은 근간은 현재까지도 유지되고 있다. 다만 2007. 1. 26. 법률 제8293호로 근로기준법을 개정하면서 정리해고에 있어서 노동조합에 대한 사전 통보기간을 종전 60일에서 50일로 단축하였다(현행 근로기준법 제24조 제3항).

(2) 일부 폐업의 경우

사용자가 일부 사업 부문을 폐지하고 그 사업 부문에 속한 근로자를 해고하였는데 그와 같은 해고가 경영상 이유에 의한 해고로서의 요건을 갖추지 못하였지만, 폐업으로 인한 통상해고로서 예외적으로 정당성이 인정되기 위해서는 일부 사업의 폐지·축소가 사업 전체의 폐지와 같다고 볼 만한 특별한 사정이 인정되어야 한다.

이때 일부 사업의 폐지가 폐업과 같다고 인정할 수 있는지는 ㉠ 해당 사업 부문이 인적·물적 조직 및 운영상 독립되어 있는지, ㉡ 재무 및 회계의 명백한 독립성이 갖추어져 별도의 사업체로 취급할 수 있는지, ㉢ 폐지되는 사업 부문이 존속하는 다른 사업 부문과 취급하는 업무의 성질이 전혀 달라 다른 사업 부문으로의 전환배치가 사실상 불가능할 정도로 업무 종사의 호환성이 없는지 등 여러 사정을 구체적으로 살펴 종합적으로 판단하여야 한다. 근로기준법 제31조에 따라 부당해고구제 재심판정을 다투는 소송에서 해고의 정당성에 관한 증명책임은 이를 주장하는 사용자가 부담하므로, 사업 부문의 일부 폐지를 이유로 한 해고가 통상해고로서 정

---

[1] 대법원 1989. 5. 23. 선고 87다카2132 판결, 대법원 1990. 1. 12. 선고 88다카34094 판결, 대법원 1992. 12. 22. 선고 92다14779 판결 등.

당성을 갖추었는지에 관한 증명책임 역시 이를 주장하는 사용자가 부담한다.[1]

(3) 긴박한 경영상의 필요

사용자가 경영상 이유에 의하여 근로자를 해고하려면 긴박한 경영상의 필요가 있어야 한다(근로기준법 제24조 제1항 전문). '긴박한 경영상의 필요성'에 관하여 판례는 점차 완화된 태도를 보이고 있다. 즉 초기에는 '해고를 하지 않으면 기업경영이 위태로울 정도의 급박한 경영상의 필요성'을 요구하였으나,[2] 이후 '반드시 기업의 도산을 회피하기 위한 것에 한정할 필요는 없고, 인원삭감이 객관적으로 보아 합리성이 있다고 인정될 때'에는 긴박한 경영상 필요성이 인정된다고 보았으며,[3] 그 이후에는 '장래에 올 수도 있는 위기에 미리 대처하기 위하여 인원 삭감이 객관적으로 합리성이 있다고 인정되는 경우'에도 긴박한 경영상의 필요를 인정하게 되었다.[4]

이때 긴박한 경영상의 필요성 유무는 법인의 어느 사업 부문이 다른 사업 부문과 인적·물적·장소적으로 분리·독립되어 있고 재무 및 회계가 분리되어 있으며 경영여건도 서로 달리하는 예외적인 경우가 아니라면 법인의 일부 사업 부문의 수지만을 기준으로 할 것이 아니라 기본적으로 법인 전체의 경영사정을 종합적으로 검토하여 판단하여야 한다.[5]

그러나 전체 경영실적이 흑자를 기록하고 있더라도 일부 사업부문이 경영악화를 겪고 있으며, 그러한 경영악화가 구조적인 문제 등에 기인한 것으로 쉽게 개선될 가능성이 없고 해당 사업부문을 그대로 유지할 경우 결국 기업 전체의 경영상황이 악화될 우려가 있다면 장래 위기에 대처하기 위한 긴박한 경영상 필요가 인정된다.[6]

기업 운영에 필요한 인력의 규모가 어느 정도인지, 잉여인력은 몇 명인지 등은 상당한 합리성이 인정되는 한 경영판단의 문제에 속하는 것이므로 특별한 사정이 없다면 경영자의 판단을 존중하여야 하나,[7] 현재의 근로자를 해고하고 대신 임금이

1) 대법원 2021. 7. 29. 선고 2016두64876 판결.
2) 대법원 1989. 5. 23. 선고 87다카2132 판결 등.
3) 대법원 1991. 12. 10. 선고 91다8647 판결, 대법원 1992. 5. 12. 선고 90누9421 판결 등.
4) 대법원 2003. 9. 26. 선고 2001두10776, 10783 판결, 대법원 2003. 11. 13. 선고 2003두4119 판결, 대법원 2004. 10. 15. 선고 2001두1154, 1161, 1178 판결 등.
5) 대법원 2006. 9. 22. 선고 2005다30580 판결, 대법원 2015. 5. 28. 선고 2012두25873 판결 등.
6) 대법원 2012. 2. 23. 선고 2010다3735 판결.
7) 대법원 2013. 6. 13. 선고 2011다60193 판결, 대법원 2014. 11. 13. 선고 2012다14517 판결 등.

낮은 근로자를 새로이 고용하기 위하여 또는 특정 근로자를 내쫓기 위하여 경영합리화 조치라는 구실을 내세운 경우와 같이 인원삭감을 할 만한 객관적, 합리적 이유가 없는 경우에는 긴박한 경영상 필요가 부정된다 할 것이다.[1] 또한 긴박한 경영상 필요는 정리해고를 한 당시의 사정을 기준으로 판단하여야 하며,[2] 정리해고 이후 경영상태의 호전 여부는 고려 요소가 아니다.

(4) 해고 회피 노력

사용자는 해고를 피하기 위한 노력을 다하여야 한다(근로기준법 제24조 제2항 전문 전단). 경영상 해고회피 노력을 다하였다고 인정하기 위하여는 경영방침이나 작업방식의 합리화, 신규채용의 금지, 일시휴직 및 희망퇴직의 활용 및 전근 등 사용자가 해고범위를 최소화하기 위하여 가능한 모든 조치를 취하는 것을 의미하고, 그 방법과 정도는 확정적·고정적인 것이 아니라 그 사용자의 경영위기의 정도, 정리해고를 실시하여야 하는 경영상의 이유, 사업의 내용과 규모, 직급별 인원상황 등에 따라 달라지며,[3] 그와 같은 노력을 다하였는지 여부에 관한 증명책임은 이를 주장하는 사용자가 부담한다.[4]

구체적 해고 회피 방안으로 고려될 수 있는 것으로는, 연장근로의 중단, 조업시간 단축, 일시 휴직, 희망퇴직, 배치전환, 전근, 직업훈련 등이 있다.[5]

(5) 해고 대상자 선정의 합리성과 공정성

사용자는 정리해고를 함에 있어 합리적이고 공정한 해고의 기준을 정하고 이에 따라 그 대상자를 선정하여야 하고, 남녀의 성을 이유로 차별하여서는 아니 된다(근로기준법 제24조 제2항 전문 후단, 후문). 이때 정리해고 대상자를 선정함에 있어 요구되는 합리적이고 공정한 기준은 확정적·고정적인 것이 아니고, 그 사용자가 직면한 경영위기의 강도와 정리해고를 실시하여야 하는 경영상의 이유, 정리해고를 실시한 사업 부문의 내용과 근로자의 구성, 정리해고 실시 당시의 사회경제상황 등에 따라

1) 사법연수원, 해고와 임금, 396.
2) 대법원 2013. 6. 13. 선고 2011다60193 판결, 대법원 2022. 6. 9. 선고 2017두71604 판결.
3) 대법원 2004. 1. 15. 선고 2003두11339 판결, 대법원 2014. 11. 13. 선고 2014다20875, 20882 판결, 대법원 2017. 6. 29. 선고 2016두52194 판결 등.
4) 대법원 2021. 7. 29. 선고 2016두64876 판결.
5) 사법연수원, 해고와 임금, 400 내지 403.

달라지게 되며,[1] 객관적 합리성과 사회적 상당성을 가진 구체적인 기준이 마련되어야 하고 그 기준을 실질적으로 공정하게 적용하여 정당한 해고대상자의 선정이 이루어져야 한다.[2]

해고대상 근로자 선정 범위는 긴박한 경영상 필요성이 생긴 사업 전체를 기준으로 하여 그 전체 근로자 중에서 선별한다. 그 선정기준이 단체협약이나 취업규칙에 정하여져 있다면 이에 따르고, 만약 그러한 기준이 사전에 정해져 있지 않다면 근로자의 건강상태, 부양의무의 유무, 재취업 가능성 등 근로자 각자의 주관적 사정과 업무능력, 근무성적, 징계 전력, 임금 수준 등 사용자의 이익 측면을 적절히 조화시키되, 근로자에게 귀책사유가 없는 해고임을 감안하여 사회적·경제적 보호의 필요성이 높은 근로자들을 배려할 수 있는 합리적이고 공정한 기준을 설정하여야 한다.[3]

(6) 사전통보 및 협의절차

사용자는 정리해고 과정에서 해고를 피하기 위한 방법과 해고의 기준 등에 관하여 그 사업 또는 사업장에 근로자의 과반수로 조직된 노동조합이 있는 경우에는 그 노동조합, 근로자의 과반수로 조직된 노동조합이 없는 경우에는 근로자의 과반수를 대표하는 자(이하 '근로자대표')에게 해고를 하려는 날의 50일 전까지 통보하고 성실하게 협의하여야 한다(근로기준법 제24조 제3항). 근로기준법이 이러한 절차적 요건을 규정한 것은 같은 조 제1항 및 제2항이 규정하고 있는 실질적 요건의 충족을 담보함과 아울러 비록 불가피한 정리해고라 하더라도 협의 과정을 통한 쌍방의 이해 속에서 실시되는 것이 바람직하다는 이유에서이다.[4] 근로자대표로서의 자격을 명확히 갖추지 못한 경우라도 실질적으로 근로자의 의사를 반영할 수 있는 대표라고 볼 수 있는 사정이 있다면 근로기준법 제24조 제3항의 절차적 요건을 충족하였다고 보아야 한다.[5]

한편 대법원은 통보기간 요건과 관련하여, 통보기간을 둔 취지는 소속근로자의

---

1) 대법원 2011. 1. 27. 선고 2008두13972 판결, 대법원 2014. 11. 13. 선고 2012다14517 판결 등.
2) 대법원 2012. 5. 24. 선고 2011두11310 판결.
3) 대법원 2021. 7. 29. 선고 2016두64876 판결.
4) 대법원 2002. 7. 9. 선고 2001다29452 판결, 대법원 2014. 7. 10. 선고 2014다1843 판결 등.
5) 대법원 2004. 10. 15. 선고 2001두1154, 1161, 1178 판결, 대법원 2012. 5. 24. 선고 2010두15964 판결 등.

소재와 숫자에 따라 그 통보를 전달하는 데 소요되는 시간, 그 통보를 받은 각 근로자들이 통보 내용에 따른 대처를 하는 데 소요되는 시간, 근로자대표가 성실한 협의를 할 수 있는 기간을 최대한으로 상정·허여하자는 데 있는 것이어서, 그 기간의 준수는 정리해고의 효력요건은 아니고 구체적 사안에서 통보 후 정리해고 실시까지의 기간이 그와 같은 행위를 하는 데 소요되는 시간으로 부족하였다는 등의 특별한 사정이 없다면 정리해고가 위법하다고 볼 수 없다고 판단하였다.[1]

제 1 편
노 동

사. 영업양도

(1) 영업양도와 근로관계의 이전 여부

종전의 판례는 "영업양도가 있었다고 인정하려면 당사자 사이에 영업양도에 관한 합의가 있거나 영업상의 물적·인적 조직이 그 동일성을 유지하면서 양도인으로부터 양수인에게 일체로서 포괄적으로 이전되어야 한다"[2]는 일반론을 설시할 뿐이고, 그 구체적인 판단기준은 제시하지 않았다.

그러던 중 대법원은 이른바 삼미특수강 사건에서 "영업의 동일성 여부는 일반 사회관념에 의하여 결정되어져야 할 사실인정의 문제이기는 하지만, 문제의 행위(양도계약관계)가 영업의 양도로 인정되느냐 안되느냐는 단지 어떠한 영업재산이 어느 정도로 이전되어 있는가에 의하여 결정되어져야 하는 것이 아니고 거기에 종래의 영업조직이 유지되어 그 조직이 전부 또는 중요한 일부로서 기능할 수 있는가에 의하여 결정되어져야 하는 것이므로, 예컨대 영업재산의 전부를 양도했어도 그 조직을 해체하여 양도했다면 영업의 양도는 되지 않는 반면에 그 일부를 유보한 채 영업시설을 양도했어도 그 양도한 부분만으로도 종래의 조직이 유지되어 있다고 사회관념상 인정되면 그것을 영업의 양도라 볼 것이다"라고 판시하였고,[3] 그 후에도 같은 취지의 판결[4]을 계속하여, 상법상 영업양도와 같은 판단기준을 제시하고 있다.

판례는 자산양수도 방식에 의한 사업양도의 경우에도 종전과 같은 입장, 즉 영

1) 대법원 2003. 11. 13. 선고 2003두4119 판결. 다만 위 판결은 60일의 통보기간을 정하고 있던 1998.
   2. 20. 개정 전 구 근로기준법이 적용되는 사안이다.
2) 대법원 1995. 7. 14. 선고 94다20198 판결.
3) 대법원 2001. 7. 27. 선고 99두2680 판결.
4) 대법원 2002. 3. 29. 선고 2000두8455 판결, 대법원 2003. 5. 30. 선고 2002다23826 판결(한미은행 사건).

업의 동일성이 유지되었는지를 판단기준으로 삼아 물적 조직의 동일성뿐만 아니라 인적 조직(근로자)의 동일성도 유지되어야 한다고 보며, 그 양수도계약에서 나타난 당사자(신구 사용자)의 특약(의사)을 중요 요소로서 참작하고 있는 것으로 보인다.

(2) 승계되는 근로관계의 범위

영업양도가 이루어지면 양도인과 근로자 간의 근로관계도 양수인이 포괄적으로 승계하는 것이 원칙인데, 이와 같이 승계되는 근로관계는 영업양도 당시 실제로 그 영업에 종사하고 있는 근로자의 경우에 한하는지, 아니면 실제로 근무하고 있지 않아도 적법 유효한 근로관계에 있는 모든 근로자의 경우를 포함하는지가 문제로 된다.

판례는 영업양도로 승계되는 근로관계는 계약체결일 현재 실제 그 영업 부문에서 근무하고 있는 근로자의 근로관계만을 의미하고 계약체결일 이전에 해당 영업 부문에서 근무하다가 해고된 근로자로서 해고의 효력을 다투는 근로자의 근로관계까지 승계되는 것은 아니라고 할 것이나, 영업양도 당시에 해고되어 실제로 그 영업 부문에서 근무하고 있지 아니한 근로자라도 그 영업양도 이전에 이미 판결을 통하여 당해 해고가 무효임이 객관적으로 명확하게 된 경우에는 그의 근로관계가 승계된다[1]고 본다. 또한, 영업양도 당사자 사이에 근로관계의 일부를 승계의 대상에서 제외하기로 하는 특약이 있는 경우에는 그에 따라 근로관계의 승계가 이루어지지 않을 수 있으나, 그러한 특약은 실질적으로 해고나 다름이 없으므로, 근로기준법 제23조 제1항 소정의 정당한 이유가 있어야 유효하며, 영업양도 그 자체만을 사유로 삼아 근로자를 해고하는 것은 정당한 이유가 있다고 볼 수 없다.[2]

위의 두 판례의 취지를 종합하면, (i) 영업 전부를 양도하면서 근로관계의 승계를 명시적으로 배제하는 특약을 하는 것은 실질적인 해고에 해당하므로 근로기준법 제23조 제1항의 정당한 이유가 있어야 유효하고, (ii) 영업 일부를 양도하면서 그 부문에 속하는 일부 근로자의 근로관계 승계를 명시적으로 배제하는 특약을 한 경우에는, ① 그에 따라 근로관계가 승계되지 않은 근로자가 양도되지 않은 다른 영업 부문에 배치전환되어 계속 근로하는 것이 가능하다면 곧바로 실질적으로 해고에 해당하지 않아 그러한 특약은 유효하고, 근로관계는 양도인과 사이에 그대로 존속하

---

1) 대법원 1996. 4. 26. 선고 95누1972 판결, 대법원 2002. 6. 14. 선고 2002다14488 판결 등.
2) 대법원 1994. 6. 28. 선고 93다33173 판결.

나, ② 양도 대상이 아닌 영업부문에서 계속 근로하는 것이 불가능한 경우에는 이 역시 실질적인 해고에 해당하므로, 해고할 정당한 이유가 있는 경우에만 승계 배제의 특약이 유효하며, 그렇지 않은 경우에는 승계 배제의 특약이 없는 경우와 마찬가지로 근로관계는 양수인이 승계한다고 요약할 수 있다.[1]

(3) 영업양도 전 해고의 경우

근로자가 영업양도일 이전에 정당한 이유 없이 해고된 경우 양도인과 근로자 사이의 근로관계는 여전히 유효하고, 해고 이후 영업 전부의 양도가 이루어진 경우라면 해고된 근로자로서는 양도인과의 사이에서 원직 복직도 사실상 불가능하게 되므로, 영업양도 계약에 따라 영업의 전부를 동일성을 유지하면서 이전받는 양수인으로서는 양도인으로부터 정당한 이유 없이 해고된 근로자와의 근로관계를 원칙적으로 승계한다고 보아야 한다. 영업 전부의 양도가 이루어진 경우 영업양도 당사자 사이에 정당한 이유 없이 해고된 근로자를 승계의 대상에서 제외하기로 하는 특약이 있는 경우에는 그에 따라 근로관계의 승계가 이루어지지 않을 수 있으나, 그러한 특약은 실질적으로 또 다른 해고나 다름이 없으므로, 마찬가지로 근로기준법 제23조 제1항에서 정한 정당한 이유가 있어야 유효하고, 영업양도 그 자체만으로 정당한 이유를 인정할 수 없다.[2]

8. 효력 및 집행

구제명령이 있어도 직접 노사 간에 사법상 법률관계가 발생하거나 변경되는 것은 아니며, 사용자가 구제명령에 따를 공법상 의무를 부담할 뿐이다.[3]

그러나 사용자가 구제명령을 이행하지 않는 경우 노동위원회는 사용자에게 3,000만 원 이하의 이행강제금을 부과한다(근로기준법 제33조 제1항). 노동위원회는 매년 2회의 범위에서 구제명령이 이행될 때까지 반복하여 이행강제금을 부과할 수 있되, 2

---

1) 김지형, "영업의 일부 양도와 근로관계의 승계 여부", 21세기 사법의 전개(송민 최종영 대법원장 재임 기념), 박영사(2005. 9.), 22~23.
2) 대법원 2020. 11. 5. 선고 2018두54705 판결.
3) 대법원 1996. 4. 23. 선고 95다53102 판결.

년을 초과하여 부과할 수는 없다(같은 조 제5항). 또한, 확정된 구제명령을 이행하지 않는 경우 1년 이하의 징역 또는 1,000만 원 이하의 벌금에 처할 수 있다(근로기준법 제111조).

V. 부당노동행위 구제절차

1. 개요

부당노동행위란 근로자 또는 노동조합의 노동3권을 실현하는 활동에 대한 사용자의 침해 또는 간섭행위를 말한다.[1] 노동조합법은 제81조에서 금지되는 사용자의 부당노동행위를 열거하는 한편, 제82조 이하에서 현실적으로 행하여진 사용자의 부당노동행위에 대한 구제방법을 규정하고 있는바, 결국 부당노동행위제도라 함은 노동조합법이 설정한 이 금지규범과 그 위반의 구제 절차 및 처벌을 총칭하는 것이다.[2]

사용자의 부당노동행위로 인하여 그 권리를 침해당한 근로자 또는 노동조합은 노동위원회에 그 구제를 신청할 수 있다(노동조합법 제82조 제1항). 근로자 또는 노동조합이 사용자의 부당노동행위로 인하여 권리를 침해당하였다고 주장하면서 구제를 신청함에 따라 부당노동행위 구제절차가 개시되고, 이에 따라 노동위원회는 신청인인 근로자 또는 노동조합과 피신청인인 사용자를 서로 대립하는 당사자로 하여 심사절차를 진행한다.

노동위원회는 근로자 또는 노동조합의 구제신청을 받은 때에는 지체 없이 필요한 조사와 관계 당사자의 심문을 하여야 하고(노동조합법 제83조 제1항), 부당노동행위가 성립한다고 판정한 때에는 사용자에게 구제명령을 발하여야 하며, 부당노동행위가 성립되지 아니한다고 판정한 때에는 그 구제신청을 기각하는 결정을 하여야 한다(노동조합법 제84조 제1항).

한편, 노사관계의 신속한 안정과 노동위원회의 사건 부담 완화 등을 위하여 구

---

[1] 김유성, "사용자개념의 외부적 획정 – 부당노동행위의 주체를 중심으로 –, 노동법에 있어서 권리와 책임"(김형배 교수 화갑기념 논문집), 박영사(1994), 311.
[2] 임종률, 노동법(제20판), 박영사(2022), 282.

제의 신청은 부당노동행위가 있은 날(계속하는 행위는 그 종료일)부터 3월 이내에 이를 행하여야 하는 것으로 제한되고(노동조합법 제82조 제2항), 지방노동위원회의 구제명령 또는 기각결정에 불복이 있는 관계 당사자는 그 명령서 또는 결정서의 송달을 받은 날부터 10일 이내에 중앙노동위원회에 그 재심을 신청할 수 있으며, 중앙노동위원회의 재심판정에 대하여 관계 당사자는 그 재심판정서의 송달을 받은 날부터 15일 이내에 행정소송법이 정하는 바에 의하여 소를 제기할 수 있다(노동조합법 제85조 제1항, 제2항).

2. 부당노동행위제도의 목적

가. 학설

부당노동행위제도를 헌법상 노동3권의 보장을 구체화하려는 데 그 목적이 있는, 헌법상 노동3권 보장의 직접적인 효과에 포함되어 있는 제도라고 이해하는 '노동3권보장구체화설',[1] 공정한 노사관계질서의 확보 내지 원활한 단체교섭관계의 실현을 본질적 목적으로 하는 것이라는 '공정노사관계질서설',[2] 사용자에 의한 노동3권침해행위를 배제함과 동시에 공정한 노사관계질서를 확립하는 것을 목적으로 하고 있다는 '절충설'[3] 등이 대립한다.

나. 판례

대법원은 부당노동행위금지규정이 헌법이 규정하는 노동3권을 구체적으로 확보하기 위한 것으로,[4] 노동조합법에 의한 부당노동행위 구제제도는 집단적 노사관계

---

1) 김유성, "사용자개념의 외부적 획정 – 부당노동행위의 주체를 중심으로 – 노동법에 있어서 권리와 책임"(김형배 교수 화갑기념 논문집), 박영사(1994), 315.
2) 김수복, 노동법(개정증보판), 중앙경제(2004), 1107.
3) 이상윤, 노동법(제17판), 법문사(2021), 931.
4) 대법원 1993. 12. 21. 선고 93다11463 판결.

질서를 파괴하는 사용자의 행위를 예방·제거함으로써 근로자의 단결권·단체교섭권 및 단체행동권을 확보하여 노사관계의 질서를 신속하게 정상화하고자 함에 그 목적이 있음에 비하여 근로기준법에 의한 부당해고 등 구제제도는 개별적 근로계약관계에서 있어서 근로자에 대한 권리침해를 구제하기 위함에 그 목적이 있는 것이므로, 이는 그 목적과 요건에 있어서 뿐만 아니라 그 구제명령의 내용 및 효력 등에 있어서도 서로 다른 별개의 제도라고 판시하였고,[1] 불법행위를 구성하는 부당노동행위가 근로자의 노동3권을 본질적으로 침해하고 노동조합법이 정한 집단적 노사관계질서를 파괴하는 것이라고 판시하기도 하여[2] 절충설의 입장을 취하고 있다.

다. 검토

부당노동행위제도의 목적을 어떻게 파악하는지는, 노동조합의 부당노동행위제도를 도입할 수 있는지 여부와 노동3권을 침해하는 부당노동행위의 종료 시 재발가능성이 있을 때 구제명령을 발령할 수 있는지, 그리고 노동조합법상 부당노동행위제도의 행정적 구제제도와 노동3권 침해행위에 대한 사법적 구제제도의 관계를 어떻게 파악할 것인지 등에 두루 차이를 가져온다.

특히 부당노동행위의 사법상 효력과 관련하여 우리 대법원은, 부당노동행위금지규정은 헌법이 규정하는 노동3권을 구체적으로 확보하기 위한 것으로 이에 위반하는 행위에 대하여 처벌규정을 두고 있는 점, 부당노동행위에 대하여 신속한 권리구제를 받을 수 있도록 행정상의 구제절차까지 규정하고 있는 점에 비추어 효력규정인 강행법규라고 풀이되므로, 위 규정을 위반한 법률행위는 사법상으로도 그 효력이 없고, 근로자에 대한 불이익취급행위로서의 법률행위는 부당노동행위로서 무효라고 판결한 바 있다.[3]

---

1) 대법원 2010. 3. 25. 선고 2007두8881 판결, 대법원 2018. 12. 27. 선고 2017두37031 판결.
2) 대법원 2020. 12. 24. 선고 2017다51603 판결, 대법원 2020. 12. 24. 선고 2017다52118 판결.
3) 대법원 1995. 2. 3. 선고 94다17758 판결.

3. 당사자

가. 신청인(신청인적격) - 부당노동행위의 객체

사용자의 부당노동행위로 권리를 침해당한 근로자 또는 노동조합은 노동위원회에 구제를 신청할 수 있는데, 여기에서 근로자와 노동조합은 노동위원회에 부당노동행위 구제를 신청할 수 있는 자격, 즉 '신청인적격'을 갖추어야 한다.

신청인적격을 갖춘 근로자와 노동조합은 부당노동행위의 상대방 또는 이해관계인으로서 독자적인 신청권을 갖는다. 이때 부당노동행위의 상대방이 아닌 이해관계인의 신청권은 독자적인 것이고, 구제신청권을 대위 또는 대리하여 행사하는 것이 아니다.[1]

부당노동행위 구제신청의 관할은 해당 부당노동행위가 발생한 사업장 소재지를 관할하는 지방노동위원회에 속하고 구제신청 기간도 비교적 단기간인 3개월이므로, 하나의 부당노동행위에 대하여 중첩적으로 신청인적격을 인정하더라도 별개의 사건으로 진행되어 상반된 결론에 이르는 경우는 사실상 찾아보기 어렵다.[2]

(1) 근로자

(가) 노동조합법상 근로자

노동조합법 제2조 제1호는 '근로자'를 직업의 종류를 불문하고 임금·급료 기타 이에 준하는 수입에 의하여 생활하는 자를 말한다고 정의하고 있다. 구제신청을 한 근로자가 노동조합법상 근로자에 해당하지 아니하여 신청인적격이 부정되는 경우 노동위원회는 구제신청을 기각하고 있다.[3]

대법원은 특수형태근로종사자의 확산을 비롯한 급격한 노무제공방식의 변화를

---

1) 대법원 2008. 9. 11. 선고 2007두19249 판결.
2) 노동법실무연구회, 노동조합 및 노동관계조정법 주해 Ⅲ, 박영사(2023), 287.
3) 노동법실무연구회, 노동조합 및 노동관계조정법 주해 Ⅲ, 박영사(2023), 287.

적극적으로 수용하여 근로기준법상 근로자 개념과는 뚜렷하게 구별되는 독자적인 노동조합법상 근로자 개념을 확립하였고, 그 결과 종래 근로기준법상 근로자로 인정받지 못하였던 특수형태근로종사자의 경우도 노동조합법상 근로자로서 노동3권을 실질적으로 행사할 수 있는 계기를 마련하였다.

---

(1) 학습지교사 - 대법원 2018. 6. 15. 선고 2014두12598, 12604 판결[1]

노동조합법상 근로자는 타인과의 사용종속관계 하에서 노무에 종사하고 대가로 임금 기타 수입을 받아 생활하는 자를 말한다.

노동조합법은 개별적 근로관계를 규율하기 위해 제정된 근로기준법과 달리, 헌법에 의한 근로자의 노동3권 보장을 통해 근로조건의 유지·개선과 근로자의 경제적·사회적 지위 향상 등을 목적으로 제정되었다. 이러한 노동조합법의 입법 목적과 근로자에 대한 정의 규정 등을 고려하면, 노동조합법상 근로자에 해당하는지는 노무제공관계의 실질에 비추어 노동3권을 보장할 필요성이 있는지의 관점에서 판단하여야 하고, 반드시 근로기준법상 근로자에 한정된다고 할 것은 아니다.

다음 사정들을 위 법리에 따라 살펴보면, 원고 학습지교사들은 노동조합법상 근로자에 해당한다고 봄이 타당하다.

① 업무 내용, 업무 준비 및 업무 수행에 필요한 시간 등에 비추어 볼 때 원고 학습지교사들이 겸업을 하는 것은 현실적으로 어려워 보여, 참가인으로부터 받는 수수료가 원고 학습지교사들의 주된 소득원이었을 것으로 보인다.

② 참가인은 불특정다수의 학습지교사들을 상대로 미리 마련한 정형화된 형식으로 위탁사업계약을 체결하였으므로, 보수를 비롯하여 위탁사업계약의 주요 내용이 참가인에 의하여 일방적으로 결정되었다고 볼 수 있다.

③ 원고 학습지교사들이 제공한 노무는 참가인의 학습지 관련 사업 수행에 필수적인 것이었고, 원고 학습지교사들은 참가인의 사업을 통해 학습지 개발 및 학습지회원에 대

---

1) 이 사건 이전에도 골프장 캐디(대법원 1993. 5. 25. 선고 90누1731 판결), 일시적으로 실업 상태에 있거나 구직 중인 자(대법원 2004. 2. 27. 선고 2001두8568 판결), 출입국관리법위반으로 체류자격(취업자격)이 없는 외국인근로자(대법원 2015. 6. 25. 선고 2007두4995 판결) 등과 관련하여 노동조합법상 근로자성이 근로기준법상 근로자성 판단 기준보다 확장된다는 취지로 판시한 사례가 있기는 하였으나, 그 판단 기준이 무엇이 다른지 모호할뿐더러 그 내용 또한 양자를 구별하는 취지에 부합하지 않아 적절하지 못하다는 비판이 있었는데(임상민, "학습지교사의 근로자성", 노동법실무연구 2권, 사법발전재단(2020), 383~386), 위 학습지교사 판결에서 노동조합법상 근로자성을 판단함에 있어 핵심적이고 특유한 표지로서 '경제적·조직적 종속관계' 내지 '경제적 의존성'이 제시되었다.

한 관리·교육 등에 관한 시장에 접근하였다.

④ 원고 학습지교사들은 참가인과 일반적으로 1년 단위로 위탁사업계약을 체결하고 계약기간을 자동연장하여 왔으므로 그 위탁사업계약관계는 지속적이었고, 참가인에게 상당한 정도로 전속되어 있었던 것으로 보인다.

⑤ 참가인은 신규 학습지교사들을 상대로 입사실무교육을 실시하고, 사무국장 및 단위조직장을 통하여 신규 학습지교사들을 특정 단위조직에 배정한 후 관리회원을 배정하였다. 일반 직원에게 적용되는 취업규칙과는 구별되지만 원고 학습지교사들에게 적용되는 업무처리지침 등이 존재하였고, 참가인은 원고 학습지교사들에게 학습지도서를 제작, 배부하고 표준필수업무를 시달하였다. 학습지교사들은 매월 말일 지국장에게 회원리스트와 회비 납부 여부 등을 확인한 자료를 제출하고 정기적으로 참가인의 홈페이지에 로그인하여 회원들의 진도상황과 진단평가결과 및 회비수납 상황 등을 입력하며, 2~3달에 1회 정도 집필시험을 치렀다. 또한 참가인은 회원관리카드 및 관리현황을 보유하면서 때때로 원고 학습지교사들에게 일정한 지시를 하고, 주 3회 오전에 원고 학습지교사들을 참여시켜 지국장 주재 조회와 능력향상과정을 진행하기도 하였다. 이러한 사정에 비추어 보면 원고 학습지교사들은 비록 근로기준법상 근로자에 해당한다고 볼 정도는 아니지만 어느 정도 참가인의 지휘·감독을 받았던 것으로 볼 수 있다.

⑥ 원고 학습지교사들은 참가인으로부터 학습지회원에 대한 관리·교육, 기존 회원의 유지, 회원모집 등 자신이 제공한 노무에 대한 대가 명목으로 수수료를 지급받았다.

⑦ 비록 근로기준법이 정하는 근로자로 인정되지 않는다 하더라도, 특정 사업자에 대한 소속을 전제로 하지 아니할 뿐만 아니라 '고용 이외의 계약 유형'에 의한 노무제공자까지도 포함할 수 있도록 규정한 노동조합법의 근로자 정의 규정과 대등한 교섭력의 확보를 통해 근로자를 보호하고자 하는 노동조합법의 입법취지를 고려할 때, 참가인의 사업에 필수적인 노무를 제공함으로써 참가인과 경제적·조직적 종속관계를 이루고 있는 원고 학습지교사들을 노동조합법상 근로자로 인정할 필요성이 있다. 또한 경제적 약자의 지위에서 참가인에게 노무를 제공하는 원고 학습지교사들에게 일정한 경우 집단적으로 단결함으로써 노무를 제공받는 특정 사업자인 참가인과 대등한 위치에서 노무제공조건 등을 교섭할 수 권리 등 노동3권을 보장하는 것이 헌법 제33조의 취지에도 부합한다.

(2) 방송연기자 - 대법원 2018. 10. 12. 선고 2015두38092 판결[1]

다음 사실 또는 사정을 앞서 본 법리에 따라 살펴보면, 원고 소속 조합원인 방송연기자(이하 '방송연기자'라고 한다)는 노동조합법상 근로자에 해당한다고 봄이 타당하다.

① 피고보조참가인(이하 '참가인'이라고 한다)은 방송제작비지급규정으로 제작비 최고한도를 정하고 출장제작비의 가산 지급률을 규정하는 등으로 방송연기자의 출연료 등을 규율하고 있다. 등급을 적용받는 방송연기자의 경우에는 별도의 출연계약서 없이 참가인이 마련한 출연료지급기준표에 따라 출연료를 지급받는다. 자유계약 연기자의 경우에도 대부분의 경우 참가인이 사전에 부동문자로 내용을 기재한 출연계약서를 이용하여 출연계약을 체결한다. 이러한 출연계약서는 주로 방송연기자의 의무 사항을 규정하면서 참가인에게 관련 프로그램에 관한 일방적인 변경, 폐지권을 부여하고 있고, 그에 따라 출연료도 조정하도록 규정하고 있다. 이러한 사정을 고려하면 참가인이 보수를 비롯하여 방송연기자와 체결하는 계약 내용을 일방적으로 결정하고 있다고 평가할 수 있다.

② 방송연기자가 제공하는 노무인 방송연기는 참가인의 방송사업 수행을 위한 필수적 요소 중 하나이다. 또한 방송연기자는 참가인 등 방송사업자의 방송사업을 통해서만 방송연기시장에 접근할 수 있다.

③ 방송연기자 업무의 기본적인 내용은 참가인이 지정하는 역할과 대본 등으로 결정된다. 방송연기자의 연기는 참가인이 결정한 시간과 장소에서 이루어지고 연출감독이나 현장진행자의 개별적이고 직접적인 지시를 받으며 진행된다. 연출감독은 대본연습 단계부터 연기자의 연기에 관여하고, 최종적으로 연기의 적합성이나 완성도 등을 판단하여 이에 적합하지 않을 경우 연기의 수정을 요구할 수도 있다. 이와 같은 점을 종합하면 참가인은 방송연기자들의 업무 수행과정에서 구체적이고 개별적인 지휘·감독을 하는 것으로 볼 수 있다.

④ 방송연기자가 참가인으로부터 받는 출연료는 실연료 등 저작인접권의 대가가 일부 포함되어 있기는 하나 기본적으로는 방송연기라는 노무 제공의 대가에 해당한다.

⑤ 그동안 참가인은 방송연기자가 노동조합법상 근로자이고 원고가 노동조합법상 노동조합에 해당함을 전제로 단체교섭을 통해 단체협약을 체결하여 왔다. 원고도 참가인과

---

1) 방송연기자, 자동차판매 대리점 카마스터 등과 관련한 판시들은 앞서 학습지교사 판결에서 제시한 판단 기준들을 유연하게 적용한 것으로서 반드시 그 전부를 충족하여야만 노동조합법상 근로자로 인정되는 것이 아니라 그중 일부는 충족하였다고 보기 어렵더라도 노동3권의 보장 필요성이라는 관점에서 종합적으로 검토하여 노동조합법상 근로자성을 판단하여야 한다는 법리를 명확히 한 것이라는 평가가 있다[진창수, "방송연기자도 노동조합법상의 노동자인가", 법률신문 4650호, 법률신문사(2018. 11. 8.), 11].

원활하게 단체교섭이 이루어지지 아니하였을 때에는 노동위원회에 노동쟁의조정을 신청함으로써 분쟁을 해결해 왔다.

⑥ 방송연기자 중에는 참가인에게 전속된 것으로 보기 어렵거나 그 소득이 참가인으로부터 받는 출연료에 주로 의존하고 있다고 단정하기 어려운 경우도 있을 수 있다. 그러나 앞서 든 사정을 통해 알 수 있는 방송연기자와 참가인 사이의 노무제공관계의 실질에 비추어 보면, 방송연기자로 하여금 노동조합을 통해 방송사업자와 대등한 위치에서 노무제공조건 등을 교섭할 수 있도록 할 필요성이 크므로, 전속성과 소득 의존성이 강하지 아니한 측면이 있다 하더라도 이를 들어 방송연기자가 노동조합법상 근로자임을 부정할 것은 아니다.

(3) 자동차판매 대리점 카마스터 - 대법원 2019. 6. 13. 선고 2019두33712 판결

다음 사실 등을 위 법리에 비추어 살펴보면, 참가인 노동조합 소속 조합원인 이 사건 카마스터들은 노동조합법상 근로자에 해당한다고 보아야 한다.

① 카마스터들의 주된 소득원은 원고로부터 받은 판매수당과 인센티브 등이다. 원고와 카마스터들 사이에 작성된 자동차 판매용역계약서는 카마스터들로 하여금 현대자동차가 정한 판매조건을 성실히 수행하도록 정하고 있다. 현대자동차와 원고 사이에 작성된 판매대리점계약서는 다른 회사 자동차 판매행위, 현대자동차의 영업과 동종 영업을 목적으로 하는 업체에 이중 등록하는 행위 등을 금지행위로 정하고 있다. 설령 카마스터들이 실제로 다른 회사 자동차를 판매하는 경우 등이 있더라도 그로 인한 소득은 부수적인 것으로 보인다.

② 원고는 미리 마련한 정형화된 형식의 자동차 판매용역계약서를 이용하여 카마스터들과 자동차 판매용역계약을 체결하였다. 카마스터들의 주된 소득원인 판매수당이 판매수수료에서 차지하는 비율, 인센티브 금액과 그 지급 조건 등도 원고가 일방적으로 결정한 것으로 보인다.

③ 카마스터들이 제공하는 노무는 원고의 현대자동차 판매대리점을 운영하는 데 필수적인 것이다. 위에서 보았듯이 카마스터들은 다른 회사 자동차 판매행위, 현대자동차의 영업과 동종 영업을 목적으로 하는 업체에 이중 등록하는 행위를 할 수 없으므로, 원칙적으로 원고를 통해서만 자동차판매시장에 접근할 수 있다.

④ 카마스터들은 여러 해에 걸쳐서 원고와 전속적·지속적으로 자동차 판매용역계약을 체결해 왔다.

⑤ 카마스터들은 직급체계가 현대자동차 직영점 근로자와 유사하게 되어 있고, 원고는 일정한 출퇴근 관리, 조회, 당직 등을 통해 카마스터들에 대한 근태관리를 하였다. 위와

같은 직급체계와 근태관리에다가 표준업무지침 하달, 판매목표 설정, 영업 관련 지시나 교육 등이 이루어진 사정을 종합하면, 원고는 카마스터들을 지휘·감독해 왔다고 평가할 수 있다.

⑥ 카마스터들이 원고로부터 받은 판매수당이나 인센티브는 카마스터들이 원고에게 제공한 노무인 차량 판매행위의 대가라고 볼 수 있다.

⑦ 상고이유 주장과 같이 카마스터들이 현대자동차 이외의 다른 회사 자동차도 판매하는 등으로 독립사업자의 성격을 가지고 있다고 하더라도, 위에서 살펴 본 바와 같이 원고와 경제적·조직적 종속관계가 있는 이상, 카마스터들에게 대등한 지위에서 노무제공계약의 내용을 결정할 수 있도록 노동3권을 보장할 필요가 있다.

(나) 유형별 검토

불이익취급(노동조합법 제81조 제1항 제1호, 제5호) 내지 반조합계약(노동조합법 제81조 제1항 제2호)의 부당노동행위의 경우 이로 말미암아 권리를 침해당한 근로자는 노동위원회에 구제를 신청할 수 있고, 지배·개입(노동조합법 제81조 제1항 제4호)의 부당노동행위에 대해서도 근로자 개인이 신청인이 될 수 있다는 것이 주류적 견해이다.[1]

단체교섭 거부(노동조합법 제81조 제1항 제3호)의 부당노동행위에 관하여는 견해의 대립이 있으나 해당 부당노동행위 배제에 대해 이해관계를 가진 자는 모두 신청인이 될 수 있다고 해석하여 노동조합 임원이나 조합원인 근로자 개인도 신청인이 될 수 있다는 견해가 타당할 것으로 보인다.[2]

(2) 노동조합

(가) 노동조합법상 노동조합

노동조합법 제7조 제1항은 '이 법에 의하여 설립된 노동조합이 아니면 노동위원회에 노동쟁의의 조정 및 부당노동행위의 구제를 신청할 수 없다.'라고 규정하고 있고, 여기서 '이 법에 의하여 설립된 노동조합'이란 노동조합법 제2조 제4호 본문

---

1) 김유성, 노동법Ⅱ - 집단적 노사관계법, 법문사(2001), 356; 김헌수, 노동조합 및 노동관계조정법(제4판), 법원사(2013), 1084; 김형배, 노동법(제27판), 박영사(2021), 1533; 임종률, 노동법(제20판), 박영사(2022), 970.
2) 노동법실무연구회, 노동조합 및 노동관계조정법 주해 Ⅲ, 박영사(2023), 290.

및 단서에서 정한 실질적 요건 및 노동조합법 제10조 제1항, 제12조에서 정한 형식적 요건을 모두 갖춘 근로자단체(이를 일반적으로 '노동조합법상 노동조합' 내지 '법내노조'라 한다)를 의미한다.[1]

다만 노동조합법 제7조 제2항이 '제1항의 규정은 제81조 제1항 제1호·제2호 및 제5호의 규정에 의한 근로자의 보호를 부인하는 취지로 해석되어서는 아니된다.'라고 규정하고 있으므로, 이에 따라 노동조합법이 정한 실질적 요건은 갖추었으나 형식적 요건을 갖추지 못한 근로자단체(이를 일반적으로 '법외노조' 내지 '법외의 노동조합'이라 한다)도 일정한 경우 노동위원회에 부당노동행위 구제신청을 할 수 있는지 문제되나, 하급심 판결 중 '노동조합법 제81조 제1항에서 규정하고 있는 부당노동행위의 유형 중 제1호, 제2호, 제5호의 경우에는 법외 노동조합의 경우 그 소속 근로자가 직접 구제신청을 할 수 있지만, 제3호, 제4호의 경우에는 법내(노조법상) 노동조합과 그 소속 근로자만이 구제신청권을 가진다.'라고 판시한 예가 있다.[2]

결국 노동조합법에서 정한 실질적·형식적 요건을 모두 갖춘 노동조합법상 노동조합만이 부당노동행위 구제신청을 할 수 있고, 법외의 노동조합은 부당노동행위의 유형을 불문하고 구제신청을 할 수 없다고 보는 것이 현행법의 해석론으로 부득이하다.[3]

(나) 구체적 검토

1) 노동조합

복수노조 하에서는 사용자가 공정대표의무 또는 중립유지의무를 위반하여 어느 노동조합을 우대하거나 반대로 어느 노동조합에게만 불이익을 주는 등 조합간 차별적 처우를 한 경우 불이익취급 내지 지배·개입의 부당노동행위가 성립할 수 있다. 가령 개별교섭 절차가 진행되던 중에 사용자가 특정 노동조합과 체결한 단체협약의 내용에 따라 해당 노동조합의 조합원에게만 금품을 지급한 경우, 사용자의 이러한 금품 지급 행위가 다른 노동조합의 조직이나 운영을 지배하거나 이에 개입하는 의사에 따른 것이라면 부당노동행위에 해당할 수 있고,[4] 또한 개별교섭이 아니라 교

---

1) 대법원 1990. 10. 23. 선고 89누3243 판결 등.
2) 서울고등법원 2002. 5. 16. 선고 2001누9860 판결(대법원 2002. 10. 11. 선고 2002두5535 판결로 심리불속행 기각되어 확정됨).
3) 노동법실무연구회, 노동조합 및 노동관계조정법 주해 Ⅲ, 박영사(2023), 293.
4) 대법원 2019. 4. 25. 선고 2017두33510 판결.

섭대표 단일화 절차를 통한 교섭이 이루어진 경우에도 사용자가 교섭대표노동조합과 교섭하면서 다른 노동조합의 약체화를 꾀하기 위하여 다른 노동조합의 입장에서는 받아들이기 어려운 전제조건을 제안·고수한 것은 중립유지의무 위반으로서 다른 노동조합에 대한 불이익취급 및 지배·개입의 부당노동행위가 성립할 수 있다.[1] 이때 그로 인하여 권리를 침해당한 다른 노동조합은 부당노동행위 구제신청을 할 수 있다.

2) 지부·분회

단위노동조합의 내부조직에 불과한 지부·분회 등은 부당노동행위 구제신청을 할 수 없고, 다만, 지부·분회로서 노동조합법 시행령 제7조[2]에 따라 설립신고를 한 경우, 또는 명칭은 지부·분회이지만 단위노동조합 형태로 설립되어 설립신고를 하고 활동 중인 노동조합인 경우에는 부당노동행위 구제신청의 신청인적격이 인정된다.[3]

대법원은 실질적인 요건을 갖춘 초기업별 노동조합의 지부·분회를 단체교섭의 당사자로 인정하고 있으나,[4] 앞서 본 현행법의 해석론으로는 법외의 노동조합은 부당노동행위 구제신청을 할 수 없다고 보아야 하므로, 위 판례는 사용자의 단체교섭 거부에 대하여 비록 노동위원회에 부당노동행위 구제신청을 할 수는 없더라도 정당한 주체로서 쟁의행위를 할 수 있다는 의미로 이해할 수 있다는 평가가 있다.[5]

3) 연합단체

연합단체가 독자적으로 단체교섭의 주체가 될 수 있는지,[6] 혹은 연합단체가 단위노동조합 내지 그 조합원에 대한 사용자의 불이익취급, 지배·개입의 부당노동행위에 대하여 구제신청을 할 수 있는지[7]에 관하여는 견해의 대립이 있다.

---

1) 부산고등법원(창원) 2018. 12. 13. 선고 2018나11667 판결, 대법원 2021. 8. 19. 선고 2019다200386 판결로 확정됨.
2) 산하조직 중 근로조건의 결정권이 있는 독립된 사업 또는 사업장에 조직된 노동단체는 지부·분회 등 명칭이 무엇이든 상관없이 법 제10조제1항에 따른 노동조합의 설립신고를 할 수 있다.
3) 노동법실무연구회, 노동조합 및 노동관계조정법 주해 Ⅲ, 박영사(2023), 296.
4) 대법원 2002. 7. 26. 선고 2001두5361 판결 등.
5) 노동법실무연구회, 노동조합 및 노동관계조정법 주해 Ⅲ, 박영사(2023), 297.
6) 부인하는 견해로는 김형배, 노동법(제27판), 박영사(2021), 1196; 긍정하는 견해로는 임종율, 노동법 (제20판), 박영사(2022), 123; 예외적으로만 긍정하는 견해로는 김유성, 노동법Ⅱ – 집단적 노사관계법, 법문사(2001), 128.
7) 부정하는 견해로 김헌수, 노동조합 및 노동관계조정법(제4판), 법원사(2013), 1084.

4) 조합이 분할·분열된 경우

당해 부당노동행위에 대하여 구제이익을 가지는 조합이 구제신청권을 가지고, 특히 구제신청 이후에 분할·분열된 경우에는 구제이익을 가지는 조합이 신청인의 지위를 승계한다.[1]

나. 신청의 상대방(피신청인적격) – 부당노동행위의 주체

부당노동행위 구제신청의 상대방, 피신청인은 '사용자'이다. 부당노동행위 구제 절차에서 근로자 또는 노동조합이 신청인이라는 점에 대해서는 노동조합법에 명시 적으로 규정(제82조 제1항, 제84조 제2항)되어 있는 반면, 피신청인에 관하여는 명시 적으로 규정되어 있지 않다. 다만 노동위원회는 부당노동행위가 성립한다고 판정하 면 사용자에게 구제명령을 발하고(제84조 제1, 2항), 노동위원회의 판단에 관계 당사 자가 불복할 수 있다고 규정하는 점(제85조 제2항)에 비추어 보면, 피신청인은 사용 자라고 봄이 타당하다는 데에 이견이 없다.[2] 노동조합법 제2조 제2호는 '사용자'를 '사업주, 사업의 경영담당자 또는 그 사업의 근로자에 관한 사항에 대하여 사업주를 위하여 행동하는 자'라고 정의하고 있다.

피신청인적격이 있는 사용자를 구체적으로 확정하는 핵심적 기준은 구제명령의 이행가능성이다.[3] 즉 구제명령의 상대방은 구제명령의 내용이나 그 이행 방법, 구 제명령을 실효적으로 이행할 수 있는 법률적 또는 사실적인 권한이나 능력을 가지 는지 여부 등을 고려하여 결정하여야 한다.[4]

(1) 구제명령의 이행의무자가 '사업주'로 한정되는지 여부

대법원은 '부당노동행위 구제신청과 구제명령의 상대방인 사용자에는 노동조합 법 제2조 제2호에서 정한 사업주, 사업의 경영담당자 또는 그 사업의 근로자에 관한 사항에 대하여 사업주를 위하여 행동하는 사람이 모두 포함된다고 해석함이 타당하

1) 노동법실무연구회, 노동조합 및 노동관계조정법 주해 Ⅲ, 박영사(2023), 297.
2) 노동법실무연구회, 노동조합 및 노동관계조정법 주해 Ⅲ, 박영사(2023), 297.
3) 김홍영·권오성·김린·노호창·방강수, 노동분쟁에서 당사자 적격의 판단기준에 관한 연구, 중앙노동위 원회(2020), 138.
4) 대법원 2010. 3. 24. 선고 2007두8881 판결, 대법원 2022. 5. 12. 선고 2017두54005 판결.

다.'라고 하여 구제명령의 이행의무자와 부당노동행위 금지의무자의 범위가 일치한다는 보는 이른바 일치설(구별불요설)의 입장임을 명백히 하였다.[1] 그 근거는 아래와 같다.

① 노동조합법 제81조에 따라 부당노동행위를 하는 것이 금지되는 '사용자'에는 사업주뿐만 아니라 사업의 경영담당자, 그 사업의 근로자에 관한 사항에 대하여 사업주를 위하여 행동하는 사람이 모두 포함된다(대법원 2009. 4. 23. 선고 2008도4413 판결 참조). 한편 노동조합법 제82조는 '사용자'의 부당노동행위로 그 권리를 침해당한 근로자 또는 노동조합은 노동위원회에 그 구제를 신청할 수 있다고 정하고 있고, 제84조는 부당노동행위가 성립한다고 판정한 때에 노동위원회는 '사용자'에게 구제명령을 발하여야 한다고 정하고 있다. 여기에서 사용자의 범위는 조문의 체계 및 규정의 문언 등에 비추어 노동조합법 제81조에서 정한 '사용자'의 범위와 같다고 해석하는 것이 논리적으로 일관된다.

② 노동조합법이 같은 법 각 조항에 대한 준수의무자로서의 사용자를 사업주에 한정하지 아니하고 사업의 경영담당자 또는 그 사업의 근로자에 관한 사항에 대하여 사업주를 위하여 행동하는 자로 확대한 이유는 노동현장에서 노동조합법의 각 조항에 대한 실효성을 확보하기 위한 정책적 배려에 있다고 볼 수 있다(근로기준법에 관한 대법원 2009. 1. 30. 선고 2007도10873 판결 참조). 부당노동행위 구제신청에서 피신청인적격의 존부를 판단할 때도 이와 같은 정책적 배려의 취지를 충분히 고려할 필요가 있다.

③ 부당노동행위에 대한 구제제도는 집단적 노사관계의 질서를 침해하는 사용자의 행위를 예방·제거함으로써 근로자의 단결권·단체교섭권 및 단체행동권을 확보하여 노사관계의 질서를 신속하게 정상화하는 것에 그 목적이 있다(대법원 2018. 12. 27. 선고 2017두37031 판결 참조). 그런데 현실적으로 발생하는 부당노동행위의 유형이 다양하고 노사관계의 변화에 따라 그 영향도 다각적이어서 부당노동행위의 예방·제거를 위한 구제명령의 방법과 내용은 유연하고 탄력적일 필요가 있으므로, 구제명령을 발령할 상대방도 구제명령의 내용이나 그 이행 방법, 구제명령을 실효적으로 이행할 수 있는 법률적 또는 사실적인 권한이나 능력을 가지는지 여부 등을 고려하여 결정하여야 하고, 그 상대방이 사업주인 사용자에 한정된다고 볼 수 없다.

1) 대법원 2022. 5. 12. 선고 2017두54005 판결.

(2) 사용자 개념의 외부적 확장

(가) 논의의 필요성 및 범위

간접고용은 기업의 필요에 의하여 타인의 노무를 사용 또는 이용하지만 노무제공자와 직접 근로계약을 체결하지 않고 제3자(원사업주)에게 고용된 근로자를 사용 또는 이용하는 고용형태[1]로서, 법률에 근거한 근로자공급, 근로자파견, 도급의 법형식을 가장한 위장도급(불법파견), 적법한 도급계약에 의한 진정도급(사내하청 포함) 등으로 유형화할 수 있고, 근로계약관계와 사용종속관계가 분리·중층화된 특징이 있다.[2]

간접고용은 고용과 사용이 분리되는 특성상 노동법상 해고제한 법리나 각종 규제를 쉽게 회피할 수 있고, 특히 부당노동행위 제도와 관련해서는 원청업체가 하청업체 소속 근로자의 근로조건, 노동조합의 결성, 조합활동 등에 실질적인 지배력이나 영향력 등을 행사하고 있음에도 근로계약상 상대방이 아니라는 이유로 책임을 면하거나 원청업체에 단체교섭의무를 부담시킬 법률적 근거가 명확하지 않게 하여, 결과적으로 하청업체 근로자와 노동조합은 노동3권을 행사하는 데 심각한 제약이 되고 있다.[3]

부당노동행위 유형 중 '불이익취급' 및 '반조합계약'은, 그 태양 및 구제명령의 내용, 이행가능성 등에 비추어 볼 때 사용자는 근로자에게 해고 등 불이익을 가할 수 있고 역으로 구제명령의 이행을 통해 불이익을 제거하고 원상으로 회복할 수 있는 지위와 권한을 가진 자로서 통상 근로계약의 당사자인 사업주가 구제신청의 상대방에 해당하게 되므로,[4] 사용자 개념의 외부적 확장 문제가 본격적으로 다루어지는 영역이 아니다. '지배·개입'의 경우는 이른바 실질적 지배력설을 취한 대법원 판결[5]이 선고됨에 따라 어느 정도 논의가 정리되었고, 현재 사용자 개념의 외부적 확

---

1) 조경배, "직접고용의 원칙과 파견근로", 민주법학 19호, 민주주의법학연구회(2001), 35.
2) 김홍영·권오성·김린·노호창·방강수, 노동분쟁에서 당사자 적격의 판단기준에 관한 연구, 중앙노동위원회(2020), 37.
3) 노동법실무연구회, 노동조합 및 노동관계조정법 주해 Ⅲ, 박영사(2023), 303.
4) 대법원 2010. 3. 25. 선고 2007두9136 판결(원청을 불이익취급의 부당노동행위 주체인 사용자로 볼 수 없다는 원심 판단을 수긍한 사례).
5) 대법원 2010. 3. 25. 선고 2007두8881 판결(원청업체가 사내 하청업체들의 폐업을 유도하는 등의 방법으로 사내 하청업체의 노동조합 활동을 방해하였는데, 근로자의 기본적인 노동조건 등에 관하여 그 근로자를 고용한 사업주로서의 권한과 책임을 일정 부분 담당하고 있다고 볼 정도로 실질적이고 구체

장에 관한 논의는 '단체교섭 거부'의 부당노동행위 사건과 관련하여 집중되고 있다. 아래에서는 이와 관련해 살펴보기로 한다.

(나) 단체교섭 거부와 관련된 검토

근로자의 기본적인 노동조건 등에 관하여 실질적이고 구체적으로 지배·결정할 수 있는 지위에 있는 자가 단체교섭에 응할 의무를 부담하는지, 단체교섭 요구를 거부할 경우 부당노동행위 구제신청의 상대방이 될 수 있는지가 특히 원하청 관계를 둘러싸고 문제되고 있다.

이에 관한 하급심의 입장은 나뉘고 있다. 먼저 중앙노동위원회는 2021. 6. 2. 자 중앙2021부노14 판정에서 집배대리점과 위수탁계약을 맺은 특수형태근로종사자인 택배기사들로 조직된 노동조합에 대해 택배회사가 노동조합법상 단체교섭의무를 부담하는 사용자에 해당한다고 보아, 택배회사가 노동조합의 단체교섭 요구를 거부한 것을 부당노동행위로 인정하였고, 이에 불복하여 택배회사가 제기한 재심판정취소소송에서 서울행정법원은 대법원 2007두8881 판결을 인용하면서, '노동조합법 제81조 제1항 제3호(단체교섭 거부의 부당노동행위)의 사용자에는 같은 항 제4호(지배·개입의 부당노동행위)의 사용자와 마찬가지로 근로자와의 사이에 사용종속관계가 있는 자뿐만 아니라 기본적인 노동조건 등에 관하여 그 근로자를 고용한 사업주로서의 권한과 책임을 일정 부분 담당하고 있다고 볼 정도로 실질적이고 구체적으로 지배·결정할 수 있는 지위에 있는 자도 포함된다.'라고 판단하여, 택배회사의 청구를 기각하였던 바 있다.[1]

반면, 울산지방법원은 전국 단위 산업별 노동조합이 원청업체인 회사를 상대로 위 노동조합 산하 사내 하청지회 소속 근로자들의 노동조건과 관련한 단체교섭의 이행을 청구한 사건에서, '원청업체가 사내 하청업체 소속 근로자들과의 관계에서 단체교섭의무가 있는 사용자에 해당하는지는 사내 하청업체 소속 근로자들과 사이에 적어도 묵시적 근로계약관계가 성립되어 있다고 평가할 수 있을 정도로 사용종속관계가 있는지 여부에 따라 결정된다.'고 하면서, 특히 '원청업체가 제3자로서 사

적으로 지배·결정할 수 있는 지위에 있는 자가 노동조합을 조직 또는 운영하는 것을 지배하거나 이에 개입하는 등으로 부당노동행위를 하였다면, 그 시정을 명하는 구제명령을 이행하여야 할 사용자에 해당한다고 보아, 원청업체의 위와 같은 행위를 지배·개입의 부당노동행위로 인정한 사례).

[1] 서울행정법원 2023. 1. 12. 선고 2021구합71748 판결.

내 하청업체 소속 근로자에 대하여 노동3권을 침해하는 사실적인 지배·개입행위를 할 수 있는 지위에 있다는 사정만으로 단체교섭을 포함한 집단적 노동관계 일반에 있어 원청업체의 사용자성이 당연히 인정된다고 볼 수는 없다.'라고 판단하여 실질적 지배력설을 취한 대법원 2007두8881 판결이 단체교섭 거부의 부당노동행위 사건에서는 적용되지 않는다는 입장을 취하였다.[1]

살피건대, 지배·개입의 부당노동행위와 관련하여 이른바 실질적 지배력설을 취한 대법원 2007두8881 판결이 선고되기 이전에도 단체교섭 거부의 부당노동행위와 관련하여 '단체교섭의 상대방인 사용자는 근로자와 명시적·묵시적 근로계약관계를 맺고 있는 자임을 요한다'고 판시한 사례들[2]이 있기는 하나, ① 이는 대부분 항운노조와 관련된 사건들로서, 항운노조는 근로자공급 사업을 수행하면서, 근로자의 채용·징계·해고, 사업장 배치, 작업수행에 대한 지휘·감독, 임금의 결정·지급 등 노동조건 전반을 지배한 반면, 항운노조 조합원들의 노무를 제공받은 사업주들은 항운노조로부터 근로자를 공급받을 것인지 여부만 결정해 왔기에 사업주들은 항운노조 조합원과 명시적 내지 묵시적 근로계약관계를 맺고 있지 않다는 이유로 단체교섭의무가 없다고 판단한 것이며, ② 대법원 2006다40935 판결의 경우에는 국가의 행정관청이 사법상 근로계약을 체결하였더라도 이는 사무처리에 지나지 않고 그 권리·의무는 행정주체인 국가에 귀속된다는 이유로 행정관청이 아닌 국가가 사용자의 지위에 있다고 판단한 사안일 뿐이다. 결국 원하청 관계에서 원청업체를 하청업체 노동조합의 단체교섭 요구에 응할 의무가 있는 사용자로 인정할 수 있는지 여부에 관하여 대법원의 입장은 확립되어 있지 않다고 보는 것이 타당할 것이다.[3] 하급심의 입장이 나뉘고 있는 상황에서 향후 대법원 2018다296229호 사건의 판단을 주목할 필요가 있다.

---

1) 울산지방법원 2018. 4. 12. 선고 2017가합20070 판결, 회사와 그 사내 하청업체 소속 근로자들 사이의 묵시적 근로계약관계를 인정하기 어렵다고 보아 노동조합의 청구를 기각하였고, 이에 노동조합이 항소하였으나 부산고등법원 2018. 11. 14. 선고 2018나53149 판결로 항소 기각되었으며, 현재 대법원 2018다296229호로 상고심 계속 중이다.

2) 대법원 1986. 12. 23. 선고 85누856 판결, 대법원 1993. 11. 23. 선고 92누13011 판결, 대법원 1995. 12. 22. 선고 95누3565 판결, 대법원 1997. 9. 5. 선고 97누3644 판결, 대법원 2008. 9. 11. 선고 2006다40935 판결 등.

3) 윤애림, "헌법이 보장하는 단체교섭권 실현을 위한 '사용자' 찾기", 노동법연구 53호, 서울대학교 노동법연구회(2022), 77~82.

4. 부당노동행위의 유형과 성립요건

가. 불이익취급의 부당노동행위

(1) 개념

노동조합법 제81조 제1항 제1호, 제5호에서 규정한 불이익취급은 근로자가 정당한 노동조합 활동을 한 것을 이유로 사용자가 근로자에게 한 불이익처분을 의미한다. 그 개념을 분석해 보면, ① 근로자의 정당한 노동조합 활동, ② 사용자의 불이익처분, ③ 사용자가 근로자의 정당한 노동조합 활동을 불이익처분의 '이유'로 삼아야 한다는 3가지 요건을 도출해 낼 수 있다.[1]

중앙노동위원회의 재심판정에 대한 행정소송에서 근로자가 원고인 경우에는 부당노동행위임을 주장하는 근로자가 증명책임을 진다. 사용자가 원고로 행정소송을 제기한 후 부당노동행위가 아니라는 주장을 하면 부당노동행위에 해당한다는 증명책임은 피고 중앙노동위원회위원장이 부담하게 된다. 부당노동행위 중 불이익취급의 경우를 명시하면서 근로자측에 증명책임이 있다고 한 판결 등[2]이 있고, 지배·개입의 경우 근로자 또는 노동조합이 증명책임을 진다고 한 판결[3]이 있다.

(2) 불이익취급의 요건

(가) 정당한 노동조합 활동

1) 기존 노조 가입, 새로운 노조 조직

근로자가 기존의 노동조합에 가입 또는 가입하려고 하거나 새로운 노동조합을 조직하려고 하는 행위이다.

① 발기인이 된 근로자들이 노동조합의 설립 총회를 개최하여 임원들을 선임하

---

[1] 대법원 1991. 7. 26. 선고 91누2557 판결.
[2] 대법원 1991. 7. 26. 선고 91누2557 판결, 대법원 1996. 9. 10. 선고 95누16738 판결, 대법원 1999. 9. 3. 선고 99두2086 판결, 대법원 2018. 12. 27. 선고 2017두37031 판결, 대법원 2018. 12. 27. 선고 2017두47311 판결, 대법원 2018. 12. 27. 선고 2017두47328 판결 등.
[3] 대법원 2015. 1. 29. 선고 2012다68057 판결.

고 규약을 제정한 후 설립신고서를 제출한 다음, 출퇴근시간이나 휴식시간 또는 야
간을 이용하여 시내버스 승강장, 탈의실, 식당, 면회실, 기숙사 등지에서 근로자들에
게 노동조합의 의의와 필요성 등을 설명하고 가입원서와 노동조합 설립 등에 관한
안내장을 배부하면서 노동조합에 가입하도록 권유한 행위는 전형적인 노동조합의
설립행위에 해당한다.[1]

② 탄광사업을 하는 회사의 단체협약에 일정한 직급 이하의 광원들만 노동조합
에 가입할 수 있고 감독직 및 사무직원들은 노동조합에 가입할 수 없도록 규정하고
있는 경우에, 경영난을 이유로 비조합원인 종업원에 대하여 조합원인 종업원에 비해
임금인상 등에서 불이익한 대우를 함에 따라 비조합원들 90여 명이 직원협의회를
결성한 후 노동조합 가입 희망의 뜻을 노동조합측에 전달하여 협조를 요청하는 한
편, 노동부장관에 대한 질의회신을 통해 기존 노동조합과 협의하여 규약을 개정하면
그 가입이 가능하다는 회답을 얻고는 노동조합측으로부터 직장협의회 회원들이 노
동조합에 가입할 수 있도록 규약을 개정하는 등의 절차를 진행 중에 있다는 회신을
받은 행위는 노동조합에 가입하려고 한 행위로 평가될 수 있다.[2]

2) 조합원의 자발적 행위

노동조합의 명시적인 결의나 구체적인 지시가 없이 조합원이 자발적으로 행동
한 경우에 이를 정당한 노동조합 활동으로 볼 수 있는지에 관해서는 판례가 많이
나와 있다. 판례는 노동조합의 묵시적인 수권 또는 승인을 요건으로 하고 있다.

가) 노동조합의 업무를 위한 정당한 행위로 본 사례들

① 취업규칙과 노사협의에 의하여 지급하도록 정해진 목욕권과 예비군 훈련기
간의 수당을 지급하지 않는다고 노동부에 진정한 행위[3]

② 조합원이 조합의 결의나 조합의 구체적인 지시에 따라서 한 노동조합의 조
직적인 활동 그 자체가 아닐지라도 그 행위의 성질상 노동조합의 활동으로 볼 수
있거나, 노동조합의 묵시적인 수권 또는 승인을 받았다고 볼 수 있을 때[4]

---

1) 대법원 1990. 10. 23. 선고 88누7729 판결.
2) 대법원 1991. 12. 10. 선고 91누3789 판결.
3) 대법원 1990. 8. 10. 선고 89누8217 판결.
4) 대법원 1991. 11. 12. 선고 91누4164 판결, 대법원 1999. 11. 9. 선고 99두4273 판결, 대법원 2011.
   2. 24. 선고 2008다29123 판결 등.

나) 정당한 노동조합 활동이라고 볼 수 없다고 한 사례

① 회사 통합 노동조합장으로 취임한 사람에 대하여 적법한 조합장 선거가 없었다는 이유로 신임 조합장을 선출하자는 내용의 진정서를 조합원들에게 배포한 행위, 회사 운전기사들에게 회사에서 운전기사들의 사납금을 교육시간에 해당하는 금액만큼 감해 주지 않으면 승무하지 말자고 제의한 행위, 회사가 자신에게 배차중지를 하는 것은 부당하다는 내용의 호소문 100여 장을 회사 근로자에게 배포한 행위(노동조합의 결의를 거쳤다거나 구체적인 지시에 의한 조합의사에 따른 것이 아닌 조합원으로서의 자발적 활동에 불과한 것이며, 그 행위의 성질상으로도 노동조합의 활동으로 볼 수 있거나 노동조합의 묵시적인 수권 또는 승인을 받았다고 인정할 자료가 없다는 이유로 정당한 노동조합 활동이라고 볼 수 없다고 판시함)[1]

② 노동조합과 회사 사이에 임금인상에 관한 협의가 이루어졌음에도 불구하고 이에 불만을 품고 다른 수십 명의 근로자와 함께 임금의 보다 많은 인상 등을 요구하며 농성한 행위[2]

3) 취업시간 중 조합활동

취업시간 내의 노동조합 활동은 사용자의 업무지휘권과 관련되어 원칙적으로 허용되지 않고, 다만 노동조합법 제81제 제1항 제4호 단서 전단에 따라 '근로자가 근로시간 중에 노동조합법 제24조 제2항에 따른 활동을 하는 것을 사용자가 허용'하는 것은 무방하다.

근로기준법 제54조 제2항은 휴게시간 자유이용의 원칙을 천명하고 있는바, 다른 근로자의 취업에 나쁜 영향을 미치거나 휴게시간의 자유로운 이용을 방해하거나 구체적으로 직장질서를 문란하게 하는 것이 아닌 한 회사의 허가를 얻지 아니하였다는 이유만으로 휴게시간 중 조합활동이 정당성을 잃는 것은 아니다.[3]

한편, 노사 간 합의에 의해 일정한 조합원이나 근로자가 근무시간 중에 단체교섭이나 노사협의를 하는 것이 허용될 수도 있다.

---

1) 대법원 1989. 4. 25. 선고 88누1950 판결.
2) 대법원 1991. 9. 24. 선고 91누124 판결.
3) 대법원 1991. 11. 12. 선고 91누4164 판결.

4) 리본착용과 사복 근무

리본착용이나 사복 근무가 회사의 규정 내지 사용자의 지시를 위반하는 것에 해당되더라도, 구체적인 사정을 종합해 정당성 여부를 판단할 필요가 있다. 나아가 취업규칙이나 사용자의 지시가 없는 상황에서도, 그와 같은 행위가 근로관계의 성격 상 허용되는지 여부를 일률적으로 판단해서는 안 되고, 마찬가지로 구체적인 사정을 종합해 판단할 필요가 있다. 우리나라에서는 방송사, 은행, 지하철 노동조합 등이 리본착용, 사복 근무 등의 노동조합 활동을 활발하게 전개하고 있는 것에 비해서, 현재 대법원 판례가 인정하는 정당성의 범위는 다소 좁은 편이다.[1]

① 환경미화원들로 이루어진 노동조합의 조합원들이 쟁의기간 중 외부 용역업체에 의한 고용형태를 국회에 의한 직접 고용의 형태로 환원해 달라는 의미로 '고용직 환원'이라는 리본을 착용한 사건: 대외적 활동이거나 쟁의행위의 부차적 목적에 지나지 않으며, 쟁의행위의 직접적이고 주된 목적은 아니라고 보아야 하므로, 이 때문에 쟁의행위가 부당한 것으로 된다고 할 수 없다고 판시함[2]

② 병원에 근무하는 직원인 노동조합원들이 병원의 승인 없이 조합원들로 하여금 모든 직원이 착용하도록 되어 있는 위생복 위에 구호가 적힌 주황색 셔츠를 근무 중에도 착용한 사건: 병원의 환자들에게 불안감을 주는 등 병원 내의 정숙과 안정을 해치는 행위이므로, 병원의 인사규정에서 정한 '직원이 법령 및 제 규정에 위배하였을 때'에 해당되어 징계사유에 해당한다고 판시함[3]

5) 유인물 배포

단체협약에서 유인물 배포를 위한 허가제를 규정하고 있는 경우가 있으나, 허가 여부만으로 유인물 배포행위의 정당성을 판단할 것은 아니고, 그 유인물의 내용이나 배포방법 등 여러 사정을 고려하여 정당성을 판단해야 한다.[4]

대법원은 '구체적 사건에 있어서 노사 쌍방의 태도, 사용자가 할 불이익취급의

---

1) 노동법실무연구회, 노동조합 및 노동관계조정법 주해 Ⅲ, 박영사(2023), 157~159.
2) 대법원 1992. 1. 21. 선고 91누5204 판결, 이후 "쟁의행위에서 추구되는 목적이 여러 가지이고 그중 일부가 정당하지 못한 경우에는 주된 목적 내지 진정한 목적의 당부에 의하여 그 쟁의행위 목적의 당부를 판단하여야 하므로 부당한 요구사항을 뺐더라면 쟁의행위를 하지 않았을 것이라고 인정되는 경우에만 그 쟁의행위 전체가 정당성을 가지지 못한다."라는 법리로 발전함.
3) 대법원 1996. 4. 23. 선고 95누6151 판결.
4) 대법원 1991. 11. 12. 선고 91누4164 판결.

태양, 정도 등을 종합하여 사회통념에 따라 판단'해야 한다는 전제 아래 '유인물의 내용, 매수, 배포의 시기, 대상, 방법, 이로 인한 기업이나 업무에 미친 영향 등'을 일반적 기준으로 제시하였다.[1]

6) 홈페이지 게재

대법원은 '기사 내용에 일부 과장되거나 왜곡된 표현의 사용으로 회사의 명예 등이 훼손되거나 그러한 염려가 있다고 하더라도, 기본적으로는 근로자가 속한 노조원들의 단결을 도모하여 근로조건의 향상과 복지 증진 등을 도모하기 위한 것이고 기사 내용도 전체적으로는 진실한 것이라 할 수 있으므로, 그 신문기사 게시행위는 노동조합의 업무를 위한 정당한 활동범위에 속한다'라고 보았다.[2]

7) 현장순회

2021. 1. 5. 신설된 노동조합법 제5조 제2항에서는 종사근로자(사업 또는 사업장에 종사하는 근로자)가 아닌 노동조합의 조합원은 사용자의 효율적인 사업 운영에 지장을 주지 아니하는 범위에서 사업 또는 사업장 내에서 노동조합 활동을 할 수 있도록 규정하고 있다.

이와 관련하여 대법원은 노동조합 간부인 비종사근로자가 산업안전보건법 위반 사실의 증거수집 등을 할 목적으로 공장에 출입한 경우, 종전에도 같은 목적으로 현장순회를 해왔던 점, 공장의 시설이나 설비를 작동시키지 않은 채 단지 그 상태를 눈으로 살펴보았을 뿐이고 그 시간도 30분에서 40분 정도에 그친 점, 현장순회 과정에서 회사측을 폭행·협박하거나 강제적인 물리력을 행사한 일이 없는 점, 근무 중인 근로자들의 업무를 방해하거나 소란을 피운 사실도 없는 점 등에 비추어 볼 때 회사측의 시설관리권의 본질적인 부분을 침해하였다고 볼 수 없다고 판단해 현장순회가 취업시간 중의 활동이었음에도 '정당한 조합활동'이라고 본 바 있다.[3]

8) 정당한 단체행위 참가, 신고, 증언, 증거제출 등

노동조합법 제81조 제1항 제5호에서 규정하는 내용들로서, 이는 사용자에 의해

---

1) 대법원 1992. 3. 13. 선고 91누5020 판결.
2) 대법원 2011. 2. 24. 선고 2008다29123 판결, 같은 취지로 대법원 2017. 8. 18. 선고 2017다227325 판결.
3) 대법원 2020. 7. 29. 선고 2017도2478 판결, 같은 취지로 대법원 2020. 3. 26. 선고 2018두49574 판결.

침해된 노동3권을 노동위원회나 행정관청을 통해 다시 회복하려는 행위이므로 넓은 의미에서 정당한 조합활동에 해당한다. 조합활동과 직접적인 이해관계가 없는 일반 근로자들도 사용자의 보복 등에 대한 불안감에서 벗어나 자유롭게 증언 등을 할 수 있도록 함으로써 부당노동행위 구제제도의 기능을 원활하게 확보하려는 데에도 부차적 목적이 있다.[1]

이와 관련하여 부당노동행위의 성립을 인정한 사례로는 '노조전임자 등에 대하여 그들의 쟁의행위 등 정당한 조합활동을 혐오한 나머지 조합활동을 곤란하게 할 목적으로 원직복귀명령을 하였다면 이는 사용자의 고유인사권에 기한 정당한 조치라 볼 수 없고 부당노동행위에 해당한다'고 본 판례[2]가 있고, 반면 부당노동행위의 성립을 부정한 사례로는 '단체협약이 체결된 직후부터 비상대책위원회를 구성하여 뚜렷한 무효사유를 내세우지도 아니한 채 단체협약의 전면무효화를 주장하면서 행한 쟁의행위가 노동조합 활동으로서의 정당성을 갖추지 못하였다'고 본 판례[3]가 있다.

(나) 사용자의 불이익처분

일반적으로 불이익처분 여부는 명확하지만, 그럼에도 이를 다투는 경우가 종종 있다. 어떤 처분이 불이익처분인지 여부를 판단할 때 가장 중요한 것은 부당노동행위제도의 보호법익인 '노동3권'의 침해가 있었는지 하는 점이다. 다른 근로자들에게 노동조합 활동에 대한 부정적 인식을 심어주면 불이익처분이라고 할 수 있다. 또한 불이익처분은 상대적인 개념이므로, 다른 근로자와 비교하고, 선례나 다른 시기와도 비교하여 판단해야 한다.[4]

1) 해고, 강요에 의한 사직서 제출이나 근로계약의 합의해지, 정년 이후 계속 근무를 묵인하다가 뒤늦게 정년을 이유로 한 강제퇴직, 영업양도가 이루어졌음에도 일부 근로자의 고용 인수를 거부한 경우, 위장해산 내지 위장폐업에 따른 근로자 전원의 해고 후 일부 근로자만 재고용한 경우, 그 밖에 지위강등, 승진탈락, 휴직 이후의 복직거부라든가 휴직, 직위해제나 정직, 출근정지, 감봉 등의 징계처분, 그리고 임금 차별, 상여금 차별, 대출금, 장학금, 복리후생시설 이용에 관한 차별 등은 모두

---

1) 김유성, 노동법Ⅱ - 집단적 노사관계법, 법문사(2001), 318.
2) 대법원 1991. 5. 28. 선고 90누6392 판결.
3) 대법원 1992. 9. 1. 선고 92누7733 판결.
4) 노동법실무연구회, 노동조합 및 노동관계조정법 주해 Ⅲ, 박영사(2023), 161~162.

불이익처분에 해당할 수 있다.[1]

　　2) 정신적 불이익 또는 생활상의 불이익처분도 있을 수 있는데, 대표적인 예가 시말서 제출이다.[2] 사용자가 조합활동의 내용을 캐내기 위한 목적을 가지고 시말서를 제출하도록 하는 것은 지배·개입으로 볼 여지도 있다. 그밖에 장기간 현장 근로만 해온 근로자를 본부의 사무직으로 발령하는 경우, 장기간 출근정지나 대기발령을 내리거나 일거리를 주지 않으면서 책상까지 치워버리는 경우, 부부 중 한 사람을 멀리 떨어진 곳으로 전근시키는 경우 등도 불이익처분에 해당할 수 있다. 특히 전직명령이 불이익처분에 해당하는지 여부에 관하여, 대법원은 생활상의 불이익과 업무상 필요성을 비교·교량해야 한다는 점을 명확히 하고 있다.[3]

　　3) 불이익처분인지 여부가 가장 문제가 되는 것은 조합활동상 불이익이다.

　　가) 먼저 전보명령과 조합활동상 불이익에 관하여, '전보발령은 회사가 근로자들의 권익옹호를 위한 활동에 열성적인 근로자의 노동조합 가입 및 그 가입 후의

---

1) 대법원 2010. 7. 29. 선고 2007두18406 판결(직위해제로 말미암아 승진·승급에 제한을 받고 보수가 감액되는 등의 인사상·급여상 불이익을 입게 되는 경우에 구제신청의 이익이 있다고 본 사례), 대법원 1991. 12. 10. 선고 91누3789 판결(본사에서 멀리 떨어진 출장소에 전근발령을 하여 각종 수당을 지급받지 못하게 됨으로써 실수입액이 200,000원가량 감소된 점을 불이익처분으로 본 사례), 대법원 2018. 6. 15. 선고 2014두12598 판결(학습지 교사에 대한 위탁사업계약의 해지를 불이익처분으로 본 사례), 대법원 2006. 9. 8. 선고 2006도388 판결(특정 근로자가 파업에 참가하였거나 노조활동에 적극적이라는 이유로 해당 근로자에게 연장근로 등을 거부하는 것이 해당 근로자에게 경제적 내지 업무상의 불이익을 주는 행위로서 부당노동행위에 해당한다고 본 사례), 대법원 2018. 12. 27. 선고 2017두37031 판결(근로자에 대한 인사고과가 상여금의 지급기준이 되는 사업장에서 사용자가 특정 노동조합의 조합원이라는 이유로 다른 노동조합의 조합원 또는 비조합원보다 불리하게 인사고과를 하여 상여금을 적게 지급하는 불이익을 주었다면 그러한 사용자의 행위도 부당노동행위에 해당할 수 있다고 본 사례: 이 경우 사용자의 행위가 부당노동행위에 해당하는지 여부는 ① 특정 노동조합의 조합원 집단과 다른 노동조합의 조합원 또는 비조합원 집단을 전체적으로 비교하여 양 집단이 서로 동질의 균등한 근로자 집단임에도 불구하고 인사고과에 양 집단 사이에 통계적으로 유의미한 격차가 있었는지, ② 인사고과의 그러한 격차가 특정 노동조합의 조합원임을 이유로 불이익취급을 하려는 사용자의 반조합적 의사에 기인한다고 볼 수 있는 객관적인 사정이 있었는지, ③ 인사고과에서의 그러한 차별이 없었더라도 동등한 수준의 상여금이 지급되었을 것은 아닌지 등을 심리하여 판단하여야 한다고 판시하였다), 대법원 2011. 7. 28. 선고 2009두9574 판결(근로제공의무가 면제되어 영업활동을 하지 않은 노조전임자들에 대해 별도의 승격기준을 정하지 않은 채 다른 영업사원과 동일하게 판매실적에 따른 승격기준만을 적용해 승격대상에 포함시키지 않은 행위가 노조전임자로 활동하였다는 이유만으로 승격가능성을 사실상 배제한 것으로서 부당노동행위에 해당한다고 본 사례).
2) 대법원 2010. 1. 14. 선고 2009두6605 판결, 대법원 2014. 6. 26. 선고 2014두35799 판결 등. 다만, 위 사례들은 시말서가 사건의 경위를 보고하는 것을 넘어 자신의 잘못을 반성하고 사죄한다는 내용이 포함된 사죄문 또는 반성문을 의미하는 경우이고, 이와 달리 단순히 사건의 경위를 보고하는 정도의 시말서 제출 명령을 거부한 것을 정당한 징계사유로 본 사례(대법원 1991. 12. 24. 선고 90다12991 판결)도 있다.
3) 대법원 1996. 12. 20. 선고 95누18345 판결, 대법원 2000. 6. 23. 선고 98다54960 판결.

적극적인 노동조합 활동을 우려한 나머지 이를 사전에 봉쇄하고자 소속 근로자들의 주된 노동조합 활동 장소가 될 수밖에 없는 생산공장으로부터 근로자를 격리하여 노동조합 활동에의 참여를 사실상 불가능하게 하려는 의도에서 내수사업부의 결원 충원의 필요를 표면적인 사유로 하여 이를 행한 것'이라고 함으로써 불이익취급을 인정한 사례가 있다.1)

나) 승진이 조합활동상 불이익으로 평가되는 경우도 있다. 설령 경제적으로 이익이 되더라도, 전직명령이 이루어진 시기와 그 경과 등에 비추어 근로자의 의사에 반한 인사권의 남용으로서 정당한 인사권의 행사라기보다는 불이익취급에 해당한다고 본 사례가 있다.2) 유사한 사례로 대법원은 '사용자가 근로자의 노동조합 활동을 혐오하거나 노동조합 활동을 방해하려는 의사로 노동조합의 간부이거나 노동조합 활동에 적극적으로 관여하는 근로자를 승진시켜 조합원 자격을 잃게 한 경우에는 노동조합 활동을 하는 근로자에게 불이익을 주는 행위로서 부당노동행위가 성립될 수 있다.'고 판시하기도 하였다.3)

다) 노조전임자에 대한 원직복직 명령에 대하여는 불이익취급에 해당할 뿐 아니라 지배·개입에도 해당한다고 본 사례4)가 있는 반면, 단체협약이 유효기간 만료로 효력이 상실되었고, 단체협약상 노조대표의 전임규정이 새로운 단체협약 체결 시까지 효력을 지속시키기로 약정한 규범적 부분도 아닌 경우, 그 단체협약에 따라 노동조합 업무만을 전담하던 노조전임자가 사용자의 원직복직 명령에 불응한 행위는 취업규칙이 정한 정당한 해고사유에 해당하고 불이익취급에 해당하지 않는다고 본 사례5)도 있다.

라) 한편, 회사 대표이사가 노동조합 위원장, 부위원장 및 조합원에게 해고 또

---

1) 대법원 1992. 11. 13. 선고 92누9425 판결(회사의 생산 공장에 미싱공만 하여도 670여 명이 배치되어 있는데 반하여 내수사업부에는 기능직 사원이 2, 3명밖에 배치되지 아니하여 독자적인 노동조합 활동은 사실상 불가능하고, 내수사업부는 생산 공장과도 상당히 멀리 떨어져 있어 생산부 조합원들과의 교류도 여의치 않았던 사례).
2) 대법원 1992. 1. 21. 선고 91누5204 판결(근로계약상 근로의 장소가 국회현장으로 되어 있는 미화원인 근로자를 다른 곳으로 전직명령을 하면서 승진시킨 처분).
3) 대법원 1998. 12. 23. 선고 97누18035 판결, 이 때 사용자의 부당노동행위 의사 유무는 승진의 시기와 조합활동과의 관련성, 업무상 필요성, 능력의 적격성과 인선의 합리성 등의 유무와 근로자의 승진이 조합활동에 미치는 영향 등 여러 사정을 고려하여 판단해야 한다.
4) 대법원 1991. 5. 28. 선고 90누6392 판결.
5) 대법원 1997. 6. 13. 선고 96누17738 판결.

는 불이익한 대우를 하겠다는 의사표시를 하였으나 이를 현실화하지 않은 경우 실제 실행에 이르지 않는 한 불이익취급의 부당노동행위는 성립하지 않는다고 본 사례[1]가 있는데, 이는 형사상 무죄로 볼 수 있다는 취지이고 만약 불이익한 대우의 고지에 따라 조합에서 탈퇴한 경우라면 조합활동상 불이익처분이 존재한다고 볼 여지도 있음을 유의할 필요가 있다.[2]

(다) 부당노동행위 의사

1) 부당노동행위 의사의 추정

사용자의 불이익처분이 근로자의 정당한 노동조합 활동을 '이유로' 행하여져야 불이익취급이 성립된다. 이 요건을 부당노동행위 의사라고 부를 수 있다.

그런데 사용자들은 실제로는 노동조합 활동을 혐오하여 불이익 처분을 하는 경우에도 대부분 표면상으로는 다른 이유를 내세우고 있다. 사용자의 부당노동행위 의사는 내심의 의사로서 근로자가 이를 직접 증명하는 것이 매우 곤란하므로, 불이익처분 당시의 객관적·외형적 사정들을 모두 종합하여 간접적으로 판단할 수밖에 없다. 일반적으로 고려되는 요소들로는, 사용자가 내세우는 처분사유와 근로자가 한 정당한 조합활동의 내용, 처분의 대상자, 사용자와 노동조합과의 관계, 처분의 시기 및 경위, 처분의 불균형 여부, 처분의 절차, 처분 이후 조합활동 상황의 쇠퇴 내지 약화 여부 등이 있다.[3]

근로자가 간접사실들을 증명함으로써 경험칙에 의하여 주요사실인 부당노동행위 의사가 추정되면, 사용자의 입장에서는 그 추정을 깨뜨리기 위하여 가령 해고에 정당한 이유가 있었다고 주장하는 등 반대사실을 주장하게 된다. 이때 해고사유를 구성하는 사실관계를 증명하지 못한 경우에는 패소할 수밖에 없게 된다.[4]

2) 처분이유의 경합

사용자의 부당노동행위 의사도 추정되고, 사용자가 주장하는 해고사유의 정당

---

1) 대법원 2004. 8. 30. 선고 2004도3891 판결.
2) 노동법실무연구회, 노동조합 및 노동관계조정법 주해 Ⅲ, 박영사(2023), 169.
3) 대법원 1991. 2. 22. 선고 90누6132 판결, 대법원 1991. 4. 23. 선고 90누7685 판결, 대법원 1992. 2. 28. 선고 91누9572 판결, 대법원 1995. 11. 7. 선고 95누9792 판결, 대법원 1998. 12. 23. 선고 97누18035 판결, 대법원 2006. 9. 8. 선고 2006도388 판결 등 부당노동행위 의사의 추정에 관한 판례는 매우 많다.
4) 노동법실무연구회, 노동조합 및 노동관계조정법 주해 Ⅲ, 박영사(2023), 170~171.

성도 인정되는 경우에 부당노동행위가 성립하는지, 만일 부당노동행위가 성립한다면 어떠한 경우에 성립하는지의 문제가 처분이유의 경합이다.[1] 이를 증명책임의 관점에서 보면, 어떠한 경우에 부당노동행위 의사의 추정이 깨진다고 볼 것인가라는 문제가 된다.[2]

처분이유의 경합에 관한 명제를 최초로 종합적으로 정리하였다는 평가를 받는 것은 대법원 1994. 12. 23. 선고 94누3001 판결로서 그 내용은 아래와 같다.

○ 사용자가 근로자를 해고함에 있어서 표면상의 해고사유와는 달리 실질적으로는 근로자가 노동조합업무를 위한 정당한 행위를 한 것을 이유로 해고한 것으로 인정되는 경우에는 부당노동행위라고 보아야 할 것이고, 근로자의 노동조합업무를 위한 정당한 행위를 실질적인 해고사유로 한 것인지의 여부는 사용자측이 내세우는 해고사유와 근로자가 한 노동조합업무를 위한 정당한 행위의 내용, 해고를 한 시기, 사용자와 노동조합과의 관계, 동종의 사례에 있어서 조합원과 비조합원에 대한 제재의 불균형 여부, 징계절차의 준수 여부, 징계재량의 남용 여부 기타 부당노동행위의사의 존재를 추정할 수 있는 제반사정을 비교, 검토하여 종합적으로 판단하여야 하고, 적법한 징계해고사유가 있어 징계해고한 이상 사용자가 근로자의 노동조합활동을 못마땅하게 여긴 흔적이 있다 하여 그 사유만으로 위 징계해고가 징계권 남용에 의한 부당노동행위에 해당한다고 단정할 것도 아니다.

위 판결 이후 처분이유의 경합에 관한 판례들로는 대법원 1996. 4. 23. 선고 95누6151 판결, 대법원 1996. 5. 31. 선고 95누2487 판결, 대법원 1997. 7. 8. 선고 96누6431 판결, 대법원 1996. 7. 30. 선고 96누587 판결, 대법원 1997. 3. 28. 선고 96누4220 판결, 대법원 1997. 6. 24. 선고 96누16063 판결, 대법원 1997. 12. 26. 선고 97누11126 판결 등이 있다.

대법원의 입장에 대해서는 여러 견해가 있지만, 증명책임의 관점에서 정당한 노동조합 활동과 사용자가 내세우는 처분이유 중 어느 것이 '결정적 이유'가 되었는가에 따라서 부당노동행위의 성립 여부를 판단하는 입장이라는 견해[3]가 유력한 것

---

1) 박상훈, 불이익취급과 그 구제, 서울대학교 대학원 석사학위논문(1990), 40.
2) 노동법실무연구회, 노동조합 및 노동관계조정법 주해 Ⅲ, 박영사(2023), 172.
3) 김유성, 노동법 Ⅱ - 집단적 노사관계법, 법문사(2001), 335; 김헌수, 노동조합 및 노동관계조정법(제4판), 법원사(2013), 669~670.

으로 보인다.

나. 반조합계약

(1) 의의

노동조합법 제81조 제1항 제2호 본문은 '근로자가 어느 노동조합에 가입하지 아니할 것 또는 탈퇴할 것을 고용조건으로 하거나 특정한 노동조합의 조합원이 될 것을 고용조건으로 하는 행위'를 부당노동행위로 규정하여 이를 금지하고 있다. 노조의 불가입이나 그로부터 탈퇴 또는 특정한 노조 가입 등을 고용조건으로 하는 계약을 '반조합계약'이라고 한다.[1]

불이익취급이 기존의 조합활동을 이유로 한 행위인 반면, 반조합계약은 향후 조합가입 내지 활동 여부를 채용 내지 고용 계속의 조건으로 하는 행위라는 점에서 차이가 있다.[2] 반조합계약을 체결한 사실만으로도 부당노동행위가 성립한다.[3]

(2) 반조합계약의 내용 및 유형

(가) 단결방해의 반조합계약

노동조합법 제81조 제1항 제2호 본문 전단은 근로자에 대하여 노동조합 불가입이나 탈퇴를 고용조건으로 하는 행위를 금지하고 있다.

반조합계약을 부당노동행위의 유형 중 하나로 규정한 본래 취지는 향후 조합활동에 대한 사전 억제 내지 제한을 제거하기 위한 것이다. 이 점에서 법문에 규정된 내용은 예시적인 것으로 보아야 하고, 그와 유사한 기능을 수행하는 약정도 반조합계약이 된다.[4] 가령 '조합을 결성하지 않는 것', '조합에 가입하여도 조합활동을 일체 하지 않는 것' 내지 '노동조합에 가입은 하더라도 적극적인 활동을 하지 않는 것' 등을 고용조건으로 하는 행위도 반조합계약에 포함된다고 봄이 타당하다.[5] 나아가

---

1) 대법원 2002. 10. 25. 자 2000카기183 결정.
2) 김유성, 노동법Ⅱ – 집단적 노사관계법, 법문사(2001), 336.
3) 이상윤, 노동법(제17판), 법문사(2021), 950.
4) 김유성, 노동법Ⅱ – 집단적 노사관계법, 법문사(2001), 336.
5) 김유성, 노동법Ⅱ – 집단적 노사관계법, 법문사(2001), 337; 김형배, 노동법(제27판), 박영사(2021), 1499; 임종률, 노동법(제20판), 박영사(2022), 298(다만, 죄형법정주의의 원칙상 처벌대상으로서의 부

소속 노동조합의 특정 상급 연합단체에의 가입이나 탈퇴를 조건으로 하는 것도 역시 금지된다고 보아야 할 것이다.[1]

'고용조건'으로 한다는 것은 채용조건뿐만 아니라 근로자로 된 후의 고용계속의 조건으로 약정하는 것도 포함한다. 가령 쟁의 타결 시에 조합탈퇴·조합불가입 등을 고용계속의 조건으로 하는 것이나 임시직 등에서 향후 조합활동의 금지를 고용계약 갱신의 조건으로 하는 것도 반조합계약에 해당한다.[2]

한편, 반조합계약의 취지에 비추어, 승진이나 임금 면에서 혜택을 주는 것을 조건으로 노동조합 탈퇴나 그 불가입을 약정하는 것 또한 금지된다고 해석해야 한다는 것이 주류적 견해이다.[3]

(나) 단결강제(혹은 조직강제)의 반조합계약

노동조합법 제81조 제1항 제2호 본문 후단은 원칙적으로 근로자에 대하여 특정한 노동조합의 조합원이 될 것을 고용조건으로 하는 행위, 즉 제한적 조직강제를 금지하고 있다. 사용자가 특정 조합 가입을 강요하거나, 복수 노조 중 자주적인 조합을 약화시키고 어용조합을 확장하는 것은 조합의 단결권을 침해하는 부당노동행위에 해당[4]할 뿐만 아니라 개별 근로자의 노조에 가입하지 아니할 자유 내지 노조 선택의 자유를 침해하기 때문이다.[5]

다만 노동조합법 제81조 제1항 제2호 단서는 일정한 요건을 구비한 경우에 유니언 숍 협정의 효력을 예외적으로 인정하고 있다.

특정한 노조 가입을 '고용조건'으로 한다는 것은, 앞서 본 바와 같이 채용조건뿐만 아니라 근로자로 된 후의 고용계속의 조건으로 약정하는 것을 포함하며, 임금·승진 등의 근로조건 기타 근로자의 대우에 관한 고용상의 여러 이익을 조건으로 하는 것도 포함된다고 보는 것이 타당하다.[6]

　당노동행위로 보기는 곤란하다고 한다).
1) 노동법실무연구회, 노동조합 및 노동관계조정법 주해 Ⅲ, 박영사(2023), 188.
2) 김유성, 노동법Ⅱ - 집단적 노사관계법, 법문사(2001), 337.
3) 김유성, 노동법Ⅱ - 집단적 노사관계법, 법문사(2001), 337.
4) 이상윤, 노동법(제17판), 법문사(2021), 951.
5) 노동법실무연구회, 노동조합 및 노동관계조정법 주해 Ⅲ, 박영사(2023), 189.
6) 김유성, 노동법Ⅱ - 집단적 노사관계법, 법문사(2001), 337.

(3) 반조합계약의 효력

반조합계약은 강행규정 위배로 사법상 당연 무효이다.[1] 다만 반조합계약 약정 부분만이 무효이고 근로계약 전체가 무효로 되는 것은 아니며,[2] 비록 반조합계약을 계기로 노동조합에 가입하였다고 하더라도 근로자들 스스로 노동조합에 가입하려는 의사를 가지고 있었다면 이로써 노동조합의 가입계약은 유효하게 성립된 것으로 보아야 한다.[3]

(4) 유니언 숍(union shop) 협정

(가) 의의

조직강제란 조합원 지위를 고용의 조건으로 하도록 함으로써 비조직근로자에 대하여 조합원자격의 취득 및 유지를 강제하는 단체협약상의 제도를 의미한다.[4] 이러한 조직강제는 조합원자격을 근로자의 채용 및 계속 고용의 조건으로 하는 단체협약상의 숍(shop) 조항을 통하여 이루어지는데,[5] 특히 사용자가 단체협약을 통하여 노동조합에 가입하지 않은 자나 노동조합에서 탈퇴 또는 제명에 의해 조합원자격을 상실한 자를 해고하기로 하는 규정을 '유니언 숍 협정'이라 한다.[6] 노동조합법 제81조 제1항 제2호 단서 전문은 조직강제 조항 중 유니언 숍 협정을 규정하고 있다.

(나) 유효성

1) 2006년 법 개정 전

복수노조가 허용되기 전 시행되던 구 노동조합법(2006. 12. 30. 법률 제8158호로 개정되기 전의 것) 제81조 제2호 단서는 "다만, 노동조합이 당해 사업장에 종사하는 근로자의 3분의 2 이상을 대표하고 있을 때에는 근로자가 그 노동조합의 조합원이 될 것을 고용조건으로 하는 단체협약의 체결은 예외로 하며, 이 경우 사용자는 근로

---

1) 대법원 1993. 12. 21. 선고 93다11463 판결.
2) 김형배, 노동법(제27판), 박영사(2021), 1499.
3) 대법원 2004. 11. 12. 선고 2003다264 판결.
4) 이승욱, "노조법상 유니언 숍 제도(단결강제제도)의 위헌 여부", 헌법실무연구 4권, 헌법실무연구회 (2003. 12.), 307.
5) 김유성, 노동법Ⅱ - 집단적 노사관계법, 법문사(2001), 28.
6) 노동법실무연구회, 노동조합 및 노동관계조정법 주해 Ⅲ, 박영사(2023), 191.

자가 당해 노동조합에서 제명된 것을 이유로 신분상 불이익한 행위를 할 수 없다."
라고 규정하고 있었다.

　　대법원은 구 노동조합법 제81조 제2호 단서에 대하여 노동조합의 조직 유지와
강화에 기여하는 측면을 고려하여 일정한 요건 하에서 체결된 유니언 숍 협정의 효
력을 인정하는 것으로서 헌법상의 근로자의 단결권을 침해하는 조항으로 볼 수 없
다고 판시하였고,[1] 헌법재판소도 헌법에 위배되지 않는다고 판단하였다.[2]

2) 2006년 법 개정 후

　　복수노조 허용에 따라 노동조합법 제81조 제1항 제2호 단서 후문은 "이 경우
사용자는 근로자가 그 노동조합에서 제명된 것 또는 그 노동조합을 탈퇴하여 새로
노동조합을 조직하거나 다른 노동조합에 가입한 것을 이유로 근로자에게 신분상 불
이익한 행위를 할 수 없다."와 같이 개정되었는데, 헌법재판소 결정의 취지를 감안
하면 개정된 조항은 복수노조 체제 하에서 유니언 숍 제도를 지배적 노동조합의 집
단적 단결권과 근로자의 단결선택권을 조화시키는 방향으로 수정하여 헌법에 합치
된다고 볼 수 있다.[3]

　　대법원 2019. 11. 28. 선고 2019두47377 판결은 개정된 조항이 적용된 최초의
판결로, 아래와 같이 판시하였다.

　○ 헌법, 노동조합 및 노동관계조정법, 근로기준법 등 관련 법령의 문언과 취지 등을
함께 고려하면, 근로자에게는 단결권 행사를 위해 가입할 노동조합을 스스로 선택할 자
유가 헌법상 기본권으로 보장되고, 나아가 근로자가 지배적 노동조합에 가입하지 않거
나 그 조합원 지위를 상실하는 경우 사용자로 하여금 그 근로자와의 근로관계를 종료
시키도록 하는 내용의 유니언 숍 협정이 체결되었다 하더라도 지배적 노동조합이 가진
단결권과 마찬가지로 유니언 숍 협정을 체결하지 않은 다른 노동조합의 단결권도 동등
하게 존중되어야 한다. 유니언 숍 협정이 가진 목적의 정당성을 인정한다고 하더라도,
지배적 노동조합이 체결한 유니언 숍 협정은 사용자를 매개로 한 해고의 위협을 통해
지배적 노동조합에 가입하도록 강제한다는 점에서 그 허용 범위가 제한적일 수밖에 없

---

1) 대법원 2002. 10. 25. 자 2000카기183 결정.
2) 헌법재판소 2005. 11. 24. 선고 2002헌바95, 96, 2003헌바9 전원재판부 결정.
3) 양성필, "단결선택권과 단결하지 아니할 자유를 고려한 단결강제 제도의 모색", 노동법학 73호, 한국
　노동법학회(2020), 142.

다. 이러한 점들을 종합적으로 고려하면, 근로자의 노동조합 선택의 자유 및 지배적 노동조합이 아닌 노동조합의 단결권이 침해되는 경우에까지 지배적 노동조합이 사용자와 체결한 유니온 숍 협정의 효력을 그대로 인정할 수는 없고, 유니온 숍 협정의 효력은 근로자의 노동조합 선택의 자유 및 지배적 노동조합이 아닌 노동조합의 단결권이 영향을 받지 아니하는 근로자, 즉 어느 노동조합에도 가입하지 아니한 근로자에게만 미친다고 보아야 한다. 따라서 신규로 입사한 근로자가 노동조합 선택의 자유를 행사하여 지배적 노동조합이 아닌 노동조합에 이미 가입한 경우에는 유니온 숍 협정의 효력이 해당 근로자에게까지 미친다고 볼 수 없고, 비록 지배적 노동조합에 대한 가입 및 탈퇴 절차를 별도로 경유하지 아니하였다고 하더라도 사용자가 유니온 숍 협정을 들어 신규 입사 근로자를 해고하는 것은 정당한 이유가 없는 해고로서 무효로 보아야 한다.

(다) 유니언 숍 협정에 따른 사용자의 해고의무 위반 및 부당노동행위 해당 여부

유효한 유니언 숍 협정 하에서 사용자는 임의로 노동조합에 가입하지 않거나 노동조합에서 탈퇴한 근로자를 해고할 의무가 있다는 것이 다수의 학설과 판례의 입장이지만, 그럼에도 사용자가 유니언 숍 협정을 위반하여 노동조합에 가입하지 않거나 탈퇴한 근로자에 대하여 해고를 하지 않은 경우 노동조합을 위한 단체협약의 이행 확보방안이 있는지는 의문이다.[1] 판례 역시 단체협약상의 유니언 숍 협정에 의하여 사용자가 노동조합을 탈퇴한 근로자를 해고할 의무는 단체협약상의 채무일 뿐, 이러한 채무를 불이행하여 탈퇴한 근로자에 대하여 해고조치를 취하지 아니한 것 자체가 바로 지배·개입의 부당노동행위에 해당한다고 단정할 수 없다고 함으로써 실질적으로 사용자가 유니언 숍 협정에 위반하여 노동조합에 가입하지 않거나 탈퇴한 근로자를 해고하지 아니하여도 특별한 법적 책임을 묻기 어렵게 하고 있다.[2]

복수노조 체제 하에서 특정 노조가 유니언 숍 협정 체결의 전제인 사업장 내 노동조합 가입률 3분의 2 요건을 충족하기가 쉽지 않고, 유니언 숍 협정이 개별근로자의 권리를 침해할 수 있다는 우려로 그 입지가 상당히 좁혀진 현실 하에서, 현행 노동조합법상 노조보호규정으로서의 유니언 숍 협정은 그 실효성이 크지 않다.[3]

---

1) 노동법실무연구회, 노동조합 및 노동관계조정법 주해 Ⅲ, 박영사(2023), 217.
2) 대법원 1998. 3. 24. 선고 96누16070 판결.
3) 노동법실무연구회, 노동조합 및 노동관계조정법 주해 Ⅲ, 박영사(2023), 218.

다. 단체교섭거부

(1) 의의 및 합헌 여부

노동조합법 제81조 제1항 제3호는 사용자의 부당한 단체교섭거부를 부당노동행위로 규정하고 있다. 헌법재판소는 위 조항이 비례의 원칙에 위배하여 계약의 자유, 기업활동의 자유, 집회의 자유를 침해한 것이라 볼 수 없으며, 사용자만의 단체협약체결 기타의 단체교섭거부 혹은 해태를 금지한 것이 자의적이거나 비합리적인 차별이라 단정할 수 없다는 이유를 들어 합헌이라고 결정하였다.[1]

(2) 요건사실 및 증명책임

(가) 요건사실

사용자가 ① 정당한 이유 없이 단체교섭을 거부 또는 해태하거나, ② 단체교섭이 타결되었음에도 정당한 이유 없이 단체협약의 체결을 거부하는 경우 부당노동행위가 성립한다.

교섭창구 단일화 절차는 단체교섭에 나아가기 위한 필수적인 절차에 해당하고, 이는 노동조합의 사용자에 대한 단체교섭 요구에서 시작되므로, 복수노동조합이 존재하는 사업 또는 사업장의 사용자가 교섭대표노동조합을 정하기 위한 교섭창구 단일화 절차를 거부하거나 해태하는 행위 역시 노동조합법 제81조 제1항 제3호의 기타의 단체교섭을 거부하거나 해태하는 것으로서 부당노동행위에 해당한다.[2]

사용자가 단체교섭에 성의를 가지고 임하였으나 그 결과 타협점에 이르지 못하여 단체협약이 체결되지 못한 경우에는 부당노동행위에 해당하지 않는다.[3] 다만 사용자가 단체교섭을 거부할 정당한 이유가 있다거나 단체교섭에 성실히 응하였다고 믿었더라도 객관적으로 정당한 이유가 없고 불성실한 단체교섭으로 판정되는 경우에는 부당노동행위가 성립하고, 이때 정당한 이유 여부는 노동조합측의 교섭권자, 노동조합측이 요구하는 교섭시간, 교섭장소, 교섭사항 및 그의 교섭태도 등을 종합

---

1) 헌법재판소 2002. 12. 18. 선고 2002헌바12 결정.
2) 서울행정법원 2013. 7. 17. 선고 2013구합50678 판결, 서울고등법원 2013. 12. 12. 선고 2013누46237 판결(항소기각), 대법원 2014. 3. 27. 자 2014두35034 판결(심리불속행 기각).
3) 대법원 2006. 2. 24. 선고 2005도8606 판결.

하여 사회통념상 사용자에게 단체교섭 의무의 이행을 기대하는 것이 어렵다고 인정되는지 여부에 따라 판단한다.[1]

단체교섭 거부라는 부당노동행위의 주체인 사용자의 범위에 관하여 하급심의 판결은 갈리고 있는바, 근로계약관계가 있는 자에 한정해야 한다는 입장(부산고등법원 2018. 11. 14. 선고 2018나53149 판결,[2] 광주지방법원 2020. 12. 23. 자 2020카합50814 결정 등)과 근로계약관계가 없더라도 지배력 등에 따라 사용자의 범위가 확장될 수 있다는 입장(서울서부지방법원 2019. 11. 21. 선고 2019노778 판결[3])이 대립한다. 이에 관한 향후 대법원의 판단을 주목할 필요가 있다.

(나) 증명책임

부당노동행위의 일반적인 증명책임과 동일하게 신청인인 노동조합이 부담한다.[4] 따라서 노동조합은 사용자의 단체교섭거부에 정당한 이유가 없다는 사실에 대한 증명책임을 부담한다.

라. 지배·개입의 부당노동행위

(1) 의의

노동조합법 제81조 제1항 제4호 본문은 부당노동행위의 한 유형으로 '근로자가 노동조합을 조직 또는 운영하는 것을 지배하거나 이에 개입하는 행위와 근로시간 면제한도를 초과하여 급여를 지급하거나 노동조합의 운영비를 원조하는 행위'를 들고 있다. 이를 통상 지배·개입과 운영비 원조라고 하며, 이를 금지하는 이유는 근로자의 단결권 행사와 그 결과인 노동조합의 조직·운영에 대하여 사용자의 개입·간섭·조종·방해를 일절 배제함으로써 노동조합의 자주성·독립성과 조직력을 확보·유지하기 위한 데에 있다.

다만 노동조합법 제81조 제1항 제4호 단서는 금지되는 운영비 원조의 예외로서, 근로자가 근로시간 면제(Time-off) 제도에 따라 활동하는 것(노동조합법 제24조

---

1) 대법원 2010. 4. 29. 선고 2007두11542 판결, 대법원 2010. 11. 11. 선고 2009도4558 판결 등.
2) 대법원 2018다296229호로 상고심 계속 중.
3) 대법원 2020. 4. 9. 선고 2019도18524 판결로 상고기각 되어 확정됨.
4) 대법원 1996. 9. 10. 선고 95누16738 판결.

제4항)을 사용자가 허용하는 것은 무방하고, 근로자의 후생자금 또는 경제상 불행 그밖에 재해의 방지와 구제 등을 위한 기금의 기부와 최소한 규모의 노동조합사무소 제공 등 노동조합의 자주적인 운영 또는 활동을 침해할 위험이 없는 범위의 운영비 원조행위를 인정하고 있다.[1]

(2) (협의의) 지배·개입

(가) 개념

사용자의 지배·개입행위로부터 보호되는 노동조합의 조직·운영은 근로자 개인의 단결권뿐만 아니라 단결체 자체의 단결권을 기초로 한 단결활동 전반을 의미한다.[2]

금지되는 사용자의 행위로서 '지배'는 노동조합의 의사결정을 좌우할 정도의 간섭·방해를 말하고, '개입'이란 이러한 정도에 이르지는 아니하나 노동조합의 의사결정이나 행동을 사용자의 의도대로 변경시키려 하는 것을 말한다. 결국 '지배'는 '개입' 의도가 전면적으로 성공하여 노동조합의 자주성·독립성이 상실된 상태를 가리키는 것으로서 지배와 개입은 정도의 차이에 불과하므로, 그 경계를 명확히 할 실익이 크지 않다.[3] 지배·개입의 부당노동행위가 성립하기 위하여 노동조합의 자주성이나 조직력이 침해되는 결과가 현실적으로 발생해야만 하는 것도 아니다.[4]

(나) 지배·개입의 두 가지 성격

우리 노동조합법의 해석상 사용자가 노동조합의 조직·활동에 '직접' 관여하여 이를 방해하는 경우나 어용노조를 지원함으로써 근로자의 자주적 단결권 행사를 '간접'적으로 방해하는 경우 모두 제81조 제1항 제4호 본문의 지배·개입에 해당하는 것으로 이해한다.[5]

그런데 위 2가지 형태의 지배·개입은 이에 관한 사용자의 의도가 다르기 때문에 단결권에 대한 침해의 양상이 다르며, 이에 따라 구제의 방식도 달라야 한다.[6]

---

1) 노동법실무연구회, 노동조합 및 노동관계조정법 주해 Ⅲ, 박영사(2023), 229.
2) 노동법실무연구회, 노동조합 및 노동관계조정법 주해 Ⅲ, 박영사(2023), 230.
3) 사법연수원, 노동조합 및 노동관계조정법(2016), 376.
4) 대법원 1997. 5. 7. 선고 96누2057 판결.
5) 김유성, 노동법Ⅱ - 집단적 노사관계법, 법문사(2001), 352; 이상윤, 노동법(제17판), 법문사(2021), 941.
6) 대법원 2021. 2. 25. 선고 2017다51610 판결에 따르면, 사용자의 지배·개입 부당노동행위에 의해 노

이는 지배·개입의 한 형태인 운영비 원조와 관련하여 특히 중요한바, 간접적 방해는 그 지원행위 자체가 당연히 부당노동행위가 되는 것이 아니라, 그러한 사용자의 지원을 통해 노동조합이 자주성을 상실함으로써 근로자들의 단결에 대한 침해의 결과가 발생하거나 그 위험이 있는 때에야 부당노동행위로서 실질적 의미를 갖게 되고, 이에 대한 구제의 필요성도 위와 같이 어용화된 노동조합에 반대하거나 거기에서 이탈한 근로자들이 별도의 자주적 단결을 모색할 때에 비로소 제기된다. 따라서 간접적 방해와 관련하여서는 직접적 방해와 같은 절대적 금지의 기준이 아니라 구체적 상황과 맥락에 따른 상대적 금지의 기준이 적용되어야 한다.[1]

(3) 지배·개입의 주체

다른 부당노동행위와 마찬가지로 원칙적으로 노동조합법 제2조 제2호에서 말하는 사용자이다. 특히 '그 사업의 근로자에 관한 사항에 대하여 사업주를 위하여 행동하는 사람'이 그 권한과 책임의 범위 내에서 사업주를 위하여 한 행위가 노동조합의 조직이나 운영 및 활동을 지배하거나 이에 개입하는 의사로 한 것으로서 부당노동행위가 되는 경우 이러한 행위는 사업주의 부당노동행위로 인정할 수 있고, 다만 사업주가 그 선임 및 업무수행상 감독에 상당한 주의를 하였음에도 부당노동행위가 행해진 경우와 같은 특별한 사정이 있는 경우에는 그러하지 않을 수 있는데, 이때 특별한 사정에 대한 주장·증명책임은 사업주에게 있다.[2]

그 밖에 이른바 실질적 지배력설을 취한 대법원 2010. 3. 25. 선고 2007두8881 판결이 있음은 앞에서 본 바와 같고, 대법원 2021. 2. 4. 선고 2020도11559 판결은 위 법리를 전제로, 삼성전자서비스가 노동조합을 와해시키기 위하여 한 협력업체 폐업 유도 내지 지시 등 일련의 행위를 지배·개입의 부당노동행위로 인정하고 관여자들에 대한 형사 책임을 인정한 원심을 그대로 확정한 바 있다.

동조합이 설립된 경우 단체교섭의 주체가 되고자 하는 노동조합으로서는 다른 노동조합을 상대로 해당 노동조합이 설립될 당시부터 주체성과 자주성 등의 실질적 요건을 흠결하였음을 들어 그 설립무효의 확인을 구하거나 노동조합으로서의 법적 지위가 부존재한다는 확인을 구하는 소를 제기할 수 있다.

1) 노동법실무연구회, 노동조합 및 노동관계조정법 주해 Ⅲ, 박영사(2023), 232.
2) 대법원 2022. 5. 12. 선고 2017두54005 판결.

(4) 지배·개입의 의사

우리 대법원은 지배·개입의 의사가 필요하다는 입장이다. 조합장의 노동조합 활동을 방해하려는 의도에서 이루어진 행위라면 이로 인하여 근로자의 단결권 침해 라는 결과가 발생하지 아니하였다고 하더라도 지배·개입으로서의 부당노동행위에 해당한다고 판시한 사례,[1] 사용자에게 지배·개입의 의사가 없으면 유니언 숍 약정 에 위반하였더라도 부당노동행위는 성립하지 않는다고 판시한 사례,[2] 복수의 노동 조합이 있는 경우에 특정 노동조합과의 단체협약에 따라 사용자가 특정 노동조합의 조합원들에게만 무쟁의 타결 격려금을 지급한 행위가 다른 노동조합의 단체교섭을 방해하기 위한 의도로 행하여진 것으로 지배·개입의 부당노동행위에 해당한다고 판 시한 사례[3] 등이 있다.

한편, 지배·개입 의사의 내용에 관하여는 사용자의 구체적인 행위에 따라 '조 합활동을 곤란하게 할 목적',[4] '노동조합 활동을 방해하려는 의도',[5] '단결활동의 자 주성을 저해하거나 거기에 영향을 미치려고 한 것',[6] '조합원 개개인의 판단과 행동, 노동조합의 운영에까지 영향을 미치려는 시도',[7] '노동조합 활동을 지배·개입하려 는 부당노동행위 의사'[8] 등으로 다양하게 설시하고 있다. 다만 운영비 원조에 관한 부당노동행위 의사와 관련하여서는 '운영비 원조의 예외적 허용 사유가 아님을 인식 하면서도 전임자 급여 지원 및 운영비 원조 행위를 하는 것 자체로 인정할 수 있고, 지배·개입의 적극적·구체적인 의도나 동기까지 필요한 것은 아니다'라고 한 사례[9] 가 있다.

(5) 지배·개입의 형태

사용자가 노동조합의 조직·운영에 개입하는 형태는 매우 다양하다. 아래에서는

---

1) 대법원 1997. 5. 7. 선고 96누2057 판결.
2) 대법원 1998. 3. 24. 선고 96누16070 판결.
3) 대법원 2019. 4. 25. 선고 2017두33510 판결.
4) 대법원 1991. 5. 28. 선고 90누6392 판결.
5) 대법원 1997. 5. 7. 선고 96누2057 판결.
6) 대법원 1998. 3. 24. 선고 96누16070 판결.
7) 대법원 2006. 9. 8. 선고 2006도388 판결.
8) 대법원 2014. 2. 13. 선고 2011다78804 판결.
9) 대법원 2016. 4. 28. 선고 2014두11137 판결.

노동조합의 활동 영역과 관련지어 유형별로 살펴보는 한편, 사용자의 언론의 자유와 시설관리권의 시각에서 지배·개입에 해당하지 않는 사용자의 활동 영역을 살펴본다. 다만, 어용노조 등을 조장함으로써 간접적으로 근로자의 단결권 등을 침해하는 형태에 대해서는 별도의 항에서 살펴보기로 한다.[1]

(가) 노동조합의 조직에 대한 개입

노조 결성에 대한 비난 또는 결성 포기의 설득, 회유 또는 강요나 협박,[2] 노조 결성의 중심인물에 대한 해고·전근 그 밖의 불이익취급,[3] 원청이 실질적인 영향력 내지 지배력을 바탕으로 하청업체를 폐업하도록 하거나 도급계약 내지 용역계약을 중도 해지하는 등의 방법으로 하청업체 소속 근로자의 노조 결성을 저지하거나 방해하는 행위,[4] 노동조합이 결성된 이후 여기에 가입하지 않거나 탈퇴할 것을 권고·요구하거나 불이익의 위협 등으로 압박하는 행위,[5] 특정 직급·보직의 근로자를 노동조합원에서 배제할 것을 요구함으로써 노동조합이 자율적으로 정할 조합원의 범위 설정에 개입하는 행위[6] 등을 노동조합의 조직에 대한 지배·개입으로 본 사례들이 있다.

(나) 복수의 노동조합 사이의 차별

교섭창구를 단일화하지 않고 복수의 노동조합과 개별적으로 교섭 절차를 진행

---

1) 노동법실무연구회, 노동조합 및 노동관계조정법 주해 Ⅲ, 박영사(2023), 241.
2) 대법원 1998. 5. 22. 선고 97누8076 판결(전쟁기념사업회 회장이 위 사업회의 성질상 태어나지 말아야 할 노동조합이 생겼으며, 전 직원으로부터 사표를 받고 공개채용으로 다시 충원해야 하는 일이 없기 바란다는 취지로 발언한 사례).
3) 대법원 2016. 3. 24. 선고 2013두12331 판결(산업별 노동조합 지회와 사용자의 관계가 악화되어 있던 상태에서 사용자가 노동조합의 무력화 또는 기업별 노동조합으로의 조직형태 변경을 목표로 하는 것으로 볼 수 있는 컨설팅 계약을 노무법인과 체결하였고, 실제로 노동조합의 조직형태 변경이 이루어진 직후 기존 노조 조합원들에 대한 징계처분을 한 사례).
4) 대법원 2021. 2. 4. 선고 2020도11559 판결(삼성전자서비스가 일부 협력업체의 폐업을 유도·지시한 것이 지배·개입의 부당노동행위에 해당한다고 본 사례), 한편, 원청회사의 도급계약 중도해지가 부당노동행위에 해당하지 않는다고 본 사례로서 서울행정법원 2017. 6. 16. 선고 2016구합62436 판결(대법원 2024. 7. 11. 선고 2018두44661 판결에서 상고기각되어 확정됨).
5) 서울행정법원 2002. 7. 11. 선고 2001구52243 판결(소속 근로자들이 노동조합 지부에 가입한 직후 전 직원을 소집하여 노동조합 탈퇴원서를 작성하도록 설득한 사례), 한편, 병원의 총무과장이 조합 탈퇴를 원하는 조합원들의 조합비 공제와 관련된 문의에 대해 동일한 답변을 하는 번거로움을 피하기 위하여 조합 탈퇴에 관한 절차를 안내하는 문건을 게시하였다고 하여 병원측에서 조합원들에게 조합 탈퇴를 강요하거나 종용했다고 보기 어렵다고 한 사례로서 대법원 2000. 4. 7. 선고 99두3256 판결.
6) 대법원 2011. 9. 8. 선고 2008두13873 판결(학교법인이 소속 직원 일부에 대하여 직책상 노동조합에 참여할 수 없는 사람들이라는 이유로 조합 탈퇴를 요구한 사안).

하면서 기존 노조와 체결된 단체협약보다 불리한 내용의 단체협약안을 제시하는 경우,[1] 사용자가 특정 노동조합과 체결한 단체협약의 내용에 따라 해당 노동조합의 조합원에게만 금품을 지급하는 경우[2] 등을 지배·개입의 부당노동행위로 본 사례들이 있다.

(다) 노동조합의 내부 운영에 대한 개입

임원 선거[3]나 자금 조달[4] 등 노동조합의 내부 운영에 대한 간섭이나 방해, 단체협약이나 취업규칙, 노동관행 등을 통하여 제공되던 각종 편의(조합비 일괄공제, 회의실, 게시판 사용의 허용 등)의 일방적 중지[5] 등이 여기에 해당한다고 볼 수 있다.

(라) 노동조합의 활동에 대한 개입

사용자가 노동조합이 행하는 단체교섭이나 쟁의행위에 관여하여 노동조합의 의도를 좌절시키거나 사용자의 의도에 맞게 조종하려는 시도가 이에 해당한다.[6] 쟁의행위 찬반투표에 개입하는 행위,[7] 쟁의행위를 이유로 개별 조합원에게 불이익을 가하는 행위,[8] 선제적·공격적 직장폐쇄[9] 등을 실행에 옮김으로써 쟁의행위를 좌절시키려고 하는 시도도 이에 해당한다고 본 사례들이 있다.

---

1) 대법원 2018. 9. 13. 선고 2016도2446 판결.
2) 대법원 2019. 4. 25. 선고 2017두33510 판결.
3) 대법원 1992. 6. 23. 선고 92누3496 판결(노동조합규약 등에서 대의원입후보 등록서류로서 재직증명서를 요구하고 있는데 회사가 일부 근로자들에게 재직증명서의 발급을 거절한 사례).
4) 대법원 2006. 9. 8. 선고 2006도388 판결(회사의 조합비에 대한 가압류로 인해 경제적인 어려움을 겪고 있던 지회가 이를 극복하기 위한 방안으로 채권을 발행하기로 하자, 사용자측에서 2회에 걸쳐 지회의 채권발행을 중단할 것을 촉구하고, 업무에 지장을 초래하는 채권발행이나 근무시간 중의 채권발행에 대하여 엄중 조치하겠다는 내용의 공문을 발송한 사안).
5) 대법원 1997. 5. 7. 선고 96누2057 판결(회사가 해고를 다투는 조합장의 조합장 복귀 통지문을 반려하고 조합장이 아닌 다른 조합원 명의로 조합비 등의 일괄공제 요구를 할 것을 요청한 사례).
6) 대법원 1991. 12. 10. 선고 91누636 판결(회사의 대표이사나 전무가 조합의 일부 조합원들을 개별적으로 만나거나 조합의 결의에 불만을 품은 일부 조합원들을 모아서, 조합 운영위원회의 결의에 의해 시행하고 있는 준법운행에 참여하게 된 경위를 묻고, 준법운행에 반대해 종전과 같은 방식으로 근무할 것을 종용하는 등의 행위를 하고, 그 결과로 조합원들 중의 일부가 조합의 준법운행을 반대하고 종전과 같은 방식으로 근무할 것을 결의하는 등의 행위를 하게 된 사례).
7) 서울행정법원 2011. 9. 22. 선고 2011구합16384 판결.
8) 대법원 1991. 5. 28. 선고 90누6392 판결(쟁의행위 직후 노조전임자에 대하여 업무복귀 명령을 하고, 쟁의행위 기간 중 발생한 여러 문제에 대하여 쌍방이 책임을 묻지 않기로 합의하고도 노조 간부를 해고한 사례).
9) 대법원 2016. 3. 10. 선고 2013도7186 판결(사용자가 직장폐쇄를 단행하면서 노조사무실 출입을 통제하고, 조합원들을 선별하여 복귀시킨 후 휴대전화를 수거하며 여성 등 일부를 제외한 대부분의 복귀 조합원들을 회사 내에 숙식하도록 함으로써 외부와 접촉을 차단한 사안).

또한, 사용자가 단체교섭이나 쟁의행위와 같이 노동조합과 사용자 사이의 관계에서 직접 문제되는 행위가 아닌 노동조합의 다른 대외적 활동을 문제삼아 조합활동에 간섭·방해하는 경우에도 지배·개입이 성립된다고 본 사례도 있다.[1]

(마) 사용자의 언론의 자유

노동조합의 조직·운영에 관한 사용자의 지배·개입이 금지된다고 하여 사용자가 노사관계에 관하여 아무런 의견 표명이나 대응도 할 수 없다고 볼 수는 없다. 이러한 사용자의 대응은 일정한 한도 내에서 헌법상 기본권인 언론의 자유의 일환으로 보호되어야 한다.[2]

대법원 1998. 5. 22. 선고 97누8076 판결은 '사용자가 연설, 사내방송, 게시문, 서한 등을 통하여 의견을 표명할 수 있는 언론의 자유를 가지고 있음은 당연하나, 그것이 행하여진 상황, 장소, 그 내용, 방법, 노동조합의 운영이나 활동에 미친 영향 등을 종합하여 노동조합의 조직이나 운영을 지배하거나 이에 개입하는 의사가 인정되는 경우에는 구 노동조합법(1996. 12. 31. 법률 제5244호 부칙 제3조로 폐지되기 전의 것) 제39조 제4호에 정한 부당노동행위가 성립한다.'라고 판시한 바 있고, 한편 대법원 2013. 1. 10. 선고 2011도15497 판결은 '사용자가 노동조합의 활동에 대하여 단순히 비판적 견해를 표명하거나 근로자를 상대로 집단적인 설명회 등을 개최하여 회사의 경영상황 및 정책방향 등 입장을 설명하고 이해를 구하는 행위 또는 비록 파업이 예정된 상황이라 하더라도 그 파업의 정당성과 적법성 여부 및 파업이 회사나 근로자에 미치는 영향 등을 설명하는 행위는 거기에 징계 등 불이익의 위협 또는 이익제공의 약속 등이 포함되어 있거나 다른 지배·개입의 정황 등 노동조합의 자주성을 해칠 수 있는 요소가 연관되어 있지 않는 한, 사용자에게 노동조합의 조직이나 운영 및 활동을 지배하거나 이에 개입하는 의사가 있다고 가볍게 단정할 것은 아니라 할 것이다.'라고 판시하기도 하였다.

노동조합 활동, 특히 쟁의행위에 대한 불법성의 규정은 그 자체로 형사고발이나 개별 조합원들에 대한 손해배상청구의 위협을 내포·암시하는 것으로서 실제적인

1) 서울행정법원 2005. 9. 15. 선고 2005구합7570 판결(학교법인인 사용자가 그 예산상 비위를 고발한 조합원들을 상대로 질문서에 대한 답변을 요구하고 이에 응하지 않을 경우 무고로 조치하겠다고 위협하여 일부 조합원들이 탈퇴에 이른 사안).
2) 노동법실무연구회, 노동조합 및 노동관계조정법 주해 Ⅲ, 박영사(2023), 245.

단결권 침해의 결과나 위험을 낳게 될 수 있으므로, 이러한 사용자의 위협적 언동에 대해서까지 헌법상 언론의 자유를 들어 지배·개입의 성립을 부정하는 것은 타당하지 않다. 다만 단순히 회사의 경영상황, 사용자의 입장 등에 대한 노동조합의 주장에 대해 사실관계를 해명하거나 반론을 제기하는 정도까지는 부당노동행위로 보기 어려울 것이다.[1]

(바) 사업장의 시설사용에 관한 제한

사용자는 사업장 전반에 대한 시설관리권을 갖고 있고, 노동조합의 편의를 위하여 이를 제공하여야 할 당연한 의무는 없다. 다만 노사 간에 체결된 단체협약이나 사업장 내의 취업규칙, 노동관행 등으로 일정한 시설이 조합활동에 제공되어 온 경우, 사용자가 합리적 이유 없이 이를 일방적으로 폐지하면 조합활동에 대한 지배·개입이 성립할 수도 있을 것이다.[2]

한편, 사내하도급 관계의 수급인 소속 근로자의 단체행동권 행사에 대하여 도급인의 일정한 수인의무를 인정하는 전제 하에 수급인 소속 근로자들이 수급인을 상대로 쟁의조정 절차를 거쳐 파업을 하면서 도급인의 사업장을 집회·시위의 장소로 사용한 행위가 사회상규에 위배되지 않는 행위라고 본 사례[3]가 있다. 이는 직접 근로계약관계에 있는 사용자인 수급인과 원청인 도급인의 행위가 근로자의 정당한 노동조합 활동을 방해하거나 지장을 초래하는 행위로서 지배·개입을 구성하는지 여부의 문제에도 참작할 여지가 있다.[4]

2021. 1. 5. 개정된 노동조합법 제5조 제2항은 "사업 또는 사업장에 종사하는 근로자가 아닌 노동조합의 조합원은 사용자의 효율적인 사업 운영에 지장을 주지 아니하는 범위에서 사업 또는 사업장 내에서 노동조합 활동을 할 수 있다."는 규정을 신설하였다. 가령 해당 사업장에 직접 소속하지 않는 상급 산별노조의 간부들이 정당한 조합활동을 위하여 사업장에 출입하는 것을 일률적으로 금지한다면 역시 지배·개입에 해당할 수 있다.[5]

---

1) 노동법실무연구회, 노동조합 및 노동관계조정법 주해 Ⅲ, 박영사(2023), 248.
2) 대법원 2008. 10. 9. 선고 2007두15506 판결.
3) 대법원 2020. 9. 3. 선고 2015도1927 판결.
4) 노동법실무연구회, 노동조합 및 노동관계조정법 주해 Ⅲ, 박영사(2023), 250.
5) 노동법실무연구회, 노동조합 및 노동관계조정법 주해 Ⅲ, 박영사(2023), 249~250.

(6) 근로시간 면제한도 초과 급여 지급 및 노동조합의 운영비 원조

(가) 의의

개정된 노동조합법(2021. 1. 5. 법률 제17864호로 개정된 것)은 오랜 기간 논란이 되었던 노조전임자에 대한 급여 지급금지 규정을 삭제하고, 근로시간 면제 한도 내에서 급여를 지급할 수 있음을 명확히 하였으며(제24조), 부당노동행위로 명시하던 노조전임자에 대한 급여 지원 부분을 삭제하는 대신 근로시간 면제한도를 초과한 급여 지원을 금지되는 부당노동행위로 대체하였다(제81조 제1항 제4호 본문).

(나) 부당노동행위 판단 기준

종래 사용자의 원조행위가 그 자체로 노동조합의 자주성 상실 내지 저해의 위험을 내포하고 있기 때문에 실제 그러한 결과에 이르렀는지를 묻지 않고 일률적으로 부당노동행위로서 금지되어야 한다는 견해(형식설)[1]와 형식적으로 사용자에 의한 운영비 원조 등이 있더라도 이로써 노조의 자주성이 상실 내지 저해되거나 그럴 우려가 현저하지 않으면 부당노동행위로서 지배·개입에 해당하지 않는다는 견해(실질설)[2]의 대립이 있었고, 대법원 2016. 1. 28. 선고 2012두12457 판결 등 다수의 판결이 형식설에 입각한 것으로 보이기도 하였다. 그러나 이러한 견해의 대립과 논란은 헌법재판소 2018. 5. 31. 선고 2012헌바90 결정 및 후속 입법으로 일단락되었다.

헌법재판소는 구 노동조합법상 운영비 원조 금지조항이 노동조합의 자주성을 저해하거나 저해할 위험이 현저하지 않은 운영비 원조까지 금지한 결과 단체교섭권을 과도하게 침해하여 헌법에 위배된다고 판단하고 2019. 12. 31.을 시한으로 입법자의 개선입법이 이루어질 때까지 잠정적으로 적용하는 헌법불합치 결정을 하였는바, 이는 대법원 1991. 5. 28. 선고 90누6392 판결[3]을 수용한 것으로서 일응 실질설의 입장을 받아들인 결정으로 이해된다. 헌법불합치 결정의 취지를 반영하여 개정

---

1) 김형배, 노동법(제27판), 박영사(2021), 1524.
2) 김유성, 노동법Ⅱ - 집단적 노사관계법, 법문사(2001), 355; 이상윤, 노동법(제17판), 법문사(2021), 942.
3) 운영비 원조 금지의 입법목적이 조합의 자주성을 확보하는 데에 있으므로 전임자에 대한 급여 지급으로 인하여 조합의 자주성을 잃을 위험성이 현저하게 없는 한 부당노동행위가 성립되지 않는다고 봄이 상당하고, 특히 그 급여 지급이 조합의 적극적인 요구 내지는 투쟁 결과로 얻어진 것이라면 그 급여 지급으로 인하여 조합의 자주성이 저해될 위험은 거의 없으므로 부당노동행위에 해당하지 않는다고 본 사안.

된 노동조합법(2020. 6. 9. 법률 제17432호로 개정된 것) 제81조 제1항 제4호 단서는 '그 밖에 이에 준하여 노동조합의 자주적인 운영 또는 활동을 침해할 위험이 없는 범위에서의 운영비 원조행위'를 부당노동행위의 예외 사유로 추가하고, 제2항을 신설하여 '노동조합의 자주적 운영 또는 활동을 침해할 위험'을 판단하는데 고려할 요소를 명시하기에 이르렀다. 이로써 사용자의 운영비 원조가 부당노동행위에 해당하는지 판단하는 기준에 관하여 실질설이 입법으로 명시되었다고 할 수 있다.

(다) 노조전임자 급여 지급 금지의 폐지 및 근로시간 면제한도 초과 급여 지원

노조전임자에 대한 임금 지급을 금지하던 구 노동조합법 제24조 제2항은 2021. 1. 5. 법률 제17864호로 개정된 노동조합법에서 삭제되었고, 근로시간 면제 제도에 관한 내용으로 대체됨으로써 규율 내용에 다소 변화를 맞이하였다. 지배·개입 유형의 부당노동행위로 명시되었던 '노동조합의 전임자에게 급여를 지원하는 행위'도 현행 노동조합법 제81조 제1항 제4호에서 '근로시간 면제한도를 초과하여 급여를 지급하는 행위'로 개정되었다.

사용자는 근로시간 면제 제도에 따라 근로시간 면제자에게 급여를 지급할 수 있고(노동조합법 제24조 제1항, 제2항), 과거의 노동조합 전임자에 해당하는 근로시간 면제자에 대한 급여 지급이 그 자체로서 부당노동행위가 되는 것은 아니다. 하지만 근로시간 면제한도를 초과하여 급여를 지급하는 경우에는 부당노동행위에 해당할 수 있다(노동조합법 제81조 제1항 제4호 본문 후단). 근로시간 면제한도를 초과하는 내용을 정한 단체협약 또는 사용자의 동의는 그 부분에 한하여 무효가 된다(노동조합법 제24조 제4항).

(라) 예외 사유

노동조합법 제81조 제1항 제4호 단서는 허용되는 원조행위로 '근로자가 근로시간 중에 제24조 제2항에 따른 활동을 하는 것을 사용자가 허용하는 것', '근로자의 후생자금 또는 경제상의 불행 그밖에 재해의 방지와 구제 등을 위한 기금의 기부',[1] '최소한의 규모의 노동조합사무소의 제공', '그 밖에 이에 준하여 노동조합의 자주적

---

1) 부산고등법원 2021. 5. 12. 선고 2018나53934 판결(사용자가 복지공제조합 시설을 매점, 분식점, 서점 등의 용도로 노동조합에 임대·운영하게 한 행위에 대하여, 노동조합이 그 수익금의 대부분을 노동조합 후생자금으로 사용한 사정 등을 들어 부당노동행위에서 제외되는 후생자금 기부로 본 사례, 대법원에서 심리불속행 기각으로 확정됨).

인 운영 또는 활동을 침해할 위험이 없는 범위에서의 운영비 원조행위'를 명시하여 부당노동행위에서 제외하고 있다.

한편, 고용노동부가 마련한 2020. 6. 22.「노조법 개정에 따른 부당노동행위 처리 가이드라인」에 따르면 아래와 같은 기준에 따라 '노동조합의 자주적 운영 또는 활동을 침해할 위험'이 있는지 판단한다.

---

(1) 운영비 원조의 목적과 경위

사용자가 선제적이고 적극적으로 운영비를 원조하는 경우에는 자주성 침해의 위험이 크다. 노동조합이 단체교섭에서 운영비 원조를 요구한 경우에도 그 목적, 수용 과정 등을 확인하여 자주성 침해 여부를 개별적이고 구체적으로 판단한다.

(2) 지원된 운영비의 성격 및 내용

노조사무실 운영에 필요한 전기·수도·통신료 등의 비용이나 복사용지·컴퓨터·정수기 등의 비품은 상대적으로 자주성 침해 위험이 낮지만, 노조간부 등의 휴대전화 통신료는 이와 성격이 달라 지원 인원이나 금액 등을 고려하여 자주성 침해 위협을 판단한다. 워크숍·체육행사 등 노조행사비나 출장·해외연수 등 조합활동비는 지원의 필요성이 인정되고 지원금이 과다하지 않은지를 고려한다.

(3) 기간·금액 등 운영비 지급 관행

지원 기간이 길거나 지원 금액이 클수록 상대적으로 자주성 침해 위험이 높다.

(4) 노조재정 중 운영비 지원액 비중

운영비 지원액 규모가 노조재정에서 차지하는 비중이 지나치게 크면 자주성 침해 위험이 높다. 다만 다른 사정을 종합적으로 고려하므로 이 기준만을 활용하여 운영비 원조가 노조재정의 몇 퍼센트를 차지하면 자주성이 침해된다는 도식적 접근은 지양한다.

(5) 지원된 운영비의 관리방법 및 사용처

사용처를 정하지 않거나 비공개로 운영비를 지원함으로써 지출내역이 관리·공개되지 않고 일부 임원에 의해 임의로 사용될 가능성이 있는 경우에는 자주성 침해의 위험이 상대적으로 높다. 원조의 목적에 맞게 지출되지 않았음이 확인되었는데도 계속 지원한 경우도 마찬가지이다.

5. 구제신청기간

구제신청은 부당노동행위가 있은 날(계속하는 행위는 그 종료일)부터 3월 이내에 하여야 한다(노동조합법 제82조 제2항).

가. 법적 성격

구제신청기간은 제척기간이므로 그 기간이 경과하면 행정적 권리구제를 신청할 권리는 소멸한다. 신청인이 책임질 수 없는 사유로 기간을 준수하지 못하였다는 등 그 기간을 해태함에 정당한 사유가 있다고 하여도 결론을 달리할 수 없다. 행정심판법 제27조 제3항 본문은, 행정청의 위법 또는 부당한 처분 등을 다투는 행정심판절차에 적용되는 것으로서, 단지 행정처분인 노동위원회의 구제명령을 구하는 행위에 불과한 부당노동행위 구제신청에는 적용되지 아니한다.[1]

나. 신청기간의 기산점

(1) 부당노동행위가 있은 날(계속하는 행위의 종료일)

부당노동행위 구제신청 사건의 심사대상은 그 대상이 된 부당노동행위를 구성하는 구체적 사실에 한정되므로, 구제신청기간은 근로자가 부당노동행위라고 주장하는 구체적 사실이 발생한 날(다만 계속하는 행위인 경우에는 그 종료일)부터 기산된다.[2]

이때 '계속하는 행위'란 1개의 행위가 바로 완결되지 않고 일정 기간 계속되는 경우뿐만 아니라 수개의 행위라도 각 행위 사이에 부당노동행위 의사의 단일성, 행위의 동일성·동종성, 시간적 연속성이 인정되는 경우도 포함한다.[3] 가령 사용자가 조합원에 대하여 차별적 심사로 하위의 인사고과를 부여한 후 승격 누락 및 차별적

---

1) 대법원 1997. 2. 14. 선고 96누5926 판결.
2) 대법원 1996. 8. 23. 선고 95누11238 판결.
3) 대법원 2014. 5. 29. 선고 2011두24040 판결.

임금 지급행위 또는 정당한 평가에 따른 임금과의 차액을 지급하지 아니한 행위는 수 개의 행위 사이에 동일성·동종성, 시간적 연속성이 인정되는 경우라고 본 사례가 있다.[1]

그러나 무기정직이나 대기발령 등과 같이 그 행위로 인한 상태 또는 효과가 지속되는 것에 불과할 뿐이라면, 그 행위 자체로 완결된 것이다.[2]

한편, 부작위에 의한 부당노동행위의 경우 부작위가 계속되는 한 근로자 또는 노동조합이 언제든지 그에 대한 구제신청을 할 수 있다고 보아야 한다는 견해가 있다.[3]

(2) 부당노동행위 유형별 검토

(가) 불이익취급

불이익취급이 해고인 경우 행위가 있은 날은 근로기준법 제27조에 따라 근로자가 받은 해고통지서에 기재된 해고일이고, 다만 해고통지서에 기재된 해고일이 해고통지서를 받은 날보다 이전인 때에는 해고통지서를 받은 날이다. 그 외에 사직서 수리, 기간제 근로계약의 기간만료, 정년퇴직 처리 등이 불이익취급이라고 주장하는 경우에는 그에 의하여 근로관계가 종료되는 날부터 기산하여야 한다.[4]

해고 이외의 불이익취급은 근로자가 그에 관한 통지를 받은 날이고, 통지가 없었던 경우에는 해당 불이익취급이 있었음을 안 날이다.[5]

다만, 해고 등의 불이익취급이 일정한 기간이 경과한 후에 그 효력을 발생하는 경우 구제신청기간도 그 효력발생일부터 기산하여야 한다.[6]

또한, 취업규칙 등에서 징계처분에 대한 재심절차를 규정하고 있다 하여도 징계처분은 재심절차에서 취소·변경되지 않는 한 원래의 처분 시부터 효력이 발생하므로 구제신청기간은 원칙적으로 원래의 징계처분(불이익취급)이 있은 날부터 기산한다.[7]

---

1) 대전지방법원 2022. 2. 15. 선고 2020구합104971, 104993(병합) 판결.
2) 대법원 1993. 2. 23. 선고 92누15406 판결, 서울고등법원 2008. 12. 23. 선고 2008누18467 판결.
3) 박은규, "사용자의 부작위가 부당노동행위로 성립하기 위한 요건 – 부당노동행위 행정적 구제절차의 요건을 중심으로 – ", 노동법학 77호, 한국노동법학회(2021. 3.), 109~110.
4) 노동법실무연구회, 노동조합 및 노동관계조정법 주해 Ⅲ, 박영사(2023), 335.
5) 대법원 1993. 3. 23. 선고 92누15406 판결.
6) 대법원 2002. 6. 14. 선고 2001두11076 판결.
7) 대법원 1993. 5. 11. 선고 91누11698 판결.

(나) 반조합계약

반조합계약이 체결된 날부터 신청기간을 기산하여야 한다.

(다) 지배·개입

그러한 행위가 끝난 날부터 신청기간을 기산한다.[1]

(라) 단체교섭 거부의 경우

사용자가 노동조합의 단체교섭 요구를 명시적으로 거부하는 의사표시를 한 경우에는 그 의사표시가 노동조합에 도달한 날, 사용자가 거부의 의사표시 없이 노동조합이 요구한 단체교섭일에 교섭에 임하지 아니한 경우에는 노동조합이 요구한 단체교섭일부터 신청기간을 기산하여야 한다.[2]

6. 구제명령

가. 의의

노동위원회는 심문절차를 종료하고 부당노동행위가 성립한다고 판정한 때에는 사용자에게 구제명령을 발하여야 한다(노동조합법 제84조 제1항). 노동위원회가 부당노동행위가 성립한다고 하면서도 사용자에게 아무런 구제명령을 발하지 않는 경우에는 실질적으로 근로관계에 아무런 변동을 가져오지 않아 결국 이는 구제신청을 기각하는 취지의 판정에 해당하고, 이러한 판정은 노동조합법 제84조 제1항에 반하므로 위법하다.[3]

구제명령은 부당노동행위로 인한 노동3권의 침해를 '제거'하고 부당노동행위가 없었던 상태로 '정상화'하는 원상회복 조치를 원칙으로 하고, 여기서 원상회복의 의

1) 김유성, 노동법 II - 집단적 노사관계법, 법문사(2001), 359.
2) 노동법실무연구회, 노동조합 및 노동관계조정법 주해 III, 박영사(2023), 336.
3) 대법원 2004. 2. 27. 선고 2003두902 판결. 다만 이 경우 재심판정이 취소되어야 할 사유에 해당한다고까지 보고 있지는 않고, 근로자가 위와 같은 재심판정의 잘못을 들어 소로서 취소를 구하는 경우에도 법원으로서는 궁극적으로 근로자가 부당노동행위라고 주장하는 구체적 사실에 대하여 그것이 부당노동행위에 해당하는지 여부를 심리하여 재심판정의 위법 여부를 판단하여야 할 것이라고 한다.

미는 사용자의 행위를 부당노동행위 이전으로 환원시키는 것만이 아니라 근로자나 노동조합의 침해된 노동3권을 부당노동행위 이전으로 회복시켜 확보하는 것을 포함한다.[1]

제 1 편
노 동

나. 내용과 한계

(1) 노동위원회의 재량권

현실적으로 발생하는 부당노동행위의 유형은 다양하고, 노사관계의 변화에 따라 그 영향도 다각적이어서 그에 대응하는 부당노동행위 구제의 방법과 내용도 유연하고 탄력적일 필요가 있다. 노동조합법 제84조 제1항에서 구제명령의 유형 및 내용에 관하여 특별히 정하고 있지 않은 것은 노동위원회가 전문적·합목적적 판단에 따라 개개 부당노동행위 사건에 적절한 구제조치를 할 수 있도록 하려는 것이다.[2] 따라서 노동위원회는 구제신청의 취지, 부당노동행위의 태양과 이로 인한 노동3권의 침해 정도, 부당노동행위 발생 전후의 노사관계 등을 종합적으로 고려하여 적절하고도 구체적인 시정조치를 명할 수 있다. 즉 노동위원회는 부당노동행위의 성립을 인정하는 경우 어떠한 구제명령을 내릴 것인지에 관하여 재량권을 가진다. 대법원도 '노동위원회는 재량에 의하여 신청하고 있는 구체적 사실에 대응하여 적절·타당하다고 인정하는 구제를 명할 수 있다'고 하여 노동위원회의 재량권을 인정하고 있다.[3]

(2) 한계

노동위원회의 재량권이 무제한적으로 인정될 수는 없고, 구제신청의 내용,[4] 부

---

1) 김유성, 노동법Ⅱ - 집단적 노사관계법, 법문사(2001), 367.
2) 대법원 2010. 3. 25. 선고 2007두8881 판결.
3) 대법원 1999. 5. 11. 선고 98두9233 판결.
4) 서울행정법원 2017. 6. 16. 선고 2016구합62436 판결(하청업체 근로자들에 대한 생활안정 및 재취업 등 지원대책을 마련하라는 내용의 구제명령을 내린 판정에 대하여, 생활안정 및 재취업은 각 근로자들마다 일률적으로 적용될 수도 없고 내용도 불명확하여 사용자가 이행가능한 구제명령으로 볼 수 없다는 이유로 위법한 구제명령이라고 판단한 사례, 대법원 2024. 7. 11. 선고 2018두44661 판결로 상고기각되어 확정됨).

당노동행위 구제제도의 본래 취지와 목적,[1] 구제명령이 행정처분으로서 가지는 성격, 재량권 남용의 법리 등에 기인한 일정한 제약이 따른다.[2]

7. 구제이익

가. 개념

구제이익이란 부당노동행위 구제신청인인 근로자나 노동조합이 노동위원회의 구제명령으로 구제를 받기 위하여 가져야 하는 이익으로, '구제신청의 당부에 관하여 노동위원회의 공권적 판단을 구할 수 있는 구체적 이익이나 필요(권리보호의 필요성)'[3] 내지는 '구제명령을 받을 법률상 혹은 사실상 이익'[4]을 뜻한다. 판례는 '구제명령을 발할 이익',[5] '구제절차를 유지할 필요',[6] '구제명령을 얻을 이익'[7] 등으로 표현한다.

구제이익에 관한 법령상 직접적인 근거 규정은 없으나, 노동위원회가 구제명령을 발하기 위해서는 구제이익이 있어야 한다고 보는 데에 별다른 이견이 없고, 판례 또한 같은 입장이다.[8]

---

1) 대법원 1996. 4. 23. 선고 95다53102 판결, 구제명령은 사용자에게 이에 복종하여야 할 공법상의 의무를 부담시킬 뿐, 직접 노사간의 사법상 법률관계를 발생 또는 변경시키는 것은 아니므로, 부당노동행위로 침해된 노동관계를 회복하고 재발을 방지하는 것 이상으로 사용자에게 의무를 부과하거나 불필요한 내용의 구제명령을 발할 수 없다.

2) 김민기, "노동위원회의 구제명령에 대한 사법심사 법리에 관한 연구: 부당노동행위 재심판정 취소소송을 중심으로", 재판자료 118집 노동법 실무연구, 법원도서관(2009), 439.

3) 김민기, "부당노동행위 구제절차와 구제이익", 노동법의 쟁점과 과제 - 김유성 교수 화갑 기념 논문집, 법문사(2000), 562~563.

4) 심재진, "근로관계 종료에 따른 부당해고 등 구제신청 구제이익과 재심판정취소소송 소의 이익: 대법원 판례법리의 분석과 평가", 노동법연구 32호, 서울대학교 노동법연구회(2012), 67.

5) 대법원 1987. 3. 10. 선고 84누218 판결.

6) 대법원 1992. 7. 28. 선고 92누6099 판결.

7) 대법원 2020. 2. 20. 선고 2019두52386 전원합의체 판결.

8) 노동법실무연구회, 노동조합 및 노동관계조정법 주해 Ⅲ, 박영사(2023), 400.

나. 논의의 필요성

종래 구제이익(내지 소의 이익)과 관련하여 논쟁이 되었던 문제는, 임금상당액 지급명령의 독자성, 즉 구제신청 후 사직, 정년 도래, 근로계약기간 만료 등의 사정 변경으로 근로자가 원직에 복직하는 것이 불가능하여 원직복직명령을 구할 구제이익이 소멸하면, 임금상당액 지급명령의 구제이익도 소멸하여 구제신청 전부에 대한 구제이익이 인정되지 않는지 여부에 관한 것이었다.[1] 대법원은 이 경우 임금상당액 지급명령의 구제이익을 부정해 왔으나, 대법원 2019두52386 전원합의체 판결[2]을 통해 견해를 변경하였고, 이로써 그간의 논의가 상당 부분 정리되었는데, 다만, 임금상당액 지급명령이 문제되지 않는 구제이익 관련 사례, 예컨대 원직복직과 더불어 해고기간 중 임금도 모두 지급한 완전한 의미에서의 원상회복이 이루어지는 경우, 단체교섭이 타결된 경우 등이라든가 구제이익에 관한 일반론 등에는 종전의 판례 법리가 여전히 유효하다고 볼 수 있다.[3]

다. 구제이익 판단의 기준시점

노동위원회에 의한 부당노동행위 구제절차에서 처분 시라 함은 노동위원회가 구제명령을 발하거나 구제신청 기각의 판정을 한 때이므로, 노동위원회는 구제명령 여부의 판정 시를 기준으로 구제이익의 존부를 판단하여야 한다. 판례도 구제이익은 '구제명령을 할 당시를 기준으로 판단'하여야 한다고 보고 있다.[4]

라. 구제이익이 인정되지 않는 경우 노동위원회의 판정 형식

구제이익은 신청요건이므로 구제이익이 인정되지 않는 경우 노동위원회는 구제

---

1) 노동법실무연구회, 노동조합 및 노동관계조정법 주해 Ⅲ, 박영사(2023), 400.
2) "근로자가 부당해고 구제신청을 하여 해고의 효력을 다투던 중 정년에 이르거나 근로계약기간이 만료하는 등의 사유로 원직에 복직하는 것이 불가능하게 된 경우에도 해고기간 중의 임금상당액을 지급받을 필요가 있다면 임금상당액 지급의 구제명령을 받을 이익이 유지되므로 구제신청을 기각한 중앙노동위원회의 재심판정을 다툴 소의 이익이 있다고 보아야 한다."
3) 노동법실무연구회, 노동조합 및 노동관계조정법 주해 Ⅲ, 박영사(2023), 401.
4) 대법원 2004. 1. 15. 선고 2003두11247 판결.

신청을 각하하는 것이 타당하다.[1] 초심판정 이후 재심절차 중에 구제이익이 소멸한 경우에도 중앙노동위원회는 지방노동위원회가 구제신청을 인용한 사건이든 기각한 사건이든 초심판정을 취소하고 구제이익의 소멸을 이유로 구제신청을 각하하여야 한다.[2] 다만, 노동위원회의 판정은 기판력이 발생하지 않으므로 그 형식이 각하이든 기각이든 큰 의미는 없다.[3]

마. 구제이익과 소의 이익의 관계

(1) 재심판정 이전에 구제이익이 소멸하였고 이를 이유로 재심판정이 적법하게 이루어진 경우

구제신청 이후 구제이익이 소멸하였고 이에 관하여 초심판정에서 구제이익이 없다는 이유로 신청을 각하하였는데, 재심판정에서 초심판정이 정당하다는 이유로 근로자의 재심신청을 기각한 사례에서, 행정소송 제1심법원은 '근로자로서는 재심신청을 기각한 중앙노동위원회의 재심판정을 다툴 소의 이익이 없다'는 이유로 소 각하 판결[4]을 하였고, 대법원에서 '사용자가 해고처분을 취소하고 근로자를 복직시킴으로써 이미 구제신청의 목적을 달성하였으므로, 근로자로서는 더 이상 구제절차를 유지할 이익이 없게 되어 구제이익은 소멸되었다.'라는 이유로 근로자의 상고를 기각[5]함으로써 최종적으로 확정되었다. 이는 구제이익과 소의 이익의 실질적 내용은 같고, 다만 문제되는 시기가 구제절차이면 구제이익의 문제로, 소송단계이면 소의 이익의 문제로 다루어질 뿐이라는 입장(실질적 동일설)에 서있는 것으로 해석될 여지가 있다.[6]

다만 같은 구조의 사안에서 근로자의 구제이익이 없는 것으로 판단한 재심판정이 적법하다는 이유로 근로자의 청구를 기각한 하급심 판결이 다수 존재하고, 그중

---

1) 곽상호, "구제이익의 취급", 재판자료 117집 행정재판실무연구Ⅴ, 법원도서관(2016), 52.
2) 노동법실무연구회, 노동조합 및 노동관계조정법 주해 Ⅲ, 박영사(2023), 402~403.
3) 이병희, "부당해고등 구제 재심판정에 대한 취소소송이 가지는 행정쟁송으로서의 보편성과 노동쟁송으로서의 특수성 - 법원의 심판범위, 구제이익/소의 이익, 임금 상당액 지급명령의 독자성을 중심으로 - ", 사법논집 67집, 법원도서관(2018), 433.
4) 서울행정법원 2000. 2. 15. 선고 99구24092 판결.
5) 대법원 2000. 7. 12. 선고 2000두7186 판결.
6) 강지성, "부당해고 구제절차에서의 구제이익 - 구제이익 소멸의 판단 기준, 소의 이익과의 관계를 중심으로 - ", 사법논집 72집, 사법발전재단(2021), 14.

에는 대법원의 심리불속행 기각으로 확정된 사례도 있다.[1] 이는 구제이익이 구제명령을 발하기 위한 요건으로서 소의 이익과는 본질적으로 구분되어야 하는 개념이라는 입장(구별설)에 가까운 것으로 볼 여지도 있기는 하다.

(2) 재심판정 이전에 구제이익이 소멸하였음에도 재심판정에서 이를 간과한 경우

대법원은 '해고의 효력을 다투어 지방노동위원회로부터 구제명령을 받은 근로자가 복직 후 중앙노동위원회의 재심판정이 있기 전에 자의로 사직원을 제출하여 근로자와 사용자 사이의 근로계약관계가 종료되었다면 근로자로서는 비록 이미 지급받은 해고기간 중의 임금을 부당이득으로 반환하여야 하는 의무를 면하기 위한 필요가 있거나 퇴직금 산정시 재직기간에 해고기간을 합산할 실익이 있다고 하여도, 그러한 이익은 민사소송절차를 통하여 해결될 수 있는 것이므로, 중앙노동위원회의 재심판정을 다툴 소의 이익이 없다'라고 판단하면서 원심판결을 파기자판하고 소 각하 판결을 한 사례가 있다.[2]

(3) 재심판정 이후 비로소 구제이익 소멸사유가 발생한 경우

대법원은 '부당해고구제 재심판정 취소소송 중 근로자가 임용권자의 임기 만료에 따라 규정상 당연퇴직하게 된 것이고, 향후 임원, 대의원 등으로 선출되는 데 아무런 장애가 없다면, 그 근로자로서는 재심판정이 취소되어 구제명령을 얻는다고 하더라도 근무하던 협회의 사무총장으로서 복귀하거나 사무총장의 직무를 수행할 지위를 회복하는 것이 불가능하게 되었다고 할 것이므로, 재심판정의 취소를 구하는 소는 소의 이익이 없다'라고 판시[3]한 이래 일관하여 이러한 경우 재심판정 취소소송을 제기할 소의 이익이 없다고 판단하고 있다.

---

1) 대전지방법원 2015. 2. 12. 선고 2014구합2852 판결(대법원 2015. 11. 27. 자 2015두52715 결정), 서울행정법원 2018. 12. 14. 선고 2018구합3509 판결(대법원 2019. 10. 17. 자 2019두45456 결정).
2) 대법원 1997. 7. 8. 선고 96누5087 판결.
3) 대법원 1995. 12. 5. 선고 95누12347 판결.

바. 관련 사례

(1) 판단 기준

부당노동행위 구제절차에서 구제이익의 존부를 검토함에 있어서는 부당노동행위로 인하여 근로자나 노동조합이 받은 불이익의 시정은 물론, 향후 동종·유사한 부당노동행위의 재발 가능성과 이를 방지할 필요성 등을 주요한 판단 기준으로 삼아야 할 것이다. 즉 부당노동행위의 효과가 소멸한 경우라 하더라도 재발방지의 필요성이 인정되는 경우에는 구제이익을 긍정하여야 할 것이다.[1] 이와 같이 보게 되면 부당노동행위 구제절차에서 구제이익이 부정되는 경우는 극히 제한적이라 할 수 있다.[2]

(2) 개별 사례

(가) 구제의 목적이 달성된 경우

불이익취급 철회, 원직복직 및 해고기간 중 임금지급 등 완전한 원상회복조치가 이루어진 경우에는 구제신청의 목적이 달성되어 구제이익이 없다. 다만, 그로 말미암아 노동조합이 받은 불이익(단결권 침해사실)까지 제거되지 않은 경우 신청인인 노동조합에 대해서는 부작위명령, 공고문 게시명령 등을 구할 구제이익이 여전히 존속한다고 보아야 한다.[3]

한편, 근로자가 부당노동행위 구제신청과 부당해고 구제신청을 동시에 한 경우에, 부당해고에 대한 구제명령이 있었다는 사정만으로 부당노동행위 구제신청에 대한 구제이익 또는 그 구제신청을 받아들이지 않은 중앙노동위원회의 재심판정에 대한 취소소송에서 소의 이익이 없게 되는 것은 아니다.[4]

(나) 불이익취급에 대한 동의 또는 승인

근로자가 진의에 기초하여 어떠한 유보를 붙이지 아니한 채 불이익 취급을 받

---

1) 대법원 2003. 8. 22. 선고 2001두5767 판결.
2) 노동법실무연구회, 노동조합 및 노동관계조정법 주해 Ⅲ, 박영사(2023), 411.
3) 김민기, "부당노동행위 구제절차와 구제이익", 노동법의 쟁점과 과제 – 김유성 교수 화갑 기념 논문집, 법문사(2000), 566.
4) 대법원 1998. 5. 8. 선고 97누7448 판결.

아들이기로 한 경우,[1] 노동조합이 사용자와 화해협정 등을 체결한 경우 구제이익은 소멸한다.

그러나 근로자와 노동조합 중 어느 일방의 동의로 다른 일방의 불이익이 당연히 제거되는 것은 아니고 그에 관한 처분권을 갖는 것도 아니므로, 일방이 동의하였다 하여 다른 일방의 구제이익이 소멸되지는 않는다.[2]

(다) 사업체의 소멸

대법원은 '회사가 실질적으로 폐업하여 법인격까지 소멸함으로써 근로자가 복귀할 사업체의 실체가 없어졌다면 기업의 존재를 전제로 하여 기업에 있어서의 노사의 대립관계를 유지하는 것을 목적으로 하는 부당노동행위 구제신청의 이익도 없다고 본다.'라고 판시하여 이를 구제이익의 소멸로 본 사례가 있다.[3]

다만 근로자를 징계해고한 회사가 해산등기 이후 청산절차가 종료되어 청산절차 종결등기까지 마친 사안에서 '법령 등에서 재취업의 기회를 제한하는 규정을 두고 있는 등의 특별한 사정이 없고 회사에 분배되지 아니한 잔여재산이 남아 있지 않다면'이라는 단서를 붙여 예외적인 경우 구제이익이 인정될 수도 있다는 듯한 판시를 하기도 하였다.[4]

사용자의 폐업이 위장폐업[5]이거나 근로자가 위장폐업임을 주장하며 다툰 경우[6]에는 구제이익이 긍정되고, 사용자가 사업 일부만을 폐업한 경우,[7] 사업체는 존속하는 상태에서 근로자가 복직할 직제만 폐지된 경우[8] 등에서도 구제이익이 인정된다.

(라) 근로관계의 종료

대법원은 '근로자가 부당해고 구제신청을 할 당시 이미 정년에 이르렀거나 근로계약기간 만료, 폐업 등의 사유로 근로계약관계가 종료하여 근로자의 지위에서 벗

---

1) 김민기, "부당노동행위 구제절차와 구제이익", 노동법의 쟁점과 과제 – 김유성 교수 화갑 기념 논문집, 법문사(2000), 567.
2) 노동법실무연구회, 노동조합 및 노동관계조정법 주해 Ⅲ, 박영사(2023), 412.
3) 대법원 1991. 12. 24. 선고 91누2762 판결.
4) 대법원 2000. 8. 22. 선고 99두6910 판결.
5) 서울고등법원 2007. 11. 27. 선고 2007누6009 판결.
6) 서울행정법원 2006. 4. 18. 선고 2005구합34015 판결.
7) 서울행정법원 2006. 5. 19. 선고 2005구합30181 판결.
8) 서울행정법원 2007. 4. 26. 선고 2006구합26158 판결.

어난 경우에는 노동위원회의 구제명령을 받을 이익이 소멸하였다고 보는 것이 타당
하다.'라고 판시한 사례[1]가 있고, 이는 불이익취급의 부당노동행위 구제신청 사건에
도 동일하게 적용될 수 있다. 부당노동행위 구제신청 당시 이미 근로계약관계가 종
료하여 근로자의 지위를 벗어난 경우에는 구제이익을 부정하여야 한다.[2]

(마) 민사절차 등에서 패소판결이 확정된 경우

대법원은 '근로자가 별도로 제기한 해고 등 무효확인청구의 소에서 청구기각의
판결이 선고되어 확정된 경우에는 사용자의 근로자에 대한 해고 등의 불이익처분이
정당한 것으로 인정되었다 할 것이어서 노동위원회로서는 그 불이익처분이 부당노
동행위에 해당한다고 하여 구제명령을 발할 수 없게 되었으므로 구제이익은 소멸한
다.'라고 판시한 사례가 있다.[3]

(바) 다른 구제신청에 대한 청구기각의 재심판정이 확정된 경우

근로자가 승진 및 배치전환 이후 해고되어 지방노동위원회에 부당해고 구제신
청을 하였으나 신청기간 도과를 이유로 각하되었고 이에 중앙노동위원회에 재심신
청을 하였으나 기각되어 위 각하 결정이 확정되었다고 하더라도, 이로써 그 해고가
정당한지가 아직 확정되지는 아니하였다고 할 것이고, 위 해고가 승진 및 배치전환
에 따른 무단결근 등을 그 해고사유로 삼고 있어서 승진 및 배치전환의 부당노동행
위 해당 여부가 위 해고의 사유와도 직접 관련이 있다면, 승진 및 배치전환에 대한
구제의 이익이 있다.[4]

(사) 구제신청의 포기

근로자와 노동조합은 구제신청을 포기할 수도 있는바, 근로자가 불이익취급의
결과에 동의하고 구제신청을 유지할 의사를 명시적으로 포기한 경우는 물론이고, 2
회 이상 출석통지를 받고도 이에 응하지 아니하거나 출석통지서가 주소불명 또는
소재불명으로 2회 이상 반송되는 등 신청의 의사를 명백히 포기한 것으로 인정되는
경우에도 구제이익이 없어 구제신청을 각하한다.[5]

1) 대법원 2022. 7. 14. 선고 2020두54852 판결.
2) 노동법실무연구회, 노동조합 및 노동관계조정법 주해 Ⅲ, 박영사(2023), 414.
3) 대법원 2002. 12. 6. 선고 2001두4825 판결, 대법원 2012. 5. 24. 선고 2010두15964 판결.
4) 대법원 1998. 12. 23. 선고 97누18035 판결.
5) 대법원 1990. 2. 27. 선고 89누7337 판결.

제 1 편
노 동

(아) 단체교섭의 실시 · 타결

대법원은 단체교섭의 거부를 이유로 한 부당노동행위 구제신청에서 그 후 단체교섭이 타결된 경우에는 그 구제신청은 이미 목적을 달성한 것이므로 그 재심판정의 취소를 구하는 소송은 소의 이익이 없어 부적법하다고 본 사례가 있다.[1]

8. 행정소송 관련 사항

가. 심리의 대상과 범위

행정심판의 재결에 해당하는 중앙노동위원회의 재심판정만이 취소소송의 대상이다.[2]

취소소송의 소송물은 재심판정 자체이므로, 법원은 재심판정의 위법 여부를 심리·판단한다. 현행 법령에서 법원이 재심판정의 위법성에 관하여 심사할 수 있는 범위를 제한하는 규정은 없다. 특히 재심판정 취소소송은 재결주의를 채택하고 있음에도 행정소송법 제19조와 같은 제한이 없으므로, 이론적으로는 초심판정의 위법성도 아울러 주장할 수 있다.[3]

부당노동행위라고 주장된 구체적 사실이 하나인 이상 행정처분으로서 구제명령도 하나이지만, 부당노동행위라고 주장된 구체적 사실이 복수인 경우에는 그에 대한 행정처분으로서 구제명령이나 기각결정도 복수라고 보아야 할 것이므로,[4] 각 부당노동행위별로 재심판정의 위법 여부를 판단하여야 한다.

나. 위법 사유

(1) 각하사유의 존부

재심신청을 각하하거나 구제신청을 각하한 초심판정을 유지하여 재심신청을 기

---

1) 대법원 1995. 4. 7. 선고 94누3209 판결.
2) 노동법실무연구회, 노동조합 및 노동관계조정법 주해 Ⅲ, 박영사(2023), 440.
3) 노동법실무연구회, 노동조합 및 노동관계조정법 주해 Ⅲ, 박영사(2023), 440~441.
4) 대법원 1995. 4. 7. 선고 94누1579 판결.

각한 재심판정의 취소소송에서 심리·판단할 사항은 각하사유의 존부이다.[1]

(2) 심사와 판정 절차의 위법

심판위원회의 구성과 소집에 관한 규정을 위반한 경우 그 하자가 중대하다면 취소사유에 해당한다고 본 사례가 있다.[2]

절차적 위법의 치유나 전환은 비록 당사자가 그 하자를 알고 있었다고 하더라도[3] 원칙적으로 허용될 수 없다.[4]

(3) 사실오인

대법원은 '부당노동행위 구제신청에 관한 중앙노동위원회의 명령 또는 결정의 취소를 구하는 소송에 있어서 그 명령 또는 결정의 적부는 그것이 이루어진 시점을 기준으로 판단하여야 할 것이지만, 그렇다고 하여 노동위원회에서 이미 주장된 사유에 한정된다고 볼 근거는 없으므로, 중앙노동위원회의 명령 또는 결정 후에 생긴 사유가 아닌 이상 노동위원회에서 주장하지 아니한 사유도 행정소송에서 주장할 수 있다.'라는 입장이다.[5] 실무상 법원은 사실인정에 대한 심리에서 당사자의 새로운 주장과 증거제출을 제한하지 않고 있다.[6]

(4) 법리오해

재심판정에서 사실인정은 적법하게 이루어졌지만, 인정된 사실이 노동조합법 제81조 제1항 각호의 부당노동행위를 구성하는지에 관한 판단을 잘못한 것이다. 이는 부당노동행위의 성립요건에 관한 해석의 오류(법리오해)이므로 취소사유가 된다.[7]

(5) 구제방법의 위법성

이는 구제명령에 특유한 취소사유이다. 부동노동행위가 성립한 경우에 어떠한

---

1) 노동법실무연구회, 노동조합 및 노동관계조정법 주해 Ⅲ, 박영사(2023), 441.
2) 대법원 2005. 5. 12. 선고 2005도890 판결, 서울고등법원 2007. 11. 1. 선고 2007누13571 판결.
3) 대법원 2002. 11. 13. 선고 2001두1543 판결.
4) 대법원 2002. 7. 9. 선고 2001두10684 판결.
5) 대법원 1990. 8. 10. 선고 89누8217 판결.
6) 노동법실무연구회, 노동조합 및 노동관계조정법 주해 Ⅲ, 박영사(2023), 444.
7) 노동법실무연구회, 노동조합 및 노동관계조정법 주해 Ⅲ, 박영사(2023), 445.

구제방법을 택할 것인지에 관하여 노동위원회에는 폭넓은 재량권이 있으므로, 법원은 사법심사에서 그 재량권을 존중하여야 한다. 구제방법의 사법심사는 재량권이 합리적 행사의 한계를 초과하였다고 할 수 있는지, 즉 부당노동행위 금지의 입법 취지와 목적에 비추어 시인되는 범위를 초과하였는지(재량권 일탈) 및 현저히 불합리하여 남용에 해당한다고 할 수 있는지(재량권의 남용)에 관하여 이루어진다.[1]

다. 주장·증명 책임

재심판정의 위법을 들어 그 취소를 청구함에 있어서는 직권조사사항을 제외하고는 그 취소를 구하는 자, 즉 원고가 그 위법 사유에 해당하는 구체적 사실을 먼저 주장할 책임을 부담한다.[2]

민사소송법의 규정이 준용되는 행정소송에서 증명책임은 원칙적으로 민사소송의 일반원칙에 따라 당사자 간에 분배되지만, 항고소송의 경우에는 그 특성에 따라 당해 처분의 적법을 주장하는 행정청(피고)에 그 적법사유에 대한 증명책임이 있다.[3] 따라서 재심판정의 취소소송에서도 일응 재심판정의 적법성을 중앙노동위원회 위원장(피고)이 증명하여야 한다.[4]

그러나 부당노동행위의 구성요건에 해당하는 사실 자체에 관한 주장·증명 책임은 이를 주장하는 근로자측에게 있으므로[5] 그 주장·증명 책임의 실질은 재심판정의 내용에 따라 달라질 수밖에 없다. 즉 부당노동행위의 성립을 부정한 재심판정에서는 원고인 근로자 또는 노동조합이 부당노동행위의 성립(재심판정의 위법성)을 주장·증명하여야 하고, 그 반대의 경우에는 피고인 중앙노동위원회 위원장이 부당노동행위의 성립요건(재심판정의 적법성)을 주장·증명하여야 한다.[6]

---

1) 노동법실무연구회, 노동조합 및 노동관계조정법 주해 Ⅲ, 박영사(2023), 445~446.
2) 대법원 2001. 10. 23. 선고 99두3423 판결.
3) 대법원 1984. 7. 24. 선고 84누124 판결.
4) 노동법실무연구회, 노동조합 및 노동관계조정법 주해 Ⅲ, 박영사(2023), 446.
5) 대법원 2014. 2. 13. 선고 2011다78804 판결.
6) 노동법실무연구회, 노동조합 및 노동관계조정법 주해 Ⅲ, 박영사(2023), 447.

제 1 편
노 동

VI. 기 타

1. 파견근로자의 근로관계

가. 개요

종래의 고용관계에서는 근로계약의 당사자인 사용자가 현실적인 노무수령자로서 근로자에 대한 지휘·감독권을 행사하는 형태를 띠었으나, 최근에는 이러한 일반적인 고용형태와는 달리 근로계약의 당사자인 사용자와 현실적인 노무수령자가 분리되는 특수한 형태의 노무공급형태인 이른바 간접고용이 점차 늘어가고 있다. 이러한 간접고용의 형태에서 근로자와 직접 고용계약을 체결하지 않은 사용자는 현실적으로 그 노무를 수령하고 있으면서도 노동법상의 각종 사용자책임에서 자유롭기를 바라는 반면, 근로자는 제반 근로조건에 대하여 실질적인 권한을 가지는 사용자와 직접적인 근로관계를 형성하기를 바라기 때문에 근로계약의 당사자가 아니면서 현실적으로 노무를 수령하는 사용자와 근로자의 관계를 어떻게 볼 것인지가 중요한 문제로 대두하게 된다.

특히 1998년 파견근로자 보호 등에 관한 법률이 제정되어 이러한 사용사업주[1]에 대하여 부분적인 사용자책임을 인정하는 규정[2]과 파견기간 만료 시 직접고용의

---

[1] "근로자파견"이란 파견사업주가 근로자를 고용한 후 그 고용관계를 유지하면서 근로자파견계약의 내용에 따라 사용사업주의 지휘·명령을 받아 사용사업주를 위한 근로에 종사하게 하는 것을 말하고, "파견사업주"란 근로자파견사업을 하는 자, "사용사업주"란 근로자파견계약에 따라 파견근로자를 사용하는 자를 말하며, "파견근로자"란 파견사업주가 고용한 근로자로서 근로자파견의 대상이 되는 사람을 말한다(파견근로자 보호 등에 관한 법률 제2조).

[2] 파견근로자 보호 등에 관한 법률 제34조는 파견 중인 근로자의 근로에 관하여는 파견사업주 및 사용사업주를 근로기준법 제2조 제1항 제2호의 사용자로 보아 근로기준법을 적용하되, 근로기준법 제15조부터 제36조까지, 제39조, 제41조부터 제48조까지, 제56조, 제60조, 제64조, 제66조부터 제68조까지

무 규정[1])이 신설되면서, 위법한 근로자파견의 경우에도 직접고용간주 규정이 적용
될 수 있는지, 나아가 노무도급의 경우 근로자파견으로 볼 것인지 아니면 도급계약
으로 볼 것인지를 놓고 그 판단기준에 관한 논의가 활발했으나 현재는 입법이나 대
법원 판례로 모두 정리되었다.

　한편, 직접고용간주 규정이 삭제되고 직접고용의무 규정이 신설된 현행 파견근
로자 보호 등에 관한 법률하에서는 파견근로자가 2년을 초과하여 근로하였다고 하
여 사용사업주와 사이에 근로관계가 성립하는 것이 아니고, 먼저 사용사업주를 피고
로 고용 의사표시를 갈음하는 판결을 구하여 그 판결이 확정되어야 직접고용관계가
성립한다. 이에 따라 파견근로자의 노무제공이 파견근로자 보호 등에 관한 법률의
적용을 받는 근로자파견에 따른 것으로 사용사업주가 파견근로자를 고용할 의무가
있는지 여부에 관한 소송은 주로 민사로 이루어지고 있다. 파견근로자가 2년을 초과
하여 근로하는 등의 이유로 사용사업주가 해당 파견근로자를 고용할 의무가 발생하
였다고 하더라도, 위와 같이 고용 의사표시를 갈음하는 판결이 확정되거나 사용사업
주가 직접 해당 파견근로자를 고용하기 전까지 아직 사용사업주는 해당 파견근로자
의 사용자가 아니므로, 파견근로자가 사용사업주를 상대로 노동위원회에 부당해고
등의 구제신청을 하더라도 피신청인적격이 없어 위 구제신청은 기각된다.[2])

나. 판례

　원고용주에게 고용되어 제3자의 사업장에서 제3자의 업무에 종사하는 자를 제3
자의 근로자라고 할 수 있으려면, 원고용주는 사업주로서의 독자성이 없거나 독립성

및 제78조부터 제92조까지의 규정을 적용할 때는 파견사업주를 사용자로 보고, 같은 법 제50조부터
제55조까지, 제58조, 제59조, 제62조, 제63조 및 제69조부터 제75조까지를 적용할 때에는 사용사업주
를 사용자로 본다는 등의 근로기준법 적용에 관한 특례를 규정하고 있다.

1) 구 파견근로자 보호 등에 관한 법률(2006. 12. 21. 법률 제8076호로 개정되기 전의 것)은 사용사업주
가 2년을 초과하여 파견근로자를 계속 사용하는 경우 파견근로자를 고용한 것으로 보았으나(제6조 제
3항), 2006. 12. 21. 개정되어 2007. 7. 1. 시행된 파견근로자 보호 등에 관한 법률은 위 직접고용간주
조항을 삭제하는 한편, 사용사업주가 2년을 초과하여 계속적으로 파견근로자를 사용하는 경우에는 파
견근로자를 직접 고용하도록 한 제6조의2를 신설하고, 직접고용의무를 위반한 경우 3천만 원 이하의
과태료를 부과하도록 하였다(제46조 제2항).

2) 서울행정법원 2024. 5. 31. 선고 2022구합52560 판결 참조(서울고등법원 2024누48406호로 항소심 계
속 중). 앞서 본 바와 같이 2021. 10. 7. 노동위원회규칙 제60조 제1항 제3호가 삭제되었으므로 당사
자 적격이 없는 경우는 각하 사유가 아닌 기각 사유이다.

을 결하여 제3자의 노무대행기관과 동일시할 수 있는 등 그 존재가 형식적, 명목적인 것에 지나지 아니하고, 사실상 당해 피고용인은 제3자에 대하여 종속적인 관계에 있으며, 실질적으로 임금을 지급하는 자도 제3자이고, 또 근로제공의 상대방도 제3자라서 그와 제3자 간에 묵시적 근로계약관계가 성립되어 있다고 평가할 수 있어야 한다.[1]

　　　이에 따라 대법원은, 아파트 관리업자와 아파트 위수탁관리계약을 체결한 아파트 입주자대표회의가 관리사무소 직원들의 인사와 업무에 관여하고 그 노동조합과 임금교섭을 해 왔으나, 업무수행과정에 있어 구체적·개별적인 지휘·감독을 하지 않은 경우 입주자대표회의가 관리사무소 직원들의 사용자라고 볼 수 없다고 판단하였고,[2] 항운노조에 소속된 근로자를 파견받아 사용하는 업체에 대하여도 같은 취지로 판시하였다.[3]

　　　반대로 ① 모회사인 사업주가 업무도급의 형식으로 자회사의 근로자들을 사용하였으나 실질적으로는 사실상의 결정권을 행사해 온 경우(위장도급),[4] ② 기존기업이 경영 합리화라는 명목으로 소사장 법인을 설립한 후 그 소속 근로자들에게 직접 임금을 지급하고, 인사 및 노무관리도 구체적이고 직접적으로 관리·감독하여 온 경우[5] 등에서 모회사와 직접 근로관계를 인정하였다. 최근에는 자회사인 갑 회사가 모회사인 을 회사로부터 수송업무를 도급받아 수행하다가 갑 회사 직원이었던 병이 설립한 정 업체에 수송업무를 맡기는 내용의 도급계약을 체결하였는데, 정 업체와 근로계약을 체결하고 통근버스 운행 등 갑 회사와 정 업체의 도급계약에서 정한 수송업무를 수행한 근로자 무와 갑 회사 사이에 묵시적인 근로계약관계가 성립되었다고 보았다.[6]

---

1) 대법원 2008. 7. 10. 선고 2005다75088 판결(이러한 법리에 따라 외형상 사내도급의 형태를 띠고 있지만 실질적으로는 그 수급인의 근로자와 도급인 사이에 묵시적 근로관계가 있는 것으로 평가하였다).
2) 대법원 1999. 7. 12. 자 99마628 결정.
3) 대법원 1999. 11. 12. 선고 97누19946 판결.
4) 대법원 2003. 9. 23. 선고 2003두3420 판결.
5) 대법원 2002. 11. 26. 선고 2002도649 판결.
6) 대법원 2020. 4. 9. 선고 2019다267013 판결.

다. 불법파견의 경우 고용간주 또는 고용의무 규정의 적용 여부

파견근로자 보호 등에 관한 법률은 근로자파견의 기간을 원칙상 1년으로 제한하고, 파견사업주·사용사업주·파견근로자 간의 합의가 있는 경우에는 파견기간을 연장할 수 있게 하되 이때도 연장된 기간을 포함하여 총 파견기간이 2년을 초과하여서는 안된다고 규정하고 있다(제6조 제1항, 제2항). 파견근로자 보호 등에 관한 법률은 제정 당시 제6조 제3항에서 사용사업주가 2년을 넘겨 파견근로자를 사용하는 경우에는 2년의 기간이 만료된 다음 날부터 파견근로자를 고용한 것으로 본다고 규정하였으나, 2006. 12. 21. 법률 제8076호로 개정이 이루어져, 이러한 경우 사용사업주가 파견근로자를 직접 고용할 의무를 지도록 규정하였다(제6조의2 제1항).

이러한 고용간주규정 또는 고용의무규정이 파견근로자 보호 등에 관한 법률상 적법한 파견근로자에게만 적용되는지에 관하여 대법원 2008. 9. 18. 선고 2007두 22320 전원합의체 판결은 "구 파견근로자 보호 등에 관한 법률(2006. 12. 21. 법률 제 8076호로 개정되기 전의 것)은 제6조 제3항 본문에서 '사용사업주가 2년을 초과하여 계속적으로 파견근로자를 사용하는 경우에는 2년의 기간이 만료된 날의 다음날부터 파견근로자를 고용한 것으로 본다.'고 규정한 직접고용간주 규정은, 같은 법 제2조 제1호에서 정의하고 있는 근로자파견이 있고 그 근로자파견이 2년을 초과하여 계속되는 사실로부터 곧바로 사용사업주와 파견근로자 사이에 직접근로관계가 성립한다는 의미이고, 이 경우 그 근로관계의 기간은 기한의 정함이 있는 것으로 볼 만한 다른 특별한 사정이 없는 한 원칙적으로 기한의 정함이 없다고 보아야 한다. 이와 달리 직접고용간주 규정이 구 파견근로자 보호 등에 관한 법률(2006. 12. 21. 법률 제 8076호로 개정되기 전의 것) 제5조에 정한 파견의 사유가 있고 같은 법 제7조의 허가를 받은 파견사업주가 행하는 이른바 '적법한 근로자파견'의 경우에만 적용된다고 축소하여 해석할 것은 아니다."라고 판시하여 불법파견의 경우에도 직접고용간주 규정이 적용됨을 밝혔다.[1] 나아가 파견근로자 보호 등에 관한 법률 제6조의2는 2012. 2. 1. 법률 제11279호로, 불법파견의 경우에는 사용한 기간에 관계없이 바로 사용사업주에게 직접고용의무가 발생하는 것으로 개정되었다.

---

[1] 그 밖에 직접고용의무 규정이 적법하지 아니한 근로자파견의 경우에도 적용된다는 데 대해서는 대법원 2015. 2. 26. 선고 2010다106436 판결 참조.

한편, 지방고용노동청 등이 불법파견에 대한 근로감독과정에서 근로자파견사업 허가를 받지 않은 자로부터 근로자파견 역무를 제공받았다는 이유로 사용사업주에게 해당 파견근로자를 직접고용하라는 시정지시를 하는 경우가 있는데, 사용사업주가 파견근로자를 직접 고용할 의무는 파견근로자 보호 등에 관한 법률 제7조 제3항, 제6조의2 제1항에 의하여 곧바로 발생하는 것이지 해당 시정지시에 의하여 발생하는 것이 아니고, 이는 고용노동부훈령인 근로감독관집무규정에 따른 행정지도에 불과하므로 행정처분에 해당하지 않는다.[1]

라. 도급과 파견의 구별

(1) 일반론

도급은 당사자 일방이 어느 일을 완성할 것을 약정하고 상대방이 그 일의 결과에 대하여 보수를 지급하기로 약정하는 것이고(민법 제664조), 파견은 파견사업주가 근로자를 고용한 후 그 고용관계를 유지하면서 근로자파견계약의 내용에 따라 사용사업주의 지휘·명령을 받아 사용사업주를 위한 근로에 종사하게 하는 것이다(파견근로자 보호 등에 관한 법률 제2조 제1호). 파견은 고용사업주와 사용사업주가 다르다는 점, 고용사업주가 아닌 사용사업주가 근로자를 지시·감독한다는 점에서 도급과 구별된다.

사용자는, 근로자의 해고 제한이나 단체교섭 회피 등 노동관계법률의 각종 책임규정을 피하고 인건비 절감 등을 통하여 이윤을 극대화하기 위해 파견근로를 선호하게 된다. 한편 노무제공의 한 형태인 도급도 일의 완성을 위해 필요한 한도에서 업무지시를 할 수 있는 것을 계약의 내용으로 정할 수 있어 노무 제공의 결과를 도급의 목적물로 삼는 경우 파견과의 구별이 모호해질 수 있다.

(2) 학설

도급과 파견의 구별에 관한 학설로는 ① 수급인이 근로자에 대한 구체적 지휘·명령과 이에 수반하는 노무관리를 직접 행하는지, 수급인이 독자적인 자본, 기획, 기

---

1) 부산고등법원 2023. 1. 13. 선고 2022누22668 판결(대법원 2023. 5. 18. 자 2023두33191 판결로 상고 기각 확정).

술을 가지고 도급받은 업무를 수행하는지, 수급인이 도급인에 대하여 노동의 결과에 대한 책임을 실제로 부담해 왔는지, 수급인의 업무수행과정이 도급인의 업무수행과정에 연동되고 종속되는지 및 그 정도, 수급인과 도급인이 전속적이고 계속적인 계약관계에 있는지 등을 종합적으로 고려해야 한다는 견해,[1] ② 도급인의 수급인에 대한 지휘・명령권 행사(직접적, 구체적 지휘・명령권 행사 여부, 도급인 사업조직에의 편입 여부), 도급계약의 유형적 특성 결여 여부(수급인의 전문적 기술 능력・장비 보유, 위험부담 여부) 등을 기준으로 구별해야 한다는 견해,[2] ③ 근로자에 대한 인사권, 노무지휘감독권, 근로조건의 결정권, 사업경영상 물적 독립성 등을 고려해야 한다는 견해[3] 등이 있다.

(3) 판례

대법원은 이른바 현대자동차 사건에서 도급과 파견의 구별을 정면으로 다루면서, 참가인 회사(현대자동차)의 자동차 조립・생산 작업이 컨베이어벨트를 이용한 자동흐름방식으로 이루어진 점, 원고들이 참가인 회사 정규직 근로자와 뒤섞여 배치되어 작업하였고, 생산 시설・부품・소모품 등도 참가인 회사가 공급하였으며, 원고들이 단순・반복적 업무를 수행한 점, 사내협력업체의 고유 기술이나 자본이 업무에 투입되지 않은 점, 참가인 회사가 사내협력업체 근로자에 대해 작업배치권과 변경 결정권을 가지고 있었고, 구체적 작업지시를 한 점, 참가인 회사가 원고들과 직영 근로자들에게 시업・종업 시간, 연장・야간근로 등을 결정하고, 휴게시간을 부여하며, 작업속도 등을 결정한 점 등의 사정을 종합하여 근로자파견관계를 인정하고, 사내협력업체 근로자가 구 파견근로자 보호 등에 관한 법률(2006. 12. 21. 법률 제8076호로 개정되기 전의 것)상 직접고용간주 규정의 적용을 받아야 한다고 판시하면서, 참가인 회사의 사내협력업체 직원인 원고와 참가인 회사 사이의 고용관계를 전제로 해고의 정당성을 판단해야 한다며 원심판결을 파기환송하였다.[4]

위 대법원 판례는 파견근로자에 의한 업무수행에 관하여 업무수행의 장소, 업

---

[1] 이병희, "파견과 도급의 구별기준 및 파견법상 직접고용간주규정의 적용범위", 사법논집 43집, 법원도서관(2006), 511 이하.
[2] 오윤식, "위장도급의 준별과 그 법적 효과", 민주법학 제37호(2008), 248 이하.
[3] 전형배, "대법원 판례의 위장도급 유형 판단기준", 노동법학 제36호(2010), 532.
[4] 대법원 2010. 7. 22. 선고 2008두4367 판결. 파기환송 후 항소심을 거쳐 대법원 2012. 2. 23. 선고 2011두7076 판결로 최종 확정되었다.

무수행에 대한 지휘·감독권의 소재, 작업재료의 공급자 또는 부담자, 수행한 업무의 전문성(또는 도급의 필요성), 작업시간의 자율성 등을 도급과 파견을 구별하는 징표로 파악한 것으로 보인다.

이후 대법원은 '원고용주가 어느 근로자로 하여금 제3자를 위한 업무를 수행하도록 하는 경우 그 법률관계가 파견근로자 보호 등에 관한 법률의 적용을 받는 근로자파견에 해당하는지는 당사자가 붙인 계약의 명칭이나 형식에 구애될 것이 아니라, ① 제3자가 당해 근로자에 대하여 직·간접적으로 그 업무수행 자체에 관한 구속력 있는 지시를 하는 등 상당한 지휘·명령을 하는지, ② 당해 근로자가 제3자 소속 근로자와 하나의 작업집단으로 구성되어 직접 공동 작업을 하는 등 제3자의 사업에 실질적으로 편입되었다고 볼 수 있는지, ③ 원고용주가 작업에 투입될 근로자의 선발이나 근로자의 수, 교육 및 훈련, 작업·휴게시간, 휴가, 근무태도 점검 등에 관한 결정 권한을 독자적으로 행사하는지, ④ 계약의 목적이 구체적으로 범위가 한정된 업무의 이행으로 확정되고 당해 근로자가 맡은 업무가 제3자 소속 근로자의 업무와 구별되며 그러한 업무에 전문성·기술성이 있는지, ⑤ 원고용주가 계약의 목적을 달성하기 위하여 필요한 독립적 기업조직이나 설비를 갖추고 있는지 등의 요소를 바탕으로 그 근로관계의 실질에 따라 판단하여야 한다.'고 판시하여 도급과 파견관계의 구별에 관한 주요 법리를 제시하였다.[1]

2. 중재재정취소소송

가. 중재재정의 의의와 대상

중재재정이란 노동위원회에 설치된 중재위원회가 노동쟁의의 대상이 된 사항에 관하여 가장 적절하다고 판단되는 내용으로 작성한 해결안으로, 당사자는 이에 구속된다.[2] 노동조합법 제2조 제5호는 노동쟁의를 '노동조합과 사용자 또는 사용자 단체 간에 임금·근로시간·복지·해고 기타 대우 등 근로조건의 결정에 관한 주장의

---

1) 대법원 2015. 2. 26. 선고 2010다106436 판결.
2) 노동법실무연구회, 노동조합 및 노동관계조정법 주해Ⅲ, 박영사(2023), 52 및 58 참조.

불일치로 인하여 발생한 분쟁상태'로 규정하고 있다. 위와 같이 노동조합법이 노동쟁의를 '근로조건의 결정'에 관한 주장의 불일치로 인하여 발생한 분쟁으로 규정하고 있으므로 단체협약이나 근로계약상 권리의 주장(권리쟁의)은 노동쟁의에 포함되지 않고, 그것들에 관한 새로운 합의의 형성을 꾀하기 위한 주장(이익쟁의)만이 노동쟁의에 포함된다는 것이 대체적인 견해로 보인다.[1] 여기서 근로조건이라 함은 사용자와 근로자 사이의 근로계약관계에서 근로자의 대우에 관하여 정한 조건을 말하며, 구체적으로는 근로기준법에 정하여진 임금·근로시간·후생·해고뿐만이 아니라 같은 법 제93조 제1호 내지 제13호, 같은 법 시행령 제8조 제1항 제1호, 제3호 소정의 사항들까지 포함한다. 중재재정은 원칙상 노동쟁의가 발생한 경우에 노동쟁의의 대상이 된 사항에 대하여 행하는 것이므로 이러한 근로조건 이외의 사항에 관한 노동관계 당사자의 주장 불일치로 인한 분쟁상태는 근로조건에 관한 분쟁이 아니어서 현행법상 노동쟁의라고 할 수 없고, 특별한 사정이 없는 한 이러한 사항은 중재재정의 대상으로 삼을 수 없다.[2]

　　판례에 의하면 면직기준·상벌위원회의 설치와 구성 등은 근로조건에 해당하나, 노조원의 근무시간 중 노조활동·노조전임제·병원 입원절차의 공정화 및 진료대기시간의 단축 요구 등은 근로조건에 포함되지 않는다.[3]

　　다만 중재절차는 노동쟁의의 자주적 해결과 신속한 처리를 위한 광의의 노동쟁의조정절차의 일부분이므로 노사관계 당사자 쌍방이 합의하여 단체협약의 대상이 될 수 있는 사항에 대하여 중재를 해 줄 것을 신청한 경우이거나 이와 동일시할 수 있는 사정이 있는 경우에는 근로조건 이외의 사항에 대하여도 중재재정을 할 수 있다.[4]

---

1) 다만, 이는 노동쟁의 조정(調整)의 대상인 노동분쟁에 대한 논의이고, 쟁의행위의 정당성 등의 논의와 반드시 연결되지는 않는다. 이에 대하여는 노동법실무연구회, 노동조합 및 노동관계조정법 주해 Ⅰ, 박영사(2023), 498 이하 참조. 한편, 구 노동쟁의조정법(1996. 12. 31. 법률 제5244호 노동조합및노동관계조정법 부칙 제3조로 폐지) 제2조는 노동쟁의를 '근로조건'에 관한 노동관계당사자간의 주장의 불일치로 인한 분쟁으로 정의하고 있어 구 노동쟁의조정법하의 판례는 '근로조건에 관한 노동관계 당사자간의 주장'에 권리쟁의와 이익쟁의가 모두 포함된다고 보았었다(대법원 1990. 5. 15. 선고 90도357 판결, 대법원 1991. 3. 27. 선고 90도2528 판결).
2) 대법원 2003. 7. 25. 선고 2001두4818 판결.
3) 대법원 1994. 1. 11. 선고 93누11883 판결, 대법원 1996. 2. 23. 선고 94누9177 판결, 대법원 1997. 10. 10. 선고 97누4951 판결, 대법원 2003. 7. 25. 선고 2001두4818 판결.
4) 대법원 1996. 2. 23. 선고 94누9177 판결, 대법원 2003. 7. 25. 선고 2001두4818 판결.

한편, 교원의 노동조합 설립 및 운영 등에 관한 법률에 따라 교원 노동관계 조정위원회가 한 중재재정 내용이 '법령·조례 및 예산에 의하여 규정되는 내용과 법령 또는 조례에 의하여 위임을 받아 규정되는 내용'(이하 '비효력 사항'이라 한다)에 해당하여, 교원의 노동조합 설립 및 운영 등에 관한 법률 제7조 제1항[1]에 의하여 단체협약으로서 효력이 없어 그 중재재정 부분이 위법하거나 월권에 의한 것으로 취소되어야 하는지 종래에 논란이 있었다. 이에 관하여 하급심 판단이 일치하지 않았으나, 대법원 2024. 4. 16. 선고 2022두57138 판결은 '같은 조 제2항 및 같은 법 시행령 제5조가 비효력 사항에 대하여도 사용자에게 노력의무 등 일정한 의무를 부과하고 있고, 같은 법 제12조 제5항에 의하면 중재재정이 단체협약과 동일한 효력을 가지는 점 등에 비추어, 비효력 사항도 중재재정의 대상이 될 수 있고, 다만 그 중재재정 조항의 효력이 제한될 뿐이라고 보아야 하므로 중재재정이 비효력 사항에 관하여 정하였다는 이유만으로 위법하다고 볼 수 없다'라고 판단하였다.[2]

나. 중재재정의 불복사유

중재재정에 대한 불복은 그것이 위법이거나 월권에 의한 것이라고 인정되는 경우에 한하고(노동조합법 제69조 제1항, 제2항), 따라서 중재재정이 단순히 노사 어느 일방에 불리하여 부당하거나 불합리한 내용이라는 사유만으로는 불복이 허용되지 않는다.[3] 그러므로 중재재정의 대상이 될 수 없는 노조전임제에 관하여 중재재정을

---

[1] '단체협약의 내용 중 법령·조례 및 예산에 의하여 규정되는 내용과 법령 또는 조례에 의하여 위임을 받아 규정되는 내용은 단체협약으로서의 효력을 가지지 아니한다.'라고 규정하고 있다.

[2] 한편, 공무원의 노동조합 설립 및 운영 등에 관한 법률 제8조 제1항 단서는 "다만, 법령 등에 따라 국가나 지방자치단체가 그 권한으로 행하는 정책결정에 관한 사항, 임용권의 행사 등 그 기관의 관리·운영에 관한 사항으로서 근무조건과 직접 관련되지 아니하는 사항은 교섭의 대상이 될 수 없다."라고 규정하고 있다. 대법원은 '교원의 노동조합 설립 및 운영 등에 관한 법률은 위와 같은 비교섭 사항을 규정하고 있지 않으므로 교원노동조합의 단체교섭에는 위 비교섭 사항에 관한 규정이 적용되지 않는다'고 하면서도 '헌법과 법률이 교원의 지위를 보장하면서 그 노동3권을 일정 부분 제한하고 있는 취지에 비추어 보면 근로조건에 관한 사항이라도 교육과정 등 정책결정에 관한 사항이나 교육기관 및 교육행정기관의 관리·운영에 관한 사항으로서 국민의 교육받을 권리 보장을 위한 교육기관 및 교육행정기관의 본질적·근본적 권한을 침해·제한하는 내용을 정한 중재재정은 위법하다고 보아야 한다.'라고 판시하였다.

[3] 대법원 1994. 1. 11. 선고 93누11883 판결, 대법원 1992. 7. 14. 선고 91누8944 판결, 대법원 1997. 10. 10. 선고 97누4951 판결, 대법원 2007. 4. 26. 선고 2005두12992 판결 등 참조. 또한, 앞서 본 대법원 2024. 4. 16. 선고 2022두57138 판결에 의하면, 중재재정 내용이 비효력 사항에 해당한다는 것

한 위법이 임금인상에 관한 중재재정에 영향을 미쳤더라도 그로 인하여 임금인상에 관한 중재재정이 노사 어느 일방에게 불리하여 부당하거나 불합리한 것으로 될 뿐, 위법이거나 월권에 의한 것이 되는 것은 아니므로 그에 대한 불복은 허용되지 않는다.[1]

　　　여기서 위법이란 중재재정절차가 노동조합법에 위배되거나(당사자의 신청이나 직권중재회부결정이 없이 이루어진 중재재정) 그 내용이 근로기준법 등의 강행규정을 위반하는 경우(불법적 교섭사항을 내용으로 하는 중재재정)를 의미한다. 그리고 월권이란 권한을 넘어선 것을 의미하므로 당사자 사이에 분쟁의 대상이 되지 아니한 사항,[2] 당사자의 분쟁범위를 벗어난 사항 등에 대하여 중재재정이 이루어진 경우에는 월권에 해당한다.

다. 중재재정의 실효와 소의 이익

　　　중재재정 자체에서 효력기간을 정한 경우 그 중재재정은 유효기간 경과로 효력을 잃고, 이와 같이 중재재정이 실효된 이상 유효기간의 경과 후 중재재정이 외형상 잔존함으로 인하여 어떠한 법률상의 이익이 침해되고 있다고 볼 만한 특별한 사정이 없는 한 노동관계 당사자는 그 중재재정의 취소를 구할 법률상 이익이 없다.[3] 따라서 중재재정 취소소송은 그 유효기간 경과 전에 판결이 선고될 수 있도록 신속하게 진행될 필요가 있다.[4] 다만, 임금인상에 관한 중재재정이 취소되어 협약 내용이 변경된 결과 이미 경과한 중재재정의 유효기간 중에 미지급된 임금차액이 존재하게 된 경우에는 이를 사후에나마 청구할 수 있는 여지가 생길 수 있고, 이로 인한 근로자의 이익은 단순한 사실상의 이익이 아니라 단체교섭권 등에 기한 법률상의 이익이라고 보아야 하므로 중재재정 유효기간이 지난 후라도 그 취소를 구할 법률상 이

만으로는 위법이거나 월권에 의한 것이라고 인정되지 않으므로 이는 중재재정에 대한 정당한 불복사유로 볼 수 없다.

1) 대법원 1997. 12. 26. 선고 96누10669 판결.
2) 대법원 1997. 6. 27. 선고 95누17380 판결.
3) 대법원 1997. 12. 26. 선고 96누10669 판결.
4) 대법원 1997. 9. 30. 선고 97누676 판결 사안의 경우 원고가 노조가입 제한범위에 관한 중재재정취소신청을 기각한 중재재심결정이 위법하다면서 그 취소를 구하여 승소하였으나, 상고심 진행 중 중재재정 유효기간이 경과하여 소가 각하되었다(파기자판).

익이 인정된다.[1] 또한, 동일한 소송 당사자 사이나 다른 유사사건에서 해당 중재재정과 같은 내용의 중재재정이 반복될 것으로 예상되는 경우 중재재정 유효기간이 경과되었더라도 중재재정의 위법성의 확인 내지 법률문제의 해명이 필요하므로 그 중재재정의 취소를 구할 소의 이익이 인정될 수 있다.[2]

3. 단체협약 등의 해석·이행방법에 관한 쟁송

가. 개요

단체협약의 해석 또는 이행방법에 관하여 관계 당사자 간에 의견의 불일치가 있는 때에는 당사자 쌍방 또는 단체협약에서 정한 바에 따라 어느 일방이 노동위원회에 그 해석 또는 이행방법에 관한 의견 제시를 요청할 수 있고, 노동위원회가 제시한 해석 또는 이행방법에 관한 견해는 중재재정과 동일한 효력을 가진다(노동조합법 제34조). 그리고 중재재정의 해석 또는 이행방법에 관하여 관계 당사자 간에 의견의 불일치가 있는 때에는 당해 중재위원회의 해석에 따르며 그 해석은 중재재정과 동일한 효력을 가진다(노동조합법 제68조).

이러한 노동위원회의 의견이나 해석에 대해서는 행정처분성이 인정된다. 그에 대한 불복절차는 다른 중재재정의 경우와 같이 노동위원회법과 노동조합법이 정한 절차에 따라야 한다.

나. 불복사유

노동위원회가 제시한 견해 등에 대해 중재재정의 불복절차가 적용된다고 보는

---

1) 대법원 2015. 2. 26. 선고 2012두22003 판결.
2) 대법원 2024. 4. 16. 선고 2022두57138 판결. 위 판결에서는 전국교직원노동조합과 대전광역시교육감 사이의 단체교섭이 결렬됨에 따라 중앙노동위원회가 교원의 노동조합 설립 및 운영 등에 관한 법률 제10조에 근거하여 중재재정을 하였는데, 위 중재재정의 대상으로 삼은 사항이 같은 법상의 중재재정 대상이 되는지 법원의 분명한 판례가 없고, 법원이 본안 판단을 하지 않는다면 중앙노동위원회가 같은 내용의 중재재정을 반복할 것으로 예상되어 중재재정의 무효확인 및 취소를 구할 소의 이익이 인정되었다.

이상 그 불복사유 역시 노동조합법 제69조 제1항 소정의 '위법'이나 '월권'이 있는 경우로 제한된다고 봄이 타당하다.[1] 마찬가지로 노동위원회규칙 제87조 제3항은 노동위원회의 단체협약 해석이나 이행방법에 관한 견해 제시가 위법이거나 월권이라고 인정되는 경우에 한하여 중앙노동위원회에 재심을 신청할 수 있다고 규정하고 있다. 노동위원회가 단체협약의 의미를 오해하여 그 해석 또는 이행방법에 관하여 잘못된 견해를 제시하였다면 이는 법률행위인 단체협약의 해석에 관한 법리를 오해한 위법을 범한 것으로 노동조합법 제69조에서 정한 불복사유인 위법 사유가 있는 경우에 해당한다.[2]

다. 단체협약의 해석방법

처분문서는 특별한 사정이 없는 한 그 기재 내용에 따라 표시된 대로 의사표시의 존재 및 내용을 인정하여야 하며, 한편 단체협약은 근로자의 근로조건을 유지·개선하고 복지를 증진하여 그 경제적·사회적 지위를 향상시킬 목적으로 노동자의 자주적 단체인 노동조합이 사용자와 근로조건을 놓고 단체교섭을 하여 체결하는 것이므로 그 명문의 규정을 근로자에게 불리하게 변형 해석할 수 없다.[3] 그러나 단체협약 문언의 객관적인 의미가 명확하게 드러나지 않고 문언 해석을 둘러싼 이견이 있는 경우에는, 해당 문언 내용, 단체협약이 체결된 동기 및 경위, 노동조합과 사용자가 단체협약에 의하여 달성하려는 목적과 그 진정한 의사 등을 종합적으로 고려하여, 논리와 경험의 법칙에 따라 합리적으로 해석하여야 한다.[4] 단체협약과 동일한 효력을 가지는 중재재정서,[5] 당사자가 수락한 조정서는 물론 단체협약·중재재정·조정안의 해석 또는 이행방법에 관하여 노동위원회가 제시한 견해[6](노동조합법

---

1) 도재형, "단체협약의 해석·이행방법에 관한 노동위원회의 제시 견해에 대한 불복 방법 및 불복 사유 선택권", 조정과 심판 25호(중앙노동위원회 2006년 봄호), 77 이하, 교섭단위분리결정의 불복사유에 관한 대법원 2018. 9. 13. 선고 2015두39361 판결 등 참조.
2) 대법원 2005. 9. 9. 선고 2003두896 판결.
3) 대법원 1996. 9. 20. 선고 95다20454 판결, 대법원 2005. 9. 9. 선고 2003두896 판결, 대법원 2019. 11. 28. 선고 2017다257869 판결.
4) 대법원 2017. 3. 22. 선고 2016다26532 판결, 대법원 2020. 11. 26. 선고 2019다262193 판결, 대법원 2022. 3. 11. 선고 2021두31832 판결.
5) 대법원 2009. 8. 20. 선고 2008두8024 판결.
6) 대법원 2010. 1. 14. 선고 2009다68774 판결.

제34조 제2항 및 제3항, 제60조 제4항, 제68조 제2항) 역시 같은 방법으로 그 객관적 의미를 해석하여야 할 것이다.

라. 단체협약의 효력 상실 등과 소의 이익

중재재정이 그 자체에서 정한 효력기간이 지나거나 기타 다른 사유로 효력을 잃은 경우 특별한 사정이 없는 한 그 중재재정의 취소를 구할 법률상의 이익이 없는 것과 마찬가지로, 노동위원회에 해석 또는 이행방법에 관한 의견 제시를 요청한 단체협약이 소송계속 중에 유효기간 도과 또는 새로운 단체협약의 체결로 효력을 상실한 경우에는 단체협약이 외형상 잔존함으로 인하여 법률상의 이익이 침해되고 있다고 볼만한 특별한 사정이 없는 한 소의 이익이 부정될 것이다.[1]

4. 노동조합설립신고반려 또는 그 수리처분의 취소소송

가. 노동조합 설립요건

(1) 실질적 요건

노동조합법 제2조 제4호 본문은 "노동조합이라 함은 근로자가 주체가 되어 자주적으로 단결하여 근로조건의 유지·개선 기타 경제적·사회적 지위의 향상을 도모함을 목적으로 조직하는 단체 또는 그 연합단체를 말한다."라고 규정하여 헌법 제33조 제1항에 의하여 보장되는 노동3권의 주체로서 근로자단체의 개념을 구체적으로 확인하고 있다. 따라서 노동조합은 (i) 주체성, (ii) 자주성, (iii) 목적성, (iv) 단체성 등과 관련한 실질적 요건을 갖추어야 한다.

한편 같은 호 단서와 각 목은 일정한 사유가 있는 경우에는 노동조합으로 보지

---

[1] 서울행정법원 2005. 8. 18. 선고 2004구합24837 판결(확정, 40시간 근무제도와 관련된 중재재정 내용에 관하여 중재재정 유효기간 중에 원고 노동조합과 회사가 새로운 단체협약을 체결하여 해당 중재재정 부분이 정하고 있는 사항의 효력이 상실하였고, 위 중재재정 부분이 외형상 잔존함으로 인하여 원고 노동조합측에 법률상 이익이 침해되고 있다는 특별한 사정이 없으므로 중재재정의 취소를 구할 법률상 이익이 존재하지 않는다고 판단한 사안이다).

아니한다고 소극적 요건들을 규정함으로써 노동조합법에 의하여 설립할 수 있는 노동조합의 요건을 강화하고 있다.

또한, 구 노동조합및노동관계조정법(1996. 12. 31. 법률 제5244호 노동조합및노동관계조정법 부칙 제3조로 폐지) 제3조 제5호는 '조직이 기존 노동조합과 조직대상을 같이 하거나 그 노동조합의 정상적 운영을 방해하는 것을 목적으로 하는 경우'를 노동조합의 소극적 요건으로 규정하는 등 1963년 이래 기존 노동조합과 경쟁관계에 있는 복수노조 설립을 금지하여 왔는데, 1997. 3. 13. 법률 제5310호로 제정된 노동조합및노동관계조정법은 위 규정을 삭제하여 복수노조 설립을 허용하면서도, 부칙 제5조에서 기업 차원의 복수노조만은 허용시기를 2002년으로 유예하였고, 2001년과 2006년 개정으로 허용시기를 계속 연기하였다. 2010. 1. 1. 법률 제9930호로 개정된 노동조합법 부칙은 제1조 본문에서 "이 법은 2010. 1. 1.부터 시행한다."라고 규정하면서 동시에 같은 조 단서에서 교섭창구 단일화에 관한 신설규정인 "제29조의 제2항 내지 제4항, 제29조의2부터 제29조의5는 2011. 7. 1.부터 시행한다."라고 규정하고, 제7조에서 2011. 7. 1.로 기업 차원의 복수노조 시행시기를 연기하였다.[1] 결국, 복수노조는 2011. 7. 1.부터 설립이 가능해졌고, 따라서 '하나의 사업 또는 사업장에 노동조합이 조직되어 있는 경우에 산업별·직종별·지역별 단위노동조합이나 산업별 연합단체와 총연합단체 형태의 새로운 노조를 새로이 설립할 수 있는가'에 관한 학설의 대립은 더는 의미가 없다.

다만, 위에서 본 부칙 제4조는 "이 법 시행일 당시 단체교섭 중인 노동조합은 이 법에 따른 대표노조로 본다."라고 규정하고 있었는데, 위 규정에서의 '이 법 시행일'이 부칙 제1조 본문에 대응하여 개정법의 원칙적 시행일인 2010. 1. 1.을 의미하는 것으로 해석할 것인지, 아니면 부칙 제1조 단서에 대응하여 교섭창구 단일화 관련 규정인 제29조 제2항 내지 제4항, 제29조의2 내지 제29조의5의 시행일인 2011. 7. 1.을 의미하는 것으로 해석할 것인지 하급심에서 결론이 나뉘었다. 이에 대하여 대법원은 노동조합법 부칙 제4조의 시행일은 교섭창구 단일화 관련 규정의 시행일인 2011. 7. 1.을 의미한다고 판시하여[2] 논란을 해소하였다.

---

[1] 이상의 개정 연혁은 임종률, 노동법, 박영사(2022) 64 각주 4, 노동법실무연구회, 노동조합 및 노동관계조정법 주해Ⅰ, 박영사(2023), 81 이하 참조.

[2] 대법원 2012. 11. 12. 자 2012마858 결정.

(2) 형식적 요건

노동조합의 실질적 요건을 갖추고 있더라도 노동조합법상 노동조합을 설립하기 위해서는 설립신고서에 규약을 첨부하여 고용노동부장관 또는 특별시장·광역시장·특별자치시장·도지사 등 행정관청에 이를 제출하여야 하고(노동조합법 제10조 제1항), 노동조합이 행정관청으로부터 신고증을 교부받은 경우에는 설립신고서가 접수된 때에 설립된 것으로 보게 된다(노동조합법 제12조 제1항, 제4항). 노동조합법상 노동조합은 위와 같이 설립신고서를 제출하여 신고증을 교부받아야만 유효하게 설립할 수 있으나, 노동조합이 설립신고를 마쳐 신고증을 교부받았더라도 노동조합의 실질적 요건을 갖추지 못하고 있다면 적법한 노동조합으로 인정할 수 없다.[1]

노동조합이 설립신고증을 교부받은 후에 노동조합법 제10조 제1항의 규정에 의하여 설립신고한 사항 중 그 명칭, 대표자의 성명 등 일정한 사항에 변경이 있는 때에는 그 날로부터 30일 이내에 행정관청에게 변경신고를 하여 변경신고증을 교부받아야 한다(노동조합법 제13조 제1항, 같은 법 시행령 제10조).

이러한 노동조합 설립신고나 변경신고에 대한 행정관청의 반려처분 역시 행정처분의 성격을 가지므로 행정소송의 대상이 될 수 있다. 노동조합 설립신고에 대한 행정관청의 심사권한에 관하여 대법원은 '행정관청은 일단 제출된 설립신고서와 규약의 내용을 기준으로 설립신고를 한 단체가 노동조합법 제2조 제4호 각 목에 해당하는지 여부를 심사하되, 설립신고서를 접수할 당시 그 해당 여부가 문제된다고 볼 만한 객관적인 사정이 있는 경우에 한하여 설립신고서와 규약 내용 외의 사항에 대하여 실질적인 심사를 거쳐 반려 여부를 결정할 수 있다고 보아야 한다'고 판시하였다.[2]

한편, 노동조합이 설립신고증을 받아 적법하게 설립된 후에 노동조합의 실질적 요건을 갖추지 못하여 설립신고서의 반려사유가 발생한 경우에는 행정관청은 30일의 기간을 정하여 시정을 요구할 수 있다(노동조합법 시행령 제9조 제2항). 구 노동조합 및 노동관계조정법 시행령(2021. 6. 29. 대통령령 제31851호로 개정되기 전의 것) 제9조 제2항은 위 시정요구 기간 내에 이행하지 않으면 당해 노동조합에 대하여 법내

1) 대법원 1996. 6. 28. 선고 93도855 판결, 대법원 2021. 2. 25. 선고 2017다51610 판결.
2) 대법원 2014. 4. 10. 선고 2011두6998 판결.

노동조합으로 보지 않는다고 통보하도록 규정하였으나, 대법원 2020. 9. 3. 선고 2016두32992 판결은 위 규정은 법률의 위임 없이 법률이 정하지 않은 법외노조 통보에 관하여 규정함으로써 무효라고 판단하였고, 이에 따라 해당 내용이 2021. 6. 29. 삭제되었다. 개정 이후 노동조합법 시행령 제9조 제2항에 따른 시정요구는 노동조합에 대해 자율적 개선 기회를 부여하는 것으로서 불이행 시 별도의 제재수단이 마련되어 있지 않으므로, 노동조합의 규약, 결의 또는 처분에 대한 시정명령(노동조합법 제21조 제1항, 제2항)과는 달리[1] 이를 행정처분으로 볼 수 없다.[2]

복수노조 설립이 허용된 현 상황에서 기존 노동조합이 신설 노동조합에 대한 설립신고증 교부처분 취소를 구할 원고적격이 있는지에 관하여 견해가 대립하나,[3] 실무상으로는 대체로 대법원 2021. 2. 25. 선고 2017다51610 판결과 같이 기존 노동조합이 신설 노동조합을 상대로 민사상 설립무효확인의 소 등을 제기하여 그 무자격 여부를 다투는 것으로 보인다. 다만, 산업별 노동조합의 산하조직(지부, 지회, 분회 등)이 총회 결의를 통해 소속된 산업별 노동조합을 탈퇴하고 기업별 노동조합으로 전환하여 행정관청으로부터 설립신고증을 받는 경우, 설립된 기업별 노동조합은 기존에 산업별 노동조합에 속했던 해당 산하조직의 조합원, 재산상의 권리·의무, 단체협약상 지위를 승계하게 되어 그 설립의 적법성 여부가 산업별 노동조합의 법률상 지위에 직접적인 영향을 미치게 되므로, 산업별 노동조합은 그 하부조직이었던 기업별 노동조합에 대한 설립신고증 교부처분의 취소를 구할 법률상 이익이 있다고 봄이 타당하다.[4]

나. 소송당사자

판례에 의하면, 노조 설립신고를 한 근로자단체는 이에 대한 반려처분의 직접

---

1) 대법원 1993. 5. 11. 선고 91누10787 판결(노동조합법에 위반되지 않도록 노동조합 규약을 변경보완하라는 시정명령에 대해 처분성을 긍정한 사안).
2) 노동법실무연구회, 노동조합 및 노동관계조정법 주해 I, 박영사(2023), 650.
3) 긍정하는 견해는 노동법실무연구회, 노동조합 및 노동관계조정법 주해 I, 박영사(2023), 648, 부정하는 견해는 이용우, "노동조합 설립무효의 확인 또는 노동조합으로서 법적 지위가 부존재한다는 확인을 구하는 민사상 소가 허용되는지 여부", 사법 제57호, 사법발전재단(2021), 687.
4) 창원지방법원 2009. 4. 16. 선고 2008구합2154 판결(확정) 참조. 인천지방법원 2017. 9. 28. 선고 2016구합1237 판결(확정)은 동일한 사실관계에서 원고적격에 관한 특별한 설시 없이 본안으로 나아가 설립신고증 교부처분의 위법성에 관하여 판단하였다.

상대방으로서 그 취소를 구할 당사자적격이 있다.[1]

　　근로자단체의 구성원인 근로자 개인 등 제3자는 원칙적으로 위 설립신고반려처분의 취소를 구할 당사자적격이 없다.[2] 다만, 반려처분의 취소를 구할 구체적인 법률상의 이익이 있다고 볼 특별한 사정이 있는 경우에는 당사자적격이 인정된다.[3]

　　노동조합설립신고 수리처분이 있는 경우에 사용자가 그 처분의 취소를 구할 수 있는 원고적격이 있는가에 대하여 판례는 소극적인 입장이다.[4]

다. 해고 · 구직 중 근로자의 조합원 가입

　　구 노동조합 및 노동관계조정법(2021. 1. 5. 법률 제17864호로 개정되기 전의 것) 제2조 제4호 (라)목은 근로자가 아닌 자의 가입을 허용하는 경우를 노동조합의 소극적 요건으로 규정하면서 단서에서 "다만, 해고된 자가 노동위원회에 부당노동행위의

---

[1] 대법원 1979. 12. 11. 선고 76누189 판결.

[2] 위 76누189 판결은 그 논거로서, 근로자의 단결권은 노동조합의 조직에서 발현하는 것이므로 근로자들이 노동조합을 설립하기 위하여 노동조합 설립에 따르는 조합의 규약을 작성하고 대표자를 선정하여 노동조합설립신고서를 소관 관청에 제출할 수 있는 정도로 조직체를 이룩하였다면 위 조직체는 그 구성원인 근로자들의 단결권의 결합체라고 할 수 있고 이 단계에 이르러서는 노동조합 설립에 관한 근로자의 단결권은 위 조직체를 통해서 통일된 상태에서 발현할 것이 기대되는 것이라고 봄이 합리적이라는 점을 들고 있다.

[3] 노동조합의 조합장으로 선출된 자가 조합장으로서의 결격사유가 없다면, 그가 조합장 결격자라는 이유로 노동조합이 제출한 노동조합설립신고사항 중 변경신고를 반려한 처분에 대하여 그 선출된 자가 취소를 구할 소의 이익이 있다(대법원 1988. 11. 22. 선고 87누727 판결).

[4] 노동조합의 설립에 관한 법 규정이 기본적으로 노동조합 설립의 자유를 보장하면서 위와 같은 노동정책적 목적을 달성하기 위해 설립신고주의를 택하여 조합이 자주성과 민주성을 갖추도록 행정관청이 지도·감독하도록 하게 함으로써, 사용자는 무자격조합이 생기지 않는다는 이익을 받고 있다 할지라도, 그러한 이익이 노동조합의 설립에 관한 법 규정에 의하여 직접적이고 구체적으로 보호되는 이익이라고 볼 수는 없고, 노동조합 설립신고의 수리 그 자체에 의하여 사용자에게 어떤 공적 의무가 부과되는 것도 아니다. 따라서 행정관청이 노동조합의 설립신고를 수리한 것만으로는 사용자의 어떤 법률상의 이익이 침해되었다고 할 수 없으므로, 사용자는 신고증을 교부받은 노동조합이 부당노동행위구제신청을 하는 등으로 법이 허용하는 절차에 구체적으로 참가한 경우에 그 절차에서 노동조합의 무자격을 주장하여 다툴 수 있을 뿐 노동조합 설립신고의 수리처분 그 자체만을 다툴 당사자 적격은 없다(대법원 1997. 10. 14. 선고 96누9829 판결). 이에 대한 평석으로는 홍일표, "노동조합설립신고증교부처분취소소송에 있어서 사용자의 원고적격", 대법원 판례해설 제29호, 법원도서관(1998) 397 이하 참조. 수원고등법원 2024. 6. 19. 선고 2023누10439 판결은 위 96누9829 판결의 법리가 사립학교 교원으로 구성된 노동조합의 설립신고(교원의 노동조합 설립 및 운영 등에 관한 법률이 적용된다)에 관하여도 적용될 수 있다고 보아, 사립학교 설립·경영자(원고)가 해당 학교의 의과대학 겸임교원을 조직 대상으로 한 노동조합에 대한 설립신고증 교부처분으로 어떠한 법률상 이익을 침해하였다고 볼 수 없어 그 취소를 구할 원고적격이 없다고 보았다(대법원 2024두55044호로 상고심 계속 중).

구제신청을 한 경우에는 중앙노동위원회의 재심판정이 있을 때까지는 근로자가 아닌 자로 해석하여서는 아니된다."라고 규정하였다. 판례는, 본문의 근로자에는 '특정한 사용자에게 고용되어 현실적으로 취업하고 있는 사람 이외에도 일시적인 실업 상태에 있거나 구직 중인 사람도 노동3권을 보장할 필요성이 있는 한 그 범위에 포함'되고, 단서는 '일정한 사용자와의 종속관계가 전제되지 않는 산업별·직종별·지역별 노동조합이 아니라 기업별 노동조합의 조합원이 해고되어 근로자성이 부인될 경우에만 한정적으로 적용된다'고 보았다.[1] 이에 따라 산업별·직종별·지역별 노동조합에 대하여는 실업 상태인 사람이나 구직 중인 사람, 해고된 사람도 가입할 수 있다고 해석되었으나, 기업별 노동조합의 경우 가입이 금지되어 그러한 조합원이 한 명이라도 있다면 노동조합 설립신고가 반려되었다. 그러나 2021. 1. 5. '사업 또는 사업장에 종사하지 아니하는 근로자에 대하여 기업별 노동조합에 가입할 수 있도록 허용'하기 위한 취지에서 제2조 제4호 라(목) 단서를 삭제하는 등의 개정이 이루어졌고, 이로써 기업별 노동조합에서도 실업자나 구직 중인 자도 조합원으로 가입할 수 있게 되었다.[2]

5. 필수유지업무재심결정 취소소송

구 노동쟁의조정법(1996. 12. 31. 법률 제5244호 노동조합및노동관계조정법 부칙 제3조로 폐지)은 제4조에서 공중운수사업, 수도·전기·가스 및 정유사업, 공중위생 및 의료사업, 은행사업, 방송·통신사업을 공익사업으로 정하고 제30조 제3호에서 이러한 공익사업에 대해 노동위원회가 직권 또는 행정관청의 요구에 따라 중재에 회부한다는 결정을 한 때에는 강제로 중재를 개시하도록 하는 이른바 직권중재제도를 채택하고 있었고, 위 법이 폐지되고 1997. 3. 13. 법률 제5310호로 제정된 구 노동조합및노동관계조정법에서도 위와 같은 내용의 직권중재제도 자체는 그대로 유지하면서 필수공익사업으로 범위를 축소하고, 노동위원회 위원장이 특별조정위원회의 권고에 의하여 중재에 회부하는 결정을 한 때에 강제중재를 개시하도록 하였다.

1) 대법원 2004. 2. 27. 선고 2001두8568 판결.
2) 김형배·박지순, 노동법강의, 신조사(2023), 486, 임종률, 노동법, 박영사(2022), 59 이하.

그 후 2006. 12. 30. 법률 제8158호로 개정된 노동조합법은 필수공익사업에 대한 직권중재제도를 폐지하되, 필수공익사업의 업무 중 그 업무가 정지 또는 폐지되는 경우 공중의 생명, 보건 또는 신체의 안전이나 공중의 일상생활을 현저히 위태롭게 하는 업무로서 대통령령이 정하는 업무를 필수유지업무로 규정하고 이에 대하여는 쟁의행위 기간에도 정당한 유지·운영 의무를 부과하는 내용의 필수유지업무제도를 도입하였다(제42조의2 내지 6). 노동조합법 제71조 제2항은 필수공익사업을 '공익사업 중 그 업무의 정지 또는 폐지가 공중의 일상생활을 현저히 위태롭게 하거나 국민경제를 현저히 저해하고 그 업무의 대체가 용이하지 아니한 사업'으로 정의하면서 이에 해당하는 구체적인 사업으로 '1. 철도사업, 도시철도사업 및 항공운수사업, 2. 수도사업, 전기사업, 가스사업, 석유정제사업 및 석유공급사업, 3. 병원사업 및 혈액공급사업, 4. 한국은행사업, 5. 통신사업'을 열거하고 있다. 그리고 노동조합법 시행령 제22조의2 [별표 1]은 해당 필수공익사업의 필수유지업무를 자세히 규정하고 있다.

노동관계 당사자는 쟁의행위기간 동안 필수유지업무의 정당한 유지·운영을 위하여 필수유지업무의 필요 최소한의 유지·운영 수준, 대상직무 및 필요인원 등을 정한 필수유지업무협정을 서면으로 체결하여야 하는데(제42조의3), 필수유지업무협정이 체결되지 아니하는 때에는 노동위원회에 필수유지업무의 필요 최소한의 유지·운영 수준, 대상직무 및 필요인원 등의 결정을 신청하여야 한다(제42조의4). 이에 대한 노동위원회의 결정에 대한 불복절차에 대하여 중재재정에 관한 제69조가 준용되므로, 해당 결정이 위법 또는 월권에 의한 것임을 이유로 하는 때에 한하여 불복할 수 있고, 단순히 노사 어느 일방에 불리하거나 불합리한 내용이라는 사유로는 불복이 허용되지 않는다(제42조의4 제2항 및 제5항, 제69조 제2항).

법원은 신청권이 없는 자가 결정을 신청하였음에도 노동위원회가 필수유지업무결정을 내린 경우, 노동위원회의 필수유지업무결정에서 정한 유지·운영 수준이 단체행동권을 본질적으로 침해하여 헌법의 단체행동권 보장정신을 무가치하게 만들 정도인 경우, 필수유지업무결정이 필수유지업무에 속하지 않는 직무를 대상으로 삼는 경우, 필수유지업무결정 절차 및 특별조정위원회의 구성, 의결과정 등이 노동관계 법령에 위반된 경우 등 월권이 있는지 여부만 심사할 수 있을 뿐, 필수유지업무결정이 어느 일방에게 다소 유리한 것을 넘어 부당하다고 여겨지더라도 이른바 행

정청의 재량권 남용 법리에 따른 심사를 할 수는 없다는 하급심 판결이 있다.[1]

노동위원회의 필수유지업무결정이 위법하다고 본 예로 무인 경전철 안전운행요원의 첫 열차 수동운전업무와 비상운전업무는 노동조합법 시행령 제22조의2 [별표 1] 제1호 (가)목의 '도시철도 차량의 운전 업무'로서 필수유지업무에 해당하므로 이를 필수유지업무에서 제외한 결정은 위법하다고 판단한 서울고등법원 2012. 11. 15. 선고 2012누17409 판결(대법원 2013. 3. 14. 자 2012두27299 판결로 상고기각 확정)도 있다.

6. 교섭단위 분리 · 통합 결정에 관한 취소소송

가. 교섭단위 분리 결정

(1) 하나의 사업 또는 사업장에서 조직형태에 관계없이 근로자가 설립하거나 가입한 노동조합이 2개 이상인 경우 노동조합은 노동조합법 제29조의2에서 규정한 교섭창구 단일화 절차를 거쳐 교섭대표노동조합을 정하여 사용자에게 교섭을 요구하여야 하는데, 노동조합법 제29조의3 제1항에 의하면 원칙적으로는 하나의 사업 또는 사업장에는 하나의 교섭대표노동조합을 결정하여야 한다. 다만, 같은 조 제2항에 의하면 하나의 사업 또는 사업장에서 현격한 근로조건의 차이, 고용형태, 교섭 관행 등을 고려하여 교섭대표노동조합을 결정하여야 하는 단위(교섭단위)를 분리할 필요가 있다고 인정되는 경우에 노동위원회는 노동관계 당사자 일방 또는 쌍방의 신청을 받아 교섭단위를 분리하는 결정을 할 수 있다.

(2) 여기서 '교섭단위를 분리할 필요가 있다고 인정되는 경우'란 하나의 사업 또는 사업장에서 별도로 분리된 교섭단위에 의하여 단체교섭을 진행하는 것을 정당화할 만한 현격한 근로조건의 차이, 고용형태, 교섭 관행 등의 사정이 있고, 이로 인하

---

[1] 서울고등법원 2011. 9. 29. 선고 2010누32961 판결(확정) 등 참조. 위 판결은 '노동위원회의 필수유지업무결정이 현저히 불합리하여 이에 따를 경우 단체행동권의 제한 정도와 필수공익사업의 파업으로 인한 공익의 저해 정도 사이에 현저한 부조화가 발생하여 단체행동권을 과도하게 침해하거나 지나친 공익의 침해를 초래하는 수준에 이르지 않는 한, 해당 결정이 노동조합법 제42조의4 제2항 소정의 '필요 최소한'의 범위를 벗어나 위법하다고 볼 것은 아니'라고 하고 있다.

여 교섭대표노동조합을 통하여 교섭창구를 단일화하더라도 근로조건의 통일적 형성을 통한 안정적인 교섭체계를 구축하려는 교섭창구 단일화 제도의 취지에 부합하지 않는 결과가 발생할 수 있는 예외적인 경우를 의미한다. 이처럼 교섭단위의 분리를 인정할 수 있는 예외적인 경우에 대해서는 분리를 주장하는 측이 그에 관한 구체적 사정을 주장·증명하여야 한다.[1]

(3) 교섭단위 분리 필요성 판단 요소 중 '교섭 관행'의 경우 엄격한 의미의 단체교섭만을 의미하는 것이라고 제한적으로 해석할 필요는 없고, 노사협의 등 근로조건을 둘러싼 노사 간의 협의나 대화를 포함하는 것으로 널리 해석하는 것이 타당하다.[2] 다만, 지역별 교섭 관행[3]이나 교섭창구 단일화 제도 시행 전 교섭단위를 분리하여 교섭한 관행[4]을 교섭단위 분리 필요성 판단 시 고려하지 않거나 부차적으로만 고려한 하급심 판결도 있다.

(4) 교섭단위 분리 결정에 관한 소송에서 다수의 하급심 판결은 교섭단위 분리 필요성 판단을 위한 고려요소(현격한 근로조건의 차이, 고용형태, 교섭 관행)[5]를 검토한 후 교섭창구 단일화 절차를 유지하여 달성되는 이익과 교섭단위를 분리하여 달성되는 이익을 형량하여 교섭단위 분리 필요성을 판단하고 있다. 이러한 이익형량에 대하여는 교섭단위 분리 필요성에 관한 추가적인 고려요소로 평가할 수 있다는 견해[6]와 '교섭단위 분리의 필요성'의 의미를 교섭창구 단일화 제도의 취지(근로조건의

1) 대법원 2018. 9. 13. 선고 2015두39361 판결, 대법원 2022. 12. 15. 선고 2022두53716 판결.
2) 노동법실무연구회, 노동조합 및 노동관계조정법 주해Ⅱ, 박영사(2023), 137. 한편, 대전고등법원 2022. 7. 21. 선고 2022누10144 판결은 '교섭단위를 단일화한 종래의 교섭 관행이 근로조건의 차이를 제대로 반영하지 못하는 불합리한 측면이 존재하는 경우 기존의 교섭 관행의 존재를 근거로 교섭단위를 분리할 필요성이 없다고 판단하는 것은 부당하므로 교섭 관행의 존부는 교섭단위 분리의 필요성 여부를 좌우하는 결정적인 기준이라고 볼 수는 없다.'라고 판시하였다(다만 위 판결은 대법원 2022. 12. 16. 선고 2022두53631 판결로 파기되었다).
3) 서울행정법원 2016. 5. 27. 선고 2015구합8848 판결(서울고등법원 2016. 11. 17. 선고 2016누50060 판결로 항소기각 확정). 원고를 포함한 플랜트건설 관련 노동조합과 지역별 사용자들 또는 그들로 구성된 사용자 단체 사이에 지역별 단체교섭이 이루어졌던 사안이다.
4) 서울고등법원 2016. 10. 19. 선고 2016누48234 판결[대법원 2017. 2. 23. 선고 2016두58949 판결로 상고기각 확정, 서울고등법원 2016. 9. 30. 선고 2016누33782 판결(확정)도 유사한 취지이다].
5) 교섭단위 분리 필요성에서 고려할 수 있는 다양한 요소(기타 요소)에 관하여는 노동법실무연구회, 노동조합 및 노동관계조정법 주해Ⅱ, 박영사(2023), 137 이하 참조.
6) 임상민, "교섭창구 단일화에 관한 연구 - 공정대표의무와 교섭단위 분리에 관한 대법원 판례 분석을 중심으로 - ", 고려대학교 노동대학원 석사학위논문(2020), 140 이하. 위 견해는 위와 같은 하급심들의 판단방식은 교섭단위 분리를 교섭창구 단일화의 틀 내에서만 사고하는 것이라고 볼 수 없어 법리적으로는 '교섭단위 분리가 복수노동조합의 자율교섭을 회복하기 위한 제도이므로 최대한 인정하여야 한다'는 적극설 입장에 서 있는 것으로 이해할 수 있고, 대법원 2018. 9. 13. 선고 2015두39361 판결

통일적 형성을 통한 안정적인 교섭체계 구축 등)와 연관지어 해석하는 한 굳이 별도의 고려요소로 언급할 필요는 없다는 견해1)가 있다. 교섭단위 분리는 교섭창구 단일화 제도의 취지를 고려하여 예외적으로 인정되는 것이기는 하나, 이는 교섭대표노동조합이 되지 못한 소수 노동조합의 단체교섭권 제한을 완화하여 교섭창구 단일화를 일률적으로 강제할 경우 발생하는 문제점을 보완하기 위한 것이기도 하고,2) 교섭창구 단일화를 통한 효율적이고 안정적인 단체교섭 체계를 구축할 필요성이 크더라도 그로 인하여 소수 노동조합의 단체교섭권이 침해될 정도에 이르는 것은 타당하다고 볼 수 없으므로3) 교섭창구 단일화를 통해 달성할 수 있는 이익과 교섭단위를 분리하여 소수 노동조합이 별도로 단체교섭을 하여 달성될 수 있는 이익(또는 교섭창구 단일화로 인하여 제한될 수 있는 소수 노동조합의 단체교섭권)을 비교·평가해 볼 필요가 있다. 또한, 교섭단위 분리의 필요성은 현격한 근로조건의 차이, 고용형태, 교섭 관행 등의 요소를 종합적으로 고려하여 판단하는 것이므로 먼저 이에 대한 구체적인 사실관계를 확인한 후 이를 기초로 교섭창구 단일화 제도의 취지에 부합하지 않는 결과가 발생할 수 있는지 포섭·판단해 볼 필요도 있다. 위 하급심 판결들은 노동조합법 제29조의3 제2항에 규정된 교섭단위 분리 필요성 판단 요소에 대한 각각의 사실관계를 살핀 후 이와 별도로 '이익형량' 항목을 구성하여 교섭창구 단일화를 유지할 경우와 교섭단위를 분리할 경우 일어날 수 있는 상황을 각각 예측하여 검토해보는 한편, 교섭단위 분리 필요성 판단에 고려될 수 있는 다른 기타 요소를 살펴본 후 이러한 사실관계에서 교섭창구 단일화 제도의 취지가 적용될 필요가 있는지를 평가하는바, 교섭창구 단일화와 교섭단위 분리의 이익을 형량한 것은 교섭단위

분리 필요성의 여러 고려요소를 종합적으로 판단하는 논증 과정의 일환으로 볼 수 있을 것이다.[1]

　(5) 대법원은 교섭대표노동조합이 공정대표의무를 준수하지 않았거나 이를 준수하였음에도 다른 노동조합 또는 해당 노동조합 조직대상 근로자의 헌법상 단체교섭권의 본질적 내용을 침해한 경우를 교섭창구 단일화 제도의 취지에 반하는 결과가 발생한 사정 중 하나로 들고 있고,[2] 대전고등법원 2022. 6. 10. 선고 2021누13887 판결(확정)은 '교섭창구 단일화 제도의 목적, 공정대표의무 부과의 취지, 교섭단위 분리 제도의 의미 등을 고려해 볼 때, 교섭단위 분리의 필요성 여부를 판단함에 있어서는, 현격한 근로조건의 차이 등과 함께 사용자와 교섭대표노동조합에게 공정대표의무를 부과하여 이를 준수하도록 하더라도 교섭창구 단일화 제도의 취지에 부합하지 않는 결과가 초래될 가능성이 있는지도 아울러 고려할 필요가 있다'고 판시하였다.

나. 교섭단위 통합 결정

　노동관계 당사자는 교섭단위 분리 후의 상황 변화(교섭단위 분리에 따른 노동조합의 교섭력 약화나 사용자의 교섭비용 상승 등)에 따라 분리된 교섭단위를 다시 통합하는 것을 원할 수 있다. 이에 구 노동조합 및 노동관계조정법(2021. 1. 5. 법률 제17864호로 개정되기 전의 것)은 이에 대해 별도로 규정하지 않고 있다가, 2021. 1. 5. 노동위원회가 근로조건 등을 고려하여 분리된 교섭단위를 다시 통합할 필요가 있다

---

1) 서울행정법원 2022. 9. 22. 선고 2022구합57640 판결(서울고등법원 2024. 2. 14. 선고 2022누65131 판결로 항소기각, 확정)은 '고용형태 비교', '근로조건 비교', '교섭 관행' 항목에 이은 '교섭창구 단일화 상태를 유지하는 경우에 예상되는 부작용의 정도' 항목에서 '일반직과 업무지원직 등을 별도의 교섭단위로 분리할 경우 나름의 이점이 존재하나, 교섭창구를 단일화하는 것이 교섭창구 단일화 제도의 취지에 반하는 부작용을 초래할 것이라는 사정이 객관적으로 명백하지 않다'고 보아 교섭단위 분리 필요성을 부정하였는바, 구체적인 논증 방식은 교섭단위 분리 제도의 취지를 어떻게 이해하는지에 따라 달라질 수 있을 것이다.
2) 대법원 2022. 12. 15. 선고 2022두53716 판결, 대법원 2022. 12. 16. 선고 2022두53631 판결. 이에 대하여는 교섭단위 분리 제도가 단체교섭권 침해를 최소화하기 위한 것이라는 관점에서 교섭단위 분리는 교섭대표노동조합이 소수 노동조합의 이해를 '성실하고 효과적'으로 반영하지 못한 경우에도 허용되어야 하며, 사용자와 교섭대표노동조합이 공정대표의무를 준수하고 있다고 교섭단위 분리 필요성이 부정되는 것은 아니라는 평석이 있다[유성재, "2022년 노동법 중요판례평석", 인권과 정의 제513호, 대한변호사협회(2023), 170].

고 인정되는 경우 노동관계 당사자의 신청을 받아 분리된 교섭단위를 통합하는 결정을 할 수 있는 것으로 제29조의2 제2항이 개정되었다.

위와 같이 교섭단위 통합 절차가 마련되었으므로 교섭단위 분리 결정 이후 안정적인 교섭체계나 근로조건의 통일적 형성을 저해하는 결과가 발생하여 교섭창구를 단일화할 필요성이 있는 경우 분리된 교섭단위를 원래대로 되돌리는 것이 가능해졌다는 점을 근거로, 위 조항 개정 전보다 좀 더 넓게 교섭단위 분리를 인정할 수 있는 것은 아닌가 하는 의문이 있을 수 있다. 그러나 서울고등법원 2021. 5. 12. 선고 2020누45270 판결(대법원 2021. 9. 9. 자 2021두40683 판결로 상고기각 확정)은 교섭단위 분리 필요성을 인정할 만한 현격한 근로조건의 차이 등이 존재하지 않는 상황에서 근로조건 교섭단위 통합절차가 마련되었다는 사정만으로 교섭창구 단일화의 원칙을 버리고 교섭단위를 분리하여야 할 것은 아니라고 판시하였다.

다. 불복절차

(1) 불복사유

노동조합법 제29조의3 제3항은 교섭단위 분리·통합 신청에 대한 노동위원회의 결정에 불복할 경우 같은 법 제69조를 준용하도록 하고 있고, 같은 조 제1항, 제2항은 노동위원회의 중재재정 등에 대한 불복의 사유를 '위법이거나 월권에 의한 것'인 경우로 한정하고 있다. 따라서 교섭단위 분리·통합 신청에 대한 노동위원회의 결정에 관하여는 단순히 어느 일방에게 불리한 내용이라는 사유만으로는 불복이 허용되지 않고, 그 절차가 위법하거나, 노동조합법 제29조의3 제2항이 정한 교섭단위 분리·통합 결정의 요건에 관한 법리를 오해하여 교섭단위를 분리 또는 통합할 필요가 있다고 인정되는 경우인데도 그 신청을 기각하는 등 내용이 위법한 경우, 그 밖에 월권에 의한 것인 경우에 한하여 불복할 수 있다.[1]

(2) 소송당사자

중앙노동위원회의 교섭단위 분리에 관한 재심결정에 대해 행정소송을 제기할

---

1) 대법원 2018. 9. 13. 선고 2015두39361 판결.

원고적격이 있는 노동관계 당사자에는 교섭단위 분리신청을 하지 아니한 노동조합 및 사용자도 포함된다.[1]

7. 중앙노동위원회 재심판정 취소 사건의 집행정지

가. 노동위원회 판정과 이에 대한 집행정지 개관

(1) 부당해고나 부당노동행위 등의 구제신청에 대한 노동위원회의 판정 내용은 크게 두 가지로 나누어질 수 있다. 즉, '부당해고 혹은 부당노동행위에 해당하는지에 대한 판단 부분'과 '부당해고 혹은 부당노동행위에 해당할 경우 이를 전제로 구체적인 구제명령을 발하는 부분'이 그것이다. 한편, 중앙노동위원회 재심판정의 구체적인 주문은 지방노동위원회에서 근로자의 구제신청을 인용하였는지 혹은 기각하였는지에 따라 달라진다. 아래에서는 실무상 가장 많이 문제되는 '부당해고 구제신청'을 예로 들어 설명하기로 한다.[2] 아래 표의 네 가지 유형의 재심판정 중에 사용자는 ②, ③ 유형의 경우에, 근로자는 ①, ④ 유형의 경우에 각각 행정소송(취소소송)을 제기할 수 있을 것이다.

유형	초심판정	재심신청인	재심결과	재심판정 주문(예시)	소송원고
①	구제신청인용	사용자	인용	1. ○○지방노동위원회가 2024. 2. 1. 2023부해1111 부당해고 구제신청 사건에 관하여 한 판정을 취소한다. 2. 이 사건 근로자의 초심 구제신청을 기각한다.	근로자
②			기각	이 사건 사용자의 재심신청을 기각한다.	사용자
③	구제신청	근로자	인용	1. ○○지방노동위원회가 2024. 2. 1. 2023부해1111 부당해고 구제신청 사건에 관하	사용자

---

1) 서울행정법원 2016. 3. 24. 선고 2015구합64244 판결(확정). 독자적인 규약 및 집행기관을 가지고 독립된 조직체로서 활동하고 있는 노동조합의 하부단체인 분회나 지부의 원고적격 역시 인정된다고 봄이 타당하다(대법원 2001. 2. 23. 선고 2000도4299 판결 등 참조).
2) 김종기, "중앙노동위원회의 재심판정에 대한 집행정지 신청의 적법성", 행정재판실무편람, 서울행정법원(2001), 317 이하.

				여 한 판정을 취소한다. 2. 이 사건 사용자가 2023. 8. 1. 이 사건 근로자에게 행한 해고는 부당해고임을 인정한다. 3. 이 사건 사용자는 이 판정서를 송달받은 날부터 30일 이내에 이 사건 근로자를 원직에 복직시키고, 해고기간 동안 정상적으로 근로하였다면 받을 수 있었던 임금상당액을 지급하라.	
	기각				
④			기각	이 사건 근로자의 재심신청을 기각한다.	근로자

(2) 특정한 사실 또는 법률관계에 대해 다툼이 있을 경우 행정청이 이를 공적으로 확정하는 행위를 강학상 '확인행위'라고 한다. 노동위원회의 판정 중 ③ 유형 주문 제2항과 같은 부당해고 인정 부분은 이를 둘러싼 다툼에 대해 행정청인 노동위원회가 공적으로 판단하는 행위라는 점에서 '확인행위'의 성질을 갖고, 주문 제3항과 같은 원직 복직과 임금상당액 지급을 명하는 구제명령 부분은 사용자에게 일정한 의무를 명하는 '하명'의 성질을 가진다.[1] 위와 같은 확인행위 부분은 그 자체로서 어떠한 형성적 효력을 갖지 않으므로 이 부분을 집행정지의 대상으로 삼을 수 없으나,[2] 실무상 신청인이 확인행위 부분을 포함한 재심판정 전체의 집행 또는 효력의 정지를 구하는 경우가 많은 데다가, 집행정지신청이 부적법하면 원칙적으로 신청을 각하하여야 하나 기각결정을 하더라도 위법한 것으로 보지 않는 점, 각하 결정과 기각 결정 모두 기판력이 인정되지 않아 결정의 효력에 실질적인 차이가 없는 점 등의 이유로[3] 실무상 재심판정에 대한 집행정지 신청을 기각할 때 재심판정에 확인행위 부분이 포함되어 있더라도 이를 구분하여 별도로 각하 결정을 하지는 않는 것이 보통이다.

(3) 노동위원회의 구제명령(구제명령을 내용으로 하는 재심판정을 포함한다, 이하 별도로 명시하지 않는 이상 같다)이 직접 근로자와 사용자 간의 사법상 법률관계를 발생 또는 변경시키는 것은 아니지만, 사용자에 대하여 구제명령에 복종하여야 할 공

---

1) 김종기, "중앙노동위원회의 재심판정에 대한 집행정지 신청의 적법성", 행정재판실무편람, 서울행정법원(2001), 318.
2) 노동법실무연구회, 노동조합 및 노동관계조정법 주해 Ⅲ, 박영사(2023), 463 이하.
3) 법원실무제요 행정[Ⅱ], 사법연수원(2023), 151 및 대법원 1995. 6. 21. 자 95두26 결정 참조.

법상 의무를 부담시킨다. 구제명령은 행정처분으로서 공정력이 있으므로 하자가 있다고 하더라도 그 하자가 취소사유에 불과한 때에는 구제명령이 취소되지 않는 한 그 효력을 부정할 수 없고, 사용자의 재심 신청이나 행정소송 제기에 의하여 그 효력이 정지되지 아니하며(근로기준법 제32조), 노동위원회는 구제명령에 대한 재심이나 행정소송이 진행 중이더라도 이행기한까지 구제명령을 이행하지 아니한 사용자에게 이행강제금을 부과함으로써 그 이행을 강제한다(근로기준법 제33조 제1항). 이처럼 근로기준법이 사용자에게 구제명령에 대한 즉각적인 준수의무를 부과하는 것은 부당해고나 부당전보 등이 있으면 근로자는 생계의 곤란이나 생활상의 큰 불이익을 겪게 되어 신속한 구제가 필요한 반면, 사용자는 분쟁기간이 길어지더라도 실질적인 불이익이 크지 않다는 점을 고려하였기 때문이다.[1]

(4) 근로기준법 제32조, 노동조합법 제86조 및 노동위원회법 제27조 제2항은, 노동위원회의 구제명령이나 기각결정 등에 대하여 이른바 집행부정지의 원칙을 명시한 것이고, 그것이 행정소송법 제23조 제2항의 집행정지 결정까지 불허한다는 취지는 아니므로, 중앙노동위원회의 구제명령이나 기각결정 등의 취소를 구하는 행정소송을 제기한 자는 행정소송법 제23조 제2항, 제3항의 요건이 존재하는 한 위 구제명령 등의 집행정지를 구할 수 있다.[2] 노동위원회 단계를 넘어 취소소송이 제기된 경우 대법원까지 사실상 5심제로 운영되어 도리어 분쟁이 장기화된다는 비판이 있는바, 노동위원회의 구제명령이나 이행강제금 부과에 대하여 사용자가 신청한 집행정지 사건을 판단할 때는 근로자의 신속한 구제를 도모하려는 노동위원회를 통한 구제제도의 취지를 회복 불가능한 손해 발생 가능성과 공공복리 양자의 비교·형량에서 충분히 고려할 필요가 있다.[3]

(5) 노동조합법 제81조의 부당노동행위 금지규정은 헌법이 규정하는 노동3권을

---

1) 대법원 2023. 6. 15. 선고 2019두40260 판결.
2) 대법원 1991. 3. 27. 자 90두24 결정. 집행정지의 적극적·소극적 요건에 관한 상세한 내용은 법원실무제요 행정[Ⅱ], 사법연수원(2023), 136 이하 및 서울행정법원 실무연구회, 행정소송의 이론과 실무, 사법발전재단(2014), 152 이하 참조.
3) 행정소송법 제23조 제3항이 집행정지의 또 다른 요건으로 '공공복리에 중대한 영향을 미칠 우려가 없을 것'을 규정하고 있는 취지는, 집행정지 여부를 결정함에 있어서 신청인의 손해뿐만 아니라 공공복리에 미칠 영향을 아울러 고려하여야 한다는데 있고, 따라서 공공복리에 미칠 영향이 중대한지의 여부는 절대적 기준에 의하여 판단할 것이 아니라, 신청인의 '회복하기 어려운 손해'와 '공공복리' 양자를 비교·교량하여, 전자를 희생하더라도 후자를 옹호하여야 할 필요가 있는지 여부에 따라 상대적·개별적으로 판단되어야 한다(대법원 2001. 2. 28. 자 2000무45 결정 참조).

구체적으로 확보하기 위한 것이고,[1] 노동3권의 헌법상 보장은 사회적 기본권의 측면에서 국가권력에 대하여 노동3권의 내용을 이루는 권리의 행사 또는 실현을 위하여 집단적 노동관계에 관한 법제도를 적극적·구체적으로 구비하여야 할 의무를 부과하는 헌법적 효력을 가지는 한편, 사인 간의 관계에도 직접 또는 간접적으로 적용된다.[2] 한편, 사법적 구제절차는 소송의 복잡성, 신속성·탄력성의 결여, 과다한 비용 부담 등의 문제가 있을 뿐만 아니라 기본적으로 당해 권리의무의 유무와 범위를 확정하는 데 주안점을 두고 있어 노사관계의 유동적 특성을 반영한 합목적적 구제를 기대하기 어렵다. 이에 독립적·전문적 행정기관인 노동위원회로 하여금 신속·간명하고 경제적인 절차를 통하여 탄력적인 구제를 함으로써 부당노동행위 제도의 실효성을 확보하고자 별도의 행정적 구제절차로 부당노동행위 구제절차를 마련한 것으로 볼 수 있다.[3] 예를 들어 조합원에 대하여 불이익취급의 부당노동행위인 해고가 이루어지는 경우 그 조합원에 대하여는 해고 무효확인과 임금 상당액 지급 청구로써 민사적 구제가 가능하다(다만, 해고 무효확인과 임금 상당액 지급만으로는 해당 조합원의 침해된 단결권 등이 회복된다고 보기 어려운 경우가 많을 것이다). 그러나 위와 같은 부당노동행위로 인하여 위축된 소속 조합원이 노동조합을 탈퇴하는 등 해당 노동조합의 조직력이 약화된 경우 노동조합이 민사상 권리구제를 받을 방법은 불법행위 손해배상 청구 정도인데, 부당노동행위로 인하여 노동조합이 받은 부정적 영향은 그 성질상 금전으로는 회복되기 어렵다. 즉, 손해배상은 노동3권 침해에 대한 구제방법으로 충분하지 않을 뿐 아니라 부당노동행위 제도의 목적 중 하나인 공정한 노사관계질서 회복 방법으로도 적합하다고 보기 어렵다. 부당노동행위 구제절차는 이렇듯 권리구제의 방법이 용이하지 않은 점을 해결하기 위하여 도입된 것으로, 사법적 구제절차보다 전향적인 구제방법이라고 볼 수 있을 것이다. 노동조합(또는 근로자)이나 사용자가 신청한 집행정지 사건에서 회복하기 어려운 손해 발생 우려와 공공복리에 중대한 영향을 미칠 우려 요건을 판단할 때에는 위와 같은 취지를 충분히 고려할 필요가 있다.[4]

---

1) 대법원 1993. 12. 21. 선고 93다11463 판결.
2) 노동법실무연구회, 노동조합 및 노동관계조정법 주해 I, 박영사(2023), 140.
3) 김민기, "노동위원회의 구제명령에 대한 사법심사법리에 관한 연구 – 부당노동행위 재심판정 취소소송을 중심으로 – ", 재판자료 제118집 노동법실무연구, 법원도서관(2009), 427.
4) 노동법실무연구회, 노동조합 및 노동관계조정법 주해 III, 박영사(2023), 467은 부당노동행위 구제명령은 정상적인 노동관계질서의 유지와 회복이라는 공익적 목적을 달성하려는 것이므로 사용자의 회복하

나. 구제명령에 대한 행정소송 단계 집행정지의 유형별 쟁점[1]

(1) ① 유형(근로자 원고)

(가) ① 유형 소송에서 중앙노동위원회의 재심판정에 대하여 집행정지 결정을 얻게 되면, 근로자는 초심 지방노동위원회의 구제신청 인용 판정 및 구제명령을 얻은 상태로 복귀하게 된다.[2] 그런데 노동위원회의 구제명령은 사법상 효력을 가지는 것은 아니고, 사용자에게 이를 이행할 공법상 의무를 부과시킬 뿐이며 그 자체로는 집행력이 없다. 노동조합법 제84조 제3항은 '관계 당사자는 부당노동행위에 대한 구제명령이 있을 때에는 이에 따라야 한다'고 규정하고 있으나, 이 역시 공법상 의무에 국한된 것이다. 따라서 위와 같은 중앙노동위원회 재심판정에 대한 집행정지는, 집행정지 자체로 해임·면직 등이 없었던 상태로 돌아가 종전 지위를 회복하게 되는 공무원 등에 대한 징계처분의 경우와는 실효성 면에서 차이가 있다. 그러나 근로기준법과 노동조합법은 사용자에 대하여 구제명령에 대한 즉각적인 준수의무를 부과하고 있으므로 사용자가 초심 지방노동위원회의 구제명령을 불이행할 가능성까지 고려하여 근로자의 회복 불가능한 손해를 판단할 것은 아니라고 생각된다. 또한, ① 유형 소송에서 중앙노동위원회 재심판정의 집행정지 결정이 이루어진다면, 사용자가 초심 지방노동위원회의 구제명령을 이행하지 않는 경우 해당 지방노동위원회는 3천만 원 이하의 이행강제금을 매년 2회의 범위에서 반복하여 부과할 수 있고(근로기준법 제33조 제1항, 제5항), 노동조합법 제84조에 의한 부당노동행위에 대한 구제명령의 경우 중앙노동위원회가 관할법원에 신청하여 구제명령을 이행하도록 명하는 긴급명령이 이루어질 수 있으며(노동조합법 제85조 제5항), 사용자가 긴급명령을 위반할 경우 500만 원 이하의 과태료가 부과될 수 있는 점(같은 법 제95조), 초심 지방노동위원회의 구제명령에 어긋나는 사용자의 후속 업무명령은 특별한 사정이 없는 한 정

기 어려운 손해를 피하기 위한 긴급한 필요성이라는 집행정지 요건은 엄격히 해석할 필요가 있다고 한다.

1) ①, ② 유형의 경우 사용자는 지방노동위원회의 초심판정에 대하여 중앙노동위원회에 재심을 신청하면서 행정심판법 제30조에 따라 중앙노동위원회에 초심 구제명령의 집행정지를 신청할 수 있다.

2) 김종기, "중앙노동위원회의 재심판정에 대한 집행정지 신청의 적법성", 행정재판실무편람, 서울행정법원(2001), 319.

당성이 부정되므로[1] 구제명령이 사법상 법률관계에 아무런 영향을 미치지 못한다고 볼 수는 없는 점, 사용자가 초심판정의 구제명령을 이행하여 근로자를 원직복직 시키거나 부당노동행위를 중단한 경우 해당 구제명령을 취소한 중앙노동위원회의 재심판정에 대한 집행정지를 통해 위와 같은 상태를 지속시킬 필요가 있는 경우도 있을 것으로 보이는 점 등에 비추어 ① 유형 소송에서 중앙노동위원회 재심판정에 대한 집행정지는 근로자 또는 노동조합의 회복하기 어려운 손해를 예방하는 데에 유효한 수단이 될 수 있고, 위 재심판정 자체에 대하여 집행정지를 신청할 이익도 있다고 생각된다(물론 행정소송법 제23조 제2항에서 정한 회복하기 어려운 손해가 인정되는지는 별도의 문제이다).

(나) 근로기준법 제32조는 '노동위원회의 구제명령, 기각결정 또는 재심판정은 제31조에 따른 중앙노동위원회에 대한 재심 신청이나 행정소송 제기에 의하여 그 효력이 정지되지 아니한다.'라고 규정하고 있고, 노동위원회법 제26조 제1항은 중앙노동위원회는 '당사자의 신청이 있는 경우 지방노동위원회 또는 특별노동위원회의 처분을 재심하여 이를 인정·취소 또는 변경할 수 있다'라고 규정하고 있다. ① 유형의 경우 중앙노동위원회가 지방노동위원회의 초심판정을 취소하여 초심 구제명령이 실효된 상태이고, 제1심에서 근로자의 청구를 받아들여 중앙노동위원회 재심판정을 취소하였다고 하더라도 초심의 구제명령이 되살아나는 것은 아니므로(판결이 확정된 이후에 중앙노동위원회가 판결의 취지에 따라 재처분을 하게 된다), 특별한 사정이 없는 한 근로자로서는 제1심 결과와 무관하게 항소심에서도 중앙노동위원회 재심판정의 집행정지를 신청할 이익이 있다.

(다) 근로자의 회복 불가능한 손해 발생 여부는 해고의 경우 임금 지급이 중단됨으로써 근로자 및 그 가족이 최소한의 생활유지에 곤란을 받는 곤궁한 상황에 처하게 되는지 등 구체적인 상황을 살펴 판단하여야 할 것이다.[2]

(라) 대전고등법원 2022. 11. 25. 자 2022루172 결정[3]은 집행정지 신청인(근로자)이 다른 근로자 2명에 대한 직장 내 성희롱 행위로 해고된 사안[4]에서, 중앙노동

---

[1] 대법원 2023. 6. 15. 선고 2019두40260 판결.

[2] 노동법실무연구회, 근로기준법 주해Ⅱ, 박영사(2020), 587 이하 및 596 이하 참조(민사의 임금지급가처분, 지위보전가처분 등에서 보전의 필요성에 관한 논의로, 회복 불가능한 손해 발생 가능성 판단에 관하여도 참고할 수 있다).

[3] 대법원 2023. 3. 9. 자 2022무911 결정으로 재항고가 기각되어 확정.

[4] 사실관계는 해당 사건 제1심 판결인 대전지방법원 2023. 6. 1. 선고 2022구합103866 판결 참조.

위원회의 재심판정 집행을 정지한 제1심 결정[1]을 취소하고, 집행정지 신청을 기각하였는데, 신청인의 회복 불가능한 손해를 예방하기 위하여 위 재심판정의 집행을 정지할 긴급한 필요가 있다고 인정되지 않는다고 본 데에서 나아가 위 재심판정의 집행을 정지할 경우 공공복리에 중대한 영향을 미칠 우려가 있다고 판단하였다. 위 사안의 본안에서 신청인(원고)은 징계 양정만을 다투었는데, 직장 내 성희롱 행위 자체가 인정되는 이상 재심판정의 집행을 정지하여 신청인이 원직에 복직하는 것은 이로써 감내할 수 없을 정도로 성희롱 피해 근로자의 고용환경이 악화되는 결과를 가져올 수도 있다는 점,[2] 그에 따른 2차 가해 우려 등이 '공공복리에 중대한 영향을 미칠 우려' 요건에서 고려될 수 있을 것이다.

(2) ② 유형(사용자 원고)

(가) 사용자가 ② 유형의 재심판정에 대해 집행정지 결정을 얻게 되면, 사용자는 재심판정이 있기 전의 상태, 다시 말하면 지방노동위원회의 초심판정만 있는 상태로 복귀하게 된다. 그런데 지방노동위원회의 초심판정은 근로자의 구제신청을 받아들여 구제명령을 한 것이므로, 사용자로서는 지방노동위원회의 결정만이 있는 상태로 복귀한다 하더라도 여전히 그 목적한 바를 달성할 수 없게 된다. 집행정지의 요건으로 해당 결정으로 현실적으로 보호될 수 있는 신청이익의 존재가 요구되는 바,[3] 결국 사용자가 행정소송 단계에서 중앙노동위원회의 재심판정에 대해 집행정지를 구하는 것은 신청의 이익이 없어 부적법하다. 이러한 결론은 거부처분에 대해 집행정지 신청이 부적법하다고 보는 것과 그 논리의 틀을 같이하는 것이다.[4]

(나) 그렇다면 ② 유형의 재심판정 취소소송에서 사용자가 초심 구제명령(초심판정)에 대하여 집행정지를 신청하는 것은 가능한가? 행정소송법상 집행정지 신청이 적법하려면 본안소송이 법원에 적법하게 계속 중이어야 하고, 이때 본안소송 대상과 집행정지 신청 대상이 원칙적으로 동일하여야 한다(행정소송법 제23조 제2항 참조)는 점에서 착안하여 초심 구제명령에 대한 적법한 본안소송이 계속 중이지 않다는 이

---

1) 대전지방법원 2022. 10. 13. 자 2022아1582 결정.
2) 대법원 2008. 7. 10. 선고 2007두22498 판결.
3) 주석 행정소송법 I, 한국사법행정학회(2023), 716.
4) 김종기, "중앙노동위원회의 재심판정에 대한 집행정지 신청의 적법성", 행정재판실무편람, 서울행정법원(2001), 319 이하.

유로 집행정지 신청이 부적법하다고 볼 수도 있다. 그러나 지방노동위원회의 초심판정에 대하여는 중앙노동위원회에 재심을 신청하고 그 재심판정에 대하여 행정소송을 제기하는 재결주의가 채택되어 있어(근로기준법 제31조 제1, 2항 및 노동조합법 제85조 제1, 2항) 지방노동위원회의 판정 또는 구제명령을 행정소송의 대상으로 삼을 수 없는바, 사용자가 그 취소를 구하는 본안소송은 부적법하여 이에 대한 집행정지 신청 역시 부적법해지므로 위와 같은 논리에 따르면 사용자로서는 집행정지를 구할 어떠한 방법도 없게 된다. 선행처분과 후행처분이 연속된 일련의 절차를 구성하여 일정한 법률효과의 발생을 목적으로 하는 경우와 같이 양자 사이에 밀접한 관련이 있는 때에는 후행처분의 취소소송을 본안으로 하여 선행처분의 효력, 집행 또는 절차의 속행을 정지할 수 있으므로, 재심판정의 취소소송 중 이를 본안으로 삼아 초심판정 또는 그 구제명령에 대한 집행정지를 신청하는 것도 허용된다고 봄이 타당하다.[1] 이 경우 본안소송의 피고(중앙노동위원회 위원장)와 집행정지 신청 사건의 피신청인(구제명령을 한 지방노동위원회[2])이 달라진다.[3]

(3) ③ 유형(사용자 원고)

(가) 사용자가 중앙노동위원회의 구제명령을 이행하지 않는 경우 앞서 본 바와 같이 이행강제금이나 긴급명령 및 과태료 등의 불이익이 있을 수 있고, 사용자는 행정소송 단계에서 중앙노동위원회의 구제명령에 대한 집행정지 결정을 받음으로써 이를 피할 수 있다. 그런데 행정소송법 제23조 제2항이 정하고 있는 행정처분 등의 집행정지 요건인 '회복하기 어려운 손해'라 함은, 특별한 사정이 없는 한 '금전으로 보상할 수 없는 손해'를 의미한다. 구체적으로는 금전보상이 불능인 경우 또는 금전보상으로는 사회관념상 행정처분을 받은 당사자가 참고 견딜 수 없거나 참고 견디기가 곤란한 경우의 유형, 무형의 손해를 일컫는다고 할 것이다.[4] 그런데 위와 같이 구제명령 불이행으로 인하여 사용자가 부담하는 이행강제금 또는 과태료 납부로 인

---

1) 서울고등법원 2024. 5. 28. 자 2024루1102 결정.
2) 노동위원회법 제27조 제1항은 중앙노동위원회의 처분에 대한 소송은 중앙노동위원회 위원장을 피고로 하여 제기하도록 규정하고 있으나, 지방노동위원회에 대하여는 위와 같은 규정을 두고 있지 않고, 이를 유추 적용하는 것도 적절하지 않으므로, 지방노동위원회가 한 구제명령의 집행정지를 구하는 경우 해당 지방노동위원회 위원장이 아니라 지방노동위원회를 피신청인으로 하여야 한다고 봄이 타당하다.
3) 노동법실무연구회, 노동조합 및 노동관계조정법 주해Ⅲ, 박영사(2023), 466.
4) 대법원 2003. 4. 25. 자 2003무2 결정 등 참조.

한 손해는 금전으로 보상이 가능한 것이 보통이므로, 최근의 집행정지 실무상 구제명령에 대한 집행정지 신청이 받아들여지는 경우는 찾아보기 어렵고, 이행강제금 부과처분에 대한 집행정지가 인용되는 예만 드물게 발견된다.[1]

　　이러한 실무경향은, 확정되지 않은 구제명령에 대하여도 그 효력이 유지되어 있는 한 사용자는 이를 따를 공법상 의무가 있다는 점에서 ㉮ 이행강제금은 사용자가 구제명령을 기한 내에 이행하지 않아 발생한 결과에 불과하므로 구제명령 자체로부터 직접 발생한 손해로 보기 어렵고,[2] ㉯ 구제명령에 대한 집행정지를 구하는 것보다 그 효력은 그대로 둔 채 구제명령의 후속처분인 이행강제금 부과의 집행정지를 구하는 것(또는 구제명령 절차의 속행 정지를 구하는 것)이 공공복리에 중대한 영향을 미칠 우려가 훨씬 적다고 평가하기 때문인 것으로 보인다.[3]

　　그러나, 부당해고에 관한 분쟁은 사법관계인 근로계약관계에서 발생하는 분쟁으로서 원칙적으로 일반법원이 관할권을 갖는 권리분쟁이므로 이에 대한 판단은 법원의 재판을 통해 이루어져야 하므로, 이에 대한 구제절차를 노동위원회가 맡는 것은 삼권분립에 반하고 사용자의 이행의무가 확정되지 않은 상태에서 이행강제금과 같은 행정적 강제수단으로 이행을 강제하는 것은 사법상 의무 없는 자에 대하여 이행을 강제하는 것이 되어 법치주의에 반하는 등 위헌적 요소가 있다는 지적이 있고,[4] 헌법재판소 2014. 5. 29. 선고 2013헌바171 결정이 이행강제금 제도를 합헌으로 판단하면서 논거 중 하나로 '사용자는 구제명령의 취소를 구하는 행정소송과 함

1) 서울고등법원 2024. 5. 9. 자 2023루1550 결정의 경우 이행강제금 부과처분의 집행을 정지하였는데, 사용자의 경영상 어려움과 재무 상황, 파산절차 개시의 가능성 등에 비추어 부과된 3,753,600,000원의 이행강제금으로 인하여 사회관념상 금전보상으로는 참고 견딜 수 없거나 참고 견디기가 현저히 곤란한 경우의 유·무형의 손해가 사용자에게 발생할 우려가 있다고 인정되었다. 또한, 서울행정법원 2024. 4. 26. 자 2024아11287 결정은 사용자가 비교적 영세한 업체로 이행강제금 부과 처분이 4차에 걸쳐 이루어질 가능성이 있고, 이행강제금을 납부하지 못할 경우에는 택시면허권의 공매 등 체납처분이 이루어질 염려도 있어서 경영상 위기에 처할 수 있는 점 등을 근거로 이행강제금 4,000만 원 부과처분의 집행을 정지하였다(서울고등법원 2024루1269호로 항고심 계속 중).
2) 대전고등법원 2020. 1. 14. 자 2019루171 결정(확정), 서울행정법원 2022. 4. 29. 자 2022아11148 결정(확정) 등 참조.
3) 서울고등법원 2024. 5. 9. 자 2023루1550 결정은 지방노동위원회가 부과한 이행강제금 부과처분의 집행정지가 공공복리에 중대한 영향을 미칠 우려가 있는지에 관하여 살피면서 '신청인들은 이 사건 신청을 통하여 피신청인의 구제명령에 대한 효력정지를 구하는 것이 아니라 이행강제금 부과처분에 대한 집행정지를 구할 뿐이므로, 해당 처분의 집행을 정지하더라도 구제명령 자체의 실효성을 저해한다고 단정하기는 어렵다.'라고 판단하였다.
4) 김형배, 노동법(제26판), 박영사(2018), 769 이하.

께 제기할 수 있는 집행정지신청을 통하여 구제명령의 효력을 정지시켜 이행강제금이 부과·징수되지 않도록 할 수 있다'는 점을 들기도 하였는바, 구제명령에 대한 집행정지 제도는 침익적 행정처분인 구제명령으로 사용자가 부당하게 이행을 강제당하지 않도록 방지하는 절차인 점을 도외시해서는 안 될 것이다.

또한, 이행강제금 부과처분이 기속행위인지, 재량행위인지 견해의 대립이 있으나,[1] 현재 노동위원회 실무는 기속행위로 해석하여 운용하고 있고,[2] 이에 구제명령에 대한 취소소송 단계에는 이행강제금이 이미 부과되어 있거나 부과예고가 되어 있는 경우가 대부분인데, 이행강제금은 매년 2회의 범위에서 구제명령 이행 시까지 계속 부과될 수 있어 구제명령 집행이 정지된다면 집행정지 결정의 기속력에 따라 노동위원회는 후속처분인 이행강제금을 부과할 수 없게 되고, 이행강제금이 이미 부과된 경우에도 집행정지 종기까지 징수절차가 정지되므로, 이행강제금이 부과될 때마다 사용자로 하여금 취소소송을 제기하고 집행정지를 신청하도록 하는 것보다는 구제명령에 대한 집행정지 여부 판단에 이행강제금으로 인한 사용자의 손해가 회복 불가능한 것인지 함께 다투도록 하는 것이 신속하고 효율적인 권리구제에 더 부합할 수 있다는 점[3]도 고려할 필요가 있을 것이다.

(나) 중앙노동위원회의 재심판정에 대한 취소소송을 제기한 후 해당 소송에서 별도 처분인 지방노동위원회의 이행강제금 부과처분의 집행정지를 구하는 것은 '적법한 본안소송의 계속'이라는 집행정지 요건을 갖추지 못하여 부적법하다고 보는 것이 실무례이다(즉, 이행강제금 부과처분의 집행정지를 구하기 위해서는 위 처분의 취소를 구하는 본안소송이 제기되어 있어야 한다).[4]

---

1) 기속행위설은 노동법실무연구회, 근로기준법 주해Ⅱ, 박영사(2020), 678 이하 참조(부과금액에 대하여 재량이 있으나, 부과 자체에 대하여는 재량의 여지가 없다고 한다), 재량행위설은 권창영, "근로기준법상 이행강제금부과처분 취소소송", 재판자료 120집, 법원도서관(2010), 599 이하 참조.

2) 이은주·박귀천·전형배, "이행강제금 제도의 합리적 운영방안에 관한 연구", 노동법포럼 제32호, 노동법이론실무학회(2021), 185.

3) 권창영, "근로기준법상 이행강제금부과처분 취소소송", 재판자료 120집, 법원도서관(2010), 639 이하는 지방노동위원회나 중앙노동위원회가 구제명령을 발령한 경우 법원이 해당 판정이 무효이거나 이를 취소할만한 사유가 있다고 판단한 경우에는 무용한 후속소송(이행강제금부과처분취소소송)을 방지하기 위하여 집행정지 결정을 할 필요가 있을 수 있다고 한다.

4) 서울고등법원 2020. 5. 21. 자 2020루1106 결정(확정), 서울행정법원 2024. 2. 20. 자 2024아10652 결정(확정). 이행강제금 부과처분의 취소를 구하는 소송에서 구제명령에 대한 집행정지를 구하는 것도 마찬가지로 부적법하다고 볼 수 있을 것이다[서울행정법원 2024. 1. 12. 자 2023아13792 결정(확정) 참조].

(다) 사용자가 부당해고를 인정한 재심판정으로 인하여 신용이나 기업 이미지가 훼손될 우려가 있다는 등의 주장을 하는 경우가 있으나, 이는 재심판정으로 인한 사실상의 불이익에 불과할 뿐 재심판정 자체의 효력으로 인한 손해에 해당한다고 보기 어렵고, 그러한 신용 및 기업 이미지의 훼손 등이 신청인의 경영 전반에 미치는 파급효과가 매우 중요하여 신청인이 사업 자체를 계속할 수 없거나 중대한 경영상의 위기를 맞게 될 것으로 보이는 사정이 존재하지 않는 한 회복하기 어려운 손해로 인정되기도 어렵다.[1] 또한, 해고기간의 임금상당액(소급임금) 지급을 명하는 구제명령이 취소된 때에 사용자가 근로자에게 이미 지급한 임금상당액을 반환받기 곤란하다든가 원직복직으로 노무관리에 중대한 지장이 발생한다는 등의 사정만으로는 이를 회복할 수 없는 손해라고 볼 수 없다.[2]

(라) 해고된 근로자가 다시 비위행위를 저지를 가능성이 큰 경우, 사용자와의 신뢰관계가 훼손된 근로자가 사업에서 핵심적인 위치에 있거나 기밀 취급 등 중요한 업무를 담당하고 있어 그 업무에 대하여 사용자에게 중대한 손해를 가할 수 있는 경우 등의 구체적인 사정이 소명된다면, 사용자에게 회복 불가능한 손해가 발생할 우려가 있다고 볼 여지가 있겠으나, 이 경우 사용자가 별도의 인사명령으로 대처가 가능하다는 점[3]도 고려되어야 할 것이다. 한편, 직장 내 괴롭힘 내지 성희롱 비위행위를 저지른 근로자가 중앙노동위원회의 구제명령 등으로 원직복직하게 되어

1) 대법원 2005. 4. 1. 자 2005무2 결정 및 대법원 1998. 3. 10. 자 97두63 결정, 대법원 2003. 10. 9.자 2003무23 결정 등 참조.
2) 노동법실무연구회, 노동조합 및 노동관계조정법 주해Ⅲ, 박영사(2023), 466 이하. 서울행정법원 2022. 4. 29. 자 2022아11148 결정(확정)은 사용자가 구제명령에 따라 원직복직에 갈음한 해고기간의 임금상당액 25,708,280원을 근로자에게 지급함으로써 입는 손해와 재심판정이 취소된 후 위 금원을 추심하기 위하여 투입할 노력과 비용은 그 성질이나 태양 등에 비추어 기본적으로 금전배상에 의하여 전보가 가능한 경제적 손실에 해당하고, 사용자가 위 금원의 지출로 인하여 당장 기본생계의 유지에 지장을 받는다거나, 그 밖에 위 금원의 반환을 기다릴 수 없을 정도로 견디기 힘든 피해를 입을 것이라는 특별한 정황도 보이지 않는다는 이유로 사용자가 재심판정으로 말미암아 금전으로 보상할 수 없는 손해를 입게 된다고 볼 수 없다고 판단하였다.
3) '사용주가 지방노동위원회의 권고에 따라 해고되었던 근로자를 복직시키면서 해고 이후 복직시까지 해고가 유효함을 전제로 이미 이루어진 인사질서, 사용주의 경영상의 필요, 작업환경의 변화 등을 고려하여 복직 근로자에게 그에 합당한 일을 시킨 경우, 그 일이 비록 종전의 일과 다소 다르더라도 이는 사용주의 고유권한인 경영권의 범위에 속하는 것이므로 정당하게 복직시킨 것으로 보아야 한다'고 한 원심판결을 수긍한 사례에 관한 대법원 1997. 5. 16. 선고 96다47074 판결 참조. 노동위원회규칙 제79조 제1호도 해고 등을 할 당시와 같은 직급이나 직무가 없는 등 불가피한 사유가 발생한 때에는 유사한 직급이나 직무를 부여한 경우나 당해 근로자의 동의를 얻어 다른 직무를 부여한 경우에도 원직복직 구제명령을 이행한 것으로 판단한다고 규정하고 있다.

다른 근로자(피해자)의 고용환경이 감내할 수 없을 정도로 악화되는 경우가 있을 수 있다. 이처럼 구제명령 등의 처분으로 오히려 공공복리에 반하는 결과가 초래된다면 피신청인 측이 주장하여야 하는 집행정지의 소극 요건인 공공복리를 희석시키는 요인으로 고려될 수 있을 것이다.[1] 다만 위와 같은 사정은 막연하거나 추상적인 가능성에 그쳐서는 안되고 상당한 정도로 소명되어야 할 것이다.

(마) ③ 유형의 경우 제1심에서 사용자의 청구를 받아들여 재심판정을 취소하였다고 하더라도 해당 판결이 확정되기 전에는 중앙노동위원회가 한 구제명령에는 영향이 없는바, 제1심 판결 결과와 무관하게 사용자는 항소심 단계에서도 중앙노동위원회의 구제명령에 대한 집행정지를 신청할 실익이 있다.

(4) ④ 유형(근로자 원고)

근로자가 행정소송을 제기하면서 ④ 유형 재심판정에 대해 집행정지를 구하는 것은 그 자체로 부적법한 신청에 해당한다. 왜냐하면, ④ 유형 재심판정은 근로자의 구제신청을 받아들이지 않은 지방노동위원회의 결정을 그대로 유지한 것이므로, 위 재심판정에 의해 어떠한 형성적 효력도 발생하지 않았을 뿐만 아니라, 위 재심판정에 대해 집행정지 결정을 얻는다 하더라도 근로자의 법적 지위는 여전히 구제신청을 기각한 지방노동위원회의 결정이 있는 상태로 돌아가는 것에 불과하기 때문이다.[2] 집행정지 결정을 한다고 하더라도 중앙노동위원회가 근로자의 재심신청을 인용하여야 할 의무가 생기는 것도 아니다.

다. 집행정지 결정 후의 이행강제금 부과

(1) 행정소송법 제23조 제6항, 제30조 제1항에 의하면 행정처분에 대하여 집행정지 결정이 있는 경우 당사자인 행정청과 그 밖의 관계행정청을 기속하므로, 행정청은 같은 내용으로 새로운 처분을 하거나 해당 처분이 유효함을 전제로 후속처분을 할 수 없다. 이러한 집행정지 결정의 기속력에 반하는 행정처분은 당연 무효이

---

1) 정현기, "행정소송 집행정지 사건에 관한 소고", 저스티스 187호, 한국법학원(2021), 95 참조.
2) 김종기, "중앙노동위원회의 재심판정에 대한 집행정지 신청의 적법성", 행정재판실무편람, 서울행정법원(2001), 319.

다.[1] 따라서 지방노동위원회 또는 중앙노동위원회의 구제명령에 대해 집행정지 결정이 있은 경우 사용자가 해당 구제명령을 이행하지 않더라도 노동위원회는 집행정지기간 동안 이행강제금을 부과할 수 없다. 이러한 집행정지 결정에 위반하여 발령된 이행강제금 부과처분은 무효이다.

(2) 구제명령을 이행하지 않은 경우 근로기준법 시행령 제13조, [별표 3]은 정당한 이유 없는 해고, 휴직, 정직 등 각 유형별로 이행강제금 부과액의 범위를 정하면서 '구체적인 이행강제금의 금액은 위반행위의 종류에 따른 부과금액의 범위에서 위반행위의 동기, 고의·과실 등 사용자의 귀책 정도, 구제명령 이행을 위한 노력의 정도, 구제명령을 이행하지 않은 기간, 해당 사업 또는 사업장에 상시 사용하는 근로자 수 등을 고려하여 결정한다'고 규정하고 있다. 중앙노동위원회 내부의 사무처리준칙인 '이행강제금 세부 부과요령'에 따라 이행강제금이 산정·부과되는데, 위 요령에 따르면 이행강제금을 부과하였음에도 사용자가 이행하지 않아 이행강제금을 추가로 부과할 경우, 불이행기간을 고려해 부과차수에 따라 이행강제금 액수가 일정하게 증액된다. 그런데 부과된 이행강제금에 대하여 집행정지 결정이 이루어지더라도 구제명령 자체는 유효하므로, 구제명령 불이행에 대해 다시 이행강제금을 부과할 수 있는지가 문제된다. 노동위원회가 다시 이행강제금을 부과하는 것은 동일한 구제명령 위반을 이유로 한 것이고, 앞서 본 이행강제금 부과액 결정의 고려요소 등에 비추어 선행 이행강제금 부과처분에 대한 집행정지 결정 후 다시 이행강제금을 부과할 때 고려할 요소도 다르지 않을 것으로 보여 후속 부과처분은 집행정지 결정의 기속력에 반할 여지가 크다고 생각된다. 또한, 앞서 본 이행강제금 세부 부과요령에 따르면 부과차수에 비례해 이행강제금 액수가 증액되는데, 이에 따라 후속처분의 이행강제금을 증액하였다면 이는 집행정지 결정된 1차 이행강제금 부과처분이 유효함을 전제로 2차 부과처분을 한 것으로 집행정지의 기속력에 반한다고 보아야 할 것이다.

---

1) 법원실무제요 행정[Ⅱ], 사법연수원(2023), 162.

8. 차별적 처우 시정

가. 차별금지에 관한 법령 개관

헌법 제11조 제1항은 평등의 원칙에 관하여 규정하고 있고, 헌법 제32조 제4항은 보다 구체적으로 여성 근로자에 대한 차별을 금지하고 있다. 나아가, 근로기준법 제6조는 "사용자는 근로자에 대하여 남녀의 성(性)을 이유로 차별적 대우를 하지 못하고, 국적·신앙 또는 사회적 신분을 이유로 근로조건에 대한 차별적 처우를 하지 못한다."라고 규정하고 있고, 장애인차별금지 및 권리구제 등에 관한 법률, 기간제법, 파견근로자 보호 등에 관한 법률, 남녀고용평등과 일·가정 양립 지원에 관한 법률, 고용상 연령 차별금지 및 고령자고용촉진에 관한 법률, 국가인권위원회법, 외국인고용법 등 개별 법령에서 다양하게 차별금지에 관한 규정을 두고 있다.

한편, 노동위원회법 제2조의2 제1호, 제15조 제1항, 제4항에 따라 노동위원회의 부문별 위원회로서 차별시정위원회는 "기간제법, 파견근로자 보호 등에 관한 법률, 산업현장 일학습병행 지원에 관한 법률 및 남녀고용평등법에 따른 차별적 처우 시정 등에 관한 업무"를 담당한다. 그에 따라 실무에서는 비정규직 근로자, 특히 기간제근로자에 대한 차별의 시정이 가장 활발하게 문제가 되고 있다. 다만 2021. 5. 18. 남녀고용평등법이 개정됨에 따라 고용에서의 성차별 또는 직장내 성희롱 발생시 노동위원회가 차별적 처우 등의 중지, 근로조건의 개선 등의 조치를 할 수 있게 되었으므로(남녀고용평등과 일·가정 양립 지원에 관한 법률 제26조부터 제29조의7까지 신설, 위 개정과 함께 노동위원회법 제2조의2, 제15조 제4항도 노동위원회의 소관 사무로 '남녀고용평등법'에 따른 차별적 처우의 시정을 포함하게 되었다), 향후에는 남녀고용평등법과 관련된 차별적 처우 시정 사건들이 더욱 증가할 것으로 예상된다.

반면, 장애인차별금지 및 권리구제 등에 관한 법률, 고용상 연령 차별금지 및 고령자고용촉진에 관한 법률에 따른 차별은 국가인권위원회에 대한 진정 절차를 통해 권리 구제가 이루어지고 있다. 그리고 장애인차별금지 및 권리구제 등에 관한 법률은 차별적 행위의 중지, 임금 등 근로조건의 개선, 그 시정을 위한 적극적 조치 등을 청구할 수 있는 규정을 두고 있는데(제48조 제2항), 이는 현재 민사소송으로 다뤄지고 있다. 나아가 임금 차별의 경우, 노동위원회를 거쳐 구제를 받는 방법 이외에도 민사소송으로 임금(또는 불법행위에 기한 손해배상청구권)의 지급을 구하여 구제를 받는 방법도 있다.

차별금지규정은 모두 강행규정이므로, 이에 반하는 행위는 무효이고, 민법 제137조의 일부 무효 법리에 따라 근로계약 중 차별적 취급을 정한 부분만 무효가 된다.[1]

나. 비정규직 근로자의 차별적 처우의 금지

기간제법 제8조 제1항은 기간제근로자에 대한 차별적 처우의 금지를, 제2항은 단시간근로자에 대한 차별적 처우의 금지 규정을 두고 있으며, 파견근로자 보호 등에 관한 법률 제21조 제1항은 파견근로자에 대한 차별적 처우 금지 규정을 두고 있다. 그리고 기간제법 제9조부터 제15조까지 기간제근로자 또는 단시간근로자의 차별적 처우의 시정 신청 및 그 밖의 시정절차에 관한 규정하고 있고, 파견근로자 보호 등에 관한 법률 제21조 제2항은 위 기간제법 제9조부터 15조까지의 규정을 준용하여 기간제법상 차별적 처우의 시정신청 및 절차를 따르고 있다. 파견근로자가 차별시정신청을 하기 위해서는 파견근로자 보호 등에 관한 법률상 파견근로자에 해당하여야 하고, 이 경우 파견근로자에 해당하는지 여부가 쟁점이 될 수 있다.[2]

한편, 기간제법 제2조 제3호, 파견근로자 보호 등에 관한 법률 제2조 제7호는 '차별적 처우'에 대해 정의하고 있는데, 위 규정에 의하면, 근로기준법 제2조 제1항 제5호에 따른 임금(가목), 정기상여금, 명절상여금 등 정기적으로 지급되는 상여금(나목), 경영성과에 따른 성과금(다목), 그 밖에 근로조건 및 복리후생 등에 관한 사항(라목)의 사항에서 합리적인 이유 없이 불리하게 처우하는 것을 말한다.

여기서의 임금은 '사용자가 근로의 대가로 근로자에게 임금, 봉급, 그 밖에 어

---

1) 노동재판실무편람 집필위원회, 노동재판실무편람(2022), 337.
2) 대전지방법원 2020. 8. 27. 선고 2019구합105701 판결(대전고등법원 2020누12429 항소기각, 대법원 2021두33814 심리불속행기각).

떠한 명칭으로든지 지급하는 일체의 금품'을 말한다. 한편, 상여금의 경우 판례는 상여금이 계속적·정기적으로 지급되고 그 지급액이 확정되어 있다면 이는 근로의 대가로 지급되는 임금의 성질에 해당한다고 보고 있으므로,[1] 이와 같은 경우는 가목에서 규정한 '임금'에 해당하는 것으로 볼 수 있다. 근로조건 및 복리후생 등(라목)에 관한 사항 역시 차별시정의 대상에 포함되므로, 출·퇴근 등록방법,[2] 복지포인트 지급,[3] 대주주의 지분을 제3자에게 매각하면서 소속 근로자들의 고용불안에 대한 위로금 명목으로 지급된 돈[4] 역시 차별금지 영역에 해당된다. 이하에서는 실무에서 가장 문제가 많이 되는 기간제근로자의 차별 시정에 대해 중점적으로 살펴보도록 하겠다.

다. 차별판단의 구조

기간제법과 파견근로자 보호 등에 관한 법률에 따른 차별 판단은 ① 불리한 처우의 비교대상인 '비교대상 근로자'의 확정 ⇒ ② 비정규직 근로자에게 비교대상 근로자와 비교하여 '불리한 처우'가 존재하는지 여부 ⇒ ③ 불리한 처우를 함에 합리적 이유가 없는지 여부를 판단하는 구조를 취한다.

(1) 비교대상근로자의 확정

비교대상근로자는 차별적 처우 여부를 판단하는 비교의 기준이므로 차별심사의 가장 기초가 된다. 기간제법 제8조는 기간제근로자의 비교대상 근로자로 "해당 사업 또는 사업장에서 동종 또는 유사한 업무에 종사하는 기간의 정함이 없는 근로계약을 체결한 근로자"라고 정하고 있고(제1항), 단시간근로자의 비교대상 근로자로 "해당 사업 또는 사업장의 동종 또는 유사한 업무에 종사하는 통상근로자"라고 정하고 있다(제2항). 파견근로자 보호 등에 관한 법률 제21조 제1항은 파견근로자의 비교대상 근로자로 "사용사업주의 사업 내의 같은 종류의 업무 또는 유사한 업무를 수행하는 근로자"라고 정하고 있다. 이하에서는 가장 문제가 많이 되는 기간제근로자의

---

1) 대법원 2002. 10. 25. 선고 2000두9717 판결 등.
2) 서울행정법원 2015. 6. 23. 선고 2014구합21042 판결(미항소 확정).
3) 대법원 2024. 2. 29. 선고 2020두49355 판결.
4) 서울행정법원 2023. 11. 23. 선고 2022구합58216 판결(미항소 확정).

비교대상근로자에 대하여 살펴본다.

(가) 해당 사업 또는 사업장

기간제근로자의 비교대상근로자는 정규직 근로자는 물론 무기계약직도 가능하고, 또한 당해 사업 또는 사업장에 있으면 족하며 반드시 동일한 장소에서 근무할 것을 요건으로 하지 않는다.[1] 근로자가 당해 사업 또는 사업장에 실제로 근무하고 있을 필요는 없으나 직제에 존재하지 않는 근로자를 비교대상 근로자로 삼을 수는 없고,[2] 법문언상 다른 사용자에게 고용된 근로자까지 비교대상 근로자에 포함된다고 해석하기는 어렵다.[3] 또한 기간제법 제3조 제3항이 국가 또는 지방자치단체의 기관에 대하여도 이 법이 적용됨을 명시적으로 규정하여 공공부문에서 근무하는 비공무원인 기간제 근로자와 공무원 사이의 비교 가능성을 열어 두고 있는 점 등을 고려하면 기간제법이 비교대상 근로자로 들고 있는 '기간의 정함이 없는 근로계약을 체결한 근로자'를 '사법상 근로계약'을 체결한 근로자로 한정하여 해석할 것은 아니다.[4]

(나) 동종 또는 유사한 업무에 종사

'동종 또는 유사한 업무에 종사하는지 여부'는 취업규칙이나 근로계약 등에 명시된 업무 내용이 아니라 근로자가 실제 수행하여 온 업무를 기준으로 판단하되, 이들이 수행하는 업무가 서로 완전히 일치하지 않고 업무의 범위 또는 책임과 권한 등에서 다소 차이가 있다고 하더라도 주된 업무의 내용에 본질적인 차이가 없다면, 특별한 사정이 없는 이상 이들은 동종 또는 유사한 업무에 종사한다고 보아야 한다.[5] 그에 따라 내부통제점검을 부수적 업무로 부여받은 정규직 직원들이 실제 수행한 업무가 내부통제점검 업무라는 이유로 이들을 내부통제점검 업무만을 수행한 기간제근로자들에 대한 비교대상근로자에 해당한다고 인정한 사례가 있다.[6]

또한 '주된 업무의 본질적 차이'가 있는지 여부는 Ⓐ 업무의 비중·중요도, Ⓑ

---

1) 노동법실무연구회, 근로기준법 주해 I, 박영사(2021), 603.
2) 대법원 2019. 9. 26. 선고 2016두47857 판결, 대법원 2023. 11. 30. 선고 2019두53952 판결.
3) 노동법실무연구회, 근로기준법 주해 I, 박영사(2021), 604.
4) 대법원 2014. 11. 27. 선고 2011두5391 판결.
5) 대법원 2012. 10. 25. 선고 2011두7045 판결.
6) 서울행정법원 2010. 4. 29. 선고 2009구합36583 판결 및 그 상급심 서울고등법원 2010. 11. 11. 선고 2010누15577 판결(다만 차별적 처우는 인정되지 않았다).

상호대체가능성, ⓒ 업무의 공동수행, ⓓ 관리 업무의 수행 여부 내지는 책임의 권한과 차이, ⓔ 업무에 대한 평가 기준, ⓕ 업무수행방식 등을 종합적으로 고려하여 판단할 수 있으며, 그 외에 실무상 고려되는 사항으로는 ⓖ 해당 업무에 요구되는 경력 및 자격요건과 ⓗ 채용절차의 차이를 들 수 있다.[1]

　　복수의 비교대상근로자가 존재하고 그 근로자들이 다른 근로조건 하에 있는 경우 누구를 비교대상근로자로 선정할 것인지 문제된다. 기간의 정함이 없는 근로자 중 가장 높은 처우를 받는 근로자를 비교대상근로자로 선정하는 경우 가장 낮은 처우를 받는 기간의 정함이 없는 근로자는 기간제 근로자보다 더 불이익을 받게 되는 역차별이 발생할 우려가 있다는 이유로 가장 낮은 처우를 받는 정규직 근로자를 비교대상근로자로 선정하여야 한다고 본 하급심 판결이 있다.[2] 반면, 시간제근무 기간제 교원의 비교대상근로자로 정교사와 방과후강사 중 정교사를 비교대상근로자로 선정하면서, 방과후교사에 대한 역차별 문제는 시간제근무 기간제교원과 방과후강사의 근로조건을 동일한 수준으로 하향평준화함으로써 시정할 것이 아니라, 정교사와 비교하였을 때 인정되는 차별적 처우를 시정함으로써 해소하는 것이 타당하다는 취지의 하급심 판결도 있다.[3]

　　부산교통공사(참가인)가 인천국제공항공사와 사이에 인천국제공항 셔틀트레인을 운영·유지보수하는 내용의 용역계약을 체결하여 그 업무를 수행하고 있었고, 위 업무를 수행하던 기간제근로자들이 ① 인천국제공항공사 현장 내 정규직근로자, ② 부산 지하철 4호선 정규직근로자를 비교대상근로자로 주장하였으나, 원심은 기간제근로자들에 대한 비교대상근로자가 존재하지 않다고 판단하였고, 대법원이 이를 수긍한 사례가 있다.[4]

(다) 비교대상근로자의 추가·변경 문제

　　비교대상 근로자의 선정은 차별적 처우가 합리적인지를 판단하기 위한 전제가 되는데, 이 단계를 실체적으로나 절차적으로나 지나치게 엄격하게 보면 차별 여부에

---

1) 자세한 내용은 노동법실무연구회, 근로기준법 주해Ⅰ, 박영사(2021), 607~612 참조.
2) 서울행정법원 2012. 1. 12. 선고 2011구합8857 판결(서울고등법원 2012누5000 항소기각, 미상고 확정), 서울행정법원 2015. 12. 4. 선고 2015구합65827 판결(서울고등법원 2016누30189도 마찬가지, 미상고 확정) 등 참조.
3) 대전지방법원 2017. 1. 11. 선고 2016구합101975 판결.
4) 서울고등법원 2021. 1. 15. 선고 2019누67113 판결, 대법원 2022. 12. 1. 선고 2021두32996 판결.

대한 실체 판단에 나아갈 수 없게 되어 차별시정제도를 통한 근로자 구제가 미흡하게 될 우려가 있다. 이러한 노동위원회 차별시정제도의 취지와 직권주의적 특성, 비교대상성 판단의 성격 등을 고려하여, 노동위원회는 신청인이 주장한 비교대상 근로자와 동일성이 인정되는 범위 내에서 조사, 심리를 거쳐 적합한 근로자를 비교대상 근로자로 선정할 수 있다.[1]

나아가 행정소송에서 비교대상근로자의 추가·변경이 가능한지 여부에 관해, 하급심들 중 일부는[2] 중앙노동위원회가 재심판정에서 비교대상 근로자로 삼았던 근로자에 한정하여 차별적 처우가 있었는지 판단해야 한다고 설시한 바 있으나, 최근 선고된 대법원 2023. 11. 30. 선고 2019두53952 판결은 이에 대하여 명시적으로 판단하지 아니한 채 피고 중앙노동위원회위원장이 소송에서 소외4 등을 구체적으로 언급한 것은 재심판정에서 비교대상으로 삼은 근로자를 변경하지 않는 범위 내에서 참가인과 업무의 동종·유사성이 인정되는 정규직 보조원이 존재함을 증명하기 위한 방편으로 이루어진 것에 불과하다는 취지로 판시한 바 있다.

(2) 불리한 처우의 존재

불리한 처우라 함은 사용자가 임금 그 밖의 근로조건 등에서 기간제근로자와 비교 대상 근로자를 다르게 처우함으로써 기간제근로자에게 발생하는 불이익 전반을 의미하고, 합리적인 이유가 없는 경우라 함은 기간제근로자를 달리 처우할 필요성이 인정되지 아니하거나, 달리 처우할 필요성이 인정되는 경우에도 그 방법·정도 등이 적정하지 아니한 경우를 의미한다.[3]

기간제근로자가 기간제근로자임을 이유로 임금에서 비교대상 근로자에 비하여 차별적 처우를 받았다고 주장하며 차별 시정을 신청하는 경우, 원칙적으로 기간제근

---

1) 대법원 2023. 11. 30. 선고 2019두53952 판결, 위 대법원 판결은 위와 같은 법리를 전제로, 근로자가 지정한 소외 1, 2만을 비교대상 근로자로 삼았어야 한다고 보아 이 사건 재심판정에 비교대상 근로자를 잘못 선정한 위법이 있다고 판단한 원심 판결을 파기하였다.

2) 서울고등법원 2012. 12. 24. 선고 2011누45704 판결(대법원 2013두2525 상고기각), 서울고등법원 2019. 9. 4. 선고 2018누70815 판결(대법원 2019두53953으로 파기됨). 다만 서울고등법원 2011누45704 판결의 상급심인 대법원 2014. 12. 24. 선고 2013두2525 판결은 비교대상 근로자들과 원고들이 동종 또는 유사 업무에 종사하였는지 여부만 판단하고 있어, 근로자들인 원고들이 이 부분을 구체적 상고이유로 삼지 않았던 것으로 보인다.

3) 대법원 2012. 11. 15. 선고 2011두11792 판결.

로자가 불리한 처우라고 주장하는 임금의 세부 항목별로 비교대상 근로자와 비교하여 불리한 처우가 존재하는지를 판단하여야 한다.[1] 즉 기본급은 기본급끼리, 상여금은 상여금끼리 비교하여 불리한 처우 여부를 판단해야 한다. 기간제근로자와 비교대상근로자의 임금체계가 동일하고 그에 따라 지급되는 임금의 세부항목이 동일한 경우에 사용될 수 있는 방법이다.

다만 기간제근로자와 비교대상 근로자의 임금이 서로 다른 항목으로 구성되어 있거나, 기간제근로자가 특정 항목은 비교대상 근로자보다 불리한 대우를 받은 대신 다른 특정 항목은 유리한 대우를 받은 경우 등과 같이 항목별로 비교하는 것이 곤란하거나 적정하지 않은 특별한 사정이 있는 경우라면, 상호 관련된 항목들을 범주별로 구분하고 각각의 범주별로 기간제근로자가 받은 임금 액수와 비교대상 근로자가 받은 임금 액수를 비교하여 기간제근로자에게 불리한 처우가 존재하는지를 판단하여야 한다. 이러한 경우 임금의 세부 항목이 어떤 범주에 속하는지는, 비교대상 근로자가 받은 항목별 임금의 지급 근거, 대상과 그 성격, 기간제근로자가 받은 임금의 세부 항목 구성과 산정 기준, 특정 항목의 임금이 기간제근로자에게 지급되지 않거나 적게 지급된 이유나 경위, 임금 지급 관행 등을 종합하여 합리적이고 객관적으로 판단하여야 한다.[2] 그리고 위와 같은 법리는 단시간근로자가 통상근로자에 비하여 차별적 처우를 받았다고 주장하며 차별시정신청을 하는 경우에도 마찬가지로 적용된다.[3]

위 대법원 판결 이후 하급심은 임금이 지급되는 명목에 따라 구체적, 개별적으로 범주를 나누어 판단하고 있는데, 구체적 사례를 몇 가지 살펴보면 다음과 같다.

▶ 수당의 경우 기본급과 함께 임금의 성격을 지니고 있고, 퇴직금과 연차휴가미사용수당은 근로자의 통상임금 또는 평균임금을 기초하여 산정되는 것이어서 기본급 및 수당의 차별적 처우의 인정 여부에 따라 파생적으로 발생되는 성격이므로 기본급과 수당, 퇴직금, 연차휴가미사용수당은 총액으로 비교하고, 기관성과급은 경영성과에 따른 성과금의 성격이므로 독자적으로

---

1) 대법원 2019. 9. 26. 선고 2016두47857 판결.
2) 대법원 2019. 9. 26. 선고 2016두47857 판결.
3) 대법원 2024. 2. 29. 선고 2020두49355 판결.

평가[1]

▶ 근속수당은 일정한 근속연수 요건을 충족한 경우에 한하여 지급되고 근로기간에 비례하여 지급된다는 특수성이 있어 다른 임금 세부 항목들과는 성격이 같지 않다는 이유 등을 들어 근속수당을 별도의 범주로 분리한 원심을 수긍[2]

▶ 통상시급을 바탕으로 한 근로시간과 관련이 있는 ① 기본급, 상여금, 보전수당, 연장·휴일근로 수당, ② 매월 전체 근로자에게 지급되면서 특정 지급조건을 요하지 않는 하기 휴가비, 김장비 보조금, 통신수당, ③ 특정한 조건에 해당해야만 지급요청이 충족되는 지역수당, 가족수당, 근속수당, 수직수당, 자격수당 등 3개의 범주로 설정[3]

▶ ① 고정급여에 해당하는 기간제근로자의 '기본급과 상여금을 합산한 총액'과 비교대상 근로자의 '기본급(월 기본급과 명절상여금)'을 범주화하여 비교하고, ② 개인별 평가결과가 반영된 변동급여의 성격을 지닌 비교대상 근로자의 '기여급'과 '목표인센티브'는 다른 범주로 설정[4]

▶ ① 소정 근로를 제공한 것 자체만으로 지급요건이 충족되는 임금항목과 ② 그 외에 특정한 조건에 해당하여야만 지급요건이 충족되는 임금항목으로 구분하여, 전자(①)의 경우에는 그에 포함된 모든 항목의 금액을 합산하여 총액을 기준으로 판단하고, 후자(②)의 경우에는 항목별로 따져 유·불리를 판단[5]

한편, 기간제법이 금지하는 차별적 처우는 '기간제근로자임을 이유로' 한 것이어야 하고, 기간제근로자가 비교대상근로자보다 불리한 처우를 받았더라도 그것이 기간제근로자라는 사실과 인과관계가 인정되지 않는다면 합리적 이유의 존부에 관하여 더 판단할 필요 없이 차별적 처우가 성립하지 않는다.[6]

적용기준일 시점에 근로계약기간 또는 계속근로기간이 1년 이상인 교육공무직원에게 처우개선수당을 지급하도록 하는 지침에 따르면, 무기계약직 근로자는 근로

1) 서울고등법원 2024. 5. 2. 선고 2023누69789 판결(미상고 확정).
2) 대법원 2024. 2. 29. 선고 2020두49355 판결.
3) 서울행정법원 2024. 2. 1. 선고 2022구합73949 판결(현재 서울고등법원 2024누37376 판결로 계속중).
4) 서울고등법원 2023. 11. 22. 선고 2022누65421 판결(대법원 2023두56354 심리불속행기각).
5) 서울고등법원 2023. 9. 22. 선고 2021누32950 판결(대법원 2023두56354 심리불속행기각).
6) 노동법실무연구회, 근로기준법 주해 I, 박영사(2021), 633.

계약기간이 1년 이상이므로 계속근로기간이 1년 미만이라도 처우개선수당을 지급받을 수 있는 데 비하여 근로계약기간이 1년 미만인 기간제근로자는 계속근로기간이 1년 미만일 경우 처우개선수당을 지급받을 수 없는 차별이 발생하는데, 위 차별이 기간제근로자임을 이유로 한 불리한 차별인지 여부에 관하여, 제1심과 원심은 그 차별의 원인이 '1년 미만의 단기 근로계약'이라는 측면도 있어 차별이 오직 기간제근로자이기 때문에 생긴다고 단정하기 어려우므로 이 사건 행위는 '기간제근로자임을 이유로 한 불리한 처우'에 해당한다고 볼 수 없다고 보았으나, 최근 대법원은 무기계약직 근로자와 달리 기간제근로자만이 '근로계약기간이 1년 미만'이라는 속성을 가질 수 있으므로, 기간제근로자 중 일부 근로계약기간이 1년 미만인 사람만이 처우개선수당을 지급받지 못한다고 하더라도 이는 '기간제근로자임을 이유로 한 불리한 처우'에 해당한다고 보았다.[1)]

(3) 합리적 이유

불리한 처우가 있다고 하더라도 그와 같이 이른 데에 합리적인 이유가 있는 경우에는 차별적 처우에 해당하지 않는다. '합리적인 이유가 없는 경우'라 함은 해당 근로자가 제공하는 근로의 내용을 종합적으로 고려하여 달리 처우할 필요성이 인정되지 아니하거나 다르게 처우할 필요성이 인정되는 경우에도 그 방법·정도 등이 적정하지 아니한 경우를 말한다.[2)]

대법원 2012. 3. 29. 선고 2011두2132 판결은 합리적인 이유가 있는지 여부는 개별 사안에서 문제가 된 불리한 처우의 내용 및 사용자가 불리한 처우의 사유로 삼은 사정을 기준으로 기간제근로자의 고용형태, 업무의 내용과 범위·권한·책임, 임금 그 밖의 근로조건 등의 결정요소 등을 종합적으로 고려하여 판단한다고 판시한 바 있다. 그 뒤 대법원 2016. 12. 1. 선고 2014두43288 판결은 그 판단 기준에 관해 "급부의 실제 목적, 고용형태의 속성과 관련성, 업무의 내용 및 범위·권한·책임, 노동의 강도·양과 질, 임금이나 그 밖의 근로조건 등의 결정요소 등을 종합적으로 고려하여 판단하여야 한다."라고 판시하여 좀 더 구체적인 기준을 제시하고 있다. 한편, 하급심 판결에서는 통상 '기간제근로자의 근속기간, 단기고용이라는 특성,

---

1) 대법원 2023. 6. 29. 선고 2019두55262 판결.
2) 대법원 2012. 3. 29. 선고 2011두2132 판결, 대법원 2012. 11. 15. 선고 2011두11792 판결.

채용조건·기준·방법·절차, 업무의 범위·권한·책임, 노동시장의 수급상황 및 시장가치, 사용목적(수습·사용·직업훈련·인턴 등), 임금 및 근로조건의 결정요소(직무, 능력, 기능, 기술, 자격, 경력, 학력, 근속년수, 책임, 업적, 실적 등)를 일응의 판단기준으로 제시하고 있다.[1]

▶ 급부의 실제 목적: 소정근로에 대한 직접적인 보상을 목적으로 하는 급부의 경우에는 고용형태, 업무의 범위, 난이도, 권한과 책임, 업무량 등에 따라 영향을 받게 되므로 차등 지급에 합리적 이유가 인정될 수 있고, 반면 실비변상 내지 복리후생적 목적으로 지급되는 급부의 경우에는 고용형태, 업무의 범위 등에 따라 달라지는 성격이 아니므로 차등 지급의 합리적 이유가 부정될 것이다.[2] 예를 들어, 실비변상적 성질인 통근비와 중식대[3]는 차별적 처우의 합리성이 부정되고, 가족수당[4] 역시 업무와 마찬가지로 부양가족이 존재한다는 사정만으로 지급되는 것이므로 이를 차별하는 데에 합리적 이유가 있다고 보기 어렵다.

대법원 2019. 9. 26. 선고 2016두47857 판결은 정규직 카지노 딜러와 계약직 딜러 사이에 기본급 등의 차별에 합리적 이유가 있다고 보면서도, 호텔에서 발생하는 봉사료를 계약직 딜러에게 지급하지 아니한 것은 호텔봉사료의 성격, 지급근거 및 대상 등에 비추어 합리적 이유가 인정되지 않는다고 판시한 바 있다.

▶ 고용형태, 근속기간, 단기고용이라는 특성: 특히 문제가 되는 것은 장기근속수당, 정근수당 및 정근수당가산금이다. 종래 대법원 판결은 장기근속수당은 장기근속에 대한 대가로 지급되는 외에 장기근속을 장려하기 위한 목적에서 지급되는 것으로 볼 수 있는 점 등을 이유로 차별의 합리성을 인정하였고,[5] 정근수당 및 정근수당가산금에 관하여도 장기근속을 유도하기 위해 지급되는 것이므로 차별의 합리성을 인정하였다.[6] 그러나 최근 대법원 판결은 단시간

1) 노동법실무연구회, 근로기준법 주해 I, 박영사(2021), 640.
2) 노동법실무연구회, 근로기준법 주해 I, 박영사(2021), 641.
3) 대법원 2012. 3. 29. 선고 2011두2132 판결.
4) 대법원 2014. 11. 27. 선고 2011두5391 판결.
5) 대법원 2014. 9. 24. 선고 2012두2207 판결.
6) 대법원 2014. 11. 27. 선고 2011두6592 판결.

근로자에게 근속수당이 미지급된 사건에 관하여 근로자들의 업무내용보다는 근무기간이나 복지 제공의 필요성 등의 요소와 관련이 있으므로 차별에 합리적 이유가 없다고 본 원심을 수긍하였다.[1]

▶ 업무의 내용과 범위, 권한과 책임: 업무의 내용과 범위, 권한과 책임이 임금 결정에 반영될 때에는 기간제근로자와 비교대상근로자 사이의 임금의 차이는 합리적 이유가 있는 것으로 평가될 수 있다. 대법원 2019. 9. 26. 선고 2016 두47857 판결은 정규직 카지노 딜러와 계약직 딜러 사이에 기본급 등의 차별을 둔 것에 합리적 이유가 있다고 판단하면서, 그 근거로 정규직 딜러는 8개 종목의 딜러로 배치되는 반면 계약직 딜러는 2개 종목에 한정하여 딜러로 배치되고 있어, 정규직 딜러만 수행할 수 있는 특수한 업무가 있다는 점을 고려한다고 판시하였다.

▶ 채용과정·기준의 차이: 앞선 대법원 2019. 9. 26. 선고 2016두47857 판결은 정규직 카지노 딜러와 계약직 딜러 사이에 기본급 등의 차별을 둔 것에 합리적 이유가 있다고 판단한 근거로 정규직 딜러를 채용할 때에는 채용 전에 인턴이나 계약직 딜러로 일정 기간 근무하게 한 후 정규직 딜러로 전환하는 방식과 정규직 딜러의 교육기간, 경력 등의 사정을 함께 고려하고 있다.

사용자측에서 기간제근로자는 단체협약의 적용대상이 아니고, 정규직근로자들에게 추가 임금을 지급한 것이 단체협약을 근거로 하고 있다는 점을 이유로 기간제근로자들에 대한 불리한 처우가 정당화된다는 주장을 하는 경우가 있으나, 단체협약이나 임금협정은 사용자로 하여금 당해 노동조합 소속 조합원들에게 합의에 따른 급여를 지급할 의무를 발생하게 하는 것일 뿐 차별을 정당화하는 것은 아니라는 이유 등으로 위 주장을 배척한 하급심이 있다.[2] 또한 차별적 처우를 받은 단시간근로자가 차별에 의하여 지급받지 못한 임금 등에 관하여 시정신청을 하고 차액의 지급을 청구할 권리를 박탈하는 내용의 단체협약은 강행규정을 위반하여 무효라는 하급심 판결도 있다.[3]

---

[1] 대법원 2024. 2. 29. 선고 2020두49355 판결.
[2] 서울고등법원 2015. 1. 28. 선고 2014누51779 판결(대법원 심리불속행기각).
[3] 서울행정법원 2019. 8. 30. 선고 2018구합78640 판결.

라. 제척기간 등

기간제근로자 또는 단시간근로자는 차별적 처우를 받은 경우 노동위원회에 그 시정을 신청할 수 있으나, 차별적 처우가 있은 날(계속되는 차별적 처우는 그 종료일) 부터 6개월이 지난 때에는 그러하지 아니하다(기간제법 제9조 제1항 단서). 기간제법 제9조 제1항에서 정한 차별적 처우의 시정신청기간은 제척기간이므로 그 기간이 경과하면 그로써 기간제법에 따른 시정을 신청할 권리는 소멸하나, 계속되는 차별적 처우의 경우 그 종료일부터 6개월 이내에 시정을 신청하였다면 그 계속되는 차별적 처우 전체에 대하여 제척기간을 준수한 것이 된다.[1] 따라서 위 제척기간 내에 시정명령을 신청한다면, 근로자의 입사 후부터 임금 지급에 있어서 받아온 일련의 차별적 처우는 '계속되는 차별적 처우'에 해당하므로 기간제법 시행일부터 차별적 처우 종료일까지의 기간 전체에 대하여 시정을 구할 수 있다.[2]

한편, 사용자가 선택적 복지제도로서 연간 단위로 복지포인트를 부여하는 맞춤형복지제도를 시행하는 경우 복지포인트를 배정받지 못함으로 인하여 발생하는 차별 상태는 해당 연도 동안 계속된다고 보아야 하므로, 복지포인트의 배정일에 차별적 처우가 종료된다고 볼 수 없고, 맞춤형복지비에 관한 차별적 처우는 해당 연도의 말일을 종료일로 하는 '계속되는 차별적 처우'에 해당한다.[3]

지방노동위원회의 시정명령 또는 기각결정에 대하여 불복하는 관계당사자는 시정명령서 또는 기각결정서의 송달을 받은 날부터 10일 이내에 중앙노동위원회에 재심을 신청할 수 있고(기간제법 제14조 제1항), 중앙노동위원회의 재심결정에 대하여 불복하는 관계당사자는 재심결정서의 송달을 받은 날부터 15일 이내에 행정소송을 제기할 수 있다(기간제법 제14조 제2항).

마. 노동위원회 시정명령

기간제법 제13조 제1항은 "제11조의 규정에 따른 조정·중재 또는 제12조의

---

1) 대법원 2011. 12. 22. 선고 2010두3237 판결, 대법원 2024. 2. 29. 선고 2020두49355 판결.
2) 대법원 2011. 12. 22. 선고 2010두3237 판결.
3) 대법원 2024. 2. 29. 선고 2020두49355 판결.

규정에 따른 시정명령의 내용에는 차별적 행위의 중지, 임금 등 근로조건의 개선 (취업규칙, 단체협약 등의 제도개선 명령을 포함한다) 또는 적절한 배상 등이 포함될 수 있다."라고 규정하고 있다. 위와 같은 시정명령은 차별이 없었던 상태로 회복될 수 있는 조치들로 이루어져야 하고, 그에 따라 금전적 가치를 가지는 임금 및 근로조건에 한정되지 아니하도록 시정명령의 내용이 다양하게 구성되어 있다. 노동위원회는 시정신청의 취지에 구속되지 않고 시정명령의 내용을 합리적 재량으로 정할 수 있고, 따라서 차별시정신청인들의 청구기간을 초과한 기간에 대하여 임금의 지급을 명하는 시정명령을 한 것이 위법이라고 볼 수 없다.[1]

기간제법 제13조 제2항은 "제1항에 따른 배상액은 차별적 처우로 인하여 기간제근로자 또는 단시간근로자에게 발생한 손해액을 기준으로 정한다. 다만, 노동위원회는 사용자의 차별적 처우에 명백한 고의가 인정되거나 차별적 처우가 반복되는 경우에는 손해액을 기준으로 3배를 넘지 아니하는 범위에서 배상을 명령할 수 있다"고 규정하고 있다. 위 단서 조항은 '명백한 고의' 또는 '차별적 처우의 반복'을 요건으로 하고 있고, 징벌적 성격과 더불어 사전 예방적 효과를 도모하는 의미도 있다.[2]

바. 구제이익

기간제법상 시정절차에 관한 규정의 내용과 입법목적, 시정절차의 기능, 시정명령의 내용 등을 종합하여 보면, 시정신청 당시에 혹은 시정절차 진행 도중에 근로계약기간이 만료하였다는 이유만으로 기간제근로자가 차별적 처우의 시정을 구할 시정이익이 소멸하지 않는다.[3]

노동위원회 판정 이전에 차별적 처우로 인하여 손해를 입었다고 주장한 차별적 처우금액 전액을 근로자들에게 이미 지급한 경우 구제이익이 있는지 여부에 관하여도, 시정명령의 목적, 내용, 입법목적, 시정절차의 기능 등에 비추어 사용자가 시정절차 진행 도중 근로자에게 차별적 처우로 인해 실제 발생한 손해액을 모두 지급하였다는 사정만으로 그 밖의 시정명령을 구하는 차별시정 신청의 구제이익이 소멸한

---

1) 서울고등법원 2014. 5. 22. 선고 2013누25971 판결(대법원 상고기각).
2) 서울행정법원 2018. 9. 13. 선고 2017구합87074 판결(미항소 확정).
3) 대법원 2016. 12. 1. 선고 2014두43288 판결, 대법원 2017. 9. 7. 선고 2016두30194 판결. 그 자세한 근거에 대한 설시로는 서울행정법원 2015. 6. 23. 선고 2014구합21042 판결(미항소 확정).

다고 볼 수 없다는 하급심 판례가 있다.[1]

9. 공정대표 의무

가. 공정대표의무의 의의

공정대표의무란 교섭대표노동조합이 교섭 참여 노동조합 또는 그 조합원 사이에 합리적 이유 없이 자의적으로 차별하지 않고 공정하게 대표하여야 할 의무를 말한다.[2]

노동조합법 제29조 제2항에 따라 교섭대표노동조합의 대표자는 교섭을 요구한 모든 노동조합 또는 조합원을 위하여 사용자와 교섭하고 단체협약을 체결할 권한을 가지는데,[3] 교섭창구 단일화 제도가 합헌이라는 것이 헌법재판소의 일관된 입장(2020헌마237 결정 등)인바, 공정대표의무는 헌법이 보장하는 단체교섭권의 본질적인 내용이 침해되지 않도록 하기 위한 제도적 장치로 기능하고, 교섭대표노동조합과 사용자가 체결한 단체협약의 효력이 교섭창구 단일화 절차에 참여한 다른 노동조합에게도 미치는 것을 정당화하는 근거가 된다.[4]

나. 공정대표의무의 요건

(1) 주체

노동조합법 제29조의4 제1항에서 공정대표의무를 부담하는 주체를 교섭대표노동조합과 사용자로 정하고 있다.

공정대표의무의 개념상 교섭대표노동조합이 부담 주체이지만, 사용자를 포함시킨 것에 관하여 견해의 대립이 있고,[5] 특히 사용자의 공정대표의무와 부당노동

---

1) 서울행정법원 2018. 9. 13. 선고 2017구합87074 판결(미항소 확정).
2) 장우찬, 단체교섭에서의 성실교섭의무에 관한 연구, 서울대학교 대학원 박사학위논문(2012. 8.), 142.
3) 장우찬, 단체교섭에서의 성실교섭의무에 관한 연구, 서울대학교 대학원 박사학위논문(2012. 8.), 150.
4) 대법원 2018. 8. 30. 선고 2017다218642 판결.
5) 사안에 따라 사용자도 공정대표의무를 위반할 수 있기 때문이라는 견해로, 고용노동부, 사업(사업장)

행위의 관계에 관한 문제로서 노동조합법 제29조의4에서 정한 공정대표의무를 위반한 사용자의 행위가 곧바로 부당노동행위가 되는지 여부에 대한 논란이 있다. 이에 대해서는 사용자의 합리적 이유 없는 노동조합 간 차별은 공정대표의무 위반일 뿐만 아니라 노동조합 운영에 대한 지배·개입 또는 불이익취급행위로서 부당노동행위가 성립한다고 보는 견해가 있는데, 부당노동행위의 성립에는 부당노동행위의 사를 요하고 근로자측에서 주장·증명책임을 부담하는 반면, 공정대표의무는 주관적 요건(고의)을 필요로 하지 않고, 근로자측에서 차별만 증명하면 사용자측에서 합리적인 이유의 존재를 증명해야 한다는 점에서 병존을 인정할 실익이 있다고 본다.[1]

한편 사용자단체도 공정대표의무를 부담하는지와 관련하여, 사용자단체와 사용자 모두를 공정대표의무 위반에 따른 시정명령의 상대방으로 인정함으로써, 사용자단체도 공정대표의무를 부담할 수 있음을 전제로 한 것으로 이해되는 대법원 판례가 있다.[2]

(2) 상대방

공정대표의무의 상대방은 교섭창구 단일화 절차에 참여한 노동조합 및 그 조합원이고, 이에 참여하지 않은 노동조합 및 그 조합원, 어느 노동조합에도 가입하지 아니한 미조직 근로자 등은 포함되지 아니한다.[3]

(3) 적용 범위(대상)

노동조합법 제29조의4 제2항은 "노동조합은 교섭대표노동조합과 사용자가 제1항을 위반하여 차별한 경우에는 그 행위가 있은 날(단체협약의 내용의 일부 또는 전부가 제1항에 위반되는 경우에는 단체협약 체결일을 말한다)부터 3개월 이내에 대통령령

단위 복수노조 업무매뉴얼(2010), 46; 사용자는 중립의무를 부담하기 때문이라는 견해로, 조상균, "복수노동조합하의 조합 간 차별과 공정대표의무", 노동법학 52호, 한국노동법학회(2014), 299~300; 사용자가 차별을 유발할 수 있는 자일뿐만 아니라 불합리한 차별을 시정할 수도 있는 자임을 고려한 입법적 결단이라고 설명하는 견해로, 임상민, "사용자, 사용자단체와 교섭창구 단일화 및 공정대표의무", 사법 56호, 사법발전재단(2021), 739.

1) 노동법실무연구회, 노동조합 및 노동관계조정법 주해 Ⅱ, 박영사(2023), 160~161.
2) 대법원 2019. 4. 23. 선고 2016두42654 판결.
3) 노동법실무연구회, 노동조합 및 노동관계조정법 주해 Ⅱ, 박영사(2023), 162.

으로 정하는 방법과 절차에 따라 노동위원회에 그 시정을 요청할 수 있다."라고 규정한다. 조문 해석상 단체협약의 내용이 공정대표의무의 적용 범위에 속함은 명백하고, 다만 거기에 한정된다고 단정할 수는 없다.[1]

　　대법원은 "공정대표의무의 취지와 기능 등에 비추어 보면, 공정대표의무는 단체교섭의 과정이나 그 결과물인 단체협약의 내용뿐만 아니라 단체협약의 이행과정에서도 준수되어야 한다고 봄이 타당하다."라고 판시하여,[2] ① 단체교섭 과정(단체협약의 체결 과정 포함), ② 단체협약의 내용, ③ 단체협약의 이행과정에 한하여 공정대표의무가 미친다고 보았다. 공정대표의무의 범위와 교섭대표노동조합의 대표권 범위를 일치시킬 필요가 있다는 점에서 이를 지지하는 견해가 있다.[3]

다. 공정대표의무의 내용

(1) 차별금지의무

(가) 차별금지

　　노동조합법은 공정대표의무를 차별금지의무로 규정하고 있다. 이와 다른 유형의 공정대표의무에 관한 논의가 필요하다는 견해도 있으나 현재로서는 입법론으로 보아야 한다.[4]

　　조합원 사이의 차별은 임금, 수당, 근로시간, 휴일·휴가 등 근로조건, 기타 근로자의 대우에 관한 사항과 같은 규범적 효력을 갖는 부분에서, 노동조합 사이의 차별은 노동조합 사무실, 조합비 공제 등과 같은 채무적 효력을 갖는 부분에서 주로 문제된다.[5]

　　규범적 효력을 갖는 부분에 대해, 교섭대표노동조합은 그 조합원들에게만 적용되는 부분만 단체교섭을 통해 단체협약의 내용으로 삼으면서 다른 노동조합의 조합원들에게만 적용되는 부분은 단체교섭을 통해 단체협약의 내용으로 삼지 않을 개연

---

1) 노동법실무연구회, 노동조합 및 노동관계조정법 주해 Ⅱ, 박영사(2023), 162.
2) 대법원 2018. 8. 30. 선고 2017다218642 판결, 같은 취지: 대법원 2018. 9. 13. 선고 2017두40655 판결, 대법원 2018. 12. 27. 선고 2016두41248 판결, 대법원 2018. 12. 27. 선고 2016두41224 판결, 대법원 2019. 10. 31. 선고 2017두37772 판결 등.
3) 노동법실무연구회, 노동조합 및 노동관계조정법 주해 Ⅱ, 박영사(2023), 163.
4) 노동법실무연구회, 노동조합 및 노동관계조정법 주해 Ⅱ, 박영사(2023), 163~164.
5) 노동법실무연구회, 노동조합 및 노동관계조정법 주해 Ⅱ, 박영사(2023), 164.

성이 높고, 이러한 경우에도 단체협약의 내용 자체를 공정대표의무, 즉 차별금지의무 위반으로 보기 어려운바, 이는 교섭창구 단일화 절차가 가지는 본질적 한계에 해당하는 것으로서, 이를 완화하기 위해 절차적 공정대표의무를 폭넓게 인정하여야 한다는 견해가 있다.[1]

채무적 효력을 갖는 부분의 경우 노동조합 사무실 제공이나 노동조합 전임자 지명, 근로시간 면제, 조합비 공제 등과 같이 노동조합활동에 필수적인 여건 조성에 있어 조합원 수가 적은 소수 노동조합의 이해가 제대로 반영되지 않을 우려가 크다.[2]

(나) 적극적 차별금지의무의 인정 여부

공정대표의무의 내용으로 소극적으로 차별하지 않을 의무를 넘어 차별방지를 위해 적극적으로 노력할 의무도 포함되는지 견해의 대립이 있다. 종래 이를 긍정하는 것이 판례의 입장이고, 특히 교섭대표노동조합과 사용자 모두에게 적극적 차별금지의무가 인정된다고 본 사례가 있다.[3]

이 문제는 공정대표의무의 부담 주체인 교섭대표노동조합과 사용자를 나누어 살펴볼 필요가 있고, 교섭대표노동조합이 차별을 제거할 적극적인 의무를 부담한다는 데에 의문을 제기하는 견해는 보이지 않으며, 하급심 중에도 교섭대표노동조합은 불합리한 차별을 제거하기 위해 노력해야 하는 적극적 의무까지 있다고 판단한 사례가 있다.[4]

사용자의 경우 하급심 중 적극적인 의무를 인정한 사례가 있고,[5] 이에 찬성하는 견해[6]가 있는 반면, 공정대표의무의 본래 주체가 교섭대표노동조합임에도 사용

---

1) 노동법실무연구회, 노동조합 및 노동관계조정법 주해 Ⅱ, 박영사(2023), 164~165.
2) 노동법실무연구회, 노동조합 및 노동관계조정법 주해 Ⅱ, 박영사(2023), 165.
3) 서울고등법원 2017. 3. 30. 선고 2016누70088 판결(상고미제기로 확정), 서울고등법원 2017. 5. 12. 선고 2016누68191 판결(상고미제기로 확정), 서울고등법원 2018. 6. 20. 선고 2017누86233 판결(상고취하로 확정), 대법원 2020. 1. 9. 선고 2019두52713 판결(심리불속행 기각 판결, 원심은 서울고등법원 2019. 8. 30. 선고 2019누36289 판결).
4) 서울고등법원 2017. 3. 30. 선고 2016누70088 판결(상고미제기로 확정).
5) 서울고등법원 2017. 5. 12. 선고 2016누68191 판결(노조사무실 제공이나 게시판 사용 등과 관련하여 노동조합 간 차별 시정 요구를 받고도 사용자가 아무런 노력을 기울이지 아니한 사안, 상고미제기로 확정), 서울고등법원 2018. 6. 20. 선고 2017누86233 판결(노동절 상품권 지급이나 자녀학자금 지원 등과 관련하여 사용자의 공정대표의무 위반을 인정한 사안, 상고취하로 확정).
6) 김진석, "사용자의 공정대표의무 위반", 노동법실무연구 2권, 노동법실무연구회(2020), 233~269; 임상민, "사용자, 사용자단체와 교섭창구 단일화 및 공정대표의무", 사법 56호, 사법발전재단(2021), 738~

자가 의무 주체로 포함된 것은 중립의무를 부담하기 때문이므로, 사용자로서는 소극
적으로 중립을 지키는 것만으로 의무를 다하는 것이지 적극적으로 차별을 시정할
의무가 없다는 견해[1]도 있다.

　　참고로 아래와 같이 사용자가 부담하는 차별금지의무를 소극적 의무로 한정한
하급심 판결[2]이 최근 심리불속행 기각 판결[3]로 확정된 사례도 있어서, 이에 관한
실무의 입장은 아직까지 엇갈리고 있다고 봄이 타당하다.

근로자의 단결권을 보장한 헌법 제33조, 노동조합법 제81조 이하의 부당노동행위 제도
의 취지에 비추어 복수의 노동조합이 병존하는 경우 각각의 노동조합은 각기 독자의 존
재의의를 인정받게 되고, 고유의 단결권 및 단체교섭권을 보장받고 있는 데에 따른 당연
한 결과로서, 사용자에 대해서는 공정대표의무와 별개로 특정 노동조합을 우대하여 노동
조합 간의 조직경쟁에 개입하는 것은 허용되지 아니하며 모든 노동조합에 대하여 중립
적인 태도를 유지할 것을 요구하는 이른바 '중립의무'가 본래적 의무로서 법리상 인정된
다(중립의무를 인정한 선례로는 대법원 2018. 9. 13. 선고 2016도2446 판결 등 참조).
이러한 중립의무의 취지나 성격, 합리적 이유 없는 차별의 금지를 내용으로 하는 공정대
표의무와의 유사성 등에 비추어 볼 때, 사용자가 부담하는 공정대표의무의 내용은, 단체
교섭을 하고 단체협약을 체결하며 체결된 단체협약을 이행하는 것과 관련하여, 예컨대
교섭대표 노동조합과 결탁하여 합리적 사유 없이 특정 노동조합을 불리하게 차별하지
아니함과 동시에 특정 노동조합을 우대하여 취급하거나 노동조합 간의 조직경쟁에 개입
하는 결과가 되지 않도록 어느 일방에도 치우치지 아니한 공정하고 중립적인 태도를 유
지하는 소극적 의무라고 봄이 타당하다. 이를 전제로 한다면, 예컨대 관련 당사자인 노
동조합들의 협의 결과에 따라 실행하도록 되어 있는 노동조합 활동에 대한 현안에 관하
여 노동조합들 사이에서 견해 대립이 있는 경우 사용자로서는, 각각의 노동조합이 그들
자신의 주장이나 요구를 뒷받침하기 위해 각각 제출한 자료를 면밀히 검토하여 보다 객
관성·타당성이 인정된다고 판단되는 처리 방향을 채택하면 충분한 것이지, 그렇지 않고
일방 노동조합으로부터 이의제기가 있다는 이유만으로 그 주장이나 요구의 타당성 여부

740.

1) 김동욱, "노동위원회의 교섭창구 단일화 관련 결정 절차상의 법적 쟁점", 노동법포럼 8호, 노동법이론
　실무학회(2012), 193; 조상균, "복수노동조합하의 조합 간 차별과 공정대표의무", 노동법학 52호, 한국
　노동법학회(2014), 299~300.
2) 서울고등법원 2023. 12. 1. 선고 2022누46543 판결.
3) 대법원 2024. 5. 17. 자 2024두32447 판결.

를 불문하고 다른 노동조합의 요구는 묵살한 채 노동조합들 사이에 협의가 성립하거나
관계 행정청의 유권해석, 법원의 재판이 있을 때까지 해당 현안의 처리 자체를 중단한다
거나, 후견적 지위에서 적극적으로 제3의 해결책을 모색하여 노동조합들에게 제시해야
할 적극적 의무가 있다고 볼 수는 없다. 이러한 태도는 그 자체로 이미 복수의 노동조합
중 이의를 제기한 측에 기울어진 편파적인 것으로 평가될 가능성이 있고, 노동조합 사이
분쟁에 대한 사용자의 불개입, 노동조합 활동의 자율성 보장 등을 침해하는 것이 될 위
험성이 있기 때문이다.

(2) 주장·증명책임

공정대표의무 위반에 대한 주장·증명책임의 소재에 관하여도 견해의 대립이
있으나, 공정대표의무 위반을 주장하는 소수 노동조합 등이 차별에 대한 주장·증명
책임을 부담하는 한편, 사용자 또는 교섭대표노동조합이 합리적인 이유의 존재에 대
한 주장·증명책임을 부담한다는 견해[1]가 주류이고, 대법원 2018. 9. 13. 선고 2017
두40655 판결이 같은 견해를 취함으로써 실무상으로는 논란이 정리되었다.

(3) 실체적 의무와 절차적 의무

(가) 실체적 공정대표의무

실체적 공정대표의무는 단체교섭의 결과 발생하는 단체협약의 내용에 대한 것
과 단체협약의 이행 과정에 대한 것이라고 할 수 있다.

노동조합 사무실 제공과 관련하여, 대법원은 특별한 사정이 없는 한 교섭창구
단일화 절차에 참여한 다른 노동조합에게도 반드시 일률적이거나 비례적이지는 않
더라도 상시적으로 사용할 수 있는 일정한 공간을 제공하여야 한다고 판시하였는
데,[2] 다만 이례적으로 위 "특별한 사정"을 인정해 공정대표의무 위반을 부정한 원
심을 수긍한 사례도 있다.[3]

노동조합 사무실 제공과 더불어 공정대표의무 위반이 가장 많이 문제되는 유형

---

1) 박지순, "공정대표의무의 의의와 내용", 노동리뷰 75호, 한국노동연구원(2011), 140; 이승욱, 공정대표
   의무에 관한 연구(연구용역보고서), 중앙노동위원회(2010), 140; 조상균, "복수노동조합하의 조합 간
   차별과 공정대표의무", 노동법학 52호, 한국노동법학회(2014), 350.
2) 대법원 2018. 8. 30. 선고 2017다218642 판결.
3) 대법원 2019. 10. 31. 선고 2019두48561 판결.

이 근로시간면제에 대한 것인데, 실무례는 폭넓게 공정대표의무 위반을 인정하고 있다. 하급심 판결들을 살펴보면, 소수 노동조합을 근로시간면제에서 완전히 배제한 유형, 소수노조에게도 허용하였으나 그 비율이 조합원 수의 비율에 미치지 못하는 유형, 즉 시간배분이 문제된 유형으로 나뉜다.[1]

창립기념일 관련해서는 교섭대표노동조합의 창립기념일만을 유급휴일로 인정하더라도 그러한 단체협약의 내용이 반드시 공정대표의무 위반이라고 단정하기 어렵지만, 복수노조 도입 이래 문제된 사업장에서 상당기간 동안 복수노조의 창립기념일 모두를 유급휴일로 운영해 왔는데, 경영상 별다른 문제점이 없음에도 불구하고 노노 갈등이 격화된 상태에서 단체협약을 통해 교섭대표노동조합의 창립기념일만을 유급휴일로 변경하였던 특수한 사정을 고려해 공정대표의무 위반을 인정한 사례가 있다.[2]

한편, 게시판과 관련해 교섭대표노동조합에게 다른 노동조합보다 4배 크기에 해당하는 종이게시판과 함께 전자게시판까지 제공한 사안에서, 다른 노동조합에게 제공된 종이게시판도 기본적인 노조활동에 부족하다고 보이지는 아니하고, 교섭대표노동조합 조합원 수가 다른 노동조합 조합원 수의 약 13배에 이르는 등 특수한 사정을 고려해 공정대표의무 위반을 부정하기도 하였다.[3]

(나) 절차적 공정대표의무

절차적 공정대표의무는 단체교섭 및 단체협약의 체결 과정에서 주로 문제된다. 그러나 단체협약의 이행 과정에서도 실체적인 차별이 없더라도 일정한 절차적인 보장에서 차별이 있을 수 있으므로 절차적 공정대표의무 위반이 문제될 수 있다.

단체협약 잠정합의안에 대한 찬반투표에 참여할 기회를 부여하는 것이 절차적 공정대표의무에 속하는지와 관련하여 대법원 2020. 10. 29. 선고 2019다262582 판결은 아래와 같이 판시한 바 있다.

---

1) 서울행정법원 2016. 9. 8. 선고 2015구합80369 판결, 서울행정법원 2016. 9. 29. 선고 2015구합8459 판결 등.
2) 대법원 2019. 10. 31. 선고 2017두37772 판결.
3) 대법원 2019. 10. 31. 선고 2017두37772 판결.

교섭창구 단일화 제도하에서 교섭대표노동조합이 되지 못한 노동조합은 독자적으로 단체교섭권을 행사할 수 없으므로, 노동조합법은 교섭대표노동조합이 되지 못한 노동조합을 보호하기 위해 사용자와 교섭대표노동조합에 교섭창구 단일화 절차에 참여한 노동조합 또는 그 조합원을 합리적 이유 없이 차별하지 못하도록 공정대표의무를 부과하고 있다(제29조의4 제1항). 공정대표의무는 헌법이 보장하는 단체교섭권의 본질적 내용이 침해되지 않도록 하기 위한 제도적 장치로 기능하고, 교섭대표노동조합과 사용자가 체결한 단체협약의 효력이 교섭창구 단일화 절차에 참여한 다른 노동조합(이하 '소수노동조합'이라 한다)에도 미치는 것을 정당화하는 근거가 된다. 이러한 공정대표의무의 취지와 기능 등에 비추어 보면, 공정대표의무는 단체교섭의 결과물인 단체협약의 내용뿐만 아니라 단체교섭의 과정에서도 준수되어야 하고, 교섭대표노동조합으로서는 단체협약 체결에 이르기까지 단체교섭 과정에서 소수노동조합을 합리적인 이유 없이 절차적으로 차별하지 않아야 할 공정대표의무를 부담한다고 봄이 타당하다. 따라서 교섭대표노동조합은 단체교섭 과정에서 절차적 공정대표의무를 적정하게 이행하기 위하여 소수노동조합을 동등하게 취급함으로써 단체교섭 및 단체협약 체결과 관련하여 필요한 정보를 적절히 제공하고 의견을 수렴할 의무 등을 부담한다. 다만 단체교섭 과정의 동적인 성격, 노동조합법에 따라 인정되는 대표권에 기초하여 교섭대표노동조합 대표자가 단체교섭 과정에서 보유하는 일정한 재량권 등을 고려할 때 교섭대표노동조합의 소수노동조합에 대한 이러한 정보제공 및 의견수렴의무는 일정한 한계가 있을 수밖에 없다. 이러한 사정을 아울러 고려하면, 교섭대표노동조합이 단체교섭 과정의 모든 단계에서 소수노동조합에 대하여 일체의 정보제공 및 의견수렴 절차를 거치지 아니하였다고 하여 절차적 공정대표의무를 위반하였다고 단정할 것은 아니고, 단체교섭의 전 과정을 전체적·종합적으로 살필 때 소수노동조합에 기본적이고 중요한 사항에 대한 정보제공 및 의견수렴 절차를 충분히 거치지 않았다고 인정되는 경우와 같이 교섭대표노동조합이 가지는 재량권의 범위를 일탈하여 소수노동조합을 합리적 이유 없이 차별하였다고 평가할 수 있는 때에 절차적 공정대표의무 위반을 인정할 수 있다.

교섭대표노동조합이 사용자와 단체교섭 과정에서 마련한 단체협약 잠정합의안(이하 '잠정합의안'이라 한다)에 대해 자신의 조합원 총회 또는 총회에 갈음할 대의원회의 찬반투표 절차를 거치면서도 교섭창구 단일화 절차에 참여한 다른 노동조합(이하 '소수노동조합'이라 한다)의 조합원들에게 동등하게 그 절차에 참여할 기회를 부여하지 않거나 그들의 찬반의사까지 고려하여 잠정합의안에 대한 가결 여부를 결정하지 않았더라도, 그러한 사정만으로 이를 가리켜 교섭대표노동조합의 절차적 공정대표의무 위반이라고 단정할 수는 없다. 다음과 같은 사정들을 종합적으로 고려하면, 이러한 경우 특별한 사정이 없는 한 교섭대표노동조합이 소수노동조합을 차별한 것으로 보기 어렵기 때문이다.

① 교섭창구 단일화 제도의 취지나 목적, 노동조합법 제29조 제2항의 규정 내용과 취지 등을 고려하면, 교섭대표노동조합의 대표자는 교섭창구 단일화 절차에 참여한 노동조합 및 조합원 전체를 대표하여 독자적인 단체협약체결권을 가지므로, 단체협약 체결 여부에 대해 원칙적으로 소수노동조합이나 그 조합원의 의사에 기속된다고 볼 수 없다.

② 교섭대표노동조합의 규약에서 잠정합의안에 대한 조합원 찬반투표를 거칠 것을 규정하고 있더라도 그것은 당해 교섭대표노동조합 조합원들의 의사결정을 위하여 마련된 내부 절차일 뿐 법률상 요구되는 절차는 아니다.

③ 노동조합법 제29조의2는 교섭창구 단일화 절차를 규정하고 있고, 그 위임에 따른 노동조합 및 노동관계조정법 시행령 제14조의7에서는 교섭대표노동조합 확정에 필요한 조합원 수 산정 기준 등에 관한 상세한 규정을 두고 있다. 그리고 노동조합법 제41조 제1항 후문은 교섭창구 단일화 절차에 참여한 노동조합의 전체 조합원의 찬반투표 절차를 거친 경우에만 쟁의행위를 할 수 있다고 정하고 있다. 반면 잠정합의안에 대한 찬반투표와 관련하여 교섭창구 단일화 절차에 참여한 노동조합별로 찬반투표 필요 여부, 실시기관, 실시방법 및 정족수 등에 관한 규약상 규정이 다른 경우 이를 조율할 수 있는 절차에 관하여는 노동조합법 및 그 시행령에 아무런 규정을 찾을 수 없다.

라. 공정대표의무 위반 시 구제절차와 효력

(1) 노동위원회의 시정명령

(가) 개요

교섭대표노동조합과 사용자가 공정대표의무를 위반하여 특정의 교섭참여노동조합 또는 그 조합원을 차별한 경우에는 해당 노동조합은 그 행위가 있은 날(단체협약 내용의 일부 또는 전부가 공정대표의무에 위반되는 경우에는 단체협약 체결일)부터 3개월 이내에 노동위원회에 그 시정을 요청할 수 있고(노동조합법 제29조의4 제2항), 노동위원회는 그 신청에 대하여 합리적 이유 없이 차별을 하였다고 인정한 때에는 그 시정에 필요한 명령이나 결정을 서면으로 하여야 한다(노동조합법 제29조의4 제3항, 같은 법 시행령 제14조의12 제5항). 노동위원회의 명령 또는 결정에 대한 불복절차 등에 관해서는 부당노동행위 구제명령에 대한 불복 및 판정의 효력에 관한 규정(노동조합법 제85조, 제86조)을 준용한다(노동조합법 제29조의4 제4항). 이에 따라 확정된 시정명령을 위반하면 벌칙(3년 이하의 징역 또는 3천만 원 이하의 벌금)이 적용된다(노동조합법 제89조 제2호).

(나) 신청권자의 범위

공정대표의무를 위반한 때의 시정절차와 관련하여, 노동조합법 제29조의4 제2항은 신청권자를 노동조합으로만 한정하고 있다. 고용노동부는 교섭창구 단일화 절차에 참여한 노동조합은 관할 노동위원회에 그 시정을 신청할 수 있으나, 교섭창구 단일화 절차에 참여하지 않은 노동조합이나 개별 조합원은 노동위원회에 시정명령을 신청할 수 없으며, 개별 조합원은 소속 노동조합을 통해서만 시정명령을 신청할 수 있다고 한다.[1]

이와 관련해 노동조합법의 해석상 합리적 이유 없이 차별을 하여서는 아니 되는 대상으로 "교섭창구 단일화 절차에 참여한 노동조합 또는 그 조합원"을 정하면서, 시정 절차에서는 노동조합만을 그 구제신청권자로 정하고 있어서 문제가 있어 제도적 보완이 요구된다.[2]

(다) 시정명령의 대상과 사용자단체

사용자단체가 단체교섭을 하여 단체협약을 체결한 경우에, 공정대표의무의 주체 및 시정명령의 대상은 누구인지의 문제가 있는데, 이는 사용자단체와 사용자의 관계가 어떠한지, 즉 사용자단체가 단체교섭의 당사자로 되기 위해서, 사용자단체의 규약에 근거하여 구성원인 사용자를 위해서 단체교섭을 행하는 외에, 협약체결권한을 구성원인 사용자로부터 위임받았을 것이 필요한지에 관한 논의를 전제로 하는바, 위임 필요설, 위임 불요설[3] 등 견해가 대립하고 있다.

나아가 사용자단체가 단체교섭을 하여 단체협약을 체결한 경우에, 공정대표의무의 주체 및 시정명령의 대상이 사용자인지 사용자단체인지에 관하여도 견해의 대

---

1) 고용노동부, 사업(사업장) 단위 복수노조 업무매뉴얼(2010), 47.
2) 박종희, "교섭창구 단일화 방안의 안정적 정착을 위한 해석방안", 안암법학 34호, 안암법학회(2011), 548; 장우찬, 단체교섭에서의 성실교섭의무에 관한 연구, 서울대학교 대학원 박사학위논문(2012. 8.), 156.
3) 임종률, 노동법 (제20판), 박영사(2022), 131.

립이 있는데, 이와 관련해서는 사용자단체인 대형기선저인망수산업협동조합의 단체교섭 거부를 부당노동행위로 인정하여 그에 대한 구제명령이 적법하다는 취지의 대법원 1992. 2. 25. 선고 90누9049 판결, 사안에 따라 사용자와 사용자단체 모두가 시정명령의 상대방이 될 수 있다는 취지로 판시한 대법원 2019. 4. 23. 선고 2016두42654 판결 등을 참고할 필요가 있다.

(라) 시정명령의 내용과 위반 시의 처벌조항

노동조합법은 노동위원회의 시정명령의 구체적인 내용에 관하여는 특별한 규정을 두고 있지 아니한바, 노동위원회의 탄력적 결정에 일임함으로써 노동위원회에 광범위한 재량권을 부여하고 있는 것으로 해석할 수 있다.[1] 차별행위의 중지, 소수 노동조합의 교섭요구안 반영, 임금 등 근로조건의 변경 및 적정한 금전보상명령, 조합활동 보장 등을 예로 들 수 있다.

노동조합법 제85조 제5항은 사용자에게만 긴급이행명령을 내릴 수 있도록 규정하고 있어 교섭대표노동조합을 상대방으로 규정하지 아니한 것이 입법상 미비라는 견해가 있다.[2]

노동조합법 제89조 제2호는 "제85조 제3항(제29조의4 제4항에서 준용하는 경우를 포함한다)에 따라 확정되거나 행정소송을 제기하여 확정된 구제명령을 위반한 자"를 3년 이하의 징역 또는 3천만 원 이하의 벌금에 처하도록 정하고 있다. 부당노동행위와 달리 공정대표의무 위반 그 자체로는 형사처벌 규정이 없다.

(2) 손해배상청구 등 사법적 구제

법원에 차별에 따른 임금청구, 인사처분의 효력을 다투는 소송, 불법행위를 원인으로 한 손해배상청구 등을 함으로써 사법적 구제가 가능하다는 것이 판례의 입장이다.[3] 소수 노동조합뿐만 아니라 소수 노동조합의 조합원도 손해배상청구권을 가진다고 봄이 타당하다.[4]

---

[1] 이승욱, 공정대표의무에 관한 연구(연구용역보고서), 중앙노동위원회(2010), 3.
[2] 이승욱, 공정대표의무에 관한 연구(연구용역보고서), 중앙노동위원회(2010), 3.
[3] 대법원 2018. 8. 30. 선고 2017다218642 판결, 대법원 2020. 10. 29. 선고 2017다263192 판결, 대법원 2020. 10. 29. 선고 2019다262582 판결 등(비재산상 손해에 대한 위자료 상당 손해배상청구를 인정함).
[4] 노동법실무연구회, 노동조합 및 노동관계조정법 주해 Ⅱ, 박영사(2023), 180.

(3) 공정대표의무를 위반한 단체협약의 효력

노동위원회의 구제명령이 바로 노사 간의 사법상 법률관계를 발생 또는 변경시키는 것은 아니므로 공정대표의무 위반에 대하여 노동위원회의 시정명령이 있다고 해서 그것이 직접 관련 단체협약의 내용을 무효로 만드는 것은 아니다.[1] 다만, 공정대표의무 위반의 단체협약은 강행법규 위반으로서 사법상 무효라는 견해도 유력하다.[2]

공정대표의무를 위반하여 체결한 단체협약은 근로기준법 제6조나 노동조합법 제9조에 입각하여 차별대우의 금지 규정에 따라 무효가 될 수 있다는 견해도 있고, 채무적 부분의 경우 공정대표의무 규정의 강행규정성을 원용하거나 아니면 실정법적으로 노동조합법 제30조의 성실교섭의무 위반 규정을 원용하여 무효라고 할 수 있다는 견해도 있다.[3]

의견청취 및 정보제공과 관련된 절차적 공정대표의무를 위반하여 체결된 단체협약에 대하여도 실체적 공정대표의무 위반과 같이 무효로 볼 것인지에 대해 논란의 여지가 있는데, 대법원 2020. 10. 29. 선고 2017다263192 판결에서 위자료 상당 손해배상책임이 발생한다고 인정한 것은, 단체협약 자체는 무효가 아님을 전제로 한 것으로 이해할 수도 있다.

---

[1] 박지순, "공정대표의무의 의의와 내용", 노동리뷰 75호, 한국노동연구원(2011), 19.

[2] 김도형, "교섭대표노동조합의 공정대표의무 위반 여부의 판단 기준", 법률신문 4454호, 법률신문사(2016), 11; 이승욱, 공정대표의무에 관한 연구(연구용역보고서), 노동부(2008), 62; 장우찬, 단체교섭에서의 성실교섭의무에 관한 연구, 서울대학교 대학원 박사학위논문(2012. 8.), 159.

[3] 장우찬, 단체교섭에서의 성실교섭의무에 관한 연구, 서울대학교 대학원 박사학위논문(2012. 8.), 159.

제2편 산업재해

Ⅰ. 서 론

우리 법제상 업무로 인한 재해 보상 체계는 일반 근로자의 경우 산업재해보상보험법(이하 '산재보험법'이라 한다)이, 공무원의 경우 공무원 재해보상법[1]이, 군인의 경우 군인 재해보상법[2]이 각 규율하고 있고, 그 외 국가유공자 등 예우 및 지원에 관한 법률과 보훈보상대상자 지원에 관한 법률이 직무 수행 중 사망하거나 상이를 입은 군인, 경찰관, 공무원 및 그 유족에 대한 예우와 지원을 정하고 있다.

이처럼 업무상 재해에 대한 보상제도는 다양하며, 이에 그 인정 및 수급 절차나 요건도 약간씩 차이가 있다. 그러나 업무수행과 재해 간의 상당인과관계를 전제로 한다는 점에서는 그 사이에 본질적 차이가 없다.

이하에서는 그중 가장 큰 비중을 차지하는 산재보험법상 업무상 재해 관련 소송을 중심으로 문제되는 실체적, 절차적 쟁점들을 살펴본 후, 뇌혈관·심장 질병, 소음성 난청, 유해물질 노출, 근골격계 질병, 자살의 재해 인정 여부, 국가유공자, 진폐 관련 소송 등 실무상 자주 접하게 되는 문제들을 더 자세히 살펴보기로 한다.

제 2 편
산업재해

---

[1] 과거에는 공무원의 공무상 재해에 관하여 공무원연금법이 규율하였으나, 2018. 3. 20. 보다 전문적이고 체계적인 공무원 재해보상제도의 발전을 위하여 공무원 재해보상법이 제정되었다.
[2] 과거에는 군인의 공무상 재해에 관하여 군인연금법이 규율하였으나, 2019. 12. 10. 위와 같은 취지로 군인 재해보상법이 제정되었다.

Ⅱ. 업무상 재해 및 산재보험 관련 소송의 개관

1. 업무상 재해보상제도

업무상 재해를 당한 근로자(이하 '피재근로자'라고 한다) 또는 그 유족은 근로기준법에 의한 재해보상청구권[근로기준법 제8장(제78조 내지 제92조)]을 가지게 되므로 사용자에 대하여 직접 그 보상을 청구할 수 있다. 그러나 사용자가 임의로 재해보상금을 지급하지 않는 경우 피재근로자 또는 그 유족은 민사소송을 제기할 수밖에 없고, 사용자가 경영난이나 폐업 등으로 재해보상금을 지급하지 못하는 경우도 있다.

산업재해보상보험(이하 '산재보험'이라 한다)이란 이러한 위험을 방지하기 위하여 국가를 보험자로, 재해보상책임을 져야 할 사업주를 보험가입자로 하고, 피재근로자 또는 그 유족을 수급권자로 하여 산업재해로 인한 보험사고 발생시 사업주 등이 납부한 보험료[1]로 피재근로자 또는 그 유족에게 차질 없이 신속·공정한 보상을 하도록 하는 사회보험의 일종이다.

이에 따라 근로자에게 업무상 재해가 발생할 경우 고용노동부장관의 위탁을 받은 근로복지공단(이하 '공단'이라 한다)이 요양급여, 휴업급여, 장해급여, 간병급여, 유족급여, 상병보상연금, 장례비, 직업재활급여 등 8종의 보험급여를 피재근로자에게 직접 지급하게 된다(산재보험법 제36조). 휴업급여, 장해급여, 유족급여, 상병보상연금, 장례비의 액수는 모두 근로자의 평균임금을 기준으로 정률보상방식에 따라 산정된다(산재보험법 제52조, 제57조, 제62조, 제66조, 제71조 등). 업무상 재해의 발생에 사

---

1) 산재보험료는 원칙적으로 사업주가 전액 부담한다(고용보험 및 산업재해보상보험의 보험료징수 등에 관한 법률 제13조 제1항 제2호).

용자의 고의, 과실을 요하지 않는다는 점 역시 산업재해보상제도의 큰 특징이다.

2. 근대 산재보험제도의 발달 과정

산업혁명 이후 근대산업사회의 성립과 함께 산업재해가 빈번하게 발생하였고, 그로 인한 피해의 정도도 근로자 개인이 감당하기 벅찰 정도로 광범위해지면서 산업재해는 근로자의 생활을 파괴하는 전형적인 위험이 되었다. 이러한 배경에서 산업재해로 인한 근로자의 피해에 대하여 법적 보호 수단이 강구되기 시작하였다. 처음에는 산업재해에 대한 보호를 근로자의 노동능력상실에 따른 재산상 손해의 전보 문제로 이해하고, 이에 대하여 사용자에게 불법행위책임을 물음으로써 피재근로자를 보호하고자 하였는바, 산업재해를 과실책임원칙에 근거한 불법행위로 이해하는 이러한 태도는 기업의 성장을 촉진하여 자본주의경제의 발전에 원동력이 되었으나, 반면 근로자가 사용자의 과실을 입증하여야 하고, 과실상계에 따라 배상액이 감면되어 구제수단으로서 실효성이 부족하다는 문제가 지속적으로 대두되었다. 이에 피재근로자는 산업재해로 인한 손해를 실질적으로 구제받지 못하고, 근로능력을 상실한 사회의 빈곤계층으로 전락하기 일쑤였다.[1]

특히 영국의 경우, 산업혁명을 완수한 1840년대 이후에 자유방임의 경제사상이 널리 퍼져 기업의 활동이 활발하게 보장되었고, 법원은 이를 뒷받침하기 위하여 사용자의 보상책임을 경감해주려는 경향을 보였다. 이 시기에는 산업재해에 대하여 과실책임주의의 기본원칙을 형성하고 있었다. 그 결과 보통법(Common Law)에 의해 피재근로자가 손해배상을 청구하려면, 사업주에게 주의의무위반의 과실이 있고, 그 과실이 유일 또는 직접적인 원인이 되어 발생한 재해라는 것이 입증되어야 하며, 사업주에게 면책사유가 되는 항변이 존재하지 않아야 했다. 그러나 이 요건들을 충족시키기는 매우 어려웠고, 특히 입증이 곤란하여 피재근로자가 배상을 받는다는 것이 거의 불가능하였다.[2]

이러한 문제를 해결하기 위하여 피재근로자의 입증책임을 경감하고 보상액을

---

1) 헌법재판소 2005. 11. 24. 선고 2004헌바97 결정.
2) 이상국, 산재보험법(Ⅰ)(13판), 대명출판사(2024), 24.

현실화하는 내용의 특별입법들이 나타나게 되었다. 특히 독일에서 1884년에 재해보험법(Unfallversicherungsgesetz)이 제정되었는바, 재해보험법은 산업재해보상 입법의 효시로서 세계 최초로 무과실 책임주의를 채택하여 다른 국가에 많은 영향을 끼쳤다. 재해보험법은 강제보험의 사회보상 입법을 처음 시도한 것이다.[1]

이처럼 독일을 시초로 국가가 직접 혹은 간접으로 개입하여 공적 보험의 형태로 근로자의 피해를 보상하는 책임보험적 성격의 산재보험제도가 마련되었고, 최근에 이르러서는 여기에서 더 나아가 산재보험의 사회보험적 성격을 강조함으로써 산업재해로 인한 피해의 보상 범위 역시 노동력의 상실 정도에 따른 손실의 보상에 그치지 않고, 근로자의 사회 복귀와 근로자 및 그 가족의 생활보장으로 그 보상의 본질과 성격이 변화되었다.[2]

3. 산재보험법의 목적 및 성격

산재보험법은 산재보험 사업을 시행하여 근로자의 업무상의 재해를 신속하고 공정하게 보상하고, 피재근로자의 재활 및 사회 복귀를 촉진하기 위하여 이에 필요한 보험시설을 설치·운영하며, 재해 예방과 그 밖에 근로자의 복지 증진을 위한 사업을 시행하여 근로자 보호에 이바지하는 것을 목적으로 한다(산재보험법 제1조).

헌법 제34조 제2항은 국가의 사회보장·사회복지 증진의무를, 같은 조 제6항은 국가의 재해 예방 및 그 위험으로부터의 보호의무를 선언하고 있다. 산재보험법의 기본이념은 산업재해를 당한 근로자와 그 가족의 생존권을 보장하는 데 있고, 산재보험수급권은 이러한 헌법상의 생존권적 기본권에 근거하여 산재보험법에 의하여 구체화된 것이다.[3]

산재보험제도는 작업장에서 근로자에게 발생할 수 있는 업무상 재해라는 산업안전보건상의 위험을 사업주나 근로자 어느 일방에 전가하는 것이 아니라 공적 보

---

[1] 이상국, 산재보험법(Ⅰ)(13판), 대명출판사(2024), 30~31.
[2] 헌법재판소 2005. 11. 24. 선고 2004헌바97 결정.
[3] 대법원 2020. 4. 29. 선고 2016두41071 판결.

험을 통해서 산업과 사회 전체가 이를 분담하고자 하는 목적을 가진다. 이 제도는 간접적으로 근로자의 열악한 작업환경이 개선되도록 하는 유인으로 작용하고, 궁극적으로 경제·산업 발전 과정에서 소외될 수 있는 근로자의 안전과 건강을 위한 최소한의 사회적 안전망을 제공함으로써 사회 전체의 갈등과 비용을 줄여 산업의 발전과 경제성장에도 기여한다.[1]

산재보험법에 의한 보험급여는 사용자가 근로기준법에 의하여 보상하여야 할 근로자의 업무상 재해로 인한 손해를 국가가 보험자의 입장에서 근로자에게 직접 전보하는 성질을 가지고 있는 것으로서 근로자의 생활보장적 성격을 가지고 있고,[2] 근로기준법에 따른 사용자의 재해보상에 대하여는 책임보험의 성질도 가진다.[3]

최근의 산업재해는 이미 개별 기업차원의 안전위생시설의 기술적 개량만으로는 방지할 수 없는 경우가 적지 않고, 재해의 위험을 모두 개별 사업주에 귀속시키는 것도 불가능하게 됨에 따라, 산업재해로부터 피재근로자와 그 가족의 생활을 보장하는 기능의 중요성이 더 커지고 있다.[4]

제 2 편
산업재해

4. 산재보험급여 청구 및 불복절차

가. 보상청구

산재보험급여를 받고자 하는 자는 해당하는 급여에 대한 청구서 또는 신청서를 공단에 제출하여야 하고, 그 청구를 받은 공단은 지급 여부 및 지급내용 등을 결정하여 청구인에게 통지하여야 한다(산재보험법 시행령 제21조).

나. 전심절차

보험급여에 관한 결정에 대하여 불복이 있는 자는 결정이 있음을 안 날부터 90

---

1) 대법원 2017. 8. 29. 선고 2015두3867 판결 등.
2) 대법원 1994. 5. 24. 선고 93다38826 판결, 대법원 2010. 8. 19. 선고 2010두5141 판결.
3) 대법원 1994. 5. 24. 선고 93다38826 판결.
4) 헌법재판소 2016. 9. 29. 선고 2014헌바254 결정.

일 이내에 산재보험법 시행령 제96조에 정한 형식을 갖춘 심사청구서를 당해 결정을 행한 공단의 소속기관을 거쳐 공단에 제출함으로써 심사청구를 할 수 있고(산재보험법 제103조), 공단의 심사청구에 대한 결정에 불복이 있는 자 역시 결정이 있음을 안 날부터 90일 이내에 산재보험법 시행령 제105조에 정한 형식을 갖춘 재심사청구서를 원결정을 행한 공단의 소속기관을 거쳐 산업재해보상보험재심사위원회에 제출함으로써 재심사청구를 할 수 있다(산재보험법 제106조). 다만, 업무상질병판정위원회의 심의를 거친 보험급여에 관한 결정에 불복하는 자는 심사청구를 하지 않고 재심사청구를 할 수 있다(산재보험법 제106조 제1항 단서). 그리고 이와 같은 보험급여의 결정에 관한 행정소송은 심사청구 및 재심사청구 절차를 경유하지 아니하고도 바로 제기할 수 있다(임의적 행정심판 전치주의 원칙).

행정심판단계에서 요양불승인처분이 확정되었다 하더라도 그 불승인처분의 대상이 된 부상이 업무상의 사유에 의한 것인지까지 확정된 것은 아니므로, 별도의 처분인 장해보상급여처분에 대하여 다툴 수 있다.[1] 일반적으로 불승인처분이 제소기간 경과 등으로 확정된 경우에는 공단이 실체관계에 대한 심사를 생략하고 이전에 처분이 확정되었다는 이유로 반려처분을 하는 경우가 있는데, 이 경우에도 사실상 종전처분의 불승인사유를 원용하여 처분을 한 것으로 보아 실체관계에 대한 심리에 나아간 뒤 요양신청권이 있다고 인정되면 요양승인처분을 하라는 취지로 반려처분을 취소하는 것이 실무의 대체적인 경향이다.

다. 당사자적격

보험급여청구를 한 수급권자는 그 거부(부지급)처분을 다툴 수 있고, 산재보험법에 의한 보험급여결정에 대하여는 보험가입자인 사업주도 보험료의 부담범위에 영향을 받는 경우 그 적법 여부를 다툴 법률상 이익이 있으므로 당사자적격이 인정된다.[2] 한편 고용보험 및 산업재해보상보험의 보험료징수 등에 관한 법률 시행령 제17조 제3항 제3호가 2018. 12. 31. 대통령령 제29455호로 개정되면서 산재보험법 제37조 제1항 제2호에 따른 '업무상 질병'에 대하여 지급이 결정된 보험급여액을 개

1) 대법원 2000. 4. 25. 선고 2000다2023 판결.
2) 대법원 1986. 5. 27. 선고 85누879 판결 등.

별실적에 따른 요율산정에서 제외하도록 규정하였고, 그 부칙 제2조에서 "제17조 제3항 제3호의 개정규정은 이 영 시행 이후 각 사업에 적용되는 산재예방요율을 결정하는 경우부터 적용된다."라고 규정하였다. 이에 따라 위 개정 시행령이 시행된 2019. 1. 1. 이후 업무상 질병으로 인한 요양승인처분 등이 있는 경우, 사업주의 보험료 부담범위에 영향을 미치지 않으므로 사업주에게 해당 요양승인처분을 다툴 법률상 이익을 인정하기는 어려워 보인다.[1]

산재보험법상 고용노동부장관의 보험사업에 관한 업무를 공단에 위탁하고 있는바, 공단이 행정청으로서 항고소송의 피고가 된다(산재보험법 제10조, 제11조 제1항 제3호).

산재보험법의 규정에 의한 보험급여의 수급권자가 사망한 경우, 그에게 지급하여야 할 보험급여로서 아직 지급하지 아니한 보험급여의 수급권은 민법에 정한 상속순위에 따라 상속인들이 상속하는 것이 아니라 산재보험법에서 정한 순위에 따라 우선순위에 있는 유족이 승계한다. 이 경우 요양불승인처분 등 보험급여를 지급하지 않기로 하는 내용의 처분에 대한 취소를 구하는 소송에 있어서는 그 보험급여의 수급권을 승계한 유족만이 그 처분의 취소를 구할 법률상의 이익을 실체법상 승계하게 되므로 민사소송법 제233조에 정한 '그 밖에 법률에 의하여 소송을 계속하여 수행할 사람'에 해당하여 소송을 수계할 수 있다.[2] 피재근로자가 요양신청 등 보험급여청구를 한 상태에서 요양불승인 등의 처분이 있기 전에 사망한 경우에는 보험급여의 수급권을 승계할 지위에 있는 유족이 망인에 대한 요양불승인 등 처분을 다투어 행정심판이나 행정소송을 제기할 수 있다고 보아야 할 것이다.

5. 기타 법률에 의한 재해 보상제도와의 비교

우리나라의 재해보상제도는, 일반 근로자에 관하여는 근로기준법(근로기준법 제

제 2 편
산업재해

---

1) 서울행정법원 2020. 7. 10. 선고 2019구합70438 판결(확정) 등, 산업안전보건법상 산업재해발생률 산정에 미칠 불이익을 산정할 수 있으나 이는 위 법령에 의한 이의신청 절차 등에서 독자적으로 다툴 수 있어 이를 두고 법률상 불이익이라고 보기는 어렵다(서울고등법원 2018. 8. 10. 선고 2018누40180 판결, 대법원 2018. 12. 13. 자로 심리불속행 기각됨).
2) 대법원 2006. 3. 9. 선고 2005두13841 판결.

78조)과 산재보험법(산재보험법 제40조)에, 공무원에 관하여는 공무원 재해보상법(공무원 재해보상법 제22조)에, 군인에 관하여는 군인 재해보상법(군인 재해보상법 제20조)에, 사립학교의 교직원에 관하여는 사립학교교직원 연금법(사립학교교직원 연금법 제42조 제1항, 공무원 재해보상법 규정을 직접 준용하고 있다)에, 선원에 관하여는 선원법(선원법 제94조 제1항)에, 어선원에 관하여는 어선원 및 어선 재해보상보험법(어선원 및 어선 재해보상보험법 제22조)에 각 재해보상의 요건을 규정하고 있다. 다만 공무 등으로 인한 상이 또는 사망 여부를 판단할 때에도 업무상 재해를 판단하는 기준을 대체로 동일하게 적용할 수 있을 것이다.

6. 업무상 재해

가. 업무상 재해의 의의

근로기준법은 근로자가 업무상 부상을 입거나 또는 질병에 걸린 경우(근로기준법 제78조 제1항), 업무상 사망한 경우(근로기준법 제83조)를 재해보상의 대상으로 규정하고 있고, 산재보험법 제5조 제1호는 업무상 재해라 함은 업무상 사유에 따른 근로자의 부상, 질병, 장해 또는 사망을 말한다고 규정하여 업무상 재해의 개념을 정의하고 있다. 이에 통상 '업무수행성'(재해 경위를 사용자의 지배 범위에 포섭할 수 있는지)과 '업무기인성'(재해와 상병 사이의 인과관계를 인정할 수 있는지)의 두 가지 기준으로 업무상 재해의 요건을 설명하는 것이 보통이다.

나. 업무수행성

업무상 재해에 해당하기 위하여 필요한 업무수행성이라 함은 사용자의 지배 또는 관리 아래 이루어지는 당해 근로자의 업무수행 및 그에 수반되는 통상적인 활동 과정에서 재해의 원인이 발생한 것을 의미한다.[1]

---

1) 대법원 1994. 10. 25. 선고 94누9498 판결.

근로자의 재해를 업무상 재해로 인정하려면, 그 재해의 원인이 근로자의 본래 업무행위 또는 그 준비행위 또는 정리행위, 사회통념상 그에 수반하는 것으로 인정할 수 있는 생리적 행위 또는 합리적·필요적 행위과정이거나, 사업주의 지시나 주최로 열린 행사 또는 취업규칙, 단체협약 기타 관행에 따라 개최한 행사에 참가하는 행위 등처럼 그 행위과정을 사업주가 지배관리하고 있다고 볼 수 있는 경우,[1] 또는 그 이용하는 시설의 하자로 그 부상을 입은 경우여야 한다(산재보험법 시행령 제27조 제1항, 제28조 제1항 참조).

사업주의 지배관리하에 있는 이상 작업 과정에서 사업주의 일부 지시를 위반하거나 일부 법규를 위반하였다고 하여 업무수행성이 부정되는 것은 아니다.[2] 또한 업무수행성은 반드시 근로자가 현실적으로 업무수행에 종사하는 동안만 인정할 수 있는 것이 아니라 사업장에서 업무시간 중 또는 그 전후에 휴식하는 동안에도 인정할 수 있다.[3]

다. 업무기인성(상당인과관계)

업무기인성이란 업무와 재해 사이의 인과관계, 즉 업무를 하지 않았으면 생기지 않았을 재해가 업무로 인하여 발생하였거나, 업무를 하지 않았으면 악화되지 않았을 기존질병이나 기초질환이 업무로 인하여 악화된 것을 말한다. 이때의 인과관계는 '상당인과관계'를 의미한다.[4] 근로자의 업무와 재해 사이의 상당인과관계는 이를 주장하는 측에서 증명하여야 한다.[5]

---

1) 대법원 1999. 4. 9. 선고 99두189 판결.
2) 대법원 2001. 7. 27. 선고 2000두5562 판결.
3) 대법원 1991. 9. 10. 선고 91누5433 판결.
4) 대법원 2003. 11. 14. 선고 2003두5501 판결 등.
5) 대법원 2021. 9. 9. 선고 2017두45933 전원합의체 판결은 "산재보험법상 보험급여의 지급요건, 산재보험법 제37조 제1항 전체의 내용과 구조, 입법 경위와 입법 취지, 다른 재해보상제도와의 관계 등을 고려하면, 산재보험법 제37조 제1항은 산재보험법상 '업무상의 재해'를 인정하기 위한 업무와 재해 사이의 상당인과관계에 관한 증명책임을 공단에 분배하거나 전환하는 규정으로 볼 수 없고, 2007년 개정 이후에도 업무와 재해 사이의 상당인과관계의 증명책임은 업무상의 재해를 주장하는 근로자측에게 있다고 보는 것이 타당하다"는 취지로 판시하였다(다수의견, 다만, 산재보험법 제37조 제1항에 따르면, '업무상의 재해'의 인정 요건 가운데 본문 각호 각 목에서 정한 업무관련성이나 인과관계에 대해서는 이를 주장하는 자가 증명하고, 단서에서 정한 '상당인과관계의 부존재'에 대해서는 상대방이 증명해야 한다고 보아야 한다는 대법관 김재형, 대법관 박정화, 대법관 김선수, 대법관 이흥구의 반대의견이 존

상당인과관계가 반드시 직접증거에 의하여 의학적·자연과학적으로 명백히 증명되어야 하는 것은 아니지만 당해 근로자의 건강과 신체조건을 기준으로 하여 취업 당시의 건강상태, 기존 질병의 유무, 종사한 업무의 성질 및 근무 환경 등 간접사실에 의하여 업무와 재해 사이의 상당인과관계가 추단될 정도로는 증명되어야 한다.[1] 이러한 정도에 이르지 못한 채 막연히 과로나 스트레스가 일반적으로 질병의 발생·악화에 한 원인이 될 수 있다고 하여 현대의학상 그 발병 및 악화의 원인 등이 반드시 업무에 관련된 것뿐 아니라 사적인 생활에 속하는 요인이 관여하고 있어 그 업무에 내재하는 위험이 현실화된 것으로 볼 수 없는 경우까지 곧바로 그 인과관계가 있다고 추단하기는 어렵다.[2]

평소에 정상적인 근무가 가능한 기초질병이나 기존질병이 직무의 과중 등이 원인이 되어 자연적인 진행속도 이상으로 급격하게 악화된 때에는 인과관계가 증명된 것으로 보아야 한다.[3] 나아가 과로의 내용이 통상인이 감내하기 곤란한 정도이고 본인에게 그로 인하여 사망에 이를 위험이 있는 질병이나 체질적 요인이 있었던 것으로 밝혀진 경우에는 과로 이외에 달리 사망의 유인이 되었다고 볼 특별한 사정이 드러나지 아니하는 한 업무상 과로와 신체적 요인으로 사망한 것으로 추정함이 타당하다.[4]

근로자가 업무상 재해를 입고 요양 중 새로운 상병이 발생한 경우 그와 같은 새로운 상병까지 업무상 재해로 보기 위해서는, 적어도 그 새로운 상병과 당초의 업무상 재해 사이에 인과관계가 있음이 밝혀져야 한다. 업무상 재해에 해당하는 상병을 치료하는 과정에서 의료과오가 개입하거나 약제나 치료방법의 부작용으로 인하여 새로운 상병이 발생한 경우에도 그 사이에 인과관계가 있어야만 새로운 상병을 업무상 재해로 볼 수 있다. 여기서 인과관계는 반드시 의학적·자연과학적으로 명백히 증명되어야 하는 것은 아니지만, 간접적인 사실관계 등 제반 사정을 고려할 때 상당인과관계가 있다고 추단될 정도로는 증명되어야 한다.[5]

재한다).
1) 대법원 2016. 8. 30. 선고 2014두12185 판결 등.
2) 대법원 2014. 10. 30. 선고 2014두2546 판결 등.
3) 대법원 2017. 4. 28. 선고 2016두56134 판결 등.
4) 대법원 2009. 3. 26. 선고 2009두164 판결.
5) 대법원 2018. 11. 9. 선고 2017두145 판결 등.

라. 여러 개의 사업장의 근로환경이 중첩하여 발생한 질병

판례는 '여러 개의 사업장을 옮겨 다니며 근무한 근로자가 질병에 걸렸는데 그 중 복수의 사업장에서 당해 질병이 발생할 우려가 있는 업무에 종사하고 있었다면, 업무상 질병을 인정할 때는 당해 근로자가 복수의 사용자 밑에서 경험한 모든 업무를 포함하여 자료로 삼아야 한다'고 하고 있다.[1]

판례는 근로자가 여러 사업장에서 콜센터 상담원으로 근무한 사안에서, 상병이 업무상 재해에 해당하는지 여부를 판단할 때 적어도 근로자가 콜센터 상담원으로 근무한 전체 기간과 관련된 모든 업무를 포함하여 판단의 자료로 삼아야 한다는 취지로 판시하면서, 종전 사업장에서의 근무 경험·경력·내용·특성에 관한 고려 없이 이루어진 제1심 및 원심의 진료기록감정촉탁 회신 및 사실조회 회신을 상당인과관계를 부정하는 근거로 삼을 수 없다는 이유로 원심판결을 파기환송하였다.[2]

제 2 편
산업재해

7. 사고로 인한 업무상 재해

가. 사고로 인한 업무상 재해의 인정기준에 관한 법령 규정

산재보험법 제37조 제1항은 사고로 인한 업무상 재해의 일반적인 인정요건(제1호)으로, 근로자가 근로계약에 따른 업무나 그에 따르는 행위를 하던 중 발생한 사고(가.목), 사업주가 제공한 시설물 등을 이용하던 중 그 시설물 등의 결함이나 관리소홀로 발생한 사고(나.목), 사업주가 주관하거나 사업주의 지시에 따라 참여한 행사나 행사준비 중에 발생한 사고(라.목), 휴게시간 중 사업주의 지배관리하에 있다고 볼 수 있는 행위로 발생한 사고(마.목), 그 밖에 업무와 관련하여 발생한 사고(바.목) 중 어느 하나에 해당하는 사유로 부상, 질병 또는 장해가 발생하거나 사망하면 업무

1) 대법원 1992. 5. 12. 선고 91누10466 판결(여러 버스회사를 옮겨 다니며 근무하다가 발병한 사례), 대법원 1999. 4. 23. 선고 97누16459 판결(근로자가 그 소속 회사가 하도급받은 수 개의 건설공사 중 일부 공사를 위하여 여러 개의 사업장을 옮겨 다니며 작업하다가 사망한 경우), 대법원 2017. 4. 28. 선고 2016두56134 판결(여러 건설공사 사업장에서 근무한 경우).
2) 대법원 2023. 4. 13. 선고 2022두47391 판결.

상 재해로 보되, 업무와 재해 사이에 상당인과관계가 없는 경우를 제외한다고 규정
하면서, 업무상 재해의 구체적인 인정 기준은 대통령령으로 정한다고 하였다(제37조
제5항). 이에 따라 산재보험법 시행령에서 업무상 재해를 업무수행 중의 사고(제27
조), 시설물 등의 결함 등에 따른 사고(제28조), 행사 중의 사고(제30조), 특수한 장소
에서의 사고(제31조), 요양 중의 사고(제32조), 제3자의 행위에 따른 사고(제33조) 등
유형별로 나누어서 비교적 상세하게 규정하고 있다. 이러한 인정기준은 객관적으로
합리적이지 않다거나 타당하지 않다고 볼 만한 특별한 사정이 없는 한 존중되어야
할 것이나, 이는 어디까지나 예시적인 것이므로 어떠한 사고가 업무상 재해에 해당
하는지는 재해보상제도의 취지나 목적 등을 종합적으로 고려하여 개별적으로 판단
하여야 할 것이다.

나. 업무수행 중 사고

근로자가 근로계약에 따른 업무수행 행위, 업무수행 과정에서 하는 용변 등
생리적 필요 행위, 업무를 준비하거나 마무리하는 행위, 그 밖에 업무에 따르는 필
요적 부수행위, 천재지변·화재 등 사업장에서 발생한 돌발적인 사고에 따른 긴급
피난·구조행위 등 사회통념상 예견되는 행위 중의 어느 하나에 해당하는 행위를
하던 중에 발생한 사고는 업무상 사고로 본다(산재보험법 시행령 제27조 제1항).

(1) 사업장 밖에서 업무를 수행하다가 생긴 사고

근로자가 사업주의 지시를 받아 사업장 밖에서 업무를 수행하던 중에 발생한
사고도 업무상 사고로 본다. 다만, 사업주의 구체적인 지시를 위반한 행위, 근로자의
사적 행위 또는 정상적인 출장 경로를 벗어났을 때 발생한 사고는 업무상 사고로
보지 않는다(산재보험법 시행령 제27조 제2항).

업무의 성질상 업무수행 장소가 정해져 있지 않은 근로자가 최초로 업무수행
장소에 도착하여 업무를 시작한 때부터 최후로 업무를 완수한 후 퇴근하기 전까
지 업무와 관련하여 발생한 사고는 업무상 사고로 본다(산재보험법 시행령 제27조
제3항).

(2) 업무 준비 또는 업무에 수반하는 행위 중 사고

업무의 준비행위 중 발생한 사고도 업무수행 중 사고로 보아야 한다. 예를 들어 건물 신축공사 중 미장공사를 하도급받은 자의 피용인이 하도급계약에 따른 공사 개시일 전날 밤에 그 다음 날부터 할 작업을 준비하고자 작업도구를 공사현장에 옮겨 놓던 중 발생한 재해는 업무수행에 수반하는 준비행위로서 업무상 재해에 해당한다.[1]

근로자가 휴게시간에 구내매점에 간식을 사 먹으러 가다가 제품하치장에서 교통사고를 당한 경우, 위 행위는 근로자의 본래의 업무행위에 수반하는 생리적 또는 합리적 행위이므로 업무상 재해에 해당하고,[2] 구내식당이 없는 사업장에 근무하던 근로자가 사업주의 허락을 받아 평소와 같이 사업장 인근의 자택에서 점심식사를 하고 바로 사업장으로 복귀하던 중 입은 재해는 업무상 재해에 해당한다.[3]

근로자가 작업시간 전 회사 체력단련실에서 역기에 목이 눌린 상태로 발견되어 병원으로 후송되어 요양하던 중 사망한 사안에서, 위 체력단련실은 회사가 근로자들의 요구로 작업 중 발생할 수 있는 근골격계질환 등의 예방을 위하여 회사 내에 설치한 시설인 점에서 사업주의 지배·관리하에 있는 복리후생시설이고, 근로자가 담당한 작업은 근골격계 질병을 유발할 수 있는 작업으로서 근로자가 위 체력단련실에서 평소 역기 운동을 한 것은 강한 근력 및 육체적 활동을 요구하는 업무의 특성상 업무의 원만한 수행을 위한 체력유지보강활동 가운데 하나로 필요해서 한 것으로 볼 수 있어 업무의 준비행위이거나 사회통념상 그에 수반되는 것으로 인정되는 합리적·필요적 행위로 보는 것이 타당하므로, 업무상 재해에 해당한다.[4]

일용직 근로자가 일시적으로 중지된 공사현장에서 몸을 녹이기 위하여 불을 피우다가 불길이 몸에 옮겨붙어 화상을 입고 사망한 사안에서, 겨울철 토목공사 현장에서 공사 준비 및 휴식 등을 위하여 불을 피워 몸을 녹이는 것은 작업을 위한 준비행위나 사회통념상 그에 수반되는 것으로 인정되는 합리적·필요적 행위이므로, 그 사고가 회사의 지배 또는 관리 아래 업무수행 및 그에 수반되는 통상적인 활동과정

제 2 편
산업재해

---

1) 대법원 1996. 10. 11. 선고 96누9034 판결.
2) 대법원 2000. 4. 25. 선고 2000다2023 판결.
3) 대법원 2004. 12. 24. 선고 2004두6549 판결.
4) 대법원 2009. 10. 15. 선고 2009두10246 판결.

에서 일어난 사고라고 볼 수 있어 업무상 재해에 해당한다.[1]

(3) 사업주가 주최 또는 지원하는 행사 중 사고

운동경기·야유회·등산대회 등 각종 행사에 근로자가 참가하는 것이 사회통념상 노무관리 또는 사업운영상 필요하다고 인정되는 경우로서 ① 사업주가 행사에 참가한 근로자에 대하여 행사에 참가한 시간을 근무한 시간으로 인정하는 경우, ② 사업주가 그 근로자에게 행사에 참가하도록 지시한 경우, ③ 사전에 사업주의 승인을 받아 행사에 참가한 경우, ④ 이에 준하는 경우로서 사업주가 그 근로자의 행사참가를 통상적·관례적으로 인정한 경우 중 어느 하나에 해당하는 경우에 근로자가 그 행사에 참가(행사 참가를 위한 준비·연습을 포함한다)하여 발생한 사고는 업무상 사고로 본다(산재보험법 시행령 제30조).

마라톤 대회에 공식적으로 참가하는 것이 사업운영의 측면에서 필요하다고 인정하여 전 직원들에게 마라톤 대회에 참여할 것을 독려하고 이를 지원하였을 뿐 아니라 마라톤동호회를 주축으로 하여 그 대회참가를 위한 연습까지 하도록 지시한 경우, 그 대회참가를 위한 준비로서 연습에 참여한 행위는 그 전반적인 과정이 사용자의 지배나 관리를 받는 상태에 있었다고 볼 수 있으므로 업무수행성이 인정된다.[2]

반면 노동조합 대의원들끼리 휴게시간 중에 축구경기를 한 것은 친선경기이어서 회사나 그 지원을 받고 있는 모임이 주최한 공식적인 행사가 아님은 물론 참가가 강제된 것도 아니고, 그 축구장 시설에 어떤 하자가 있는 것도 아니므로 위 축구경기가 비록 회사가 관리하는 사업장 내 축구장에서 이루어졌어도 회사가 이를 지배관리하고 있다고 볼 수 없어 업무상 재해에 해당하지 않는다.[3]

(4) 출장 중 사고

근로자가 사업장을 떠나 출장 중인 경우에는 그 용무의 이행 여부나 방법 등에

---

1) 대법원 2009. 5. 14. 선고 2009두157 판결.
2) 대법원 2009. 5. 14. 선고 2009두58 판결.
3) 대법원 1996. 8. 23. 선고 95누14633 판결. 이에 반하여 근로자가 토요일 오후에 회사 근처 체육공원에서 동료 직원들과 족구경기를 하다가 넘어지면서 왼쪽 발목에 부상을 입은 사안에서, 족구경기가 노무관리상 필요에 의하여 사업주가 실질적으로 주최하거나 관행적으로 개최한 행사로서 그 전반적인 과정이 사업주의 지배나 관리를 받는 상태에 있었다고 보아 그 과정에서 발생한 사고를 업무상 재해로 인정한 사례로는 대법원 2009. 5. 14. 선고 2007두24548 판결.

있어 포괄적으로 사업주가 책임을 지고 있다 할 것이어서 특별한 사정이 없는 한 출장과정의 전반에 대하여 사업주의 지배하에 있다고 볼 수 있으므로 그 업무수행성을 인정할 수 있다.[1] 다만 출장 중의 행위가 출장에 당연히 또는 통상 수반하는 범위의 행위가 아닌 자의적 행위이거나 사적 행위일 경우에는 업무수행성을 인정할 수 없으며, 그와 같은 행위에 즈음하여 발생한 재해는 업무기인성을 인정할 여지가 없어 업무상 재해로 보기 어렵다.[2] 판례는 망인이 호텔 객실에서 잠을 자던 중 화장실을 가거나 또는 물을 마시고자 일어나 움직이다가 술에 취한 관계로 호텔 객실의 바닥이나 벽 등에 머리를 부딪쳐 두개골골절상을 입게 된 것으로 추단할 수 있는 경우 출장업무의 수행 중에 그 업무에 기인하여 발생한 재해라고 보았으나,[3] 출장업무와 관계없이 여자들을 태우고 놀러 다니기 위하여 승용차를 운전하다가 재해를 당한 것은 업무수행을 벗어난 사적인 행위라고 보아 업무상 재해로 보지 아니하였다.[4]

또한 출장명령의 내용, 출장업무의 성질, 출장에 제공된 교통수단의 종류 기타 당해 사업에 있어서의 관행 등에 비추어 용인할 수 있는 때에는 출장업무를 마친 후 출장지에서 사무실을 들르지 않고 곧바로 귀가하는 경우에도 그 귀가행위까지 출장과정의 일부로 볼 수 있을 것이나, 그 경우 출장의 종료시점은 그 업무수행성 인정의 근거가 되는 사업주의 지배관리의 범위를 벗어나 근로자의 사적 영역에 도달하였는지로 판단하여야 한다. 판례는 근로자가 거래처 접대를 마친 후 사업주의 지시대로 대리운전자에게 위 출장업무에 제공된 차량을 운전하도록 하여 거주지 아파트의 지하주차장 입구에 도착한 후 차량을 넘겨받아 직접 지하주차장에 주차시키기까지 하였다면 그 시점에 출장업무와 관련한 사업주의 지배관리에서 벗어나 근로자의 사적 영역에 도달하여 출장은 종료한 것으로 보아야 하고, 그 후 위와 같이 주차한 차량 안에서 시동을 걸어 놓은 채 잠을 자는 바람에 머플러 과열로 차량이 불타 사망하였다면 이를 업무상 재해에 해당한다고 할 수 없다고 보았던 바 있다.[5]

제 2 편
산업재해

---

1) 서울행정법원 1998. 10. 15. 선고 98구9423 판결(확정, 섬에서 근무하는 근로자가 출장 전날 일기 불순으로 미리 육지에 있는 자택으로 퇴근하였다가 그곳에서 통상의 경로를 따라 출장지로 가던 도중 교통사고로 사망한 경우, 업무상 재해에 해당한다고 본 사례).
2) 대법원 2006. 3. 24. 선고 2005두5185 판결 등.
3) 대법원 1997. 9. 26. 선고 97누8892 판결.
4) 대법원 1992. 11. 24. 선고 92누11046 판결.
5) 대법원 2004. 11. 11. 선고 2004두6709 판결.

다. 그 밖의 각종 행사 및 회식 중의 사고

앞서 본 바와 같이 산재보험법 시행령 제30조가 행사 중의 사고에 관하여 규정하고 있으나, 판례는 '근로자가 근로계약에 의하여 통상 종사할 의무가 있는 업무로 규정되어 있지 아니한 회사 외의 행사나 모임에 참가하던 중 재해를 당한 경우에 이를 업무상 재해로 인정하려면 그 행사나 모임의 주최자, 목적, 내용, 참가인원과 그 강제성 여부, 운영방법, 비용부담 등의 사정들에 비추어 사회통념상 그 행사나 모임의 전반적인 과정이 사용자의 지배나 관리를 받는 상태에 있어야 할 것이다'[1] 라고 함으로써 해당 행사의 개별적인 징표를 종합하여 업무상 재해에 해당하는지 여부를 판단하도록 하고 있다.

구체적인 사례로, 회사의 적극적인 지원을 받아 매년 정기적으로 실시하는 동호인 모임인 낚시회 행사는 비록 참가인이 많지 않았지만 회사의 업무수행의 연장행위로서 사회통념상 그 전반적인 과정이 사용자인 회사의 관리를 받는 상태에 있었으므로 그 행사에 참가하여 귀가 도중 교통사고로 사망한 것은 업무상 재해에 해당한다고 판시한 사례가 있는 반면,[2] 회사의 직원들 중 기숙사에서 숙식하는 사람들만이 자기들의 친목을 도모하고자 스스로 비용을 갹출하여 마련한 행사로서, 그 참가 자격도 원칙적으로 기숙사 숙식직원으로 한정하고 있을뿐더러 그 참가를 강제한 바 없고 망인도 자의로 이에 참가하고, 회사가 행사 경비를 제공한다든가 인솔자를 보내어 참가자들을 통제한 바 없었던 경우에, 회사 소유의 통근버스가 참가자들을 위한 교통수단으로 제공되었다는 사정만으로 위 야유회의 전반적인 과정이 회사의 지배나 관리를 받는 상태에 있었다고 보기 어렵다고 한 사례도 있다.[3]

---

1) 대법원 2007. 3. 29. 선고 2006두19150 판결, 대법원 2008. 10. 23. 선고 2008두12283 판결.
2) 대법원 1997. 8. 29. 선고 97누7271 판결, 대법원 2009. 5. 14. 선고 2007두24548 판결(근로자가 토요일 오후에 회사 근처 체육공원에서 동료 직원들과 족구경기를 하다가 넘어지면서 왼쪽 발목에 부상을 입은 사안에서, 족구경기가 노무관리상 필요에 의하여 사업주가 실질적으로 주최하거나 관행적으로 개최한 행사로서 그 전반적인 과정이 사업주의 지배나 관리를 받는 상태에 있었다고 보아 그 과정에서 발생한 사고를 업무상 재해로 인정한 사례), 대법원 2009. 5. 14. 선고 2009두58 판결(근로자가 마라톤동호회의 정기연습에 참여했다가 급성심근경색으로 추정되는 원인으로 갑자기 사망한 사안에서, 업무상 과로와 스트레스가 기존 질환을 통상의 자연적인 경과 이상으로 급격하게 악화시켜 급성심근경색을 유발하여 사망에 이른 것으로 추단하고, 마라톤 연습에 참여한 행위의 전반적인 과정이 사용자의 지배나 관리를 받는 상태에 있었다고 보아 그 업무수행성을 인정한 사례).
3) 대법원 1992. 10. 9. 선고 92누11107 판결. 그 밖에 회사 팀원들의 단합 및 영업력 고취 목적으로 스키장에서 개최된 워크숍행사에 참가하여 스키를 타다가 상해를 입은 사안에서, 참가에 대한 강제성,

회식 중의 사고가 업무상 재해에 해당하는지 여부가 실무상 종종 문제된다. 근로자가 회식에 참가하던 중 재해를 입은 경우에 그 회식의 주최자, 목적, 내용, 참가 인원과 그 강제성 여부, 운영방법, 비용부담 등의 사정에 비추어, 사회통념상 그 회식의 전반적인 과정이 사용자의 지배나 관리를 받는 상태에 있고 또한 근로자가 그와 같은 회식의 순리적인 경로를 벗어나지 않은 상태에 있다고 인정되는 경우 산재보험법에서 정한 업무상 재해에 해당한다고 볼 수 있다.[1]

나아가 산재보험법에 의한 보험급여는 근로자의 생활보장적 성격이 있을 뿐만 아니라 사용자의 과실을 요하지 아니함은 물론 법률에 특별한 규정이 없는 한 근로자의 과실을 이유로 책임을 부정하거나 책임의 범위를 제한하지 못하는 것이 원칙이므로, 회식 중의 사고가 산재보험법 제37조 제2항에 규정된 근로자의 고의·자해행위나 범죄행위 또는 그것이 원인이 되어 발생한 경우가 아닌 이상 재해 발생에 근로자의 과실이 경합되어 있음을 이유로 업무와 재해 사이의 상당인과관계를 부정하는 것은 신중하여야 한다.[2]

사업주의 지배나 관리를 받는 상태에 있는 회식 과정에서 근로자가 주량을 초과하여 음주를 한 것이 주된 원인이 되어 부상·질병·신체장해 또는 사망 등의 재해를 입은 경우에도 상당인과관계가 인정되는 한 업무상 재해로 볼 수 있다. 이때 상당인과관계는 사업주가 과음행위를 만류하거나 제지하였는데도 근로자 스스로 독자적이고 자발적으로 과음을 한 것인지, 재해를 입은 근로자 외에 다른 근로자들이 마신 술의 양은 어느 정도인지, 업무와 관련된 회식 과정에서 통상적으로 따르는 위험의 범위 내에서 재해가 발생하였다고 볼 수 있는지 아니면 과음으로 인한 심신장애와 무관한 다른 비정상적인 경로를 거쳐 재해가 발생하였는지 등 여러 사정을 고

제 2 편
산업재해

행사일정, 비용충당방법 등의 사정에 비추어 행사의 전반적인 과정이 사용자의 지배나 관리 아래 있지 않았다고 보아 업무상 재해에 해당하지 않는다고 한 사례로 대법원 2007. 3. 29. 선고 2006두19150 판결.

[1] 대법원 2020. 3. 26. 선고 2018두35391 판결 등.

[2] 대법원 2017. 3. 30. 선고 2016두31272 판결[근로자가 업무총괄이사로서 거래처 담당자를 만나 업무협의와 접대를 하려는 목적으로 회식이 이루어져 업무수행의 연장이라고 볼 수 있고, 1차(막걸리집), 2차(호프집), 3차(노래방) 회식 모두 거래처의 직원이 동석하였을 뿐 아니라 회식이 마무리될 때까지 참석자에 변동이 없었으며, 호프집과 노래방 비용을 추후 회사에서 업무비용으로 처리해 주었으므로, 1차, 2차 회식뿐만 아니라 노래방에서의 3차 회식까지의 전반적인 과정이 사용자의 지배나 관리를 받는 상태에 있었다고 봄이 타당하고, 근로자가 노래방에서의 회식 직후 술에 취해 비틀거리던 상태에서 거래처 담당자의 대리운전기사를 기다리다 넘어져 머리를 다친 것이므로, 근로자가 모임의 정상적인 경로를 일탈하였다고 볼 수도 없다는 이유로, 업무상 재해를 인정한 사례].

려하여 판단하여야 한다.[1]

회식 중의 사고가 업무상 재해에 해당하는지 여부가 쟁점이 된 하급심 판례를 소개하면 다음과 같다.

회식 중의 사고를 업무상 재해로 인정한 사례		
판례번호	내용	비고
서울행정법원 2024. 5. 3. 선고 2023구합58954 판결	연구소 주최하에 공식적으로 이루어진 1차 회식 이후에 일부 인원은 귀가한 채 추가로 2차 회식이 이루어진 사안에서, 연구소장이 '젊은 사람들끼리 2차를 하라'고 말하였고, 연구소측이 망인의 사망 후 망인의 배우자에게 2차 회식비를 입금한 점, 1차 회식이 3시간 정도 있고 난 뒤 2차 회식은 1시간 정도로 시간 공백 없이 연속하여 모두 인근 장소에서 비교적 짧게 이루어진 점, 각 회식 장소, 술의 종류, 음주량 등을 고려하여, 2차 회식은 1차 회식의 연장선상으로 공식 회식의 순리적 범위 내에 있다고 본 사례	확정
서울행정법원 2022. 4. 21. 선고 2020구합83461 판결	회사와 협력사 직원들 간 공식적으로 이루어진 1차 회식 이후에 일부 인원은 귀가한 채 추가로 2, 3차 회식이 이루어진 사안에서, 2, 3차 회식의 경우 회사로부터 명시적 승인이 있지는 않았으나, 회사 직원과 협력사 직원 간 상호 필요로 인하여 2, 3차 회식을 하게 되었던 것이고, 회사측 프로젝트 책임자였던 망인은 2, 3차 회식에 참석하여 우호적인 관계 형성을 위해 노력할 필요가 있었던 점, 2, 3차 회식비용은 협력사에서 법인카드로 결제하였던 점, 회식의 경위와 과정, 즉 1차 회식 후 2차는 2시간, 3차는 1시간 정도로 시간 공백 없이 연속하여 모두 인근 장소에서 비교적 짧게 이루어진 점, 각 회식 장소, 술의 종류, 음주량 등을 고려하여, 2, 3차 회식은 당일 모임의 순리적 범위 내에 있다고 본 사례	확정
서울행정법원 2021. 6. 1. 선고 2020구합74382 판결	회사가 지역사업부문 3개 팀의 책임급을 대상으로 하는 공식 송년회를 개최하였고, 지역영업팀 부장인 망인도 공식 송년회에 참석하였는데, 같은 날 회사 내 지역마케팅팀 전·현직 직원들 중 대리·사원급 일부 직원들도 인근에서 송년 회식을 하였고, 망인이 공식	확정

---

[1] 대법원 2017. 5. 30. 선고 2016두54589 판결, 대법원 2020. 3. 26. 선고 2018두35391 판결 등.

송년회를 마친 후 위 송년 회식에 참석한 사안에서, 위 송년 회식 또한 공식 송년회와 마찬가지로 사적인 친분관계가 아니라 회사 내 지역마케팅팀 전·현 소속 이라는 직책 및 담당 업무의 연관성에 따라 개최되었 고, 망인은 지역마케팅팀 근무 경력이 있는 자로서 위 송년 회식의 참석자들은 직급상 망인의 하급 직원들이 며, 망인은 위 송년 회식을 마친 후 법인카드로 해당 비용을 결제하였던 점, 위 송년 회식의 목적, 내용, 참 가인원, 운영방법, 비용부담 등의 사정을 고려하여, 위 송년 회식은 전반적으로 사용자인 회사의 지배나 관리 를 받는 회식에 해당한다고 본 사례

회식 중의 사고를 업무상 재해로 인정하지 않은 사례		
판례번호	내용	비고
서울행정법원 2024. 9. 5. 선고 2023구합84793 판결	사업주가 아닌 호텔 수상스키팀 직원 A에 의하여 모임이 개최되었고, 그 개최 경위 또한 A가 평소 친 분이 있던 호텔 수상스키팀 직원 B와 친목 도모 차 원의 술자리를 하려던 것에 호텔 손님 X와 호텔 카 페테리아 직원인 망인이 합류한 것이며, 모임 비용 또한 A가 개인적으로 부담하기로 하였던 점 등을 고려하여, 해당 모임이 업무상 회식으로 인정되지 않는다고 본 사례	확정
서울행정법원 2024. 3. 28. 선고 2022구합87948 판결	망인과 같은 청에 근무하는 A가 망인이 카풀을 해 준 것에 대한 고마움으로 망인에게 저녁 번개를 제 안하였고, 같은 청에 근무하는 B도 합류하여 모임을 한 사안에서, 모임에서 주로 사적 대화가 오갔고, 비 용 역시 A가 개인 비용으로 결제하였으며, 단지 세 명이 단순 저녁 식사를 한 것에 불과한 점, 식사 시 간, 대화 내용, 종료 후 귀가 정황 등에 비추어 망인 이 식사 자리에 억지로 응했다고 보기 어려운 점 등 을 고려하여, 해당 모임이 사적 모임이라고 본 사례	확정
서울행정법원 2023. 7. 6. 선고 2022구합61571 판결	회사 창립기념일을 맞이하여 직원들이 공식 회식을 하였고, 회식을 마치고 망인이 귀가한 직후에 갑자 기 아파트 현관 출입문 밖으로 나가서 난간을 넘어 추락하여 사망한 사안에서, 설령 망인의 사망원인을 실족 사고라고 보더라도, 직장상사들이 망인에게 음	확정

	주를 권유 또는 사실상 강요하였다고 볼 만한 사정이 없고, 망인은 회식을 마친 뒤 자신의 아파트로 정상적으로 귀가하였고, 이후에 갑자기 아파트의 현관 출입문 밖으로 나가서 난간을 넘어 추락하여 사망한 것 자체가 매우 이례적인 일로서 예상하기 어려우므로 그 재해가 회식이나 그로 인한 음주 등의 과정에서 통상 수반될 수 있는 위험 범위 내에 있다고 보기 어려운 점 등을 고려하여, 업무상 재해를 부정한 사례	
서울행정법원 2021. 11. 25. 선고 2021구합51416 판결	회사의 직원들이 협력업체 근로자들과 고깃집에서 저녁 식사를 하며 1차 회식을 하고, 곱창집과 맥줏집에서 2차 회식을 한 사안에서, 회사가 1차 회식의 개최 및 참석을 지시하거나 강제하였다고 보이지 않고, 1차 회식 당일은 코로나19 대유행이 시작되던 시기로서 회사가 사업장에 대하여 예방 수칙의 준수를 당부하고 있었으며, 1, 2차 회식비용은 대부분 참석자들이 나누어 부담하였던 점 등을 고려하여, 적어도 2차 회식은 업무상 회식에 해당하지 않는다고 본 사례	확정
서울행정법원 2021. 6. 18. 선고 2019구합76030 판결	공장 조립A부의 B그룹에서 신년회를 개최하여 B그룹 소속 직원 43명 중 35명이 참석한 사안에서, 회사 차원에서 신년회를 주최하거나 직원들에게 참석을 지시 또는 독려한 사실이 없고, 직원들은 자유로이 참석 여부를 결정하였으며, 비용도 회사의 지원 없이 직원들이 매월 갹출하여 마련한 회비에서 지출되었던 점 등을 고려하여, 신년회는 그룹 직원들이 친목을 도모하기 위하여 자발적으로 주최한 모임이고, 업무상 회식에 해당하지 않는다고 본 사례	확정

라. 기타 사고

제3자의 행위로 근로자가 재해를 입은 경우 그 근로자가 담당한 업무가 사회통념상 제3자의 가해행위를 유발할 수 있는 성질의 업무라고 인정할 수 있으면 그 사고는 산재보험법 제37조 제1항 제1호 (바)목에 따른 업무상 사고로 본다(산재보험법 시행령 제33조).[1] 또한 업무상 부상 또는 질병으로 요양을 하고 있는 근로자에게 요

---

[1] 자세한 내용은 후술하는 '9. 범죄행위로 인한 업무상 재해' 중 '나. 제3자의 범죄행위로 발생한 재해'

양급여와 관련하여 발생한 의료사고(산재보험법 시행령 제32조 제1호), 요양 중인 산재보험 의료기관(산재보험 의료기관이 아닌 의료기관에서 응급진료 등을 받는 경우에는 그 의료기관) 내에서 업무상 부상 또는 질병의 요양과 관련하여 발생한 사고(산재보험법 시행령 제32조 제2호), 업무상 부상 또는 질병의 치료를 위하여 거주지 또는 근무지에서 요양 중인 산재보험 의료기관으로 통원하는 과정에서 발생한 사고(산재보험법 시행령 제32조 제3호)는 산재보험법 제37조 제1항 제1호 (라)목에 따른 업무상 사고로 본다.

제 2 편
산업재해

8. 출퇴근 재해

가. 산재보험법에 의한 출퇴근 재해

(1) 서설

근로자의 출·퇴근 중 사고에 대하여 구 산재보험법(2017. 10. 24. 법률 제14933호로 개정되기 전의 것)은 제37조 제1항 제1호 (다)목에서 '사업주가 제공한 교통수단이나 그에 준하는 교통수단을 이용하는 등 사업주의 지배관리 아래 출퇴근 중 발생한 사고'라고만 규정하고 있었다.

그러나 위 규정은 사업주의 지배관리 아래에서 발생한 사고만을 업무상 재해로 인정하여 출근 및 퇴근 중에 발생하는 교통사고 등에 관하여 피재근로자 또는 그 유족을 충분히 보호하지 못하는 문제가 있었다.

이에 헌법재판소는 "산재보험법(2007. 12. 14. 법률 제8694호로 전부 개정된 것) 제37조 제1항 제1호 (다)목은 '사업주가 제공한 교통수단이나 그에 준하는 교통수단을 이용하는 등 사업주의 지배관리하에서 출퇴근 중 발생한 사고'만을 업무상 재해로 본다고 명시적으로 규정하여, 혜택근로자만 한정하여 보호하는 것을 명백히 밝히고 있다. 그 결과 사업장의 규모나 재정여건의 부족 또는 사업주의 일방적 의사나 개인 사정 등으로 출퇴근용 차량을 제공받지 못하거나 그에 준하는 교통수단을 지원받지 못

―――――――――

부분 참조.

하는 비혜택근로자는 산재보험에 가입되어 있다 하더라도 출퇴근 재해에 대하여 보상을 받을 수 없는데, 이러한 차별을 정당화할 수 있는 합리적 근거를 찾기 어렵다."는 이유로, 해당 조항이 '평등원칙'에 위배된다고 보아 헌법불합치결정을 하였다.[1]

그 후 2017. 10. 24. 법률 제14933호로 개정된 산재보험법은 제37조 제1항 제3호에 '출퇴근 재해'라는 항목을 신설하였고, 같은 호 (가)목에서 '사업주가 제공한 교통수단이나 그에 준하는 교통수단을 이용하는 등 사업주의 지배관리하에서 출퇴근하는 중 발생한 사고'를, 같은 호 (나)목에서 '그 밖에 통상적인 경로와 방법으로 출퇴근하는 중 발생한 사고'를 각 규정하였다.

이에 따라 통상적인 경로와 방법으로 출퇴근을 하던 중 발생한 사고도 업무상 재해로 인정될 수 있게 되었다.

(2) 출퇴근의 정의

'출퇴근'이란 취업과 관련하여 주거와 취업장소 사이의 이동 또는 한 취업장소에서 다른 취업장소로의 이동을 말한다(산재보험법 제5조 제8호).

여기서 '주거'란 근로자가 실질적으로 거주하면서 일상생활을 영위하는 주소 또는 거소로서, 근로제공을 위한 근거지를 말한다. 또한 '취업장소'란 근로자가 근로를 제공하는 장소로서 회사, 공장 등 명칭을 불문하고 통상적인 업무장소를 말한다.[2]

(3) 사업주가 제공한 교통수단이나 그에 준하는 교통수단을 이용한 경우〔산재보험법 제37조 제1항 제3호 (가)목〕

근로자가 출퇴근을 하던 중 발생한 사고가 ① 사업주가 출퇴근용으로 제공한 교통수단이나 사업주가 제공한 것으로 볼 수 있는 교통수단을 이용하던 중에 발생한 것이고, ② 출퇴근용으로 이용한 교통수단의 관리 또는 이용권이 근로자측의 전속적 권한에 속하지 않은 경우에는 '출퇴근 재해'로 본다(산재보험법 시행령 제35조 제1항 제1호, 제2호).

'사업주가 제공한 것으로 볼 수 있는 교통수단'과 관련하여 판례는 ㉠ 회사에서 타 용도로 운행하는 차량을 근로자들이 사실상 출근 수단으로 이용하고 있음에도

---

1) 헌법재판소 2016. 9. 29. 선고 2014헌바254 결정.
2) 이상국, 산재보험법(Ⅰ)(13판), 대명출판사(2024), 324~325.

회사가 이를 묵인하여 온 경우, 근로자가 그 차량에 탑승하고 출근하던 중 일어난 교통사고는 업무상 재해에 해당한다고 하고,[1] ⓛ 일용직 산불감시원이 자기 소유의 오토바이를 타고 출근하다가 산불감시업무 담당구역과 상당히 떨어진 곳에서 중앙선을 침범하여 교통사고로 사망한 사안에서, 망인이 자기 소유의 오토바이를 이용하여 산불감시업무를 수행할 것을 조건으로 채용되었고, 망인의 집에서 소속 면사무소까지 출근시간에 맞추어 도착할 수 있는 대중교통수단이 없었으며, 망인이 맡은 산불감시대상지역이 매우 넓어 도보나 자전거를 이용한 업무수행이 곤란하고, 망인이 집에서 소속 면사무소로 출근하기 위하여 선택한 경로가 최단경로로서 합리적이라고 볼 수 있는 점 등에 비추어 망인의 사망이 업무상 재해에 해당한다고 보았다.[2] 또한 ⓒ 인력공급업체가 제공한 차량을 운전하여 건설회사의 공사현장으로 출근하던 근로자가 교통사고를 당한 사안에서, 위 차량은 건설회사가 제공한 교통수단에 준하는 것으로 볼 수 있고, 근로자가 건설회사의 공사현장에 매일 출근한 것이 아니라 공사현장을 바꾸어 가며 근무하였다고 하더라도 사고 당일의 출근과정에 대한 건설회사의 지배·관리를 부정할 사유로 보기 어려우며, 근로자로서도 위 차량을 이용한 출근 외에 다른 합리적인 선택의 기대가능성이 없는 점 등의 사정에 비추어, 사고 당시 출근 방법과 경로의 선택을 사실상 근로자에게 일임하였다고 볼 수 없어 사업주인 건설회사의 객관적 지배·관리 아래 있었다고 볼 여지가 충분하다고 판시하였다.[3]

(4) 그 밖에 통상적인 경로와 방법으로 출퇴근하는 중 발생한 사고 [산재보험법 제37조 제1항 제3호 (나)목]

산재보험법 제37조 제1항 제3호 (나)목은 '그 밖에 통상적인 경로와 방법으로 출퇴근하는 중 발생한 사고'를 출퇴근 재해의 한 유형으로 규정하고 있다. 위 규정은 사업주가 제공한 교통수단이나 그에 준하는 교통수단을 이용하는 등 사업주의 지배관리하에서 출퇴근하는 중 발생한 사고 외에도 사회통념상 일반적으로 이용될 수 있는 경로 및 사회통념상 인정되는 합리적인 방법으로 출퇴근하는 중 발생한 사

---

1) 대법원 1999. 9. 3. 선고 99다24744 판결.
2) 대법원 2005. 9. 29. 선고 2005두4458 판결.
3) 대법원 2010. 4. 29. 선고 2010두184 판결.

고도 업무상 재해에 포함하고자 마련된 것인바, 이러한 규정의 취지 및 문언 등을 종합하여 보면, 위 규정에서 출퇴근 재해의 요건으로 정하고 있는 '통상적인 경로와 방법'이라 함은 해당 근로자가 출퇴근할 당시의 구체적·개별적 상황을 전제로 하여 사회통념상 일반인의 입장에서 출퇴근을 위하여 선택할 수 있다고 인정되는 경로와 방법을 의미한다고 봄이 타당하다.[1] 결국, 해당 근로자가 당시 처한 구체적인 상황, 해당 근로자가 그와 같은 출퇴근 경로와 방법을 선택하게 된 동기 및 경위, 산재보험법 제37조 제1항 제3호 (나)목의 입법 취지 등을 종합적으로 고려하여 출퇴근 재해 인정 여부를 판단하여야 할 것이다.[2][3]

통상적인 경로와 방법으로 출퇴근하는 중 발생한 출퇴근 재해라고 하더라도, 업무상 재해로 인정되기 위해서는 산재보험법 제37조 제1항에서 정하고 있는 상당인과관계가 인정되어야 한다.[4]

한편, '출퇴근 경로 일탈 또는 중단이 있는 경우'에는 해당 일탈 또는 중단 중의 사고 및 그 후의 이동 중의 사고에 대하여는 출퇴근 재해로 보지 아니한다. 다만, 일탈 또는 중단이 일상생활에 필요한 행위로서 산재보험법 시행령 제35조 제2항 각 호에서 규정한 사유가 있는 경우에는 출퇴근 재해로 본다(산재보험법 제37조 제3항). 출근 경로의 일탈 또는 중단 여부를 판단할 때에는 통상적인 경로와 해당 근로자가 선택한 경로 사이의 물리적인 거리, 근로자가 중간에 경유한 장소나 시설의 용도, 근로자가 그 장소나 시설에 머무른 시간 등의 제반 사정을 종합적으로 고려하여야 할 것이다.[5]

---

1) 서울행정법원 2022. 5. 26. 선고 2020구단72013 판결(확정), 서울행정법원 2022. 4. 28. 선고 2021구합71953 판결(확정).
2) 서울고등법원 2022. 12. 8. 선고 2022누48150 판결(확정).
3) 한편 공무원의 경우에는 산재보험법이 2017. 10. 24. 법률 제14933호로 개정되기 전부터 구 공무원연금법 시행규칙(2016. 8. 1. 총리령 제1311호로 개정되기 전의 것) 제14조에서 통상적인 경로와 방법으로 출퇴근하는 중 발생한 사고를 공무상 재해로 보았는바, 이와 관련하여 정립된 법리가 산재보험법에 의한 출·퇴근 중의 재해에도 적용될 수 있을 것이다.
4) 서울고등법원 2023. 4. 5. 선고 2022누59860 판결(확정), 부산고등법원 2022. 11. 23. 선고 2022누22422 판결(확정, 근로자가 퇴근 중에 제3자에게 애완견의 목줄을 하지 않은 것을 지적하였고, 그로 인하여 제3자로부터 폭행을 당하여 상해를 입은 사안에서, 이는 출퇴근 중 타인의 폭력에 의하여 재해를 입은 경우로서 직무에 내재하거나 통상 수반하는 위험이 현실화된 것이라고 보기 어렵고, 가해자와 피해자 사이의 사적인 관계에 기인하여 발생한 사고에 해당하여 업무와 사이에 상당인과관계가 인정되지 않는다고 본 사례).
5) 서울행정법원 2022. 4. 28. 선고 2021구합71953 판결(확정).

산재보험법 제37조 제3항의 위임에 따라 산재보험법 시행령 제35조 제2항은 '일상에 필요한 행위'에 관하여 "일상생활에 필요한 용품을 구입하는 행위"(제1호), "고등교육법 제2조에 따른 학교 또는 직업교육훈련 촉진법 제2조에 따른 직업교육훈련기관에서 직업능력 개발향상에 기여할 수 있는 교육이나 훈련 등을 받는 행위"(제2호), "선거권이나 국민투표권의 행사"(제3호), "근로자가 사실상 보호하고 있는 아동 또는 장애인을 보육기관 또는 교육기관에 데려주거나 해당 기관으로부터 데려오는 행위"(제4호), "의료기관 또는 보건소에서 질병의 치료나 예방을 목적으로 진료를 받는 행위"(제5호), "근로자의 돌봄이 필요한 가족 중 의료기관 등에서 요양 중인 가족을 돌보는 행위"(제6호), "제1호부터 제6호까지의 규정에 준하는 행위로서 고용노동부장관이 일상생활에 필요한 행위라고 인정하는 행위"(제7호)를 각 규정하고 있다.

출퇴근 경로와 방법이 일정하지 않은 직종으로 산재보험법 시행령 제35조의2에 해당하는 경우에는 산재보험법 제37조 제1항 제3호 (나)목에 따른 출퇴근 재해를 적용하지 않는다(산재보험법 제37조 제4항). 이에 산재보험법 시행령 제35조의2는 '출퇴근 경로와 방법이 일정하지 않은 직종'에 관하여, "여객자동차 운수사업법 제3조 제1항 제3호에 따른 수요응답형 여객자동차운송사업"(제1호), "여객자동차 운수사업법 시행령 제3조 제2호 라목에 따른 개인택시운송사업"(제2호), "퀵서비스업(소화물의 집화·수송과정 없이 그 배송만을 업무로 하는 사업)"(제3호) 중 어느 하나에 해당하는 직종에 종사하는 사람이 본인의 주거지에 업무에 사용하는 자동차 등의 차고지를 보유하고 있는 경우가 해당된다고 규정하고 있다.

출퇴근 재해 인정 여부가 쟁점이 된 하급심 판례를 아래와 같이 소개한다.

출퇴근 재해를 인정한 사례		
판례번호	내용	비고
서울행정법원 2023. 9. 26. 선고 2022구합72069 판결	회사에서 운영하는 출근 셔틀버스 도착예정시각보다 더 일찍 정류장에 도착하기 위하여 망인이 무단횡단을 하다가 사망한 사안에서, 출근 경로 일탈이 아니라고 본 사례	확정
서울행정법원 2023. 8. 11. 선고	망인과 회사 기숙사 방을 같이 쓰던 동료 A가 코로나19에 감염되어 격리되었는데, A가 격리 해제된 이	확정

2022구합80190 판결	후에도 망인이 감염을 우려하여 기숙사로 돌아가지 않고 자택에서 출근하다가 교통사고로 사망한 사안에서, 망인이 감염을 피하기 위하여 자택에서의 출퇴근을 선택할 수밖에 없었다는 점 등을 고려하여 '통상적인 경로와 방법으로 출퇴근하는 경우'에 해당한다고 본 사례	
서울행정법원 2022. 5. 26. 선고 2020구단72013 판결	근로자가 출근하기 위하여 자택 현관문을 열려고 하였으나 문이 열리지 않았고, 이에 근로자가 건물 2층에 위치한 자택의 베란다 창틀을 잡고 아래로 뛰어내렸다가 골절상을 입은 사안에서, 사고 당일 소아중환자실의 간호사 인력이 매주 부족한 상태였고, 대체근무자를 찾기 어려운 상황이었으며, 근무시간까지 30분밖에 남지 않은 상황에서 도어락 업체에 AS를 요청하거나 119에 구조요청을 하는 경우 정시 출근이 불가능하였고, 이불과 담요를 아래에 던지고 베란다 창틀을 잡고 최대한 아래로 내려와 착지를 시도하였던 점 등을 고려하여 '통상적인 경로와 방법으로 출퇴근하는 경우'에 해당한다고 본 사례	확정
서울행정법원 2022. 4. 28. 선고 2021구합71953 판결	망인이 A회사 사무실 앞 도로에서 동료 B를 만나 동료 B와 함께 출근하기로 하였는데, 망인이 불상의 이유로 A회사 사무실의 대문 안쪽으로 들어가 그곳에 있던 맨홀 뚜껑에 발이 걸려 넘어져 다쳐 사망한 사안에서, 망인이 동료 B와 합류하기 위하여 A회사 사무실에서 약속시간이 될 때까지 대기할 목적이 있었음을 부정하기 어려운 점 등을 고려하여 출근 경로 일탈 또는 중단에 해당하지 않는다고 본 사례	확정
서울고등법원 2021. 11. 3. 선고 2021누46560 판결	망인이 전날 늦게까지 음주를 하다가 사고 당일 05:00경 상급자의 전화를 받고 잠에서 깨어 자동차를 운전하여 출근한 사안에서, 망인의 거주지와 근무장소, 출퇴근 경로 및 통근 거리와 소요시간, 망인의 사고 당일 기상시간과 사고 발생 시기 등에 비추어 보면, 망인이 사고 당일에 버스와 같은 대중교통수단을 이용하거나 대리운전 등을 이용하여 출근하는 것은 사실상 어려웠을 것으로 보이는 점 등을 고려하여 '통상적인 경로와 방법으로 출퇴근하는 경우'에 해당한다고 본 사례	확정

출퇴근 재해를 부정한 사례		
판례번호	내용	비고
광주지방법원 2024. 4. 18. 선고 2022구단2643 판결	망인이 공사 업무를 수행하기 위하여 선착장에서 선박에 탑승하였고, 선박이 출발한 지 약 3분 뒤에 갑자기 '나 간다'라고 외치며 바다로 뛰어들어 선착장을 향해 20~30m를 헤엄치던 중 물에 빠져 사망한 사안에서, 망인이 만취 상태에서 바다에 뛰어들어 선착장을 향해 헤엄쳐 가는 것은 '통상적인 경로와 방법으로 출퇴근하는 경우'에 해당하지 않는다고 본 사례	확정
서울고등법원 2023. 12. 20. 선고 2023누30644 판결	망인이 중앙분리대가 설치된 편도 4차로 도로 중 버스전용차로인 1차로를 따라 걷다가 교통사고로 사망한 사안에서, 망인이 버스를 놓치지 않으려고 잠시 버스전용차로로 보행한 것이라고 보기 어려운 점, 도로 중앙에 설치된 버스전용차로로 보행하는 것이 통상적인 경로라고 보기 어려운데 이는 망인이 중앙선 쪽에 붙어서 보행한 것이 아니라 차로를 이용하여 보행하였으므로 더욱 그러한 점 등을 고려하여 '통상적인 경로와 방법으로 출퇴근하는 경우'에 해당하지 않는다고 본 사례	확정
광주고등법원 전주재판부 2023. 8. 23. 선고 2022누1864 판결	선거사무소 율동팀 직원이었던 망인이, 모텔에서 잠들어 있는 같은 팀 직원 A를 차로 데리러 가다가 교통사고로 사망한 사안에서, 평소에 출근하는 경로의 반대 방향으로 상당히 떨어진 곳에 모텔이 있었고, 선거사무실에서 망인에게 출근할 때 직원 A를 데려오도록 지시하였다는 사정이 보이지 않으며, 직원 A도 망인에게 자신을 데리러 오라고 부탁하지 않았던 점 등을 고려하여 '통상적인 경로와 방법으로 출퇴근하는 경우'에 해당하지 않는다고 본 사례	확정
대구고등법원 2021. 9. 17. 선고 2021누2316 판결	망인이 퇴근 도중에 가해자를 만나 공원으로 동행한 후 1시간 넘게 공원에 머물러 있다가 가해자가 망인을 살해한 사안에서, 사고지점이 통상적인 범위 내에서 출퇴근이 예상되는 곳이 아니라 인적이 드문 공원 안이었고, 사고시간은 망인이 통상적으로 귀가에 소요되는 10분 내지 15분을 훨씬 초과하여 약 1시간이나 지난 후인 점 등을 고려하여 퇴근 경로 일탈 또는 중단에 해당한다고 본 사례	확정
서울행정법원 2021. 6. 18. 선고	망인이 참석한 회식의 성격을 업무관련성이 인정되는 회식으로 볼 수 없는 이상, 망인이 퇴근 후 회식에	확정

2019구합76030 판결	참석하여 약 1시간 정도 식사를 한 행위는 퇴근 경 로 일탈 또는 중단에 해당한다고 본 사례

나. 공무원 재해보상법에 의한 출·퇴근 중의 재해

공무원 재해보상법 제4조 제1항 제1호 (나)목은 공무원이 통상적인 경로와 방법에 의하여 출·퇴근하던 중에 발생한 재해를 공무상 재해로 규정하고 있는바, 판례는 공무원이 근무를 하기 위하여 주거지와 근무장소 사이를 순리적인 경로와 방법으로 출·퇴근을 하던 중에 발생한 재해는 공무수행과 관련하여 발생한 재해로서 공무상 재해에 해당한다고 하면서[1] 다만 순리적인 경로와 방법을 벗어났거나 그 일탈이 합리적인 퇴근경로로 복귀하기 위한 최소한의 행위에 그친 것이라고 볼 수 없는 경우에는 공무상 재해에 해당하지 않는다고 보고 있다.[2]

여기서 '통상(순리)적인 경로와 방법'이라 함은 주거지와 근무장소 사이에서 출·퇴근을 위해 왕복하는 경우에 그 지역의 교통사정에 맞추어 일반적으로 이용할 것이라고 인정되는 사회통념상 상당한 경로와 방법을 말한다. 그중 '통상적인 경로'는 소요시간, 거리 등 제반 교통사정을 고려하여 통상 이용하는 것이 합리적인 경로로서 어느 정도 일관된 특정성을 가질 필요는 있으나 유일한 것을 의미하는 것은 아니고, 사회통념상 대체성을 가지는 복수의 경로도 포함하며, 반드시 최단 경로를 의미하지는 않는다고 해석된다.[3] 또한 출·퇴근 중에 출·퇴근 목적과 상관없이 통상적인 경로에서 벗어나는 것을 '통근 중 일탈'이라 하고, 통상적인 경로에서 출·퇴근과 관계없는 행위를 하는 것을 '통근중단'이라고 하는데, 형식적으로 출·퇴근 경로를 일탈하였다거나 중단하였다고 하더라도, 그 행위가 통근을 계속하기 위하여 필요성 또는 합리성을 가지는, 통근에 통상 수반되는 사소한 행위인 경우에는 통상적인 출·퇴근 경로를 일탈하였다거나 중단하였다고 볼 수 없으나, 위와 같은 행위에 해당하지 아니하는 한 그 일탈이나 중단 중은 물론이고 그 후 다시 통상적인 경

---

1) 대법원 1993. 10. 8. 선고 93다16161 판결, 대법원 1997. 4. 11. 선고 96누19840 판결 등.

2) 대법원 1995. 4. 21. 선고 94누5519 판결, 대법원 1998. 11. 24. 선고 97누16121 판결.

3) 서울행정법원 2006. 6. 14. 선고 2006구합7058 판결(확정), 서울행정법원 2006. 6. 14. 선고 2006구합7133 판결(확정). 상세한 논문으로는 이성호, "공무원의 통근재해와 공무상 재해 인정의 한계", 판례해설(23), 387~395; 임영호, "판례를 중심으로 본 근로자의 통근재해", 인권과 정의 355호(2006. 3.), 215~219 참조.

로로 복귀한 뒤에 일어난 재해의 경우에도 통근수행성을 부정하여 공무상 재해에 해당하지 않는다고 봄이 타당하다.1)

9. 범죄행위로 인한 업무상 재해

가. 근로자의 범죄행위로 발생한 재해

(1) 서설

산재보험법 제37조 제2항 본문은 "근로자의 고의·자해행위나 범죄행위 또는 그것이 원인이 되어 발생한 부상·질병·장해 또는 사망은 업무상의 재해로 보지 아니한다."라고 규정하고 있다.

앞서 본 바와 같이 산재보험법이 2017. 10. 24. 법률 제14933호로 개정되면서 '그 밖에 통상적인 경로와 방법으로 출퇴근하는 중 발생한 사고'가 업무상 재해로 인정되게 되었다. 자동차를 운전하여 출퇴근하는 근로자가 많아 교통사고로 인한 재해가 자주 발생하게 되었고, 그중에는 근로자 자신이 신호위반, 중앙선 침범 등의 교통범죄를 저지름에 따라 교통사고가 발생하게 된 경우도 많다.

이에 근로자의 범죄행위, 특히 교통범죄로 발생한 재해를 모두 업무상 재해로 인정하지 않는 경우, 출퇴근 사고로 인한 재해를 업무상 재해로 인정하는 범위가 지나치게 좁아져 근로자의 보호취지에 반하는 결과가 발생할 우려가 있었다.

이에 특히 근로자가 저지른 교통범죄로 인하여 발생한 재해의 경우 업무상 재해로 인정할 수 있는지와 관련하여 이 부분 문제가 대두되게 되었다.

---

1) 서울행정법원 2006. 6. 14. 선고 2006구합7058 판결(확정), 서울행정법원 2006. 12. 21. 선고 2006구단5321 판결(확정) 등. 특히 위 2006구합7058 판결은 공무원이 동료 공무원과 함께 퇴근하면서 동료 공무원의 집 근처 식당에서 저녁식사를 하기 위해 가던 중 사고가 난 사안으로서, 사고발생지점이 통상적인 퇴근경로상에 위치하고 있는 등 위 사고발생 당시 피재공무원이 아직 통상적인 퇴근경로로부터 실질적으로 벗어났다고 볼 수 없다고 보아 위 사고가 통근 중 일탈 또는 중단행위가 있기 이전의 통근행위 중 발생한 재해에 해당한다는 취지로 판시하였다(그 항소심인 서울고등법원 2007. 2. 2. 선고 2006누15754 판결 참조).

(2) 산재보험법 제37조 제2항 본문의 '범죄행위'의 의미

(가) 견해의 대립

① 고의·중과실로 범한 범죄에 한정된다는 견해

업무상 재해의 예외를 규정하는 위 규정의 성격과 내용 및 산재보험법의 목적 등에 비추어 볼 때, 근로자가 고의 또는 중과실로 범죄행위를 범한 것이어야 한다는 견해이다.[1]

② 모든 범죄행위를 포함한다는 견해

문언 그대로 형법, 도로교통법 등에 위배되는 모든 범죄행위를 의미한다는 견해이다.[2]

(나) 판례의 태도

위 ②의 견해를 취한 서울고등법원 2021. 12. 10. 선고 2021누42070 판결의 상고심인 대법원 2022. 5. 26. 선고 2022두30072 판결은, "산재보험법 제37조 제2항 본문에서 규정하고 있는 '근로자의 범죄행위가 원인이 되어 발생한 사망'이라 함은 근로자의 범죄행위가 사망 등의 직접 원인이 되는 경우를 의미한다."라고 판시하였는데, 명시적으로 설명하지는 않았으나 이는 원심판결(2021누42070)과 같이 고의·중과실로 인한 범죄행위인지, 단순 과실로 인한 범죄행위인지 등을 구분하지 않고 모든 범죄행위가 포함된다는 취지로 판시한 것으로 해석된다.[3]

한편 의료보험제도와 관련하여 "'범죄행위'에는 고의적인 범죄행위는 물론 과실로 인한 범죄행위도 모두 포함되며, 형법에 의하여 처벌되는 범죄행위가 포함되는 것은 물론 특별법령에 의하여 처벌되는 범죄행위도 여기에서 제외되지 아니한다고 할 것이고, 따라서 도로교통법의 범칙행위도 위 범죄행위에 포함된다."라고 판시한 대법원 판결[4]도 있다. 다만 산재보험제도는 업무수행성 등을 요구하지 않는 의료보

---

1) 서울고등법원 2019. 1. 16. 선고 2018누53063 판결(확정), 대전고등법원 2021. 1. 28. 선고 2020누 10898 판결(확정) 등.
2) 서울고등법원 2021. 12. 10. 선고 2021누42070 판결(파기환송), 서울고등법원 2024. 8. 21. 선고 2023 누56554 판결(확정) 등.
3) 박종환, "산업재해보상보험법 제37조 제2항 본문의 의미 및 그 판단 방법", 판례해설(132), 10~11; 손익찬 "산재보험법상 산재 배제사유인 '범죄행위가 원인이 된 경우'의 해석에 관한 대법원 판결", 노동 판례 비평 27호(2022), 195.
4) 대법원 1990. 2. 9. 선고 89누2295 판결, 대법원 1990. 5. 22. 선고 90누752 판결.

험제도와 입법 목적 및 취지를 달리하므로, 의료보험제도와 관련된 위 대법원 판결을 산재보험법 제37조 제2항의 해석에 그대로 원용하기는 어렵다고 할 것이다.[1]

(다) 실무의 경향

이론이 없는 것은 아니나, 재해 발생 원인이 된 범죄행위가 고의·중과실로 인한 것인지, 단순 과실로 인한 것인지에 따라 일률적으로 결론을 정하는 것보다는, 뒤에서 보는 바와 같이 '업무수행 과정에서 통상 수반되는 위험의 범위 내에 있는지 여부'를 실질적인 기준으로 삼아 개별적으로 판단하는 것이 대체적인 실무의 경향인 것으로 보인다. 이에 산재보험법 제37조 제2항 본문의 '범죄행위'는 문언 그대로 형법, 도로교통법 등에 위배되는 모든 범죄행위를 의미한다고 본다.

(3) 업무상 재해 여부 판단의 기준

(가) 판례의 태도

산재보험법 제37조 제2항 본문은 2007. 12. 14. 법률 제8694호로 산재보험법이 전부 개정되면서 도입되었고, 전부 개정되기 전에는 구 산재보험법 시행규칙(2008. 7. 1. 노동부령 제304호로 전부 개정되기 전의 것) 제32조 제3호에서 관련 내용을 규정하고 있었다.

2007. 12. 14. 법률 제8694호로 산재보험법이 전부 개정되기 전에 대법원은 "사업주의 지시에 따라 자동차를 운전하여 화물을 운송하던 운전기사가 운송 도중 사적으로 음주를 하였고, 음주의 정도가 과도하여 음주운전 중 교통사고로 인한 운전기사의 사망이 그 운전기사의 업무수행을 위한 운전 과정에서 통상 수반되는 위험의 범위 내에 있는 것이 아니라 음주운전이 주된 원인이 되어 발생한 경우에는 업무수행성이나 업무기인성의 측면에서 볼 때 그 운전기사의 사망이 업무상 재해에 해당한다고 할 수 없을 것이다."라고 판시하였다.[2] 그러는 한편 대법원은 '음주운전이라 하여 바로 업무수행행위가 부정되는 것은 아닌데다가 교통사고는 망인의 업무

---

1) 박종환, "산업재해보상보험법 제37조 제2항 본문의 의미 및 그 판단 방법", 판례해설(132), 12.
2) 대법원 2003. 11. 28. 선고 2003두10367 판결(음주로 인하여 판단능력이 저하된 망인이 전방에 주차되어 있는 차량을 제때 발견하지 못한 잘못이 주된 원인이 되어, 갓길에 주차된 차량의 후미를 들이받은 교통사고가 발생한 점 등에 비추어 보면, 교통사고가 망인의 자동차 운전행위 자체보다는 음주로 인하여 발생된 것으로서 망인의 사망은 화물운송 업무에 통상 수반하는 위험의 범위 내에 있는 것이라고 보기 어려워 업무와의 상당인과관계를 인정할 수 없다고 판단한 원심이 정당하다고 본 사례).

수행을 위한 운전 과정에서 통상 수반되는 위험의 범위 내에 있는 점 등에 비추어 보면, 교통사고가 통상적인 운전업무의 위험성과는 별개로 오로지 망인의 음주운전이 원인이 되어 발생한 것이라고 볼만한 뚜렷한 자료가 없는 이상 망인의 사망은 업무수행중 그에 기인하여 발생한 것으로 보아야 한다'는 원심 판단을 수긍하는 판시를 하기도 하였다.[1] 즉 기존 대법원 판례는, 음주운전의 범죄행위로 재해가 발생하였다는 것만으로 곧바로 업무상 재해임을 부정하지는 않았고, '업무수행을 위한 운전 과정에서 통상 수반되는 위험의 범위 내에 있는지 여부'를 판단하여야 한다고 보았던 것으로 보인다.

2007. 12. 14. 법률 제8694호로 산재보험법이 전부 개정된 후에 대법원은 "산재보험법 제37조 제2항 본문에서 규정하고 있는 '근로자의 범죄행위가 원인이 되어 발생한 사망'이란 근로자의 범죄행위가 사망 등의 직접 원인이 되는 경우를 의미하는 것으로, 근로자가 업무수행을 위하여 운전을 하던 중 발생한 교통사고로 인하여 사망한 경우, 해당 사고가 근로자의 업무수행을 위한 운전 과정에서 통상 수반되는 위험의 범위 내에 있는 것으로 볼 수 있다면, 그 사고가 중앙선 침범으로 일어났다는 사정만으로 업무상 재해가 아니라고 섣불리 단정하여서는 아니 되고, 사고의 발생 경위와 양상, 운전자의 운전 능력 등과 같은 사고 발생 당시의 상황을 종합적으로 고려하여 판단하여야 한다."라고 판시하였다.[2] 이는 기존 대법원 판례의 입장과 마찬가지로 '업무수행 과정에서 통상 수반되는 위험의 범위 내에 있는지 여부'를 실질적인 기준으로 삼아 개별적인 사안에 따라 업무상 재해 여부를 판단하는 것이다.[3]

(나) 검토

산재보험법은 근로자의 업무상 재해를 신속하고 공정하게 보상하여 근로자와 그 가족의 생존권을 보장하는 등 근로자 보호에 이바지함을 목적으로 한다(산재보험법 제1조). 그리고 산재보험법 제37조 제2항 본문이 고의·자해행위나 범죄행위에 따른 부상 또는 사망을 업무상 재해로 보지 않는 것은, 업무에 내재하거나 업무수행 과정에서 통상 수반되는 위험의 현실화가 아닌 업무 외적인 관계에서 기인하는 행

---

1) 대법원 2001. 7. 27. 선고 2000두5562 판결.
2) 대법원 2022. 5. 26. 선고 2022두30072 판결.
3) 박종환, "산업재해보상보험법 제37조 제2항 본문의 의미 및 그 판단 방법", 판례해설(132), 11.

위 등을 업무상 재해에서 배제하려는 것으로, 이는 범죄행위로 인한 보험사고 그 자체의 위법성 때문에 징벌적 보험정책적인 의미에서 보험급여를 행하지 않겠다는 취지일 뿐만 아니라, 우연성의 결여로 보험사고성이 상실되기 때문에 산재보험제도의 본질에 비추어 보험급여를 행하지 않겠다는 취지라고 해석된다.

업무상 재해로 인정되기 위해서는 당해 부상이나 사망이 업무수행 중에 발생한 원인에 의한 것이어야 하고(업무수행성), 나아가 업무에 기인하여 발생한 것으로서 업무와 그 부상이나 사망 사이에 상당인과관계가 있어야 한다(업무기인성). 따라서 산재보험법 제37조 제2항 본문에 규정된 범죄행위는 통상적인 업무에 수반되는 위험을 벗어나 업무수행성과 업무기인성을 부정할 정도의 범죄행위를 의미한다고 해석하는 것이 타당하다.

통상적인 업무에 수반되는 위험이 현실화되어 사고가 발생하였음에도, 단순히 범죄행위에 해당한다는 사유만으로 보험급여를 지급하지 않는다면, 이는 산재보험제도의 목적에 반할 뿐만 아니라, 보험정책적인 측면에서도 그러한 제한을 정당화할 만한 근거가 부족하다. 특히 단순 범칙행위 등까지 모두 산재보험법 제37조 제2항 본문의 범죄행위로 보게 되면 근로자 자신이 운전을 하다가 사고를 낸 경우 상당수가 업무상 재해로 인정받지 못하게 될 우려도 있다.[1]

따라서 대법원 판례의 태도와 같이 '업무수행 과정에서 통상 수반되는 위험의 범위 내에 있는지 여부'를 실질적인 기준으로 삼아, 사고의 발생 경위와 양상, 운전자의 운전 능력 등과 같은 사고 발생 당시의 상황을 종합적으로 고려하여 개별적인 사안에 따라 업무상 재해 여부를 판단하여야 한다.

(4) 증명책임의 소재

(가) 문제의 소재

교통사고 발생 당시의 장면이 포착된 블랙박스나 CCTV가 없는 경우에는 교통사고 발생 경위를 구체적으로 알기 어렵다. 이처럼 교통사고의 원인이 명확하게 밝혀지지 않은 경우에 산재보험법 제37조 제2항 본문의 사유와 관련된 증명책임을 근로자와 피고(공단) 중 누가 부담하는지가 문제된다.

---

1) 박종환, "산업재해보상보험법 제37조 제2항 본문의 의미 및 그 판단 방법", 판례해설(132), 11~12.

제 2 편
산업재해

(나) 하급심 판례의 태도

서울고등법원 2024. 7. 24. 선고 2023누66681 판결(확정)은 "요양급여 불승인 처분은 피고가 원고의 요양급여 지급 신청을 거부하는 처분이므로, 증명책임의 분배 법리에 따라 원고가 요양급여 지급요건을, 피고가 그 지급을 하지 아니하는 예외 사유를 각 증명할 책임이 있다. 그런데 산재보험법 제40조 제1항에서는 '근로자가 업무상의 사유로 부상을 당하거나 질병에 걸린 경우'를 요양급여의 지급요건으로 규정하고 있고, 이 사건 처분의 근거 조항인 산재보험법 제37조는 제1항에서 요양급여 지급의 대상이 되는 업무상 재해의 인정기준을 상세히 규정하는 한편, 별도로 제2항 본문에서 근로자의 '범죄행위'를 업무상 재해 인정의 예외로 들고 있다. 결국 사고가 원고의 '범죄행위'로 인하여 발생하였다는 점은 요양급여 지급의 예외사유에 해당하므로 피고가 이를 증명할 책임이 있다."라고 판시하여, 피고(공단)가 증명책임을 부담한다고 보았다.

(다) 검토

법률조항이 어떠한 권리발생에 필요한 요건과 그 장애나 소멸 사유 등을 본문과 단서의 형식으로 규정한 경우, 법률요건분류설에 따라 본문이 정한 사항에 관한 요건사실은 그 권리발생을 주장하는 자가, 단서에서 정한 사항에 관한 요건사실은 이를 저지하려는 자가 각각 증명책임을 부담한다고 해석하는 것이 일반적이다. 비록 산재보험법 제37조 제1항에서 업무상 재해의 인정요건을, 제2항 본문에서 업무상 재해의 배제요건을 각각 규정하여 통상적인 본문, 단서의 형식으로 규정하고 있지 않기는 하나, 이러한 구조와 형식, 법적 성격 등을 고려할 때, 업무상 재해의 인정요건은 근로자가, 그 배제요건은 피고(공단)가 증명책임을 진다고 해석하는 것이 타당하다. 산재보험법은 산업현장에서 근로에 종사하는 사람을 보호하기 위해서 제정된 법률이므로, 피고(공단)에게 산재보험법 제2항 본문에 대한 증명책임을 부담시키는 것이 산재보험법의 입법 목적에도 더 부합할 것이다.[1]

---

1) 박종환, "산업재해보상보험법 제37조 제2항 본문의 의미 및 그 판단 방법", 판례해설(132), 13~14.

(5) 근로자의 교통범죄로 발생한 재해에 관한 하급심 판례

근로자의 교통범죄로 발생한 재해에 관한 하급심 판례 중 일부를 아래에서 소개한다.

업무상 재해를 인정한 사례		
판례번호	내용	비고
서울고등법원 2024. 8. 21. 선고 2023누56554 판결	근로자가 오토바이를 운전하여 출근하던 중 신호를 위반하여 직진하다가 반대편에서 신호에 따라 좌회전하던 차량을 충격한 사안에서, ① 근로자가 장시간의 근무와 야간근무, 교대근무 중 충분치 않은 수면시간과 새벽 출근 등으로 인해 피로가 점진적으로 누적되었을 것으로 보이고, ② 근로자가 평소 해당 교차로를 통해 출퇴근을 하여 교차로의 구조나 신호의 순서, 차량 진행 방식 등을 잘 알고 있었을 것으로 보이는 점, ③ 사고 발생의 경위와 양상, ④ 당시의 주위 상황, ⑤ 사고 직전 근로자의 운전 태양, ⑥ 사고 직후 근로자의 신체가 오토바이에서 튕겨 나와 지면에 부딪히기까지의 과정 등을 종합적으로 고려하여 보면, 교차로에 진입할 당시 근로자가 전방 신호가 적색으로 변경된 사실 및 교차로 반대편에서 차량이 좌회전을 하는 중이라는 사실을 전혀 인지하지 못하였던 것으로 보인다는 이유로, 사고가 근로자의 업무수행을 위한 운전 과정에서 통상 수반되는 위험의 범위 내에서 발생한 것으로 인정된다고 본 사례	확정
서울행정법원 2024. 6. 14. 선고 2023구합65365 판결	운전면허가 없는 외국인 근로자가 공사현장으로 출근하기 위해 사업주가 제공한 차량을 운전하던 중, 우회전 커브 지점에서 중앙선을 침범하여 반대편 도로에서 직진하던 버스를 충돌한 사안에서, ① 근로자용 숙소에서 공사현장으로 출근하는 통상적인 경로에서 발생한 사고이고, ② 근로자가 카자흐스탄공화국 운전면허가 있어 차량을 운전할 수 있는 사실상의 능력은 있었으며, ③ 사업주가 제공한 차량의 조향장치 문제와 타이어 편마모 문제로 인하여 차량이 제동이 제대로 되지 않아 중앙선을 침범하게 되었을 가능성이 높은 점 등을 고려하여, 사	확정

	고가 근로자의 업무수행을 위한 운전 과정에서 통상 수반되는 위험의 범위 내에 있다고 본 사례	
서울행정법원 2024. 4. 19. 선고 2023구합75058 판결	근로자가 무면허 상태에서 오토바이를 운전하여 퇴근하다가, 앞에 있는 산타페 차량을 추월하여 진행하던 중 산타페 차량 앞에 있던 사료 운반차량을 추돌한 사안에서, ① 사고 발생 장소는 근로자가 평소 통근을 위하여 이용하고 있는 도로이고, ② 근로자가 수년간 무사고로 오토바이 운전을 해왔을 뿐만 아니라 신호위반 등으로 범칙금 처분을 받은 사실이 없는 점 등에 비추어 사실상 오토바이를 운전할 능력은 보유하고 있었으며, ③ 근로자가 산타페 차량을 추월한 사실이 있기는 하나 그 앞에 주행 중이던 사료 운반차량이 시속 약 20km의 속도로 서행하고 있을 것이라고는 미처 예견하지 못하였을 것으로 보이고, ④ 사료 운반차량이 후미등을 작동시키지 않은 상태로 주행 중이었을 가능성을 배제할 수도 없는 점(CCTV 및 블랙박스 부존재) 등을 종합하여, 사고가 근로자가 수행하던 업무에 내재하거나 통상 수반하는 위험의 범위 내에 있다고 본 사례	확정
서울행정법원 2023. 10. 27. 선고 2022구단73430 판결	근로자가 차량을 운전하여 출근하던 중 중앙선을 침범하여 반대편 도로에서 직진하던 트럭을 들이받은 사안에서, ① 근로자가 육체적·정신적 피로를 충분히 해소하지 못한 이른 아침에 차량을 운전하다가 사고를 발생시켰다고 볼 여지가 충분하고, ② 교통사고의 위험 또는 발생 가능성은 승용차와 같은 교통수단을 이용하여 출퇴근하는 모든 근로자에게 '항상' 그리고 '일반적'으로 있을 수 있는 것인 점 등을 고려하여, 사고가 근로자의 업무수행을 위한 운전 과정에서 통상 수반되는 위험의 범위 내에 있다고 본 사례	확정
서울행정법원 2019. 8. 30. 선고 2018구합86191 판결	택시기사인 근로자가 노상에 차를 잠시 세운 후 무단횡단을 하다가 버스와 충돌한 사안에서, ① 근로자는 택시운행 업무를 수행하던 중 시장 내 화장실을 이용하고 돌아오는 과정에서 사고를 당한 것으로 보이고, ② 업무수행 장소가 고정되어 있지 않은 택시운전사로서 근무 중 식사·휴게·화장실 사용 등을 자유롭게 할 수 있었고, 근로자가 택시운행 도중 용변을 보기 위하여 시장 내 화장실 대신	확정

회사 또는 근처에 위치한 다른 화장실을 이용하였
어야 한다고 볼 만한 이유를 찾아볼 수 없으며, ③
사고 당시 버스의 속도가 약 27㎞였음에도, 버스
기사는 시장 골목 앞에 무단으로 정차하고 있던 탑
차에 시야가 가려 근로자를 보지 못하였던 점 등을
고려하여, 근로자의 행위가 산재보험법 제37조 제
2항의 범죄행위에 이른다거나 업무에 수반되는 행
위의 범위를 벗어난 사적행위에 해당한다고 보기
어렵다고 판단한 사례

제 2 편
산업재해

업무상 재해를 부정한 사례		
판례번호	내용	비고
서울행정법원 2023. 8. 11. 선고 2022구합61120 판결	근로자가 음식 배달을 위하여 오토바이를 운전하면서 신호를 위반하여 직진하던 중 진행 방향 우측에서 좌측으로 녹색 신호에 직진하던 모닝 차량을 충격한 사안에서, ① 근로자는 차량 신호가 적색 신호라는 것을 충분히 인지하고 있던 상태에서 교차로에 진행 차량이 없자 신호를 위반하여 그대로 직진하였는바, 고의에 의한 범죄행위에 해당하고, ② 진행 신호에 따라 교차로를 정상적으로 주행하던 모닝 차량 운전자에게 '신호에 위반하여 교차로에 진입하는 차량이 있을 것을 미리 예견하고 그에 대비하여 운행할 주의의무'가 있었다고 보기 어려우므로, 사고에 모닝 차량 운전자의 과실 등 다른 원인이 경합하였다고 인정하기 어려운바, 사고가 오로지 또는 주로 근로자의 신호위반에 따른 도로교통법위반의 범죄행위로 인하여 발생한 것이며, ③ 교차로에서 차량 신호가 적색 신호라는 것을 인지하고 있는 상태에서 그대로 직진하는 것은 매우 중대한 교통법규 위반행위에 해당하고, ④ 근로자가 정지 신호를 위반하여 교차로에 진입함으로써 교통사고가 발생하게 된 경우까지 통상적인 배달 업무에 수반되는 일반적인 위험이 현실화된 것이라고 보기 어렵다는 이유로, 범죄행위의 위법성과 비난가능성이 근로자의 사망과 업무 사이의 인과관계를 단절시킬 정도에 이르렀다고 본 사례	확정
부산고등법원 2020. 5. 27. 선고	근로자가 오토바이를 타고 출근하던 중 신호를 위반하여 반대편에서 좌회전해서 오는 차량과 충돌한 사안에	확정

2020누20354 판결	서, ① 근로자가 교차로에서 정지 신호를 무시하고 직진하여 진행한 과실로 반대편 차로에서 신호에 따라 좌회전을 하던 차량을 충돌한 것인 점, ② 근로자가 이로 인하여 교통사고처리특례법위반(치상)죄로 벌금 300,000원의 약식명령을 받은 점, ③ 상대 차량 운전자로서는 야간에 신호를 위반하여 교차로를 진입하던 근로자의 오토바이를 미리 발견하거나 이를 예상하기 어려웠을 것으로 보이는 점, ④ 사고조사 당시 근로자가 교차로 진입 전 적색 신호를 보았음에도 바쁘다는 핑계로 신호를 위반하여 진행하다가 발생한 사고임을 인정하였던 점 등을 고려하여, 근로자의 부상은 근로자가 야기한 범죄행위가 직접적인 원인이 되어 발생한 경우에 해당한다고 본 사례	
서울고등법원 2018. 1. 11. 선고 2017누61630 판결	근로자가 술에 취한 상태에서 택시를 운전하다가 빗길에 미끄러져 진행 방향 우측에 있는 난간을 들이받는 사고를 일으킨 사안에서, ① 근로자가 혈중알코올농도 0.087%의 술에 취한 상태에서 운전을 한 사실은 도로교통법 제148조의2 제2항 제3호, 제44조 제1항에 따른 범죄행위로서 근로자는 그로 인하여 도로교통법위반 및 교통사고처리특례법위반으로 운전면허 취소, 징역 1년, 집행유예 2년의 처벌을 받은 점, ② 사고가 그 업무수행의 자연적인 경과에 의하여 유발된 것이 아니라 근로자가 술에 취한 상태에서 차량을 운전하면서 빗길에 미끄러져 우측 난간을 들이받음으로써 발생하였다 할 것이고, 이러한 경우에는 비록 비가 내리는 기상 상황이 어느 정도 개입하였다 하더라도 그것이 사고 발생의 압도적인 다른 원인이어서 음주운전이 사고 발생에 별다른 의미를 가지지 아니한다는 등의 다른 특별한 사정이 있다고 보기 어려운 점 등을 고려하여, 사고가 그 업무수행과정에서 통상 수반되는 일반적인 위험의 범위 내에 있는 것이라고 할 수 없고, 오히려 주로 범죄행위인 근로자의 음주운전으로 인하여 비롯된 사고라고 본 사례	확정

나. 제3자의 범죄행위로 발생한 재해

(1) 인정기준

산재보험법 시행령 제33조는 "제3자의 행위로 근로자에게 사고가 발생한 경우에 그 근로자가 담당한 업무가 사회통념상 제3자의 가해행위를 유발할 수 있는 성질의 업무라고 인정되면 그 사고는 법 제37조 제1항 제1호 바목에 따른 업무상 사고로 본다."라고 규정하고 있다.

　　제3자의 행위로 발생한 재해에는 주로 폭력행위로 인한 것이 많다. 한편 구 산재보험법 시행규칙(2008. 7. 1. 노동부령 제304호로 전부 개정되기 전의 것) 제38조 제1항은 '타인의 폭력행위에 의하여 근로자가 사상한 경우로서 재해발생 경위 및 사상한 근로자가 담당한 업무의 성질이 가해행위를 유발할 수 있다고 사회통념상 인정되고, 타인의 가해행위와 사상한 근로자의 사상 간에 상당인과관계가 있을 때에는 제3자의 행위에 의한 업무상 재해로 본다'고 규정하고 있었는바, 이러한 개정 연혁 등에 비추어 보면 산재보험법 시행령 제33조에 규정된 '제3자의 행위'에는 '폭력행위'도 포함된다고 할 것이다.

　　제3자의 폭력행위로 근로자에게 재해가 발생한 사안에서, 대법원은 "근로자가 타인의 폭력에 의하여 재해를 입은 경우라고 하더라도, 가해자의 폭력행위가 피해자와의 사적인 관계에서 기인하였다거나 피해자가 직무의 한도를 넘어 상대방을 자극하거나 도발함으로써 발생한 경우에는 업무기인성을 인정할 수 없어 업무상 재해로 볼 수 없다고 할 것이나, 그것이 직장 안의 인간관계 또는 직무에 내재하거나 통상수반하는 위험이 현실화되어 발생한 것으로서 업무와 사이에 상당인과관계가 있으면 업무상 재해로 인정하여야 할 것이다."라고 판시하였다.[1] 이러한 기준에 따라 제3자의 폭력행위로 발생한 재해가 업무상 재해에 해당하는지 여부를 판단하면 될 것이다.

(2) 업무상 재해를 인정한 사례

　　① 건물의 관리소장인 근로자가 건물 경비원과 화장실 오수의 역류 문제로 시비하다가 넘어지면서 머리를 대리석 바닥에 부딪히는 사고를 당한 사안에서, 근로자와 경비원은 모두 같은 회사 소속 근로자로서 사고 발생 당시 건물의 관리를 위한 업무를 수행하고 있었으며, 서로 다투고 몸싸움까지 하게 된 계기도 건물 화장실의 하수도가 역류하여 로비까지 오수물이 넘친 문제의 원인과 적절한 처리방식 등에 관한 언쟁이었고, 근로자와 경비원 사이에 위 문제 이외에 사적인 원한 관계 등은 없었던 것으로 보이는 점 등을 종합하여, 근로자가 건물 관리감독 업무를 수행하던

---

1) 대법원 1995. 1. 24. 선고 94누8587 판결, 대법원 2017. 4. 27. 선고 2016두55919 판결.

중 직장 내 근로자들 상호 간의 인간관계 또는 직무에 내재하거나 통상 수반하는 위험이 현실화되어 사고가 발생한 것이라고 본 사례[1]

② 근로자와 A가 야간근무를 하던 중 회사로부터 지급받은 야식비의 사용 방법을 두고 말다툼을 하게 되었고, 말다툼이 격화되어 몸싸움이 발생하여 근로자가 병원으로 이송된 사안에서, 두 사람이 말다툼을 벌이게 된 근본 원인은 회사로부터 분배된 야식비의 구체적 사용 방법에 관한 것이었으므로, 다툼이 회사에서의 업무처리 방식과 관련한 다툼으로 볼 수 있고, 다툼이 발생한 장소가 회사 내부였으며, 두 사람이 모두 야간근무 중이었고, 두 사람 사이에 그 외에 사적인 원한 관계가 있었다는 사정이 보이지 않는 점 등을 종합하여, 다툼이 직장 안의 인간관계 또는 직무에 내재하거나 통상 수반하는 위험이 현실화되어 발생한 것이라고 본 사례[2]

③ 도급인 회사 소속 방수공 A, B가 주차장 바닥에 방수공사를 하기 위하여 제3자의 출입을 막는 줄을 쳐두었는데, 수급인에게 고용된 근로자가 주차장에 전기공사를 하려고 흙이 묻은 신발을 신은 채 주차장 안으로 들어오자, A가 근로자의 행위를 탓하며 욕을 하였고 근로자도 욕을 하면서 A를 때릴 기세로 A에게 다가가 멱살을 잡았으며, 이를 보고 있던 B가 근로자의 뒤에서 허리춤을 잡고 오른손으로는 근로자의 왼쪽 안면 부위를 잡아 오른쪽으로 세게 잡아당겨 비트는 방법으로 목뼈 부분에 심한 충격을 주어 근로자가 상해를 입은 사안에서, 해당 사고는 건물신축 공사현장에서 작업의 진행방식 내지 진행순서에 관한 상호 간의 의사소통 부족으로 인하여 야기된 다툼으로서 직장 안의 인간관계 또는 직무에 내재하거나 통상 수반하는 위험이 현실화된 것일 뿐, A, B와 근로자 사이의 사적인 관계에 기인한 경우 내지 근로자가 직무의 한도를 넘어 A, B를 자극하거나 도발한 경우라고 볼 수 없으므로, 업무와 재해 사이에 상당인과관계가 있다고 본 사례[3]

(3) 업무상 재해를 부정한 사례

① B가 근로자에게 엽총을 발사하고 부엌칼로 목을 찌른 사안에서, 근로자와 B의 사적인 관계에 기인한 갈등이 악화되어 결국 B가 근로자를 살해하기에 이른

---

1) 서울행정법원 2023. 5. 17. 선고 2022구단14998 판결(확정).
2) 대법원 2017. 4. 27. 선고 2016두55919 판결.
3) 대법원 2011. 7. 28. 선고 2008다12408 판결.

것으로, 재해의 발생 시점도 B가 회사를 퇴사한 때로부터 1년이 경과한 후인 점 등
을 고려하면, 재해가 가해자인 B의 개인적인 원한이나 감정에 기인한 것으로 봄이
타당하고, 비록 회사가 B의 근로자에 대한 살해위협 사실을 알고 있었다 하더라도
이러한 사정만으로는 재해가 직장 안의 인간관계에 내재하거나 수반하는 위험이 현
실화된 것이라고 볼 수 없다고 한 사례[1]

　　② 버스회사 운전기사인 근로자가 정비공에게 수리를 요구하였다가 거절당하
자, 정비주임에게 정비공의 수리거절로 버스를 운행할 수 없다고 보고하였고, 이에
정비주임이 정비공을 불러 수리를 지시하면서 그 경위를 묻는 데 대하여, 정비공은
전에 정비하였을 때 근로자로부터 기술도 없는 놈이 차를 만졌다는 말을 들은 바
있어 기분이 나빠 버스를 고치지 않았다고 말하자, 근로자가 나이도 어린놈이 운전
기사를 우습게 안다면서 정비공의 목 부위를 손바닥으로 1회 때렸고, 정비공 역시
이에 격분하여 주먹으로 근로자의 얼굴을 1회 때린 사안에서, 근로자의 정비요구는
근로자의 운전업무에 통상 수반되는 행위라고 할 것이나, 근로자가 정비요구를 둘러
싸고 행한 위와 같은 욕설이나 폭력행사는 사회적 상당성을 넘어 부수적인 의미에
서도 근로자의 업무행위라 볼 수 없고, 단지 근로자의 자의적인 행위에 불과하여 근
로자가 입은 상해는 근로자의 자의적인 도발에 의하여 촉발된 정비공의 폭행으로
인한 것일 뿐이며, 그 밖에 근로자의 부상을 그가 수행하던 업무에 내재하거나 이에
통상 수반하는 위험의 현실화라고 볼 사정도 없다는 이유로, 근로자의 부상이 업무
상의 재해에 해당하지 않는다고 본 사례[2]

10. 질병으로 인한 업무상 재해

가. 인과관계

(1) 인과관계 및 증명책임

업무상 질병이란 근로자의 업무수행 중 그 업무에 기인하여 발생한 질병을 의

---

1) 대전고등법원 2007. 9. 20. 선고 2007누755 판결(확정).
2) 대법원 1995. 1. 24. 선고 94누8587 판결.

미하는 것이므로 업무와 사망의 원인이 된 질병 사이에 인과관계가 있어야 한다. 업무와 질병 사이의 인과관계의 증명책임은 업무상 재해를 주장하는 근로자 측에게 있다.[1] 다만, 인과관계를 증명함에 있어 고도의 의학적, 전문적 지식이 요구되고, 관련 증거들이 사용자측의 지배영역 내에 있다는 점 등을 고려할 때 근로자에게 엄격한 증명을 요구하는 것은 근로자를 보호하기 위한 사회보장제도인 산재보험제도의 입법 목적에 부합하지 않을 뿐만 아니라 사실상 근로자 보호를 외면하는 결과를 초래하게 된다. 이에 법원은 아래 (2)항에서 살펴보는 바와 같이 인과관계에 관한 증명책임을 완화하거나 경감하기 위한 법리를 발전시켜 왔다.

(2) 인과관계 증명의 정도 및 판단 방법

업무와 사망의 원인이 된 질병 사이에 인과관계가 있어야 하고, 질병의 주된 발생원인이 업무수행과 직접적인 관계가 없더라도, 적어도 업무상의 과로나 스트레스가 질병의 주된 발생원인에 겹쳐서 질병을 유발 또는 악화시켰다면 그 사이에 인과관계가 있다고 보아야 한다. 그 인과관계는 반드시 의학적·자연과학적으로 명백히 증명하여야 하는 것은 아니고 제반 사정을 고려할 때 업무와 질병 사이에 상당인과관계가 있다고 추단되는 경우에도 그 증명이 있다고 보아야 한다.[2]

평소에 정상적인 근무가 가능한 기존 질병이 직무의 과중 등이 원인이 되어 자연적인 진행속도 이상으로 급격하게 악화된 때에도 그 증명이 있는 경우에 포함된다. 업무와 질병 또는 사망과의 인과관계 유무는 보통 평균인이 아니라 당해 근로자의 건강과 신체조건을 기준으로 판단하여야 한다. 따라서 기존 질병이 없었는데 업무상 과로나 스트레스가 질병을 유발한 경우는 물론, 기존 질병이 업무상의 과로 등으로 인하여 악화하거나 증상이 비로소 나타난 경우와 기존 질병이 업무로 인하여 자연발생적인 진행속도 이상으로 악화한 경우에도 업무와 질병 사이에 인과관계가 있고, 그 인과관계는 반드시 의학적·자연과학적으로 명백히 증명하여야만 하는 것은 아니므로 근로자의 취업 당시의 건강상태, 질병의 내용 및 발병경위, 치료경과

---

[1] 대법원 2021. 9. 9. 선고 2017두45933 전원합의체 판결 다수의견. 다만, 산재보험법 제37조 제1항에 따르면, '업무상의 재해'의 인정 요건 가운데 본문 각호 각 목에서 정한 업무관련성이나 인과관계에 대해서는 이를 주장하는 자가 증명하고, 단서에서 정한 '상당인과관계의 부존재'에 대해서는 상대방이 증명해야 한다고 보아야 한다는 대법관 김재형, 대법관 박정화, 대법관 김선수, 대법관 이흥구의 반대의견.
[2] 대법원 2018. 5. 15. 선고 2018두32125 판결 등.

등 제반사정을 고려하여 업무와 재해발생 사이에 인과관계가 있다고 추단할 수 있는 경우에도 인과관계에 대한 증명이 있다고 보아야 하며, 업무와 질병 사이의 상당인과관계의 입증을 위하여 반드시 의학적 감정을 요하는 것은 아니고, 제반사정을 고려할 때 업무와 질병 사이에 상당인과관계가 있다는 개연성을 증명하면 족하다.[1]

판례는 업무상 재해로 인한 상병을 치료하는 과정에서 의료과오가 개입하거나 약제나 치료방법의 부작용으로 인하여 새로운 상병이 발생하였다고 하더라도 상당인과관계가 인정되는 한 이 또한 업무상 재해에 해당하는 것으로 보아야 하고, 위와 같은 의료과오나 약제 내지 치료방법의 부작용과 새로운 상병 사이의 상당인과관계를 따질 때에도 앞서 본 바와 같은 법리를 적용하고 있다.[2] 또한 판례는 유해물질로 인한 질병의 경우에서도 업무와 질병 사이의 인과관계는 반드시 의학적·자연과학적으로 명백히 증명되어야 하는 것은 아니고 법적·규범적 관점에서 상당인과관계가 인정되면 증명이 있다고 보아야 하고, 산업재해의 발생원인에 관한 직접적인 증거가 없더라도 근로자의 취업 당시 건강상태, 질병의 원인, 작업장에 발병원인이 될만한 물질이 있었는지, 발병원인물질이 있는 작업장에서 근무한 기간 등의 여러 사정을 고려하여 경험칙과 사회통념에 따라 합리적인 추론을 통하여 인과관계를 인정할 수 있고, 이때 업무와 질병 사이의 인과관계는 사회 평균인이 아니라 질병이 생긴 근로자의 건강과 신체조건을 기준으로 판단하여야 한다고 하고 있다.[3]

그러나 실무상으로는 불승인처분의 주요 사유가 질병과 업무 사이의 인과관계가 인정되지 않는다는 의학적 소견에 근거하고 있는 경우가 많고, 특히 요양신청상병이 현대의학상 아직 그 원인이 명확하게 밝혀지지 않은 희귀질병인 경우도 많아 법원이 위와 같은 객관적인 의학적 소견과 달리 독자적으로 인과관계를 추단하는 것은 상당히 어려운 것이 현실이다. 다만, 감정결과를 제외한 제반 사정들을 종합하여 감정결과와 달리 규범적으로 인과관계를 인정하는 결론을 내리는 것이 가능하다.

(3) 인과관계의 인정기준

산재보험법 시행령 제34조 제1항은 근로자가 업무수행 과정에서 유해·위험요

---

1) 대법원 2005. 9. 29. 선고 2005두7198 판결.
2) 대법원 2003. 5. 30. 선고 2002두13055 판결.
3) 대법원 2017. 8. 29. 선고 2015두3867 판결.

인을 취급하거나 유해·위험요인에 노출된 경력이 있고, 유해·위험요인을 취급하거나 유해·위험요인에 노출된 업무시간, 그 업무에 종사한 기간 및 업무 환경 등에 비추어 볼 때 근로자의 질병을 유발할 수 있다고 인정되며, 근로자가 유해·위험요인에 노출되거나 유해·위험요인을 취급한 것이 원인이 되어 그 질병이 발생하였다고 의학적으로 인정되면 업무상 질병으로 본다고 규정하고 있고, 산재보험법 시행령 제34조 제3항 [별표 3]은 '업무상 질병에 대한 구체적인 인정 기준'을 정하고 있다.

위 인정 기준은 산재보험법 제37조 제1항 제2호 (가)목이 규정하고 있는 '업무 수행 과정에서 유해·위험 요인을 취급하거나 그에 노출되어 발생한 질병'에 해당하는 경우를 예시적으로 규정한 것으로 보이고, 그 기준에서 정한 것 외에 업무와 관련하여 발생한 질병을 모두 업무상 질병에서 배제하는 규정으로 볼 수는 없다.[1] 따라서 위 인정 기준에서 정하고 있는 기준을 충족한 경우뿐 아니라, 기준을 충족하지 아니한 경우라도 인과관계를 추단할 수 있으면 업무상 질병으로 인정할 수 있다.

나. 개별 질병과 업무 사이의 인과관계

업무상 질병 중 뇌혈관 질병, 심장 질병, 간 질병, 암 등이 실무에서 많이 문제가 되고 있기 때문에 위 질병들과 업무 사이의 인과관계에 관해 구체적으로 살펴보기로 한다.

(1) 뇌혈관 질병 및 심장 질병

뇌혈관 질병 및 심장 질병의 경우 업무상 과로 및 스트레스가 뇌혈관 질병 및 심장 질병의 주된 발병원인이 되었는지, 업무상 과로나 스트레스가 질병의 주된 발생원인에 겹쳐서 질병을 유발 또는 악화시켰는지 여부가 주된 쟁점이 되고, 이는 결국 업무상 과로나 스트레스가 어느 정도에 이르러야 업무와 질병 사이의 인과관계를 인정할 것인지에 관한 문제로 귀결된다.

이와 관련하여 산재보험법 시행령 제34조 제3항 [별표 3] 및 그 위임에 따른 고용노동부고시 '뇌혈관 질병 또는 심장 질병 및 근골격계 질병의 업무상 질병 인정 여부 결정에 필요한 사항'은 뇌혈관 질병 및 심장 질병에 관한 구체적인 인정기준에

---

1) 대법원 2014. 6. 12. 선고 2012두24214 판결.

관해 규정하고 있다. 구체적으로 살펴보면 ① 업무와 관련된 돌발적이고 예측 곤란한 사건의 발생 또는 급격한 업무환경의 변화, ② 단기 과로(발병 전 1주 동안의 업무시간), ③ 만성 과로(발병 전 12주 동안의 업무시간), ④ 그 외에 업무와 질병 사이의 업무관련성이 증가된다고 평가할만한 위험·유해요인 등을 그 기준으로 들고 있다. 물론 이는 판단에 도움을 주기 위한 하나의 기준으로, 위 기준에 부합하지 않는다고 하여 무조건 업무상 질병에 해당하지 않는다고 보기는 어렵다.

이외에도 근로자의 기존 질병의 정도 및 악화속도, 근로자의 건강관리, 업무와 무관한 발병원인(흡연, 음주, 비만, 연령 등) 등도 인과관계 판단의 하나의 요소로 작용하고, 과로, 스트레스 여부 등과 이를 종합적으로 고려하여 인과관계 인정 여부를 판단하고 있다.

판례는 뇌경색증,[1] 뇌지주막하출혈[2] 등 뇌혈관 질환, 관상동맥경화,[3] 협심증,[4]

제 2 편
산업재해

---

[1] 대법원 2006. 9. 22. 선고 2006두7140 판결(뇌경색의 발병원인은 혈전성, 색전성이 있고, 당뇨병, 고혈압, 흡연, 고지혈증, 심장질환, 종양, 과로, 음주, 스트레스 등과 연관이 있는 것으로 알려져 있으며, 불규칙한 근무, 과로, 정신적, 육체적 스트레스 등은 고혈압의 유발인자가 될 수도 있고 이를 악화시킬 수도 있다는 의학적 소견에 근거하여 원고의 고혈압은 업무와 관련이 없다 하더라도 업무의 과중으로 인한 과로와 스트레스가 고혈압을 자연적인 진행 속도 이상으로 악화시켜 뇌경색을 유발하거나 기존 질병인 고혈압에 겹쳐 뇌경색을 유발한 것이라고 추단한 사례), 대법원 2010. 12. 9. 선고 2010두15803 판결(기존에 당뇨병을 앓고 있던 원고가 충분한 휴식 없이 수시로 연장근로를 하여 업무가 과중하였고, 이러한 지속적인 과로와 그에 따른 스트레스, 무더운 날씨 속에 열악한 작업환경에서 보호복을 착용하고 근로를 하던 중 발생한 탈수, 탈진 등의 요인이 복합적으로 작용하여 발병하였거나, 위와 같은 요인이 원고의 당뇨와 뇌혈관 협착을 자연적인 진행 경과 이상으로 가속하여 뇌경색이 발병하였으므로 업무상 재해에 해당한다고 본 사례).

[2] 대법원 1995. 3. 14. 선고 94누7935 판결.

[3] 대법원 1996. 9. 10. 선고 96누6806 판결(휴일·연장근무를 반복하여 온 직물공장의 근로자가 지게차를 운전하다가 심한 관상동맥경화에 의한 급성심근경색으로 사망한 사안에서, 업무상 과로 또는 스트레스와 질병의 악화 또는 사망 사이에 인과관계가 있다고 볼 여지가 있다고 한 사례).

[4] 대법원 1990. 9. 25. 선고 90누2727 판결(망인은 평소 지방심의 이환상태에 있었으나 망인의 경비업무 자체가 주야교대근무형태로서 인간생리리듬에 역행하는 것인데다가 위와 같은 사망전 3개월여에 걸친 업무 과중으로 인한 과로와 정신적 스트레스가 기초질병인 지방심의 진행을 촉진하고 증세를 악화시켜 근무 중 사망에 이르게 하였다고 할 것이므로 망인의 사망은 그 업무와 상당인과관계있는 업무상 재해에 해당한다고 한 사례), 대법원 2020. 5. 28. 선고 2019두62604 판결(주야간 교대 근무를 하던 근로자가 주간근무를 마친 후 숙소에서 휴식 중 심혈관 흉통으로 중증도 호흡곤란 증세를 보여 협심증 의심 진단을 받고(1차 재해) 집에서 요양한 후 다시 출근하였다가 야간근무를 하기 직전 기숙사 내 화장실에서 쓰러져 사망한(2차 재해) 사안에서, 근로자는 1차 재해 발병 당시 만 62세의 고령으로 심혈관질환을 가진 상태에서 장시간 근로와 장기간의 주야간 교대제 근무로 육체적·정신적 과로가 누적되었고, 1차 재해일에 야외 작업을 하면서 겨울철의 추위에 노출된 점도 영향을 미쳐 기존 질환이 자연적인 진행속도 이상으로 급격하게 악화되어 1차 재해가 발생한 것으로 볼 여지가 크고, 1차 재해 이후에도 경제적 형편 등으로 제대로 요양을 하지 못한 상태에서 다시 야간근무를 시작하였다가 2차 재해가 발생하여 사망에 이른 것으로 보이는데도, 1차 재해가 업무상 재해에 해당한다는 점을 간과한

심근경색,1) 심장마비2) 등 심장혈관질환 사안에서 업무상 과로 및 스트레스와 질병 사이에 인과관계가 인정된다고 보았다.

(2) 간 질병

근로현장에서 나타날 수 있는 간 질병은 그 발생원인에 따라 ① 각종 사고에 의한 간손상, ② 유해물질에 의한 독성간염, ③ 약제에 의한 간염, ④ 알콜성 간염, ⑤ 바이러스성 간염으로 나눠볼 수 있다. 업무 중 발생한 사고로 인한 간손상이나 업무상 각종 유해물질, 약제 등에 노출됨으로써 발병한 간염 등의 경우 비교적 용이하게 인과관계가 인정된다. 그러나 뇌혈관 질병 및 심장 질병과 비교하여 과로나 스트레스가 간 질병에 영향을 미치는지 여부에 관한 의학적 근거는 아직 뚜렷하지 않은 것으로 보인다.

실무의 경향 역시, 과로나 스트레스로 인하여 간질환이 발생되거나 악화된다는 점을 인정하기 어렵다는 의학적 소견과 다르게 인과관계를 추단하기 위해서는 예외적으로 과로나 스트레스로 인하여 기존질환인 만성 B형 간염이 정상적인 경우보다 더 악화되었다는 점에 관한 자료가 있어야 한다는 대법원 2002. 10. 25. 선고 2002두5566

채, 1차 재해 발생 후 2주간 충분한 휴식을 취하여 2차 재해 발생 당시에는 망인이 객관적 과로 상태가 아니었다는 전제에서 망인의 업무와 사망의 원인이 된 질병 사이에 상당인과관계를 인정하기 어렵다고 본 원심판단에 업무상 재해의 상당인과관계에 관한 법리오해 등의 위법이 있다고 본 사례).

1) 대법원 2004. 3. 26. 선고 2003두12844 판결(망인이 야간 및 휴일근무가 적지 않았고, 2001년 3월경부터는 작업량이 늘어났을 뿐 아니라 다른 직원의 퇴사와 사업주의 부상으로 혼자서 영업과 노무작업 등을 처리하였으며, 특히 업무부담이 큰 도색작업이 갑자기 늘어남으로써 사망에 즈음하여 정신적·육체적으로 피로가 쌓인 점, 고혈압과 심근경색 의증의 지병이 있었음에도 쉬지 못하고 계속 근무를 한 점, 과로나 스트레스는 돌연사를 유발하는 주요 인자로 알려져 있는데, '변사사실 확인원'에 의하면 망인은 심장질환 등 지병에 의하여 사망한 것으로 추정되는 점 등을 종합하여, 비록 망인의 사체검안서에 사인이 미상으로 기재되어 있고 부검도 시행하지 아니하여 사인을 밝히지 못한 상태라 하더라도, 망인은 고혈압, 심근경색 의증 등의 기존 질환을 가진 상태에서 사망 이전 3, 4개월부터 업무의 현저한 증가로 인하여 지속적인 육체적 과로 및 정신적 스트레스가 쌓였고, 그로 인하여 기존의 질환이 통상의 자연적 경과 이상으로 급격히 악화하면서 심근경색 또는 심장마비가 유발되었다고 추단한 사례), 대법원 2012. 4. 13. 선고 2011두30014 판결(흡연의 습관이 있던 망인이 고혈압, 고지혈증으로 진단받고 치료약물을 복용하기 시작한 때로부터 불과 1년 6개월 만에 운전 중 급성심근경색으로 사망한 사안에서 망인의 기존질병인 고혈압이나 고지혈증이 망인의 특수한 근무형태와 이에 연관된 과로로 인하여 자연적인 진행속도 이상으로 악화하거나 사망의 원인이 된 급성심근경색을 유발한 것으로 본 사례).

2) 대법원 2004. 9. 3. 선고 2003두12912 판결(46세 2월의 중년 여성으로서 고도 고혈압 등의 기존 질환을 가진 근로자가 과중한 업무에 종사하다가 퇴근길에 급성심근경색으로 사망한 경우, 망인의 고혈압은 업무와 관련이 없다 하더라도 업무의 과중으로 인한 과로와 감원 등으로 인한 스트레스가 고혈압을 자연적인 진행 속도 이상으로 악화시켜 급성심근경색증을 유발하거나 기존 질환인 고혈압과 함께 급성심근경색증을 유발하여 심장마비로 사망에 이르게 하였을 것으로 추단한 사례).

판결이 나온 이후로는 업무와 간 질병 사이의 인과관계를 매우 좁게 인정하고 있다.

대법원은 이와 유사하게 만성 바이러스성 간염의 경우 과로나 스트레스 없이도 악화될 수 있고 임상적으로는 과로나 스트레스 없이 악화되는 경우가 더 많은 반면, 과로나 스트레스 자체가 일반적으로 만성 바이러스성 간염을 악화시킨다는 의학적 근거는 없으므로, 일반적인 경우와 달리 과로나 스트레스가 만성 바이러스성 간염의 임상경과 및 예후를 악화시켰다는 예외적인 사정이 인정되어야만 비로소 업무와 질병 사이의 상당인과관계를 인정할 수 있다고 판시하기도 하였다.[1][2]

(3) 암

최근 들어 특히 많이 문제되고 있는 질병이 각종 암이다. 암은 일반적으로 각종 발암물질 노출, 유전적 요인, 흡연, 음주, 식생활습관 등 다양한 원인에 의해 발병할 수 있고, 주된 발병원인이 아직까지 명확히 밝혀지지 않은 암도 존재한다. 더욱이 과로나 스트레스가 암의 발생이나 악화와 직접적인 연관이 있다는 객관적인 의학적 소견이나 연구결과도 존재하지 않는다. 따라서 업무상 발암물질에 장기간 노출되는 등의 발암요인이 밝혀진 경우를 제외하고는 암과 업무 사이의 인과관계가 인정되기 매우 어려운 상황이다.

판례도 업무상 발암물질에 장기간 노출되는 등의 구체적 발암요인이 밝혀진 경우[3]에는 인과관계를 인정하고 있으나, 그렇지 않은 경우 위암,[4] 폐암,[5] 신세포암,[6]

제 2 편
산업재해

---

[1] 대법원 2009. 1. 15. 선고 2007두23439 판결(공무원이 만성 바이러스성 간염으로 입원하여 치료받은 후 10년이 지나서 간암이 발병한 사안에서, 근무환경에서 오는 과로나 스트레스 때문에 만성 바이러스성 간염이 자연적인 진행경과 이상으로 악화되어 간암이 발생하였다고 보기 어렵다고 한 사례).

[2] 공무원연금법상 유족보상금에 관한 사건이기는 하나, 공무와 질병 사이의 인과관계에 관한 법리는 산재보험법상의 인과관계에도 동일하게 적용될 수 있을 것으로 보인다.

[3] 대법원 2004. 7. 22. 선고 2004두4147 판결(진폐증), 대법원 2005. 11. 10. 선고 2005두8009 판결(발암물질로 알려진 석면과 유리규산에 장기간 노출, 폐암으로 사망), 대법원 2007. 6. 1. 선고 2005두517 판결(폐암으로 사망한 지하철 역무원에 대하여, 그 업무 내용, 지하철역 근무 당시의 지하철 역사 내부공사로 인한 석면 노출 정도, 석면의 유해성과 폐암과의 연관성 등에 비추어, 공사가 진행중인 지하철역에 근무하면서 석면에 노출되었고 그것이 한 원인이 되어 폐암이 발병하였거나 자연적인 진행 경과 이상으로 악화하였다고 추단하여 업무상 재해를 인정한 사례).

[4] 대법원 2003. 6. 13. 선고 2003두2755 판결(일반적으로 과로나 스트레스가 위암의 발생이나 악화와 직접적인 연관이 있다는 객관적인 의학적 소견이나 연구결과는 없는 사실, 망인이 위암에 대한 1차 수술을 받은 후 사망에 이르기까지의 과정은 통상적인 위암 4기의 진행경과를 따른 사실 등을 인정한 다음, 망인이 각지의 세무서 및 지방국세청에서 근무하는 동안 과로로 인하여 육체적인 피로와 상당한 정신적인 스트레스에 시달렸을 것으로 보이기는 하나, 위암이 과로나 스트레스에서 비롯하였거나 그로 말미암아 통상의 진행 정도를 넘어 급속히 악화하였다고 보기는 어렵다고 하여 망인의 위 질병

췌장암[1] 등과 업무 사이의 인과관계를 거의 인정하지 않았다. 다만 하급심에서는 발병원인이 명확하게 규명되지 않은 희귀성 질환의 경우에도 그 질병의 발병 또는 악화의 원인으로 거론되는 요소들이 근로자의 업무환경에 존재하고, 업무수행 과정에서 그러한 발병원인들을 가지게 되었으며, 근로자에게 질병의 원인이 될 만한 다른 건강상의 결함이나 유전적인 요소가 밝혀진 바 없고, 업무수행 중 또는 업무수행 직후에 그러한 질병의 증상이 나타났다면 일응 재해와 업무 사이의 상당인과관계는 추단된다고 보아야 한다는 등의 이유로 난소암,[2] 유방암[3]과 업무 사이의 인과관계를 인정한 사안도 존재한다.

(4) 유해물질의 노출로 인한 질환

산재보험법 시행령 제34조 제3항 [별표 3]의 3부터 12에서는 유해물질 등 유해환경 노출로 인한 질병에 관하여 구체적으로 규정하고 있다. 다만 의학의 발전에 따라 과거에는 원인을 모르던 질병들의 원인이 새로이 드러날 수도 있을 것이므로, 위 별표에서 언급하지 않은 질병이라도 작업환경의 유해성, 유해환경 노출에서 발병까지의 시간적 경과, 발병 전후 근로자의 건강상태, 특유한 임상소견 등을 종합하여 업무상 질병으로 인정할 수도 있을 것이다.

은 공무상 질병에 해당되지 않는다고 판단한 사례).

5) 대법원 1994. 3. 22. 선고 94누408 판결(폐암은 현대의학상 그 확실한 원인을 아직 모르나 흡연이 가장 중요한 요인 중의 하나로 생각하고 있고 그 외 석면, 공해물질 등도 가능한 원인으로 추정할 수 있으며, 폐암이 과로나 스트레스에 의하여 발병하거나, 과로, 스트레스가 없으면 효과적인 치료가 가능하다는 의학문헌상의 보고가 없다면서 폐암의 발병이나 그 악화로 인한 사망을 공무상 사망으로 인정한 원심을 파기한 사례).

6) 대법원 1997. 8. 22. 선고 97누6964 판결(신세포암의 원인은 정확히 알 수 없고, 육체적 과로 및 스트레스와 신세포암의 직접적인 인과관계 유무도 알 수 없으며, 일단 발생한 신세포암이 육체적 과로로 악화하는지 또한 알 수 없다는 이유로 공무상 질병으로 인정하지 않은 사례).

1) 대법원 1997. 11. 14. 선고 97누12129 판결(췌장암은 현대의학상 아직 그 원인을 정확히 알 수 없고, 다만, 흡연이나 만성췌장염, 유전적 요인 등을 췌장암의 유발 원인으로 추측하고 있으며, 임상적으로 췌장암 환자의 경우 췌장암 발견단계로부터 약 3-5개월 후에 사망에 이르는 사실, 췌장암과 간경변증이 같이 있더라도 과로로 인하여 췌장암이 자연적인 진행속도 이상으로 악화되지는 아니하는 것으로 알려져 있는 사실을 인정한 다음, 위와 같은 사실관계를 바탕으로 하여 망인의 사망원인이 된 췌장암은 업무상 과로나 스트레스에 의하여 발병하였거나 그로 인하여 자연적인 진행속도 이상으로 급격히 악화하였다고 보기 어렵다).

2) 서울고등법원 2017. 7. 7. 선고 2016누38282 판결(확정, 반도체 사업부에서 약 6년 2개월 동안 근무하다가 건강 이상으로 퇴사한 근로자가 이듬해 좌측 난소의 경계성 종양 진단을 받고 이후 난소의 악성 종양 등 진단을 받아 결국 난소암의 골반강 내 전이 등으로 사망한 사안에서 업무와 난소암 사이의 인과관계를 인정한 사례).

3) 서울행정법원 2023. 5. 2. 선고 2021구합59205 판결(확정).

판례는 ① 노출허용기준을 초과하지는 않더라도 장기간의 벤젠 노출은 백혈병의 유발인자로 작용하기에 충분하므로, 상병이 다른 원인으로 발생하였다는 특별한 사정이 없는 이상 해당 상병이 업무 수행 중의 벤젠 등 유기용제 노출로 발병한 것이거나 적어도 그것이 발병을 촉진한 하나의 원인이 되었다고 추단할 수 있다고 보았고,[1] ② 1984년경부터 영업용택시 운전기사로 근무하여 오던 원고가 앓고 있는 두통, 배아픔, 구토증세 등의 정확한 의학적 원인이 밝혀져 있지 않고 액화석유(LP)가스 자체 또는 그 연소로 인한 일산화탄소를 마신 것만으로 위와 같은 증상을 초래하기는 어렵다 하더라도, 위 증상이 택시의 소음기에서 매연가스나 액화석유가스의 냄새와 소음을 제거하는 역할을 하는 촉매를 제거한 때로부터 시작한데다가 그때부터 택시에서 심한 가스냄새가 났던 점, 위 증상이 원고뿐만 아니라 위 택시를 교대로 운전하던 다른 운전기사에게도 나타나고 있는 점, 액화석유가스에는 원래의 성분 이외에도 불순물이 섞여 있고 그 불순물의 연소과정에서 나오는 유해가스가 위 택시에 스며들었을 것으로 보이는 점 등에 비추어 보면, 액화석유가스에 들어 있는 불순물의 연소 과정에서 발생한 유해가스가 그 성질상 위 두통 등의 원인이 될 수 없다는 점을 밝히지 아니하는 한 위 두통 등 증상은 택시의 운행으로 발생한 유해가스에 의해 발생하였거나 또는 그 증상이 악화하였다고 봄이 상당하다고 판단하였으며,[2] ③ 화재진압 업무를 주로 수행하였던 소방공무원이 소뇌위축증을 진단받고 공무상요양 승인신청을 한 사안에서, 소방공무원으로 채용될 당시 소뇌위축증에 걸릴 유전적 소인이나 가족력이 없었던 점, 화재진압 직무의 특성상 장기간 지속적으로 유해화학물질에 노출되었던 점, 현대의학에서 소뇌위축증의 발병원인을 명확하게 찾고 있지는 못하지만 유해화학물질의 흡입 등과 같은 환경적 요인을 발병원인의 하나로 추정하고 있는 점 등을 종합할 때, 공무수행과 질병 사이에 상당인과관계가 있다고 추단할 수 있다고 판단하였다.[3]

---

1) 대법원 2004. 4. 9. 선고 2003두12530 판결, 대법원 2008. 5. 15. 선고 2008두3821 판결(중금속인 납, 유기용제인 이소프로필 알콜(IPA) 등에 노출될 경우 만성 골수성 백혈병이 발병할 수 있다는 점을 의학적으로 증명한 바는 없으나, 중금속인 납, 유기용제인 이소프로필 알콜 등이 인체에 유해한 물질임은 분명하고, 이러한 물질들에 의한 만성 골수성 백혈병의 발병 가능성을 배제할 수는 없으며, 망인의 만성 골수성 백혈병이 위와 같은 유해물질 노출 이외의 다른 원인으로 발병하였다고 볼 자료도 없는 점 등에 비추어 만성 골수성 백혈병과 망인의 업무 사이에 상당인과관계가 있다고 본 사례).
2) 대법원 1994. 8. 26. 선고 94누2633 판결.
3) 대법원 2017. 9. 21. 선고 2017두47878 판결.

(5) 임신 근로자의 업무에 기인한 태아의 건강손상

2009년경부터 임신한 여성 근로자의 업무에 기인하여 발생한 '태아의 건강손상'이 산재보험법상의 업무상 재해에 해당하는지에 관한 논의가 시작되었다.

이에 대법원은 A 병원에 근무하는 간호사들이 출산한 자녀들이 선천성 심장질환을 갖고 있던 사안에서 "산재보험법의 해석상 임신한 여성 근로자에게 그 업무에 기인하여 발생한 '태아의 건강손상'은 여성 근로자의 노동능력에 미치는 영향 정도와 관계없이 산재보험법 제5조 제1호에서 정한 근로자의 '업무상 재해'에 포함된다. 임신한 여성 근로자에게 업무에 기인하여 모체의 일부인 태아의 건강이 손상되는 업무상 재해가 발생하여 산재보험법에 따른 요양급여 수급관계가 성립하게 되었다면, 이후 출산으로 모체와 단일체를 이루던 태아가 분리되었다 하더라도 이미 성립한 요양급여 수급관계가 소멸된다고 볼 것은 아니다. 따라서 여성 근로자는 출산 이후에도 모체에서 분리되어 태어난 출산아의 선천성 질병 등에 관하여 요양급여를 수급할 수 있는 권리를 상실하지 않는다"고 판시하였다.[1]

이에 따라 산재보험법도 2022. 1. 11. 법률 제18753호로 개정되면서 '임신 중인 근로자가 업무수행 과정에서 유해인자의 취급이나 노출로 인하여 출산한 자녀에게 부상, 질병 또는 장해가 발생하거나 그 자녀가 사망한 경우 업무상의 재해로 본다. 이 경우 그 출산한 자녀는 이 법을 적용할 때 해당 업무상 재해의 사유가 발생한 당시 임신한 근로자가 속한 사업의 근로자로 본다'는 제91조의 12 등이 신설되었다.

11. 산재보험급여

가. 산재보험급여에 대한 지급청구소송의 적부

산재보험법 제36조, 제49조, 제51조, 산재보험법 시행령 제21조 등에 의하면, 수급권자가 산재보험급여를 지급받기 위하여는 공단에 일단 그 지급을 청구하여 공

---

1) 대법원 2020. 4. 29. 선고 2016두41071 판결.

단으로부터 보험급여의 지급에 관한 결정을 받아야 하므로, 산재보험법상 각종 보험급여에 관하여는 법령의 요건에 해당하는 것만으로 바로 구체적인 청구권이 발생하는 것이 아니라 공단의 지급결정이 있은 후에야 비로소 그 구체적인 청구권이 발생한다. 따라서 산재보험급여를 받으려고 하는 자는 우선 공단에 보험급여의 지급을 청구하여 공단이 이를 거부하거나 그 일부만을 인정하는 처분을 하는 경우 그 처분을 대상으로 항고소송을 제기하는 등으로 구체적인 권리를 인정받은 다음 비로소 당사자소송에 의하여 그 급여의 지급을 구할 수 있는 것이고, 구체적인 권리가 발생하지 않은 상태에서 곧바로 당사자소송으로 그 권리의 확인이나 급여의 지급을 소구하는 것은 허용되지 않는다고 할 것이므로, 결국 수급권자가 공단의 보험급여에 관한 결정을 거치지 아니하고 곧바로 공단을 상대로 보험급여의 지급을 구하는 소송을 제기하는 것은 부적법하다.[1]

나. 요양급여(산재보험법 제40조)

(1) 요양급여의 의의

다른 보험급여는 업무상 재해로 잃은 노동력 수입을 일정 수준까지 보상하는 것을 주목적으로 하는 데 반하여 요양급여는 근로자가 업무상 사유로 부상을 당하거나 질병에 걸린 경우 공단이 설치한 요양시설이나 지정한 의료기관에서 그 부상 또는 질병 치료에 필요한 의학적 조치를 취하거나 부득이한 경우 그와 같은 요양에 갈음하여 요양비를 지급하는 보상제도로서 상실한 노동력의 원상회복을 주목적으로 한다. 따라서 요양급여는 재해 전후의 장해 상태에 관한 단순한 비교보다는 재해로 말미암아 비로소 발현된 증상이 있고 그 증상에 대하여 최소한 치료효과를 기대할 수 있는 요양이 필요한지에 따라서 그 지급 여부나 범위가 결정되어야 한다.[2]

요양급여의 기간은 그 상병이 요양을 필요로 하지 않게 될 때까지이나, 증상이 남지 않은 경우는 물론, 남아 있더라도 증상 고정으로 더는 치료의 효과를 기대할 수 없는 상태에 이른 경우, 즉 요양 중인 근로자의 상병을 호전시키기 위한 치료가 아니라 단지 고정된 증상의 악화를 방지하기 위한 치료만 필요한 경우도 치료종결

제 2 편
산업재해

---

1) 대법원 2008. 12. 24. 선고 2007두10945 판결.
2) 대법원 2000. 3. 10. 선고 99두11646 판결.

사유에 해당한다고 본다.1)

(2) 재요양의 요건

산재보험법에 의한 재요양은 일단 요양을 종결한 후 당해 상병이 재발하거나 또는 당해 상병에 기인한 합병증에 대하여 실시하는 요양이라는 점 외에는 최초의 요양과 그 성질이 다르지 않으므로, 재요양의 요건 역시 요양 종결된 후에 실시하는 요양이라는 점을 제외하고는 요양의 요건과 다를 바가 없다. 따라서 재요양의 요건으로는 요양의 요건 외에 ① 당초의 상병과 재요양 신청한 상병 사이의 의학상 상당인과관계 및 ② 당초 상병의 치료종결시 또는 장해급여 지급 당시의 상병상태에 비하여 그 증상이 악화되어 재요양을 함으로써 치료효과를 기대할 수 있다는 의학적 소견이 있는 것으로 족하고 당초 상병의 치료종결시 또는 장해급여 지급 당시의 상병상태에 비하여 그 증상이 현저하게 악화되어 적극적인 치료의 필요성이 인정되는 경우만 재요양을 인정할 것은 아니다.2)3)

다. 휴업급여(산재보험법 제52조)

휴업급여는 요양으로 인하여 취업하지 못한 기간에 대하여 평균임금의 70%에 상당하는 금액을 지급하는 보험급여이다. 여기서 '요양으로 인하여 취업하지 못한 기간'이라 함은 근로자가 업무상 부상 또는 질병으로 요양을 하느라고 근로를 제공할 수 없었기 때문에 임금을 받지 못한 기간을 의미하므로, 근로자가 의료기관에서 업무상 부상을 치료받은 기간뿐만 아니라 자택에서 요양하느라고 실제 취업하지 못하였기 때문에 임금을 받지 못한 기간도 포함한다고 할 것이나,4) 한편 근로자가 입

---

1) 대법원 2008. 9. 25. 선고 2007두4810 판결, 대법원 2017. 6. 19. 선고 2017두36618 판결 등.
2) 대법원 2002. 4. 26. 선고 2002두1762 판결, 대법원 2002. 4. 26. 선고 2000두5050 판결 등.
3) 산재보험법상 재요양과 구별하여야 할 것으로는 '합병증 등 예방 조치'가 있는바(산재보험법 제77조), 이는 산재보험법 제5조에 따른 업무상 상병을 치유하였으나 해당 질환에 관련하여 일어나는 다른 질환의 증상 및 해당 상병 또는 장해의 특성으로 인하여 발생하였거나 발생할 우려가 있는 증상으로서 재요양의 요건에 해당하지 않는 경우 그 근로자에게 자기 부담 없이 진료를 받을 수 있도록 지원하여 근로자의 치료종결 이후 재활 및 사회복귀를 도모하는 제도로, 여기서 말하는 진료에는 의료기관이 하는 진찰, 약제, 처치, 의료시설에의 수용 그 밖의 필요한 의학적 조치를 말한다. 자세한 내용은 '합병증 등 예방관리업무처리규정(공단 규정 제1264호, 2021. 2. 26. 시행)' 참조.
4) 대법원 1989. 6. 27. 선고 88누2205 판결.

은 상병의 정도, 상병의 치유과정 및 치유상태, 요양방법 등에 비추어 근로자가 요양을 하느라고 취업하지 못한 것이 아니라고 인정되는 경우에는 실제로 취업하지 아니하였더라도 그 기간에 대하여 휴업급여를 지급할 수는 없다.[1]

휴업급여를 받을 권리는 3년간 행사하지 않으면 시효완성으로 소멸하고(산재보험법 제112조 제1항 제1호), 위 기간은 그 권리를 행사할 수 있는 때부터 진행한다.

라. 장해급여(산재보험법 제57조)

(1) 장해급여의 의의

장해급여는 근로자가 업무상의 사유에 의하여 부상을 당하거나 질병에 걸려 치유된 후에도 신체 등에 장해가 있는 경우에 그 근로자에게 지급하는 보험급여로, 장해등급에 따라 장해보상연금 또는 장해보상일시금을 지급한다. 이는 업무상 재해로 장해가 남은 근로자에게 상실 또는 감소한 소득을 전보하여 줌으로써 그의 생활을 보장하여 주자는 데 그 취지가 있다.

여기서 장해란 부상 또는 질병이 치유되었으나 정신적 또는 육체적 훼손으로 노동능력이 없어지거나 줄어든 상태를 말하는 것이므로(산재보험법 제5조 제5호), 장해급여는 근로자의 업무상 상병을 완치하거나 상병에 대한 치료의 효과를 더는 기대할 수 없는 증상 고정의 상태에 이르게 된 때에 지급할 수 있다.[2] 그 때 근로자는 장해급여청구권을 취득하고, 소멸시효 역시 그때부터 진행한다.[3]

장해급여는 산재보험법 시행령이 정한 제1급부터 제14급의 장해등급에 따라, 제1급부터 제3급과 같이 노동능력을 완전히 상실한 근로자에 대하여는 장해보상연금만 지급하고(산재보험법 제57조 제3항 단서, 같은 법 시행령 제53조 제5항), 제4급부터

제 2 편
산업재해

---

1) 대법원 2001. 5. 8. 선고 2000두10601 판결 참조.
2) 대법원 2005. 4. 29. 선고 2004두14977 판결. 다만, 진폐증의 경우는 현대의학으로도 완치가 불가능하고 분진이 발생하는 직장을 떠나더라도 그 진행을 계속하는 한편 그 진행 정도도 예측하기 어려우므로, 산재보험법 등 관계 법령은 위와 같은 진폐증의 특성을 고려하여 다른 일반 상병의 경우와는 달리 진폐증이 산재보험법 시행규칙 [별표 5] 4.에서 정하는 기준에 해당할 때에는, 반드시 진폐증에 대한 치료를 받아 진폐증을 완치하거나 진폐증에 대한 치료의 효과를 더는 기대할 수 없게 되어 증상 고정 상태에 이를 것을 요구하지 아니하고, 곧바로 해당 장해등급에 따른 장해급여를 지급하도록 규정하였다고 한다. 대법원 1999. 6. 22. 선고 98두5149 판결.
3) 대법원 2007. 2. 22. 선고 2004두12957 판결, 대법원 1993. 3. 23. 선고 92누12629 판결 참조.

제7급의 경우 근로자의 선택에 따라 장해보상연금 또는 장해보상일시금을, 제8급부
터 제14급의 경우 장해보상일시금을 지급한다(산재보험법 제57조 제2항 [별표 2]). 장
해연금이나 장해보상일시금은 근로자의 평균임금에 결정된 장해등급에 해당하는 일
분을 곱한 금액으로 정하여질 뿐, 민사상 손해배상사건에서와 같이 노동능력 상실률
이나 근로자의 월소득, 퇴직금, 가동연한, 일시 청구의 경우 중간이자의 공제 등을
고려하지 않는다.

(2) 장해등급의 결정[1]

(가) 의의

산재보험법 시행령 제53조 제1항 [별표 6]은 노동능력상실 정도에 따라 장해등
급을 제1급에서 제14급까지로 구분하고, 세부적으로 모두 165종의 유형적인 신체장
해를 열거하면서, 같은 항 후문에서 신체부위별 장해등급 판정에 관한 세부기준 등
은 고용노동부령으로 정한다는 구체적인 위임규정을 두고 있다. 위 장해등급기준에
서 같은 등급으로 정한 신체장해 사이에서도 노동능력 상실 정도에 약간의 차이가
있고, 각 등급에 정한 신체장해 중에도 일정 폭이 있는 것도 있다. 이러한 장해등급
기준은 의료기관에서 신체감정 등을 통하여 산정한 노동능력상실률과 반드시 일치
하는 것이 아니고, 또 그러한 노동능력상실률에 따라 장해등급결정을 하여야 하는
것도 아니다.[2]

장해등급의 판정은 요양을 종료하여 증상 고정 상태에 이른 때 행한다(산재보험
법 시행규칙 제46조 제10항). 따라서 장해등급결정의 근거법령 역시 위에서 본 바와
같이 근로자가 업무상 상병에 대한 치료의 효과를 더는 기대할 수 없고 증상 고정
상태에 이르러 장해급여청구권을 취득할 당시, 즉 그 지급사유 발생 당시의 법령에
따르는 것이 원칙이다.[3]

---

1) 장해등급은 이하에서 보는 바와 같이 상당히 기술적인 방법으로 결정하는바, 이에 관하여는 공단에서
   발간하는 '장해등급판정기준해설'을 입수하여 구체적인 경우의 실무례를 이해할 필요가 있다. 그리고
   장해등급 전반에 관한 상세한 논문으로는 이영동, "산업재해로 인한 장해등급결정에 관한 제문제 –
   골격계 및 신경계 장해를 중심으로", 사법논집(34), 5~130 참조.
2) 대법원 2001. 12. 24. 선고 2000두598 판결.
3) 대법원 2007. 2. 22. 선고 2004두12957 판결. 다만 이 판결에서는 위의 원칙에 대한 예외로서, 외모의
   흉터 장해에 대한 장해등급에 관하여 남녀의 장해등급이 각각 다르게 되어 있던 것을 2003. 5. 7. 대
   통령령 제17977호로 개정된 산재보험법 시행령에서는 모두 제7급 제12호의 동일한 등급으로 개정되
   었는바, 이는 개정 전 시행령이 동일한 외모의 흉터에 대하여 남녀를 불합리하게 차별하는 위헌적 요

(나) 장해부위와 장해계열

　　산재보험법 시행규칙 제46조 제1항은, 장해는 신체를 해부학적으로 구분한 부위(장해부위) 및 장해부위를 생리학적으로 장해군으로 구분한 부위(장해계열)별로 판정한다고 규정하고 있다. 같은 조 제2항은 장해부위를 제1호부터 제10호로 분류하는데, 그 제1호부터 제4호, 제6호, 제7호, 제9호 및 제10호처럼 신체를 단순 부위로만 분류(이른바 국소해부학적 분류)한 것이 있는가 하면, 제5호 '신경계통의 기능 또는 정신기능'과 제8호 '체간(척주와 그 밖의 체간골)'처럼 구조 또는 기능상 서로 연관성이 있는 계통에 따라 분류(이른바 계통해부학적 분류)한 것도 있다. 같은 조 제3항 [별표 3]은 이러한 장해부위를 다시 기질장해와 기능장해로 나누어 모두 26개의 장해계열로 분류하고 있으므로, 이러한 장해부위 및 장해계열은 의학적으로나 국소해부학적 또는 계통해부학적 측면에서 구분하는 부위 및 계열과 반드시 일치하지는 아니하고, 따라서 복수의 장해가 있는 경우에 그것이 같은 조 제1항부터 제3항에서 규정하는 장해부위 및 장해계열이 같은 범위에 속한다면, 특별한 사정이 없는 한 그 복수의 장해는 산재보험법 시행령 제53조 제4항에서 말하는 '같은 부위'의 장해로 보아야 한다.[1]

제 2 편
산업재해

(다) 장해서열과 장해등급의 조정

　　산재보험법 시행령 제53조 제1항 [별표 6]의 장해등급기준상 같은 계열에 속하는 장해 상호간의 장해등급 상·하위 관계를 장해서열이라 하고,[2] 이는 같은 계열의 장해에 대하여만 적용된다. 장해등급기준에서 규정하지 아니한 장해가 있을 때에는 그 장해 정도에 따라 장해등급기준표에서 규정한 장해와 비슷한 장해에 해당하는 장해등급으로 결정한다(산재보험법 시행령 제53조 제3항).

　　소가 있어 이를 해소하려는 반성적 고려에서 개정한 것이고, 그 개정을 통하여 개정 전 시행령보다 근로자에게 유리하게 장해등급을 결정하도록 하여 근로자의 균등한 복지증진을 도모하고자 하는 데 그 취지가 있으며, 공단의 장해등급결정 전에 개정 시행령의 시행일이 도래하였다는 점 등을 들어 이 사건에서는 예외적으로 개정 시행령을 적용하여 그 장해등급을 결정함이 상당하다고 판시하였다.

1) 대법원 2001. 12. 27. 선고 99두1687 판결, 대법원 2001. 12. 24. 선고 2000두598 판결, 대법원 2001. 12. 24. 선고 2000두9656 판결 등.

2) 예컨대 기능적 장해의 경우 중한 순서대로 ① 제대로 못쓰게 된 사람, ② 기능에 뚜렷한 장해가 남은 사람, ③ 기능에 장해가 남은 사람의 3단계로 분류한다. 구체적으로 한 팔의 관절의 기능적 장해에 관하여 본다면, ① 제8급 제6호(한 팔의 3대 관절 중 1개 관절을 제대로 못쓰게 된 사람), ② 제10급 제13호(한 팔의 3대 관절 중 1개 관절의 기능에 뚜렷한 장해가 남은 사람), ③ 제12급 제9호(한 팔의 3대 관절 중 1개 관절의 기능에 장해가 남은 사람)이다.

산재보험법상 중복장해의 등급을 결정할 때는 먼저 각각의 장해상태를 구분하여 그 각각에 대한 장해등급을 정하고, 그 장해등급을 산재보험법 시행령 제53조 제2항에 의하여 조정한 후 장해등급을 결정하되, 그것이 장해등급기준표의 장해등급 사이에서 장해서열을 문란케 하는지 확인하여야 할 것이다. 이때 등급조정의 결과가 장해등급의 서열을 문란케 하는 결과를 낳는지는 장해상태를 노동능력이나 신체기능의 상실 등과 함께 종합적으로 고려하여 판단하여야 한다.[1] 그리고 산재보험법 시행령 제53조 제2항 본문, 같은 법 시행규칙 제46조 제4항, 제5항 등에 의하면 장해계열이 다른 장해가 둘 이상 있는 경우 심한 쪽의 장해등급을 따르든가 심한 쪽의 등급을 1~3개 등급 인상하는 방법으로 근로자의 장해등급을 조정하여 결정하도록 하고 있고,[2] 근로자의 장해 정도가 위와 같은 방법으로 조정한 장해등급에서 규정한 다른 장해보다 명백히 낮다고 인정되는 경우에는 조정 등급보다 1개 등급 낮은 등급을 그 근로자의 장해등급으로 할 수 있다(산재보험법 시행령 제53조 제2항 단서).

(라) 장해의 가중

산재보험법 시행령 제53조 제4항은 이미 장해(업무상 재해 여부를 불문한다[3])가

---

1) 대법원 2004. 3. 12. 선고 2003두12646 판결.
2) 산재보험법 시행령 제53조 제1항 [별표 6]에 의한 장해등급의 기준에 해당하는 장해가 둘 이상인 경우에는 그중 심한 장해에 해당하는 장해등급을 그 근로자의 장해등급으로 한다(산재보험법 시행령 제53조 제2항). 예컨대, 팔꿈치관절의 기능에 장해가 남고(제12급 제9호), 4개의 치아에 대하여 치과보철을 한 경우에는(제14급 제3호) 조정하여 심한 쪽의 장해에 해당하는 제12급으로 한다.
제13급 이상의 장해가 둘 이상인 경우에는 그중 심한 장해등급에, 제5급 이상에 해당하는 장해가 둘 이상 있는 경우에는 3개 등급(제1호), 제8급 이상에 해당하는 장해가 둘 이상 있는 경우에는 2개 등급(제2호), 제13급 이상에 해당하는 장해가 둘 이상 있는 경우에는 1개 등급(제3호)을 상향 조정하여, 그 조정 등급을 그 근로자의 장해등급으로 한다(산재보험법 시행령 제53조 제2항). 예컨대, 척주에 극도의 기능장해가 남고(제8급 제2호), 한 다리가 4cm 짧아진 경우(제10급 제11호), 조정하여 심한 쪽의 등급을 1개 등급 인상하여 제7급으로 한다.
산재보험법 시행규칙 제46조 제4항에서는, 장해등급의 조정은 장해계열이 다른 장해가 둘 이상인 경우에 행한다고 규정하고 있는바, 장해계열이 다를 경우 장해부위도 당연히 다르게 될 것이나, 장해부위가 같다 하더라도 장해계열이 다르게 되면 조정을 한다. 다만, 산재보험법 시행규칙 제48조 [별표 5] 6. 라.에 의하면 흉터장해는 일정한 경우 각각의 장해를 조정하여 등급을 결정하도록 규정하고 있다.
장해등급을 위와 같은 방법으로 조정하여 등급을 인상한 결과 최고등급인 제1급이 넘는 경우는 당연히 제1급을 그 근로자의 장해등급으로 한다(산재보험법 시행령 제53조 제2항 단서). 예컨대, 두 눈의 시력이 각각 0.02 이하가 되고(제2급 제2호) 두 손의 손가락 전부를 잃은 경우(제3급 제5호), 조정하여 등급을 인상하면 제1급을 넘게 되지만 제1급으로 한다.
다만, 산재보험법 시행규칙 제46조 제4항 단서 각 호, 제5항의 경우에는 위와 같은 장해등급의 조정을 하지 않는다.
3) 대법원 2011. 10. 27. 선고 2011두15640 판결.

있는 자가 업무상 부상 또는 질병으로 인하여 같은 부위의 장해 정도가 심해진 경우 원칙상 심해진 장해등급에 해당하는 장해급여에서 기존의 장해에 해당하는 장해급여를 공제한 나머지를 지급하도록 규정하고 있다.[1] 여기서 말하는 '가중'이란 업무상 재해로 새로이 장해를 더한 결과 현존하는 장해가 기존의 장해보다 심하게 된 경우를 말한다. 따라서 자연적 경과 또는 기존 장해의 원인이 된 질병의 재발 등 새로운 업무상 재해 이외의 사유로 인하여 장해의 정도가 심하게 된 것은 여기에서 말하는 가중에 해당하지 않으며, 같은 부위에 새로운 장해를 가중하였더라도 장해등급기준표상 기존의 장해등급보다 현존하는 장해의 등급이 심하지 않으면 '가중'에 해당하지 않는다.[2]

(마) 기타

그 밖에 판례는, 산재보험법 시행령 제53조 제1항 [별표 6]에 의하면 '한 다리의 3대 관절 중 1개 관절을 제대로 못쓰게 된 사람'은 제8급 제7호, '한 다리의 3대 관절 중 1개 관절의 기능에 뚜렷한 장해가 남은 사람'은 제10급 제14호에 각 해당한다고 규정하고 있고, 산재보험법 시행규칙 제48조 [별표 5] 10. 가. 5)항에 의하면 '관절을 제대로 못쓰게 된 사람'이라 함은 관절의 완전강직 또는 운동가능영역이 4분의 3 이상 제한된 상태에 이른 자 또는 인공골두 또는 인공관절을 삽입하여 치환한 자를 말한다고 규정하고 있는데, 치료종결 당시의 상태가 '관절 내 골절에 기인한 외상성 관절염으로 인하여 추후 인공관절치환술이 필요한 상태'에 있다 하더라도 이는 '인공관절을 삽입하여 치환한 상태'에 있다는 것은 아니므로 위 시행규칙 제48조 [별표 5] 소정의 '인공관절을 삽입하여 치환한 자'에 해당한다고 해석할 수는 없다고 보았다.[3]

제 2 편
산업재해

---

1) 대법원 2011. 1. 27. 선고 2010두18710 판결(척추 부위에 제8급 제2호에 해당하는 기존 장해를 가진 갑이 업무상 재해로 위 척추 부위에 제8급 제2호에, 신경계통기능 또는 정신기능에 제7급 제4호에 해당하는 장해를 입자, 공단이 갑의 장해등급을 제5급으로 결정하였다가 위 척추 부위의 장해 정도가 전보다 심해진 경우로 볼 수 없다며 이를 제외한 나머지 신경계통기능 또는 정신 장해에 대해서만 장해등급 제7급 제4호로 변경 결정하는 처분을 한 사안에서, 갑의 기존 장해 및 새로운 장해에 대하여 구 산재보험법 시행령 제31조 제2항 제2호에 따른 등급조정을 하면 제5급이 되고 장해보상일수는 173.2일이 된다는 이유로 위 변경처분은 위법하다고 한 사례).
2) 대법원 2001. 12. 27. 선고 99두1687 판결, 대법원 2001. 12. 24. 선고 2000두598 판결, 대법원 2011. 1. 27. 선고 2010두18710 판결 등.
3) 대법원 2005. 4. 29. 선고 2004두14977 판결(위 판결 이후 산재보험법 시행규칙 개정으로 조항 번호가 달라진 것은 현행법에 맞추어 바꾸어 인용하였다).

(3) 재요양에 따른 장해급여

장해보상연금의 수급권자가 재요양을 받는 경우에도 그 연금의 지급을 정지하지 아니하고, 재요양을 받고 치유된 후 장해상태가 종전에 비하여 호전되거나 악화된 경우에는 그 호전 또는 악화된 장해상태에 해당하는 장해등급에 따라 장해급여를 지급한다(산재보험법 제60조).

산재보험법 시행령 제58조는 재요양에 따른 장해급여액 산정방법에 관하여 규정하고 있고, 같은 조 제3항은 장해보상일시금을 받은 사람이 재요양을 한 경우 이미 지급한 장해보상일시금을 공제하도록 규정하고 있다.

마. 간병급여(산재보험법 제61조)

간병급여는 요양급여를 받은 자가 치유 후 의학적으로 상시 또는 수시의 간병이 필요하여 실제로 간병을 받는 경우에 지급하는 보험급여이다. 다만, 요양기간 중에 간병이 필요하였던 경우에는 요양급여에 간병비가 포함되어 있기 때문에 요양급여의 일종으로 간병비를 받게 된다(산재보험법 제40조 제4항 제6호).

간병급여는 손해배상사건에서의 개호비와 동일한 성질을 지니기 때문에 손해배상액의 산정시 간병급여는 공제될 수 있다. 그러나 근로자가 여명기간까지 간병급여를 지급받을 수 있다 하더라도 이를 현실적으로 지급받지 아니한 이상 이러한 장래의 보험급여액을 개호비 상당의 손해액에서 미리 공제할 수 없다.[1]

바. 유족급여(산재보험법 제62조)

유족급여는 근로자가 업무상의 사유로 사망한 경우에 유족에게 지급하는 것으로서, 근로자와 생계를 같이 하고 있던 유족의 생활보장 등을 위하여 민법과는 다른 관점에서 수급권자를 정한 것이므로 피재근로자 본인이 공단에 대하여 가지는 보험급여와는 성격이 다르고, 수급권자인 유족은 상속인이 아니라 산재보험법의 관련 규

---

1) 대법원 2004. 7. 9. 선고 2004다12752 판결.

정에 따라 직접 자신의 고유한 권리로서 유족급여의 수급권을 취득하는 것이다.[1]

유족급여는 유족보상연금과 유족보상일시금으로 구분되고, 유족보상일시금은 근로자가 사망할 당시 유족보상연금을 받을 수 있는 자가 없는 경우에 지급한다. 유족은 사망한 근로자의 배우자(사실상 혼인관계에 있는 자를 포함한다[2]), 자녀, 부모, 손자녀, 조부모 또는 형제자매[3]를 말하나(산재보험법 제5조 제3호), 유족보상연금 또는 유족보상일시금을 받을 자격이 있는 자는 근로자의 사망 당시 근로자와 생계를 같이 하고 있던 유족 중 일정 범위에 한정하고(같은 법 제63조, 제65조), 또 순위 및 범위는 앞서 지적한 바와 같이 민법의 상속 순위나 범위와 다름에 유의하여야 한다.

유족급여는 통상 장례비(산재보험법 제36조 제1항 제7호, 제71조)와 함께 청구하며, 그에 대한 거부처분의 취소소송은 실무상 서울행정법원 합의사건에서 상당한 비율을 점하고 있으므로, 그 절차와 심리상의 유의사항에 대하여는 아래 Ⅲ. 유족급여 및 장례비 부지급처분 취소소송의 심리상 착안점에서 따로 상세히 살펴본다.

제 2 편
산업재해

사. 상병보상연금(산재보험법 제66조)

요양급여를 받는 근로자가 요양개시 후 2년이 경과하도록 당해 부상이나 질병이 치유되지 아니한 상태에 있고, 그 부상이나 질병에 따른 중증요양상태의 정도가 중증요양상태등급기준(산재보험법 시행령 제65조 제1항 [별표 8])에 해당하는 경우에는 휴업급여 대신 상병보상연금을 당해 근로자에게 지급한다. 이는 2년 이상 요양을 하는 중증요양상태에 있는 근로자에게 휴업급여의 수준보다 높은 액수의 상병보상연금을 지급함으로써 생활안정을 도모하기 위한 취지이다.

---

1) 대법원 2006. 2. 23. 선고 2005두11845 판결. 따라서 보험급여를 받은 자가 산재보험법 제114조 제2항부터 제4항의 규정에 의한 신고의무를 이행하지 아니함으로써 부당하게 보험급여를 지급받은 경우라도, 그의 사망 후 공단이 그 유족에게 같은 법 제62조에 의하여 유족급여를 지급할 때는 같은 법 제86조의 규정에 의하여 그 지급할 유족급여에서 부당이득을 받은 수급권자로부터 징수할 부당이득금을 충당할 수는 없다고 한다(산재보험법 조항번호는 개정법에 따라 인용하였다).
2) 사실상 혼인관계에 있는 자와 법률상의 배우자가 따로 있는 경우에는 법률상의 배우자만이 수급권자이다. 대법원 2010. 9. 30. 선고 2010두9631 판결(군인연금법상 수급권자에 관한 판결).
3) 여기서의 형제자매는 부계의 형제자매뿐 아니라 모계(이성동복)의 형제자매도 포함한다. 대법원 1997. 3. 25. 선고 96다38933 판결.

아. 직업재활급여(산재보험법 제72조)

직업재활급여는 장해급여 또는 진폐보상연금을 받은 사람이나 장해급여를 받을 것이 명백한 사람이 취업활동이 가능한 경우 직업훈련 등을 통해 직장에 복귀할 수 있도록 지원하는 금원으로서, 직업훈련비용, 직원훈련수당, 직장복귀지원금, 직장적 응훈련비 및 재활운동비로 구성된다.

자. 장례비(산재보험법 제71조)

장례비는 근로자가 업무상의 사유로 사망한 경우에 지급하되, 평균임금의 120 일분에 상당하는 금액을 그 장례를 지낸 유족에게 지급하는 보험급여로서 실비변상 적 성격을 가진다. 다만, 장례를 지낼 유족이 없거나 그 밖에 부득이한 사유로 유족 이 아닌 사람이 장례를 지낸 경우에는 평균임금의 120일분에 상당하는 금액의 범위 에서 실제 드는 비용을 그 장례를 지낸 사람에게 지급한다.

차. 평균임금

(1) 평균임금의 의의

산재보험법상의 각종 급여 중 요양급여, 직업재활급여를 제외한 나머지는 모두 근로자의 평균임금을 기준으로 산정한다(제52조, 제57조, 제61조, 제62조, 제66조, 제71 조 등). 여기서 평균임금은 원칙적으로 근로기준법에 따른 평균임금을 말하는 것인 데(산재보험법 제5조 제2호), 근로기준법 제2조 제1항 제6호는 "평균임금이란 이를 산 정하여야 할 사유가 발생한 날 이전 3개월 동안에 그 근로자에게 지급된 임금의 총 액을 그 기간의 총일수로 나눈 금액을 말한다. 근로자가 취업한 후 3개월 미만인 경 우도 이에 준한다."라고 정의하고 있고, 같은 법 시행령 제2조 제1항은 수습(修習) 사용중인 기간, 사용자의 귀책사유로 휴업한 기간, 출산전후휴가기간, 업무상 부상 또는 질병으로 요양하기 위하여 휴업한 기간, 육아휴직기간, 쟁의행위기간 등과 그 기간에 지급한 임금을 평균임금 산정 기준인 기간과 임금 총액에서 제외하고 있다.

(2) 평균임금의 조정

산재보험법 제5조 제2호 단서, 제36조 제5항, 같은 법 시행령 제23조에 의하면, 당해 근로자를 1일 단위로 고용하거나 근로일에 따라 일당 형식의 임금을 지급하는 근로자(일용근로자)인 경우에는 실제 근로일수가 일정하지 않은 등 근로형태가 특이하므로 이러한 일용근로자에 대하여 급여를 근로기준법의 평균임금을 기준으로 산정하게 되면 실제 소득수준을 상회하여 보험급여를 지급할 수도 있기 때문에 위와 같은 평균임금을 적용하는 것이 적당하지 아니하다고 보아 같은 시행령 제24조의 규정에 따라 산정한 금액을 평균임금으로 하도록 정하고 있는데, 같은 시행령 제24조에 의하면, 해당 일용근로자의 일당[1]에 일용근로자의 1개월간 실제 근로일수 등을 고려하여 고용노동부장관이 고시하는 근로계수(이하 '통상근로계수'라 한다)를 곱하여 평균임금을 산정하되(제1항 제1호), 평균임금 산정사유 발생일 당시 해당 사업에서 1개월 이상 근로한 일용근로자는 제1항에 따른 산정 방법에 따라 산정한 금액을 평균임금으로 하는 것이 실제의 임금 또는 근로일수에 비추어 적절하지 아니한 경우에는 실제의 임금 또는 근로일수를 증명하는 서류를 첨부하여 공단에 제1항에 따른 산정 방법의 적용 제외를 신청할 수 있다(제2항).

(3) 평균임금 산정특례 규정

산재보험법 제36조 제6항, 같은 법 시행령 제25조는 보험급여를 산정할 때 진폐 등 같은 시행령 제25조 제1항에서 규정한 질병(단, 유해·위험요인에 일시적으로 다량 노출되어 급성으로 발병한 질병은 제외한다)으로 인하여 보험급여를 받게 되는 근로자에게 평균임금을 적용하는 것이 근로자의 보호에 적당하지 아니하다고 인정되는 경우에는 각 직업병의 유형별로, 진폐의 경우 해당 직업병이 확인된 날을 기준으로 같은 시행령 제26조 제1항에 따른 전체 근로자의 임금 평균액을 고려하여 고용노동부장관이 매년 고시하는 금액을, 같은 시행령 제25조 제1항 제2호, 제3호 직업병의 경우 통계법 제3조 제2호에 따른 지정통계로서 고용노동부장관이 작성하는 사업체노동력조사에 따른 근로자의 월평균 임금총액에 관한 조사내용 중 해당 직업병에

---

[1] 일용근로자의 일당 확인방법은 공단 보상업무처리규정 참조.

제 2 편
산업재해

걸린 근로자와 성별·직종 및 소속한 사업의 업종·규모가 비슷한 근로자의 월평균 임금총액을, 해당 근로자의 직업병이 확인된 날이 속하는 분기의 전전분기 말일 이전 1년 동안 합하여 그 기간의 총 일수로 나눈 금액을 각 당해 근로자의 평균임금으로 본다(같은 시행령 제25조 제2항).

이와 같은 직업병에 걸린 근로자에 대한 평균임금 산정특례 규정의 취지는, 진폐증 등 일정 직업병의 경우 그 진단이 쉽지 않아 근로자가 업무로 말미암아 진폐증 등 질병에 걸렸음에도 이를 확인하지 못한 채 업무를 계속 수행하는 때가 있는데 그 직업병 때문에 근로 제공을 제대로 하지 못하고 임금을 제대로 받지 못함에도 그 임금액을 기준으로 평균임금을 산정하는 것은 근로자의 보호에 적당하지 아니하므로, 이러한 경우 그 평균임금 대신 동종 직종 근로자의 통계조사보고서상의 임금액을 그 근로자의 평균임금으로 하여 산재보험법상의 보험급여를 산정하자는 것이다. 산재보험법이 이러한 평균임금 산정 특례 규정을 둔 취지와 함께 산재보험법상 각종 보험급여의 산정 기준이 되는 평균임금은 근로자의 통상의 생활임금을 사실대로 산정하는 것을 그 기본원리로 하고 있다는 점을 감안하면, 사업이 휴업 또는 폐업되거나 근로자가 퇴직한 이후 직업병 진단이 확정된 근로자에 대하여 산재보험법 제5조 제2호에 따라 근로기준법이 정하는 원칙적인 방법으로 평균임금을 산정할 수 없는 경우에도 곧바로 평균임금 산정 특례 규정을 적용할 것이 아니라 근로자의 통상의 생활임금을 사실대로 산정할 수 있는 합리적인 평균임금 산정 방법이 있는지를 먼저 찾아보아야 한다.[1]

카. 산재보험급여청구권과 손해배상청구권의 경합

산재보험급여는 근로자의 재해로 인한 손실을 전보하는 데 목적이 있는 것이므로 그 보험급여의 원인이 되는 업무상 재해가 동시에 불법행위의 요건도 갖춘 경우 근로자나 산재보험법에 의한 수급권자가 그 재해에 관하여 불법행위를 원인으로 하여 민법에 의한 손해배상을 받거나 이를 면제하였을 때에는 그 범위에서 수급권자의 보험급여청구권은 소멸하고 공단은 그 범위에서 보험급여의 지급책임을 면하는

---

1) 대법원 2019. 11. 14. 선고 2016두54640 판결 등 참조.

것이나(산재보험법 제80조), 그 받은 배상액에 포함되지 아니한 보험급여청구권은 소멸하지 아니하며, 따라서 공단은 이에 대한 보험금지급의무가 있다.

산재보험법상의 요양급여, 간병급여, 장례비는 손해배상에서 적극적 손해에 해당하고, 휴업급여, 장해급여, 유족급여는 소극적 손해에 해당하므로, 서로 대응관계에 있는 항목 사이에서만 공제되어야 한다.[1] 근로자가 수령한 휴업급여금이나 장해급여금이 법원에서 인정된 소극적 손해액을 초과하더라도 그 초과부분을 기간과 성질을 달리하는 손해배상액에서 공제할 것은 아니며, 휴업급여는 휴업기간 중의 일실수입에 대응하는 것이므로 그것이 지급된 휴업기간 중의 일실수입 상당의 손해액에서만 공제되어야 한다.[2]

유족급여의 수급권자와 손해배상청구권자의 상속인이 다른 경우 수급권자가 아닌 망인의 공동상속인들이 상속한 손해배상채권과 그 유족급여의 수급권은 그 귀속주체가 서로 상이하여 상호보완적 관계를 인정할 수 없으므로, 수급권자에 대한 유족급여의 지급으로써 그 수급권자가 아닌 다른 공동상속인들에 대한 보험가입자의 손해배상책임까지 당연히 소멸된다고 할 수는 없고, 근로자가 업무상 재해로 사망함에 따라 발생하는 망인의 일실수입 상당 손해배상채권은 모두가 그 공동상속인들에게 각자의 상속분 비율에 따라 공동상속되며, 공단이 수급권자에게 지급하는 유족급여는 당해 수급권자가 상속한 일실수입 상당 손해배상채권을 한도로 하여 그 손해배상채권에서만 공제하는 것으로 해석하여야 한다.[3]

제3자의 불법행위에 의한 재해로 산재보험법상의 보험급여 지급의무가 발생한 경우 보험급여의 수급권자가 제3자로부터 자신의 재산상 손해배상과 관련된 일정한 금원을 지급받고 나머지 청구를 포기 또는 면제하기로 하였거나 혹은 이를 전혀 지급받지 않은 채 제3자의 재산상 손해배상의무 전부를 면제하여 주었다면, 수급권자가 그 재해로 인하여 제3자로부터 배상받을 수 있는 진정한 재산상 손해액(보험급여 항목과 관련한 범위에 국한된다)의 한도에서 공단은 보험급여의 지급의무를 면하게 된다.[4]

---

1) 대법원 1991. 7. 23. 선고 90다11776 판결.
2) 대법원 2020. 6. 25. 선고 2020다216240 판결.
3) 대법원 2009. 5. 21. 선고 2008다13104 전원합의체 판결.
4) 대법원 2007. 6. 15. 선고 2005두7501 판결(제3자의 불법행위로 재해를 입은 근로자가 제3자로부터 장해급여일시금을 초과하는 액수의 일실수입 상당 손해배상금을 수령할 수 있었음에도 그중 일부만을 수령하고 나머지 청구는 포기하기로 합의한 사안에서, 근로자가 장해보상일시금과 장해보상연금 중 어느 것을 선택하였는지와 무관하게 공단의 장해급여 지급의무가 전부 소멸한다고 한 사례). 따라서

타. 산재보험급여청구권의 소멸시효

(1) 소멸시효 기간 및 중단 범위

요양급여, 휴업급여, 간병급여, 상병보상연금, 직업재활급여를 받을 권리는 3년 간, 장해급여, 유족급여, 장례비, 진폐보상연금 및 진폐유족연금을 받을 권리는 5년 간 행사하지 아니하면 시효의 완성으로 소멸한다(산재보험법 제112조 제1항).[1] 소멸 시효는 보험급여의 청구(산재보험법 제36조 제2항)로 중단되고, 이 경우 청구가 업무 상의 재해 여부의 판단을 필요로 하는 최초의 청구인 경우에는 그 청구로 인한 시 효중단의 효력은 다른 산재보험급여에도 미친다(산재보험법 제113조).[2] 그 외 소멸시 효에 관하여는 민법의 규정에 따른다(산재보험법 제112조 제2항).

(2) 요양급여, 휴업급여의 경우

요양급여청구권의 소멸시효는 요양에 필요한 비용이 구체적으로 확정된 날의 다음날, 즉 요양을 받은 날의 다음날부터 진행하므로, 업무상 재해로 인한 질병이 계속되고 있는 경우에 있어서는 그 근로자가 요양급여의 신청을 한 때로부터 역산 하여 3년이 넘는 부분에 대한 요양급여청구권은 이미 소멸시효가 완성하였더라도 3 년 이내의 부분 및 장래 발생할 부분에 대한 요양급여청구권은 위 요양급여신청으 로 인하여 시효의 진행이 중단된다.[3] 따라서 종전의 요양불승인처분이 불복기간의 경과로 확정되었더라도 요양급여청구권이 없다는 내용의 법률관계까지 확정된 것은 아니어서, 소멸시효에 걸리지 아니한 이상 다시 요양급여를 청구할 수 있고 그것을

<hr>

수급권자가 제3자로부터 배상받을 수 있는 진정한 재산상 손해액이 그 관련 항목의 보험급여액보다 적은 경우 공단은 진정한 재산상 손해액 한도에서 그 보험급여의 지급의무를 면하게 되는 것일 뿐이고, 그 보험급여액 전부의 지급의무를 면하게 되는 것은 아니다. 대법원 2000. 8. 18. 선고 2000두918 판결.

[1] 당초 산재보험법상의 보험급여를 받을 권리의 소멸시효는 모두 3년이었으나, 산재보험법이 2018. 6. 12. 법률 제15665호로 개정되면서 산재보험법상의 보험급여 중 장해급여, 유족급여, 장례비, 진폐보상 연금 및 진폐유족연금을 받을 권리의 소멸시효를 5년으로 연장하였다.

[2] 당초 산재보험법에는 현행 산재보험법 제113조 후문과 같이 시효중단의 효력 범위를 확대하는 규정이 존재하지 않았고, 이에 따라 근로자가 청구하지 않은 보험급여의 소멸시효 완성여부가 실무상 많이 문제되었다. 이에 법원은 시효중단의 효력 범위를 확대하거나 공단의 소멸시효 항변을 신의칙을 들어 배척하는 판결을 지속적으로 선고하였다. 이에 산재보험법이 2007. 12. 14. 법률 제8694호로 전부개정 되면서 제113조 후문이 신설된 것으로 보인다.

[3] 대법원 1989. 11. 14. 선고 89누2318 판결.

거부당한 경우 이는 새로운 거부처분이므로 그 위법 여부를 다툴 수 있다.[1]

휴업급여청구권의 소멸시효는 요양으로 인하여 구체적으로 취직을 하지 못한 날의 다음날부터 날마다 진행한다고 할 것이므로 그 근로자가 휴업급여를 청구한 때로부터 역산하여 3년이 넘는 부분에 대한 휴업급여청구권은 소멸시효가 완성하였다고 볼 것이다.[2]

산재보험법 제113조 후문의 '업무상의 재해 여부의 판단을 필요로 하는 최초의 청구'에는 '업무상의 재해의 재발 여부의 판단을 필요로 하는 최초의 청구'도 포함된다고 해석하는 것이 타당하다. 따라서 근로자가 업무상 재해의 재발 여부의 판단을 필요로 하는 최초의 청구인 재요양급여 신청을 한 경우 재요양급여청구권에 대한 소멸시효가 중단될 뿐만 아니라 재요양 기간 중의 휴업급여청구권에 대한 소멸시효도 중단된다.[3]

(3) 장해급여의 경우

장해급여청구권은 장해급여의 지급사유가 발생한 때, 즉 치유 시점(부상 또는 질병이 완치되거나 치료의 효과를 더 이상 기대할 수 없고 그 증상이 고정된 상태에 이르게 된 시점)부터 소멸시효가 진행한다.

업무상 재해로 인하여 신체장해를 입은 사람이 그 당시에 판정된 장해등급에 따른 장해급여를 청구하지 아니하여 기존의 장해에 대해서 전혀 보상을 받지 못하고 있다가 기존의 장해상태가 악화되어 장해등급이 변경된 후 비로소 변경된 장해등급에 따라 장해보상연금을 청구한 경우에는, 그와 같은 중복지급의 불합리한 결과는 발생하지 아니하므로, 공단으로서는 재요양 후 치유된 날이 속하는 달의 다음 달부터 변경된 장해등급에 해당하는 장해보상연금의 지급일수에 따라 장해보상연금을 지급하여야 할 것이고, 근로자에게 지급한 적이 없는 기존의 장해등급에 따른 장해보상일시금의 지급일수에 해당하는 기간만큼의 장해보상연금을 부지급하여서는 아니 된다. 그리고 이러한 이치는 기존의 장해등급에 대한 장해급여청구를 하지 않고 있던 중 그 청구권이 시효 소멸된 경우에도 마찬가지로 적용된다고 보아야 한다.[4]

제 2 편
산업재해

---

1) 대법원 1993. 4. 13. 선고 92누17181 판결.
2) 대법원 2003. 1. 24. 선고 2002두10407 판결.
3) 대법원 2014. 7. 10. 선고 2013두8332 판결.
4) 대법원 2015. 4. 16. 선고 2012두26142 전원합의체 판결, 대법원 2020. 6. 4. 선고 2020두31774 판결.

12. 산업재해보상보험관계의 성립

가. 의의

산업재해보상보험관계(이하 '산재보험관계'라 한다)라 함은 보험사업수행자인 공단과 보험가입자인 사업주 사이의 보험료 징수·납부 관계, 공단과 근로자 사이의 보험급여 청구·지급관계의 기본이 되는 법률관계를 말한다. 산재보험법은 산재보험관계의 성립에 관하여 실질주의를 채택하여 산재보험법 시행령 제2조 제1항에서 정하는 예외를 제외하고는 원칙상 사업주의 가입의사 유무와 관계없이 모든 사업 또는 사업장에 산재보험관계가 성립하는 것으로 보므로(산재보험법 제6조, 이를 강제적용사업 또는 당연적용사업이라 한다), 산재보험관계는 사업주의 보험관계성립 신고나 보험료의 납부 여부와 상관 없이 사업개시일에 자동으로 발생한다. 한편 산재보험법 시행령 제2조 제1항에 의하여 산재보험법의 적용을 받지 않는 사업(이하 '임의적용사업'이라 한다)의 사업주는 공단의 승인을 얻어 산재보험에 가입할 수 있고(고용보험 및 산업재해보상보험의 보험료징수 등에 관한 법률 제5조 제4항), 이 경우 산재보험관계는 공단이 그 보험가입승인신청서를 접수한 다음날에 성립한다(고용보험 및 산업재해보상보험의 보험료징수 등에 관한 법률 제7조 제3호).

산재보험법의 적용단위가 되는 사업이란 경영조직으로서 독립성을 가진 최소단위의 경영체가 일정한 장소에서 일정한 조직 아래 유기적으로 서로 연관을 맺고 행하는 작업 일체를 말한다. 따라서 근로자의 노무제공이 이루어지는 곳이 장소로는 흩어져 있더라도 일정한 장소에서 행하여지는 작업이 그 규모, 내용, 기간, 작업을 위한 인적·물적 조직의 대내외적 연관성 등에 비추어 경영조직으로서 독립성을 인정하기 어려운 경우에는 이를 다른 장소에서 한 작업과 별개의 사업으로 파악할 수는 없다.

나. 산재보험법의 적용대상사업

산재보험법 시행령 제2조 제1항은 산재보험법이 적용되지 않는 사업으로 '「공무원 재해보상법」 또는 「군인 재해보상법」에 따라 재해보상이 되는 사업'(제1호),[1] '「선원법」, 「어선원 및 어선 재해보상보험법」 또는 「사립학교교직원 연금법」에 따라 재해보상이 되는 사업'(제2호), '가구내 고용활동'(제4호), '농업, 임업(벌목업은 제외한다), 어업 및 수렵업 중 법인이 아닌 자의 사업으로서 상시근로자 수가 5명 미만인 사업'(제6호)을 들고 있다.

당초 산재보험법 시행령 제2조 제1항 제3호가 '주택법에 의한 주택건설사업자, 건설산업기본법에 의한 건설업자, 전기공사업법에 의한 공사업자 등이 아닌 자가 시공하는 공사 중 고용보험 및 산업재해보상보험의 보험료징수 등에 관한 법률 시행령 제2조 제1항 제2호의 규정에 의한 총공사금액이 2,000만 원 미만인 공사, 연면적이 100제곱미터 이하인 건축물의 건축 또는 연면적이 200제곱미터 이하인 건축물의 대수선에 관한 공사'를, 같은 항 제5호가 '제1호부터 제4호까지의 사업 외의 사업으로서 상시근로자 수가 1명 미만인 사업'을 산재보험법의 적용을 받지 않는 사업의 하나로 규정하고 있었고, 실무상 위 제3호의 해당 여부가 많이 문제되었다. 그러나 산재보험법 시행령이 2017. 12. 26. 대통령령 제28506호로 개정되면서 위 제3호와 제5호가 삭제되었고, 이에 따라 산재보험법의 적용 범위가 더욱 확대되었다.

제 2 편
산업재해

---

[1] 다만, 「공무원 재해보상법」 제60조에 따라 순직유족급여 또는 위험직무순직유족급여에 관한 규정을 적용받는 경우는 제외한다.

Ⅲ. 유족급여 및 장례비 부지급처분 취소소송의 심리상 착안점

1. 소송물 가액의 산정

가. 원칙

산재보험법상 보험급여 관련 취소소송의 대표적인 소송형태인 유족급여 및 장례비 부지급처분 취소소송은 1개의 소로써 2개의 처분의 취소를 구하는 청구를 병합한 것이므로, 민사소송 등 인지규칙 제17조 제4호, 제18조의2에 따라 비재산권상의 소 2개를 병합한 것으로 볼 여지도 있으나, 실무상 민사소송 등 인지규칙 제22조 단서에 따라 청구의 목적이 1개의 법률관계인 것으로 보아 5천만 원으로 산정한다.

나. 예외

다만 유족급여를 청구한 사람과 장례비를 청구한 사람이 다른 경우에는 2개의 부지급처분이라 할 것이므로 2개 소송을 병합한 것으로 보아 소가를 산정함이 옳다.

2. 당사자적격

가. 원고적격

1) 보험급여 지급을 청구한 수급권자는 그 부지급처분을 다툴 수 있으므로, 당연히 원고적격이 인정된다. 한편 산재보험법에 의한 보험급여 지급결정에 대하여는 보험가입자인 사업주도 보험료의 부담범위에 영향을 받는 경우에는 그 적법 여부를 다툴 법률상 이익이 있으므로, 원고적격이 인정된다. 다만, 업무상 질병과 관련하여서는 고용보험 및 산업재해보상보험의 보험료징수 등에 관한 법률 시행령 제17조 제3항 제3호가 2018. 12. 31. 대통령령 제29455호로 개정되면서 산재보험법 제37조 제1항 제2호에 따른 '업무상 질병'에 대하여 지급이 결정된 보험급여액을 개별실적에 따른 요율산정에서 제외하도록 규정하였으므로, 사업주의 법률상 이익을 인정하기는 어려워 보인다. 따라서 보험가입자인 사업주가 보험급여 지급결정에 대하여 다투는 소를 제기한 경우 당사자적격이 있는지 여부를 따져보아야 한다.

2) 동순위 수급권자가 2인 이상 있는 경우, 그중 일부만이 보험급여 지급을 청구하였다가 부지급처분을 받고 소를 제기하거나 공단에 보험급여 지급을 청구한 수급권자와 부지급처분 취소소송의 원고가 일치하지 않을 때 원고적격이 문제될 수 있다. 수급권자 중 1인만이 청구하고 그가 소를 제기한 경우 균분 지급되는 자기 몫의 급여를 청구한 것으로 보아 그 부분에 관한 부지급처분의 취소를 구하는 소로 취급하면 될 것이고, 수급권자 중 1인만이 청구하여 부지급처분을 받았으나 다른 수급권자가 공동원고가 되어 소를 제기한 경우에는 보험급여 지급을 청구하지 않은 수급권자는 처분을 받은 적이 없는 것이므로 원고적격도 없다. 이 경우 실무상 소취하를 권고하여 정리하는 경우가 많다.

나. 피고적격

산재보험법 제2조에 의한 고용노동부장관의 보험사업에 관한 권한은 같은 법

제10조에 의하여 공단에 위탁하고 있으나, 실제 보험급여 지급·부지급 등에 관한 처분은 '공단 ○○지역본부장', '공단 ○○지사장' 등 공단의 지역본부장이나 지사장 (이하 '지사장'이라 한다) 명의로 하고 있다.

이 경우 보험급여에 관한 처분을 한 행정청을 공단으로 보아 공단을 피고로 삼을 것인지, 아니면 지사장으로 보아 지사장을 피고로 볼 것인지가 문제된다.

일반적으로 항고소송은 다른 법률에 특별한 규정이 없는 한 소송의 대상인 처분 등을 외부적으로 그 명의로 한 행정청을 피고로 하여야 하므로 이론상 문제가 없는 것은 아니나,[1] 실무상으로는 지사장과 공단 사이의 관계를 권한대리관계로 보아 부지급처분을 공단의 처분으로 보고 공단을 피고적격자로 취급한다. 판례도 마찬가지로 보고 있는 듯하다.[2]

그리하여 지사장을 피고로 하여 소를 제기한 경우 피고를 공단으로 하는 표시정정신청 또는 경정신청을 하도록 유도하고 있다(관할은 공단 지사 소재지 법원에도 있음에 유의하여야 한다).

3. 청구취지

청구취지에는 취소를 구하는 부지급처분일자(○년 ○월 ○일 부지급처분)를 기재하여야 한다. 그런데 처분일자는 행정청이 내부결재를 거쳐서 부지급한다는 의사를 외부로 표시한 문서(처분서)에 기재한 일자임에도, 그러한 문서가 원고에게 도달된 날을 처분일로 보고 잘못 기재하는 경우가 있다. 또한 심사결정일이나 재심사결정일 등을 처분일자로 기재하는 경우도 종종 있다.

이 경우 보정명령을 보내어 청구취지 정정신청서를 제출하게 하거나 변론준비기일 또는 변론기일에 처분일자를 정정하여 진술하는 것으로 정리하면 될 것이다.

---

1) 자세한 논의는 박성수, "산업재해관련 행정소송사건에 있어서의 처분청", 행정실무편람, 서울행정법원 (2001), 331~335 참조.
2) 대법원 2006. 2. 23. 자 2005부4 결정(공단의 이사장으로부터 보험료의 부과 등에 관한 대리권을 수여받은 지역본부장이 대리의 취지를 명시적으로 표시하지 않고 보험료 부과처분을 한 경우, 그러한 관행이 약 10년간 이어져 왔고, 실무상 공단을 상대로 보험료 부과처분에 대한 항고소송을 제기하여 온 점 등에 비추어 지역본부장은 물론 그 상대방 등도 공단과 지역본부장의 대리관계를 알고 받아들였다는 이유로, 위 부과처분에 대한 항고소송의 피고적격이 공단에 있다고 한 사례).

4. 청구원인

가. 업무수행 중 사고를 원인으로 하는 사건의 경우에는 비교적 쟁점이 단순하지만, 질병 또는 그로 인한 사망과 업무 사이의 인과관계가 문제되는 사건에서는, 원고의 주장이 ① 업무상의 과로 등으로 인하여 질병이 발병하거나 사망한 경우, ② 업무상 과로와 기왕증 등의 사유가 중첩하여 제3의 질병이 발병하거나 사망한 경우, ③ 업무상 과로로 기존질환이 급속하게 악화하거나 그로 인하여 사망한 경우 가운데 어디에 해당하는지 파악하여 쟁점을 조기에 명확히 하여야 할 것이다.

나. 원고가 보험급여 신청 당시 주장하지 않았던 재해의 내용을 취소소송 중에 변경하거나 추가하는 경우가 있다. 그러나 취소소송의 소송물은 그 처분의 위법성이므로, 그 처분의 위법성은 피고 행정청으로 하여금 그 처분을 발하게 한 원고의 신청과의 관계에서 판단되어야 하는 것이므로, 소송에서 처분의 위법성을 다투던 중에 그 처분을 발하게 한 신청의 내용을 변경하여서는 안 된다고 볼 것이다(대법원 2006. 4. 27. 선고 2006두859 판결 참조). 따라서 신청 당시의 업무상 재해의 내용을 소송 중에 바꾸는 것은 피고에 의하여 행하여지지도 않은 거부처분을 취소하여 달라는 것이 되어 허용되지 않는다고 할 것이다. 피고측에서 원고가 신청하지 않은 내용이라고 다투는 경우 그 신청의 내용을 확인하기 위하여 급여 신청서의 제출을 유도하는 것이 바람직하다.

다. 산재보험법상 보험급여 지급 등을 위한 결정은 특별한 사정이 없는 한 수급권자가 보험급여 지급청구권을 취득할 당시, 즉 지급 사유 발생 당시의 법령에 따르는 것이 원칙이다.[1]

5. 제1회 변론기일의 지정

산재사건을 전문으로 하는 소송대리인의 경우 소장 제출 후 즉시 진료기록감정

---

1) 대법원 2013. 5. 23. 선고 2011두8888 판결.

등 필수적 증거신청을 하는 경우가 많다. 이러한 경우는 진료기록감정 도착 등 필요한 모든 증거자료가 제출된 후 제1회 변론기일을 열어 심리하면 된다. 그렇지 아니한 경우 보정권고를 통하여 제1회 변론기일 전에 진료기록감정, 사실조회 등 필요한 증거신청을 요구하거나 가급적 조기에 제1회 변론기일을 지정하여 필수적 증거신청을 요구할 필요가 있다.

6. 기본서증

피고의 처분서(부지급 통보서), 원고의 보험급여 신청서, 가족관계등록부, 사망진단서 및 부검감정서, 장제실행 확인서, 중대재해조사복명서(공무원연금관리공단을 피고로 한 사건의 경우에는 연금취급기관의 상병·사망경위서), 처분청이 조사 과정에서 작성한 문답서, 채용신체검사 및 정기 건강진단결과 통보서, 자문의 소견서, 의학적 소견 조회 회보서 등을 제출하여야 할 것이다.

7. 업무내용 및 근무현황에 관한 심리방법

가. 과로사 여부가 문제되는 사건에서는 원고측에서 피재근로자가 사업장 또는 특정 부서의 업무를 혼자 도맡아서 처리한 듯이 주장하는 경우가 있다. 이 경우 가능한 한 사업장의 사업 내용, 조직 및 인원 현황과 업무 분장 내역, 피재근로자의 근무 이력과 담당한 업무의 구체적 내용 및 그 수행방식, 피재근로자의 통상 일과를 밝히도록 하여야 할 것이다. 그리고 과로 여부에 관하여는 재해 무렵의 돌발적인 과중부하이지만 일시적 과중부하가 있었는지 아니면 만성적 과중부하가 있었는지 심리하여야 하는바, 사망 직전은 물론 사망 1주일 이내, 나아가 사망 1개월 이내, 사망 6개월 이내의 연장·휴일근로 및 출장근무 실태, 업무내용 및 그 강도, 근무환경, 근무시간 등이 급변하였는지 등을 구체적으로 밝히도록 하여야 할 것이다.

나. 뇌혈관 질병 또는 심장 질병 및 근골격계 질병의 업무상 질병 인정 여부 결정에 필요한 사항(고용노동부 고시)은 발병 전 12주 동안 업무시간이 1주 평균 60시

간(발병 전 4주 동안 1주 평균 64시간)을 초과하는 경우에는 업무와 발병과의 관련성
이 강하다고 규정하고 있고, 실무상으로는 공단 직원이 사업장을 확인하여 12주까지
의 주당 근무시간을 확인한 내역을 제출하고 있으므로 우선 그 내역이 정확한지에
대하여 확인할 필요가 있다.

　다. 증거방법으로는 사업장에 대한 사실조회 및 출퇴근명부, 출장명부 등에 관
하여 문서송부촉탁을 신청하도록 하는 것이 좋을 것이다. 증인을 신청하는 경우 상
대방이 반대신문의 기회를 달라고 요청하는 경우에는 증인으로 채택하고, 반대신문
을 하지 아니하여도 좋다고 하면 인증진술서로 갈음할 수 있다 할 것이다.

8. 업무와 사망 사이의 인과관계에 관한 심리

가. 증거방법으로 사실조회, 문서제출명령 및 진료기록감정촉탁이 주로 이용된다.

(1) 사실조회(문서제출명령)

　진단서·사망진단서·사체검안서 등을 발급한 의료기관에 대하여 치료경위·사
인추정 근거 등을 문의하는 내용, 국민건강보험공단에 대하여 피재근로자의 병력(국
민건강보험 급여내역)을 문의하는 내용 등이다. 국민건강보험공단에 대하여는 사실조
회로 보낼 경우 개인정보보호대상이라는 이유로 회신을 거부하는 경우가 있으므로,
당사자에게 문서제출명령형식으로 신청하도록 권유하는 것이 좋다(제3자가 소지한 문
서에 대한 제출명령을 하려면 사전에 심문을 거치도록 민사소송법에서 규정하고 있으나,
이 경우는 문서를 소지하고 있음이 명백하므로 이러한 절차를 생략한 채 문서제출명령을
발송하는 것도 가능하다고 본다).

(2) 진료기록감정촉탁

　관련 진단서, 진료 또는 의료기록을 첨부하여 특정 질병의 일반적 발병·악화
원인, 과로·스트레스와의 상관관계 등에 관한 전문 의학적 소견을 문의하는 내용이
다. 통상적으로 신체감정과 마찬가지로 「감정인등 선정과 감정료 산정기준 등에 관
한 예규(재일 2008-1)」에 따라 감정인선정전산프로그램의 감정인선정기능을 이용하

여 또는 감정촉탁기관 및 감정과목별 담당의사 명단을 이용하여 감정촉탁기관 및 감정과목별 담당의사를 선정한다.

근로자측에서 감정과목을 신경정신과 또는 정신과로 지정하여 감정신청서를 제출하는 경우 학교생활기록부 사본 등을 첨부하도록 하는 것이 좋다. 진폐증 등 업무상 질병에 대하여 감정과목을 직업환경의학과로 지정하는 경우, 공단측에서 해당 질병에 대한 전문과인 호흡기내과 등으로 감정과목의 변경을 요구하거나 직업환경의학과의 감정서가 도착한 이후 직업환경의학과의 경우 대부분 업무관련성이 인정된다고 회신하고 있다고 주장하며 감정결과의 신뢰성에 의문을 제기하면서 재감정신청을 하고 있는바, 이를 방지하기 위하여 공단에 대하여 희망하는 감정과목으로 별도의 감정을 신청하게 하거나 양쪽 모두 신청하도록 권유하는 것이 바람직하다.

법원에서 감정촉탁병원과 감정을 담당할 의사를 지정하는 경우, 실무관으로 하여금 즉시 공단측에 감정신청서 부본을 송부해 주도록 하고(공단으로 하여금 감정에 대한 의견서나 관련 자료를 제출할 수 있는 기회를 부여한다는 측면), 선정된 감정촉탁병원과 감정의사를 알려주도록 하며(감정절차가 진행 중이거나 감정결과가 도착한 후에 공단측에서 선정된 병원과 의사가 피재근로자의 주치의 등으로서 감정결과를 신뢰할 수 없다는 주장을 하는 경우가 있는바, 공단으로 하여금 선정된 병원과 의사의 공정성에 대해 사전에 의견을 제출할 수 있는 기회를 부여한다는 측면), 가급적 원·피고 제출 자료를 취합하여 감정인에게 함께 송부하는 절차가 바람직하다. 서울행정법원의 경우 감정을 담당할 의사를 지정하여 진료기록감정촉탁을 하는 경우 감정절차의 투명성과 의견 제출 등의 기회를 부여하고자 원·피고 쌍방에게 감정촉탁병원과 감정과목, 감정담당의사 등 지정내용을 통지해주고 있다.

요양불승인 사건의 경우, 업무와 재해 사이의 상당인과관계를 판단하기 위해 기왕증의 유무와 정도, 퇴행성 변환인지를 알아야 하고, 이와 관련된 정보는 감정인에게도 제공되는 것이 정확한 감정에 도움이 될 것이므로, 공단으로 하여금 소장부본 송달 후 즉시 국민건강보험공단에 피해근로자의 요양급여내역과 건강검진결과표 등에 대해 문서제출명령을 신청할 것을 촉구하는 것이 좋다.

대부분 감정결과가 도착할 때까지 변론기일을 추정해 두고 있는데, 감정결과가 2개월이 지나도록 도착하지 않으면 실무관으로 하여금 독촉서 및 전화 등으로 독촉하도록 하고, 통화 일시 및 상대방, 통화내용(지연사유)을 부전지 등으로 재판장에게 보고하도록 한다. 변론기일을 추정으로 두지 않고 2~3개월 간격으로 속행을 하면서 매기일마다 기록을 검토하여 장기간 감정서가 도착하지 않음이 확인되면 그때마다 직권으로 독촉서를 발송하는 방법으로 사건을 관리하는 것도 좋은 방법이다.

불리한 감정결과가 나올 경우 재감정을 요구하거나 보완감정을 요구하는 경우가 있다. 재감정을 남발하는 경우 소송지연을 초래하기는 하나, 소송당사자의 승복률을 높인다는 차원에서 재감정은 합리적인 범위 내에서 탄력적으로 운영할 필요가 있다. 원 감정의 미흡한 부분에 대한 원 감정인에 대한 사실조회를 실시한 후 그 사실조회의 내용이 미흡할 경우 재감정을 채택하는 것도 하나의 방법이다.

대법원은 2017년 신체감정료를 과목당 40만 원, 진료기록감정료를 과목당 60만 원으로 인상한 이래 7년 이상 의료감정료가 증액되지 않았고, 과소한 의료감정료는 잦은 의료감정촉탁 반송과 지연의 원인이 된다는 의견을 반영하여 2024. 12. 30. 의료감정료를 현실화하여 인상하고, 지나치게 방대한 감정사항으로 인한 감정촉탁 반송이나 회신지연을 방지하기 위하여 감정사항이 일정 문항수를 초과하는 경우 초과 감정료를 규정하며, 사실조회나 감정보완에 대하여도 별도의 비용을 지급하도록 하는 내용으로 「감정인등 선정과 감정료 산정기준 등에 관한 예규(재일 2008-1)」(재판예규 제1888호)를 개정하여 2025. 1. 1.부터 시행하고 있다. 이에 따라 기본감정료는 기존 감정료에서 각 100% 인상하여, 과목당 신체감정은 80만 원, 진료기록감정은 120만 원으로 인상하였고, 신체감정과 진료기록감정 모두 20문항 초과 시, 21문항에서 40문항까지는 초과 문항 당 3만 원, 41문항부터는 문항 당 5만 원을 가산하여 감정료를 산정하도록 하였다.

한편 서울행정법원은 산재사건 관련 진료기록감정 질의 숫자가 계속 증가하는 경향을 보이고, 그에 비하여 감정료 증액을 모르는 대다수 감정인들은 불만을 가지거나 감정촉탁서 자체를 반송하는 사례가 증가하고, 감정료 증액을 요청한 감정의 또는 감정료가 증액된 당사자 또한 재판부 간 증액 기준의 차이 등을 지적하는 사례가 증가하는 등 법원감정이 재판의 신뢰 저하 및 감정 절차 지연으로 이어지자, 감정료 관련 통상적 업무처리의 합리적 기준을 마련하고 이를 사전에 소송당사자 및 감정인에게 안내하고자 대법원 재판예규인 「감정인등 선정과 감정료 산정기준 등에 관한 예규(재일 2008-1)」(재판예규 제1854호) 중 감정인 명단 등재 요청 등에 필요한 세부사항을 정한 「감정절차 합리화에 관한 내규」를 확정하여 2024. 2. 19.부터 시행하고 있다.

　　나. 업무와 사망의 인과관계에 대하여도 동료 근로자의 증언 등을 통하여 입증하려고 하고 진료기록감정신청을 망설이는 경우가 있으나, 진료기록감정신청의 취지를 설명하여 주고 신청을 하도록 유도함이 바람직할 것이다.

Ⅳ. 뇌혈관·심장 질병의 재해인정 여부

1. 문제의 제기

가. 현재 실무상 근로자나 공무원 또는 그 유족이 법에 의한 업무상 또는 공무상 재해임을 인정하여 달라고 하면서 소를 제기하는 사건 중 가장 빈도가 높고 어려운 사건이 바로 업무 또는 공무로 인한 과로와 스트레스로 뇌혈관·심장 질병이 발생하였다고 주장하는 사건이다. 이는 직접적·의학적으로 질병 발생원인을 밝히기 어려운 재해가 증가함과 동시에 많은 근로자나 공무원이 과로와 스트레스에 시달리는 현실과 깊은 연관이 있는 듯하다.

나. 통상 '과로'란 피로 누적으로 생기는 생리적 상태를 말하고, '스트레스'란 인체의 생리적 균형 상태를 깨뜨리는 모든 자극, 즉 자신의 능력에 비하여 너무 과대하거나 과소한 자극으로서 인체가 그 기능을 수행하는 데 반드시 유지하여야 할 항상성 및 균형을 깨뜨리는 요인을 총칭한다.

다. 과로로 심신기능이 떨어지면 질병에 대한 저항력이 감소할 수 있고, 저항력이 감소하면 쉽게 질병이 생기거나 기초질환이나 기존질병이 쉽게 악화할 수 있다. 즉 '과로 → 저항력 감소 → 질병 발생, 기초질환 또는 기존질병 악화'라는 진행 과정을 거친다. 과로는 질병의 직접적인 발생원인은 아닐지라도 질병의 발생과 악화의 토대를 제공한 것이므로 결국 질병의 발생과 악화의 원인이 된다. 스트레스는 과로보다 더 직접적으로 질병을 유발한다는 의학적 연구결과도 많이 나와 있다. 즉 스트레스에 대한 개개인의 반응이 다르므로 일률적으로 말하기는 어려우나 스트레스가 자율신경계 특히 교감신경을 활성화하여 심장박동수가 증가하고 혈압이 상승할 수 있으며 실제 협심증과 심근경색의 발생에도 직접 관계가 있는 것으로 알려져 있다. 다시 말해 관상동맥질환이나 심근경색에서 객관적 위험요인은 고지혈증, 고혈압, 흡연, 운동 부족 등이지만 스트레스는 단독으로 또는 객관적 위험요인에 겹쳐서 뇌혈관질환 및 심장질환을 일으킬 수 있다는 것이다.

　　라. '과로사'는 1980년대 일본에서부터 사용된 사회의학적 용어로 엄격한 의미에서 법률상 개념이 아니고, 업무와 관련하여 육체적 과로 또는 정신적 스트레스로 인하여 피로가 누적되어 다양한 장해요인으로 자신의 체력을 모두 소진해 버리는 상태가 되어 사망한 경우로 정의할 수 있다.[1] 즉 '과중한 노동이 요인이 되어 생체 내에 피로의 축적을 낳고 그 결과 내분비의 이상을 일으켜 기존의 고혈압과 동맥경화를 악화시키고 뇌실질내출혈·지주막하출혈·뇌경색·고혈압성뇌증 등의 뇌혈관질환과 협심증·심근경색증·해리성대동맥류 등의 허혈성질환, 급성심장마비 등의 심장질환을 유발하여 영구적인 노동불능이나 사망에 이른 상태' 또는 '비생리적 노동과정이 진행하는 가운데 근로자의 정상적인 노동리듬이나 생활리듬이 무너진 결과 생체 내에서 피로 축적이 진행, 과로상태로 이행하고 기존의 고혈압이나 동맥경화가 악화되어 파탄을 겪게 되는 치명적인 상태' 등으로 정의되고 있으나, 이보다 넓게는 '격무, 과로, 스트레스 등으로 건강이 악화되거나 기존 질병이 심각한 상태로 진행되어 사망에 이르는 것'으로 정의하기도 한다.

　　마. 뇌혈관·심장 질병은 그 특성상 근로자나 공무원의 사망으로 이어지는 경우가 많은데,[2] 실무상 뇌혈관·심장 질병의 발생원인으로 주장되는 과로 및 스트레스가 업무나 공무 영역에서 온 것인지 사생활 영역에서 비롯된 것인지 분명하게 구분되지 아니하고, 당해 근로자·공무원 개인의 체질 및 소인에 따른 차이와 기존 질병의 상태 등 때문에 사망 원인을 의학적으로 분명히 밝혀내는 것이 불가능한 경우가 비일비재하므로 어떠한 경우에 업무상·공무상 재해로 볼 것인지 판단하는 것은 그리 간단한 문제가 아니다.

---

1) 박창범, "업무상 과로나 스트레스로 인한 심뇌혈관 질환과 업무상 재해", 외법논집 제41권 제2호 (2017. 5.), 275.
2) 통계청에서 매년 발표하는 '업무상질병 사망재해 현황 – 질병종류별' 통계에 따르면, 2020~2022년에 업무상 질병으로 인해 사망한 근로자 수는 각 1,180명, 1,252명, 1,349명인데, 뇌혈관·심장 질병으로 인한 사망자가 각 463명(39.2%), 509명(40.6%), 486명(36%)으로 가장 높은 원인을 차지하고 있다[출처: 국가통계포털 https://kosis.kr/index/index.do].

바. 뇌혈관·심장 질병을 과로 및 스트레스로 인한 업무상·공무상 재해로 인정하는 데는 ① 업무 과중성을 누구를 기준으로 평가하여야 하는가(업무 과중의 기준 문제), ② 어떠한 질병을 과로 및 스트레스로 인한 질병으로 볼 것인가(관련 질환의 인정문제), ③ 그러한 인과관계는 누구를 기준으로 평가할 것인가(인과관계의 기준 문제), ④ 그러한 인과관계는 누가 어느 정도로 증명해야 하는가(증명책임과 필요한 증명 정도의 문제) 등이 문제가 될 수 있다. 이하에서 실무에서 더 많은 비중을 차지하는 근로자의 업무상 재해를 중심으로, 판례에 드러난 뇌혈관·심장 질병의 인정요건을 검토하고, 뇌혈관·심장 질병 사건 심리의 실무상 쟁점과 문제점 및 착안 사항을 검토하여 필요한 제안을 하기로 한다.

제 2 편
산업재해

2. 뇌혈관·심장 질병의 업무상 재해 인정요건

가. 뇌혈관·심장 질병의 업무상 재해 요건

뇌혈관·심장 질병의 발병 형태는 크게 ① 과로 및 스트레스로 인하여 새로운 질병이 발생한 경우, ② 평소에 정상적인 근무가 가능한 기초 질병이나 기존 질병이 과로 및 스트레스 등의 원인으로 말미암아 자연적인 진행 속도 이상으로 급격하게 악화한 경우,[1] ③ 과로 및 스트레스와 그 이외의 원인이 경합한 경우[2]로 나누어 볼 수 있다.

나. 뇌혈관·심장 질병의 업무상 재해 인정에 관한 판례의 태도

(1) 인과관계의 내용

산재보험법 제5조 제1호는 업무상 재해를 '업무상의 사유에 따른 근로자의 부상·질병·장해 또는 사망'이라고 정의하고 있다. 여기서 인과관계의 의미에 대해서는 상당인과관계설이 통설·판례이다.

---

[1] 대법원 2018. 5. 15. 선고 2018두32125 판결, 대법원 2020. 5. 28. 선고 2019두62604 판결.
[2] 대법원 1990. 2. 13. 선고 89누6990 판결.

(2) 인과관계의 정도

상당인과관계설을 취하는 입장에서도 업무나 업무로 인한 과로 등이 재해의 발생에 어느 정도 기여하여야 상당인과관계가 있다고 볼지에 관하여, '최유력원인설', '상대적 유력원인설', '공동원인설' 등이 대립하고 있다. '공동원인설'은 업무의 수행이 기초질병 등 경합하는 다른 원인과 공동하여 질병의 원인이 되어 질병의 발생이나 악화라는 결과를 초래하였다고 인정되면 상당인과관계가 인정된다는 견해이다. '상대적 유력원인설'은 업무 수행이 상대적으로 유력한 원인이 되는 경우 상당인과관계가 인정된다고 보는 견해이다.

대법원은 "질병의 주된 발생원인이 업무와 직접 관련이 없다 하더라도 업무상 과로가 질병의 주된 발생원인에 겹쳐서 질병을 유발시켰거나 악화시켰다면 인과관계가 있다고 보아야 한다."[1], "망인에 대한 질병의 주된 발생원인이 밝혀지지 않았다 하더라도 그 발병 직전의 계속된 공무상 과로로 인하여 신체의 저항 기능이 저하된 것이 주된 발병원인에 겹쳐서 그 질병으로 진행된 것이라고 추정함이 경험칙상 상당하다."[2], "과로로 인한 질병이란 평소에 정상적인 근무가 가능한 기초질병이나 기존질병이 직무의 과중으로 급격히 악화된 경우까지 포함된다고 보아야 한다."[3]라고 하거나, "망인이 사망 당시 현실적으로 작업에 종사중이 아니었고 또 망인이 담당한 업무가 비교적 힘든 일이 아닐 뿐 아니라 사망할 무렵의 작업시간도 1일 평균 5시간여에 지나지 않았더라도 과로가 사망의 한 원인이 될 수 있다면 업무상 재해로 보아야 한다."[4]라고 판시하고 있다.

이러한 판례의 태도는 전체적으로 보아 산재보험의 생활보장적 역할을 충실히 하여야 한다는 목적론적 관점에서 기초질환이나 기존질병이 있는 상태에 다른 원인이 간접적·부수적 원인으로 작용하여 질병을 유발하거나 악화시킨 경우에도 인과관계를 인정하여 업무상 재해인정 범위를 확장하고자 하는 이론인 '공동원인설'을 취하고 있는 것으로 볼 수 있다. 한편 대법원은 '상대적 유력원인설'의 입장인 듯한 판

---

1) 대법원 1998. 12. 8. 선고 98두12642 판결, 대법원 2003. 11. 14. 선고 2003두5501 판결, 대법원 2008. 2. 28. 선고 2006두17956 판결, 대법원 2010. 1. 28. 선고 2009두5794 판결.
2) 대법원 1992. 7. 24. 선고 92누5355 판결, 대법원 1997. 5. 28. 선고 97누10 판결.
3) 대법원 1996. 9. 10. 선고 96누6806 판결, 대법원 2007. 4. 12. 선고 2006두4912 판결.
4) 대법원 1991. 9. 10. 선고 91누5433 판결.

시를 낸 적도 있고,[1] 하급심도 사망하기 직전에 과로의 정도가 심하였다는 취지로 '상대적 유력원인설'의 입장인 듯한 판시를 낸 사례가 있다.

상당인과관계의 존부에 대한 판단은 규범적인 관점에서 이루어져야 하는데, 주된 발생원인이 업무와 직접 관련이 있어야 한다거나 적어도 업무가 상대적으로 유력한 발생원인에 해당하여야 한다는 '최유력원인설' 또는 '상대적 유력원인설'은 모두 업무상 재해의 인정 범위를 상당히 제한하므로, 이를 해석의 기본원칙으로 삼는 것은 산재보험법의 입법 취지나 목적에 배치된다고 볼 여지가 크다. 또한 고령화 현상의 가속화와 더불어 기초질환 내지 기존질병을 가진 상태에서 근로를 계속할 수밖에 없는 상황이 더욱 증가하고 있는 이상 이러한 해석론은 현실에도 맞지 않고, 주된 원인 여부나 상대적으로 유력한 원인 여부를 판단하는 것도 사실상 불가능한 점 등 구체적 타당성의 측면에서도 근본적인 한계를 지니고 있다. 한편 '상대적 유력원인설'의 입장인 듯한 판례는 대부분 약 30년 이전에 선고된 것으로 최근 대법원의 주류적인 입장과는 다소 거리가 있어 보이고, 특히 과거에는 업무상 사망에 대해 산업재해를 다소 넓게 인정하는 취지에서 '공동원인설'을 취한 반면 업무상 질병에 대해서는 산업재해를 다소 좁게 인정하는 취지에서 '상대적 유력원인설'을 채택하였다고 볼 여지도 있으므로, 업무상 재해의 종류나 정도에 관계없이 동일한 판단 기준을 적용함이 타당하다는 측면에서 보더라도 '공동원인설'이 합리적이다.[2]

(3) 인과관계의 증명책임

업무상 재해는 업무상 사고와 업무상 질병으로 구분할 수 있는데, 업무상 사고는 업무수행성, 즉 업무 과정에서 발생한 것인지가 주로 문제되어 업무수행성이 인정되면 업무기인성은 사실상 추정되어 별다른 문제가 되지 않는다. 반면 업무상 질병은 업무수행성보다는 업무기인성, 즉 업무와의 인과관계 여부가 업무상 재해 인정 여부에 있어서 주된 쟁점이 된다.[3] 따라서 업무상 질병이 사업장 밖에서 업무수행 중이 아닐 때에 발병한 경우라도 업무기인성이 인정되면 업무상 재해로 볼 수 있다.[4]

---

1) 대법원 1990. 9. 25. 선고 90누2727 판결, 대법원 1991. 1. 11. 선고 90누8275 판결.
2) 최누림, "콜센터 상담원의 업무상 재해에 관한 판단 기준", 판례해설(135), 644.
3) 박지순, 이주원, "산재보험급여소송에서 업무상 재해의 증명책임", 고려법학 제63호, 고려대학교 법학연구원(2011), 52.
4) 대법원 1991. 10. 22. 선고 91누4751 판결.

대법원은 산재보험법 제37조 제1항의 '업무상의 재해'를 인정하기 위한 업무와 재해 사이의 인과관계에 관한 증명책임은 업무상의 재해를 주장하는 근로자측에 있다고 본다.[1] 다만 대법원은 아래에서 보는 바와 같이 근로자에 의한 증명의 곤란과 생활보장적 측면을 고려하여 근로자측의 증명책임을 대폭 완화하고 있다.

(4) 인과관계의 증명 정도

대법원은 업무와 질병 사이의 인과관계는 의학·자연과학적으로 명백히 증명하여야 하는 것은 아니고 제반 사정을 고려할 때 업무와 질병 사이에 상당인과관계가 있다고 추단되는 경우에도 증명이 있다고 보아야 하며, 평소에 정상적인 근무가 가능한 기초 질병이나 기존 질병이 직무의 과중 등이 원인이 되어 자연적인 진행속도 이상으로 급격하게 악화된 때에도 증명이 있는 경우에 포함된다고 본다.[2] 즉 일반인이 의심하지 않을 정도의 진실성이나 고도의 개연성을 요하지 않고 간접증거에 의하여 '일정한 개연성'을 추단할 정도로 증면하면 충분하고,[3] 재해발생원인에 관한 직접적인 증거가 없는 경우라도 간접적인 사실관계 등에 의하여 경험법칙상 가장 합리적인 설명이 가능한 추론에 따라 업무기인성을 추정할 수 있으면 업무상 재해로 보아야 한다는 것이다.[4]

(5) 인과관계의 판단객체

업무의 과중은 누구를 기준으로 판단할지에 대하여, 일반 경험칙상 당해 근로자를 기준으로 판단하여야 한다는 '당해 근로자 과중설'과 의학적 경험칙상 일반인 또는 보통 평균인을 기준으로 판단하여야 한다는 '일상업무 비교과중설'이 있다.

대법원은 업무와 사망 사이의 인과관계 유무 판단은 보통 평균인이 아니라 당해 근로자의 건강과 신체조건을 기준으로 판단하여야 한다[5]고 하여 당해 근로자 과중설을 취하고 있다.

당해 근로자가 수행한 업무가 보통 평균인에게는 과중한 것이 아니었더라도 당

---

1) 대법원 1989. 7. 25. 선고 88누10947 판결, 대법원 2021. 9. 9. 선고 2017두45933 전원합의체 판결.
2) 대법원 2020. 5. 28. 선고 2019두62604 판결.
3) 대법원 1997. 11. 14. 선고 97누13573 판결.
4) 대법원 1999. 1. 26. 선고 98두10103 판결.
5) 대법원 2018. 5. 15. 선고 2018두32125 판결, 대법원 2020. 5. 28. 선고 2019두62604 판결.

해 근로자의 연령과 건강, 신체조건으로 보아 과로의 원인이 되었고, 이 과로로 말미암아 고혈압증세가 자연적인 악화의 정도를 넘어 급격하게 악화함으로써 뇌출혈을 일으킨 경우라면 업무기인성이 인정된다고 하며, 과로로 인한 질병이란 평소 정상 근무가 가능한 기초질병이나 기존질병이 직무의 과중으로 급속히 악화한 경우까지 포함한다고 본다.[1] 대법원은 이와 같이 기초질환이나 기존질병이 있는 근로자의 경우 건강한 일반 근로자에 비하여 과로의 기준을 완화하여 해석함으로써 실질적으로 업무상 재해 인정의 범위를 확대해 나가고 있다.

(6) 인과관계와 과실과의 관계

업무와 재해 사이의 인과관계를 인정할 때 원칙적으로 사업주나 근로자의 과실이 있어도 업무기인성을 부정하지는 않는다.[2]

(7) 업무과중성의 기준

대법원은 '당해 근로자에게 있어서의 업무의 과중'이라 함은 "같은 업종에 종사하는 근로자들의 통상적인 업무시간 및 업무내용에 비하여 과중한 업무를 계속하는 것"이라고 판시하여 같은 업종에 종사하는 근로자들의 통상적인 업무시간 및 업무내용을 업무의 과중 여부에 관한 판단기준으로 제시하고 있다.[3]

이러한 태도는 업무의 과중 여부를 비교할 때 "같은 업종 근로자들의 통상적인 업무시간 및 업무내용" 못지않게 "당해 근로자와 같은 정도의 연령, 경험 등을 가지며 일상업무를 지장 없이 수행할 수 있는 건강상태에 있는 자, 이른바 동료 근로자들의 통상적인 업무시간과 업무내용"을 비교대상으로 삼아야 할 것임에도 그러지 아니함으로써 대법원이 지속적으로 판시해 온 업무의 과중 여부는 당해 근로자의 건강과 신체조건을 기준으로 삼아야 한다는 이론과 수미가 상관하지 않는 듯한 면이 있다.

그러나 대법원은 ① 회사 세무담당자의 수일간 출장 등 종합세무감사 수감업무가 보통 평균인에게는 과중한 업무가 아니었다고 하더라도 간경화증이 있던 그의

제 2 편
산업재해

---

1) 대법원 1991. 2. 22. 선고 90누8817 판결, 대법원 2018. 5. 15. 선고 2018두32125 판결.
2) 대법원 1993. 3. 12. 선고 92누17471 판결, 대법원 1994. 12. 2. 선고 94누10122 판결.
3) 대법원 2001. 4. 13. 선고 2000두9922 판결.

건강과 신체조건으로 보아서는 과로의 원인이 되었다고 볼 수 있고 그러한 과로로 간경화증이 악화하여 발생한 상부위장관출혈로 사망한 경우는 업무상 재해에 해당된다고 하여 '그의 건강과 신체조건'을 기준으로 함을 분명히 한 사안,[1] ② 망인이 폐결핵의 치료를 위하여 폐절제수술까지 받고 완치되지 아니한 상태에서 ○○군 가정복지계의 차석으로 근무하면서 출장근무 및 시간외근무를 하였다면 위와 같은 근무가 설사 보통 평균인에게는 과중한 것이 아니었다고 하더라도 망인의 건강과 신체조건으로 보아서는 쉽사리 피로를 느낄 수 있고, 이러한 피로 누적으로 인하여 망인의 폐결핵이 일반적인 자연속도 이상으로 급속히 악화하여 결국 사망에 이르렀다고 볼 여지가 있다고 하여 단순히 과로와 질병 사이의 인과관계뿐 아니라 과로의 판단 기준에 관해서도 피재근로자를 기준으로 한다고 판시한 사안,[2] ③ 기관지천식이라는 기존질병을 가지고 있는 고등학교 미술교사가 보통 평균인에게는 과중한 것이 아닌 교내 사생대회 및 전시회 준비업무를 수행하는 과정에서 호흡부전증으로 사망한 경우에 그 교사의 건강과 신체조건을 기준으로 하여 볼 때 피로의 누적과 전시회의 준비로 인한 정신적 스트레스 등의 누적으로 기관지천식이 일반적인 자연속도 이상 급속히 악화하여 사망에 이르렀다고 보아 과로 여부를 판단할 때 피재근로자 개인의 특성을 고려한 사안[3] 등 여러 사안에서 업무의 과중성 판단은 당해 근로자의 건강과 신체조건을 기준으로 삼아야 한다고 보고 있다.

다. 뇌혈관·심장 질병의 판단 기준

근로자가 어느 정도 과로를 하고 스트레스를 받아야 재해로 인정할지의 기준은 산재보험법 시행령 제34조 제3항 [별표 3]이 규정하고 있고, 공무원에 대해서는 공무원 재해보상법 시행령 제5조 제2항 [별표 2]가 규정하고 있다.[4]

---

1) 대법원 1991. 11. 8. 선고 91누3727 판결.
2) 대법원 1994. 2. 25. 선고 93누19030 판결.
3) 대법원 1996. 9. 6. 선고 96누6103 판결.
4) 과거 공무원의 재해보상에 관하여는 공무원연금법에서 규정하고 있었으나, 2018. 3. 20. 공무원연금법에서 공무원 재해보상제도가 분리되어 공무원 재해보상법이 제정되었다.

(1) 산재보험법 시행령 관련 조항 및 그에 근거한 고용노동부 고시

■ 산업재해보상보험법 시행령

제34조 (업무상 질병의 인정기준) ③ 제1항 및 제2항에 따른 업무상 질병(진폐증은 제외한다)에 대한 구체적인 인정기준은 별표 3과 같다.

[별표 3] 업무상 질병에 대한 구체적인 인정 기준 (제34조 제3항 관련)

1. 뇌혈관 질병 또는 심장 질병

　가. 다음 어느 하나에 해당하는 원인으로 뇌실질내출혈, 지주막하출혈, 뇌경색, 심근경색증, 해리성 대동맥자루(대동맥 혈관벽의 중막이 내층과 외층으로 찢어져 혹을 형성하는 질병)가 발병한 경우에는 업무상 질병으로 본다. 다만, 자연발생적으로 악화되어 발병한 경우에는 업무상 질병으로 보지 않는다.

　　1) 업무와 관련한 돌발적이고 예측 곤란한 정도의 긴장·흥분·공포·놀람 등과 <u>급격한 업무 환경의 변화</u>로 뚜렷한 생리적 변화가 생긴 경우

　　2) 업무의 양·시간·강도·책임 및 업무 환경의 변화 등으로 발병 전 <u>단기간 동안 업무상 부담이 증가</u>하여 뇌혈관 또는 심장혈관의 정상적인 기능에 뚜렷한 영향을 줄 수 있는 육체적·정신적인 과로를 유발한 경우

　　3) 업무의 양·시간·강도·책임 및 업무 환경의 변화 등에 따른 <u>만성적인 과중한 업무</u>로 뇌혈관 또는 심장혈관의 정상적인 기능에 뚜렷한 영향을 줄 수 있는 육체적·정신적인 부담을 유발한 경우

　나. 가목에 규정되지 않은 뇌혈관 질병 또는 심장 질병의 경우에도 그 질병의 유발 또는 악화가 업무와 상당한 인과관계가 있음이 시간적·의학적으로 명백하면 업무상 질병으로 본다.

　다. 가목 및 나목에 따른 업무상 질병 인정 여부 결정에 필요한 사항은 고용노동부 장관이 정하여 고시한다.

■ 뇌혈관 질병 또는 심장 질병 및 근골격계 질병의 업무상 질병 인정 여부 결정에 필요한 사항(고용노동부 고시 제2022-40호, 2022. 7. 1. 시행)

1. 뇌혈관 질병 또는 심장 질병

　가. 「산업재해보상보험법 시행령」(이하 "영"이라 한다) 별표 3 제1호 가목 1)에서 "업무와 관련한 돌발적이고 예측 곤란한 정도의 긴장·흥분·공포·놀람 등과 급격한 업무 환경의 변화로 뚜렷한 생리적 변화가 생긴 경우"란 증상 발생 전 24시간

이내에 업무와 관련된 돌발적이고 예측 곤란한 사건의 발생과 급격한 업무 환경의 변화로 뇌혈관 또는 심장혈관의 병변 등이 그 자연경과를 넘어 급격하고 뚜렷하게 악화된 경우를 말한다.

나. 영 별표 3 제1호 가목 2)에서 "업무의 양·시간·강도·책임 및 업무 환경의 변화 등으로 발병 전 단기간 동안 업무상 부담이 증가하여 뇌혈관 또는 심장혈관의 정상적인 기능에 뚜렷한 영향을 줄 수 있는 육체적·정신적인 과로를 유발한 경우"란 발병 전 1주일 이내의 업무의 양이나 시간이 이전 12주(발병 전 1주일 제외)간에 1주 평균보다 30퍼센트 이상 증가되거나 업무 강도·책임 및 업무 환경 등이 적응하기 어려운 정도로 바뀐 경우를 말한다. 해당 근로자의 업무가 "단기간 동안 업무상 부담"에 해당하는지 여부는 업무의 양·시간·강도·책임, 휴일·휴가 등 휴무시간, 근무형태·업무환경의 변화 및 적응기간, 그 밖에 그 근로자의 연령, 성별 등을 종합하여 판단한다.

다. 영 별표 3 제1호 가목 3)에서 "업무의 양·시간·강도·책임 및 업무 환경의 변화 등에 따른 만성적인 과중한 업무로 뇌혈관 또는 심장혈관의 정상적인 기능에 뚜렷한 영향을 줄 수 있는 육체적·정신적인 부담을 유발한 경우"란 발병 전 3개월 이상 연속적으로 과중한 육체적·정신적 부담을 발생시켰다고 인정되는 업무적 요인이 객관적으로 확인되는 상태를 말한다. 이 경우 해당 근로자의 업무가 "만성적인 과중한 업무"에 해당하는지 여부는 업무의 양·시간·강도·책임, 휴일·휴가 등 휴무시간, 교대제 및 야간근로 등 근무형태, 정신적 긴장의 정도, 수면시간, 작업 환경, 그 밖에 그 근로자의 연령, 성별 등을 종합하여 판단하되, 업무시간과 작업 조건에 따른 업무와 질병과의 관련성을 판단할 때에는 다음 사항을 고려한다.

1) 발병 전 12주 동안 업무시간이 1주 평균 60시간(발병 전 4주 동안 1주 평균 64시간)을 초과하는 경우에는 업무와 질병과의 관련성이 강하다고 평가한다.

2) 발병 전 12주 동안 1주 평균 업무시간이 52시간을 초과하는 경우에는 업무시간이 길어질수록 업무와 질병과의 관련성이 증가하는 것으로 평가한다. 특히, 다음 각 호의 어느 하나에 해당하는 업무를 수행하는 경우(업무부담 가중요인)에는 업무와 질병과의 관련성이 강하다고 평가한다.

① 근무일정 예측이 어려운 업무

② 교대제 업무

③ 휴일이 부족한 업무

④ 유해한 작업환경(한랭, 온도변화, 소음)에 노출되는 업무

⑤ 육체적 강도가 높은 업무

⑥ 시차가 큰 출장이 잦은 업무

⑦ 정신적 긴장이 큰 업무

3) 발병 전 12주 동안 업무시간이 1주 평균 52시간을 초과하지 않는 경우라도 2항의 업무부담 가중요인에 복합적으로 노출되는 업무의 경우에는 업무와 질병과의 관련성이 증가한다.

라. 오후 10시부터 익일 6시 사이의 야간근무의 경우에는 주간근무의 30%를 가산(휴게시간은 제외)하여 업무시간을 산출한다. 다만, 「근로기준법」 제63조 제3호에 따라 감시 또는 단속적으로 근로에 종사하는 자로서 사용자가 고용노동부장관의 승인을 받은 경우와 이와 유사한 업무에 해당하는 경우는 제외한다.

(2) 공무원 재해보상법 시행령 관련 조항 및 그에 근거한 인사혁신처 예규

■ 공무원 재해보상법 시행령

제5조(공무상 재해의 세부 인정기준) ② 법 제4조 제6항에 따른 공무상 재해의 구체적인 인정기준은 별표 2와 같다.

[별표 2] 공무상 재해의 구체적인 인정기준(제5조 제2항 관련)

2. 공무상 질병

마. 뇌혈관 질병 또는 심장 질병

공무수행 중 돌발적인 사건, 급격한 업무 환경의 변화, 단기간에 상당한 정도의 업무상 부담 증가, 만성적인 과중한 업무의 수행 및 초과근무 등으로 육체적·정신적 과로가 유발되어 발생하거나 현저하게 악화된 질병

■ 공무상 질병 판정기준(인사혁신처 예규 제181호, 2024. 5. 7. 시행)

Ⅰ. 목 적

이 예규는 「공무원 재해보상법」 제4조 제1항 제2호(이하 "법"이라 한다) 및 「공무원 재해보상법 시행령」(이하 "영"이라 한다) 제5조제2항 별표 2 제2호에서 규정하고 있는 공무상 질병 인정기준을 판단함에 있어 필요한 사항과 법 제4조의2에서 규정하고 있는 공무상 재해의 추정에 있어 필요한 사항을 규정하고자 함

Ⅱ. 공무상 질병 유형별 예시

  1. 뇌혈관 질병 또는 심장 질병

    가. 다음 어느 하나에 해당하는 원인으로 뇌실질내출혈, 지주막하출혈, 뇌경색증, 심근경색증, 해리성 대동맥자루(대동맥 혈관벽의 중막이 내층과 외층으로 찢어져 혹을 형성하는 질병)가 발병한 경우에는 공무상 질병으로 본다. 다만, 자연발생적으로 악화되어 발병한 경우에는 공무상 질병으로 보지 않는다.

      1) 업무와 관련한 돌발적이고 예측 곤란한 정도의 긴장·흥분·공포·놀람 등과 <u>급격한 업무 환경의 변화</u>로 뚜렷한 생리적 변화가 생긴 경우

      2) 업무의 양·시간·강도·책임 및 업무 환경의 변화 등으로 발병 전 <u>단기간 동안 업무상 부담이 증가</u>하여 뇌혈관 또는 심장혈관의 정상적인 기능에 뚜렷한 영향을 줄 수 있는 육체적·정신적인 과로를 유발한 경우

      3) 업무의 양·시간·강도·책임 및 업무 환경의 변화 등에 따른 <u>만성적인 과중한 업무</u>로 뇌혈관 또는 심장혈관의 정상적인 기능에 뚜렷한 영향을 줄 수 있는 육체적·정신적인 부담을 유발한 경우

    나. 가목에 규정되지 않은 뇌혈관 질병 또는 심장 질병의 경우에도 그 질병의 유발 또는 악화가 업무와 상당한 인과관계가 있으면 공무상 질병으로 본다.

Ⅲ. 공무상 질병 추정기준

  1. 뇌혈관 질병 또는 심장 질병

    가. 발병 전 12주 동안 다음 조건에 모두 해당하면서 급성심근경색증, 지주막하출혈, 뇌내출혈, 기타 비외상성 두개내출혈 또는 뇌경색증이 발병한 경우

      1) 상시근무체제를 유지하기 위해 교대제 근무를 함

      2) 1주 평균 실근무시간이 52시간을 초과함. 이 때 실근무시간은 출근하여 실제 근무한 시간으로, 휴가시간(연가, 병가, 공가 및 특별휴가)은 제외하며, 오후 10시부터 익일 6시 사이의 야간근무의 경우에는 주간근무의 30%를 가산(휴게시간은 제외)하여 업무시간을 산출한다.

(3) 산재보험법 시행령 관련 조항 및 그에 근거한 고용노동부 고시의 법적 성질과 의미

대법원은 "산재보험법 제37조 제1항 제2호, 제5항, 산재보험법 시행령 제34조 제3항 [별표 3]의 규정 내용·형식·입법 취지를 종합하면, 산재보험법 시행령 [별표

3] 업무상 질병에 대한 구체적인 인정 기준은 산재보험법 제37조 제1항 제2호에서 정한 '업무상 질병'에 해당하는 경우를 예시적으로 규정한 것이고, 그 기준에서 정한 것 외에는 업무와 관련하여 발생한 질병을 모두 업무상 질병에서 배제하는 규정으로 볼 수 없으며, 위 인정 기준의 위임에 따른 고용노동부고시('뇌혈관 질병 또는 심장 질병 및 근골격계 질병의 업무상 질병 인정 여부 결정에 필요한 사항')는 대외적으로 국민과 법원을 구속하는 효력이 있는 규범이라고 볼 수 없고, 공단에 대한 내부적인 업무처리지침이나 법령의 해석·적용 기준을 정해주는 '행정규칙'이라고 보아야 한다."고 판시하였다.[1]

실무적으로 고용노동부 고시는 법원이 업무와 재해 사이의 인과관계를 판단함에 있어 일응 중요한 기준이 될 수 있으나, 업무상 재해인지 여부는 최종적으로 법원이 판단하는 것이므로 이에 기속된다고 보기는 어렵다. 위 고시를 어느 정도 참작하되 그 밖의 다양한 여러 사정을 종합하여 업무와 재해 사이의 상당인과관계 여부를 판단하여야 할 것이다.[2]

한편 공무원 재해보상법 시행령 관련 조항 및 그에 근거한 인사혁신처 예규의 법적 성질과 의미에 관하여 명시적으로 설시한 대법원 판례는 없으나, 그 규정내용·형식·입법 취지에 비추어 위 산재보험법 시행령 관련 조항 및 그에 근거한 고용노동부 고시와 동일하게 판단하면 될 것으로 보인다.

(4) 업무상 과로 및 스트레스에 해당하는 유해요인[3]

이는 다음과 같이 세 가지로 구분하여 고찰할 수 있다.

첫째, 재해의 성격을 띠는 돌발사태로 인한 과중부하이다. 둘째, 일상 업무에 비하여 한시적이고 일시적으로 맡은 업무의 과중부하로서 업무 그 자체의 과중성으로 인한 급성적 영향을 보이는 경우이다. 셋째, 만성적인 경우로서 평상시와 다른 업무의 과중부하가 영향을 미쳤다기보다는 일상적인 업무의 특성에 대한 육체적, 정신적 미적응이다. 특히 만성적으로 장기간 스트레스를 받는 경우를 의미한다.

---

1) 대법원 2023. 4. 13. 선고 2022두47391 판결.
2) 지귀연, "법원이 과로와 관련된 업무와 재해 사이의 상당인과관계를 판단함에 있어 일응의 기준이 되는 고용노동부 고시에 관한 음미", 민유숙 대법관 퇴임기념 재판자료집, 사법발전재단(2024), 1027.
3) 박해식 외 3인, "과로 및 스트레스와 관련된 질병 또는 사망과 업무와의 인과관계", 행정재판실무편람 Ⅱ, 서울행정법원(2002), 664~670.

(가) 돌발사태로 인한 과중부하

① 의의

돌발사태라 함은 업무수행 중 돌발적이고 예측 곤란한 정도의 긴장·흥분·공포·놀람 등으로 근로자에게 현저한 생리적인 변화를 초래한 경우를 말한다. 즉 돌발사태는 업무와 관련된 전혀 예상치 못한 갑작스러운 사건에 의해 극도로 놀라거나 흥분하는 등의 정신적 육체적 과중부하를 동반하는 경우를 말한다. 구체적으로 보면, ㉠ 택시운전사가 교통사고나 안전사고를 당할 뻔한 경우, ㉡ 업무와 관련하여 상사나 동료와 말다툼을 벌이거나 고객과 말다툼 등이 있는 경우, ㉢ 갑작스러운 공포감을 유발하는 상황이나 사건 등이 있은 경우에는 육체적으로 과중부하를 받지 않았으나 심리적으로는 매우 큰 부담을 받게 되어 의학적으로 교감신경이 흥분하여 질병이 생길 수 있다.

② 요건

돌발사태로 인한 과중부하를 인정하려면 ㉠ 돌발사태가 시간적, 장소적으로 업무와 관련이 있어야 하고, ㉡ 돌발사태와 질병 사이의 시간적 경과가 의학적으로 타당하여야 한다. 즉 의학상 질병의 발생 또는 증상은 돌발사태 후 즉각적인 양상을 보이는 것이 일반적이고 통상 24시간 이내에는 자각증상이 나타난다는 것이므로 이러한 경우에 대하여는 인과관계를 용이하게 인정할 수 있을 것이다. 그러나 반드시 24시간이라는 제한을 가할 필요가 있는 것은 아니므로 24시간이 넘어가는 경우에는 전문적 의학 지식에 근거함이 상당할 것이다. ㉢ 업무와 관련된 갑작스러운 사태로 정신적, 육체적 부하를 가져왔어야 한다. 즉 돌발사태 그 자체가 과연 근로자에게 육체적, 정신적으로 부하를 가져올 만한 것이었는지 검토하여야 한다. 이 경우 육체적이고 정신적이라고 하는 것은 돌발사태의 종류에 따라 과중부하가 서로 다른 형태로 나타나기 때문이다. 의학적으로는 교감신경을 흥분시켜 혈압이 오르고, 손발에 땀이 나며, 입에는 침이 마르고, 심장이 두근거리는 사건들을 이러한 돌발사태로 본다. 따라서 돌발사태가 이와 같은 교감신경의 흥분 내지 다른 인체기능의 과중부하를 초래할 수 있었는지 판단해야 한다.

(나) 일시적 과중부하

일상적인 업무보다 한시적이고 일시적인 업무의 과중부하, 즉 일상업무보다 일정 기간 특히 과중한 업무를 수행하는 경우를 말한다. 구체적으로 보면, ㉠ 여름철 혹서기에 용광로 작업 같은 고온작업을 한 경우, ㉡ 납품기일에 맞추기 위하여 연장근무를 하거나 업무량을 늘려 작업한 경우, ㉢ 상급자가 자리를 비워 상급자의 업무를 일시 겸직한 경우 등 통상의 업무내용에 비해 일정기간 집중적으로 정신적·육체적 스트레스를 받았음을 객관적으로 인정할 수 있는 경우 등을 말한다.

① 일시적 과중부하의 원인

㉮ 업무량의 증가

업무량의 증가는 일상적인 업무에 해당하는 업무량과 비교하여 파악된다. 납품기일을 맞추기 위해 업무량을 일시 늘려 수행한 경우, 연말 결산 시기에 업무량이 일시 늘어나는 경우 등이 전형적인 경우이다. 업무량 증가는 대부분 업무시간 증가를 동반한다.

㉯ 업무시간의 증가

업무시간의 증가는 업무량의 증가와 동시에 일어나는 경우가 대부분이나 시간외근무(통상 잔업이라고 함)와 같이 업무 그 자체의 단위 시간당 업무량의 변화가 없는 경우도 있다. 특히 우리나라의 경우 다수의 작업장에 잔업이 일상화되어 있으므로 해당 사업장의 잔업 현황을 파악할 필요가 있다. 주말 및 공휴일 근무 역시 업무시간의 증가를 파악하는 데 중요하다.

㉰ 업무난이도의 변화

업무난이도의 변화는 일상적으로 수행하던 업무가 아닌 다른 업무를 일시 취급하였을 때 업무의 변화에 따라 받는 스트레스이다. 업무의 난이도가 바뀌는 것은 업무의 종류가 바뀌는 것으로서 내용상의 변화를 의미한다. 따라서 근로자가 자신이 수행하던 일이 아닌 다른 일을 일시 수행한 경우 내용상 근로자에게 얼마나 어려운 일이었는지 파악하여야 한다.

㉱ 업무강도의 변화

업무강도의 변화는 업무로 인한 정신적, 육체적 부담 정도의 변화를 의미한다.

육체적으로 힘든 일을 수행하지 않았던 근로자가 일시 힘든 육체노동을 하였다면 업무난이도가 아닌 업무의 강도가 높아진 것이다. 반면 정신적인 면에서 업무 강도가 높아졌다면 이것은 업무의 난이도와 직접적인 연관이 있거나 아니면 업무상의 책임 변화와 관련이 있다.

⑪ 업무상의 책임과 의무 및 권한의 변화

업무상 책임과 의무 및 권한의 변화는 일시적으로 책임을 부여받았거나 특별업무를 맡아 전에 없던 책임이나 의무가 뒤따르는 경우를 의미한다. 그러나 승진이나 전보 등에 의한 경우라면 이에 해당하지 않고 오히려 다음에서 언급할 만성적 과중부하를 따져볼 수 있을 것이다. 구체적으로 과장의 직위에서 업무를 수행하는 근로자가 부장의 역할을 일시 수행하는 경우 이는 업무상 책임과 의무 및 권한의 변화가 있었던 것으로 파악할 수 있다. 또한 한시적으로 팀을 구성하여 팀의 운영책임을 맡은 경우도 같이 이해할 수 있다. 대부분 겸직이나 승진에 임박하여 승진할 자리의 업무를 대신 담당하는 경우에 많이 생긴다.

⑫ 작업환경의 변화

작업환경의 변화는 한시적 업무 변화에서 가장 먼저 파악할 사항이다. 예를 들어 고온, 저온, 고소(高所), 다습, 소음, 진동 등 작업장 환경이 갑작스럽게 변한 경우가 이에 해당한다. 여름철에 고온작업을 하는 경우와 겨울철에 저온작업을 하는 경우라면 작업환경이 일시 변화한 경우에 해당된다. 작업 자체가 극도로 열악한 환경일 경우 당연히 근로자에게 스트레스를 가져올 수 있다.

⑬ 근로자 개인의 건강과 신체조건 변화

근로자의 개인 건강과 신체조건에 변화가 있었음에도 일상 업무를 계속 수행하였다면 업무가 변화한 것으로 보아야 한다. 이 경우 업무량, 업무시간, 업무난이도, 업무강도, 업무상의 책임과 의무 및 권한 그리고 작업장의 환경 등을 모두 검토하여야 한다.

② 일시적 과중부하의 계량화 및 정량화

업무의 일시 증가나 변화가 가져오는 과중부하는 계량화하거나 정량화하여 판단하기 어렵다. 특히 업무의 증가 및 변화가 어느 측면에서 이루어졌으며 이러한 증가 및 변화의 내용이 근로자에게 어떠한 질병을 야기한 것인지 파악하는 것은 의학적 전문성의 영역에 속하므로 과중성의 계량화 및 정량화가 문제되는 경우라면 직업환경의학과 전문의의 판단에 근거하여야 한다. 그러나 계량화 및 정량화가 필요하지 않을 정도로 상식적인 수준에서 과중부하를 인정할 수 있는 경우도 생각할 수 있다.

③ 과중부하와 질병과의 시간관련성

일상업무에 비하여 특히 과중한 업무가 질병의 발생과 관련이 있다고 보려면 시간적인 경과에 비추어 볼 때 그 연관성을 의학적으로 긍정할 수 있어야 한다. 일반적으로 질병의 발생 및 악화와 가장 밀접한 관련을 가지는 부하는 발병 및 악화 전 약 24시간 이내의 것이지만 1주일 정도 이내의 부하도 상당한 관련성을 갖는다는 점은 임상의학의 경험상 일반적으로 받아들일 수 있으므로 최소한 발병 전 1주일의 과중부하에 대한 심리가 필요하다. 나아가 업무량의 강도에 따라서는 발병 전 1주일보다 더 전의 부하도 질병과 상당한 관련성을 가질 가능성이 있고, 이러한 점에 대하여 우리 산재보험법 시행령에서는 언급하고 있지 않지만, 일본의 행정해석은 '1주일간'을 시간적인 기준으로 삼고 있는 것이 적어도 '1주일간'은 업무관련성을 의학계에서도 일반적으로 받아들이고 있기 때문이지 '1주일간'으로만 과중부하의 시간적 범위를 한정하려는 의도는 아님을 밝히고 있다.

이러한 관점에서 보면, 발병 전 1일 및 1주일의 업무과중 여부에 대하여는 반드시 심리하여 고려하여야 하고, 발병 전 1개월의 업무과중 여부에 대하여는 당해 질병이 과로와 관련성이 없는 것이라는 등의 특별한 사정이 없는 한 고려하여야 하며, 발병 전 1개월보다 더 전의 업무과중 여부에 대하여는 당해 근로자측에서 업무량과 강도 등의 현저하고 급격한 변화가 있었다는 등의 특별한 사정을 증명하는 경우에 한하여 고려하되, 과중부하에 따른 생리적 변화는 휴식이나 치료로 회복하여 신체건강을 유지하도록 조치하지 않는 한 전신기능저하에 따른 신경정신과적 증상으로 이어진다는 것이 의학적인 견해임을 고려하면 발병 전에 그러한 신경정신과적 증상이나 그러한 전조증상이 발현한 바가 없다면 그 기한을 무한히 확장할 수는 없을 것이므로 대략 발병 전 3개월의 업무과중에 대하여는 보충적으로 고려할 수 있을 것이다.

④ 과중부하의 비교대상

당해 근로자의 건강과 신체조건만을 업무과중의 절대적 판단기준으로 삼으면 비교의 대상이 없어 어떤 경우이든 당해 근로자에게 있어서는 업무가 과중하다고 판단할 우려가 있고, 그렇게 해석하는 경우 업무과중 여부에 대한 객관적인 기준으로 삼을 수 없게 되는 문제점이 있다. 이러한 점에서 업무과중의 객관적인 기준을 제시할 필요성이 대두한다. 일응 다음과 같은 기준을 제시할 수 있을 것이다.

첫째, 당해 업무의 과중 여부는 기초질환이나 기존질병이 없는 경우는 물론 기초질환이나 기존질병이 있는 경우라도 동료 근로자나 같은 업종에 종사하는 다른 근로자들의 통상적인 업무량(통상적인 업무시간 및 업무내용 등)을 기준으로 판단하여야 한다. 여기에서 같은 업종에 종사하는 다른 근로자들이란 당해 근로자와 같은 업종에 종사하는, 같은 정도의 연령, 경험 등을 가지고 당해 일상업무를 지장 없이 수행할 수 있는 건강상태에 있는 자를 말한다.

둘째, 통상적이고 일상적인 업무에 비하여 과중하여야 한다. 평소의 당해 업무에 비하여 과중하여야 한다는 것은 당해 업무가 당해 근로자에게 결과적으로 정신적, 신체적으로 과중함은 물론 같은 업종에 종사하는 다른 근로자들에게도 정신적, 신체적으로 과중하여야 한다. 그러나 통상적이고 일상적인 업무에 비하여 현저히 과중할 필요는 없다. 특히 업무의 과중 여부는 근로자의 건강과 신체조건을 기준으로 판단하여야 하는 관계로 기초질환이나 기존질병이 있는 근로자의 경우 그 업무가 조금이라도 과중하면 업무의 과중성을 인정할 수 있을 것이다.

(다) 만성적 과중부하

만성적 과중부하란 일상업무 그 자체로 인한 과로 및 스트레스가 지속하는 경우를 말한다. 즉 평상시 일상업무 자체가 과로 및 스트레스를 야기하는 경우로서 업무 자체가 그 특성으로 인해 스트레스 요인이 될 수 있는 경우를 의미한다. 일상업무 그 자체가 과로 및 스트레스를 야기시키는 것으로 알려져 있는 경우로서 계속 이어지는 야간작업이나 교대작업 그리고 운전작업 등을 예로 들 수 있다.

만성적 과중부하는 업무 그 자체에서 오는 것이므로 근로자가 업무에 적절히 적응할 수 있는 단계를 거쳤는지 검토하는 것도 필요하다. 업무량, 업무시간, 업무의 난이도, 업무의 강도, 업무상의 책임 및 권한, 작업환경 등의 변화를 검토한다.

만성적 과중부하와 관련하여, 산재보험법 시행령 제34조 제3항의 위임에 따른 2013. 6. 28. 고용노동부 고시 제2013-32호(뇌혈관 질병 또는 심장 질병 및 근골격계

질병의 업무상 질병 인정 여부 결정에 필요한 사항)는 근로자의 업무가 '만성적인 과중한 업무'에 해당하는지 여부는 업무의 양·시간·강도·책임, 휴일·휴가 등 휴무시간, 교대제 및 야간근로 등 근무형태, 정신적 긴장의 정도, 수면시간, 작업 환경, 그 밖에 근로자의 연령, 성별, '건강상태' 등을 종합하여 판단하되, 업무시간에 관하여는 발병 전 12주 동안 업무시간이 1주 평균 60시간(발병 전 4주 동안 1주 평균 64시간)을 초과하는 경우에는 업무와 발병과의 관련성이 강하다고 규정하였다[Ⅰ. 1. (다)목 1)].

1주 평균 60시간 근로시간 기준에 대하여는, 여러 임상연구들에서 주당 48시간 이상 근로시간의 경우에도 뇌혈관 및 심뇌혈관질환의 유병률이 증가한다고 보고되었고 일부 연구에서는 41~48시간의 주당근무시간에서 유병률이 증가한다고 보고되었음을 이유로 과학적으로 타당하지 않다는 비판이 있었다.[1]

결국 위 고시는 2017. 12. 29. 고용노동부 고시 제2017-117호로 개정되었다. 개정된 고시는 개정 전 고시의 규정 내용이 지나치게 엄격하였다는 반성적 고려에서, 근로자의 업무가 만성적인 과중한 업무에 해당하는지를 판단함에 있어 재해자의 기초질환을 고려사항으로 보지 않도록 개정 전 고시에 규정되어 있던 '건강상태'를 삭제하였다. 그리고 업무시간에 관하여는 "발병 전 12주 동안 1주 평균 업무시간이 52시간을 초과하는 경우에는 업무시간이 길어질수록 업무와 질병의 관련성이 증가하는 것으로 평가한다."라고 하여 기준 업무시간을 낮추고, 특히 "교대제 업무, 휴일이 부족한 업무 등의 경우에는 업무와 질병의 관련성이 강하다고 평가한다."는 내용을 추가하였다.[2] 그 내용이 현행 고시에 이르고 있다.

(5) 과로사에 관한 판례의 태도[3]

(가) 업무과중의 기준

대법원은 고혈압의 지병이 있고 뇌지주막하출혈로 치료받은 전력이 있는 공무원이 상급기관의 감사와 관련하여 공휴일에 출근하여 09:00부터 18:00까지 근무를 한 데 이어 다음날 3시간의 시간외 근무를 한 사안에서 의당 하여야 할 통상적이고

1) 박창범, "업무상 과로나 스트레스로 인한 심뇌혈관 질환과 업무상 재해", 외법논집 제41권 제2호 (2017. 5.), 283.
2) 대법원 2022. 2. 11. 선고 2021두45633 판결 참조.
3) 박해식 외 3인, "과로 및 스트레스와 관련된 질병 또는 사망과 업무와의 인과관계", 행정재판실무편람 Ⅱ, 서울행정법원(2002), 662~664.

일상적인 업무를 처리한 것만으로는 위와 같은 지병을 현저히 악화시켜 뇌출혈에
이르게 할 정도의 과로에 해당한다고 보기 어렵다[1]고 판시하였고, '당해 근로자에게
있어서의 업무의 과중'이라 함은 "같은 업종에 종사하는 근로자들의 통상적인 업무
시간 및 업무내용에 비하여 과중한 업무를 계속하는 것"[2]이라고 판시하였다.

그러나 다른 한편 ① 댐 보조여수로 설치공사 현장에서 철근 조립공으로 근무
하던 근로자가 작업 후 두통을 호소하다가 현장 인근 숙소에서 뇌출혈 및 뇌괴사로
사망한 사안에서 원심이 망인이 채용 후 불과 4시간 정도밖에 일하지 않은 점이나
약 30년간 건설현장에서 근무한 숙련 철근조립공인 점 등에 비추어 보면, 업무상 과
로나 급격한 작업환경의 변화에 따른 스트레스로 뇌출혈 전조증상이 발현하였다고
추단하기 어렵다고 판단한 데 대하여, 대법원은 터널 내에서 작업해 온 기존 근로자
들에게는 과중한 업무가 아니어도 고혈압 등의 기존질환을 보유한 망인에게는 새로
이 시작한 터널 공사 현장에서의 야간 철근 조립작업이 신체에 상당한 부담을 주는
과중한 업무라고 볼 여지가 있고, 부검결과와 진료기록 등을 통해 사인 및 발병경위
가 비교적 분명하게 밝혀져 터널 내에서의 야간작업 이외에 달리 사망의 원인이 되
었다고 볼 만한 특별한 사정을 찾아볼 수도 없으므로, 사정이 그러하다면 급격하게
변화한 작업환경에서의 위와 같은 과중한 업무와 스트레스가 기존질병을 자연적인
진행속도 이상으로 악화시켜 망인으로 하여금 뇌출혈 및 뇌괴사로 사망에 이르게
한 것으로 추단할 수 있다고 하여,[3] 피재근로자를 기준으로 하여 업무가 과중하였
는지를 판단하였다. 또한 대법원은 ② 망인이 운전한 광역버스가 1회당 평균 3~4시
간씩 장거리 운행으로 상당한 집중력이 필요한 스트레스가 많은 업무인 점, 1회 운
행시간 동안 업무조절이나 휴식이 불가능하여 계속 운전석에 앉아 있는 자세를 유
지하여야 하는 점, 망인은 격일제 근무를 통해 각 근무일에는 1일 5회를 운행하였으
므로 각 운행 회차 사이에 주어지는 30분~1시간의 휴식시간을 포함할 경우 1일
17~19시간 정도를 연속하여 업무에 종사하게 되는데, 사고 직전으로서 연말인
2008. 12. 29.부터 같은 달 31일까지 배차근무조 교환 때문에 3일 연속 위와 같은

1) 대법원 1985. 8. 13. 선고 85누178 판결.
2) 대법원 2001. 4. 13. 선고 2000두9922 판결, 대법원 2009. 7. 9. 선고 2007두17038 판결(망인이 수행
한 업무가 대학교수로서의 통상적인 강의나 연구 활동의 범위를 넘어 망인에게 과중한 부담이 될 정
도였다고 보기는 어려우므로, 직무수행 중 쌓인 과로나 스트레스가 심장질환을 유발하거나 자연적인
진행속도 이상으로 급격하게 악화시켜 망인을 사망에 이르게 하였다고 인정할 수는 없다고 본 사례).
3) 대법원 2010. 1. 28. 선고 2009두5794 판결.

근무를 하였던 점 등을 고려하면, 망인이 종사한 광역버스 운전자로서의 근무형태는 그 자체만으로도 통상인이 감내하기 곤란할 정도의 과로에 해당할 뿐만 아니라 심장질환에 대한 특별한 위험요인이 내재되어 있다고 봄이 상당하고, 망인이나 같은 회사의 동료 근로자들이 동일한 형태의 근로를 계속하여 왔다고 하여 그와 달리 볼 수 없으며, 특히 업무와 질병 또는 사망과의 인과관계 유무는 보통 평균인이 아니라 당해 근로자의 건강과 신체조건을 기준으로 판단하여야 한다는 법리에 따라 망인의 사망 당시 나이(만 57세)와 고혈압, 고지혈증의 지병을 고려하면 더더욱 그러하므로, 망인의 기존질병인 고혈압이나 고지혈증이 망인의 특수한 근무형태와 이에 연관한 과로로 인하여 자연적인 진행속도 이상으로 악화하거나 사망의 원인이 된 급성심근경색을 유발한 것으로 봄이 상당하다고 하여[1] 당해 근로자의 건강과 신체조건을 기준으로 판단하였다.

(나) 일시적 과중부하와 증상 발현 사이의 시간적 관련성

대법원은 일시적 과중부하와 증상 발현 사이의 시간적 관련성에 대하여 특별히 그것을 염두에 두고 판단한 예가 별로 없는 것으로 보인다.

(다) 만성적 과중부하 인정 여부

일반적으로 영업용택시운전사 및 버스운전사, 격일제 경비원, 야간고정근무자 등의 경우 근무형태로 인한 생체리듬과 생활리듬의 파괴로 인한 만성적 과중부하로 질병 발생 및 악화의 가능성이 높다.

대법원은 "경비업무 자체가 주야교대 근무형태로서 인간생리 리듬에 역행하는 것인데다가 사망 전 3개월여에 걸친 업무의 과중으로 인한 과로와 정신적 스트레스가 기초질병인 지방심의 진행을 촉진시키고 증세를 악화시켜 근무 중 사망에 이르게 하였다면 망인의 사망은 그 업무와 상당인과관계 있는 업무상 재해에 해당한다."[2] "망인의 업무 내용은 학교에 상주하여 숙직하면서 단독으로 넓은 건물과 부지 등에 대해 야간경비, 순찰 등을 하는 것으로 휴일에는 종일 근무를 하는데다가 월 2회의 휴무만이 있을 뿐이어서 이를 단속적 업무로 평가하더라도 그 자체로 생활 및 생체리듬의 혼란으로 피로와 스트레스를 유발하고 건강에 부정적 영향을 미칠 수 있다

---

1) 대법원 2012. 4. 13. 선고 2011두30014 판결.
2) 대법원 1990. 9. 25. 선고 90누2727 판결.

고"[1]라고 판시하여 인간의 생리리듬에 역행하는 주야교대근무에 의한 스트레스의 유발 가능성을 열어놓았고, 그 결과 영업용택시운전사나 버스운전사, 격일제경비원 등의 업무상 재해를 인정한 사례가 비교적 많았던 것으로 보인다.

이러한 판례의 태도는 만성적 과중부하를 인정하는 전제에 선 것으로 해석할 수도 있다. 앞서 예로 든 대법원 2012. 4. 13. 선고 2011두30014 판결에서 광역버스 운전자의 근무형태를 구체적으로 설시한 뒤 그 자체만으로도 통상인이 감내하기 곤란할 정도의 과로에 해당할 뿐만 아니라 심장질환에 대한 특별한 위험요인이 내재되어 있다고 봄이 상당하다고 한 것도 이러한 맥락에서 이해할 수 있다.

그러나 대법원 1998. 12. 8. 선고 98두13287 판결에서는 "아파트 경비원이 근무중 심장마비로 사망하였다 하더라도, 업무가 비교적 단순하고 가벼운 육체노동인 경비업무이고 비록 격일제로 24시간 근무하는 것이 다소 생체리듬을 역행하는 면이 있다고 하지만 근무일 다음날은 하루 종일 휴식을 취할 수 있고, 근무일이라도 야간에는 수시로 의자에 앉거나 누워서 쉴 수도 있었으며, 동일한 근무형태의 업무를 계속해 오는 동안 자연스럽게 그에 적응할 수 있었으리라고 보이는 점 등에 비추어 보면 업무상 과로 및 스트레스로 심장마비를 일으켰다고 볼 수 없다."라고 판시하였는데, 대법원의 이러한 태도는 만성적 과중부하라는 개념을 부정한 것이라기보다는 구체적인 사안에서 과중부하 자체를 인정할 수 없었기 때문이었던 것으로 보인다.

3. 뇌혈관·심장 질병에 대한 구체적 판단 사례[2]

가. 출혈성 뇌혈관 질환

(1) 의미

뇌실질내출혈이란 뇌실질내에 출혈이 발생한 것으로 뇌내출혈이라고도 한다. 고혈압성 뇌출혈이 대부분이나 그 이외에 뇌혈관질병(뇌동맥류, 뇌동정맥기형), 혈액

---

1) 대법원 2022. 2. 11. 선고 2021두45633 판결.
2) 이에 대한 상세한 논의는 정수진, "산업재해사건 소송실무", 사법연수원 교수논문집(제13집), 사법연수원(2016), 361~370; 뇌혈관질병·심장질병 업무상 질병 조사 및 판정 지침(공단 지침 제2021-03호, 2021. 1. 13. 개정).

질병, 뇌종양 등의 원인에 의하여 발생한다.

지주막(거미막)하출혈은 두 개의 혈관의 파열에 의하여 지주막하강 내로 출혈되는 것으로 주로 뇌동맥류의 파열에 의하여 발생한다. 그 밖에 뇌동정맥기형, 모야모야질병 등의 뇌혈관질병, 혈액질병, 뇌종양 등으로 인하여 발생되며 뇌실질내출혈이 합병되기도 한다.

출혈성 뇌혈관질환은 크게 뇌실질내출혈과 지주막하출혈로 나눌 수 있지만, 뇌실질내출혈로 인하여 지주막하출혈이 발생할 수도 있는 등 위 두 질환이 전혀 별개의 것이 아니다. 따라서 사망한 근로자에 대하여 부검 등을 실시하지 않는 한 사망 당시의 정황으로 보아 뇌실질내출혈이나 지주막하출혈 중 어느 하나의 질환으로 사망하였을 것으로 추정하고, 이를 사망진단서 등에 적시하는 경우가 많은데, 이 경우 단지 사인을 '뇌출혈'로 나타내기도 한다. 또한 뇌동정맥기형, 뇌동맥류는 뇌지주막하출혈의 주요 원인이고, (자발성) 뇌실질 내 혈종, 뇌동맥류 파열은 결국 뇌출혈을 말하는 것이며, 뇌간압박이나 뇌간마비는 뇌출혈 등의 결과로 발생한 증상이므로, 이러한 것도 결국 뇌출혈을 의미하는 것이라고 볼 수 있다.

(2) 업무상 재해 인정례

① 63세의 경비원이 24시간 경비원 업무를 수행하는 과정에서 맞교대 근무로 말미암아 육체적으로 과로하고 실직의 염려 등으로 인하여 스트레스를 받는 한편, 겨울철에도 순찰업무 등을 위하여 바깥의 추운 날씨에 계속 노출되어야 하는 경비원 업무의 특성으로 말미암아 사망 당일에도 최저기온 영하 7.7℃의 추운 날씨 속에 경비초소 순찰업무를 마치고 갑자기 자신의 따뜻한 경비초소에 들어가는 바람에 심한 실내외 온도차에 노출됨으로써, 평소에 가지고 있던 고혈압 증세가 자연적 경과 이상으로 급격히 악화되어 뇌실질내출혈을 일으켜 사망에 이른 것으로 추정되고, 이와 달리 망인의 고혈압 증세가 자연발생적인 과정을 통하여 뇌실질내출혈로 악화되었음을 의학적으로 명백하게 단정할 수도 없고, 달리 망인의 고혈압 증세가 뇌실질내출혈로 악화된 것이 자연발생적으로 이루어졌음을 증명할 자료가 없으므로 업무상 재해에 해당된다.[1]

---

1) 대법원 2002. 2. 26. 선고 2001두8230 판결.

② 에어컨 부품 등 제조업체인 소외 주식회사 A에 입사한 조립반 반장의 추정 사인인 지주막하출혈은 대부분 동맥류의 파열에 기인하는 것이고, 동맥류 파열은 갑작스런 혈압의 변화를 초래할 수 있는 상황에서는 언제든지 발생할 수 있는 만큼 과로가 심한 경우에도 동맥류가 파열될 수 있으며, 동맥류가 파열될 가능성은 고혈압을 치료하지 않을 경우가 치료한 경우에 비해 더욱 높은 것으로 알려져 있고, 그 밖에 달리 망인이 최종적인 생존 확인 시점 이후 사망에 이르기까지 사이에 업무 외적으로 지병인 고혈압을 악화시킬 원인이 될 만한 다른 행위를 하였다고 볼 뚜렷한 자료가 기록상 나타나 있지 아니하면, 이렇다 할 휴식 없이 한달 여 동안 연일 이어지는 근무와 상당한 수준의 초과근무 등으로 인해 누적된 업무상 과로 또는 스트레스가 지병인 고혈압 등을 자연적인 진행경과 이상으로 악화시켜 뇌지주막하출혈을 초래한 것으로 보이는 동맥류의 파열로 이어짐으로써 끝내 망인의 사망이라는 결과를 낳게 되었다고 볼 여지가 있다고 하여 업무상 재해를 인정하였다.[1]

③ 66세의 초등학교 야간 경비원이 학교에 상주하여 숙직하면서 단독으로 넓은 건물과 부지 등에 대해 야간경비, 순찰 등을 하다가 학교 내 강당에서 혼수상태로 발견되어 병원으로 이송된 후 상세불명의 뇌경색증 및 기저핵 출혈 진단을 받아 사망한 사안에서 망인이 휴일에는 종일 근무를 하는 데다가 월 2회의 휴무만이 있을 뿐이어서 그 업무를 단속적 업무로 평가하더라도 그 자체로 생활 및 생체리듬의 혼란으로 피로와 스트레스를 유발하고 건강에 부정적 영향을 미칠 수 있다고 하여 업무상 재해를 인정하였다.[2]

(3) 업무상 재해 부정례

① 자신이 업무과장으로 근무하던 택시운송회사는 소속 운전기사가 28명이고 보유차량수가 20대인 소규모의 택시회사여서 업무과장의 업무는 그 절대량이 그다지 많지 않았고, 매월 5일부터 15일경까지 월차결산을 위하여 연장근무를 하거나 경리 여직원과 격주로 휴일근무를 하기도 하였으나, 평소에는 09:00경에 출근하여 18:00경에 퇴근하는 등 근무시간도 일정하였으며, 그 업무내용도 직원관리, 자동차 사고관리, 사납금관리, 제세공과금납부, 월차결산, 노동조합관리 등 주로 대표이사와

1) 대법원 1999. 5. 11. 선고 99두2338 판결.
2) 대법원 2022. 2. 11. 선고 2021두45633 판결.

전무이사를 보좌하는 중간관리업무였고, 그 업무도 혼자 처리한 것이 아니라 경리담당 여직원의 보조를 받아 처리하였다면, 만 50세라는 업무과장의 나이와 고혈압 및 만성백혈병이라는 지병을 감안하더라도 업무과장이 택시회사에서 수행한 업무는 그 업무 내용이나 근무시간 등으로 보아 지병인 고혈압을 자연적 경과 이상으로 악화시켜 뇌실질내출혈을 유발할 정도가 되는 과중한 업무라고 할 수는 없다는 이유로 업무상 재해가 아니라고 판시하였다.[1]

나. 허혈성 뇌혈관질환

(1) 의미

뇌경색은 혈전(혈관 속에서 피가 굳어진 덩어리)이나 색전(혈관 내에 유리물이 흘러들어와 관강의 일부 또는 전부를 폐색한 상태 또는 그 원인물질)에 의하여 뇌혈관이 막히는 질병이다. 대부분의 경색은 혈전이나 색전에 의해 뇌혈관이 막혀서 발생하지만, 두개강 내압의 상승시에 구상돌기의 탈출이 동반되는 경우에 후대뇌동맥이 경막에 눌려서 발생하는 것과 같이 혈관의 압박에 의해서도 생기고 또한 분수계성 경색과 같이 혈관이 막히지 않는 경우에도 발생한다. 뇌경색증의 원인적 분류는 그 발생원인으로부터 뇌동맥경화증을 동반한 혈전증과 뇌색전증 그리고 기타 원인으로 나눌 수 있다. 주원인은 동맥경화이고, 그 이외 원인으로 심장질병, 혈액질병, 혈관질병, 저산소증 등이 있으며, 혈전이나 색전을 일으키는 요인으로는 고령, 당뇨병, 고혈압, 흡연, 비만, 운동부족, 이상지질혈증, 심방세동, 심장병 등이 보고되고 있다.

(2) 업무상 재해 인정례

주식회사 A에 입사하기 이전에는 건강하던 근로자가 A에 입사하여 생산직 근로자로 근무해 오다가 1995년경부터 고혈압 증상을 보이기 시작하였고, 근로자의 업무 자체는 육체적으로 크게 힘든 것이 아니었으나, 근무시간 내내 서서 작업하여야 하고 잠시도 자리를 비울 수 없는 관계로 그에 따른 정신적·육체적 스트레스가 있었을 것으로 보이며, 무엇보다도 근로자는 1995년경부터 고혈압 증상을 보여 과

---

1) 대법원 2000. 3. 23. 선고 99두8244 판결.

로를 하여서는 아니 되는 신체적 조건이었음에도 불구하고, 때마침 A가 익산으로의 공장 이전을 추진하는 바람에 1996. 3. 11.부터 1일 3교대제에서 1일 2교대제로 외부적 작업환경이 악화되었고, 그에 따라 근무시간을 초과하여 근로한 연장근로시간이 종전보다 3배 가까이 폭증하는 등 재해 발생 무렵에는 근로자로서는 견디기 힘들 정도로 업무량이 증가하였다면, 근로자는 이와 같이 갑작스럽게 변화한 작업환경에서 과중한 업무를 계속하여 온 데 따른 과로와 스트레스가 누적된 나머지 이미 보유하고 있었던 고혈압이 자연적인 경과 이상으로 악화되어 1996. 7. 3. 소뇌경색증 등의 상병을 입게 된 것으로 추단함이 상당하다고 하여 업무상 재해를 인정하였다.[1]

(3) 업무상 재해 부정례

레미콘 운전기사인 근로자가 회사에 입사한 후 1996년과 1997년에는 간혹 근무시간을 초과하여 연장근무를 한 적이 있었으나, IMF 사태 이후에는 회사의 일감이 현저하게 감소하여 주된 업무인 레미콘 차량운전을 하루에 2, 3시간 정도 하거나 그보다 못한 경우도 많았고, 그에 따라 근로자가 간혹 차량 도색업무나 골재를 올리는 작업 등의 잡무를 처리하기도 하였으나 그 빈도가 그리 많지 않았으며, 한편, 근로자는 건강진단결과 신장에 비하여 체중이 많이 나가는 비만판정을 받고 고혈압의 증상이 있는 것으로 의심을 받았고, 음주와 흡연의 생활습관을 개선하여야 하는 것으로 지적받아 왔다면, 근로자의 질병은 회사의 업무나 업무상의 스트레스로 인한 것이라기보다는 비만자로서 고혈압 등의 예후를 가지고 있던 근로자가 평소의 생활습관으로 인하여 자연적으로 그 증세가 악화되어 뇌경색 등의 발병에 이르게 되었다고 인정되므로 근로자의 뇌경색 등의 발병은 업무상 재해에 해당하지 아니한다고 판시하였다.[2]

다. 허혈성 심장질환

(1) 의미

병리학에서는 심장의 질병은 크게, 심부전증, 허혈성 심질환, 고혈압증과 심비

---

1) 대법원 2003. 1. 10. 선고 2002두9759 판결.
2) 대법원 2002. 6. 14. 선고 2001두687 판결.

대, 심내막염과 심장판막증, 심근염, 심근병증, 선천성 심장질환(심기형), 심낭막 질환, 심장의 종양으로 나누고 있으며, 그중 허혈성 심질환은 다시 심근경색증, 협심증으로 나뉜다. 협심증이란 관상동맥의 내강이 좁아져 상대적으로 심근이 필요로 하는 산소공급을 못하게 되므로 발생하는 경색 전단계이며 노력성과 변형성 그리고 점진성으로 나누고 있다. 심근경색이란 관상동맥의 폐색에 의해서 넓은 범위에 걸친 심근의 허혈성 괴사가 생긴 경우를 말한다. 심근경색증을 일으키는 위험인자로는 유전적 요인, 고혈압, 당뇨, 비만, 흡연, 스트레스 등을 들 수 있고, 첫 회 발작 전에 70% 이상의 사람이 이미 상당 수준의 협심증을 경험하고 있다.

(2) 업무상 재해 인정례

제 2 편
산업재해

① 택시기사로 근무하다가 1999. 3. 25. 07:30경 자신이 운행하던 택시의 운전석에서 엔진 시동과 히터를 가동한 채 사망한 것에 대하여, 택시기사가 사납금 및 추가 수입을 위하여 규정된 시간보다 많은 시간을 근무하였을 뿐만 아니라, 다른 택시기사들과 비교하더라도 많은 시간의 근무를 하였고, 사납금 입금실적도 상위권에 속하였으며, 격주 단위로 주·야간 교대근무를 함으로써 취침시간의 불규칙, 수면부족, 생활리듬 및 생체리듬의 혼란, 사회생활이나 가정생활에 지장 등을 겪었으며, 사망 1개월 전부터 과로로 인한 피곤을 호소하여 왔으며, 사고 전날에는 두통, 속메스꺼움 등의 증세를 호소하면서 약을 구입하기도 하였으며, 달리 택시기사에게 특별한 지병이나 다른 사망원인이 있었다고 볼만한 사정이 없다면, 택시기사로 운전업무를 수행하는 과정에서 육체적 피로가 누적되고, 정신적인 스트레스도 적지 않았던 것으로 볼 수 있으며, 위와 같은 만성적인 업무상의 과로와 스트레스가 누적되어 심근경색증이 유발되어 사망한 것으로 추정된다는 이유로 망인의 사망과 업무 사이에 상당인과관계가 있다고 판시하였다.[1]

② 오피스텔 신축공사 현장에서 도장공으로 근무하던 갑이 근무 중 쓰러진 채 발견되어 병원으로 이송되었으나 사망한 사안에서, 갑이 고혈압, 불안정협심증 등의 기존질환을 가진 상태에서 급격한 근무환경의 변화 및 업무강도의 증가로 육체적·정신적 과로가 누적되었고, 사망 당일 체감온도가 10℃ 이상 저하된 상태에서 고층

---

1) 대법원 2003. 1. 10. 선고 2002두8145 판결.

건물 외부의 강한 바람과 추위에 그대로 노출된 채 휴식시간 없이 작업을 계속한 사정 등으로 기존의 질환이 자연적인 진행속도 이상으로 급격하게 악화되면서 심근경색이 유발되었다고 추단할 수 있다고 판시하였다.[1]

(3) 업무상 재해 부정례

택시운전사가 고혈압과 동맥경화라는 기초질병을 가지고 있었는데, 그 고혈압이 업무상의 과로나 스트레스로 인하여 발병한 것이라고 볼 만한 객관적 자료는 없고, 동맥경화의 원인으로는 고지혈증, 고혈압증, 흡연, 당뇨병 등이 있으며 계속적인 과로와 스트레스도 그 발생원인으로 추정되고 있을 뿐이며, 또한 택시운전사로서의 업무가 사망 직전에도 같은 업종에 종사하는 근로자들의 통상적인 업무시간 및 업무내용이나 종전에 비하여 특별히 질적으로나 양적으로 과도한 것이어서 그로 인하여 그 택시운전사에게 정신적 긴장이나 압박감 등이 있었다고 인정되지도 않고, 관상동맥경화증이 있는 경우에는 과로나 정신적 스트레스가 있거나 이와 관련 없이 저절로 동맥경화반이 파열되어 급성심근경색증이 발병될 수 있으며, 단기간의 고혈압만 있는 경우에도 급성심근경색을 유발할 수 있다면, 사망 당시의 택시운전사의 업무내용과 그 근무형태만으로는 곧바로 택시운전사로서의 업무상의 과로나 스트레스가 고혈압이나 동맥경화증을 발병시켰다거나 이를 악화시켜 급성심근경색을 유발하였다고 볼 수 없으므로, 그 택시운전사의 사망과 업무상의 과로 및 스트레스 사이에 상당인과관계가 있다고 단정하기는 어렵다고 판시하였다.[2]

다. 혈관질환

해리성대동맥류란 대동맥의 내막이 파열됨으로 인하여 대동맥의 진강으로부터 높은 압력의 혈액이 빠져나와서 중막의 내층과 외층을 급속히 해리시키는 질환으로 대동맥 해리 또는 대동맥 박리라고도 한다. 동맥에서 발생하는 질병 중 가장 무서운 병이라 할 수 있으며, 동맥경화가 가장 흔한 원인이고, 고혈압이 중요한 선행요인 (90%)으로 생각되고 있다.

---

1) 대법원 2018. 5. 15. 선고 2018두32125 판결.
2) 대법원 2002. 2. 5. 선고 2001두7725 판결.

동맥경화란 넓은 의미로 동맥이 경화(탄력을 잃고 섬유화되고 딱딱하게 변하는 것)하고 있는 상태를 의미하는데, 동맥경화증에는 죽상동맥경화증, 중막 석회화경화증, 세동맥경화증 등이 있으나, 특히 탄력성이 큰 동맥에서 죽종을 동반하는 경우를 특히 죽상동맥경화라고 하므로 임상에서는 죽상동맥경화가 실제로 가장 문제가 된다. 그러므로 대부분의 경우 동맥경화증과 죽상동맥경화증은 거의 같은 의미로 사용되기도 한다. '죽상(粥狀)'이란 우리말로 죽과 비슷하다는 뜻이다.

판례에는, 관상동맥 경화증은 서서히 누적되어 발병하는 만성병의 성격이 있고, 이 질환이 있는 사람은 과로나 스트레스에 의하여 급사할 가능성이 있으며, 작업 중의 먼지나 고열 등으로 인한 스트레스가 이 질환의 악화에 영향을 미칠 수 있으므로, 근로자가 회사에 입사한 이후 사망 시까지 방열복 등도 제대로 지급받지 못한 채 작업현장에서 상당한 고온(작업시 용해된 알루미늄이 620℃ 정도임)과 소음 등을 수반하는 다이캐스팅 작업(알루미늄과 아연 등을 고열로 녹인 다음 이를 금형에 넣어 제품을 생산하는 작업)에 생산공 또는 생산과장으로 근무하면서 상당한 과로와 스트레스를 피할 수 없었고, 이러한 사유가 기존 질병인 관상동맥 질환이 자연적 진행경과 이상으로 급속히 악화시키는 원인이 됨이 의학상으로 확인되므로, 이와 업무 외의 사정이 경합하여 근로자로 하여금 관상동맥 경화증으로 사망에 이르게 한 것으로 추단할 여지가 없지 아니하다는 것1) 등이 있다.

4. 과로사 사건 심리에 있어서의 실무상 쟁점과 착안점

가. 사인이 분명하지 아니한 경우

(1) 문제의 소재

과로사 여부가 문제되는 사건 중에는 사인이 분명하지 아니한 경우가 상당수 있다. 부검 없이 사망진단서에 사인이 '미상', '돌연사', '급성심장사',2) '심근경색의증(추

---

1) 대법원 2001. 10. 12. 선고 2001두3730 판결.
2) '돌연사'는 건강에 별다른 이상이 없거나 특이한 증상이 없던 사람이 갑자기 사망하는 경우를 말하고, '급성심장사'는 해부학적으로 증명되는 심장의 질병 유무와 관계없이 급성증상이 발생하여 1시간 이내

정)' 등으로만 기재되어 있거나, 부검을 거쳤는데도 사인이 밝혀지지 않은 경우이다.

위와 같이 사인이 분명하지 아니한 과로사 사건에서 사인이 분명하지 않다는 이유로 업무와의 상당인과관계를 부인할지, 아니면 여러 가지 간접사실을 종합하여 사인을 추정하고 이를 기초로 업무와의 상당인과관계를 인정할지가 문제된다.

(2) 대법원의 태도

근로자가 업무수행 중 사망하였더라도 사인이 불분명한 경우에는 업무에 기인한 사망으로 추정된다고 할 수 없다는 것이 대법원의 주류적 태도이다. 대법원은 부검이 실시되지 않은 관계로 근로자의 사인이 분명하지 아니하나 유족들은 근로자가 과로 및 스트레스로 인한 심장질환으로 사망하였다고 주장하는 사건에서, "산재보험법이 정하는 업무상의 사유에 의한 사망으로 인정되기 위하여는 당해 사망이 업무에 기인하여 발생한 것으로서 업무와 재해 사이에 상당인과관계가 있어야 하고, 이 경우 근로자의 업무와 재해 사이의 인과관계에 관하여는 이를 주장하는 측에서 증명하여야 할 것이므로 근로자의 사인이 분명하지 아니한 경우에는 업무에 기인한 사망으로 추정된다고 할 수 없다"고 판단한 바 있다.[1] 그리하여 사인이 분명하지 아니한 경우 업무상 재해로 인정되지 않은 사례가 많다.[2]

반면, 검안서에 망인의 직접 사인이 '심근경색의증(추정)'으로 기재되어 있고 부검은 시행되지 않은 사안에서, 대법원이 망인의 업무와 사망원인이 된 질병 사이에 상당인과관계를 인정할 여지가 있다고 보아 원심판결을 파기한 사례도 있다.[3]

(3) 문제점

(가) 의사가 추정한 사인을 사인으로 인정하지 아니한 경우의 문제점

의사가 나름대로의 의학적 전문지식에 기초하여 내린 사인에 관한 진단명은

에 의식소실과 함께 심장의 이상으로 사망한 경우를 말하므로, 질환명이나 질병 원인을 의미하는 것으로 볼 수 없다.

1) 대법원 2003. 12. 26. 선고 2003두8449 판결, 대법원 2004. 11. 26. 선고 2004두9579 판결, 대법원 2009. 10. 29. 선고 2009두13726 판결.
2) 대법원 1997. 2. 25. 선고 96누17226 판결, 대법원 1998. 11. 24. 선고 97누20144 판결, 대법원 1998. 12. 8. 선고 98두13287 판결, 대법원 1999. 4. 23. 선고 97누16459 판결, 대법원 2008. 2. 28. 선고 2006두17222 판결, 대법원 2007. 2. 28. 선고 2007두11801 판결 등.
3) 대법원 2012. 4. 13. 선고 2011두30014 판결, 대법원 2018. 5. 15. 선고 2018두32125 판결 등.

비록 그것이 추정이라고 하더라도 다른 유력한 진단이 밝혀지지 않는다면 일단 이를 받아들이는 것이 온당할 것이다. 그런데도 그에 대한 자세한 설명이 없이 과로나 스트레스가 인정되지 아니하는 경우에는 의사 등이 추정한 사인을 배척해 버리는 것은 문제가 있을 수 있다. 따라서 사인의 추정은 그대로 인정하되 추정 사인을 유발할만한 과로나 스트레스가 없었다는 식으로 접근하는 것이 바람직할 것이다.

(나) 기초질환 및 기존질병과 사인 추정의 문제점

대법원 판례에 의하면 평소 의료기관에서 치료받은 병력이 있어 당해 질환으로 이환한 것을 알고 있는 근로자의 경우는 기초질환이나 기존질병과 추정사인과의 관련성이 있으면 쉽게 그러한 사인으로 사망하였다고 추단할 뿐만 아니라 그 평소 지병이 업무로 인하여 자연적 경과 이상 급속히 악화하였다고 쉽게 추단할 수 있어 업무상 재해로 인정할 여지가 많은 반면, 같은 질환을 가지고 있으면서도 치료받은 병력이 없어 이환 사실을 모르고 있던 근로자의 경우는 사인 추정도 인정받기 어려울 뿐 아니라 과로로 사망하였다는 점을 인정받기는 더욱 어려운 면이 있는 것으로 보인다. 그 결과 기초질환이나 기존질병을 가진 근로자는 지나치게 보호하는 반면 건강한 근로자가 과로한 경우는 법의 보호범위에서 배제할 우려가 있으므로, 형평에 어긋나는 결과를 낳지 않도록 각별히 주의하여야 할 것이다.

(다) 사인추정의 주관화의 문제

대법원은 사인 불명의 경우 반드시 의학적 평가만 기초로 하는 것이 아니라 과로와 스트레스의 인정 여부에 따라 목적론적 관점에서 법적 평가에 기초를 두고 업무상 재해 해당 여부를 결정한다고 할 수 있다. 이러한 관점에서만 본다면 대법원이 목적론적 입장에서 출발하여 업무상 재해 인정 여부를 판단함으로써 의학적 지식과 자료에 의한 사인의 추정보다는 과로 및 스트레스에 의한 사인의 추정을 행함으로써 사인의 추정을 객관화하지 못하였다는 비판도 제기할 수 있다. 판례의 이러한 경향이 구체적 사건을 해결하는 법원의 기능이나 생활보장적 성격을 가진 산재보험제도의 입법취지에 부합하는 것이기는 하지만 자칫 임상적 실험 등을 통하여 비교적 객관화할 수 있는 의학적 평가마저 사실상 배제하고 법관 개개인의 주관에만 지나치게 의존함으로써 당사자의 예측가능성과 신뢰를 무너뜨릴 위험성이 있다는 점에

특히 유의할 필요가 있다.[1]

(4) 착안점

첫째, 사실심으로서는 사망한 근로자의 사망 당시의 구체적 발병상황, 나이나 성별, 발병에서 사망까지의 시간적 간격, 사망시간, 기초질환이나 기존질병의 유무 등의 병력 및 가족력, 신체조건, 평소 식생활 습관이나 기호(음주나 흡연 등), 운동 습관, 증인신문조서등본, 기타의 모든 자료를 충분히 모아 의료기관에 감정과 사실조회를 하도록 유도함으로써 가장 개연성이 높은 사인을 밝히고 이를 기초로 다시 당해 근로자가 맡은 업무와의 관련성을 밝히는 방식으로 사건을 심리함으로써 업무상 재해인정기준을 하나씩 객관화할 필요가 있다.

둘째, 심리의 무게를 사인에 두는 것이 아니라 과로 및 스트레스 인정 여부에 두어, 과로나 스트레스를 인정할 수 있다면 사인이 불분명하더라도 사망과의 인과관계를 추단할 수 있을 것이다.[2]

나. 만성적인 과중한 업무 판단에 있어 업무시간

대법원은 '업무시간'은 업무상 과로 여부를 판단할 때 하나의 고려요소일 뿐 절대적인 판단 기준이 될 수 없다고 보고 있으므로,[3] 업무의 양·시간·강도·책임, 휴일·휴가 등 휴무시간, 교대제 및 야간근로 등 근무형태, 정신적 긴장의 정도, 수면시간, 작업 환경, 그 밖에 그 근로자의 연령, 성별 등을 종합하여 업무상 과로 여부를 판단하여야 할 것이다.

다. 감정노동의 특수성

의학적 관점에서 상당인과관계의 존부에 관한 연구 성과가 상당히 축적된 육체

---

1) 박해식 외 3인, "과로 및 스트레스와 관련된 질병 또는 사망과 업무와의 인과관계", 행정재판실무편람 Ⅱ, 서울행정법원(2002), 697~698.
2) 박해식 외 3인, "과로 및 스트레스와 관련된 질병 또는 사망과 업무와의 인과관계", 행정재판실무편람 Ⅱ, 서울행정법원(2002), 688~689.
3) 대법원 2020. 12. 24. 선고 2020두39297 판결, 대법원 2022. 2. 11. 선고 2021두45633 판결.

적 근로와 달리 최근 서비스업 및 그에 따른 고객지원업무의 급격한 증가에 따라 다양한 형태로 나타나는 이른바 '감정노동'의 경우에는 이와 상당인과관계있는 질병의 형태 및 종류에 관한 의학적, 사회적 연구가 상대적으로 많이 축적되지 않은 상황이다. 이러한 상황에서 산재보험법 및 관련 규정을 해석할 때, 종래 근로의 양과 시간을 중심으로 한 판단 기준과 다소 다른 관점에서 근로의 질과 정도를 중심으로 한 고려요소에 대한 고민 역시 필요한 시점이다. 근로시간 자체만으로는 과도하다고 단정하기 어려움에도 뇌혈관·심장 질병이 발병한 경우에는 근로의 양과 시간을 중심으로 한 종래의 판단 기준만으로는 업무상 재해의 해당 여부에 대한 판단을 할 때 구체적 타당성이나 현실 적합성을 확보하기 어려우므로, 근로의 양과 시간뿐 아니라 근로의 질과 정도 등의 사정까지 종합적으로 고려하는 세심한 판단이 요구된다.[1]

제 2 편
산업재해

라. 여러 개의 사업장을 옮겨 다니며 근무하다가 질병에 걸린 경우

산재보험법의 적용 대상인 근로자가 여러 개의 사업장을 옮겨 다니며 근무하다가 질병에 걸린 경우, 당해 질병이 업무상 재해에 해당하는지 여부를 판단할 때에는 근로자가 복수의 사용자 아래에서 경험한 모든 업무를 포함시켜 판단의 자료로 삼아야 한다.[2]

대법원은 무인주차장 이용자들의 전화상담 업무를 수행하는 갑 주식회사의 콜센터 상담원으로 근무하던 을이 사업장 인근 식당에서 식사 중 우측 반신마비, 실어증 증세를 보이면서 쓰러져 병원으로 이송되어 '뇌기저핵출혈' 진단을 받은 뒤 요양급여를 신청하였으나, 공단이 위 상병과 을의 업무 사이에 상당인과관계를 인정하기 어렵다는 이유로 요양불승인결정을 한 사안에서, 을이 위 상병일 당시 종전 회사에서부터 갑 회사에 이르기까지 약 4년 9개월 동안 '콜센터 상담원'으로 근무하였으므로 위 상병이 업무상 재해에 해당하는지를 판단할 때 적어도 을이 '콜센터 상담원'으로 근무한 전체 기간과 관련된 모든 업무를 포함해 판단의 자료로 삼아야 한다며 을의 업무와 상병 사이에 상당인과관계를 인정하였다.[3]

---

1) 최누림, "콜센터 상담원의 업무상 재해에 관한 판단 기준", 판례해설(135), 642.
2) 대법원 2010. 1. 28. 선고 2009두5794 판결, 대법원 2017. 4. 28. 선고 2016두56134 판결.
3) 대법원 2023. 4. 13. 선고 2022두47391 판결.

5. 마치면서

근로자들은 그 직업, 직위, 직책, 업무분장에 따른 근무형태, 근무 내용, 근무시 간이 다르므로 일률적으로 어느 정도의 업무를 과중한 업무라고 기준을 설정하기가 어렵고, 그러한 기준을 설정할 수 있다고 한들 위 기준을 초과하는 근무가 있었다는 것만으로 곧바로 과로나 스트레스가 뇌혈관·심장 질환의 발병 또는 그로 인한 사망 의 원인이 되었다고 할 수는 없을 것이다. 뇌혈관·심장 질병에 관한 사건 심리의 어려움은 이 점에 있다.

결국 과로나 스트레스로 인하여 뇌혈관·심장 질환이 발병하였다고 인정할지 여부는 산재보험법의 목적과 산재보험법상 보험급여가 생활보장적 성격을 가졌다는 점을 고려하여 규범적으로 판단할 수밖에 없을 것이다.

뇌혈관·심장 질병에 관한 대법원 판례의 법리 자체는 최근에 크게 바뀐 것이 없으나 동일한 법리를 가지고도 업무상 재해로 인정하는 범위는 최근 뚜렷이 넓어 지는 경향을 보인다. 우선 과로를 인정하는 기준이 엄격하지 않고 점점 완화되는 경 향을 보이며, 과로가 질병이나 사망의 한 원인이 될 수 있다거나 기존질환의 악화원 인이 될 수 있다는 의학적 견해가 있으면 업무상 재해로 인정하는 경향을 보여주고 있다.

과로나 스트레스로 인한 사망의 경우 업무수행성은 업무기인성을 뒷받침하는 자료에 불과하고 기본적으로는 당해 근로자의 사망이 업무와 상당인과관계가 있는 지에 따라 판가름 나는 것이지만, 우리나라 학설의 다수설은 사고성 재해이든 아니 든 일반적으로 업무수행성이 있으면 업무기인성이 있는 경우가 많고 증명의 부담을 경감하기 위하여 업무수행성을 인정할 수 있으면 달리 반증이 없는 한 업무기인성 을 추정할 수 있다고 보고 있으므로 과로사의 재해 여부 판단시 이러한 점까지 염 두에 두어 한쪽으로 치우치지 아니한 적정한 판결을 할 수 있도록 노력하여야 할 것이다.

V. 소음성 난청, 유해물질 노출, 근골격계 질병

1. 소음성 난청

가. 들어가며

소음성 난청으로 업무상 질병을 승인받은 근로자의 수는 2023년 기준 전체 질병 재해자의 수 23,331명 중 5,611명으로 약 24%에 이를 정도로 그 비중이 높다.[1] 그런데 2018년 소음성 난청에 관한 산재소송에서 공단의 패소율은 약 51.4%로 전체 패소율인 약 14.3%의 3배에 달하는 것으로 나타났다.[2] 공단은 소송에서 패소한 사례를 분석하여 내부지침인 '소음성 난청 업무처리기준 개선'을 마련하여 2020. 3. 2.부터 시행하였으나, 그 이후로도 소송에서 패소가 반복되고 소음성 난청의 업무상 질병 승인율이 개선되지 않고 있다는 지적이 있자, 다시 '소음성 난청 업무처리기준 개선'을 마련하여 2021. 12. 23.부터 시행하였다. 그럼에도 법원에는 여전히 산재소송 사건 중에 소음성 난청에 관한 장해급여 부지급처분 취소소송이 차지하는 비율이 상당히 높다.

소음성 난청에 관한 산재소송이 줄지 않는 이유는, ① 근로자가 작업환경에서 소음에 노출된 시점과 병원에서 난청으로 진단받은 시점 사이에 시간적 간격이 크고, ② 근로자가 노인성 난청이 호발할 수 있는 연령대에 이르러 장해급여신청을 하는 경우가 많아 직업적 소음 노출이 중단된 이후 근로자의 개인적·환경적 요인의

---

1) 2023년 12월 말 산업재해현황, 고용노동부.
2) 국회의원 이용득 환경노동위원 보도자료, 2019. 10. 15.

영향으로 청각이 악화되었을 가능성이 있으며, ③ 현대의 의학으로 사후적 검사를 통해 감각신경성 난청의 일종인 노인성 난청과 소음성 난청을 명확히 구분하는 것이 사실상 불가능하므로, 근로자에게 발생한 감각신경성 난청이 과거의 직업적 소음 노출력에 의한 것인지 여부를 판단하기가 쉽지 않은 근본적인 특징 때문일 것이다. 아래에서는 이러한 소음성 난청 사건의 특징을 중심으로 실무상 자주 문제되고 있는 쟁점 위주로 검토하기로 한다.

나. 소음성 난청에 대한 의학적 지식

(1) 소음성 난청의 정의

귀는 외이, 중이 및 내이로 이루어져 있다. 외이는 귓바퀴와 외이도로 이루어져 있고, 중이는 고막, 중이강, 유양돌기 및 귀 인두관으로 이루어져 있다. 내이는 청각에 관여하는 달팽이관(와우), 평형에 관여하는 반고리관 및 두 구조물을 연결하면서 평형에 관여하는 전정기관 등 세 가지 구조물로 이루어져 있다. 외부의 소리는 귓바퀴에서 모여 외이도를 거쳐 고막에 이른 후 고막과 달팽이관(와우)에 연결된 이소골을 통해 소리가 증폭되고, 증폭된 소리가 달팽이관 내의 유모세포를 자극함으로써 청신경에 소리가 전달되어 대뇌의 청각 피질이 소리를 인지하게 된다. 난청은 말이나 소리를 듣는 것에 어려움이 있는 것을 말하는데, 그 원인에 따라 전음성 난청과 감각신경성 난청으로 나누어진다. 전음성 난청은 외이나 중이에 문제가 생겨 발생하는 난청으로, 외이도의 염증, 귀지로 인한 막힘, 고막의 손상, 삼출성 중이염, 만성 중이염, 귓속뼈의 기능 이상 등이 그 원인에 해당한다. 감각신경성 난청은 내이에 있는 달팽이관의 소리감지 기능의 이상, 소리에 의한 자극을 뇌로 전달하는 청신경 또는 중추신경계의 이상 등으로 인해 발생하고, 그 원인으로 소음성 난청, 내이 감염, 이독성 약제, 노화성 난청, 외상, 돌발성 난청, 자가면역성 내이 질환, 유전성 난청, 종양, 내이를 침범하는 전신질환 등이 있다. 감각신경성 난청 중 소음성 난청은 장기간에 걸쳐 지속적으로 소음에 노출되어 신경세포가 손상되어 발생하는 난청을 말한다.[1]

---

1) 김병훈, "소음성 난청 사건의 실무상 쟁점에 관한 검토 – 장해급여청구 사건을 중심으로 – ", 행정재

소리를 느끼기 위해서는 소리가 달팽이관의 기저막을 감싸는 유모세포의 부동 섬모에 전단력을 가해야 하는데, 이 힘이 과도할 때 과도한 세포질 대사와 세포 손상 및 세포사가 일어난다. 따라서 높은 소음은 섬세한 내이 구조에 과도한 마모를 초래하고, 일정 한도 이상의 소음에 지속적·반복적으로 노출되면 점차적으로 장해가 생겨 소음성 난청이 생기게 된다.[1]

(2) 소음성 난청의 전형적인 특징

미국산업의학회(American College of Occupational Medicine, ACOM)에서 발표한 소음성 난청의 주요 특징은 다음과 같다.[2]

산업재해

- 내이의 모세포에 작용하는 감각신경성 난청이다.
- 거의 항상 양측성이다.
- 농(Profound hearing loss)을 일으키지 않고, 일반적으로 청력의 저음한계는 약 40dB이며, 고음한계는 약 75dB이다.
- 소음 노출이 중단되었을 때 소음 노출의 결과로 인한 청력손실이 진행하지 않는다.
- 과거의 소음성 난청으로 인해 소음 노출에 더 민감하게 반응하지 않는다. 청력역치가 증가할수록 청력손실의 속도는 감소한다.
- 초기 저음역(500Hz, 1,000Hz, 2,000Hz)에서보다 고음역(3,000Hz, 4,000Hz, 6,000Hz, 특히 4,000Hz)에서 청력손실이 현저히 심하게 나타난다(초기에 8,000Hz의 청력손실이 없어 노인성 난청과 감별할 수 있다).
- 지속적인 소음 노출 시 고음역에서의 청력손실이 보통 10~15년에 최고치에 이른다.
- 지속적인 소음 노출(Continuous noise)이 단속적인 소음 노출(Interrupted noise)보다 더 큰 장해를 초래하는데, 단속적인 소음 노출은 휴식기간 동안 회복되기 때문이다.

다른 연구[3]에서 제시한 소음성 난청의 주요 특징은 다음과 같다.

판 실무연구 Ⅶ(2024), 449~489.
1) 김수근, "난청의 업무관련성 평가 – 퇴직 고령자의 감각신경성 난청의 업무 관련성 평가", 월간산업보건(2018).
2) 김규상, "소음성 난청에 대한 주요 논점", 대한청각학회지(2004).
3) Dobie RA: Medical-Legal Evaluation of Hearing Loss. ed 2, Toronto, 2001, Cengage Delmar Learning.

○ 주로 와우 외유모세포의 손상에 기인하는 영구적 감각신경성 난청이다.

○ 장기간 위험한 수준의 소음(하루 8시간, 85dB 이상의 소음)에 노출된 기왕력이 있다.

○ 소음에 노출된 후 서서히 진행되며 소음에 노출된 상태로 10~15년이 지나면 최대 손실에 달하는 양측성 청력손실이다.

○ 처음에 3~6kHz에서 Notching(순음청력검사에서 8kHz보다 낮은 주파수의 특정 영역에 국한되어 역치가 상승한 것)을 보이는 청력도가 나타난다.

○ 대부분의 경우 저주파수에서 40dB, 고주파수에서 70dB을 초과하지 않는다.

○ 순음청력손실에 상응하는 어음청력손실이 있다.

(3) 소음성 난청의 인정요건

산재보험법 시행령 제34조 제3항 [별표 3] 제7호 (차)목은 소음성 난청의 업무상 질병에 대한 구체적인 인정 기준으로, ① 근로자가 사업장에서 85dB 이상의 연속음에 3년 이상 노출되었을 것, ② 한 귀의 청력손실이 40dB 이상일 것, ③ 고막 또는 중이에 뚜렷한 병변이 없고, 순음청력검사 결과 기도청력역치와 골도청력역치 사이에 뚜렷한 차이가 없으며, 청력장해가 저음역보다 고음역에서 클 것의 요건을 모두 충족하는 감각신경성 난청으로, ④ 내이염, 약물중독, 열성 질병, 메니에르증후군, 매독, 두부 외상, 돌발성 난청, 유전성 난청, 가족성 난청, 노인성 난청 또는 재해성 폭발음 등 다른 원인으로 발생한 난청이 아닌 것을 규정하고 있다.

판례는 위 규정을 예시적 규정으로 보고 있다.[1] 근로자가 약 31년 6개월간 갱도 보수작업을 하면서 착암기를 사용하는 등 지속적으로 높은 수준의 소음에 노출되었으나 작업환경측정 결과 평균 83.9dB의 소음이 발생하는 것으로 측정되는 등 85dB 이상의 소음에 노출되었는지 여부가 명확하지 않은 사안에서, 원심은 위 소음성 난청의 인정 기준의 취지가 작업장 소음측정치가 85dB 미만이면 난청이 유발되지 않는다는 의미는 아닌 것으로 보인다고 판단하면서 공단의 장해급여 부지급처분을 취소하는 판결을 선고하였고, 대법원은 피고(공단)의 상고를 기각하여 위 판결은 확정되었다.[2]

①항의 요건과 관련하여, 근로자가 85dB 이상의 소음에 3년 이상 노출되지 않

---

1) 대법원 2014. 6. 12. 선고 2012두24214 판결.
2) 대법원 2015. 5. 14. 선고 2014두15573 판결(원심: 서울고등법원 2014. 12. 2. 선고 2014누3008 판결).

앗다고 하더라도, 근로자의 소음 노출 수준과 기간이 감각신경성 난청을 유발할 수 있는 정도라고 판단된다면 업무상 질병으로 인정할 수 있을 것이다.

②항의 요건과 관련하여, 산재보험법 시행령 제53조 제1항 [별표 6] '장해등급의 기준', 같은 법 시행규칙 제48조 [별표 5] '신체부위별 장해등급 판정에 관한 세부기준'은 청각장해등급 중 가장 낮은 등급인 제14급 제1호를 "한쪽 귀의 청력이 1m 이상의 거리에서는 작은 말소리를 알아듣지 못하게 된 사람(한쪽 귀의 평균 청력손실치가 40㏈ 이상 70㏈ 미만인 사람)"으로 규정하므로, 양쪽 귀의 청력역치가 40㏈ 미만인 경우 장해급여를 지급받을 수 없다. 실무상 감각신경성 난청이 발병한 근로자들은 대부분 청력 악화의 증상이 고정된 상태에서 장해급여를 청구하고 있고, 이 경우 40㏈ 미만의 청력손실이 있는 근로자의 소음성 난청을 업무상 질병으로 인정하더라도 실익이 없다.

③항의 요건 중 '고막 또는 중이에 뚜렷한 병변이 없을 것', '순음청력검사 결과 기도청력역치와 골도청력역치 사이에 뚜렷한 차이가 없을 것'은 소음성 난청의 전형적인 특징 중 '내이의 모세포에 작용하는 감각신경성 난청'을 반영한 것이고, '청력장해가 저음역보다 고음역에서 클 것'은 소음성 난청의 전형적인 특징 중 '초기에 저음역에서보다 고음역에서 청력손실이 현저히 심하게 나타남'을 반영한 것이다. 그러나 판례는 소음성 난청의 인정 기준을 예시적 규정으로 보고 있고, 앞서 본 소음성 난청의 특징은 전형적인 사안에서 나타나는 대표적인 특징을 나열한 것으로 개인과 질병의 특성에 따라 예외적인 경우가 존재할 수 있을 것이다. ③항의 요건을 소음성 난청의 전형적인 특징이 나타나지 아니한 경우에는 업무상 질병에서 배제하여야 한다는 의미로 해석할 수 없다.

(4) 소음성 난청의 측정 방법

산재보험법 시행령 제34조 제3항 [별표 3] 제7호 (차)목은 소음성 난청의 측정 방법에 관하여 다음과 같이 정하고 있다.

○ 24시간 이상 소음작업을 중단한 후 ISO 기준으로 보정된 순음청력계기를 사용하여 청력검사를 하여야 하며, 500Hz(a)·1,000Hz(b)·2,000Hz(c)·4,000Hz(d) 주파수음에 대한 기도청력역치를 측정하여 6분법[(a+2b+2c+d)/6]으로 판정한다. 이 경우 난청

에 대한 검사항목 및 검사를 담당할 의료기관의 인력·시설 기준은 공단이 정한다.

o 순음청력검사는 의사의 판단에 따라 48시간 이상 간격으로 3회 이상(음향외상성 난청의 경우에는 요양이 끝난 후 30일 간격으로 3회 이상을 말한다) 실시하여 해당 검사에 의미 있는 차이가 없는 경우에는 그중 최소가청역치를 청력장해로 인정하되, 순음청력검사의 결과가 다음의 요건[ⅰ) 기도청력역치와 골도청력역치의 차이가 각 주파수마다 10dB 이내일 것, ⅱ) 반복검사 간 청력역치의 최대치와 최소치의 차이가 각 주파수마다 10dB 이내일 것, ⅲ) 순음청력도상 어음역 500Hz, 1,000Hz, 2,000Hz에서의 주파수 간 역치 변동이 20dB 이내이면 순음청력역치의 3분법 평균치와 어음청취역치의 차이가 10dB 이내일 것]을 모두 충족하지 않는 경우에는 1개월 후 재검사를 한다. 다만, 다음의 요건을 충족하지 못하는 경우라도 청성뇌간반응검사(소리자극을 들려주고 그에 대한 청각계로부터의 전기반응을 두피에 위치한 전극을 통해 기록하는 검사를 말한다), 어음청력검사(일상적인 의사소통 과정에서 흔히 사용되는 어음을 사용하여 언어의 청취능력과 이해의 정도를 파악하는 검사를 말한다) 또는 임피던스청력검사(외이도를 밀폐한 상태에서 외이도 내의 압력을 변화시키면서 특정 주파수와 강도의 음향을 줄 때 고막에서 반사되는 음향 에너지를 측정하여 중이강의 상태를 간접적으로 평가하는 검사를 말한다) 등의 결과를 종합적으로 고려하여 순음청력검사의 최소가청역치를 신뢰할 수 있다는 의학적 소견이 있으면 재검사를 생략할 수 있다.

청력검사는 주관적 검사법(순음청력검사, 어음청력검사 등)과 객관적 검사법(임피던스검사, 청성뇌간반응검사, 이음향방사검사, 청성지속반응검사 등)으로 구분하고, 순음청력검사의 정확성과 신뢰성을 확인하기 위해서 객관적 검사법을 보완적으로 활용하고 있다. 청력검사는 '청성뇌간반응검사', '임피던스검사', '청성지속반응검사', '순음청력검사', '어음명료도검사' 순서로 객관성이 높은 것으로 알려져 있다. 각 청력검사의 방법과 의미는 아래와 같다.

o 순음청력검사(Pure Tone Audiometry, PTA)는 전기적으로 순음을 발생시켜 각 주파수(Hz)마다 음의 강도(dB)를 조절하면서 측정하는 검사로 피검사자는 귀에 헤드폰이나 삽입 이어폰을 착용하고 검사를 한다. 순음청력검사 중 '기도청력검사'는 외이-중이를 통하여 내이에 전달되는 순음을 측정하는 검사이고, '골도청력검사'는 두개골을 통하

여 내이에 전달되는 순음을 측정하는 검사이다.

○ 어음청력검사(Speech Audiometry, SA)는 검사 어음(이음절어)의 50%를 정확히 이해
할 때의 최저어음 강도를 찾는 '어음청취역치검사'와 듣기 편안한 강도에서 어음을
이해한 정도를 찾는 '어음명료도검사'가 대표적이다. 어음청취역치검사는 10dB 소리
에서 표준 이음절어의 50%를 인지하였는지 여부를 확인하는 검사이고, 어음명료도검사
는 어음청취역치보다 30~40dB 더 높은 소리 또는 가장 편안한 강도의 소리(Most
Comfort Level, MCL)에서 표준 단음절 단어를 들려주었을 때 몇 개의 단어를 맞추었는
지 확인하는 검사이다.[1]

○ 임피던스청력검사(Impedance Audiometry)는 외이도를 밀폐한 상태에서 외이도 내의
압력을 변화시키면서 특정 주파수와 강도의 음을 줄 때 고막에서 반사되는 에너지를
측정하는 검사로서, 중이의 상태와 기능을 평가하는 데 사용된다. 검사 결과별 상태는
아래 표 기재와 같다.

검사 결과	A형 (고막과 이소골 연결 정상)	As형 (고막 움직임 작아짐)	Ad형 (고막 움직임 비정상적 증가)	B형 (고막탄성 변화 無)	C형 (중이 내 음압 형성)
상태	중이 정상	이소골 유착, 이경화증, 고실 경화증, 삼출성 중이염	이소골 단절, 고막 천공(치유), 위축성 고막	고막 비후, 삼출액 저류, 종양	중이염(치료중), 고막 안쪽 함몰

○ 청성뇌간반응검사(Auditory Brainstem Response, ABR)는 음 자극에 따른 청신경 및
뇌간 내 청각 전도로에서 일어나는 일련의 전기적 변화를 기록하는 검사로서 마취나
신경안정제, 수면 등의 영향을 받지 않는 것이 특징이다.

○ 청성지속반응검사(Auditory Steady-State Response)는 일시적인 자극음에 대한 청성
뇌간반응검사와는 달리 지속적인 자극음에 대한 유발반응을 측정하는 검사이다.[2]

다. 업무상 질병 인정요건에 관한 쟁점

(1) 85dB 이상의 소음에 3년 이상 노출

일부 사건에서 근로자가 근무한 사업장의 작업환경측정 결과가 제출되기도 하

---

1) 서울행정법원 2022. 4. 27. 선고 2020구단80137 판결(확정), 서울행정법원 2023. 10. 27. 선고 2023구
단56968 판결(확정).
2) 공단의 '소음성 난청 업무처리기준 개선'(2021. 12.).

나, 대부분 사건에서는 근로자가 실제 근무한 사업장에서의 소음 노출 수준이 확인 되지 않고 있다. 광업소 근로자는 '소음성 난청 업무처리기준 개선(2021. 12.)'의 붙임 5. '가동 중 광업소(상시근로자 20명 이상) 5년간 공정별 소음 측정치(최댓값)'에 기재된 측정치 최댓값을 근로자의 소음 노출 수준으로 인정하는 것이 실무이나, 다른 업종에서 근무한 근로자의 경우 동일 산업·직종의 유사 사업장에 대한 작업환경측정 결과나 관련 연구자료 등을 근거로 근로자의 소음 노출 수준을 인정할 수밖에 없다.

한편 근로자가 85㏈ 이상의 소음에 3년 이상 노출되지 않았다고 하더라도, 근로자의 소음 노출 수준과 기간이 소음성 난청을 유발할 수 있는 정도라고 판단되면 업무상 질병으로 인정할 수 있다. 문제는 소음성 난청을 유발할 수 있는 소음 노출 수준과 기간이 어느 정도인지 판단하기가 쉽지 않다는 것이다. 근로자와 공단은 각자에게 유리한 연구자료 등을 증거로 제출하고 있고, 결국 법원 감정의의 의학적 견해가 핵심적인 증거가 된다. 그런데 사건을 심리하다 보면 법원 감정의마다 제시하는 연구자료 및 의학적 견해가 일치하지 않는 경우가 있다. 예컨대 '미국 국립산업안전보건연구원(NIOSH) 1998년 기준에 따르면, 85㏈ 소음에 하루 8시간 이상 노출되는 경우 소음성 난청이 발생하고, 소리의 크기가 이보다 3㏈ 작아지면 하루 허용되는 노출 시간은 2배씩 늘어가게 된다. 즉, 82㏈의 소음에 하루 16시간 이상 노출되면 소음성 난청이 발생하고, 80㏈ 소음에는 종일 노출되더라도 소음성 난청이 발생하지 않을 가능성이 크다. 다만, 모든 인간에게 적용되는 절대적인 기준은 존재하지 않고, 국가와 기관마다 8시간 노출이 허용되는 소음 크기의 기준이 조금씩 다른데, 일반적으로 70㏈의 소음은 위험하지 않다고 판단하는 경우가 많다.'라는 견해,[1] '직업적으로 40년간 소음에 지속적으로 노출될 때 청력손실이 발생할 초과위험도에 관하여, 국제표준화기구(ISO)는 1일 평균 노출 소음 80㏈은 0%, 85㏈은 10%로, 미국환경보호청(EPA)은 1일 평균 노출 소음 80㏈은 5%, 85㏈은 12%로, 미국국립산업안전보건연구원(NIOSH)은 1일 평균 노출 소음 80㏈은 3%, 85㏈은 15%로 정하고 있다. 다만, 실제 임상의의 의견은 다를 수 있고, 저강도의 소음에 노출되더라도 노출 시간 및 기간에 따라 소음성 난청이 발병할 가능성이 있다. 2018년 발표된 일부 논문에서 60~70㏈ 소음에 지속적으로 노출될 경우 청력이 손상될 수 있다고 보고

1) 서울행정법원 2024. 3. 27. 선고 2021구단74511 판결(확정).

하고 있다.'라는 견해,[1] '일부 논문은 저강도(75±5㏈)의 소음에도 그 노출 시간과 기간에 따라 소음성 난청이 발생할 수 있다고 보고하고 있으므로, 85㏈에 미달하는 소음에 노출되었더라도 난청이 발생할 수 있다.'라는 견해,[2] '개인의 감수성 차이에 따라 20년 이상 장기간에 걸쳐 75~85㏈에 이르는 중저강도의 소음에 노출될 경우에 소음성 난청이 발생할 수도 있지만, 정설로 받아들여지는 의학적 소견은 아니다.'라는 견해,[3] '80㏈은 일반 도로나 지하철에서 발생하는 정도의 소음 수준에 해당하여 소음성 난청을 유발할만한 수준의 소음으로 보기 어렵다.'라는 견해[4] 등이 있다. 감정의가 제시한 견해가 이비인후과 분야에서 일반적으로 받아들여지고 있는 의학적 견해인지, 그 구체적 근거가 무엇인지 확인할 필요가 있다.

산업안전보건법 시행규칙 제186조 제1항, [별표 21] 제2호 (가)목은 '8시간 시간가중평균 80㏈ 이상의 소음'이 발생하는 사업장을 작업환경측정 대상으로 규정하고, 미국산업위생학회(ACGH)는 80㏈부터 명백한 청력손실이 있다고 보아 청력손실을 예방하기 위한 소음 노출 수준을 80㏈로 제안하고 있다.[5] 환경부 환경통계포털에서는 소음의 크기와 영향에 관하여, '① 소음 50㏈은 조용한 사무실에서 발생하는 수준의 소음으로서 호흡·맥박수 증가, 계산력 저하 등의 영향을 줄 수 있고, ② 소음 60㏈은 보통의 대화 소리, 백화점 내에서 발생하는 수준의 소음으로 만성 노출 시 임상적으로 건강에 영향을 줄 수 있고, ③ 소음 70㏈은 전화벨 소리, 거리, 시끄러운 사무실에서 발생하는 수준의 소음으로 텔레비전과 라디오 청취에 방해가 되며 집중력 저하나 말초혈관 수축을 야기할 수 있고, ④ 소음 80㏈은 철로 변과 지하철에서 발생하는 수준의 소음으로 만성 노출 시 청력 장애가 발생할 수 있으며, ⑤ 소음 90㏈은 소음이 심한 공장 안에서 발생하는 수준의 소음으로 직업성 난청이 발생하고 소변량이 증가할 수 있고, ⑥ 소음 100㏈은 착암기와 경적에서 발생하는 수준의 소음으로 단시간 노출 시 일시적으로 난청이 발생할 수 있다.'라고 설명하고 있다.

결국 개별 사안들마다 심리를 거쳐 판단하여야 할 문제이나, '85㏈'이 난청을 유발할 수 있는 소음 수준에 관한 객관적이고 통일된 기준치라고 보기 어렵고, 85㏈

1) 서울행정법원 2023. 3. 22. 선고 2021구단62617 판결(확정).
2) 서울행정법원 2020구단79175 사건의 진료기록감정서(소취하).
3) 서울행정법원 2022. 12. 9. 선고 2021구단75286 판결(확정).
4) 서울행정법원 2022. 8. 17. 선고 2021구단57400 판결(확정).
5) 박정래, "기고 – 소음성난청 업무상질병 인정기준 개선안에 대한 고찰", 월간산업보건(2020).

미만의 소음에도 장시간·장기간 노출되면 소음성 난청이 발생할 수 있다는 연구결과가 있으며, 소음에 대한 개인별 감수성의 차이가 있는 점, 작업환경 및 청력 보호구의 착용 여부에 따른 차이도 있을 수 있는 점, 일반적으로 지시소음계를 이용하여 작업환경에서 측정한 소음 노출 정도와 개인소음계를 이용하여 근로자와 인접한 곳에서 측정한 소음 노출 정도 사이에 상당한 차이가 있을 수 있다고 알려진 점 등을 종합하여 보면, 근로자의 소음 노출 수준과 기간이 '85dB 이상의 연속음에 3년 이상 노출'을 충족하지 못하였다고 하더라도, 그러한 사정만으로 바로 업무상 질병에 해당하지 않는다고 단정하여서는 아니 되고, 동일 산업·직종에 종사하는 근로자의 소음 노출 정도에 관한 연구자료와 근로자의 작업환경과 근무시간 및 청력 보호구의 착용 여부 등 기타 제반 사정들을 참작하여, 난청을 유발할 수 있는 소음 수준에 노출되었는지를 검토해야 한다.

공단도 '소음성 난청 업무처리기준 개선'(2020. 2.)에서 '조사결과 소음 노출 정도가 80dB 미만인 경우 업무상 질병 불인정'이라고 내부지침을 개정하여, 근로자가 업무상 노출된 소음의 정도가 80~85dB인 경우에 업무상 질병으로 불인정하던 기존의 업무처리 방식을 변경하였다.

(2) 청력손실이 40dB 이상

소음성 난청은 장기간에 걸친 소음 노출로 인하여 청력이 손실된 것으로 현재의 의료수준으로 치료가 불가능하고, 청력손실이 발생함과 동시에 그에 상응하는 장해가 남게 된다. 근로자가 소음성 난청을 이유로 장해급여를 지급받기 위해서는 산재보험법 시행령 제53조 제1항 [별표 6], 같은 법 시행규칙 제48조 [별표 5]에서 규정한 장해등급의 세부기준을 충족해야 하고, 소음성 난청의 최저 장해등급인 제14급 제1호를 "한쪽 귀의 평균 청력손실치가 40dB 이상인 경우"로 정하고 있으므로, 적어도 근로자의 한쪽 귀의 청력손실치가 40dB 이상이어야 한다. 공단은 근로자가 제출한 청력검사결과를 그대로 받아들이지 않고, 공단 지정 의료기관에서 특별진찰을 받도록 하여 근로자의 청력손실치가 40dB 이상인지 여부를 확인하고 있다.

실무상 공단측에서 근로자가 소음 노출 환경에서 벗어난 지 상당한 기간이 지난 후에 나이가 들어 청력검사를 받았다는 이유로 특별진찰에서 나타난 청력역치에서 연령 증가에 따른 평균적인 청력 저하치 만큼 공제하는 일종의 연령보정을 할 경우에 청력손실이 40㏈ 미만이라는 주장을 하는 경우가 있다. 이러한 주장은 공단 내부적으로 연령보정 방식을 채택하였던 과거 업무 처리방식에 따른 주장으로 보인다.[1] 그리고 법원 감정의 중에서도 '노화성 난청을 측정한 모델을 참고해 보면, 60세 이상이 되는 경우에 최소한 1살 연령이 증가할 때마다 1㏈ 이상의 노화성 난청에 따른 연령보정을 해야 한다.'라는 견해를 제시하거나,[2] '일반적으로 65세인 사람에게 소음성 난청과 노인성 난청이 혼재한다면 전체 청력손실 중 노인성 난청의 영향이 약 75%를 차지한다.'라는 견해를 제시하면서 근로자의 청력손실치에 연령보정을 하는 경우가 있다.[3]

   그러나 본래 청력역치에는 직업적 소음 노출에 따른 청력손실치 이외에도 연령, 환경적 요인, 해부학적 구조 이상에 의한 청력손실치 등이 복합적으로 반영되고, 의학적으로 직업적 소음 노출에 의한 청력손실치와 그 밖의 원인에 의한 청력손실치를 구분하는 것은 사실상 불가능하므로, 청력검사에서 나타난 근로자의 청력역치에서 연령 증가에 따른 자연적인 청력손실치를 보정할 수 있는 객관적 · 통일적인 방법은 마련되어 있지 않은 것으로 보인다. 산재보험법령에서도 연령보정을 할 수 있다는 취지의 규정을 찾아볼 수 없고, 공단도 '소음성 난청 업무처리기준 개선'(2021. 12.경)에서 '장해진단 시 여러 원인들이 복합된 청력의 장해상태를 판단하여 40㏈ 이상의 감각신경성 난청에 해당하면 장해로 인정한다.'라고 정하고 있다.

   하급심 판례도 "산재보험법에 규정된 업무상 재해라 함은 근로자가 업무수행에 기인하여 입은 재해를 뜻하는 것이어서 업무와 재해 발생 사이에 인과관계가 있어야 하지만 그 재해가 업무와 직접 관련이 없는 기존의 질병이더라도 그것이 업무와 관련하여 발생한 사고 등으로 말미암아 더욱 악화되거나 그 증상이 비로소 발현된 것이라면 업무와 사이에 인과관계가 존재한다고 보아야 한다."라는 대법원의 일관된 판례[4]를 근거로 소음성 난청과 노인성 난청 등이 복합적으로 작용한 경우에 순음청력검사 결과상 청력손실치를 기준으로 업무상 질병에 해당하는지 여부 및 그 장해등급을 판정하고 있다. 따라서 공단과 법원 감정의의 이러한 연령보정 주장은, 근로

---

1) 박정래, "기고 – 소음성난청 업무상질병 인정기준 개선안에 대한 고찰", 월간산업보건(2020).
2) 서울행정법원 2023. 12. 20. 선고 2023구단50564 판결(확정), 서울행정법원 2024. 3. 27. 선고 2023구단56715 판결(확정), 서울행정법원 2024. 4. 24. 선고 2023구단62901 판결(확정).
3) 서울행정법원 2020. 1. 31. 선고 2019구단63532 판결(확정), 서울행정법원 2024. 1. 17. 선고 2022구단59472 판결(확정).
4) 대법원 2000. 5. 12. 선고 99두11424 판결, 대법원 2000. 11. 10. 선고 2000두4422 판결.

자의 감각신경성 난청이 노인성 난청에 더 가까워 업무상 질병으로 인정하기 어렵다는 취지로 이해할 수 있다.[1]

(3) 고막·중이에 병변이 없고, 기도·골도청력역치 사이에 뚜렷한 차이가 없을 것

이 요건은 '내이의 모세포에 작용하는 감각신경성 난청'이라는 소음성 난청의 특징을 반영한 것이다. '전음성 난청'은 주로 만성 중이염, 이소골 손상, 고막 천공 등이 원인이 되어 외이와 고막, 중이 등 소리를 전달하는 기관에 장애가 발생함으로써 음파의 전달이 정상적으로 이루어지지 않아 발생하고, 기도청력치에서는 '이상', 골도청력치에서는 '정상' 소견이 나타난다. 반면 소음성 난청 및 노인성 난청과 같은 '감각신경성 난청'은 주로 달팽이관의 소리를 감지하는 기능에 이상이 생기거나 소리에 의한 자극을 뇌로 전달하는 중추신경계 등의 이상으로 발생하며 기도청력과 골도청력 모두 '이상' 소견이 나타난다. 즉 '고막·중이에 병변이 없고, 기도청력역치와 골도청력역치 사이에 뚜렷한 차이가 없을 것'이라는 요건은 내이 달팽이관의 청신경의 문제로 발생하는 감각신경성 난청이 아닌 외이, 고막, 중이의 문제로 발생하는 전음성 난청을 업무상 질병에서 배제하기 위함이다.

기도청력역치와 골도청력역치 사이에 어느 정도의 차이가 있어야 '뚜렷한 차이'가 있는 것으로 볼 것인지는 감정을 통해서 확인해야 할 것이다. 다만, 골도청력검사는 진동을 소리로 오인하는 것을 방지하기 위해 기도청력검사에 비하여 그 최대강도가 낮게 설정되어 있어 골도청력역치가 70㏈을 초과하는 구간은 그 측정한계를 넘어선 것으로 큰 의미가 없을 수 있고,[2] 청력손실이 크면 클수록 기도청력역치와

---

1) 근로자가 소음사업장에서 퇴직한 이후 오랜 기간이 경과하여 고령이 되어서야 장해진단을 받은 사안에서, 장해진단 당시 청력손실치만을 기준으로 장해등급을 판정하면 장해급여 과다지급의 가능성이 있고, 고령이 되어서야 장해진단을 받은 근로자와 소음사업장에서 퇴직한 후 얼마 지나지 않아 장해진단을 받은 근로자 사이에 불합리한 차이가 발생할 여지가 있다. 그러나 이러한 문제점은 청력손실치의 연령보정에 관한 객관적이고 통일된 의학적·자연과학적 기준이 마련되거나, 산재보험법령의 장해등급의 세부기준에 관한 규정 등에 연령보정의 기준과 방법을 규정함으로써 해결하여야 할 문제라고 생각한다. 일부 국가에서는 이러한 문제점을 해결하기 위하여 소음 노출 중단 시점으로부터 보험급여 청구 시까지 일정한 시간적 제약(1년~5년 등)을 두거나, 연령을 제한하거나, 노화에 의한 청력손실의 효과를 고려하여 청력역치를 보정하는 'low fence' 판정을 활용하고 있다고 한다(서울행정법원 2019구단64603 사건의 진료기록감정서 참조).

2) 서울고등법원 2022. 5. 25. 선고 2022누30524 판결(확정).

골도청력역치의 차이도 상대적으로 커질 수밖에 없다는 점은 유의하여야 한다.[1)]

　근로자에게 전음성 난청과 소음성 난청이 혼재된 이른바 '혼합성 난청'이 발병한 경우에 고막·중이에 병변이 있거나 기도청력역치와 골도청력역치 사이에 뚜렷한 차이가 있는 것으로 나타날 수 있다. 이러한 경우 소음성 난청의 영향을 분리해낼 수 있다면, 본 요건을 충족하지 못하였다고 하여 근로자에게 발생한 난청을 바로 업무상 질병에서 배제할 것은 아니다. 일반적으로 혼합성 난청에서 기도청력역치가 골도청력역치보다 큰 경우 그 역치 차이를 전음성 난청의 영향으로 추정할 수 있으므로, 감각신경성 난청이 청력손실에 미친 영향은 골도청력역치를 기준으로 평가할 수도 있다. 예를 들어 근로자의 기도청력역치는 65dB, 골도청력역치는 50dB로 측정된 경우에 골도청력역치 50dB을 기준으로 보면 소음성 난청의 업무상 질병 인정요건인 '청력손실 40dB 이상'을 충족한 것이 된다.[2)]

　대부분의 하급심 판례도 '중이염 등에 의한 전음성 난청이 동반된 경우라도 소음사업장에서의 과도한 소음 노출로 인하여 청력이 악화되었을 개연성이 인정되면, 감각신경성 난청의 정도는 골도청력역치를 기준으로 평가할 수 있다.'라는 입장인 것으로 보인다.[3)] 공단의 '소음성 난청 업무처리기준 개선'(2021. 12.경)에서도 혼합성 난청의 사안에서 소음 직업력이 업무상 질병 인정기준을 충족하고 다른 원인에 의한 난청이 명백하지 아니한 경우에는 골도청력역치가 40dB 이상이면 업무상 질병으로 인정하고 장해등급은 기도청력역치로 판정한다고 정하고 있다.[4)]

제 2 편
산업재해

---

1) 서울고등법원 2020. 11. 19. 선고 2019누65155 판결(확정), 서울행정법원 2023. 8. 10. 선고 2023구단 50267 판결(확정).
2) 혼합성 난청에서 '청력손실치 40dB 이상'의 요건을 충족하였는지 여부를 골도청력역치를 기준으로 판단하는 이유는, 감각신경성 난청과 전음성 난청의 영향이 섞인 상태에서 측정된 '기도청력역치'에서 전음성 난청의 영향에 해당하는 '기도청력역치와 골도청력역치의 차이'를 뺀 나머지인 '골도청력역치'만큼을 감각신경성 난청의 영향으로 인한 '기도청력역치'로 추정할 수 있기 때문이다. 결국 이러한 방법은 '골도청력역치'가 아닌 '기도청력역치'를 기준으로 청력손실치 40dB 이상에 해당하는지 여부를 판단하는 것으로 볼 수 있으므로, '기도청력역치'를 측정하여 6분법으로 산정한 수치를 기준으로 업무상 질병 및 그 장해등급을 판단하도록 규정한 산재보험법령의 관련 규정에 위배된다고 보기 어렵다.
3) 서울고등법원 2023. 2. 1. 선고 2022누32544 판결(확정), 서울행정법원 2023. 6. 15. 선고 2022구단 63167 판결(확정) 등 다수. 특히 서울고등법원 2022누32544 사건의 진료기록 감정의는 '중이염 병력만으로 청력장해가 아니라고 판단하는 것은 귀 질환 기왕력을 가진 사람에 대한 차별이다.'라는 견해를 제시하기도 하였다.
4) 장해등급을 기도청력역치 기준으로 판정하는 것으로 정한 부분에 관하여 과다 보상의 문제점 및 감각신경성 난청만 발병한 근로자와 전음성 난청이 혼재된 근로자 사이의 형평성 문제가 제기될 수 있을 것이다.

(4) 청력장해가 저음역보다 고음역에서 클 것

본 요건은 '소음성 난청은 초기에 저음역(500Hz, 1,000Hz, 2,000Hz)에서보다 고음역(3,000Hz, 4,000Hz, 6,000Hz, 특히 4,000Hz)에서 청력손실이 현저히 심하게 나타난다(이러한 특징을 'C5 dip' 또는 'Notching 현상'이라 한다).'라는 소음성 난청의 전형적 특징을 반영한 것이다. 실무상 장해급여 부지급처분의 사유 중에 특별진찰 결과 'C5 dip' 현상이 확인되지 않고 노인성 난청에서 나타나는 급하강형(8,000Hz의 청력손실이 가장 심한 형태)의 청력도 양상이 나타난다거나, 저음역대에서 청력손실이 심하여 평편한 형태(Flat type)의 청력도 양상이 나타난다는 이유가 가장 흔하게 확인된다.

소음성 난청의 전형적인 진행 양상은 초기에 4,000Hz 주파수에서 경도 난청을 보이다가, 지속적인 소음 노출로 인해 4,000Hz notch가 깊고 넓어지며, 외유모세포가 완전히 소실되면 청력역치가 60dB까지 감소하고, 그 이후에 4,000Hz뿐만 아니라 그 이상의 고음역대의 청력도 소실되며, 뒤이어 4,000Hz 미만의 저음역대 청력까지 소실되는 양상으로 진행되는 것으로 알려져 있다.[1] 이와 같은 특성 때문에 근로자들은 초기에는 일상생활에 필요 없는 고음역대에서 청력저하가 나타나 자각하지 못하다가, 시간이 지나면서 저음역대까지 청력저하가 진행되어 일상생활에 불편을 느낄 정도가 된 이후에서야 청력검사와 의학적 진단을 받는 경우가 많다. 따라서 대부분의 사안에서 노인성 난청의 영향이 혼재되어 있고 이른바 'C5 dip' 또는 'Notching 현상'도 확인되지 않는 경우가 많다.

이러한 특성을 고려하면 소음성 난청의 전형적인 청력도 양상(C5 dip 또는 Notching 현상)이 나타나지 않는다거나 저음역대에서 청력손실이 심하다는 등의 이유만으로 업무상 질병이 아니라고 단정할 수 없다.

(5) 노인성 난청 등 다른 원인으로 발생한 난청이 아닐 것

소음성 난청 사건에서 주요 쟁점은, 대부분 근로자가 노인성 난청이 호발하는 연령대에 이르러 감각신경성 난청으로 진단받은 경우에 그 난청을 업무상 질병으로 인정할 수 있는지 여부이고, 그 판단은 궁극적으로 근로자에게 발생한 난청을 직업

---

1) 서울고등법원 2022. 2. 16. 선고 2020누32052 판결(확정), 서울고등법원 2024. 2. 15. 선고 2023누46540 판결(확정), 서울행정법원 2023. 11. 22. 선고 2022구단72949 판결(확정), 서울행정법원 2024. 3. 27. 선고 2023구단56715 판결(확정).

적 소음 노출에 의한 소음성 난청으로 볼 것인지 아니면 다른 원인에 의한 난청, 특히 노인성 난청으로 볼 것인지의 문제로 귀결된다.

근로자는 연령 증가로 인한 노인성 난청의 영향이 동반되어 있다는 점은 부인하지 않으면서도, ① 사업장에서의 소음 노출로 인하여 감각신경성 난청이 발생한 경우 소음 노출이 중단된 이후에도 노인성 난청이 자연경과적인 속도보다 더 빠르고 중하게 발생할 가능성이 있다는 연구가 존재하고, ② 국민건강영양조사자료에서 확인되는 동일 연령대의 평균적인 청력역치에 비하여 근로자의 청력이 악화된 상태이며, ③ 직업적 소음 노출 이외에 청력손실을 야기할만한 다른 업무 외적인 원인이 없다는 점 등을 강조하면서 근로자의 난청이 업무상 질병에 해당한다고 주장하는 경우가 많다.

공단은 ① 소음성 난청은 소음 노출 이후 10~15년이 지나면 최대 청력손실에 이르고 소음 노출 환경에서 벗어나면 더 이상 청력이 악화되지 않는 특징이 있는데, 원고는 소음 노출 환경에서 벗어난 뒤 상당한 기간이 지난 이후에서야 난청으로 진단을 받았고 그 이전에 난청을 이유로 진료를 받은 사실이 없다는 점, ② 과거 일반건강검진에서 청력이 '정상'으로 나타났으므로, 그 이후 청력이 악화된 부분은 업무 외적 요인의 영향으로 봄이 타당한 점, ③ 소음성 난청의 전형적 청력도 양상이 확인되지 않는 점, ④ 국민건강영양조사자료는 조사 내용과 방법, 목적이 산재보험법령에서 정한 것과 다르므로, 원고의 청력역치가 국민건강영양조사자료상 직업적 소음에 노출되지 않은 동일 연령대의 평균적인 청력역치에 비해 악화된 상태라는 이유만으로 소음성 난청으로 단정할 수 없다는 점 등을 근거로 들어 근로자의 난청이 노인성 난청이나 다른 개인적인 원인에 의한 난청에 더 가깝다는 취지의 주장을 하는 경우가 많다.

아래에서는 실무상 자주 대두되는 쟁점별로 좀 더 구체적으로 살펴보기로 한다.

(가) 소음 노출 중단 이후 과거 소음 노출의 영향이 청력 악화에 영향을 미치는지

이 문제가 주된 쟁점으로 등장하는 사건으로는, 근로자가 소음사업장에서 퇴직한 이후 얼마 지나지 않은 시점에 시행한 청력검사에서 청력이 정상 또는 40㏈ 미만으로 측정되었으나 상당 기간이 경과한 후에 시행한 청력검사상 역치가 40㏈ 이상으로 나타난 사안 또는 반복 시행된 청력검사에서 청력역치가 모두 40㏈ 이상으로 나타났으나 청력이 급격히 악화되고 있는 것으로 나타난 사안 등이 있다.

소음 노출 환경에서 벗어난 이후에 과거 소음 노출의 영향이 난청(특히 노인성 난청)의 진행 경과에 영향을 미칠 수 있는지 여부에 관하여 의학계의 견해가 일치되어 있지 않은 것으로 보이고, 법원 감정의들 또한 참조하는 연구자료에 따라 또는 그 해석에 따라 다른 뉘앙스의 견해를 제시하고 있다. 예를 들면 일부 감정의들은 '최근 연구에서 과거 소음 노출의 영향으로 시냅스에 병증이 발병하여, 소음 노출이 중단된 이후에도 노인성 난청의 진행 정도에 영향을 준다고 보고하고 있다.'라는 견해를 제시하고,[1] 일부 감정의들은 '소음 노출이 중단된 이후에 소음성 난청은 더 이상 진행하지 않는다는 것이 정설이었으나, 최근 일부 연구에서는 소음 노출이 중단된 이후에도 난청이 진행되고 노인성 난청의 진행 정도에 영향을 준다는 결과가 보고되고 있는데, 그러한 연구결과가 잘못되었다고 볼 만한 자료가 없다.'라는 다소 중립적인 견해를 제시하고,[2] 일부 감정의들은 '이러한 최근의 연구결과를 인정하지 않을 근거는 없으나, 해당 연구의 결론이 소음 노출 중단 이후 발생한 노인성 난청의 원인이 과거에 있던 소음 노출 때문이라고 폭넓게 인정하는 취지는 아니라고 생각하고, 연구결과 또한 고음역대 청력에 미치는 영향만을 제시한 것으로 보인다.'거나 '이러한 최근 연구결과는 아직 확립되었다고 볼 수 없다.'라는 소극적 견해를 제시하는 경우도 확인된다.[3] 공단은 이 문제가 쟁점이 된 사건에서 대한이비인후과학회 또는 대한이과학회에 대한 사실조회서를 증거로 제출하는 경우가 많은데, 그 내용은 '소음 노출 환경이 제거되면 더 이상 소음성 난청은 악화되지 않고 그 이후에 발생한 청력 악화는 노화에 의한 난청으로 봄이 적절하다.'라는 것이다.

하급심 판례도 입장이 통일되지 않은 것으로 보인다. 다만, 앞서 본 최근의 연구결과를 근거로 소음 노출이 중단된 이후에 난청이 더 이상 진행하지 않는다고 단정할 수 없고, 과거 사업장에서의 소음 노출 이력이 노인성 난청의 진행 정도에 영향을 미칠 가능성이 있다고 본 하급심 판례가 다수 확인된다.[4] 공단은 '소음성 난청

---

1) 서울고등법원 2018. 7. 18. 선고 2017누84749 판결(확정), 서울행정법원 2023. 8. 23. 선고 2021구단78070 판결(확정), 서울행정법원 2023. 9. 6. 선고 2022구단71441 판결(확정).
2) 서울행정법원 2017. 10. 19. 선고 2017구단53463 판결(확정).
3) 서울행정법원 2023. 11. 22. 선고 2022구단65644 판결(확정), 서울행정법원 2022구단63983 사건의 진료기록 감정서.
4) 서울고등법원 2018. 6. 22. 선고 2017누68495 판결(확정), 서울고등법원 2021. 4. 23. 선고 2020누38876 판결(확정), 서울고등법원 2022. 5. 25. 선고 2022누30524 판결(확정) 등 다수.

업무처리기준 개선'(2021. 12.)에서 '최근 법원판결에서 업무상 요인과 업무 이외의 요인이 함께 청력손실에 영향을 미친 경우에 소음 노출로 인하여 업무 이외의 요인에 따른 청력손실(노인성 난청 등)을 가속화시키면 업무상 질병으로 인정하는 경향이 있으므로, 난청의 원인이 업무와 업무 이외의 원인이 혼합되었더라도 소음 노출 정도가 업무상 질병 인정 기준을 충족하고 명백한 업무 이외의 원인에 따른 난청을 증명하지 못할 경우에는 업무상 질병으로 인정 가능하다.'라고 정하고 있다. 그러나 실무상 공단은 과거의 직업적 소음 노출로 인하여 소음 노출 중단 후 노인성 난청이 가속화될 가능성을 부정하는 취지로 다투는 경우가 많다.

(나) 국민건강영양조사자료

소음성 난청과 노인성 난청이 혼재된 사안에서 특별진찰에서 나타난 근로자의 청력손실치 중 소음성 난청의 영향력을 가려내기 위한 증거로 '국민건강영양조사자료'가 제출되는 경우가 많다. 그 의미와 증거가치 등이 주된 쟁점으로 대두되기도 한다.

질병관리본부는 국민건강증진법에 따라 2010년부터 2012년까지 국민건강영양조사를 실시하였고, 그 조사자료를 통해 소음에 노출되지 아니한 일반인의 연령별 평균 청력손실치(한국인 청력-나이별 메디안값)를 확인할 수 있다. 근로자는 소송에서 자신의 청력손실치와 국민건강영양조사자료에 나타난 동일 연령대의 청력 메디안값을 비교하여 자신의 청력손실치가 더 악화된 경우 그 악화된 청력손실치 만큼은 소음성 난청의 영향으로 인한 청력손실로 추정할 수 있다고 주장한다.

이러한 국민건강영양조사는 산재보험법령에서 정한 청력검사 방식이 아니라 이동검진차량의 청력부스에서 자동화 청력기기를 이용하여 양쪽 귀의 청력상태를 주파수별로 측정한 것으로, 조사 결과에서 나타난 연령별 평균 청력역치를 산재보험법령에서 정한 방법에 따라 측정한 근로자의 기도청력역치와 단순 비교하기 어렵다. 또한 국민건강영양조사 과정에서 검사대상자의 소음 노출 여부를 조사할 때 검사대상자에게 3개의 질문(① 지금까지 기계음이나 발전기와 같은 소음이 큰 장소에서 3개월 이상 근무한 경력이 있는지, ② 직업적 노출 외에 한 주에 5시간 이상 큰 소음에 노출된 적이 있는지, ③ 총소리나 폭발음과 같이 큰 소음에 노출된 적이 있는지)을 하여 모두 '아니오'라고 대답하면 소음 노출력이 없는 것으로 분류하였으므로, 소음 노출 여부를 객관적 방법으로 판정하였다고 보기 어려운 문제가 있다. 그리고 청력은 개인마다 상당한 차이가 있을 수 있으므로, 국민건강영양조사자료의 연령별 평균 청력역치와 근로자의 청력손실치를 단순 비교하는 방법으로 소음성 난청과 그 밖의 난청을 구분할 경우에 오류가 발생할 수밖에 없다는 통계의 본질적인 문제점도 존재한다.

이러한 문제점을 근거로 근로자의 청력손실치와 국민건강영양조사자료의 한국인 청력-나이별 메디안값을 단순 비교하기 어렵다고 판단한 하급심 판례들이 확인된다.[1]

이와 달리 국민건강영양조사자료의 한국인 청력-나이별 메디안값을, 근로자의 청력역치가 소음에 노출되지 않은 동일 연령대의 평균 청력역치에 비하여 어느 정도 악화된 상태인지 가늠할 수 있는 기준으로 참작할 수 있다고 보는 하급심 판례도 여럿 확인된다.[2] 일부 감정의는 질병관리청이 국민건강영양조사 시 수집한 원시 데이터(3년간 수집된 약 15,000명의 데이터로 500Hz, 1,000Hz, 2,000Hz, 3,000Hz, 4,000Hz, 6,000Hz에서 각 측정한 청력역치)를 바탕으로 작성한 연구자료[3]를 근거로 해당 연구자료에서 산정한 연령별 청력손실치를 소음노출력이 없는 한국인의 평균청력역치로 보는 데 의학적으로 문제가 없다는 의견을 제시하였다.[4]

이처럼 국민건강영양조사자료의 한국인 청력-나이별 메디안값을 소음노출력이 없는 일반인의 평균 청력역치로 볼 수 있는지에 관하여 하급심 판례와 의학계의 견해가 통일되지 않은 상태이다. 개인별 청력의 감수성 차이나 환경적 차이 등을 고려하면, 청력검사에서 나타난 근로자의 청력역치에서 국민건강영양조사자료의 한국인 청력-나이별 메디안값을 공제한 청력역치만큼을 소음성 난청으로 인한 청력손실치로 인정하는 것은 그 오차 가능성이 상당하여 부적절하다고 생각한다. 다만, 근로자의 청력손실치와 국민건강영양조사자료에서 나타난 동일 연령대의 청력 메디안값

1) 서울행정법원 2018. 9. 19. 선고 2018구단58816 판결(확정), 서울행정법원 2018. 11. 14. 선고 2018구단62006 판결(확정), 서울행정법원 2024. 1. 17. 선고 2022구단59755 판결(확정), 서울행정법원 2023. 12. 8. 선고 2023구단53365 판결(확정).
2) 서울고등법원 2018. 8. 22. 선고 2017누85506 판결(확정), 서울고등법원 2020. 11. 19. 선고 2019누65155 판결(확정), 서울고등법원 2022. 2. 16. 선고 2020누32052 판결(확정), 서울고등법원 2024. 2. 15. 선고 2023누46540 판결(확정).
3) 신승호 외 3인, Age- and Gender-Realted Mean Hearing Threshold in a Highly-Screened Population: The Korean National Health and Nutrition Examination Survey, 2010-2012.
4) 서울행정법원 2024. 1. 24. 선고 2023구단50878 판결(확정).

사이에 상당한 차이가 있다면, 그와 같은 사정은 근로자의 청력손실치에 직업적 소음 노출의 영향(적어도 노화 이외의 다른 원인에 의한 청력손실)이 있다고 볼 수 있는 긍정적 요소로 참작할 수 있을 것이다.[1]

국민건강영양조사자료의 한국인 청력-나이별 메디안값의 대안으로서 '정상 건청인의 연령에 따른 기도청력역치 - ISO 1999 standard(1990)'을 소음에 노출되지 아니한 일반인의 연령별 평균 청력손실치의 기준으로 삼을 수 있다는 견해도 있다.[2] 이에 따르면 55세, 60세, 65세, 70세, 75세 남성의 6분법에 의한 평균청력역치는 아래 표 기재와 같다.

[표. 정상 건청인의 연령에 따른 기도청력역치 - ISO 1999 standard(1990)]

나이	55세	60세	65세	70세	75세
평균 청력역치	9.5dB	12dB	15.3dB	18.6dB	22.5dB

연령(세)	주파수(Hz)							
	250	500	1,000	2,000	3,000	4,000	6,000	8,000
	남자(dB)							
35	1	1	1	2	3	5	5	6
40	1	2	2	3	6	8	9	10
45	2	3	3	5	8	12	13	16
50	3	4	4	7	12	16	18	23
55	4	5	5	10	16	22	25	30
60	5	6	7	12	20	28	32	39

---

1) 공단의 구 '소음성 난청 업무처리 기준'(2017. 8.경)에서 업무관련성 판단 및 장해등급 결정에 있어서 '소음성 난청과 노인성 난청이 복합된 경우는 비소음 노출자의 연령별 청력손실 정도를 고려하여 업무관련성을 판단하고, 비소음 노출자의 연령별 청력손실 정도는 국민건강영양조사자료 - 한국인 청력 나이별 메디안 값을 참조한다.'라고 정하고 있었다. 이에 대하여 공단이 위 지침에 따라 사실상 근로자의 청력손실치에 연령 증가에 따른 평균적인 청력 저하치 만큼 빼는 일종의 연령보정을 한다는 비판적인 의견이 있었고, '소음성 난청 업무처리 기준'을 개정하면서 '국민건강영양조사자료 - 한국인 청력 나이별 메디안 값을 참조한다.'는 내용을 삭제하였다. 이러한 개정 경위를 지적하면서, 공단은 과거에는 혼합성 난청의 업무상 질병 판단 과정에서 '국민건강영양조사자료 - 한국인 청력 나이별 메디안 값'을 연령보정을 위한 근거자료로 사용하다가, 근로자측에서 유리한 근거자료로 제시하였을 때에는 산재보험 영역에서 근거자료로 사용하기 부적절하다는 입장을 취하는 것은 모순적이라는 비판의 목소리도 있다.
2) 김병훈, "소음성 난청 사건의 실무상 쟁점에 관한 검토 - 장해급여청구 사건을 중심으로", 행정재판실무연구 Ⅶ, 449~489(2024).

65	7	9	9	15	25	35	40	49
70	8	9	11	19	31	43	49	59
75	10	11	13	23	37	52	59	71
여자(dB)								
35	1	1	1	2	2	3	3	4
40	1	2	2	3	4	4	6	7
45	2	3	3	4	5	7	9	11
50	3	4	4	6	6	9	12	15
55	4	5	5	8	10	12	16	21
60	5	6	7	10	13	16	21	26
65	7	8	8	13	17	20	27	33
70	8	9	10	16	20	24	32	41

(다) 건강검진에서의 청력검사

공단은 근로자가 사업장에서 퇴직할 무렵 또는 퇴직한 지 얼마 지나지 않은 시점에 시행한 일반건강검진의 청력검사 결과가 '정상'이라는 사실을 이유로 그 무렵 근로자의 청력역치는 40dB 미만으로 볼 수 있고, 그 이후 근로자가 청력장해 진단을 받을 때까지 추가적으로 악화된 청력손실치는 노화에 따른 청력 악화라는 주장을 하는 경우가 있다.

일반건강검진 결과지에는 청력이 정상과 비정상으로만 표시될 뿐, 청력검사의 구체적인 방법 및 구체적인 청력역치가 기재되지 않으므로, 건강검진을 수행한 의료기관에 청력검사 방법을 확인할 필요가 있다. 일반적으로는 국가건강검진 또는 일반건강검진에서의 청력검사시 음차를 이용하거나 1,000Hz의 순음만 평가하는 간이검사로 이루어지고, 청력검사 결과 역치가 40dB 미만이면 정상으로 판단하는 것으로 알려져 있다(검진의 목적 및 종류에 따라 다를 수 있다).[1]

일반건강검진에서의 청력검사 방법이 산재보험법령에서 정한 청력검사 방법과 다르고, 저음역대보다 고음역대에서 청력손실이 큰 소음성 난청의 특징을 고려하면, 1,000Hz 순음에서만 시행한 일반건강검진 청력검사 결과가 정상으로 나타났다고 하더라도, 산재보험법령에서 규정한 바에 따라 고음역대(2,000Hz, 4,000Hz)의 청력역치

---

[1] 서울행정법원 2024. 1. 31. 선고 2022구단57384 판결(확정), 서울행정법원 2024. 1. 17. 선고 2022구단59472 판결(확정), 서울행정법원 2023. 11. 10. 선고 2023구단53471 판결(확정).

까지 고려하여 6분법으로 산정한 청력역치는 '비정상'(40㏈ 이상)일 가능성이 있다. 근로자에 대한 일반건강검진의 청력검사 결과가 '정상'으로 나타났다는 점만으로 그 무렵 근로자의 6분법에 따른 청력손실치가 40㏈ 미만이라고 단정할 수 없다.

(라) 청력역치가 심도난청 또는 비대칭으로 나타난 경우

근로자의 청력역치가 심도난청[농(Profound hearing loss), 청력역치가 91㏈ 이상]인 경우와 좌우 비대칭 또는 편측성으로 나타난 사안에서, 공단은 소음성 난청의 전형적인 특징(거의 양측성 난청으로 나타난다. 농을 일으키지는 않고, 청력의 저음한계는 약 40㏈, 고음한계는 약 75㏈이다)에 부합하지 않는다는 이유로 장해급여 부지급처분을 하는 경우가 있다.

소음성 난청의 전형적 특징에서 벗어나는 심도난청, 비대칭 또는 편측성 난청이 확인될 경우 업무상 질병의 판단에 부정적 요인으로 작용함은 부인할 수 없다. 그러나 근로자의 소음 노출 정도 및 기간, 작업환경, 다른 질환의 동반 여부, 개인적 감수성의 차이 등에 따라 예외적으로 심도난청, 비대칭 또는 편측성 난청이 나타날 가능성이 있으므로, 소음성 난청으로 인한 업무상 질병을 인정할 수 있는 예외적인 사안에 해당하는지 여부를 검토해야 한다. 공단의 '소음성 난청 업무처리기준 개선'(2021. 12.)은 '소음 직업력이 업무상 질병 인정기준을 충족하는 경우에 심도난청(농)이나 수평형 등 전형적인 소음성 난청이 아닌 경우 또는 양측 청력역치가 비대칭인 경우라도 다른 원인에 의한 난청임이 명백하지 않으면 업무상 질병으로 인정 가능하다.'고 정하고 있다.

의학적으로는 고강도의 소음(90㏈ 이상)에 지속적으로 노출되면 심도난청이 발생할 수 있는 것으로 알려져 있으므로, 먼저 근로자에게 심도난청을 일으킬만한 소음노출력이 있는지 확인하여야 한다. 그러한 소음노출력이 확인되지 않는 경우에는 다른 원인에 의한 청력손실이 동반된 상태인지, 혼합성 난청의 사안에서 살펴본 바와 같이 다른 원인에 의한 영향을 배제한 청력손실치를 살펴보아 소음성 난청으로 인한 업무상 질병을 인정할 수 있는지 세밀하게 검토해야 한다.

의학적으로 두 귀의 소음에 관한 감수성에 차이가 있고 손상과 회복의 기전이 다르게 작용할 수 있어 소음성 난청에서 비대칭적 역치가 나타날 수 있는 것으로 알려져 있다. 그러나 실무상 이와 같은 가능성은 증거로는 증명되지 않는 추상적인 가능성에 불과한 경우가 대부분이고, 좌우의 청력역치 차이가 큰 양상은 예외적인 경우로 볼 수 있다. 다만, 사격 연습시 총격 소음에 노출된 경찰관이나 간헐적인 사이렌 소리 등에 노출된 소방관과 같이 특수한 소음 노출 환경에서 장기간 근무한 근로자에게 비대칭성 또는 편측성 난청이 종종 관찰되는 것으로 보고되고 있다. 따라서 먼저 해당 근로자가 비대칭성 또는 편측성 난청이 발생할 수 있는 특수한 소음 노출 환경에서 근무하였는지를 살펴보고, 그렇지 않은 경우에는 청력이 더욱 악화된 한쪽 귀에 직업적 소음 노출 외에 다른 원인에 의한 청력손실이 동반된 상태는 아닌지, 다른 원인에 의한 영향을 배제한 청력손실치 등을 살펴보아 소음성 난청으로 인한 업무상 질병을 인정할 수 있는지 여부를 검토해야 할 것이다. 근로자의 소음노출력이 업무상 질병 인정 기준을 충족하나 비대칭적 청력역치가 나타난 사안에서, 청력이 비교적 양호한 한쪽 귀에 발생한 난청을 업무상 질병으로 인정할 수 있고, 청력이 더 악화된 귀의 경우에는 적어도 다른 귀에 준하는 정도의 소음노출력의 영향이 있다고 추단함이 합리적이라고 판단한 하급심 판례가 있다.[1] 그러나 직업적 소음 노출이 양쪽 청력에 미친 영향력이 동일·유사할 것이라는 논리를 기계적으로 적용해서는 안 될 것이다. 예컨대, 만성 중이염이 발병한 경우에 고막 천공, 이소골 단절 등의 원인으로 다양한 형태의 전음성 난청이 발생하게 되는데, 업무상 소음 노출이 있기 전에 이미 만성 중이염이 발병하였다면, 전음성 난청의 영향으로 내이의 달팽이관으로 전달되는 소음의 크기가 감소하게 되어 오히려 소음 강도를 약화시키는 경우도 있다고 알려져 있다. 따라서 한쪽 귀에만 발병한 이비인후과 질환이 소음 노출의 영향을 저감시키는 효과를 가져오기도 하므로 비대칭적 청력역치가 나타난 원인에 관하여 의학적 감정이 필요하다.

(6) 소음 노출과 난청 사이의 상당인과관계(종합적 검토)

위에서 산재보험법령에서 규정하고 있는 소음성 난청의 인정요건별로 나누어 각 쟁점별로 살펴보았다. 이와 같은 인정요건별 쟁점들은 대부분 의학적 지식에 관한 의견 충돌의 형식으로 나타나나, 개별 요건들은 근로자의 직업적 소음 노출력과 난청 사이의 상당인과관계가 인정되는지 여부를 판단하는 과정에서 종합적으로 고

---

1) 서울행정법원 2021. 1. 13. 선고 2019구단74396 판결(확정), 서울행정법원 2021. 8. 17. 선고 2020구단67134 판결(확정) 등 다수.

려하는 다양한 요소들 중 하나에 불과하고, 상당인과관계 판단은 법적·규범적 관점에서 이루어진다는 점을 항상 염두에 두어야 할 것이다.

판례는 일관되게 "질병의 주된 발생원인이 업무와 직접 관련이 없다고 하더라도 업무상 요인이 질병의 주된 발생원인에 겹쳐서 질병을 유발·악화시켰다면 인과관계가 있다고 보아야 한다."[1]거나, "업무상 질병이란 평소에 정상적인 근무가 가능한 기초질병이나 기존질병이 업무상 요인으로 급격히 악화된 경우까지 포함된다."[2]는 태도를 취하고 있다. 이러한 판례의 태도는 산재보험의 생활보장적 역할을 충실히 해야 한다는 목적론적 관점에서 기초질환이나 기존질병이 있는 상태에 업무상 요인이 간접적, 부수적 원인으로 작용하여 질병을 유발하거나 악화시킨 경우에도 그 인과관계를 인정하여 업무상 재해인정 범위를 확장하고자 하는 이른바 '공동원인설'을 취하는 것으로 평가되고 있다.

아래 그림과 같이 근로자들은 대부분 그 정도의 차이만 있을 뿐 청력손실에 영향을 미친 업무 외적인 원인이 존재한다. 직업적 소음 노출이 간접적, 부수적 원인이라 하더라도, 다른 업무 외적인 원인에 겹쳐 40dB 이상의 청력손실을 일으킨 하나의 원인이 되었다면, 법적·규범적 관점에서 근로자의 업무와 난청 사이의 상당인과관계가 인정된다고 볼 수 있다.

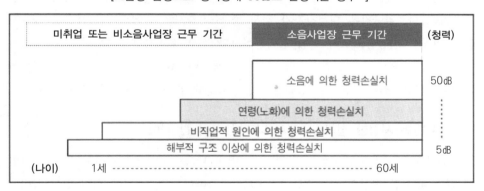

[소음성 난청으로 청력장해 50dB로 판정되는 경우[3]]

---

1) 대법원 2010. 1. 28. 선고 2009두5794 판결, 대법원 2008. 2. 28. 선고 2006두17956 판결, 대법원 2003. 11. 14. 선고 2003두5501 판결, 대법원 1998. 12. 8. 선고 98두12642 판결 등.
2) 대법원 1996. 9. 10. 선고 96누6806 판결 등.
3) 공단의 '소음성 난청 업무처리기준 개선'(2021. 12.).

상당인과관계를 판단함에 있어서 근로자의 소음 노출 정도와 기간, 노출의 지속성,[1] 소음의 태양과 성질,[2] 근로자의 청력손실치가 소음노출력이 없는 동일 연령대의 평균청력역치에 비하여 어느 정도 악화되었는지 여부 등을 핵심적 고려요소로 볼 수 있으므로, 이에 관한 밀도 있는 검토가 필요하다. 그다음 단계로서 의학계에서 통상적으로 인정되는 소음성 난청의 전형적인 특징을 토대로 직업적인 요인 외에 다른 요인이 개입하여 청력 악화에 영향을 미쳤을 가능성은 없는지 살펴보아야 할 것이다. 근로자에 대한 청력검사 결과가 소음성 난청의 전형적 특징과 일치하지 않는다는 사정은 상당인과관계 인정에 부정적 요인으로 작용함은 부인할 수 없다. 다만, 근로자에게 예외적인 난청의 양상이 나타날 수 있고, 의학적인 지식의 발전에 따라 소음성 난청의 전형적 특징이 변화될 여지도 있으므로, 소음성 난청의 전형적 특징과 일치하지 않는다는 사정을 이유로 업무와의 상당인과관계를 부정하기 위해서는 추가적인 검토가 필요할 것이다.

라. 청력검사의 신뢰성에 관한 쟁점

공단은 근로자가 85㏈ 이상의 사업장 소음에 3년 이상 노출되었고, 순음청력검사에서 청력손실치가 40㏈ 이상으로 나타난 경우라고 하더라도, 청력검사의 신뢰성을 인정할 수 없다거나 위난청이 의심된다는 이유로 장해급여 부지급처분을 하는 경우가 있다. 위난청은 피검사자가 검사 중 소리를 들었음에도 의도적으로 들리지 않는 것처럼 반응함으로써 실제 청력손실보다 검사 결과가 더 나쁘게 나오는 경우를 의미한다. 위난청은 청력검사의 신뢰성이 결여된 여러 원인들 중 하나로써 본 항에서는 상위개념에 해당하는 청력검사의 신뢰성에 관한 쟁점을 살펴보기로 한다.

(1) 반복 시행한 청력검사에서 나타난 역치 간 차이

산재보험법 시행령 [별표 3] 제7호 (차)목 나)는 "순음청력검사는 의사의 판단에 따라 48시간 이상의 간격으로 3회 이상 실시하여 해당 검사에 의미 있는 차이가

---

[1] 소음 노출이 단속적일 경우에는 소음 노출의 휴식기 동안 손상된 청력이 회복되는 것으로 알려져 있다.
[2] 같은 세기의 소음일지라도 충격적이거나 날카로운 소음(사격장 소음, 일부 건설기계 소음 등)은 더 큰 청력손실을 유발할 수 있다.

없는 경우에는 그중 최소가청역치를 청력장해로 인정하되, 순음청력검사의 결과가 다음의 요건을 모두 충족하지 않을 경우에는 1개월 후 재검사를 한다."고 규정하고, 그 요건들 중 하나로서 "(2) 반복검사 간 청력역치의 최대치와 최소치의 차이가 각 주파수마다 10㏈ 이내일 것"을 규정하고 있다. 의학적으로 반복된 청력검사에서 나타난 순음청력역치 간 차이가 10㏈ 이상인 경우 그 검사의 신뢰성을 의심할 수 있다고 알려져 있다. 위 규정 내용은 이러한 의학적 지식을 반영한 것이다.

공단은 근로자가 여러 검사기관에서 받은 순음청력검사 결과(일반건강검진 결과와 장애인복지법상 장애진단서 등 포함)를 비교하여 순음청력역치 간 차이가 10㏈ 이상이라는 이유로 청력검사의 신뢰성을 부정하거나 퇴사 후에 청력역치가 급격히 변화하는 업무 외적인 요인에 기한 난청이라는 이유 등으로 장해급여부지급처분을 하는 경우가 있다. 이러한 사안에서 다른 검사기관에서 시행한 청력검사 결과를 단순 비교할 수 있는지가 쟁점이 될 수 있다.

다른 검사기관에서 시행된 청력검사 결과를 상호 간 비교하기 위해서는 먼저 개별적인 청력검사의 신뢰성이 인정되어야 하고, 산재보험법령에서 규정한 청력검사 방법과 같은 방법으로 시행되었음이 전제되어야 한다. 또한 청력검사의 신뢰성이 인정되더라도, 검사기관과 검사자, 사용된 기기의 종류와 교정(Calibration)의 정확도, 검사 방법, 피검사자의 순응도와 컨디션 등의 여러 요인에 따라 약 5~10㏈ 정도의 역치 차이가 나타날 수 있는 것으로 알려져 있다.[1] 검사기관별 편차 가능성을 고려하더라도 각 청력검사별 순음청력역치 간 차이가 상당히 크다면, 청력검사의 신뢰성을 인정하기 어렵거나 청력역치가 급격히 변화하고 있는 개인적 요인에 의한 난청으로 볼 여지가 있을 것이다.

(2) 순음청력검사 역치와 청성뇌간반응검사 역치 간 차이

통상적으로 신뢰성이 인정되는 청력검사에서는 청성뇌간반응검사 역치가 순음청력검사 역치보다 약 5~10㏈ 높게 나타나는 것으로 보고되고 있다. 따라서 주관적 검사인 순음청력검사 역치가 객관적 검사인 청성뇌간반응검사 역치보다 높게 나타난 경우 청력검사의 신뢰성을 의심할 수 있다.

---

1) 서울행정법원 2022. 1. 25. 선고 2020구단76152 판결(확정).

제 2 편
산업재해

다만, 청성뇌간반응검사 역치는 2,000㎐, 4,000㎐에서의 순음청력검사 역치의 평균과 가장 연관성이 높다는 연구 또는 1,000~4,000㎐에서의 순음청력검사 역치의 평균과 연관성이 높다는 연구가 있으므로, 신뢰성의 판단을 위하여 순음청력검사 역치와 청성뇌간반응검사 역치를 비교할 때 고음역대(1,000~4,000㎐) 역치를 비교하여야 한다.[1)]

실무상 근로자가 순음청력검사의 신뢰성을 인정받기 어렵다는 판단하에 객관적 검사인 청성뇌간반응검사 역치에 따라 업무상 질병 인정 및 장해등급을 결정해야 한다고 주장하는 경우가 있다. 신뢰성 있는 청력검사에서는 일반적으로 청성뇌간반응검사 역치가 순음청력검사 역치보다 5~10㏈ 정도 높게 나타나는 것으로 보고되고 있으므로, 객관적 검사인 청성뇌간반응검사 역치에서 5~10㏈ 정도 뺀 역치를 기준으로 업무상 질병 인정 및 장해등급 결정을 할 수 있다는 취지이다.

이에 관한 하급심 판례 및 감정의들의 견해가 통일되지 않은 것으로 보인다. 일부 감정의들은 '청력 장애는 검사받는 사람이 느끼는 가청 정도에 따라 판단하는 것이 적절하고, 객관적 검사방법인 청성뇌간반응검사는 피검사자의 협조가 불가능한 경우 또는 주관적 검사방법의 신뢰도 검증을 위한 보충적 방법으로 보아야 한다. 청성뇌간반응검사는 순음청력검사와는 달리 고음역대(2,000㎐ 이상) 청력만 반영하므로, 실제 청력은 측정치보다 좋을 수 있다고 보고되고 있다. 청성뇌간반응검사 역치만으로 장해등급을 판정하기 어렵다.'라는 견해를 제시하는 반면,[2)] 일부 감정의들은 '순음청력검사 역치가 청성뇌간반응검사 역치보다 높은 경우 청성뇌간반응검사 역치에서 10㏈ 정도 공제한 역치로 장해등급을 판정할 수 있다.'라는 견해를 제시하고 있다.[3)] 공단의 '소음성 난청 업무처리기준 개선'(2021. 12.)은 '청력검사 특별진찰 결과 신뢰성 부족으로 판단되어 재검사를 실시하였음에도 장해 판정이 곤란한 경우 또는 청력검사 특별진찰을 실시한 이후 사망하였는데 그 검사 결과에 신뢰성이 없는 경우에는 특별진찰의 순음청력검사 또는 청성뇌간반응검사 결과 중 최소가청역치로 청력장해를 인정하여 장해등급을 결정하되 반드시 장해통합심사기관에서 심의

---

1) 서울행정법원 2023. 5. 12. 선고 2022구단58073 판결(확정), 서울행정법원 2024. 2. 22. 선고 2023구단53891 판결(항소심 계속 중), 서울행정법원 2023. 10. 27. 선고 2023구단56968 판결(확정).
2) 부산고등법원 2021. 2. 3. 선고 2019누24510 판결(확정), 서울행정법원 2024. 3. 13. 선고 2022구단73201 판결(확정).
3) 서울행정법원 2024. 2. 1. 선고 2023구단50977 판결(항소심 계속 중).

를 한다.'라고 정한다.

산재보험법 시행령 [별표 3] 제7호 (차)목, 같은 법 시행규칙 [별표 5] 제2호 (가)목은 순음청력검사의 기도청력역치 6분법을 기준으로 업무상 질병 인정과 장해등급을 판정하는 것으로 규정하고, 청성뇌간반응검사는 순음청력검사 결과의 신뢰성 판단을 위한 보조적 수단으로 규정하므로, 청성뇌간반응검사 역치만으로 업무상 질병 인정 및 장해등급 판정을 하는 데 주의를 요한다.

(3) 순음청력검사 역치와 어음청취검사 역치 간 차이

신뢰성 있는 청력검사에서 500Hz, 1,000Hz, 2,000Hz에서의 순음청력평균역치(3분법에 따른 순음청력역치)와 어음청취역치는 거의 일치하거나 10dB 이내의 차이만 보이는 것으로 알려져 있으므로, 두 역치 간 15dB 이상의 차이가 나타나면 신뢰성을 의심할 수 있다.[1] 대한청각학회는 어음청취역치와 순음청력평균역치의 차이가 ±6dB 이내이면 신뢰성 우수, ±7~12dB이면 신뢰성 보통, ±13dB 이상이면 위난청을 의심하여 어음명료도 검사를 실시하도록 기준을 마련하고 있다.[2]

그 밖에 반복 검사에서 나타난 어음청취검사 역치 간 차이가 15dB 이상이면 신뢰성을 의심할 수 있고, 어음명료도 간 차이가 12% 이상이면 신뢰성을 의심할 수 있다.

(4) 심리상 주의점

공단이 근로자가 여러 검사기관에서 받은 청력검사 결과를 위 신뢰성 판단 기준들을 잣대로 비교·검토한 후 청력검사 결과의 신뢰성을 인정하기 어렵다는 이유로 장해급여 부지급처분을 하면, 근로자는 재차 의료기관에서 청력검사를 받아 장해급여청구를 하는 경우가 있다. 이러한 사안에서 공단은 사실상 반복 청구에 해당한다고 보아 추가적인 특별진찰 및 조사 없이 재차 장해급여 부지급처분을 하는 경우가 있다. 이에 대한 취소소송에서 근로자는 진료기록 감정신청이 아닌 신체감정신청을 하는 경우가 있는데, 증거신청 채택은 개별 사건별로 결정해야 할 것이나, 근로자의 소음 노출 정도와 청력손실치가 업무상 질병 인정기준을 충족함에도 불구하고,

---

청력검사 간 역치 차이 등 문제로 검사의 신뢰성이 부정된 사안이라면, 그러한 청력
역치 차이의 의학적 의미 및 청력검사의 신뢰성을 다시 한번 검토함과 동시에 근로
자에게 마지막 청력검사 기회를 부여한다는 차원에서 신체감정신청의 가능성을 열
어 둘 필요가 있다고 생각한다.

2. 유해물질 노출로 인한 질병

가. 들어가며

근로자가 작업환경에서 여러 유해물질에 점진적·누적적·복합적으로 노출되어
질병이 발병하는 사례가 있다. 과거에 반도체 회사에서 일하던 근로자들이 백혈병
등으로 사망하면서 업무상 재해의 인정 여부를 둘러싸고 사회적 갈등이 발생하기도
하였다.

유해물질 노출로 인한 질병의 경우 일반적으로 근로자에게 나타나는 건강장해
의 정도가 중하여 근로자와 가족의 생존권에 큰 지장을 초래한다. 그러나 수많은 유
해물질이 사용되고 그 유해물질의 교체 시기도 빠른 현대 산업현장의 특수성 때문
에 근로자는 질병이 발병한 후 사후적으로 그 원인이 되는 유해물질을 특정하는데
상당한 어려움을 겪고 있다. 근로자가 질병의 원인 물질로 추정되는 유해물질을 특
정하였다 하더라도, 그 유해물질이 근로자의 질병에 미치는 영향에 관한 의학적·자
연과학적 연구가 부족한 경우에는 근로자가 업무와 질병 발병 간의 상당인과관계를
증명하여 업무상 질병으로 인정받는 과정은 더 험난하다. 이러한 근로자의 상당인과
관계 증명의 곤란함은 심리 과정에서의 어려움으로 이어지고, 근로자의 업무상 재해
에 대한 신속·공정한 보상이 이루어지지 못하여 근로자 개인에 대한 피해와 사회적
갈등 및 비용이 증가할 우려가 있다.

유해물질 노출로 인한 질병의 경우 업무상 질병의 인정요건을 구체화하고 명확
히 하여 심리의 신속성과 판단의 예측 가능성을 확보해야 할 필요성이 크다. 아래에
서는 먼저 관계 법령에서 규정한 업무상 질병의 일반적 인정요건을 기준으로 실무
상 쟁점을 살펴보고, 다음으로 주요 판례의 태도를 검토하기로 한다.

나. 업무상 질병의 일반적 인정요건

(1) 관계 법령

산재보험법 제5조 제1호는 업무상의 재해를 "업무상의 사유에 따른 근로자의 부상·질병·장해 또는 사망"으로 정의하고, 같은 법 제37조 제1항 제2호 (가)목, (라)목은 "업무수행 과정에서 물리적 인자, 화학물질, 분진, 병원체, 신체에 부담을 주는 업무 등 근로자의 건강에 장해를 일으킬 수 있는 요인을 취급하거나 그에 노출되어 발생한 질병"과 "그 밖에 업무와 관련하여 발생한 질병"을 업무상의 재해로 본다고 규정한다.

산재보험법 제37조 제5항의 위임에 따른 같은 법 시행령 제34조 제1항은 "근로자가 근로기준법 시행령 제44조 제1항 및 같은 법 시행령 별표 5의 업무상 질병의 범위에 속하는 질병에 걸린 경우 다음 각 호의 요건 모두에 해당하면 업무상 질병으로 본다."고 규정하고, 각 호에서는 "근로자가 업무수행 과정에서 유해·위험요인을 취급하거나 유해·위험요인에 노출된 경력이 있을 것"(제1호), "유해·위험요인을 취급하거나 유해·위험요인에 노출되는 업무시간, 그 업무에 종사한 기간 및 업무 환경 등에 비추어 볼 때 근로자의 질병을 유발할 수 있다고 인정될 것"(제2호), "근로자가 유해·위험요인에 노출되거나 유해·위험요인을 취급한 것이 원인이 되어 그 질병이 발생하였다고 의학적으로 인정될 것"(제3호)을 규정한다.

업무상 질병의 일반적 인정요건은 "질병이 근로기준법 시행령 제44조 제1항 및 같은 법 시행령 별표 5의 업무상 질병 범위에 속할 것", "업무수행 과정에서 유해·위험요인을 취급 및 노출", "유해·위험요인의 노출 정도와 질병 유발의 관련성", "유해·위험요인과 질병 발생 간의 의학적 관련성"으로 세분화할 수 있다. 이하에서 이러한 업무상 질병의 일반적 인정요건별로 상세히 검토한다.

(2) 근로기준법 시행령 [별표 5]에서 정한 업무상 질병에 해당하는지

근로기준법 시행령 [별표 5]는 업무상 질병과 요양 범위에 관하여 구체적으로 정하고 있다.[1] 유해물질 노출로 인한 질병의 경우 근로기준법 시행령 [별표 5] "나.

제 2 편
산업재해

---

1) 근로기준법 시행령 [별표 5] 규정은 2013. 6. 28. 대통령령 제24652호로 개정되기 전에는 업무상 질병

물리적 요인으로 인한 질병, 다. 화학적 요인으로 인한 질병, 라. 생물학적 요인으로 인한 질병, 마. 직업성 암"에 해당할 수 있다. (차)목에서 "그 밖에 가목부터 자목까지에서 규정한 질병 외에 업무로 인한 것이 명확한 질병"이라고 규정하므로, 해당 규정에서 나열한 것 외의 질병을 업무상 질병에서 배제하는 의미로 볼 수는 없다. 다만, 근로기준법 시행령 [별표 5]의 직업병 목록에 열거된 질병과 이에 대응하여 그 발생 원인으로 규정된 작업 또는 유해물질에 해당할 경우 근로자로서는 상당인과관계의 증명이 수월해질 수 있다.

(3) 유해물질의 취급·노출

(가) 유해물질에 관한 관계 법령

산재보험법 시행령 [별표 3]은 제3호 내지 제12호에서 유해물질 등 유해환경에 노출되어 발병하는 질병에 대한 구체적인 인정 기준에 관하여 규정하고(제3호 호흡기계 질병, 제4호 신경정신계 질병, 제5호 림프조혈기계 질병, 제6호 피부 질병, 제7호 눈 또는 귀 질병, 제8호 간 질병, 제9호 간염성 질병, 제10호 직업성 암, 제11호 급성 중독 등 화학적 요인에 의한 질병, 제12호 물리적 요인에 의한 질병), 제13호는 "제1호부터 제12호까지에서 규정된 발병요건을 충족하지 못하였거나, 제1호부터 제12호까지에서 규정된 질병이 아니더라도 근로자의 질병과 업무와의 상당인과관계가 인정되는 경우에는 해당 질병을 업무상 질병으로 본다."고 규정한다. 위 [별표 3] 제3호 내지 제12호에서는 독성이 있는 각종 유해물질에 폭로되어 발생하는 질병을 상세하게 열거하였으므로, 위 규정에 열거된 사안에 해당하는 경우에 근로자로서는 증명의 부담을 덜 수 있다.[1]

산재보험법 시행령 [별표 3] 제13호의 내용을 고려하면, 제3호 내지 제12호의 규정은 예시적 열거규정으로 볼 수 있다. 판례도 위 [별표 3] '업무상 질병에 대한

의 범위를 질병을 기준으로 38개로 구분하고 있었으나, 업무상 질병의 범위가 산업구조 및 작업환경의 변화에 따라 새롭게 나타나는 유해요인을 제대로 반영하지 못하고 있다는 비판적 의견이 제기되자, 업무상 질병의 분류체계를 발생 요인별로 체계적으로 재분류하고 카드뮴 등 발암성 물질로 인한 직업성 암, 외상후스트레스장애 등을 업무상 질병의 범위에 추가하는 것으로 개정되었다.

1) 예를 들면 산재보험법 시행령 [별표 3] 제10호(직업성 암) 파목에서는 "0.5ppm 이상 농도의 벤젠에 노출된 후 6개월 이상 경과하여 발생한 급성·만성 골수성백혈병, 급성·만성 림프구성백혈병"을 규정한다. 근로자가 업무수행 과정에서 0.5ppm 이상 농도의 벤젠에 노출되었다는 사실, 그로부터 6개월 이상 경과하여 급성·만성 골수성백혈병, 급성·만성 림프구성백혈병이 발병한 사실을 증명하면, 특별한 사정이 없는 한 위 질병을 업무상 질병으로 인정할 수 있을 것이다.

구체적 인정기준'의 법적 성격이 예시적 규정에 불과하다고 보고, 벤젠의 노출 농도가 법적 기준인 1ppm보다 낮은 수준이었음에도 벤젠을 취급하는 업무와 골수이형성증후군(조혈기계 암) 사이의 상당인과관계를 인정하였다.1)

산업안전보건법은 유해·위험물질을 크게 '금지물질'(제117조),2) '허가물질'(제118조),3) '노출 기준 설정 대상 유해인자'(제104~106조), '허용기준 설정 대상 유해인자'(제107조), '작업환경측정 대상 유해인자'(제125~128조), '특수건강진단 대상 유해인자'(제130조), 산업안전보건기준에 관한 규칙 제420조 제1호와 [별표 12]에서 정한 '관리대상 유해물질' 등으로 구분하고 있다.

산업안전보건법은 근로자에게 건강장해를 일으키는 화학물질과 물리적 인자 등을 '유해인자'로 정의하면서 고용노동부장관으로 하여금 유해인자의 유해성·위험성 분류기준을 마련하고 유해인자가 근로자의 건강에 미치는 유해성·위험성을 평가하여 그 결과 등을 고려해서 유해성·위험성 수준별로 유해인자를 구분하여 관리할 의무를 부과하고 있으며(제104조, 제105조), 사업주로 하여금 발암성 물질 등 근로자에게 중대한 건강장해를 유발할 우려가 있는 유해인자로서 대통령령으로 정하는 유해인자는 작업장 내의 그 노출 농도를 고용노동부령으로 정하는 허용기준 이하로 유지할 의무를 부과하고 있다(제107조). 같은 법 시행규칙 제145조 제1항 [별표 19]는 유해인자별 노출 농도의 허용기준을 정하고 있어 확인이 필요하다.

산업안전보건법은 유해성·위험성 분류기준에 해당하는 화학물질 또는 이를 포함한 혼합물을 '물질안전보건자료대상물질'로 정의하고, 이를 제조·수입하려는 자에게 건강 및 환경에 대한 유해성, 물리적 위험성 등을 기재한 '물질안전보건자료(Material Safety Data Sheets, MSDS)'를 작성하여 고용노동부장관에게 제출하도록 의무를 부과하며(제110조),4) 사업주로 하여금 인체에 해로운 작업을 하는 고용노동부

제 2 편
산업재해

---

1) 대법원 2014. 6. 12. 선고 2012두24214 판결.
2) 근로자의 건강에 특히 해롭거나 중대한 건강장해를 일으킬 우려가 있는 물질로서 제조·수입·양도·제공 또는 사용해서는 아니 되는 물질.
3) '금지물질' 중 대체물질이 개발되지 아니한 물질 등으로 이를 제조하거나 사용하기 위해 고용노동부장관의 허가를 받아야 하는 물질.
4) 산업안전보건연구원이 2011년경 73개 화학제품제조 사업장이 보유하고 있는 83,832종의 물질안전보건자료를 분석한 결과 총 38,151종(약 45.5%)의 물질안전보건자료에 영업비밀이 적용되어 있는 것으로 나타났다. 이에 비판적 의견이 제기되자 2019. 1. 15. 법률 제16272호로 전부개정된 산업안전보건법 제112조에서 영업비밀과 관련되어 화학물질의 명칭 및 함유량을 물질안전보건자료에 적지 아니하려는 자는 고용노동부장관으로부터 사전승인을 받도록 하였다.

령으로 정하는 작업장에 대하여 고용노동부령으로 정하는 자격을 가진 자로 하여금 작업환경측정을 하도록 의무를 부과하고(제125~128조), 같은 법 시행규칙 제186조 제1항 및 [별표 21]은 작업환경측정 대상 유해인자로 화학적 인자 114종, 금속류 24종, 산 및 알칼리류 17종, 가스상태 물질류 15종, 같은 법 시행령 제88조에 따른 허가대상 유해물질 12종 등을 열거하고 있다.

　또한 산업안전보건법은 사업주로 하여금 같은 법 시행규칙 제201조 [별표 22]에서 열거하고 있는 '특수건강진단 대상 유해인자'에 노출되는 업무에 종사하는 근로자의 건강관리를 위해 '특수건강진단'을 실시하도록 의무를 부과하고(제130조), 고용노동부장관으로 하여금 같은 법 시행규칙 제214조 [별표 25]에서 규정한 '건강장해가 발생할 우려가 있는 업무'에 종사하였거나 종사하고 있는 사람 중 고용노동부령으로 정하는 요건을 갖춘 사람의 직업병 조기발견과 지속적인 건강관리를 위해 '건강관리카드'를 발급하도록 하여 이직 내지 작업 전환 후에도 연 1회 무료 건강진단을 실시하도록 하고 있다(산업안전보건법 제137조, 같은 법 시행규칙 제215조).

　그 밖에 산업안전보건기준에 관한 규칙 [별표 12]는 관리대상 유해물질의 종류를 유기화합물, 금속류, 산·알칼리류, 가스 상태 물질류로 나누어 열거하고, '화학물질 및 물리적 인자의 노출기준'(고용노동부고시) [별표 1]은 각 화학물질별 노출 기준을 정하고 있으며, 세계보건기구(WHO) 산하 국제암연구소(IARC)는 발암물질을 5단계로 분류하여 지정하였다.[1]

　산업안전보건연구원은 공단의 의뢰를 받아 역학조사를 실시하고, 조사 과정에서 사업장의 물질안전보건자료와 작업환경측정결과 및 근로자에 대한 특수건강진단 결과, 건강관리카드를 제출받아 근로자의 유해물질 취급·노출 여부를 살펴보고 있다. 실무상 역학조사의 내용을 확인한 후 그 근거가 된 자료들을 세부적으로 검토할 부분이 있다고 판단되면, 역학조사 과정에서 확보된 위 자료들의 추가적인 증거 제출을 석명할 필요가 있다.

---

1) Group 1: 인체발암물질(충분한 인간 대상 연구자료와 충분한 동물실험결과가 있는 경우), Group 2A: 인체발암추정물질(제한적 인간 대상 연구자료와 충분한 동물실험결과가 있는 경우), Group 2B: 인체발암가능물질(제한적 인간 대상 연구자료와 불충분한 동물실험결과가 있는 경우), Group 3: 인체발암성미분류물질(불충분한 인간 대상 연구자료와 불충분한 동물실험결과가 있는 경우), Group 4: 인체비발암성추정물질(인간에서 발암가능성이 없으며 동물실험결과도 부족한 경우).

(나) 증명의 정도

근로자의 입장에서 증거의 편재와 전문적 지식의 부재로 근무 당시 작업환경에서 유해물질을 취급하였다는 사실을 증명하기 곤란한 경우가 많다. 근로자에게 어느 정도의 증명을 요구할 것인지가 문제된다.

판례는 LCD 공장에서 근무한 근로자에게 발병한 다발성 경화증을 업무상 질병으로 인정한 사안에서 근로자가 담당한 패널 검사작업의 인접 단계에서 이루어지는 납땜 작업이나 에이징(ageing) 공정에서 발생하는 유해화학물질이 원고에게 노출되었을 가능성이 있다는 점을 하나의 인정 근거로 설시하였고,[1] 1997~2003년까지 반도체 공장 검사공정에서 생산직으로 근무한 근로자에게 발병한 뇌종양(교모세포종)을 업무상 질병으로 인정한 사안에서 해당 처분이 있은 이후에 이루어진 산업안전보건연구원의 작업환경측정결과와 유해요인연구결과 및 동일 사업장에서 근무한 다른 근로자에 대한 사건에서 진행된 역학조사결과에서 검출된 벤젠, 포름알데히드, 비전리방사선, 납과 같은 발암물질이 원고에게 노출되었을 가능성이 있다고 판단한 사례가 있다.[2] 이러한 판례에 대하여 유해물질 노출 여부가 명확히 증명되지 못하였지만, 노출 가능성이 있다는 사정을 고려하여 업무와 질병 사이의 상당인과관계가 존재한다고 판단하였다는 평가가 있다.[3]

산재보험법 시행령 제34조 제1항 제1호는 근로자가 유해물질을 '취급'한 경우뿐만 아니라 유해물질에 '노출'된 경우도 포함하고 있다. '취급'이라고 함은 해당 물질을 직접 제조, 사용하는 경우로, '노출'이라 함은 제조, 사용 여부와 관계없이 해당 물질이 체내에 흡수될 수 있는 경우로 정의할 수 있다.[4] 근로자가 작업을 수행하는 과정에서 특정 유해물질을 직접 취급하였다는 사실을 증명하지 못하더라도, 분리되지 않은 하나의 작업공간에서 이루어진 다른 공정에서 발생하는 유해물질이 근로자에게 전파·확산되었을 가능성이 인정된다면, 근로자가 유해물질에 노출되었다는 요건이 증명되었다고 볼 수 있을 것이다. 또한 근로자가 실제 근무한 시점의 작업환경 및 유해물질 취급·노출에 관한 객관적 증거가 존재하지 않는다 하더라도, 근로자와

---

1) 대법원 2017. 8. 29. 선고 2015두3867 판결.
2) 대법원 2017. 11. 14. 선고 2016두1066 판결.
3) 조재호, "업무상 질병의 인과관계 증명책임 완화 판례에 대한 검토", 사회보장법연구 제7권 제2호, 서울대 사회보장법연구회(2018).
4) 오상호, "벤젠에 의한 직업성 암의 법적 보호에 관한 연구", 노동법논총 제39권(2017).

동일·유사한 산업 분야·공정에서 특정 유해물질이 검출되었다는 연구결과나 역학
조사 결과가 존재하고, 연구결과 내지 역학조사 결과로부터 합리적인 추론을 통하여
근로자가 작업할 당시에도 그 유해물질에 노출되었을 개연성을 추단할 수 있다면
'유해물질 노출'이라는 인정요건이 증명된 것으로 볼 수 있을 것이다.

(4) 유해물질에 대한 노출 정도

(가) 산재보험법령과 산업안전보건법령에서 유해물질의 허용노출기준을 정하고
있으나, 실무상 역학조사 결과에서 사업장에서 검출된 유해물질 농도가 관련 규정에
서 정한 허용노출기준을 초과하는 것으로 나타난 경우는 드물다. '유해물질 노출 정
도'와 관련하여 역학조사 결과의 신뢰성과 한계점 및 실제 유해물질의 노출 정도,
유해물질 허용노출기준의 의미 등이 쟁점이 된다.

유해물질의 노출 정도는 근로자가 취급한 유해물질의 종류와 그 농도, 근무환
경과 시기, 보호장비의 착용 여부, 환기시설 설치·작동 여부, 동일한 공간에서 이루
어지는 다른 작업에서 취급하는 유해물질의 종류와 그 농도, 근로자의 업무시간과
종사기간 등 다양한 요인들의 영향을 받는다. 유해물질의 노출 정도를 인정하는 작
업은 본질적으로 추론의 영역에 있다.

(나) 역학조사는 현장조사 당시 사업장에서 채취한 샘플을 검사한 결과 및 사업
장에 대한 과거 작업환경측정 결과를 토대로 이루어지는데, 사업장측에서 예측할 수
있는 특정 시기에 특정 공간 및 작업환경에서 채취된 샘플이 실제 근로자가 근무한
작업현장의 대기 중 포함된 유해물질 정도를 대표할 수 있는지가 문제될 수 있다.
근로자가 근무한 시기와 현장조사·작업환경측정이 이루어진 시기의 간격이 클수록,
근로자의 근무 당시와 현장조사·작업환경측정이 이루어진 당시의 작업환경(사용·비
치된 물질과 설비의 종류와 수, 보호장비와 환기시설의 착용·설치 여부, 작업시간 등)에
차이가 클수록 유해물질 노출 정도에 관한 역학조사 및 작업환경측정 결과의 신뢰
도가 떨어질 것이다.

(다) 만약 역학조사 결과를 신뢰할 수 없다면, 근로자가 근무할 당시 실제로 유
해물질에 노출된 정도를 어떻게 증명할 것인지가 문제 된다. 공해소송, 의료소송 등
과 마찬가지로 유해물질의 노출로 인한 업무상 질병 사건에서 근로자측에 개별 유
해물질에 대한 노출 정도를 자연과학적으로 증명하라는 것은 사실상 불가능을 요구

하는 것이다.

　　판례는 "유기용제 취급이 원고의 전체 업무 중 차지하는 비중은 작았지만, 약 4년 3개월 근무하는 동안 매일 이러한 작업을 수행하였다는 점에서 누적된 노출 정도가 낮다고 단정하기 어렵다.", "유해화학물질의 측정 수치가 작업환경노출 허용기준 범위 안에 있다고 할지라도 근로자가 유해화학물질에 저농도로 장기간 노출될 경우에는 건강상 장애를 초래할 가능성이 있다. 뿐만 아니라 작업환경노출 허용기준은 단일물질에 노출됨을 전제로 하는 것인데, 여러 유해화학물질에 복합적으로 노출되거나 주·야간 교대근무를 하는 작업환경의 유해요소까지 복합적으로 작용하는 경우 유해요소들이 서로 상승작용을 일으켜 질병 발생의 위험이 높아질 수 있다.", "이 사건 사업장과 근무환경이 유사한 반도체 사업장에서의 다발성 경화증 발병률이 한국인 전체 평균 발병률이나 원고와 유사한 연령대의 평균 발병률과 비교하여 유달리 높다면, 이러한 사정 역시 원고의 업무와 질병 사이의 상당인과관계를 인정하는 데 유리한 사정으로 작용할 수 있다."라고 판시하였다.[1] 개별 유해물질에 대한 노출 정도의 확인 → 저농도·장기간 노출로 인한 유해성의 누적 가능성 검토 → 복수의 유해물질 간 또는 다른 유해요소 간(유해물질 노출과 업무상 과로 및 스트레스) 복합적 작용으로 인한 유해성의 상승작용 가능성을 검토해야 하고, 역학적·통계적 증거를 적극적으로 사용할 수 있다는 것이다. 이와 같은 판례의 태도는 정량적·개별적 평가의 부당성 및 역학조사의 한계와 신뢰성을 지적하면서 유해물질의 노출 정도에 관한 증명책임의 부담을 완화한 것으로 이해할 수 있다. 다만, 복수의 유해물질 간 또는 다른 유해요소 간 복합적 작용으로 인한 유해성의 상승작용 가능성은 증거로 증명되기 쉽지 않아 추상적 가능성에 그치는 경우가 많은데, 막연히 유해성의 상승작용 가능성을 추단하는 것은 유의해야 할 것이다.

　　(라) '화학물질 및 물리적 인자의 노출기준'(고용노동부고시) 제1조는 "산업안전보건법 제106조 및 제125조, 산업안전보건법 시행규칙 제144조에 따라 인체에 유해한 가스, 증기, 미스트, 흄이나 분진과 소음 및 고온 등 화학물질 및 물리적 인자(이하 '유해인자'라 한다)에 대한 작업환경평가와 근로자의 보건상 유해하지 아니한 기준을 정함으로써 유해인자로부터 근로자의 건강을 보호하는 데 기여함을 목적으로 한다."라고 규정하고, 제2조 제1항 제1호는 "노출기준이란 근로자가 유해인자에 노출

----

1) 대법원 2017. 8. 29. 선고 2015두3867 판결, 대법원 2017. 11. 14. 선고 2016두1066 판결.

되는 경우 노출기준 이하 수준에서는 거의 모든 근로자에게 건강상 나쁜 영향을 미치지 아니하는 기준을 말한다."라고 규정한다. 한편 같은 고시 제3조는 "각 유해인자의 노출기준은 해당 유해인자가 단독으로 존재하는 경우의 노출기준을 말하며, 2종 또는 그 이상의 유해인자가 혼재하는 경우에는 각 유해인자의 상가작용으로 유해성이 증가할 수 있으므로 제6조에 따라 산출하는 노출기준을 사용하여야 한다."(제1항), "노출기준은 1일 8시간 작업을 기준으로 하여 제정된 것이므로 이를 이용할 경우에는 근로시간, 작업의 강도, 온열조건, 이상기압 등이 노출기준 적용에 영향을 미칠 수 있으므로 이와 같은 제반요인을 특별히 고려하여야 한다."(제2항), "유해인자에 대한 감수성은 개인에 따라 차이가 있고, 노출기준 이하의 작업환경에서도 직업성 질병에 이환되는 경우가 있으므로 노출기준은 직업병 진단에 사용하거나 노출기준 이하의 작업환경이라는 이유만으로 직업성 질병의 이환을 부정하는 근거 또는 반증자료로 사용하여서는 아니 된다."(제3항)라고 규정한다.

유해물질 측정 수치가 허용노출기준 미만이라 하더라도, 그러한 사정을 곧바로 직업성 질병의 이환을 부정하는 근거로 사용하여서는 아니 되고, 저농도·장기간 노출로 인한 유해성의 누적 가능성, 다양한 유해물질·유해요소의 복합적 작용으로 인한 유해성의 상승작용 가능성, 개인 간 유해물질에 대한 감수성의 차이 등을 고려해야 할 것이다.

(5) 유해물질과 질병 간 의학적 관련성

(가) 증명의 정도

산재보험법 시행령 제34조 제1항 제3호는 업무상 질병의 인정요건으로서 "근로자가 유해·위험요인에 노출되거나 유해·위험요인을 취급한 것이 원인이 되어 그 질병이 발생하였다고 의학적으로 인정될 것"(유해물질과 질병 간 의학적 관련성)을 규정한다.

업무상 질병에 대한 구체적 인정 기준을 정한 산재보험법 시행령 [별표 3]의 직업병 목록에 열거된 질병과 그 원인 인자로 규정되어 있는 유해물질 사이에는 특별한 사정이 없는 한 상호 간 의학적 관련성이 인정된다고 볼 수 있다.[1] 문제는 산

---

1) 예컨대 산재보험법 시행령 [별표 3]의 제3호(호흡기계 질병) (다)목은 "디이소시아네이트, 염소, 염화수소, 염산 등에 노출되어 발생한 반응성 기도과민증후군"을, 제4호(신경정신계 질병) (마)목은 "망간

재보험법 시행령 [별표 3]의 직업병 목록에 열거된 질병과 그에 상응하는 유해물질
이 아닌 경우이다.

　대부분의 질병은 유전적 요인(유전자 변이, 성별, 가족력 등), 환경적 요인(생활습
관, 직업적 요인, 흡연과 음주 등), 기초질병 등 여러 요인들이 복합적으로 작용하여
발생한다는 '질병 다요인설(多要因設)'이 정설로 되어 있다. 적지 않은 경우 이미 질
병의 위험요인이 내재되어 있는 상태에서 촉매가 되는 요인이 더해져 그 증상이 발
현된 이후에 의학적 진단이 이루어지므로, 사후적으로 여러 개별요인들이 질병의 발
병에 미친 영향을 의학적·자연과학적으로 증명하는 것은 불가능에 가깝다. 특히 희
귀질환이나 첨단산업현장에서 새롭게 발생하는 유형의 질병인 경우에는 전통적인
산업 분야에서 발병하는 질병에 비하여 의학적 연구결과가 충분하지 않아 현재의
과학 수준으로는 그 유해물질과 질병 사이의 의학적 관련성을 증명하는 데 상당한
어려움이 있다.

　판례는 일관되게 "업무와 재해 발생 사이에 상당인과관계가 있어야 하고, 이
경우 근로자의 업무와 질병 또는 위 질병에 따른 사망 간의 인과관계에 관하여는
이를 주장하는 측에서 증명하여야 하지만, 그 인과관계는 반드시 의학적, 자연과학
적으로 명백히 증명하여야만 하는 것은 아니고, 근로자의 취업 당시 건강상태, 질병
의 원인, 작업장에 발병원인물질이 있었는지 여부, 발병원인물질이 있는 작업장에서
의 근무기간 등 제반 사정을 고려할 때 업무와 질병 또는 그에 따른 사망 사이에 상
당인과관계가 있다고 추단되는 경우에도 증명이 있다고 보아야 한다."라고 판시하
고,[1] 희귀질환에 해당하는 '다발성 경화증'이 발병한 사안에서 "근로자에게 발병한
질병이 이른바 희귀질환 또는 첨단산업현장에서 새롭게 발생하는 유형의 질환에 해
당하고 그에 관한 연구결과가 충분하지 않아 발병원인으로 의심되는 요소들과 근로
자의 질병 사이에 인과관계를 명확하게 규명하는 것이 현재의 의학과 자연과학 수
준에서 곤란하더라도 그것만으로 인과관계를 쉽사리 부정할 수 없다."라고 판시하였
다.[2] 이 판례에 대하여 증명할 수 없는 사실의 증명을 요구하지 말라는 의미로 이

또는 그 화합물에 2개월 이상 노출되어 발생한 파킨슨증, 근육긴장이상(dystonia) 또는 망간정신병"을
규정한다.
1) 대법원 1990. 10. 10. 선고 90누3881 판결, 대법원 1992. 5. 12. 선고 91누10466 판결, 대법원 2023.
4. 13. 선고 2022두47391 판결.
2) 대법원 2017. 8. 29. 선고 2015두3867 판결.

해할 수 있다는 평가가 있고,[1] 학계의 견해 중에도 '유해물질과 질병 간 의학적 관련성' 요건에 대해 엄격한 증명이 필요하다는 입장은 찾아보기 어렵다.

상당인과관계란 의학·자연과학의 분야에서 말하는 인과관계와 달리 법관의 자유심증에 터잡아 얻어지는 확신에 의해 인정되는 법적인 가치판단에 해당한다.[2] 또한 유해물질과 질병 간의 의학적 관련성은 원칙적으로는 복수의 연구자가 반복적으로 연구를 실시하여 일관된 연구결과가 누적되는 경우에 인정될 수 있는데, 일관된 연구결과의 누적에는 상당한 시간과 노력이 소요될 수밖에 없다. 질병과 유해물질 간의 의학적 관련성이 자연과학적으로 명확하게 규명되지 않은 경우에 산재보험법 시행령 제34조 제1항 제3호의 의미를 소극적으로 해석함으로써 유해물질이 근로자의 건강상 장애를 초래하여 해당 질병을 발병·촉발할 수 있는 의학적 가능성의 정도만 인정된다면 '유해물질과 질병 간 의학적 관련성'의 인정요건이 증명된 것으로 볼 수 있을 것이다.

(나) 역학적 자료 및 의학 문헌

실무상 근로자와 공단은 '의학적 관련성'과 관련하여 자신에게 유리한 내용의 역학적 자료와 의학 문헌을 증거로 제출하는 경우가 많고, 이 경우 그 해석과 법적 의미가 쟁점이 된다.

역학은 질병의 분포를 파악하여 그 원인을 규명하는 학문으로서 위험인자와 질병의 상관관계를 분석하고 상관관계로부터 인과성을 추론하는 것을 목적으로 한다. 역학은 본질적으로 어느 정도의 오류 가능성을 내포하고 있으므로 그 해석과 증거 가치 판단에 유의하여야 한다.[3]

역학적 자료에서 나타난 '역학적 상관관계'는 규범적 잣대를 통과하여야 '역학적 인과관계'로 인정할 수 있고, '역학적 인과관계'는 개별 사건에서 나타난 근로자에 관한 구체적·개별적인 간접사실을 토대로 한 규범적 평가를 통과해야만 '개별적인 법적 상당인과관계'로 인정할 수 있다. '역학적 상관관계'에서 '역학적 인과관계'를 인정하는데 사용하는 규범적 잣대로는 '힐 기준(Hill criteria)'이 사용되고, 그 기준에서 제시한 것으로는 ① 시간적 선후 관계(유해물질 노출과 질병 사이의 시간적 선

1) 전형배, "반도체산업 직업병과 포괄적 보호입법", 노동판례비평 22(2017).
2) 대법원 1984. 6. 12. 선고 81다558 판결.
3) 신승아, 정상원, "역학적 인과관계와 담배 소송의 인과관계 법리 – 비특이성 질환 이론의 문제점과 인과확률 판단의 필요성을 중심으로", 저스티스(2022).

후 관계), ② 관련성의 강도(상대위험도[1] 또는 대응위험도로 표시되는 관련성의 강도가 클수록 인과관계를 추정하기 쉽다), ③ 용량-반응관계(원인이 되는 요인에의 노출량이 많으면 질병 발생률도 높아지는 관계가 관찰되면 인과관계를 추정하는데 긍정적 요소로 작용한다), ④ 일관성(다른 인구집단을 대상으로 다른 연구자가 한 연구에서도 일관되게 동일한 관련성이 관찰되어야 한다), ⑤ 생물학적 개연성(역학연구 결과 나타난 관련성이 어떤 질병의 발생에 관하여 알려져 있는 생물학적 지식과 부합하는 경우에는 인과관계가 있을 가능성이 높다), ⑥ 다른 설명의 가능성(연구결과 나타난 관련성이 편향 또는 교란이 작용한 결과라면 인과관계를 추정할 수 없다), ⑦ 노출 중단의 효과(어떤 요인이 질병의 원인이라면 그 요인에 대한 노출을 중단하면 일반적으로 질병의 위험이 감소될 것이다), ⑧ 특이성(노출이 하나의 질병 또는 한 유형의 질병과 사이에서만 관련성을 보이면 인과성이 있을 가능성이 높다), ⑨ 다른 지식과 일관성(생물학적 내지 의학적 지식 외에 다른 지식과 일치하는지 여부)을 제시하고 있다.[2] 증거로 제출된 역학적 자료 및 의학 문헌의 증거가치를 판단할 때 위 기준을 참고할 만하다. 검토 결과 그 증거가치를 쉽사리 부정할 수 없다면 '유해물질과 질병 간 의학적 관련성'의 인정요건이 증명되었다고 볼 수 있을 것이다.

제 2 편
산업재해

한편 판례는 '고엽제 관련 민사소송'과 '담배 민사소송'에서 "비특이성 질환의 경우 특정 위험인자와 비특이성 질환 사이에 역학적 상관관계가 인정된다 하더라도, 어느 개인이 위험인자에 노출되었다는 사실과 비특이성 질환에 걸렸다는 사실을 증명하는 것만으로 양자 사이의 인과관계를 인정할 만한 개연성이 증명되었다고 볼 수 없다. 이러한 경우에 위험인자에 노출된 집단과 노출되지 않은 다른 일반 집단을 대조하여 역학조사를 한 결과 위험인자에 노출된 집단에서 비특이성 질환에 걸린 비율이 위험인자에 노출되지 않은 집단에서 비특이성 질환에 걸린 비율을 상당히 초과한다는 점을 증명하고, 그 집단에 속한 개인이 위험인자에 노출된 시기와 노출 정도, 발병 시기, 위험인자에 노출되기 전의 건강상태, 생활습관, 질병 상태의 변화, 가족력 등을 추가로 증명하는 등으로 위험인자에 의해 비특이성 질환이 유발되었을 개연성이 있다는 점을 증명하여야 한다."고 판시하였다.[3] 역학은 집단현상으로서의

---

1) 상대위험도(Relative Risk, RR)는 위험인자에 노출된 집단과 노출되지 않은 집단의 질병 발생률을 비교한 수치이다(= 노출군에서 질병발생률/비노출군에서 질병발생률).
2) 이연갑, "역학연구결과에 의한 인과관계의 증명", 법조 61(7)(2012).
3) 대법원 2013. 7. 12. 선고 2006다17539 판결, 대법원 2014. 4. 10. 선고 2011다22092 판결.

질병에 관한 원인을 조사하여 규명하는 것일 뿐, 그 집단에 소속된 개인이 걸린 질병의 원인을 판명하는 것은 아니라는 의미로 이해할 수 있다.

판례는 산재소송에서 "산업재해의 발생원인에 관한 직접적인 증거가 없더라도 근로자의 취업 당시 건강상태, 질병의 원인, 작업장에 발병원인이 될 만한 물질이 있었는지, 발병원인물질이 있는 작업장에서 근무한 기간 등의 여러 사정을 고려하여 경험칙과 사회통념에 따라 합리적인 추론을 통하여 인과관계를 인정할 수 있다. 관련 연구결과가 충분하지 않아 발병원인으로 의심되는 요소들과 근로자의 질병 사이에 인과관계를 명확하게 규명하는 것이 현재의 의학과 자연과학 수준에서 곤란하더라도 그것만으로 인과관계를 쉽사리 부정할 수 없다. 특히 희귀질환의 평균 유병률이나 연령별 평균 유병률에 비해 특정 산업 종사자 군이나 특정 사업장에서 질환의 발병률 또는 일정 연령대의 발병률이 높다는 등의 특별한 사정이 인정된다면, 이는 상당인과관계를 인정하는 단계에서 근로자에게 유리한 간접사실로 고려할 수 있다."고 판시하였다.[1] 앞서 본 민사 판례와 마찬가지로 특정 질환과 특정 유해물질 사이의 역학적 인과관계에 더하여 근로자가 유해물질에 노출된 시기와 노출 정도 및 질병 발병 시기, 유해물질에 노출되기 전 취업 당시의 근로자의 건강상태 등 개별적·구체적 사정을 추가적으로 검토하여 개별적인 법적 상당인과관계를 판단해야 한다는 입장으로 볼 수 있다.

관련 역학적 자료나 의학 문헌을 통해 근로자가 노출된 특정 유해물질과 그 근로자에게 발병한 질병 사이의 의학적 관련성이 인정되었다 하더라도, 그러한 사정만으로 곧바로 근로자의 유해물질 노출과 질병의 발병 간 상당인과관계가 증명되었다고 단정할 수 없고, 그 근로자의 개별적·구체적 사정을 고려하여야 할 것이다.

다. 판례의 검토

(1) 기존 대법원 판례

판례는, ① 중금속인 납, 유기용제인 이소프로필알콜(IPA) 등에 노출될 경우에 만성 골수성 백혈병이 발병할 수 있다는 점이 의학적으로 증명된 바는 없으나, 중금

---

[1] 대법원 2017. 8. 29. 선고 2015두3867 판결.

속인 납, 유기용제인 이소프로필알콜 등이 인체에 유해한 물질임은 분명하고, 이러한 물질들에 의한 만성 골수성 백혈병의 발병 가능성을 배제할 수는 없으며, 망인의 만성 골수성 백혈병이 위와 같은 유해물질 노출 이외의 다른 원인으로 발병하였다고 볼 자료도 없는 점 등에 비추어 만성 골수성 백혈병과 망인의 업무 사이에 상당인과관계가 있다고 본 사안,[1] ② 발암물질인 석면과 유리규산에 노출된 작업환경에서 약 8년 이상 근무하다가 폐암으로 사망한 사건에서, 망인의 사망원인인 폐암에 이르게 된 의학적 경로가 정확하게 밝혀지지 아니하였다고 하더라도, 망인은 암 발생과 관련이 있는 유해물질에 장기간 노출된 상태에서 과도한 업무를 계속하느라 면역기능이 떨어져 폐암이 발병하였거나, 발생한 폐암을 조기에 발견 및 치료하지 못한 채 자연적인 진행 경과 이상으로 급속히 악화된 후에야 발견함으로써 치료를 받았음에도 사망에 이르렀다고 인정함이 상당하여 망인의 사망이 업무상 재해에 해당한다고 본 사안,[2] ③ 1984년경부터 영업용 택시 운전기사로 근무하여 오던 원고가 앓고 있는 두통, 배 아픔, 구토증세 등의 정확한 의학적 원인이 밝혀져 있지 아니하나, 액화석유가스 자체 또는 그 연소로 인한 일산화탄소를 마신 것만으로 위와 같은 증상을 초래하기는 어렵다고 하더라도, 위 증상이 택시의 소음기에서 매연가스나 액화석유가스의 냄새와 소음을 제거하는 역할을 하는 촉매를 제거한 때로부터 시작한데다가 그때부터 택시에서 심한 가스 냄새가 났던 점, 위 증상은 원고뿐만 아니라 위 택시를 교대로 운전하던 다른 운전기사에게도 나타나고 있는 점, 액화석유가스에는 원래의 성분 이외에도 불순물이 섞여 있어 그 불순물의 연소과정에서 나오는 유해가스도 위 택시에 스며들었을 것으로 보이는 점 등에 비추어 보면, 액화석유가스에 들어 있는 불순물의 연소 과정에서 발생한 유해가스가 그 성질상 위 두통 등의 원인이 될 수 없다는 점을 밝히지 아니하는 한 위 두통 등 증상은 택시의 운행으로 발생한 유해가스에 의해 발생하였거나 또는 그 증상이 악화하였다고 봄이 상당하다고 본 사안[3]과 같이 업무상 재해를 인정한 사례가 있는 반면, ④ 망인이 ○○농업기술원에서 지방농업연구사로 근무하면서 어느 정도 업무량이 과중하였다고 하더라도 과로나 스트레스가 이 사건 상병인 악성림프종의 발병원인이 되거나 악화

---

1) 대법원 2004. 4. 9. 선고 2003두12530 판결, 대법원 2008. 5. 15. 선고 2008두3821 판결.
2) 대법원 2005. 11. 10. 선고 2005두8009 판결.
3) 대법원 1994. 8. 26. 선고 94누2633 판결.

요인이 된다고 볼 만한 자료가 없고, 또한 망인이 농산물 잔류농약 분석업무 등을 수행하면서 디클로로메탄 등의 유기용매를 사용하였고 ○○농업기술원이 폐유기용매를 일정 기간 실험실 실내, 복도 및 옥상 등에 적치해 놓은 적이 있다 하더라도, 망인이 수행한 업무의 내용과 주변 환경 등에 비추어 볼 때 망인이 악성림프종의 발병이나 악화에 이를 만큼 유기용매 등에 노출된 것으로 보기 어려울 뿐만 아니라, 가사 망인이 유기용매 등에 노출되었다 하더라도 현대의학상 악성림프종의 정확한 발병원인이 밝혀지지 아니한 이상 그러한 사정만으로 망인의 악성림프종을 유발하는 원인이 되었다거나 이미 발병한 악성림프종이 자연적인 진행 정도 이상으로 급속하게 악화되었다고 단정할 수 없으므로, 결국 망인의 사망원인인 악성림프종의 발병 또는 악화와 망인의 공무 수행 사이에 상당인과관계가 있다고 보기 어렵다고 본 사안,[1] ⑤ 폐암은 확실한 원인이 현대의학상 아직 밝혀지지 아니하였으나 흡연이 가장 중요한 요인 중의 하나로 알려져 있고, 그 외에 석면, 공해물질 등도 가능한 원인으로 추정되고 있으며, 조기 발견된 국소 폐암의 경우에는 수술, 방사선요법에 의하여 30~70% 정도 완치가 가능하나, 전이 상태로 발견된 경우에는 완치가 거의 불가능하고 더구나 폐암이 뇌로 전이된 경우에는 방사선요법이나 약물요법으로 일시적인 증세의 호전은 가능하나 완치는 거의 불가능하며, 폐암이 과로나 스트레스에 의하여 발병하거나 과로, 스트레스가 없으면 효과적인 치료가 가능하다는 의학문헌상의 보고가 없으므로, 폐암의 발병이나 그 악화로 인한 사망은 공무로 인한 것이라고는 볼 수 없다고 판단한 사안[2] 등과 같이 업무상 재해를 부정한 사례가 있다.

(2) 대법원 2017. 8. 29. 선고 2015두3867 판결[3]

(가) 대법원은 앞서 본 기존의 판례들에서 반복적으로 설시하였던 법리[4]에 덧

---

1) 대법원 2005. 3. 10. 선고 2004두11435 판결.
2) 대법원 1994. 3. 22. 선고 94누408 판결.
3) 첨단산업 분야 근로자에게 발병한 '희귀질환'에 관한 법리를 제시한 판례로 그 사실관계와 원문 내용을 비교적 상세히 기재하였다.
4) 산재보험법에서 말하는 '업무상 재해'라 함은 근로자가 업무수행 중 그 업무에 기인하여 발생한 재해를 말하는 것이므로, 업무와 재해 발생 사이에 상당인과관계가 있어야 하고, 이 경우 근로자의 업무와 질병 또는 위 질병에 따른 사망 간의 인과관계에 관하여는 이를 주장하는 측에서 증명하여야 하지만, 그 인과관계는 반드시 의학적, 자연과학적으로 명백히 증명하여야만 하는 것은 아니고, 근로자의 취업 당시 건강상태, 질병의 원인, 작업장에 발병원인물질이 있었는지 여부, 발병원인물질이 있는 작업장에서의 근무기간 등 제반 사정을 고려할 때 업무와 질병 또는 그에 따른 사망 사이에 상당인과관계가

붙여 아래의 법리를 추가로 설시하였다.

『첨단산업분야에서 유해화학물질로 인한 질병에 대해 산업재해보상보험으로 근로자를 보호할 현실적·규범적 이유가 있는 점, 산업재해보상보험제도의 목적과 기능 등을 종합적으로 고려할 때, 근로자에게 발병한 질병이 이른바 '희귀질환' 또는 첨단산업현장에서 새롭게 발생하는 유형의 질환에 해당하고 그에 관한 연구결과가 충분하지 않아 발병원인으로 의심되는 요소들과 근로자의 질병 사이에 인과관계를 명확하게 규명하는 것이 현재의 의학과 자연과학 수준에서 곤란하더라도 그것만으로 인과관계를 쉽사리 부정할 수 없다. 특히 희귀질환의 평균 유병률이나 연령별 평균 유병률에 비해 특정 산업 종사자 군이나 특정 사업장에서 그 질환의 발병률 또는 일정 연령대의 발병률이 높거나, 사업주의 협조 거부 또는 관련 행정청의 조사 거부나 지연 등으로 그 질환에 영향을 미칠 수 있는 작업환경상 유해요소들의 종류와 노출 정도를 구체적으로 특정할 수 없었다는 등의 특별한 사정이 인정된다면, 이는 상당인과관계를 인정하는 단계에서 근로자에게 유리한 간접사실로 고려할 수 있다. 나아가 작업환경에 여러 유해물질이나 유해요소가 존재하는 경우 개별 유해요인들이 특정 질환의 발병이나 악화에 복합적·누적적으로 작용할 가능성을 간과해서는 안 된다.

원고는 입사 전에는 건강에 별다른 이상이 없었고, 다발성 경화증과 관련된 유전적 소인, 병력이나 가족력이 없는데, LCD 공장에서 상당 기간 근무하던 도중에 우리나라의 평균 발병연령(38세)보다 훨씬 이른 시점인 만 21세 무렵에 다발성 경화증이 발병하였다. 다발성 경화증의 직접 발병을 촉발하는 요인으로 유기용제 노출, 주·야간 교대근무, 업무상 스트레스, 햇빛 노출 부족에 따른 비타민D 결핍 등이 거론되고 있으므로, 이러한 사정이 다수 중첩될 경우에 다발성 경화증의 발병 또는 악화에 복합적으로 기여할 가능성이 있다. 역학조사 방식 자체에 한계가 있었고, 사업주와 관련 행정청이 해당 공정에서 취급하는 유해화학물질 등에 관한 정보가 영업비밀이라며 공개를 거부함으로써 원고가 유해화학물질의 구체적 종류나 그에 대한 노출 정도를 증명하는 것이 곤란해진 특별한 사정이 인정되므로, 이를 근로자에게 유리한 간접사실로 고려하여야 한다.』

있다고 추단되는 경우에도 증명이 있다고 보아야 할 것이고, 업무와 재해 사이의 상당인과관계의 유무는 보통 평균인이 아니라 당해 근로자의 건강과 신체조건을 기준으로 판단하여야 할 것이다.

(나) 대법원은 보도자료를 통해 대법원 2015두3867 판결의 의미를 다음과 같이 설명하였다. 『대법원은 이미 2003두12530 판결, 2008두3821 판결 등을 통해 유해물질 노출에 의한 직업병의 경우 상당인과관계의 증명책임 완화에 관한 법리를 확립하고 있다. 그럼에도 그간 행정실무, 하급심 재판실무에서 작업환경의 개별 유해요인을 따로 떼어내어 개별 유해요인(화학물질)마다 그 위험 정도 또는 그 위험에의 노출 정도가 적다는 판단을 하고, 나아가 그러한 부분적 판단을 집적하여 전체적으로 업무와 질병 사이의 상당인과관계를 인정하기 어렵다고 판단한 경우가 많았다. 이번 대법원 판결은 이른바 '희귀질환'의 경우 연구결과가 충분하지 않아 현재의 의학과 자연과학 수준에서 인과관계를 명확하게 규명하는 것이 곤란하더라도 그것만으로 인과관계를 쉽사리 부정하여서는 아니 된다는 점을 재확인하면서, ① 희귀질환의 평균 유병률이나 연령별 평균 유병률에 비해 특정 산업 종사자 군(群)이나 특정 사업장에서 질환의 발병률 또는 일정 연령대의 발병률이 높은 특별한 사정, ② 사업주의 협조 거부 또는 관련 행정청의 조사 거부나 지연 등으로 그 질환에 영향을 미칠 수 있는 작업환경상 유해요소들의 종류와 노출 정도를 구체적으로 특정할 수 없었던 특별한 사정이 인정된다면 상당인과관계 판단에서 근로자에게 유리한 간접사실로 고려하여야 한다는 점, ③ 작업환경에 여러 유해물질이나 유해요소가 존재하는 경우 개별 유해요인들이 특정 질환의 발병이나 악화에 복합적·누적적으로 작용할 가능성을 간과해서는 안 된다는 점을 강조하여, 향후 행정실무와 재판실무에 구체적인 지침을 제시하였다는 점에 의의가 있다. 산업현장에서 비록 노출허용기준 이하의 저농도라 할지라도 상시적으로 유해화학물질에 노출되는 근로자에게 현대의학으로도 그 발병 원인을 정확히 알 수 없는 희귀질환이 발병한 경우에 보다 전향적으로 업무와의 상당인과관계를 인정하여 산재요양급여를 지급하여야 하며, 이것은 작업장에서 발생할 수 있는 산업안전보건상 위험을 사업주나 근로자 어느 일방에 전가하는 것이 아니라 공적(公的) 보험을 통해 산업과 사회 전체가 이를 분담하고자 하는 산업재해보험보상제도의 본래 목적과 기능에 따른 것임을 강조하였다는 데 의의가 있다.』

(다) 학계에서는 위 판결에 대하여 산재보험제도의 목적과 취지 등을 고려하면서 개연성 판단의 정도를 완화함과 함께 증명방해의 법리나 역학적 증거에 의한 증명 등 증명책임 완화와 관련된 논의들을 받아들여 실질적으로 증명책임을 완화하고

있다는 점에서 큰 의미가 있다는 견해,[1] 종래 판례에서 언급하지 않았던 세 가지 요소들, 즉 인과관계를 알 수 없다는 과학적 결론이 있다고 하여 업무와 질병 사이의 인과관계를 부정하여서는 아니 되고, 질환에 영향을 미치는 유해요인의 종류와 노출 정도를 구체적으로 특정할 수 없다면 이를 근로자에게 유리하게 고려하여야 하며, 개별 유해요인이 질병 발생이나 악화에 기여한다는 점이 명백하지 않거나 부정된다고 하더라도 복수의 유해요인이 상호작용을 일으킬 수 있는 새로운 형태의 알 수 없는 유해요인도 고려해야 한다는 점을 제시하였다는 견해[2]가 있다.

(3) 대법원 2015두3867 판결 이후 선고된 하급심 판례의 분석[3]

(가) 업무상 재해 인정 사례

☐ **서울고등법원 2024. 3. 20. 선고 2022누42268 판결**

○ 결론: 제1심판결(서울행정법원 2018구합74648) "기각" / 항소심 판결 "인용"
○ 질병: 급성골수성백혈병
○ 업무 내용 및 기간: TV 소프트웨어 개발, 불량검사, 고온테스트 업무 / 약 14년 2개월
○ 유해물질: 포름알데히드, 극저주파 전자기장
○ 허용기준치 초과 여부: 포름알데히드 0.005ppm(노출 기준 0.3ppm)

　　　　　　　　　　　　　극저주파 전자기장 최대 노출 수준 18.5μT(노출 기준 1,000μT)
○ 실제 노출 정도가 조사결과와 다를 가능성: 긍정, 조사의 한계점 지적
○ 복합적 노출에 따른 상승작용 가능성: 긍정(과로 및 스트레스 포함)
○ 의학적·과학적 관련성
　　- 극저주파 전자기장과 백혈병의 관련성에 관한 연구결과는 일관되지 않다. 관련성이 높았던 연구와 관련성을 찾을 수 없었던 연구가 혼재되어 있다.
　　극저주파 전자기장에 0.2μT~1.0μT 이상으로 노출될 경우 암 발생 위험도가 통

---

1) 조재호, "업무상 질병의 인과관계 증명책임 완화 판례에 대한 검토", 사회보장법연구 제7권 제2호, 서울대 사회보장법연구회(2018).
2) 전형배, "반도체산업 직업병과 포괄적 보호입법", 노동판례비평 22(2017).
3) 대법원 2015두3867 판결을 인용한 하급심 판례들 중 적어도 항소심 판결까지 선고되어 확정된 판례들을 선정하였다. 하급심 판례들 간의 비교·검토를 위하여 산재보험법 시행령 제34조 제1항에서 규정한 업무상 질병의 일반적 인정요건 및 대법원 2015두3867 판결에서 업무상 질병의 판단 시 중요하게 고려하고 있는 요소들별로 나누어 기재하였다.

계적으로 유의할 정도로 높게 나타난 것으로 확인되었다는 연구결과가 있다.

극저주파 전자기장은 소아에서 백혈병을 유발 가능한 요인(group 2B)으로 분류되고 있다.

- 포름알데히드는 인간에서 비인두암, 백혈병을 유발하는 확실한 발암물질(group 1)로 분류되고 있다.

○ 발병 연령과 연령별 평균 유병률: 망인은 39세에 진단을 받음. 급성골수성백혈병의 평균 진단 연령은 60대 후반이고, 2015년도 국가암등록 통계에 따르면 35~39세 남성의 골수성백혈병 발병자 수는 같은 해 전체 남성 발병자 중 약 6%에 해당한다.

○ 기왕증·건강상태: 건강검진 결과 이상지질혈증 이외에 특이 병력 없고, 가족력 없음. 흡연력(0.5갑/하루, 20년)

□ 서울고등법원 2023. 9. 14. 선고 2023누30477 판결

○ 결론: 제1심판결(서울행정법원 2021구단52450) "기각" / 항소심 판결 "인용"

○ 질병: 진행성 전신경화증

○ 업무 내용 및 기간: 굴삭기 하부프레임의 용접, 사상, 도장작업의 관리 업무(간혹 직접 도장작업, 주요 설비의 유지·보수 작업을 수행)

○ 유해물질: 벤젠, 톨루엔 등의 유기용제

○ 허용기준치 초과 여부: 기준치 미만

○ 실제 노출 정도가 조사결과와 다를 가능성: 긍정. 특히 생산관리자라는 이유로 보호장구가 지급되지 아니한 사실에 주목 / 역학조사, 작업환경측정 결과의 한계점 지적

○ 복합적 노출에 따른 상승작용 가능성: 긍정 / 2개 이상 화학물질에 혼합적으로 노출되어 유해물질의 상가작용으로 인하여 그 유해성이 더 증가되었을 가능성 언급

○ 의학적·과학적 관련성

- 직업성 요인 중 결정질 실리카, 백유, 유기용제, 염화용제, 트리클로로에틸렌, 케톤, 용접 흄 등이 전신경화증의 발병에 영향을 미친다는 연구결과가 존재

○ 발병 연령 및 연령별 평균 유병률: 원고는 38세에 진행성 전신경화증 진단을 받음

○ 기왕증·건강상태: 2012년~2015년 건강검진 결과 흡연, 음주, 체중에 관하여 개선 필요의견, 경계 수준의 혈압상승, 혈당상승, 이상지질혈증이 확인. 그 밖에 특이 병력에 관한 기록은 없음. 다른 자가면역질환으로 진료받은 기록은 없음

□ **서울행정법원 2023. 8. 16. 선고 2020구단70253 판결**

○ 결론: 제1심판결 "인용" / 항소심 판결(서울고등법원 2023누56028) "피고 항소기각"

○ 질병: 미만성 대B−세포림프종

○ 업무 내용 및 기간: 서울지하철 5, 6, 7호선 지하철 역사와 터널의 기계설비 유지관리, 보수 업무, 약 13년간

○ 유해물질: 라돈, 극저주파 전자기장

○ 노출 수준 및 허용기준치 초과 여부

 − 관련 문헌에 의하면, 지하철 역사, 터널, 배수펌프장, 대합실에서 라돈에 대한 한국 환경부와 미국 환경보호국(EPA)의 일반적 폭로기준 150Bq/㎥(4pCi/L)를 초과하는 경우가 있음

 − 원고는 특히 지하철역 집수정과 배수펌프장에서 고농도의 라돈에 폭로되었을 것으로 추정되나, 원고의 실제 현장 근무시간, 관련 문헌에서 보고한 집수정과 역사에서의 라돈 순간 최대농도를 통하여 원고의 라돈 노출농도를 추정하여 보면, 미국 산업위생전문가협의회(ACGIH)에서 기준으로 제시한 4WLM(Working Level Months)보다 작다.

 − 관련 문헌에 의하면, 극저주파 전자기장의 노출 수준은 교류 전원 방식인 1호선 3.48μT과 분당선 2.98μT로 상대적으로 가장 높았고, 역무원에 대한 평균 측정결과는 분당선이 0.73μT로 가장 높았다.

○ 실제 노출 정도가 조사결과와 다를 가능성: 판단 없음

○ 복합적 노출에 따른 상승작용 가능성: 가능성 긍정(라돈, 극저주파 전자기장, 락카 스프레이, 윤활 방청제, 구리스, 윤활유, 냉매 등의 화학물)

○ 의학적·과학적 관련성

 − 산업안전보건연구원 역학조사결과: 라돈과 비호지킨 림프종은 현재로서는 유의한 관련성을 보이지 않고 있으며, 극저주파 전자기장과 비호지킨 림프종의 관련성에 대하여는 논란이 있어 현재로서는 과학적 근거가 충분하지 않다.

 − 직업환경의학과 감정의 소견: 국제암연구소(IARC)는 백혈병/림프종에 관한 발암성에 대해 충분한 증거를 가지는 물질과 제한적인 증거를 가지는 물질을 정리하고 있다. 제한적인 발암성 증거를 가진 물질 중 직업적으로 노출될 수 있는 물질에 자기장, 라돈 및 그 붕괴물질(Radon−222 and its decay products)이 포함되어 있다.

○ 발병 연령과 연령별 평균 유병률: 41세 / 국내 통계상 미만성 대B−세포림프종은

70대가 22.6%로 가장 호발하는 연령대이며, 60대가 21.6%, 50대가 20.1%의 순서로 주로 고령자에게서 발생하는 양상을 보였다.

○ 기왕증·건강상태
 – 가족력 없음. 비호지킨 림프종 위험인자인 Epstein–Barr Virus 음성으로 확인
 – 2010년 이후 건강검진에서 콜레스테롤 관리 이외에 특이 소견은 없음
 – 흡연 20년간 0.2팩/1일, 음주 주 2회 소주 2병/1회

(나) 업무상 재해 부정 사례

□ **서울행정법원 2022. 4. 7. 선고 2021구합63280 판결**

○ 결론: 제1심판결 "기각" / 항소심 판결(서울고등법원 2022누42121) "원고 항소기각"
○ 질병: 간내 담관암
○ 업무내용 및 기간: 부타디엔, 벤젠, 톨루엔, 자일렌 등 석유화학 기초원료를 생산하는 업체소속 생산직 직원, 약 30년간 근무
○ 유해물질: 디클로로메탄, 벤젠, 톨루엔, 부타디엔, 디메틸포름아미드, 염화비닐 등
○ 노출 수준 및 허용기준치 초과 여부
 – 벤젠, 톨루엔, 부타디엔, 디메틸포름아미드, 염화비닐 등에 낮은 수준으로 노출되었던 것으로 추정되고, 디클로로메탄에 간접적으로 노출되었을 가능성이 있으나, 그 노출량은 매우 낮은 수준일 것으로 추정됨
 – 해당 사업장에 대하여 매년 2회씩 작업환경측정을 실시한 결과, 벤젠 등 유해물질이 전혀 검출되지 않은 경우가 많았고, 검출되더라도 대체로 고용노동부에서 정한 노출기준의 10% 미만 수준에 불과하였음
○ 실제 노출 정도가 조사결과와 다를 가능성: 막연한 가능성에 불과함
○ 복합적 노출에 따른 상승작용 가능성: 판단 없음
○ 의학적·과학적 관련성
 – 벤젠: 관련 연구결과 담관암과 관련성이 부족한 것으로 알려져 있다.
 – 톨루엔, 자일렌, 부타디엔, 염화비닐: 담관암과 관련성을 인정할 자료가 보이지 않는다.
 – 디메틸포름아미드: 관련 연구결과 고환암과 소장암 등 다른 부위의 암과 관련성을 보였으나 담관암에 관하여는 별다른 관련성이 드러나지 않았다.
 – 디클로로메탄: 2012년경 일본 오사카의 인쇄공장에서 장기간 고농도의 디클로로

프로판과 디클로로메탄에 노출된 근로자들 17명 모두 50세가 되기 전에 담관암이 발병하는 사건이 발생하였고, 국제암연구센터는 위 사건의 연구결과를 토대로 디클로로프로판은 담관암의 발암물질로 인정하였으나, 그 후 코호트 연구결과 등을 참작하여 디클로로메탄이 담관암을 발생시킬 수 있는 근거는 제한적이라고 판단하였다.

- 염화비닐: 관련 연구들은 주로 염화비닐과 전체 간·담도계 암 사이의 관계를 다루고 있을 뿐이어서 염화비닐이 간·담도계 암 중 특히 담관암에 미치는 영향이 무엇인지 알기 어렵다는 한계가 있다.

○ 발병 연령 및 연령별 평균 유병률: 53세 / 담관암은 40대 이전의 환자에게 매우 드물게 발병하고, 주로 50~70대에 발병하는 것으로 알려져 있다.

○ 기왕증·건강상태

- 2015년, 2016년 특수건강진단 결과: 간장질환 주의

- 담관암과 관련된 기왕증은 확인되지 않음

- 흡연 30년간 0.5갑/일(흡연 여부에 따라 담관암의 발병률이 좌우된다는 연구가 존재함)

○ 동일 산업 및 사업장에서 해당 질병의 발병률: 해당 사업장 근로자들 중 디클로로메탄, 염화비닐을 직접 사용·접촉한 근로자들이 담관암에 걸렸다는 사례는 확인되지 않음

□ 서울행정법원 2020. 7. 23. 선고 2018구합90756 판결

○ 결론: 제1심판결 "기각" / 항소심 판결(서울고등법원 2020누52896) "원고 항소기각"

○ 질병: 폐암

○ 업무내용 및 기간: 금속 가공 업체에서 전기안전관리자로서 특고압 설비 유지 보수, 설비 증설 전기공사 및 설계, 제조 설비 유지, 에너지 안전관리 등의 업무를 수행, 약 8년간

○ 유해물질: 석면, 비소

○ 노출 수준 및 허용기준치 초과 여부

- 노출된 석면의 양이 매우 적고, 노출 기간인 8년도 폐암을 유발하기에 짧다.

- 어느 정도의 비소에 노출되었는지 알 만한 자료가 없다.

○ 의학적·과학적 관련성

- 고농도의 석면과 비소에 장기간 노출된다면 폐암 발생 가능성이 높아진다.

○ 발병 연령: 40세
○ 기왕증·건강상태
  – 2009~2013년 흉부방사선검사 결과 이상이 없었음.
  – 흡연: 2002~2006년 0.5갑/1일, 2006년경 금연(8년 전부터 금연하였다면 흡연이 폐암의 발생 요인이 될 수 없음)

□ **서울행정법원 2019. 11. 7. 선고 2018구합64016 판결**

○ 결론: 제1심판결 "기각" / 항소심 판결(서울고등법원 2019누67120) "원고 항소기각"
○ 질병: 미만성 대 B 세포 림프종
○ 업무내용 및 기간: 한국전력공사 전력소 변전팀에서 전기시설관리업무 담당, 약 12년간
○ 유해물질: 극저주파 전기장 및 벤젠, 산화에틸렌, 2,3,7,8–TCDD, 1,3부타디엔, 트리클로로에틸렌, 엑스선 및 감마선 등
○ 노출 수준 및 허용기준치 초과 여부
  – 원고가 극저주파 전자기장에 노출된 기간은 사무실 근무 및 현장순시 업무를 병행한 기간인 약 42개월에 불과하고, 위 기간에도 주로 실내에서 상황 모니터를 보면서 감시하는 업무를 수행했으며, 현장순시 중에 노출되는 극저주파 자기장의 세기도 ICNIRP 직업인 노출기준 및 ACGIH 노출기준인 1,000μT를 현저히 밑도는 수준이었다.
  – 벤젠, 1,3–부타디엔, 산화에틸렌, 2,3,7,8–TCDD, 트리클로로에틸렌 등: 노출 여부 및 정도에 관한 증거가 없음
○ 의학적·과학적 관련성
  – 국제암연구소(IARC)는 비호지킨 림프종에 대한 충분한 증거인자로 1,3–부타디엔을 지정하였고, 제한된 증거인자로 벤젠, 산화에틸렌, 2,3,7,8–TCDD, 트리클로로에틸렌(TCE) 등을 지정하였다.
  – 비호지킨 림프종의 발생과 극저주파 전자기장의 노출 사이의 관련성에 대하여 통계적으로 유의한 결과를 나타내는 연구결과는 발견되지 않는다.
○ 발병 연령: 41세
○ 기왕증·건강상태
  – 비호지킨 림프종을 포함한 혈액질환 및 다른 고형암, 감염성 질환을 앓은 적 없음
  – 흡연: 20년간 1갑/일, 음주: 주 1회 소주 1명

○ 동일 산업 및 사업장에서 해당 질병의 발병률: 원고가 담당한 사무실 근무와 변전설비 순시점검을 병행하는 송변전 직군에서 미만성 대 B 세포 림프종의 발병률이 평균 유병률에 비해 높다고 볼 만한 자료가 없음

라. 유해물질 노출과 질병 간 상당인과관계(종합적 검토)

유해물질 노출과 질병 발병 사이의 상당인과관계를 판단함에 있어서 주된 고려요소는 '유해물질의 노출 정도', '유해물질과 질병 간 의학적 관련성', '근로자의 구체적·개별적 사정들(근로자의 취업 전후의 건강상태, 유해물질 노출과 질병 발생의 시기적 연관성, 근로자의 연령과 개인적 발병 요인의 존부 등)'로 볼 수 있다. '유해물질의 노출 정도'가 상당인과관계 인정을 위한 출발점이라면, '유해물질과 질병 간 의학적 관련성'은 유해물질 노출과 근로자의 질병을 연결해주는 기능을 하고, '근로자의 구체적·개별적 사정들'은 유해물질 노출과 근로자의 질병 사이의 관련성을 구체적인 법적 상당인과관계로 발전시키는 역할을 한다. 위와 같은 고려요소들은 상당인과관계를 판단함에 있어서 서로 모자란 부분을 보충하는 상보적 관계에 있다고 할 수 있고,[1] 실무상 근로자 및 공단측은 여러 고려요소들 중 자신에게 유리한 요소들을 주장·증명함으로써 상당인과관계의 존재를 추단시키려고 하거나 그 인정을 저지하려는 식으로 재판이 진행된다.

판례는 근로자의 증명책임의 정도를 완화하고 있고, 학계에서도 완화하는 정도에 차이만 있을 뿐 증명책임을 완화해야 한다는 결론에 있어서는 견해가 일치하고 있는 것으로 보인다. 상당인과관계에 대한 증명이 법관이 확신을 얻을 수 있는 고도의 개연성에 이르지 않았더라도, 상당한 정도의 개연성이 있다는 점이 인정된다면 상당인과관계를 인정할 수 있을 것이다. 또한 대부분의 사안에서 근로자의 질병 발생의 원인으로 복수의 유해물질들과 유해요인들(업무상 과로 및 스트레스) 사이의 복합적 영향이 주장되고 있다. 판례의 입장에 따라 각각의 유해물질과 유해요인이 질병 발병에 미친 영향력을 개별적·정량적으로 평가하기보다는 여러 유해물질과 유해

---

1) '유해물질의 노출 정도'에 대한 증명이 다소 불충분하더라도, '근로자의 구체적·개별적 사정들'(유해물질의 노출과 질병 발생의 시기적 연관성 등)이 충분히 증명되었다면, 유해물질 노출과 근로자의 질병 간 상당인과관계를 인정할 수 있을 것이다.

요인의 영향력을 전체적으로 살펴 그 영향이 질병의 발병 내지 촉진의 원인이 되었는지를 정성적 관점에서 평가할 필요가 있다.

3. 근골격계 질환

가. 들어가며

근골격계 질환은 특정 신체부위에 부담을 주는 업무로 인하여 그 업무와 관련이 있는 근육, 인대, 힘줄, 추간판, 연골, 뼈 또는 이와 관련된 신경 및 혈관에 미세한 손상이 누적되어 통증이나 기능 저하가 초래되는 급성 또는 만성질환을 말한다. 근골격계 질환은 직업성 질병 중 가장 발생빈도가 높고, 산재보험급여 신청 건수는 2017년 5,127건에서 2021년 12,449건으로 급격히 증가하고 있다.[1] 산재보험 사건의 대표적인 질병군이고, 실무상으로도 자주 접하게 된다. 근골격계 질환의 특징으로 그 증상이 가볍고 주기적인 것에서부터 심각하고 만성적인 것까지 다양하게 나타나고, 연령 증가나 일상생활과 밀접한 연관성이 있어 그 발병에 업무 외의 개체요인(연령, 소인, 체력 등)이나 일상생활 요인(가사노동, 육아, 스포츠)이 관여하고 있다는 점을 들 수 있다. 실무상 근로자에게 발병한 질환의 증상이 비교적 가벼운 요양급여 불승인처분 취소소송도 적지 않은데, 소송으로 오는 사건들은 대부분 업무상 요인과 업무 외적 요인이 혼재되어 있어 그 구분과 상당인과관계의 판단이 쉽지 않아 심리상 어려움이 있다. 근로자의 업무상 재해에 대한 신속·공정한 보상, 조속한 재활 및 사회 복귀를 위하여 업무상 재해의 인정요건을 중심으로 실무상 자주 등장하는 쟁점들에 관하여 검토할 필요성이 있다. 아래에서 먼저 근골격계 질환에 대한 관련 법령을 확인함으로써 근골격계 질환으로 산재보험급여 신청이 있는 경우 공단의 조사 방법과 절차 및 업무상 재해의 판단 기준 등에 관하여 전반적으로 살펴본후, 실무상 자주 쟁점이 되는 부분에 관하여 판례 위주로 검토하기로 한다.

---

1) KOSIS 국가통계포털 '산업재해 현황'의 '업무상질병 발생 현황 – 질병종류별' 통계 참조.

나. 관계 법령

☐ 산재보험법 시행령 제34조(업무상 질병의 인정기준)
☐ 산재보험법 시행령 [별표3] 업무상 질병에 대한 구체적인 인정 기준(제34조 제3항 관련) 제2호(근골격계 질병)
☐ 뇌혈관 질병 또는 심장 질병 및 근골격계 질병의 업무상 질병 인정 여부 결정에 필요한 사항(고용노동부고시)
☐ 공단의 「근골격계질병 업무상 질병 조사 및 판정 지침」
☐ 산업안전보건기준에 관한 규칙(고용노동부령) 제12장(근골격계부담작업으로 인한 건강장해의 예방) 제656조∼제666조
☐ 근골격계부담작업의 범위 및 유해요인조사 방법에 관한 고시(고용노동부고시)
☐ 한국산업안전보건공단의 「근골격계부담작업 유해요인조사 지침」

(1) 산재보험법 시행령 [별표 3]의 제2호(근골격계 질병) (가)목은 "업무에 종사한 기간과 시간, 업무의 양과 강도, 업무수행 자세와 속도, 업무수행 장소의 구조 등이 근골격계에 부담을 주는 업무(이하 '신체부담업무'라 한다)로서, 다음 어느 하나(① 반복 동작이 많은 업무, ② 무리한 힘을 가해야 하는 업무, ③ 부적절한 자세를 유지하는 업무, ④ 진동 작업, ⑤ 그 밖에 특정 신체 부위에 부담되는 상태에서 하는 업무)에 해당하는 업무에 종사한 경력이 있는 근로자의 팔·다리 및 허리 부분에 근골격계 질병이 발생하거나 악화된 경우에는 업무상 질병으로 본다. 다만, 업무와 관련이 없는 다른 원인으로 발병한 경우에는 업무상 질병으로 보지 않는다."라고 규정하고, (나)목, (다)목은 "신체부담업무로 인하여 기존 질병이 악화되었거나 연령 증가에 따른 자연경과적 변화가 더욱 빠르게 진행된 것이 의학적으로 인정되면 업무상 질병으로 본다."라고 규정하며, (라)목은 "신체부담업무의 수행 과정에서 발생한 일시적인 급격한 힘의 작용으로 근골격계 질병이 발병하면 업무상 질병으로 본다."라고 규정한다.

(2) '뇌혈관 질병 또는 심장 질병 및 근골격계 질병의 업무상 질병 인정 여부 결정에 필요한 사항'(고용노동부고시)은, 공단의 판단 절차에 관하여 "신체부담업무를 수행한 직업력이 있는 근로자에게 업무수행 중 발생한 사고로 인해 나타나는 근골격계 질병은 업무상 질병의 판단 절차에 따르되, 신체에 가해진 외력의 정도와 그에

따른 신체손상(골절, 인대손상, 연부조직 손상, 열상, 타박상 등)이 그 근로자의 직업력과 관계없이 사고로 발생한 것으로 의학적으로 인정되는 경우에는 업무상 사고의 판단 절차에 따른다. 업무수행 중 발생한 사고란 업무수행 중에 통상의 동작 또는 다른 동작에 의해 관절 부위에 급격한 힘이 돌발적으로 가해져 발생한 경우를 말한다."라고 규정한다[제2호 (다)목]. 업무관련성의 판단에 관하여 "신체부담업무의 업무관련성을 판단할 때에는 신체부담정도, 직업력, 간헐적 작업 유무, 비고정작업 유무, 종사기간, 질병의 상태 등을 종합적으로 고려하여 판단하고, 신체부담정도는 재해조사 내용을 토대로 인간공학전문가, 산업위생전문가, 직업환경의학 전문의 등 관련 전문가의 의견을 들어 평가하되, 필요한 경우 관련 전문가와 함께 재해조사를 하여 판단한다."라고 규정하고, "고시 [별표 1]에 해당하는 상병, 직종, 근무기간, 유효기간을 충족할 경우 업무관련성이 강하다고 평가한다."라고 규정하고 있다[제2호 (라)목]. 위 고시 [별표 1]은 실무상 가장 빈번하게 발생하면서 업무상 승인률이 높은 것으로 파악된 특정 상병과 업종, 직종에 대하여 좀 더 신속하게 업무상 재해로 인정하기 위한 취지에서 마련된 규정으로서 [별표 1]에서 나열한 6개 신체 부위(목·어깨·허리·팔꿈치·손목·무릎)에 특정 상병이 발생한 근로자가 특정한 업종(조선·자동차·타이어 등)·직종(용접공·도장공·정비공·조립공 등)에서 정해진 기간 이상 종사한 경우에는 업무상 재해로 사실상 추정하도록 규정하고 있다.[1]

　　(3) 공단의 '근골격계질병 업무상 질병 조사 및 판정 지침'은 근골격계에 발생한 질병의 업무상 질병 인정 여부를 판단함에 있어 공정성과 객관성을 확보하기 위해 공단 내부의 판단요령과 조사 방법 등을 구체적으로 정하고 있다.

　　조사 방법과 관련하여, 근로자의 퇴행성 변화에 업무상 사고로 인한 신체손상(골절, 인대손상, 연부조직손상, 열상, 타박상 등)이 동반되어 증상이 발생한 경우에는 업무상 질병 판정절차에 따라 처리하도록 정하고 있다. 재해조사를 위하여 신체부담 업무 수행방법, 동종 근로자의 작업 모습, 작업공정, 작업재현에 대한 사진과 동영상

---

1) '뇌혈관 질병 또는 심장 질병 및 근골격계 질병의 업무상 질병 인정 여부 결정에 필요한 사항'(고용노동부고시) [별표 1]은 근골격계 질병의 산재처리 기간이 장기화되고 있다는 비판의 목소리를 반영하여, 고용노동부고시 제2022-40호 개정으로 신설되어 2022. 7. 1.부터 시행되었다. 그러나 위 고시 [별표 1] 규정에 대하여 찬반 의견의 대립이 계속되고 있다(데일리안, "추정의 원칙으로 산재 인정 부정 수급 심화 우려", 2023. 8. 31. 자 기사 및 매일노동뉴스, "실효성 없는 근골격계 추정의 원칙, 개정 시급해", 2023. 9. 14. 자 기사 참조).

을 촬영하고, 보험가입자 진술, 해당 부서 및 동일 유사작업에 종사하는 동료근로자의 유사질병 발생 현황, 건강보험진료내역 등 과거 병력자료 등을 확보하도록 하고 있다. 신체부담업무 평가의 객관성·통일성을 제고하기 위해 신체부위별 작업 자세의 각도 측정에 따른 점수, 힘(중량물 또는 힘의 작용)에 따른 점수, 반복성에 따른 점수를 합산한 점수를 기준으로 신체부담 요인을 평가하도록 하고, [부록]에서 신체부위 자세별 측정 요령을 상세하게 정해놓고 있다. 재해조사서는 크게 '재해 경위', '신청 상병', '주치의 소견', '재해유형별 업무 내용'[근로내용과 직력(근무기간, 담당업무, 취급물질의 종류, 부서·공정)], '직렬별 업무의 세부내용(신체부담 요인조사 등)', '조사결과' 등의 항목으로 나누어져 있고, '신체부담 요인조사'에 앞서 본 각도, 힘, 반복성에 따라 산정한 점수를 기재하도록 하고 있다.

　　판단요령과 관련하여, 신체부담업무의 업무관련성을 판단할 때에 신체부담정도, 직업력, 간헐적 작업 유무, 비고정작업 유무, 종사기간, 질병 상태 등을 종합적으로 고려하고, 기존질병이나 연령의 증가에 따른 퇴행성 변화가 있는 경우라도 신체부담업무로 악화되었는지 여부를 고려하여 판단해야 하며, 퇴행성 질병이란 이유만으로 불승인 판단을 해서는 안 되고 반드시 업무관련성에 대한 판단을 하여 업무상 질병 여부를 판정하여야 한다고 정하고 있다. 위 지침에는 아래 기재와 같이 주요 위험 자세 및 부위별 대표적인 근골격계 질병을 나열하고 있는데 신체부담업무 판단 시 참고할 만하다.

제 2 편
산업재해

□ 주요 위험 자세
1) 목: 앞으로 숙이기, 뒤로 젖히기, 좌우 회전 및 꺾임, 중량물 또는 힘의 작용, 정적자세/반복동작, 어깨 위 손을 올린 자세, 허리 굽히고 팔을 뻗는 자세, 움직임이 제한된 좁은 공간, 어깨로 운반하는 작업
2) 어깨/상완: 앞으로 올리기, 뒤로 젖히기, 몸통에서 벌리기(외전), 몸통으로 모으기(내전), 어깨의 외(바깥) 회전, 어깨의 내(안쪽) 회전, 취급하는 물체의 무게, 정적자세/반복동작, 공구의 무게/공구의 진동, 접촉 압박, 팔꿈치의 과도한 신전, 어깨의 들림, 어깨 위 손 올린 자세, 허리 굽히고 팔을 뻗는 자세, 누운 자세, 엎드린 자세, 어깨로 운반하는 작업, 손을 이용하여 들기/내리기/운반하기/밀기/당기기
3) 아래팔/팔꿈치: 팔꿈치 굽히기, 회내전(손바닥을 아래로), 회외전(손바닥을 위로), 취급하는 물체의 무게, 정적자세/반복동작, 공구의 무게/공구의 진동, 손목의 굴곡/신

전, 회내전/회외전 시 강한 힘(중량물) 작용, 접촉 압박(팔꿈치 압박 또는 접촉), 손으로 밀기/당기기, 손을 망치처럼 사용

4) 손/손목: 손목의 위/아래 꺾임(손목의 굴곡/신전), 손목의 옆 꺾임(엄지 방향, 새끼 방향), 취급하는 물체의 무게, 정적자세/반복 동작, 공구의 무게/공구의 진동, 손가락으로 쥐기/잡기, 손가락에 강한 힘(과도한 손가락 신전), 접촉 압박(손바닥의 접촉/충격), (미끄러운) 장갑 착용, 손을 망치처럼 사용

5) 허리: 앞으로 굽히기(허리 전방 굴곡), 뒤로 젖히기(신전), 좌우 회전(비틀림)/꺾임(측방굴곡), 취급하는 물체의 무게, 정적자세/반복 동작, 중량물의 무게/취급횟수, 전신진동, 어깨 위로 손을 올린 자세(중량물 취급 높이), 무릎 꿇은 자세/쪼그린 자세, 허리 굽히고 팔을 뻗는 자세 등을 사용한 운반 작업

6) 무릎: 무릎 꿇기 및 쪼그리기, 오르내리기, 운전형태 및 유사작업, 걷기, 중량물 취급, 정적자세/반복 동작, 비틀림(무릎 또는 발목의 비틀림), 출발·정지 반복/불안정한 자세, 움직임이 제한된 좁은 공간, 무릎 접촉/충격, 뛰어내리기

□ 부위별 대표적인 근골격계질병

가. 팔 부분(上肢)

1) 손, 손목 부위의 근골격계질병
   − 자(척골)신경병터(Guyon 골관에서의 척골신경 포착신경병증) 【G56.2】
   − 노뼈붓돌기힘줄 윤활막염(드퀘르벵, DeQuervain'dz) 【M65.4】
   − 팔목터널(수근관, 손목굴) 증후군 【G56.0】
   − 제1 손목손허리관절(수근중수관절)의 관절증 【M18.0−1】
   − 손(수부)의 관절증 【M19.04】
   − 방아쇠 손가락증(엄지 및 다른 손가락) 【M65.3】
   − 결절종(Ganglion) 【M67.4】
   − 손·손목의 건(초)염·윤활막염 【M65.8】

2) 팔꿈치, 아래팔 부위의 근골격계질병
   − 외측 상과염(바깥쪽 위관절융기염) 【M77.1】
   − 내측 상과염(안쪽 위관절융기염) 【M77.0】
   − 팔꿈치머리 윤활낭염(주두 점액낭염) 【M70.2−3】
   − 아래팔(전완부)에서의 노(요골)신경 병터(포착 신경병증) 【G56.3】
   − 아래팔(전완부)에서의 정중신경 병터(포착 신경병증) 【G56.1】
   − 팔꿈치 부위에서의 자(척골)신경 병터(포착 신경병증) 【G56.2】

- 아래팔(전완부) 근육의 근육통(근막동통증후군) 【M72.9, M79.1】
- 기타 팔꿈치·아래팔(전완) 부위의 건(초)염·윤활막염 【M65.8】
3) 위팔 부위의 근골격계질병
  - 위팔 어깨관절(상완와관절)의 관절증 【M19.02】
  - 이두근 힘줄염(위팔 두갈래근 건(막)염) 【M75.2】
  - 위팔(상완부) 근육의 근육통(근막동통증후군)〔부위: 어깨 세모근(삼각근), 위팔두갈래근(이두박근), 위팔 세갈래근(삼두박근 등)〕【M72.9, M79.1】
4) 어깨(견갑골) 부위의 근골격계질병
  - 봉우리빗장관절(견쇄관절) 부위의 관절증 【M19.01】
  - 근육 둘레띠 증후군(회전근개건염)(충돌 증후군, 가시위증후군, 가시위파열 등을 포함, Rotator Cuff Tendinitis) 【M75.1(4)】
  - 동결어깨(유착성 관절낭염, Adhesive Capsulitis) 【M75.0】
  - 흉곽하구증후군[가슴아래문증후군, Thoracic Outlet Syndrome), 목갈비뼈(경늑골)증후군, 전사각근 증후군, 갈비빗장(늑쇄)증후군, 과벌림(과외전)증후군 등 포함]【G54.0】
  - 어깨[어깨 세모근(삼각근)하, 부리돌기밑(오구돌기하), 봉우리밑(견봉하), 견갑하 등]의 윤활낭염(점액낭염) 【M75.5】
  - 기타 어깨관절 부위의 건(초)염·윤활막염 【M65.8】
  - 어깨(견갑부) 근육의 근육통(근막통증 증후군)〔부위: 가시위근(극상근), 가시아래근(극하근), 작은원근(소원근), 넓은 등근(광배근), 마름근(능형근)〕【M72.9, M79.1】
5) 목 부위의 근골격계질병
  - 목의 통증(경부통), (경부 긴장/염좌 Cervical strain/sprain) 【M54.2, S13.4】
  - 목(경부)의 관절증 【M19.08】
  - 목뼈 원판 장애(경부 추간판장애) 【M50.0-9, M54.12】
  - 목(경부) 근육의 근육통(근막통증 증후군)〔부위: 척추옆근 (경추 주위근), 등세모근(승모근)〕【M72.9, M79.1】
나. 다리 부분(下肢)
  - 반월상 연골손상(반달연골의 이상) 【M23.2】
  - 슬개대퇴부 통증 증후군(무릎뼈 연골연화증) 【M22.2-4】
  - 전무릎뼈(슬개골) 윤활낭염(Prepatellar Bursitis) 【M70.4】
  - 발바닥 근막염(Plantar Fasciitis) 【M72.2】
  - 무릎뼈 힘줄염(슬개건염, Patellar Tendinitis) 【M76.5】

　　　　－ 발목과 발의 힘줄(건)염(Ankle or Foot Tendinitis) 【M77.97】
　　다. 허리 부분
　　　　－ 아래허리통증(요통), (요부 긴장/염좌, Low Back strain/Sprain) 【M54.5, S33.5】
　　　　－ 퇴행성 척추탈위증(Degenerative Spondylolisthesis) 【M43.1】
　　　　－ 요부(허리) 퇴행성 추간판질환(Lumbar Degenerative Disk Disease) 【M51.3】
　　　　－ 요추간판탈출(전위)(Lumbar Disc Herniation) 【M51.2】
　　　　－ 요추간판탈출(전위)과 척수병증이 있을 때(Lumbar disc herniation with Myelopathy)
　　　　　【M51.0】
　　　　－ 요추간판탈출(전위)과 신경근병증이 있을 때(Lumbar disc herniation with Radicu
　　　　　lopathy) 【M51.1】
　　　　－ 외상성 추간판 팽윤, 요추부 염좌 【S33.5】
　　　　－ 외상성 요추부 추간판탈출(파열) 【S33.0】

　　(4) 산업안전보건기준에 관한 규칙 제656조 제1호는 "근골격계부담작업이란 산업안전보건기준법 제39조 제1항 제5호에 따른 작업으로서 작업량·작업속도·작업강도 및 작업장 구조 등에 따라 고용노동부장관이 정하여 고시하는 작업을 말한다."라고 규정하고, 그 위임에 따른 '근골격계부담작업의 범위 및 유해요인조사 방법에 관한 고시'(고용노동부고시)는 제3조에서 "근골격계부담작업이란 다음 각 호의 어느 하나에 해당하는 작업을 말한다. 다만, 단기간 작업(2개월 이내에 종료되는 1회성 작업) 또는 간헐적인 작업(연간 총 작업일수가 60일을 초과하지 않는 작업)은 제외한다."라고 규정하며, 각 호에서 아래와 같은 작업을 나열하고 있다.

□ **근골격계부담작업의 범위 및 유해요인조사 방법에 관한 고시**

제3조(근골격계부담작업)
1. 하루에 4시간 이상 집중적으로 자료입력 등을 위해 키보드 또는 마우스를 조작하는 작업
2. 하루에 총 2시간 이상 목, 어깨, 팔꿈치, 손목 또는 손을 사용하여 같은 동작을 반복하는 작업
3. 하루에 총 2시간 이상 머리 위에 손이 있거나, 팔꿈치가 어깨 위에 있거나, 팔꿈치를

몸통으로부터 들거나, 팔꿈치를 몸통 뒤쪽에 위치하도록 하는 상태에서 이루어지는 작업

4. 지지되지 않은 상태이거나 임의로 자세를 바꿀 수 없는 조건에서, 하루에 총 2시간 이상 목이나 허리를 구부리거나 트는 상태에서 이루어지는 작업

5. 하루에 총 2시간 이상 쪼그리고 앉거나 무릎을 굽힌 자세에서 이루어지는 작업

6. 하루에 총 2시간 이상 지지되지 않은 상태에서 1kg 이상의 물건을 한손의 손가락으로 집어 옮기거나, 2kg 이상에 상응하는 힘을 가하여 한손의 손가락으로 물건을 쥐는 작업

7. 하루에 총 2시간 이상 지지되지 않은 상태에서 4.5kg 이상의 물건을 한 손으로 들거나 동일한 힘으로 쥐는 작업

8. 하루에 10회 이상 25kg 이상의 물체를 드는 작업

9. 하루에 25회 이상 10kg 이상의 물체를 무릎 아래에서 들거나, 어깨 위에서 들거나, 팔을 뻗은 상태에서 드는 작업

10. 하루에 총 2시간 이상, 분당 2회 이상 4.5kg 이상의 물체를 드는 작업

11. 하루에 총 2시간 이상 시간당 10회 이상 손 또는 무릎을 사용하여 반복적으로 충격을 가하는 작업

(5) 한국산업안전보건공단의 '근골격계부담작업 유해요인조사 지침'은 질환 발생 유해요인을 제거하거나 감소시키는 것을 목적으로 하고, 유해요인조사의 결과를 근골격계질환의 이환을 부정 또는 증명하는 근거나 반증자료로 사용할 수 없다고 규정한다. 위 지침은 근골격계질환을 유발시킬 수 있는 반복동작, 부적절한 자세(부자연스러운 또는 취하기 어려운 작업자세), 과도한 힘(무리한 힘의 사용), 접촉 스트레스(날카로운 면과 신체접촉), 진동 등을 '근골격계질환 발생 유해요인'으로 정의하고 있다.

① 반복동작은 같은 근육, 힘줄, 인대 또는 관절을 사용하여 반복 수행되는 동일한 유형의 동작으로 그 유해 정도는 반복횟수, 빠르기, 관련되는 근육군의 수, 사용되는 힘에 따라 다르다. ② 부적절한 자세는 각 신체 부위가 취할 수 있는 중립자세를 벗어나는 자세를 말하는데, 예를 들어 손가락 집기, 손목 좌우 돌리기, 손목 굽히거나 뒤로 젖히기, 팔꿈치 들기, 팔 비틀기, 목 젖히거나 숙이기, 허리 돌리기·구부리기·비틀기, 무릎 꿇기·쪼그려 앉기, 한발로 서기, 장시간 서서 일하는 동작, 정적인 자세 등 자세를 일컫는다. ③ 과도한 힘은 들거나 내리기, 밀거나 당기기, 운반

하기, 지탱하기 등으로 물체, 환자 등을 취급할 때 이루어지는 무리한 힘이나 동작을 말한다. ④ 접촉 스트레스는 작업대 모서리, 키보드, 작업 공구, 가위 사용 등으로 인해 손목, 손바닥, 팔 등이 지속적으로 눌리거나 손바닥 또는 무릎 등을 사용하여 반복적으로 물체에 압력을 가함으로써 해당 신체 부위가 받는 충격 또는 접촉 부담을 말한다. ⑤ 진동은 신체 부위가 동력기구, 장비와 같이 진동하는 물체와 접촉하여 영향을 받게 되는 진동으로서 버스, 트럭 등 운전으로 인한 전신진동과 착암기, 임팩트 등 사용으로 인한 손, 팔 부위의 국소진동으로 구분한다.

위 지침은 유해요인조사의 방법과 관련하여, 먼저 근로자와의 면담을 통해 근로자가 자각하는 작업의 부하를 5단계(매우 쉬움, 쉬움, 약간 힘듦, 힘듦, 매우 힘듦)로 구분하여 점수를 매기고, 작업빈도 또는 노출 수준도를 5단계[3개월마다, 가끔(하루 또는 주 2~3일), 자주(1일 4시간), 계속(1일 4시간 이상), 초과근무 시간(1일 8시간 이상)]로 구분하여 점수를 매긴 다음, 작업부하와 작업빈도 점수를 곱하여 총점수를 산정함으로써 유해요인조사 평가 대상의 우선순위를 결정하고, 근로자와의 면담, 작업장 상황조사(작업공정, 작업설비, 작업량, 작업속도, 최근 업무의 변화 등), 작업조건 조사[반복 동작, 부적절한 자세, 과도한 힘, 접촉 스트레스, 진동, 기타요인(예, 극저온, 직무 스트레스)], 증상 설문조사(증상과 징후, 직업력, 근무형태, 취미활동, 과거 질병력 등)를 종합하여 근골격계질환 발생 유해요인에 대해 분석·평가하도록 정하고 있다.

다. 실무상 쟁점

(1) 업무상 사고와 업무상 질병의 구분

근골격계질병에 관한 산재보험 사건에서는 먼저 산재보험급여 신청서와 처분서의 내용 등을 토대로 업무상 질병에 관한 사안인지, 업무상 사고에 관한 사안인지를 구분하여야 한다. 앞서 본 바와 같이 근로자가 업무수행 중 급격한 힘이 돌발적으로 가해져 근골격계질병이 발생하였다면 업무상 사고로 볼 수 있고, 대표적인 질환으로 골절, 열상, 염좌, 타박상, 인대 손상 등이 있다. 업무상 사고에 관한 사안에 해당할 경우에는 업무와 근골격계 질환의 발병 사이의 상당인과관계보다는 근로자의 주장과 같이 실제로 업무상 사고가 발생하였는지 여부가 주된 쟁점이 되므로, 구체적 사안에 따라서는 의료 감정이 생략될 수도 있다.

한편 실무상 근로자측에서 업무상 사고를 이유로 산재보험급여신청을 하여 공단 또한 해당 사고가 발생하였는지 여부만을 위주로 재해조사를 실시한 후에 보험급여결정을 한 사안에서, 근로자가 그 취소소송에 이르러 해당 질병이 업무상 질병에 해당한다는 취지의 주장을 하기도 한다. 산재보험법령은 업무상 질병의 인정기준(시행령 제34조)과 업무상 사고의 인정기준(시행령 제27조~제33조)을 구분하여 정하고, 업무상 질병의 경우에 업무상질병판정위원회의 심의를 거치도록 규정하고 있는 점(산재보험법 제38조, 같은 법 시행규칙 제6조~제9조의2)을 고려할 때, 근로자의 산재보험급여신청의 취지에 업무상 질병에 해당한다는 주장이 포함되어 있는 것으로 볼 수 없다면, 근로자가 취소를 구할 업무상 질병에 관한 처분 자체가 존재하지 않는다고 볼 여지가 있다. 판례는 처분의 위법성은 피고 행정청으로 하여금 처분을 발하게 한 원고의 신청과의 관계에서 판단하여야 하므로, 소송에서 처분의 위법성을 다투던 중 그 처분을 발하게 한 신청의 내용을 변경해서는 안 된다고 판시한 바가 있다.[1] 근로자가 취소소송 과정에서 자신에게 발생한 질병이 업무상 질병에 해당한다는 주장을 추가하는 것은 신청의 내용을 변경하는 것에 해당하여 허가하기 어렵다고 생각한다.

(2) 신체부담업무

앞서 본 바와 같이, 관련 규정에 신체부담업무의 평가를 객관화·정량화하기 위한 세부적인 평가방법이 마련되어 있다. 감정의들도 이러한 평가방법의 틀 안에서 의학적 견해를 제시하는 경우가 많은 것으로 보인다. 해당 분야의 연구자료와 인간공학전문가, 직업환경의학과 전문의 등 전문가들의 의견을 토대로 이러한 평가방법이 마련되었으므로 이를 존중하여야 할 것이나, 신체부담업무에 해당하는지 여부 또한 근로자의 건강과 신체조건을 기준으로 판단해야 하므로, 해당 근로자의 개별적인 사정을 고려해야 할 것이다. 근로자가 가장 부담스러워 한 작업이 무엇인지, 그 작업 기간과 횟수가 어느 정도인지, 증거로 제출된 동영상을 통해 확인되는 근로자의 작업 자세 중 공단의 '근골격계질병 업무상 질병 조사 및 판정 지침'에서 나열하고

---

[1] 대법원 2006. 4. 27. 선고 2006두859 판결(원고가 지방보훈청장에게 '고관절 대퇴골두 무혈성괴사'가 군사훈련으로 인한 것이므로 국가유공자등록을 하여 달라고 신청하였다가 거부처분을 받고, 이에 대한 취소소송 과정에서 그 신청 병명을 '대퇴골두 연골하 피로골절'로 변경한다고 주장한 사안이다).

있는 '주요 위험 자세'가 포함되어 있는지, 신청 상병의 발생 경위 등을 종합적으로 살펴보아, 신체부담업무 해당 여부를 평가해야 할 것이다.

(3) 기존질병이 있거나 퇴행성 병변이 확인되는 경우

공단의 '근골격계질병 업무상 질병 조사 및 판정 지침'은 기존질병이나 연령 증가에 따른 퇴행성 변화가 있는 경우라도 신체부담업무로 악화되었는지 여부를 고려하여 판단하여야 하고, 퇴행성 질병이란 이유만으로 불승인 판단을 해서는 안 되며 반드시 업무관련성에 대한 판단을 하여 업무상 질병 여부를 판정하여야 한다고 정하고 있다. 그러나 근골격계 질환에 관한 산업재해 사건에서 공단은 대부분 근로자의 신청 상병이 기존질병 또는 연령 증가에 따른 퇴행성 변화로 볼 수 있다는 자문의나 업무상질병판정위원회의 의학적 견해에 따라 신청 상병이 업무상 재해에 해당하지 않는다고 판단하고 있다. 특히 해당 과목 전문의들이 근로자의 진료기록과 영상 자료를 검토한 결과 그 상병의 정도가 동일 연령대에서 나타나는 퇴행성 병변의 진행 정도와 큰 차이가 없다는 임상적 견해를 제시할 경우, 공단은 업무상 재해에 해당하지 않는다고 판단하는 경우가 많다.

본 쟁점에 관한 대법원 판례를 소개한다.

□ **대법원 1994. 11. 8. 선고 93누21927 판결 [장해등급결정처분취소]**

원고는 광업소 소속 조차공으로 근무하던 중 코스함에 탑승하려다가 작업복 상의가 걸려 약 10m 가량 끌려 내려가는 이 사건 사고를 당하여 부상을 입고, 피고로부터 요양 승인을 받아 그 치료를 종결하였다. 피고는 치료 종결 당시 원고의 '제3-4, 4-5 요추간 다발성수핵 탈출증', '제3-4, 4-5 요추부협착증'(이 사건 상병)으로 인한 요통 및 하지방사통의 잔존장해를 제외한 채 장해등급결정을 하였다. 대법원은 <u>치료종결 당시 원고에게 남아 있던 이 사건 상병이 본래 퇴행성 질환이라고 하더라도,</u> 사고의 경위 및 원고가 이 사건 사고 이전에는 허리 부위에 통증을 호소한 일이 없이 조차공으로 정상적으로 근무하여 온 사실 등에 비추어 보면, <u>이 사건 상병으로 인한 증상이 이 사건 사고로 인하여 발현된 것이거나 급속히 악화된 것이라 할 것이므로, 업무상의 질병에 해당하여</u> 그로 인한 장해를 제외하고 한 피고의 장해등급결정처분은 위법하다고 판단하였다.

□ **대법원 2000. 3. 10. 선고 99두11646 판결 [요양불승인처분취소]**

원고는 조선회사 외주업체에서 근무한 근로자로서 약 43kg의 앵글을 들어 올리다가 허리에 충격을 받은 '종전 사고'를 당하여 요부염좌의 상병으로 요양을 받은 이후, 다시 사업자에 복귀하여 근무하다 허리를 구부린 채 25kg 정도의 앵글을 들고 돌아서는 순간 허리에 충격을 받고 주저앉는 이 사건 사고를 당하여 '제5요추-제1천추간판탈출증'(이 사건 상병)으로 진단받고 수술을 받았다.

원심은 이 사건 사고 전후의 영상 자료를 판독한 결과 종전 상태와 비교하여 별다른 차이가 없어 외상으로 악화된 것이 아니라 퇴행성 변화로 볼 수 있다는 의학적 견해에 따라 업무상 재해에 해당하지 않는다고 판단하였다.

그러나 대법원은 "업무와 직접 관련이 없는 기존의 질병이더라도 그것이 업무와 관련하여 발생한 사고 등으로 말미암아 더욱 악화되거나 그 증상이 비로소 발현된 것이라면 업무와의 사이에는 인과관계가 존재한다고 보아 악화된 부분이 악화 전의 상태로 회복하기까지 또는 악화 전의 상태로 되지 않고 증상이 고정되는 경우는 그 증상이 고정되기까지를 업무상의 재해로서 취급할 것이다. 그 인과관계에 관하여는 반드시 의학적, 자연과학적으로 명백하게 증명되어야 하는 것은 아니고, 근로자의 취업 당시의 건강상태, 발병 경위, 질병의 내용, 치료의 경과 등 제반 사정을 고려할 때 업무와 질병 사이에 상당인과관계가 있다고 추단되는 경우에도 그의 입증이 있다고 보아야 한다. 요양급여는 업무상 재해로 상실된 노동능력을 일정 수준까지 보장하는 것을 주목적으로 하는 장해급여 등과는 달리 업무상 재해에 의한 상병을 치유하여 상실된 노동능력을 원상회복하는 것을 주목적으로 하는 것이므로, 요양급여는 재해 전후의 장해 상태에 관한 단순한 비교보다는 재해로 말미암아 비로소 발현된 증상이 있고 그 증상에 대하여 최소한 치료효과를 기대할 수 있는 요양이 필요한지에 따라서 그 지급 여부나 범위가 결정되어야 한다."는 법리를 설시한 후, 원고는 종전 사고 이후 장해가 일부 남은 상태에서 치료를 종결하고 종전과 같이 업무에 종사하였는데 허리에 별다른 통증을 느끼지 못하여 정상적으로 근무한 사실, 이 사건 사고 이후에는 우하지 거상장해 및 우하지 감각장해 등이 나타나 입원가료를 하면서 장기간 약물치료 및 물리치료를 받고 결국에는 수술적 요법까지 받은 사실 등을 종합하면, 원고에게 척추 부위의 퇴행성 변화라는 기왕증이 있기는 하였으나, 이 사건 사고로 말미암아 원고의 기존 질병이 자연적 경과를 넘어 급격히 악화됨으로써 비로소 이 사건 상병이 발현된 것으로서, 장해급여는 별론으로 하더라도 요양급여가 지급되어야 할 업무상 재해에 해당한다고 볼 여지가 충분하다고 판단하였다.

□ **대법원 2001. 2. 27. 선고 2000두8592 판결 [일부요양불승인처분취소]**

원고는 회사에 입사하기 전에는 허리에 아무런 이상이 없었고, 입사 후 약 4년 4개월 동안 허리에 많은 부담이 되는 무거운 적재작업을 계속하다가, 사고가 발생한 후부터 좌하지 방사통, 저림증 등의 증상이 나타나 더 이상 업무를 수행할 수 없게 되었다.

원심은 원고의 이러한 증상은 이 사건 사고로 말미암아 기왕증이 자연적 경과를 넘어 급격히 악화되어 비로소 발현된 것으로서 요양급여가 지급되어야 할 업무상 재해에 해당한다고 판단하였다.

그러나 대법원은 이 사건 상병인 추간판팽륜증은 나이를 먹으면서 척추간판의 수분이 감소되고 탄력성이 감퇴되면서 척추간판의 중심부인 수핵을 둘러싸고 있는 섬유륜이 전반적으로 부풀어 오르고 튀어나와 척추골체부의 외연을 넘게 되는 현상으로, 10대부터 시작되는 퇴행성 변화로서 나이를 먹을수록 심해지는 일종의 노화 현상이고, 외부적 요인과는 관계가 없다는 것이므로, 업무상 재해에 해당하지 않는다고 판단하였다.

□ **대법원 2004. 2. 27. 선고 2003두11650 판결 [추가상병불승인재결처분취소]**

원고는 입사 당시에는 특별한 질환이 없는 24세의 건강한 청년이었는데, 입사 이후 무거운 사료 부대를 나르는 업무를 하였고, 선행 사고를 당한 후 1주일 만에 업무에 복귀하여 이 사건 사고 당시까지 계속 작업을 하였으며, 이 사건 사고 후 보존적 치료만 받던 기존의 추간판팽윤증의 상태가 악화되어 요통 및 하지방사통 등이 나타났다.

원심은 비록 원고에게 추간판팽윤증이라는 퇴행성 질환이 있었다고 하더라도, 원고가 평소 허리에 무리가 가는 작업을 계속하여 오다가 선행 사고 및 이 사건 사고로 인하여 기존의 추간판팽윤증이 자연적인 경과를 넘어 정상적인 업무를 수행할 수 없을 정도로 악화되었다고 보아 원고의 상병이 업무상 재해에 해당한다고 판단하였고, 대법원도 원심의 판단에 위법이 없다고 판단하였다.

□ **대법원 2009. 8. 20. 선고 2009두6919 판결 [최초요양신청상병일부불승인처분등 취소]**

원고는 일용직으로서 2006. 10. 15. 송유관 보수작업을 하던 중 위에서 흙더미가 원고의 목 뒷부분에 떨어져 그 충격으로 넘어지면서 가슴 부분을 배관에 부딪히는 사고를 당하였고, 2006. 10. 25. 가슴이 조이면서 숨이 멈추는 듯한 통증을 느껴 병원에 내원한 결과 '급성심근경색증, 늑골의 골절'로 진단받았으며, 2007. 6.경 목과 양쪽 어깨 부분에 통증이 계속되어 병원에 내원한 결과 '제5-6번 및 제6-7번 경추간 추간판탈출증'으로 진단을 받았다.

원심은 '급성심근경색'은 기존 질병인 협심증이 흡연 등으로 악화된 자연경과에 의해 발생한 것이고, '경추부 추간판탈출증'은 영상 검사결과를 참조할 때 퇴행성 변화에 의한 자연적인 경과로 판단된다고 보아 업무상 재해에 해당하지 않는다고 판단하였다.

그러나 대법원은 원고는 사고 발생 전까지는 별다른 이상 증세를 보이지 않았던 점, 원고는 사고로 인하여 가슴 부분을 배관에 부딪히면서 목과 가슴 부분에 직접적인 충격이 가해졌던 점, 주치의는 원고의 급성심근경색증(관상동맥질환)의 일차적인 원인은 흡연과 당뇨병이나 사고로 인한 늑골골절이 급성발병 및 악화 인자로 작용했을 가능성이 있다는 의견을 제시하였고, 감정의는 '원고가 사고 이전에 경추부 추간판탈출증과 관련된 치료병력이 확인되지 않는다면 이는 사고에 의하여 발생한 것으로 보아야 한다.'는 소견을 제시한 점 등을 종합하면, 원고의 급성심근경색이나 경추간판탈출증 역시 이 사건 사고로 인한 충격으로 기존질환이 자연적인 진행경과를 넘어서 급격히 악화되었다고 봄이 타당하다고 판단하였다.

□ **대법원 2012. 2. 9. 선고 2011두25661 판결 [요양불승인처분취소]**

원고는 2008. 8. 20. 건물 신축공사 현장에서 용접공으로 일하면서 선반 받침대를 제작하다가 작업현장의 바닥에 있는 줄에 걸려 넘어지는 이 사건 사고로 인하여 손목과 어깨 등을 다쳤고, 2008. 9. 11. 병원에서 '좌측견관절염좌', '좌측 견관절 회전근개 부분 파열', '좌측 견관절 상부 관절순 병변'으로 진단을 받았다. 피고는 '좌측견관절염좌'는 요양승인하고, '좌측 견관절 회전근개 부분 파열' 및 '좌측 견관절 상부 관절순 병변'은 요양 불승인하였다.

원심은 '좌측 견관절 회전근개 부분 파열', '좌측 견관절 상부 관절순 병변'은 퇴행성 변화에 기인한 것이고 달리 급성 외상 소견이 보이지 않는다는 감정의의 소견을 채택하여 위 상병이 이 사건 사고로 발병한 것은 아니라고 보아 원고의 청구를 기각하였다.

그러나 대법원은 '좌측 견관절 회전근개 부분 파열'과 '좌측 견관절 상부 관절순 병변'이 이 사건 사고로 발병하지 않았다고 본 것은 수긍하면서도, 원고가 기왕에 가지고 있던 상병이 이 사건 사고로 인한 충격으로 자연적인 진행경과를 넘어서 바로 적극적 치료를 하지 않으면 안 될 정도로 급격히 악화되었다고 볼 수 있으므로, 장해급여는 별론으로 하더라도 요양급여신청을 하고 있는 이 사건에서 상병이 업무상 재해에 해당한다고 볼 여지는 충분하다고 판단하였다.

□ **대법원 2012. 11. 15. 선고 2012두14613 판결 [국가유공자등록거부처분취소]**

원고는 군 입대 전 신체검사에서 1급 현역 판정을 받은 후 2008. 4. 22. 입대하여 소속부대에서 조리병으로 근무하면서 쌀과 부식을 수령하거나 밥과 반찬을 짓는 과정에서 무거운 물건을 들어 옮기거나 조리용 삽을 이용해 작업을 하는 등 어깨 부위에 상당한 부담이 될 만한 업무를 수행하였다. 판례는 원고가 군입대 전에는 우측 어깨 부위에 별다른 이상이 없다가 군에 입대하여 어깨 부위에 부담을 주는 업무에 종사하는 과정에서 수술이 불가피할 정도의 상이에 이르렀거나, 입대 전에 비록 치료받은 전력은 없지만 우측 어깨 부위에 관절낭의 과이완 등 일부 잠재된 소인이 있었다 하더라도, 신체등급 1급 현역 판정을 받고 입대하여 조리병으로서 상당기간 동안 정상적인 근무가 가능한 건강상태이었으나 그 담당업무의 수행으로 인하여 위와 같은 상이에 이를 정도로 급격하게 악화되었을 가능성이 높아 보이므로, 원고의 우측 견관절 부위 장애는 직무수행과 상당인과관계가 있다고 판단하였다.

□ **대법원 2012. 11. 15. 선고 2012두16640 판결 [추가상병일부불승인처분취소]**

원고는 비계 해체작업 중 2층에서 1층으로 추락하는 이 사건 사고를 당하여 '좌측 종골골절, 좌측 족관절부 염좌, 요추부 염좌, 좌측 대퇴부 좌상'에 대하여 요양승인을 받아 요양을 하던 중, 피고에게 '좌측 족저신경손상, 좌측 비골신경손상'을 추가상병으로 요양신청하였으나, 피고는 '좌측 족저신경손상'에 대해서만 요양승인을 하고, '좌측 비골신경손상'(이 사건 상병)에 대해서는 이 사건 사고 및 기승인상병과 인과관계를 인정하기 어렵다는 이유로 불승인하였다.

원심은 일반적으로 족저신경손상은 종골 부위의 수상이고, 이 사건 상병은 무릎 부위의 수상으로 발생할 수 있는데, 원고는 이 사건 사고로 무릎 부위가 아니라 좌측 종골에 부상을 입었던 점, 감정의는 원고가 호소하고 있는 좌측 발의 통증은 종골골절로 인한 후유증 또는 종골과 거골 간의 관절이 부조화를 이루면서 보행 시 나타날 수 있고, 이 사건 사고로는 비골신경손상보다 외측 족저신경손상이 발생할 수 있다는 소견을 밝힌 점 등을 종합하여 피고의 추가상병불승인 처분이 적법하다고 판단하였다.

그러나 대법원은, 원고는 주치의로부터 신경근전도검사를 통해 이 사건 상병으로 진단받았고, 피고도 이 사건 상병이 발생하였음을 전제로 인과관계를 인정하기 어렵다는 이유로 추가상병 불승인 결정을 한 점, 족근관절 염좌 이후에 이 사건 상병이 동반되는 환자의 비율이 높다는 의학적 견해가 있는 점 등을 종합하면, 이 사건 사고 또는 원고가 이미 요양승인을 받은 좌측 족관절부 염좌 등 기승인상병이 원인이 되어 이 사건 상병이 발생하였다고 볼 여지가 있다고 판단하였다.

□ **대법원 2014. 9. 24. 선고 2013두6442 판결 [국가유공자등록거부처분취소]**

판례는, 원고가 육군훈련소에 입대하기 약 7년 전에 '무릎의 내 이상'으로 진료를 받은 적이 있으나 그 후 지속적인 통증을 호소하거나 부종 또는 보행 시 문제가 있었다는 자료는 없는 점, 원고는 2006. 7. 26. 신체검사를 받아 2등급의 정상 판정을 받았고, 2008. 6. 9. 육군훈련소에 입소할 때에도 특별한 이상이 없었는데, 입대하여 훈련을 받던 중인 2008. 8. 12. '(의증) 무릎골 건염' 진단을 받았고, 2009년경 이 사건 상이인 '반월상 연골판 손상'으로 진단받은 점, 원고의 무릎 연골 파열형태는 퇴행성에 가까운 수평파열, 복합파열이지만, 젊은 나이의 환자에게 발생하는 반월상 연골판 손상은 대부분 외상의 결과로 볼 수 있고, 원고는 1987년생으로 이 사건 상이로 진단을 받았던 2009년 당시 22세의 젊은 나이로서 퇴행성으로 인한 반월판 연골 손상이 발생할 만한 나이가 아닌 점, 원고가 훈련을 받는 과정에서 이 사건 상이를 입었다면 그로부터 1년여가 경과하여 이 사건 상이로 진단을 받은 2009년경에 급성 소견이 사라지고 퇴행성 소견으로 진단될 가능성도 충분히 있는 점 등을 종합하면, 원고의 이 사건 상이는 원고가 군에 입대하여 훈련을 받는 과정에서 발생한 것으로 볼 수 있다고 판단하였다.

제 2 편
산업재해

위 판례를 살펴보면, 대법원은 근로자에게 발병한 근골격계질병과 관련된 기존질병이 있거나 퇴행성 병변이 관찰되는 사안에서, 근골격계질병의 증상이 악화된 경위, 치료 경과, 근로자의 근무·사고 전 건강상태 등을 고려할 때, 근로자의 기존질병이나 퇴행성 병변이 업무상 요인으로 인하여 자연적인 진행경과를 넘어서 바로 적극적 치료를 하지 않으면 안 될 정도로 급격히 악화되었다고 볼 수 있다면, 그 근골격계 질환을 업무상 재해로 인정할 수 있다고 일관되게 판시하고 있다.

한편 감정의들은 임상적 경험을 근거로 근로자에게 발병한 근골격계질병이 노동을 하지 않은 동일 연령대의 일반인에 비해 악화된 상태인지 살펴본 다음 그 악화된 정도에 따라, 업무상 과사용 또는 업무상 사고의 영향을 받은 '업무상 재해' 또는 노동을 하지 않은 동일 연령대의 일반인에게도 흔히 나타나는 '퇴행성 병변'으로 이분법적으로 분류하는 경향이 있다. 감정의의 견해를 존중함이 타당하나 그 견해가 그러한 이분법적 논리에 지나치게 치우쳐져 있는 것은 아닌지 살펴보고, 근로자가 호소하는 주관적 증상의 변화, 치료 경과 등을 종합적으로 검토하여 근로자의 기존 질병 또는 퇴행성 병변이 업무상 과사용 또는 업무상 사고의 영향으로 악화되었는지 여부를 면밀히 살펴보아야 한다.

그리고 판례는 "요양급여는 업무상 재해로 상실된 노동능력을 일정 수준까지 보장하는 것을 주목적으로 하는 장해급여 등과 달리 업무상 재해에 의한 상병을 치유하여 상실된 노동능력을 원상회복하는 것을 주목적으로 하는 것이므로, 요양급여는 재해 전후의 장해 상태에 관한 단순한 비교보다는 재해로 말미암아 비로소 발현된 증상이 있고, 그 증상에 대하여 최소한 치료 효과를 기대할 수 있는 요양이 필요한지에 따라서 그 지급 여부나 범위가 결정되어야 한다. 장해급여는 별론으로 하더라도 요양급여신청을 하고 있는 이 사건에서 신청 상병이 업무상 재해에 해당한다고 볼 여지는 충분하다."라는 내용의 설시를 반복하고 있다. 업무상 요인으로 기존질병이나 퇴행성 병변이 자연적인 진행경과보다 악화된 경우 그 악화된 부분의 치료를 위한 요양급여는 지급하되 장해급여는 지급하지 않는 사안이 있을 수 있다는 입장으로 이해된다.

(4) 상병 자체의 존재 여부

근골격계질병 사건에서 공단은 진료기록과 영상자료상 해당 질병이 뚜렷하게 확인되지 않는다는 자문의와 업무상질병판정위원회 위원의 의학적 소견에 따라 업무와의 상당인과관계 판단으로 나아가지 않은 채 불승인결정을 하는 경우가 적지 않다. 이에 대하여 근로자는 주치의의 진단에 따라 치료와 수술을 받았을 뿐인데, 공단측 의사들이 사후적으로 의무기록 등만을 검토한 후 주치의와 다른 진단을 하였다는 이유만으로 불승인결정을 하는 것은 부당하다고 주장하는 경우가 많다. 예컨대, 근로자는 주치의로부터 '요추 제3-4-5-천추1번간 추간판탈출증'으로 진단을 받아 요양급여신청을 하였으나, 공단은 '추간판 팽륜이나 섬유륜 팽륜'에 불과하다는 자문의 의견에 따라 상병 자체가 의학적으로 인지되지 않는다는 이유로 요양불승인결정을 한 사안,[1] 근로자는 우측 손목 부위 통증에 대하여 공단으로부터 요양승인을 받아 요양을 하던 중 주치의로부터 '우측 손목 주상월상관절 불안정성'으로 진단

---

1) 서울행정법원 2022. 11. 18. 선고 2021구단54401 판결(확정).

받아 추가상병신청을 하였으나, 공단은 MRI 영상에서 상병이 진단되지 않는다는 자문의의 의견에 따라 추가상병불승인결정을 한 사안,[1] 근로자는 주치의로부터 '양측 견관절 회전근개 파열'로 진단받아 요양급여신청을 하였으나, 공단은 MRI 영상에서 양측 견관절 회전근개 파열이 명확하게 보이지 않고 아주 경미한 퇴행성 변화 소견만 확인된다는 이유로 요양급여불승인결정을 한 사안[2] 등이 있다.

근로자에게 업무상 요인으로 발생한 통증과 같은 주관적인 증상이 있고, 근로자는 주치의의 진단을 신뢰하여 그 권유에 따라 치료와 수술을 받았을 뿐인데, 공단의 사후적인 심사에서 주치의의 진단과 치료가 잘못된 것으로 판단되어 불승인결정이 나면, 의학적 전문가가 아닌 근로자로서는 그 결과를 수긍하기 어려울 것이다. 그러나 산재보험법에 의한 보험급여신청에는 상병 부위 및 상병명을 기재하도록 하고 있고, 요양 승인 여부도 신청한 상병 부위 및 상병명별로 이루어지고 있다.[3] 업무상 재해를 인정하기 위한 전제로 근로자가 주장하는 질병의 존재를 확인하기 위해서는 객관적이고 합리적인 방법으로 확인되는 근로자의 증상이 질병의 진단과 관련하여 일반적으로 통용되는 의학적 지식이나 진단기준에 부합하여야 하고, 그렇지 않다면 특별한 사정이 없는 한 질병의 존재 자체를 인정하기는 어렵다.[4] 따라서 주치의가 진단을 하였다고 하여 곧바로 그 질병의 존재 자체가 인정된다고 단정할 수는 없을 것이다. 다만, 질병의 의학적 진단기준 자체가 확립되어 있지 않거나 근로자의 질병 상태가 의학적 진단기준상으로 경계선에 있을 수 있고, 의학적 진단은 영상 검사 등 객관적 검사 외에도 근로자로부터의 병력 청취, 이학적 검사, 치료 경과와 예후 등을 종합적으로 살펴 이루어지는 것이므로, 감정의와 주치의의 의학적 견해와 연구자료 등을 종합하여 근로자의 신청 상병이 일반적으로 통용되는 진단기준에 부합하는지 여부를 판단하여야 할 것이다.

(5) 운동기능장해의 측정방법

업무상 재해로 피재근로자에게 장해가 남게 된 경우, 산재보험법 시행령 [별표 6] 장해등급의 기준(제53조 제1항 관련) 및 산재보험법 시행규칙 [별표 5] 신체부위별

---

1) 서울행정법원 2024. 3. 13. 선고 2023구단54993 판결(항소심 계속 중).
2) 서울행정법원 2023. 12. 6. 선고 2023구단63737 판결(확정).
3) 대법원 1998. 12. 22. 선고 98두8773 판결.
4) 대법원 2018. 12. 27. 선고 2018두46377 판결.

장해등급 판정에 관한 세부기준(제48조 관련)에서 규정한 장해등급의 기준을 충족하여야 장해급여를 지급받을 수 있다. 실무상 피재근로자가 업무상 재해로 근골격계 질환이 발생하여 운동기능장해가 남았다고 주장하면서 장해급여를 청구하는 사안에서, 운동기능장해의 측정방법을 능동적 운동에 의한 측정방법으로 할 것인지, 수동적 운동에 의한 측정방법으로 할 것인지 여부가 문제되는 경우가 적지 않다.

능동적 운동 측정방법은 검사자가 피재근로자에게 자발적으로 구부리고 펴는 가동을 명하고 그 정도를 측정하는 것으로 피재근로자의 협조가 필수적이고, 심인성 원인(보상심리)이 있는 경우에 그 정도가 과대하게 평가될 수 있다. 반면 수동적 운동 측정방법은 검사자가 강제로 구부리고 펴는 관절운동을 하여 그 정도를 측정하는 것이어서 심인성 원인(보상심리)을 배제하고 측정하는 방법에 해당하나, 자발적 운동이 안 되는 상병의 환자나 통증이 극심한 피재근로자의 경우 운동가능범위가 과대 측정되는 경향이 있다. 실무상 대부분의 경우 능동적 운동에 의한 측정방법을 채택할 경우에 근로자의 운동가능범위가 더 작게 측정되므로, 근로자는 능동적 운동에 의한 측정방법을, 공단은 수동적 운동에 의한 측정방법을 적용해야 한다고 주장하는 경우가 많다.

산재보험법 시행규칙 제47조는 운동기능장해의 정도는 미국의학협회(AMA)식 측정방법 중 공단이 정하는 방법으로 측정한 해당 근로자의 신체 각 관절의 운동가능영역과 [별표 4]의 평균 운동가능영역을 비교하여 판정하고(제2항), 근로자의 신체 각 관절의 운동가능영역을 측정할 때에는 ① 강직, 오그라듦, 신경손상 등 운동기능장해의 원인이 명확한 경우에는 근로자의 능동적 운동에 의한 측정방법으로, ② 운동기능장해의 원인이 명확하지 아니한 경우에는 근로자의 수동적 운동에 의한 측정방법으로 한다(제3항)고 규정하고 있다.

한편 장애인복지법 시행규칙 제2조의 위임을 받아 장애인의 장애정도 사정기준 및 표준 진단방법을 구체적으로 규정한 '장애정도판정기준'(보건복지부고시 제2023-42호)의 '제2장(장애유형별 판정기준) 1. 지체장애 판정기준, 라. 판정개요, (2) 관절장애'에서는 '관절강직 정도는 관절운동범위 측정기로 측정한 관절운동범위가 해당 관절의 정상운동범위에 비해 어느 정도 감소되었는지에 따라 구분하고, 이때 관절운동범위는 수동적 운동범위를 기준으로 하되, 근육의 마비가 있거나 외상 후 건이나 근육의 파열이 있는 경우(능동적 관절운동범위가 수동적 관절운동범위에 비해 현저히 작을 경우)에는 지체기능 장애로 판정하고, 준용할 항목이 없는 경우 능동적 관절운동범위를 사용하여 관절장애로 판정할 수 있다.'라고 규정하고 있다.

　산재보험법 시행규칙 제47조는 '장애정도판정기준'(보건복지부고시)과는 달리, 수동적 운동에 의한 측정방법을 원칙적인 방법으로 채택하지는 않고, 운동기능장해의 원인이 명확한 경우와 그렇지 않은 경우로 구분하여 측정방법을 달리 적용하도록 정하고 있다. 실무상 법원 감정의들은 산재보험법상 장해등급 판정 사안인지, 장애인복지법상 장해등급 판정 사안인지를 구분하여 운동기능장해의 측정방법을 적용하고 있는 것으로 보이지는 않는다. 감정의들은 통상적으로 영상 검사자료, 근전도검사결과, 임상 경과 등을 종합적으로 검토하여 관절을 움직이게 하는 근육과 건이 손상되고 그 연결이 완전히 소실된 경우(파열), 근육과 건을 움직이게 하는 운동신경에 상당한 손상이 발생한 경우(신경손상), 상당한 정도의 관절 파괴와 골 연속성의 소실이 동반된 경우 등과 같이 직접적이고 회복이 불가능한 운동기능장해의 원인이 명확히 밝혀진 경우에 한하여 능동적 운동에 의한 측정방법을 적용하고, 그 밖의 경우에는 그 원인이 명확하지 않다고 보아 수동적 운동에 의한 측정방법을 적용하며, 일시적이거나 그 정도가 변화하는 통증과 추후 회복 가능한 수준의 손상 등은 운동기능장해의 원인이 명확한 경우로 보지 않은 경향이 있는 것으로 보인다. 특히 감정의들은 능동적 관절운동범위가 수동적 관절운동범위에 비해 상당히 작게 측정될 경우에 그러한 관절운동범위의 차이가 발생한 이유가 피재근로자가 검사에 비협조하거나 보상심리와 같은 심인성 요인이 작용하였기 때문인지, 운동기능장해의 원인이 된 근육의 마비·파열, 신경손상 등으로 인하여 실제로 자발적 운동이 불가능하였기 때문인지 여부를 의학적으로 판별한 후, 전자일 경우에는 측정방법의 정확성·객관성을 위하여 수동적 운동에 의한 측정방법을, 후자일 경우에는 능동적 운동에 의한 측정방법을 채택하고 있는 것으로 보인다.[1]

　재해근로자에 대한 공정한 보상과 재활을 촉진하려는 산재보험법의 목적과 취지 및 운동기능장해의 원인이 명확한 경우와 그렇지 않은 경우로 구분하여 운동가

---

[1] 서울행정법원 2023. 8. 17. 선고 2020구단21411 판결(확정), 서울행정법원 2023. 9. 26. 선고 2020구단77612 판결(확정), 서울행정법원 2023. 8. 8. 선고 2022구단4717 판결(확정), 서울행정법원 2023. 7. 19. 선고 2022구단14431 판결(확정), 서울행정법원 2023. 11. 8. 선고 2022구단57896 판결(확정), 서울행정법원 2023. 10. 11. 선고 2022구단71946 판결(확정) 등 다수.

능범위의 측정방법을 달리 적용하도록 한 산재보험법 시행규칙 제47조의 문언을 종합하면, 운동기능장해의 원인이 명확히 밝혀졌고, 검사결과에 피재근로자의 보상심리와 같은 심인성 요인이 영향을 미쳤다고 보기 어려운 경우라면, 피재근로자의 실제 운동가능범위에 해당하는 능동적 관절운동범위를 사용하여 장해 여부와 그 정도를 판단함이 타당할 것이다. 감정의나 검사자가 단지 측정방법의 정확성·객관성을 담보하기 위하여 수동적 운동에 의한 측정방법을 적용한 것은 아닌지 검토할 필요가 있다.

VI. 자살의 재해 인정 여부

1. 문제의 제기

자살은 본인의 자유의사에 따라 스스로 목숨을 끊는 것이므로 원칙상 자살로 인한 사망이 유족급여 또는 국가유공자 등록 등의 대상이 되기 위해서는 그러한 근로자, 공무원 또는 군인의 사망이 "업무상 또는 공무상의 사유"에 의한 것이거나 "교육훈련 또는 직무수행 중"의 것이어야 한다. 자살은 그 사전적 의미대로 "스스로 자기의 목숨을 끊는 것"을 의미하므로, 이에 대하여는 스스로 책임을 지는 것이 원칙이고, 다른 사람에게 책임을 물을 수는 없을 것이다. 그러나 경우에 따라서는 근로자, 공무원 또는 군인의 자살이 업무 또는 공무상의 원인과 일정한 관계가 있는 것이어서 사용자 또는 국가가 자살에 의한 사망이라는 결과에 대한 책임을 지고, 그 유족들에게 적절한 보상을 할 필요가 있는 경우도 있다.

이하에서는 대법원과 하급심 판례를 통하여 근로자, 공무원 또는 군인의 자살이 업무상 또는 공무상 재해 또는 국가유공자로 인정되는 경우와 그렇지 않은 경우를 검토함으로써 자살이 업무상 또는 공무상 재해 내지는 국가유공자로 인정되기 위한 요건과 기준을 살펴보기로 한다.

2. 근로자, 공무원의 자살과 재해

가. 관련규정과 재해 인정의 필요성

재해가 근로자의 고의에 의할 경우 업무와 재해 사이의 인과관계를 인정할 수 없어 업무기인성을 부정하게 되므로 업무상 재해로 인정하지 못한다. 산재보험법 제 37조 제2항 본문도 "근로자의 고의·자해행위나 범죄행위 또는 그것이 원인이 되어 발생한 부상·질병·장해 또는 사망은 업무상의 재해로 보지 아니한다."라고 하여 이 점을 분명히 하고 있다.

그런데 사회의 복잡·전문화에 따른 업무로 인한 중압감 및 스트레스로 인한 자살이 적지 않고, 특히 사업장에서 사고·폭행 등 생명을 위협하는 재해를 경험함 으로써 받은 심리적 충격, 장기간 이어지는 질환에 의한 신체적 고통과 회복가능성 에 대한 의구심·미래에 대한 불안감·희망의 상실 등이 겹쳐 우울증, 정신분열, 외 상후 스트레스성 장해 등 정신장해에 이르는 경우가 있었으며, 이와 같은 정신장해 상태에서 극심한 감정변화를 겪고 현실생활의 좌절과 불행에 지친 나머지 스스로 고통에서 벗어나고자 자살을 감행한 것으로 드러난 경우 업무상 재해로 인정할 필 요성이 대두되었다.

그리하여 산재보험법은 제37조 제2항 단서에서 "다만, 그 부상·질병·장해 또 는 사망이 정상적인 인식능력 등이 뚜렷하게 낮아진 상태에서 한 행위로 발생한 경 우로서 대통령령으로 정하는 사유가 있으면 업무상의 재해로 본다."라고 규정하였 고, 같은 법 시행령 제36조는 '업무상의 사유로 발생한 정신질환으로 치료를 받았거 나 받고 있는 사람이 정신적 이상 상태에서 자해행위를 한 경우(제1호)', '업무상의 재해로 요양 중인 사람이 그 업무상의 재해로 인한 정신적 이상 상태에서 자해행위 를 한 경우(제2호)', '그 밖에 업무상의 사유로 정신적 이상 상태에서 자해행위를 하 였다는 상당인과관계가 인정되는 경우(제3호)'를 자해행위에 따른 업무상 재해의 인 정사유로 정하고 있다.

한편, 공무원 재해보상법 제4조 제2항 단서 및 같은 법 시행령 제5조 제1항,[1] 군인 재해보상법 제4조 제2항 단서 및 같은 법 시행령 제3조 제1항[2]은 각 산재보험법 제37조 제2항 단서 및 같은 법 시행령 제36조와 같은 취지의 규정을 두고 있다.

나. 판례가 제시하는 자살의 재해인정요건

(1) 업무와 재해 사이에 상당인과관계가 있는지 판단하는 기준

대법원은 근로자가 자살한 경우, 업무와 사망 사이의 상당인과관계를 판단하기 위하여 다음과 같은 기준을 제시하는 판결을 선고한 바 있다.

먼저, 근로자의 자살을 업무상 재해로 인정한 경우로서, 대법원은 당초 "근로자가 자살행위로 인하여 사망한 경우, 근로자가 업무로 인하여 질병이 발생하거나 업무상 과로나 스트레스가 그 질병의 주된 발생원인에 겹쳐서 질병을 유발 또는 악화시키고, 그러한 질병으로 인하여 심신상실이나 정신착란의 상태 또는 정상적인 인식

제 2 편
산업재해

---

1) **공무원 재해보상법 제4조(공무상 재해의 인정기준)** ② 공무원의 자해행위가 원인이 되어 부상·질병·장해를 입거나 사망한 경우 공무상 재해로 보지 아니한다. 다만, 그 자해행위가 공무와 관련한 사유로 정상적인 인식능력 등이 뚜렷하게 저하된 상태에서 한 행위로서 대통령령으로 정하는 사유가 있으면 공무상 재해로 본다.
   공무원 재해보상법 시행령 제5조(공무상 재해의 세부 인정기준) ① 법 제4조제2항 단서에서 "대통령령으로 정하는 사유"란 다음 각 호의 어느 하나에 해당하는 경우를 말한다.
   1. 공무수행 또는 공무와 관련하여 발생한 정신질환으로 요양을 받았거나 받고 있는 공무원이 정신적 이상 상태에서 자해행위를 한 경우
   2. 공무상 부상 또는 질병으로 요양 중인 공무원이 그 공무상 부상 또는 질병으로 인한 정신적 이상 상태에서 자해행위를 한 경우
   3. 그 밖에 공무수행 또는 공무와 관련한 사유로 인한 정신적 이상 상태에서 자해행위를 하였다는 상당인과관계가 인정되는 경우
2) **군인 재해보상법 제4조(공무상 재해의 인정기준)** ② 군인이 고의로 부상·질병·장해를 입거나 사망한 경우 공무상 재해로 보지 아니한다. 다만, 공무와 관련한 사유로 정상적인 인식능력 등이 뚜렷하게 저하된 상태에서 고의로 한 행위로서 대통령령으로 정하는 행위의 경우에는 공무상 재해로 본다.
   군인 재해보상법 시행령 제3조(공무상 재해의 세부 인정기준) ① 법 제4조제2항 단서에서 "대통령령으로 정하는 행위"란 다음 각 호의 어느 하나에 해당하는 행위를 말한다.
   1. 공무수행 또는 공무와 관련하여 발생한 정신질환으로 치료를 받았거나 받고 있는 사람이 정상적인 인식능력 등이 뚜렷하게 저하된 상태에서 한 행위
   2. 공무상 부상 또는 질병으로 치료 중인 사람이 그 공무상 부상 또는 질병으로 인하여 정상적인 인식능력 등이 뚜렷하게 저하된 상태에서 한 행위
   3. 직무수행 또는 교육훈련과 관련한 구타·폭언·가혹행위 또는 업무과중 등이 직접적인 원인이 되어 정상적인 인식능력 등이 뚜렷하게 저하된 상태에서 한 행위
   4. 그 밖에 제1호부터 제3호까지의 규정에 준하는 행위로서 공무와 상당한 인과관계가 있다고 국방부장관이 인정하는 행위

능력이나 행위선택능력, 정신적 억제력이 현저히 떨어진 정신장애 상태에서 자살에 이르게 된 것이라고 추단할 수 있는 때에는 업무와 사망 사이에 상당인과관계가 있다고 할 수 있는데, 그와 같은 상당인과관계를 인정하기 위하여는 자살자의 질병 내지 후유증상의 정도, 그 질병의 일반적 증상, 요양기간, 회복가능성 유무, 연령, 신체적·심리적 상황, 자살자의 주위상황, 자살에 이르게 된 경위 등을 종합적으로 고려하여야 한다.1)"고 판시하여 '심신상실이나 정신착란의 상태' 또는 '정상적인 인식능력이나 행위선택능력, 정신적 억제력이 현저히 떨어진 정신장애 상태'에 빠져 자살에 이르게 된 것으로 추단될 수 있어야 한다는 기준을 제시한 바 있으나,2) 이후 선고된 판결에서 "근로자가 극심한 업무상의 스트레스와 그로 인한 정신적인 고통으로 우울증세가 악화되어 정상적인 인식능력이나 행위선택능력, 정신적 억제력이 현저히 저하되어 합리적인 판단을 기대할 수 없을 정도의 상황에 처하여 자살에 이르게 된 것으로 추단할 수 있는 경우라면 망인의 업무와 사망 사이에 상당인과관계가 인정될 수 있고, 비록 그 과정에서 망인의 내성적인 성격 등 개인적인 취약성이 자살을 결의하게 된 데에 영향을 미쳤다거나 자살 직전에 환각, 망상, 와해된 언행 등의 정신병적 증상에 이르지 않았다고 하여 달리 볼 것은 아니다.3)"라고 하여 '정상적인 인식능력이나 행위선택능력, 정신적 억제력이 현저히 저하되어 합리적인 판단을 기대할 수 없을 정도의 상황'에 처하여 자살에 이르게 된 것으로 추단될 수 있어야 하고, 그와 같이 추단되는 경우 근로자에게 구체적인 정신병적 증상 또는 병력이 없었다거나 자살을 결의하게 된 데에 내성적인 성격 등 개인적인 취약성의 영향도 있었다는 사정이 상당인과관계를 부정할 사유가 되지는 않는다는 취지로 보다 완화

---

1) 대법원 2011. 6. 9. 선고 2011두3944 판결(망인은 자살 직전 심야에 혼자 사무실에 있으면서 우울증의 심화로 정신병적 증상이 나타남으로써 정상적인 인식능력이나 행위선택능력, 정신적 억제력이 현저히 떨어진 상태에서 자살에 이르게 된 것으로 추단할 여지가 충분히 있어 보이고, 업무와 재해 사이의 상당인과관계의 유무는 보통 평균인이 아니라 당해 근로자의 건강과 신체조건을 기준으로 판단하여야 한다는 것이 대법원의 확립된 입장이므로 망인이 우울증을 앓게 된 데에 망인의 내성적이고 소심한 성격 등 개인적인 취약성이 영향을 미쳤다고 하더라도, 업무상의 과로나 스트레스가 그에 겹쳐서 우울증을 유발하거나 악화시켰다면 업무와 우울증 사이에 상당인과관계를 인정하는 데 아무 지장이 없다고 판시하여, 원고의 청구를 기각한 원심을 파기하였다).
2) 대법원 2014. 10. 30. 선고 2011두14692 판결, 대법원 2014. 12. 24. 선고 2013두12263 판결, 대법원 2014. 12. 24. 선고 2013두21793 판결 등도 위 2011두3944 판결과 같은 기준에 따라 업무와 사망 사이의 상당인과관계를 인정하였다.
3) 대법원 2015. 1. 15. 선고 2013두23461 판결, 대법원 2017. 5. 31. 선고 2016두58840 판결, 대법원 2019. 5. 10. 선고 2016두59010 판결 등.

된 기준을 제시하였다. 또한 대법원은 이와 같은 경우 업무와 질병 및 자살행위 사이의 상당인과관계의 유무는 보통 평균인이 아니라 당해 근로자의 건강과 신체조건을 기준으로 판단하여야 한다고 판시하였다.[1]

　　한편, 근로자의 자살을 업무상 재해로 인정하지 않은 경우에서, 대법원은 "자살은 본질적으로 자유로운 의사에 따른 것이므로, 근로자가 업무를 수행하는 과정에서 받은 스트레스로 말미암아 우울증이 발생하였고 우울증이 자살의 동기나 원인과 무관하지 않다는 사정만으로 곧 업무와 자살 사이에 상당인과관계가 있다고 함부로 추단해서는 안 되며, 자살자의 나이와 성행 및 직위, 업무로 인한 스트레스가 자살자에게 가한 긴장도 또는 중압감 정도와 지속시간, 자살자의 신체적·정신적 상황과 자살자를 둘러싼 주위 상황, 우울증 발병과 자살행위 시기 기타 자살에 이르게 된 경위, 기존 정신질환 유무 및 가족력 등에 비추어 자살이 사회평균인 입장에서 보아 도저히 감수하거나 극복할 수 없을 정도의 업무상 스트레스와 그로 말미암은 우울증에 기인한 것이 아닌 한 상당인과관계를 인정할 수 없다. 그리고 업무와 재해 사이에 상당인과관계가 있는지는 보통 평균인이 아니라 당해 근로자의 건강과 신체조건을 기준으로 하여 판단해야 하므로, 근로자가 자살한 경우에도 자살 원인이 된 우울증 등 정신질환이 업무에 기인한 것인지는 당해 근로자의 건강과 신체조건 등을 기준으로 하여 판단하게 되나, 당해 근로자가 업무상 스트레스 등으로 인한 정신질환으로 자살에 이를 수밖에 없었는지는 사회평균인 입장에서 앞서 본 모든 사정을 종합적으로 고려하여 판단해야 한다."고 하여, 우울증 등 정신질환과 업무와의 관련성은 당해 근로자를 기준으로 판단하나, 나아가 그와 같은 정신질환과 자살과의 상당인과관계에 대해서는 '사회평균인 입장'에서 판단해야 하고, 결국 '사회평균인 입장에서 보아 도저히 감수하거나 극복할 수 없을 정도의 업무상 스트레스와 그로 말미암은 우울증에 기인한 것'으로 인정되어야 한다는 기준을 제시한 바 있다.[2]

제 2 편
산업재해

---

[1] 대법원 2012. 4. 13. 선고 2011두11785 판결.

[2] 대법원 2012. 3. 15. 선고 2011두24644 판결(망인이 배차과장 또는 배차부장으로 근무하면서 배차인원 부족으로 어려움을 겪었고, 휴일 없이 매일 새벽에 출근하여 저녁까지 근무하는 등 업무로 인한 스트레스를 받았으며, 우울증 치료가 장기화되면서 오랜 기간 근무하던 회사로부터 퇴직요구를 받게 되어 정신적으로 스트레스를 받았을 것으로 보이지만, 망인이 겪은 업무상 스트레스가 객관적으로 보아 우울증을 유발하거나 심화시킬 정도의 극심한 스트레스라고 보기는 어렵고, 망인이 우울증을 앓게 된 주요 원인은 내성적이면서 꼼꼼한 성격, 지나친 책임의식, 예민함 등 개인적 소인에 있는 것으로 보이며, 망인은 입원치료를 받은 후 상태가 호전되어 집에서 통원치료를 받다가 2008. 12. 13. 자살하였는데 이때는 업무상 스트레스로부터 상당 기간 자유로운 상태였던 점 등 기록에 나타난 제반 사정

판례는 공무원이 자살행위로 사망한 경우에 대해 구 공무원연금법(2018. 3. 20. 법률 제15523호로 전부 개정되기 전의 것) 제61조 제1항에 따른 유족보상금 또는 순직유족보상금의 지급요건 해당 여부를 판단함에 있어서도 앞서 본 산재보험급여에 관한 법리와 유사한 논리로 공무와 사망 사이의 상당인과관계 유무를 판단한 바 있다.[1]

(2) 업무상 재해를 긍정한 사례

자살과 업무 사이의 상당인과관계를 인정한 대법원 판례들로는 다음과 같은 것들이 있다.

(가) 요양 중 자살한 사안

① 탄광소속 선산부로 근무하던 근로자가 진폐증으로 요양 중 오랜 투병생활로 인한 스트레스, 병의 악화에 따른 만성적 혈류순환부전 및 뇌저산소증 등에 의하여 과격한 언어나 행동양상을 보이고 환청, 환각, 착시 등의 정신착란증세 등의 경향을 보이다가 병원의 1.4m 높이의 보호대를 넘어 추락 자살한 경우, 망인의 사망이 비록 자살에 의한 것이라 하더라도 업무상 질병인 진폐증의 증상 악화로 인한 정신적인 이상증세로 자살에 이르게 되었다고 봄이 상당하다는 이유로 사망과 업무 사이의 인과관계를 인정한 원심을 법리에 관한 설시 없이 수긍한 사례[2]

② 레이온 생산업체에 취업하였다가 퇴직한 이후에 이황화탄소중독증에 의한 근육마비, 신장장애 및 호흡장애증세로 요양 중 정신질환증세까지 보여 처와 합의이혼하기에 이르자 집에서 연탄을 피워놓고 잠을 자 연탄가스 중독으로 사망한 경우 당초의 업무상 재해인 질병에 기인하여 심신상실 또는 정신착란 상태에 빠져 자살에 이른 것이므로 사망과 업무와의 사이에 상당인과관계가 있다고 본 사례[3]

을 고려하면, 사회평균인의 입장에서 보았을 때 망인이 도저히 감수하거나 극복할 수 없을 정도의 업무상 스트레스와 그로 인한 우울증으로 자살에 이르렀다고 단정할 수 없다고 판시하여, 자살을 업무상 재해로 본 원심을 파기하였다).

1) 대법원 2010. 8. 19. 선고 2010두8553 판결, 대법원 2015. 6. 11. 선고 2011두32898 판결, 대법원 2017. 8. 23. 선고 2017두42675 판결, 대법원 2018. 6. 28. 선고 2017두53941 판결 등.
2) 대법원 1993. 10. 22. 선고 93누13797 판결. 자살과 관련하여 업무상 재해를 긍정한 최초의 판례인 것으로 보인다.
3) 대법원 1993. 12. 14. 선고 93누9392 판결. 이 판결은 근로자가 업무상 질병으로 요양 중 자살한 경우 자살자의 질병이나 후유증상의 정도, 그 질병의 일반적 증상, 요양기간, 회복가능성 유무, 연령, 신체

③ 생산직 근로자로 일하던 미혼 여성인 망인이 필름 커팅 작업을 하다가 칼날에 손가락 6개가 절단되는 사고로 상해를 입고 입원치료와 수술치료를 받았는데, 요양치료 중에 '양극성 정동장애', '분열정동성 장애' 등을 진단받고 정신과 치료를 받다가 아파트 옥상에서 뛰어내려 사망한 사안에서, 망인의 양극성 정동장애 등은 사고로 발생한 상해 치료과정에서 발생한 감내하지 못할 정도의 스트레스로 소인이 악화되어 비로소 발병하였다고 추단할 수 있고, 그로 인하여 정상적인 인식능력이나 행위선택능력, 정신적 억제력이 현저히 저하되어 합리적인 판단을 기대할 수 없을 정도의 상황에 처하여 자살에 이른 것으로 추단할 수 있으므로 망인의 업무와 사망 사이에 상당인과관계를 인정할 여지가 충분하다고 한 사례[1]

④ 건설공사 현장에서 작업 중 추락한 뒤 하반신 마비 등으로 산재요양승인을 받은 망인이 하반신 마비로 인한 욕창으로 여러 차례 입원 치료와 수술을 받으면서 욕창으로 1차, 우울증으로 2차 재요양승인을 받았고, 배우자가 다른 사람의 도움이 없으면 체위 변경이 어려워 욕창이 생기는 망인을 간병하던 중 약 40일간 병원에 입원하여 치료를 받느라 망인을 돌보지 못하였는데, 망인이 배우자가 퇴원하고 8일이 지난 후 목을 매어 자살한 사안에서, 제반 사정을 종합하면 망인이 업무 중 발생한 추락사고로 하반신 마비가 되었고, 오랜 기간 하반신 마비와 그로 인한 욕창으로 고통받는 가운데 우울증이 발생하였다가, 자살 직전 욕창 증세가 재발하여 우울증이 다시 급격히 유발·악화되었고, 그 결과 정상적인 인식능력이나 행위선택능력, 정신적 억제력이 현저히 낮아진 정신장애 상태에 빠져 자살에 이르게 된 것으로 보아야 함에도, 이와 달리 망인의 사망이 업무상 재해에 해당하지 않는다고 본 원심판단에 법리오해의 잘못이 있다고 한 사례[2]

(나) 업무상 과로와 스트레스 등이 우울증세를 유발 내지 악화하여 자살에 이른 사안

① 미국지사근무를 조건으로 대기업에서 전직, 과중한 업무를 수행해왔으나 미

제 2 편
산업재해

적 심리적 상황, 자살자를 에워싸고 있는 주위상황, 자살에 이르게 된 경위 등을 종합 고려하여 상당인과관계가 있다고 추단할 수 있으면 그 인과관계를 인정하여야 한다고 하여 자살과 업무 간의 상당인과관계를 인정하는 기준을 처음 제시하였다.

1) 대법원 2017. 5. 11. 선고 2016두57502 판결.
2) 대법원 2021. 10. 14. 선고 2021두34275 판결.

국지사 파견계획이 무산되고 미국회사와의 합작투자협상이 결렬되자 우울증세를 보이며 정신과 치료를 받아오던 중 기숙사에서 목을 매 자살한 사건에서, 미국지사 근무라는 희망만으로 근무조건이 열악하고 전공분야가 다른 업무를 과도하게 담당하다 미국지사근무가 좌절되자 무력감에 빠진 데다 미국회사와의 투자협상결렬로 심한 자책감에 시달렸다면 자살원인이 된 우울증의 주된 발병원인이 다소 개인적인 성격에 기인하는 것이긴 하지만 업무상 과로와 스트레스가 그에 겹쳐 우울증이 유발 또는 급격히 악화된 것으로 봄이 상당하다는 이유로 자살과 업무 사이의 인과관계를 인정한 원심 판결을 수긍한 사례[1]

　② 화학비료 제조 회사의 생산부문에서 제품 생산과 직접 관련된 단순반복적인 업무를 수행하면서 4조 3교대 방식으로 1일 8시간을 근무하였을 뿐, 별도의 연장근무는 거의 하지 않았던 망인이 중간관리자인 관리담당으로 보직이 변경됨에 따라 부서 전체의 운영과 관련된 전반적인 사무를 담당하게 되었고, 주로 부서 작업 진행을 위한 전체적인 조율업무를 수행하게 되면서 생소한 업무로 인해 연일 야근을 하다가 투신하여 사망한 사안에서, 담당 사무의 변경 및 휴일 없이 연속된 업무에 따라 망인이 극심한 업무상의 스트레스를 받게 되어 급격히 우울증세가 유발된 것으로 봄이 타당하고, 상관에게 제출한 사직원마저 두 차례나 반려됨에 따라 극심한 업무상의 스트레스 및 심각한 정신적인 고통에서 벗어나지 못하게 된 망인으로서는 상당한 압박감과 절망감을 느껴 우울증세가 더욱 악화되었을 것으로 보인다고 판단하여 망인의 업무와 사망 사이에 상당인과관계가 인정될 수 있다고 한 사례[2]

　③ 전기공사업을 하는 회사에 전기설비과장으로 입사한 후 주로 발주처의 작업 지시에 따라 신호등을 보수·유지하는 비교적 단순한 업무를 담당하던 망인이 건물 전기공사 현장대리인으로 파견되어 상당한 규모의 건물 증축 공사의 전기·소방 공사를 총괄하고, 발주처, 감리자, 관련 공사업체 등을 직접 상대하여 현장업무를 지휘하면서 설계와 관련한 기술력이 필요한 업무를 수행하게 되었고, 업무능력 부족에 따른 자괴감과 중압감에 시달리면서 정신적인 고통을 호소하다가 공사현장 인근에 주차된 승용차 내에서 스스로 목숨을 끊은 사안에서, 업무로 인한 스트레스가 망인에게 가한 긴장도나 중압감의 정도와 지속시간, 망인의 신체적·정신적 상황과 망인

---

1) 대법원 2001. 4. 13. 선고 2001두915 판결.
2) 대법원 2014. 11. 13. 선고 2012두17070 판결.

을 둘러싼 주위상황, 우울증세의 발현과 악화 정도, 망인이 자살을 선택할 만한 동기나 계기가 될 만한 다른 사유가 나타나 있지 아니한 사정 등을 모두 참작하여 보면, 망인의 업무와 사망 사이에 상당인과관계를 인정할 수 있고, 비록 망인의 성격 등 개인적인 취약성이 자살을 결심하게 된 데에 일부 영향을 미쳤을 가능성이 있다고 하여 달리 볼 것은 아니라고 판단한 사례[1]

④ 망인이 오랜 기간 국내에서 토목사업 관련 업무를 담당하다가 공사현장인 쿠웨이트 파견근무가 예정되어 있던 상황에서, 해외파견근무의 중압감과 부족한 영어실력 때문에 현장 업무를 제대로 수행하지 못할 것이라는 부담감으로 갈등하다가 결국 해외파견근무 불희망 의사를 표시하여 망인을 해외에 파견하지 않기로 하는 회사 내부의 방침이 정해졌고, 이후 "이제 창피해서 어떻게 회사를 다녀야 할지 걱정이다"라는 등으로 스트레스를 호소하다가 회사 본사 건물 옥상에서 동료들과 대화하던 중 건물 밖으로 뛰어내려 사망한 사안에서, 망인은 예정된 해외파견 근무 시에 영어를 능통하게 사용하여야 업무를 수행할 수 있다는 부담감, 부족한 영어실력으로 회사에 손해를 끼칠 수 있다는 두려움에 따른 극심한 업무상의 스트레스를 받게 되어 급격히 우울증세가 유발된 것으로 봄이 타당하고, 나아가 망인이 이를 벗어나기 위해 예정된 해외파견 근무를 포기하고 회사가 이를 받아들였지만 향후 회사생활에서 발생할 불이익에 대한 두려움으로 이미 발생한 극심한 업무상 스트레스가 지속되었으므로, 망인의 업무와 사망 사이에 상당인과관계가 인정될 수 있다고 본 사례[2]

⑤ 망인은 음식 및 숙박업을 하는 회사에 입사한 이후 오랜 기간 관리부서에서 관리업무를 수행하면서 총무팀장으로 근무하다가 사무실이나 부서원이 없는 신규부서의 팀장으로 발령받았고, 망인보다 직급이 낮은 대리가 팀장인 객실팀에 소속되어 500여 개가 넘는 객실의 유지·관리업무를 새로 담당하게 되면서 부총지배인의 지시에 따라 직접 객실 내 전화기에 붙은 스티커 제거, 에어컨 점검 등의 업무를 처리하였으며, 상사와 업무 마찰, 갈등을 겪다가 회사 내 가스배관에 넥타이를 걸어 목을 매어 사망한 사안에서, 망인이 갑작스러운 담당 사무의 변경 및 변경된 사무로 인한 자존심 손상, 업무에 있어서 상사와의 마찰, 고객 대응 지원업무를 나갔다가

제 2 편
산업재해

---

[1] 대법원 2015. 3. 12. 선고 2013두21977 판결.
[2] 대법원 2015. 1. 15. 선고 2013두23461 판결.

겪게 된 심한 모욕감과 수치심을 유발하는 사건 등으로 극심한 업무상의 스트레스를 받게 되어 급격히 우울증세 등이 유발된 것으로 봄이 타당하므로, 망인의 업무와 사망 사이에 상당인과관계를 인정할 수 있고, 비록 망인에게 우울증으로 치료를 받은 구체적인 병력이 없다거나 망인의 성격 등 개인적인 취약성이 자살을 결심하게 된 데에 일부 영향을 미쳤을 가능성이 있다고 하여 달리 볼 것은 아니라고 판단한 사례[1]

⑥ 세금 및 자금 업무를 담당하던 망인이 감사원의 감사 결과 회사에 약 17억여 원의 손실을 입혔다는 이유로 문책 요구를 받고, 승진누락과 구상권에 대한 생각에 극심한 스트레스로 불안감과 우울증세를 보이다가 자살한 사안에서, 망인이 극심한 업무상 스트레스로 인한 우울증으로 정상적인 인식능력이나 행위선택능력, 정신적 억제력이 현저히 저하된 정신장애 상태에 빠져 자살에 이르게 된 것이라고 봄이 타당하므로 망인의 업무와 사망 사이에 상당인과관계를 인정할 수 있다고 한 사례[2]

⑦ 망인은 교정작업을 전담하는 업무에서 용접이나 작업장 청소 작업 등으로 업무가 변경되었는데, 이로 인해 회사에서 오래 근무하여 온 근로자로서 가졌던 자존감을 상실한 것으로 보이고, 2차례의 업무상 사고를 연달아 당하여 왼쪽 정강이 골절상 등의 상해를 입은 데다가 사고와 관련하여 회사측으로부터 질책을 받았으며, 그 무렵 회사측 사정에 따른 업무량 감소까지 겹쳐 망인의 실질 급여는 급감하였는데, 망인으로서는 이러한 일련의 사실들을 통해서 자신의 노동능력 감소로 인해 해고를 당할 수 있다는 불안감을 충분히 느꼈을 것으로 보이고, 망인의 경제적 어려움이 개인적 소인으로 망인의 자살을 유발하였다고 보기는 어려우므로 망인의 업무와 자살 사이에 상당인과관계를 인정할 수 있고, 망인이 지나치게 과다한 업무를 수행하였다거나 특별히 가혹한 환경에서 근무하였던 것이 아니어서 업무상 스트레스라는 객관적 요인 외에 이를 받아들이는 망인의 내성적인 성격 등 개인적인 취약성이 자살을 결의하게 된 데에 일부 영향을 미쳤을 가능성이 있다고 하여 상당인과관계가 부정될 것은 아니라고 본 사례[3]

1) 대법원 2016. 1. 28. 선고 2014두5262 판결.
2) 대법원 2019. 5. 10. 선고 2016두59010 판결.
3) 대법원 2021. 4. 29. 선고 2020두57875 판결.

(다) 공무원이 자살한 경우

① 망인의 사망 직전 담당업무가 너무 과중하여 망인을 포함한 재산세 담당공무원 3명만으로는 이를 모두 처리할 수 없었음에도 이를 정해진 시한까지 처리하기 위하여 노력하는 과정에서 극심한 스트레스에 시달렸던 것으로 보이고, 그로 인하여 급격한 체중감소와 스트레스를 원인으로 한 여러 신체부위의 통증 등을 호소하며 병원 진료를 받았으며, 또한 정신과 병원 등에서 우울증을 병명으로 직접 치료를 받지는 않았지만 사망 직전 우울증 상태에 있었을 것으로 추정된다는 의학적 소견이 존재하는 이상, 이러한 직무상 과로와 스트레스 등이 우울증을 유발하고 이러한 우울증이 직접적인 원인이 되어 자살이라는 결과에 이르게 된 것으로 보이고, 이러한 사정에 망인 및 그 가족에게 우울증 등 정신과적 기왕력이 없고, 망인의 직무상 과로와 스트레스 이외에는 자살의 다른 원인을 찾을 수 없는 점 등을 보태어 보면, 망인은 위 우울증으로 인하여 정상적인 인식능력이나 행위선택능력, 정신적 억제력이 현저히 떨어진 정신장애 상태에서 자살에 이른 것이라 추단할 수 있다고 판단하여 원고의 청구를 기각한 원심 판결을 파기한 사례[1]

② 예비군 동대장으로 근무하던 망인이 상위직급인 지역대장으로 새로운 업무를 수행하는 과정에서, 직장업무로 인한 스트레스, 수면장애 등의 증상을 호소하며 입원하여 중증의 우울성 에피소드 등의 진단 아래 치료를 받다가 자살한 사안에서, 망인이 예비군 조직개편에 따라 지역대장 임용예정자로 확정되어 지역대 창설준비를 하고, 동대장보다 상위직급인 지역대장으로서 종전보다 훨씬 확대된 대상구역과 인원을 관리하느라고 연장근무 등 과로를 하면서 극심한 업무상 스트레스와 정신적 고통을 받게 된 점, 망인은 과거에 치료를 받은 적이 있는 우울성 장애가 재발하여 다시 치료를 받았는데 업무 외의 다른 요인으로 인하여 위와 같은 증상이 재발하게 되었다고 볼 만한 자료가 없고, 그 후 망인이 직장업무로 인한 스트레스, 수면장애 등을 원인으로 병원에 입원하여 중증의 우울성 에피소드, 혼합형 불안우울장애 등으로 치료를 받다가 병원에서 자살에 이르게 된 점 등에 비추어 망인의 업무와 사망 사이에 상당인과관계가 인정될 수 있다고 판단하여, 망인이 사회평균인의 기준에서 도저히 감수하거나 극복할 수 없을 정도의 과중한 공무상 스트레스와 그로 인한 우

제 2 편
산업재해

1) 대법원 2010. 8. 19. 선고 2010두8553 판결.

울증에 기인하여 심신상실 또는 정신착란의 상태에 빠져 자유로운 의지가 결여된 상태에서 자살에 이른 것이라고 볼 수 없다고 한 원심판결을 파기한 사례1)

③ 초등학교 학교시설관리 담당자로 근무하던 망인이 학교 옥상 물탱크 순환모터의 고장 점검을 하다가 뜨거운 물이 분출되어 얼굴화상과 각막화상(좌안)을 입었고, 위 공무상 상병으로 인한 치료 중 스스로 목숨을 끊은 사안에서, 망인은 위 상병을 입은 후 신체적 고통과 시력을 잃을지도 모른다는 정신적 불안감에 시달리다가 극심한 스트레스로 우울증이 발병하여 사고 발생 후 두 달여 만에 자살한 것으로 봄이 상당하므로 망인의 공무와 사망 사이에 상당인과관계를 인정할 수 있고, 망인의 성격 등 개인적인 취약성이 자살을 결의하게 된 데에 일부 영향을 미쳤을 가능성이 있다고 하여 달리 볼 것은 아니라고 판단한 사례2)

④ 국회직 공무원인 망인이 청원담당 부서를 총괄하면서 새로운 업무에 대한 긴장감과 민원인 응대에 대한 부담감으로 업무상 스트레스가 누적되었고, 기존 업무 외 처음으로 시도되는 업무를 추가로 수행하면서 낯설고 과중한 업무에 대한 부담감으로 불면증 등을 호소하다가 병가를 신청하여 치료 및 요양을 하였는데 병가 기간이 끝난 다음 날 새벽 출근을 앞두고 자살한 사안에서, 망인이 직장생활 1년 만에 새로운 업무에 적응하는 과정에서 혼합형 불안우울장애 진단을 받았으나 꾸준히 정신과 치료를 받으며 별다른 문제없이 근무하여 온 것으로 볼 수 있는 점, 이후 종전보다 과중한 업무와 스트레스로 인해 불면증, 불안·초조의 증상을 보였고, 허리, 다리의 통증과 함께 한 달 사이에 체중이 8kg이나 빠지는 등 건강상태가 악화되었으나, 제대로 치료를 받지 못하면서 우울증세가 급격히 악화된 것으로 보이는 점, 망인이 병가 기간이 끝난 다음 날 새벽 출근을 앞두고 자택 베란다에서 투신하여 자살에 이른 경위와 망인이 자살을 선택할 만한 다른 특별한 사유가 나타나지 아니한 사정 등을 고려하여 보면, 망인의 업무와 사망 사이에 상당인과관계를 인정할 수 있다고 본 사례3)

⑤ 경찰서 경비교통과 교통조사계에 배치되어 3교대로 근무하던 망인이 복부 통증과 극심한 체중 감소로 병원에 내원하여 신경인성 복부 통증 진단과 우울증 및 불안장애 치료의 처방을 받은 후 병가 중에 자살한 사안에서, 망인이 위 부서에 배

1) 대법원 2015. 6. 11. 선고 2011두32898 판결.
2) 대법원 2015. 1. 29. 선고 2013두16760 판결.
3) 대법원 2017. 4. 13. 선고 2016두61426 판결.

치되어 3교대로 근무하면서 불규칙한 근무시간과 초과근무를 요하는 과중한 업무 및 사망사고를 비롯한 교통사고 현장조사, 교통사고의 가해자와 피해자를 응대하는 등의 업무로 인하여 상당한 정신적·육체적 고통을 받았고, 심한 업무상 스트레스 및 업무 복귀에 대한 압박감과 신경인성 복부 통증으로 우울증이 악화되었으며, 정상적인 인식능력이나 행위선택능력, 정신적 억제력이 현저히 저하되어 합리적인 판단을 기대할 수 없을 정도의 상황에 처하여 자살에 이르게 된 것으로 추단할 수 있다고 한 사례[1]

⑥ 소방공무원인 망인이 소방학교에 부임하여 3교대로 근무하면서 불규칙한 근무시간과 초과근무를 요하는 과중한 업무를 수행하다가 화재분야 전임교수로 전보되었는데 급격히 증가한 강의시간 배정과 동료에게 교수로서 수업을 진행하는 데 따른 부담감으로 1차 자살 시도 후 병가 중에 다시 자살한 사안에서, 망인은 평소 책임감이 강하고 맡겨진 일은 반드시 해내야만 하는 성격을 가진 것으로 보이는 점, 전임교수로 전보된 직후 자살을 시도한 점에 비추어 보면, 업무로 인한 스트레스와 부담감은 그 무렵 이미 더 이상 견디기 어려울 정도에 이르렀다고 볼 수 있고, 이에 따라 본격적으로 발현된 우울증세는 이후 상담 및 약물치료에도 불구하고 업무 복귀에 대한 압박감 때문에 더욱 악화된 것으로 볼 수 있는 점 등의 사정들을 종합하여 보면, 과중한 업무 및 그와 관련된 심한 스트레스로 인하여 망인의 우울증이 유발·악화되었다고 보아 망인의 업무와 사망 사이에 상당인과관계를 인정할 수 있다고 판단한 사례[2]

(3) 업무상 재해를 부정한 사례

자살과 업무 사이의 상당인과관계를 부정한 대법원 판례들로는 다음과 같은 것들이 있다.

① 망인에게 다소의 우울증이 있었고 그 우울증의 발현에 업무적 요인과 업무 외적 요인이 함께 작용하고 있었으며, 업무상 다소 스트레스가 있었지만 극복가능하거나 감내할 정도였음에도 자살한 사안에서 "산업재해의 업무기인성에서의 인과관계 유무는 규범적 관점에서 상당인과관계의 유무로써 판단되어야 할 이치인바, 그

---

1) 대법원 2018. 6. 28. 선고 2017두53941 판결.
2) 대법원 2017. 8. 23. 선고 2017두42675 판결.

법리에 비추어 볼 때 사회평균인으로서는 응당 스스로 죽음을 택하여야 할 만한 사정이라고 할 수 없다."라는 이유로 재해로 인정하지 아니한 사례[1]

② 회사업무로 스트레스를 받기는 하였지만 사회평균인으로서는 충분히 감수하거나 극복할 정도의 것으로서 스스로 죽음을 택할 만한 사정이 없는 경우 "나약한 성격으로 인한 것이기는 하나 자유로운 의지에 따른 것으로서 자살과 업무 사이의 인과관계를 인정할 수 없다."라고 본 사례[2]

③ 당초 요양 승인 상병인 요추부염좌의 주된 증상은 요추부 동통과 하지연관통 정도로서 일반적으로 정신과적 질환까지 초래하리라고는 보기 어려운 점, 위와 같은 증상은 치료를 통하여 완치 또는 호전이 가능하다고 보이는 점, 그런데도 재해발생 후 불과 4개월여에 걸친 비교적 짧은 치료기간에 통증이 호전되지 않는다고 비관하여 자살에 이른 점, 사망 당시 연령(만 27세), 치료경과 및 투병의지에 건전한 사회통념을 종합하여 판단하면, 당초 상병 때문에 심신상실 또는 정신착란 상태에 빠져 자살에 이르렀다고 보기 부족하다고 판시한 사례[3]

④ 자살한 근로자의 우울증이 평균적인 근로자로서 극복하기 어려울 정도의 과중한 업무상 스트레스로 인한 것이고 나아가 그 우울증으로 심신상실이나 정신착란 상태 또는 정상적인 인식능력이나 행위선택능력, 정신적 억제력이 현저히 떨어진 정신장애 상태에서 자살에 이르게 된 것이라고 추단하기 어렵다는 이유로, 업무와 사망 사이의 상당인과관계를 부정한 사례[4]

⑤ 자동차 회사의 생산직 근로자로 근무하던 망인의 우울증이 평균적인 근로자로서 도저히 감수하거나 극복할 수 없을 정도의 과중한 스트레스로 인한 것이었고 나아가 그 우울증으로 인하여 망인이 심신상실 내지 정신착란 상태 또는 정상적인 인식능력이나 행위선택능력, 정신적 억제력이 현저히 저하된 정신장애 상태에 빠져 자살에 이르게 된 것이라고 추단하기는 어렵다는 이유로, 망인의 사망은 업무와 상당인과관계가 없다고 판단한 원심의 사실인정과 판단은 옳은 것으로 수긍이 간다고 판시한 사례[5]

---

1) 대법원 2003. 5. 16. 선고 2002두10476 판결.
2) 대법원 2003. 10. 24. 선고 2003두7903 판결.
3) 대법원 2002. 10. 25. 선고 2002두7111 판결.
4) 대법원 2008. 3. 13. 선고 2007두2029 판결.
5) 대법원 2009. 5. 28. 선고 2008두21676 판결.

다. 하급심의 실무례

(1) 업무기인성을 인정한 사례

(가) 요양 중 자살한 사안

① 진폐증으로 장기간 투병하던 중 우울증 등으로 자살한 사안[1]

② 40세 나이의 광부가 업무상 재해로 중상을 입고 6년간 요양하다가 비관하여 농약을 먹고 자살한 사안[2]

③ 56세 나이의 회사청소원이 불의의 추락 사고로 노동능력을 사실상 거의 상실하였을 뿐만 아니라 거동도 자유롭게 하기 힘든 상황이 되었고, 2년 이상의 치료 과정을 거치면서도 장해 상태 개선이 없이 증상 고정으로 더는 회복할 수 없는 상황에 이르자 극심한 절망감에 휩싸인 나머지 육체적·정신적 고통과 함께 요양 과정에서 발생한 우울증의 증상이 더욱 악화하면서 투신 자살하기에 이른 사안[3]

④ 망인이 우측대퇴골 분쇄골절상 등의 업무상 재해를 입고 요양 중 비교적 경미한 정신과적 치료를 받아왔을 뿐이지만, 3년여의 투병생활 동안 극심한 신체적 고통에 시달려 왔을 뿐만 아니라 다각적인 치료에도 불구하고 증세가 악화하고 재발하다가 결국 심각한 후유장해가 남게 되어 자살 당시 만 30세 남짓의 젊은 나이에 근로현장 복귀도 어렵게 됨으로써 의욕과 희망을 잃고 비관적 심리와 정서불안 등의 상태가 지속하였으며, 혼인 후 6개월 만에 이혼에 이르는 등 우울감과 죄책감 등이 겹쳐 자살한 사안[4]

⑤ 측두엽성 간질 발작을 앓고 있던 회사 철근공이 업무상 재해인 "우측 견갑관절 탈구, 관절낭파열 및 연조직 손상"을 입고 자살 당일까지 3년 6개월 남짓한 기간 동안 치료를 받아오면서 습관적으로 어깨탈구 때문에 극심한 고통에 시달려야 했고 일상생활 중 탈구 재발의 불안 속에 지내왔으며, 2차례의 수술 후에도 오른 어깨 관절의 강직 및 운동제한과 통증이 계속되어 오른손잡이인데도 오른팔을 정상적

---

1) 서울행정법원 2000. 7. 6. 선고 99구27930 판결(확정).
2) 서울행정법원 1999. 9. 30. 선고 98구25753 판결(확정). 이 사건에서는 망인이 요양기간 중 뚜렷한 정신착란 증세를 나타내 치료받은 적이 없음에도 재해로 인정하였다.
3) 서울행정법원 2000. 4. 21. 선고 99구31090 판결(확정), 같은 취지에서 판단한 사안으로 서울행정법원 2001. 9. 7. 선고 2000구41857 판결(확정), 서울행정법원 2001. 11. 7. 선고 99구20359 판결(확정).
4) 서울행정법원 2002. 8. 22. 선고 2000구25930 판결(확정).

으로 사용할 수 없게 된 데 대한 좌절감으로 취직이나 결혼에 대한 희망까지 잃고 자포자기하는 심정을 품고 있던 중 자살 당일 담당의사로부터 치료의 효과를 기대할 수 없으니 그 이상의 치료가 무의미하다는 취지의 말을 듣자 극심한 좌절감, 무력감에 빠져 농약을 마시고 자살한 사안[1]

⑥ 망인이 업무상 재해인 뇌경색으로 2년 11개월 이상 요양을 받았으나 그 이상의 회복을 기대할 수 없어 요양을 종결한 이후 통증에서 오는 고통과 후유장애에 대한 비관 등으로 수면장애와 우울증 등 정신장해 현상을 보여 정신과 치료를 받았고, 계속하여 우울증에서 헤어나지 못하고 신세한탄을 하며 타인과의 접촉을 기피하는 생활을 하여 오다가 자살한 사안[2]

⑦ 망인이 레이온 생산업체 근무 중 이황화탄소중독증의 합병증인 고혈압, 다발성 및 오신경병변 등에 대하여 요양승인을 받고 치료 중 병원에서 투신 자살한 사안에서, 이황화탄소중독증 환자의 상당수가 우울증 등의 정신질환을 보이고 있고, 망인의 경우에도 장기간의 치료에도 불구하고 승인상병의 차도가 없는 데다 폐암까지 발생하자 치료거절, 좌절, 실의 등 우울증으로 보이는 증세가 나타나 의사로부터 정신과 치료를 권유받기도 하였던 점에 비추어 보면 비록 망인이 정신과 진단을 통하여 우울증의 판정을 받지는 아니하였다고 하더라도, 망인은 이 사건 상병의 후유증으로 우울증이 발생한 것으로 볼 수 있고, 이로 인한 정신장애로 정상적인 정신적 억제능력이 현저히 떨어진 상태에서 신병 비관, 동료 근로자의 사망소식으로 인한 상심 등의 사정이 공동의 원인으로 작용하여 자살한 것으로 볼 수 있어 재해에 해당한다고 한 사례[3]

⑧ 프레스 작업 중 손가락이 잘려 노동력의 22% 정도를 잃은 망인이 병원에서 산재요양 중 외출을 하여 집에서 목을 매어 자살한 사안에서, 망인은 업무과정에서의 스트레스를 적절히 해소하지 못한 데다가 2005년경부터는 늘어난 업무부담을 견디지 못하고 우울증이 발생하기까지 하였는데, 위 우울증을 완전히 치유하지 못한 상태에서 다시 산업재해를 당하여 우울증이 더욱 악화되었을 것으로 보이는 점, 산업재해로 인한 치료에도 불구하고 증세가 나아지지 아니하였고, 그로 인하여 손가락

---

1) 서울행정법원 2004. 3. 4. 선고 2001구19406 판결(확정).
2) 서울행정법원 2005. 3. 29. 선고 2004구합26277 판결(확정).
3) 서울행정법원 2006. 11. 14. 선고 2005구합32248 판결(확정).

을 절단하게 될 경우 심한 장애를 입게 될 것을 비관하였던 점에 비추어 보면 비록 망인이 피재 이후 우울증에 관한 치료를 따로 받지 아니하였더라도 재해로 인정하여야 한다고 한 사례[1]

⑨ 신축공사현장에서 철근공으로 일하다가 2000. 1.경 약 10m 높이에서 떨어져 뇌좌상, 두개골 골절 등의 상해를 입고(최초 재해) 2001. 8. 7. 장해등급 3급 판정을 받은 망인이 2010. 7.경 자살한 사안에서, 망인이 최초 재해로 입은 뇌의 기질적 손상에서 유발된 우울증세 등 정신질환으로 말미암아 정상적인 인식능력이나 행위 선택능력이 현저히 저하된 정신장애 상태에서 자살에 이르렀다고 추단되므로, 망인의 사망과 이 사건 최초 재해 사이에 상당인과관계가 있다고 봄이 타당하다고 판단한 사례[2]

⑩ 고무제품 원재료 적재업무를 수행하다가 요추 협착, 요추 추간판탈출증 등으로 업무상 재해를 승인받아 병원에 입원하여 요양 중이던 망인이 자살한 사안에서, 망인은 척추 부위에 장애가 남아있는 상태에서 일상생활이 어느 정도 가능할 뿐 직장으로 복귀하여 업무를 수행하기는 객관적으로 어려운 사정이었을 것으로 추단되고, 망인은 업무 수행 중에 당한 위 상병으로 신체적 고통에 시달렸을 뿐 아니라 허리가 회복되지 않을 것에 대한 불안감, 자신과 가족의 처지에 대한 비관 등으로 상당한 심리적 위축감과 정신적 자괴감에 빠져 극심한 스트레스로 우울증이 발병하여 자살한 것으로 봄이 타당하므로, 망인의 업무와 사망 사이에 상당인과관계를 인정할 수 있다고 본 사례[3]

⑪ 배전담당 전기원으로 근무하던 중 전기고장 신고를 받고 현장으로 출동하다가 교통사고를 당하여 좌 족관절 양과 골절, 좌 슬개골 골절 등의 상해를 입고, 2016. 10. 29.부터 2017. 5. 26.까지 산재보험법에 따른 요양 승인을 받은 망인이 위 요양기간이 종료될 무렵인 2017. 5. 19. 자택에서 목을 매어 자살한 사안에서, 위 상병에 대한 요양 결과 점차 회복되는 상태였고 치료 경과가 양호하기는 하나, 망인이 회사측으로부터 직종 전환에 대한 안내를 받은 이후 지속적으로 복직 및 직종 전환에 대한 불안감을 느꼈던 것으로 보이는 점, 망인의 위 상해로 인한 직종 전환 가능

제 2 편
산업재해

---

1) 서울행정법원 2007. 2. 13. 선고 2006구합29935 판결(확정).
2) 서울고등법원 2014. 5. 15. 선고 2013누28253 판결(확정).
3) 서울고등법원 2016. 7. 15. 선고 2015누56474 판결(확정).

성은 막연한 것이 아니라 현실성이 높은 상황이었던 것으로 보이고 이로 인해 망인은 큰 스트레스를 느꼈을 것으로 보이는 점, 망인은 요양기간이 종료되고 복직시점이 다가오자 위와 같이 복직에 따른 직종전환에 대한 심리적 불안감이 가중되었을 가능성이 큰 것으로 보이고 이러한 사정 또한 망인의 자살에 영향을 주었을 것으로 보이는 점 등의 사정들에 비추어 망인의 업무와 사망 사이에 상당인과관계를 인정한 사례[1]

(나) 업무상 과로와 스트레스 등이 우울증세를 유발 내지 악화하여 자살에 이른 사안

① 농협중앙회 경기지역본부 부본부장이 새로운 업무에 대한 부적응, 업무실적 저조에 따른 자책감과 상부의 질책에 따른 정신적 스트레스, 내성적인 성격에도 불구하고 지속해야 하는 교육과 회의 주재로 인한 정신적 부담감 등이 복합적으로 작용하여 심각한 우울증 및 대인공포증의 증상을 나타내 스스로 이에 대한 치료를 받아왔으나 끝내 이를 극복하지 못한 채 위 우울증 등으로 인해 자살에 이르게 되었는데 업무 이외의 다른 요인으로 인해 우울증 등에 이환하였다거나 자살에 이르렀다고 볼 만한 자료가 없는 사안[2]

② 주로 본사 투자, 융자, 재무기획, 재무심사부 등 영업실적에 따른 압박감이 없는 부서에서 계속 근무하다가 처음으로 영업소장으로 영업부서에서 근무하게 되면서 내성적인 성격으로 생활설계사들과 잘 어울리지 못하였고, 영업실적이 전국에서 최하위권으로 부진하여 그로 인한 구조조정의 위기를 느끼며 심한 스트레스를 받아오던 중 업무실적 부진으로 인한 문책성 인사로 보험회사의 보전담당 직원으로 발령받자 상당한 정신적 충격을 받은 나머지 우울증세가 급격히 악화되어 정신과 치료를 받았으며 인사발령에 따라 첫 출근하였다가 외출하여 귀가 후 자살하였는바, 업무와 관련된 일 이외에 달리 신변에 심리적인 부담을 줄만한 사정이 없던 상태였던 점 등에 비추어 자살과 업무로 인한 스트레스 사이에 상당인과관계가 있다고 본 사안[3]

③ 호텔 관리과장으로 근무하던 망인이 과중한 업무 수행으로 쌓인 과로 및 공

1) 서울행정법원 2018. 11. 15. 선고 2018구합51317 판결(확정).
2) 서울행정법원 1999. 11. 23. 선고 99구6674 판결(확정).
3) 서울행정법원 2003. 9. 24. 선고 2002구합43612 판결(확정).

사기간 내에 공사를 완료하여야 한다는 심리적 압박감, 어떻게든 공사를 원활하게 진행하여 공기를 지키고자 하였으나 결국 이를 할 수 없게 된 데 따른 자책감, 자신이 선정한 공사업자로부터는 이용만 당하였고 위 호텔 회장으로부터는 의심을 받게 되었다는 좌절감, 공사지연으로 인한 거액의 손해를 자신이 배상하여야 할지도 모른다는 불안감 등의 극심한 스트레스로 우울증이 발병하였고, 책임감이 투철하고 완벽을 추구하는 성격으로 우울증이 심화하여 정신병적 증상을 나타낸 끝에 호텔에서 투신 자살한 사안[1]

④ 한국마사회 감사처장인 망인이 구조조정실무를 담당하면서 직권 면직된 자들의 반발로 대인기피증, 초조불안, 불면증 등의 증상을 얻게 되었고, 계속되는 검찰 소환과 마사회 자체조사 등으로 증상이 악화되어 우울증이 발생하였으며, 망인의 내성적이고 소심한 성격으로 이러한 우울증이 심화하여 정신병적 증상을 나타낸 끝에 자살한 사안[2]

⑤ 단위농업협동조합의 상무가 조합장 등과 갈등을 빚다가 자살한 사안에서, 감귤의 과잉생산으로 값이 크게 폭락하여 국내 판매마저 쉽지 않게 되자 업무상 의욕과 자신감을 상실하여 심한 스트레스를 받았을 것으로 보이는 점, 그로 인하여 실제로 심한 불면증과 식욕부진 증세를 보였고, 처와 친지, 친구 앞에서 스트레스로 인한 불면증과 직장을 그만두고 싶다는 심정을 자주 내비치는 등 불안증세를 보였던 점, 망인이 단위농업협동조합의 지도·경제상무로 근무하기 전에는 우울증의 증상이 없었던 점, 달리 망인에게 우울증이 발생할 만한 가정적·경제적 문제 등 다른 원인이나 자살에 이르게 할 만한 다른 이유가 있었음을 시사할 아무런 자료가 없는 점 등에 비추어 보면, 업무상 스트레스로 말미암아 우울증이 발병하여 자살한 것이므로 재해로 인정하여야 한다고 한 사례[3]

⑥ 생명보험회사 지점장으로 근무하던 망인이 사망하기 100여 일 전부터 사망에 이르기까지 6회에 걸쳐 불면증 등을 호소하며 진료를 받은 점, 3개월 근무기간 동안 영업실적의 27% 하락 및 소속 보험설계사의 17% 감소 때문에 많은 스트레스를 받았을 것으로 보이는 점, 사망일 얼마 전 본사로부터 지점의 통폐합 이야기를

제 2 편
산업재해

---

1) 서울행정법원 2003. 10. 30. 선고 2003구합1066 판결(확정).
2) 서울고등법원 2005. 9. 30. 선고 2004누19912 판결(재해 불인정한 제1심 판결 취소, 확정).
3) 서울행정법원 2005. 12. 27. 선고 2005구합18013 판결(확정).

통보받고, 이후 상황을 타개하고자 실시한 보험설계사 면접에 아무도 지원하지 않자 사직서를 제출하였다가 반려당한 점, 망인에게 업무 이외의 다른 특별한 스트레스 요인은 없었던 점 등을 고려하면 망인은 지점장으로 근무하게 되면서 받게 된 영업실적의 하락, 소속 직원의 감소 등으로 인한 업무상 스트레스로 불면이 계속되면서 정상적인 인식능력 등이 뚜렷하게 저하된 상태에서 자살을 한 것으로 보이므로, 망인의 업무와 사망 사이에 상당인과관계가 있다고 본 사례[1])

⑦ 학습지 회사의 사업국장으로서 학습지 교사, 지구장, 지국장 등을 관리하는 업무(영업 관리 포함)를 담당하던 망인이 다른 사업국으로의 발령으로 인한 업무상 스트레스로 인하여 중증의 우울성 에피소드를 겪게 되었고, 정신과의원을 찾아 치료를 받았음에도 이후의 두 차례 발령과 휴직 과정에서 계속된 업무 스트레스를 받은 나머지 그 증세가 급격히 악화되어 자살하였으므로, 망인의 업무와 사망 사이에 상당인과관계가 인정된다고 보아 망인의 사망이 업무상 재해에 해당하지 않는다고 본 제1심판결을 취소한 사례[2])

⑧ 온라인 게임 배경 디자인 업무를 담당하던 망인이 퇴사 후 17일 만에 자살한 사안에서, 망인이 개발업무에 종사한 게임의 성공 여부에 대하여 상당한 업무상 스트레스를 받았으리라는 점을 쉽게 추단할 수 있는 점, 망인은 위 게임 출시를 앞두고 야근을 하다가 회사 엘리베이터 고장으로 엘리베이터에 갇히는 사고를 당하였고 위 사고는 업무상 재해에 해당하는 점, 망인은 위 사고 이후부터 공황장애 증상이 본격적으로 발현되었고 사망 직전까지 공황장애 치료를 받는 등 기존과 같이 회사생활을 지속하지 못한 점 등을 종합하여 볼 때 업무상 재해인 위 엘리베이터 사고로 인하거나 위 사고에 업무상 스트레스가 경합하여 망인에게 내재되어 있던 공황장애의 소인이 급격히 공황장애로 악화되었고 이로 인하여 망인이 정상적인 행위선택능력이 현저히 저하된 상태에서 자살을 한 것이라고 추단할 수 있다고 본 사례[3])

⑨ 아파트 관리소장으로 근무하던 망인이 입주민의 지속적이고 반복적인 민원제기로 인한 업무상 스트레스가 개인적인 경제적 문제와 정신적 취약성 등의 요인에 겹쳐서 우울증세가 유발 및 악화되었고, 그로 인하여 정상적인 인식능력이나 행

---

1) 서울행정법원 2015. 4. 10. 선고 2014구합62500 판결(확정).
2) 서울고등법원 2017. 8. 17. 선고 2017누36122 판결(확정).
3) 서울행정법원 2020. 8. 21. 선고 2019구합63164 판결(확정).

위선택능력, 정신적 억제력이 결여되거나 현저히 저하되어 합리적인 판단을 기대할 수 없을 정도의 상황에서 자살에 이르게 된 것으로 볼 수 있으므로 망인의 사망과 업무 사이의 상당인과관계를 인정할 수 있다고 본 사례[1]

⑩ 종합건설회사에서 건축현장의 감독 업무를 수행하던 망인이 과로와 스트레스, 폭염 등으로 우울증이 악화되어 자살에 이르렀다는 원고의 주장에 대해, 공사현장에서 설계변경과 건축공정 지연 등의 문제가 발생하자 평소 책임감이 강한 성격인 망인은 상당한 중압감과 스트레스를 겪었던 것으로 보이는 점, 망인이 만성적인 격무에 시달렸고 여름철의 폭염으로 인하여 야외에서 이루어지는 업무의 어려움이 가중되었을 것인 점, 가족과 지인들, 업무 관계자 등의 진술 등 자료에 의해 망인에게 우울증이 발생하였다고 인정되는 이상 망인이 자살하기 전에 정신건강의학과 전문의로부터 정식으로 진단을 받지 못했다는 사정만으로 망인에게 업무상 재해의 원인이 되는 정신적 이상 상태가 발생하지 않았다고 볼 수는 없는 점 등에 비추어 망인의 업무와 사망 사이에 상당인과관계가 인정된다고 본 사례[2]

⑪ 제약회사에 근무하는 수의사로서 과장 승진 이전까지는 주로 수산, 양봉, 축산 등과 관련된 업무를 담당하다가 과장으로 승진한 이후에는 기능성 사료 등 애완동물 관련 신제품 개발 업무를 추가로 담당하게 된 망인이 업무 적응에 지속적인 어려움을 느꼈던 것으로 보이는 점, 망인이 사료 신제품의 포장문구 오류 등의 문제로 심각한 내적 갈등을 겪었고 법률 분쟁에 휘말리게 될 상황을 걱정하는 등으로 심각한 좌절감과 무력감, 수면장애 등에 시달렸던 것으로 보이는 점, 망인의 유서에 기재된 '부족함, 바보같음' 등의 스스로에 대한 자책 역시 맥락에 비추어 볼 때 결국에는 전적으로 회사 업무와 관련하여 발생한 것으로 보여 이를 업무와 상당인과관계가 없는 개인적 요인으로 치부할 수는 없는 점, 망인이 이성적으로는 자살에 거부감을 가지고 있었던 것으로 보임에도 자녀와 원고의 생일을 앞두고 극단적 선택을 하게 된 점 등의 사정에 비추어 보면, 망인의 자살이 망인 스스로의 정상적인 각오 아래 이루어졌다고 보이지는 않는다고 판단한 제1심의 사실인정과 판단은 정당한 것으로 수긍할 수 있다고 본 사례[3]

제 2 편
산업재해

---

1) 서울행정법원 2020. 9. 18. 선고 2019구합62826 판결(확정).
2) 서울행정법원 2024. 1. 25. 선고 2022구합84734 판결(확정).
3) 서울고등법원 2024. 5. 9. 선고 2023누61365 판결(확정).

(다) 공무원이 자살한 사안

① 철도청 보선원이 과중한 업무에 기인한 심리적 부담감, 상사의 잦은 질책, 2번에 걸친 직위 강등 등으로 인한 육체적, 정신적 스트레스로 인하여 정신병적 증상을 보였고 망인과 같은 정신장애를 가지고 있는 사람의 자살률은 정상인들보다 월등히 높고 특히 우울증에서 회복될 때 자살이 가장 빈번하게 일어나는 것으로 의학적으로도 판명이 된 이상, 망인의 자살은 공무상 재해라고 한 사안[1]

② 프랑스문화원 홍보관이 파견근무발령을 즈음하여 파견적격자선정 순서의 번복, 파견근무일자의 연기 등으로 스트레스를 받던 중 우울증이 발병한 상태에서 프랑스문화원으로 파견근무를 나가게 되었는데, 파견 후 5개월 정도밖에 되지 않아 언어소통문제, 현지인들과의 이질감 해소 등 새로운 환경에 적응하는 데 충분한 시일이 지나지 않은 상태에서 구조조정으로 인한 인원감축 및 각종 행사의 집중, 감사원 감사 수검자료 준비 등 과중한 업무 부담에 따른 스트레스로 기존의 우울증이 악화하여 심신상실 또는 정신착란적 증상을 나타낸 끝에 자살한 사안[2]

③ 사망 당시까지 약 27년간 정상적으로 교사로 봉직하여 온 중학교 교사가 교장이 변경된 이후 교장의 잦은 학사일정 변경, 학교행사와 관련한 추궁 및 질책, 모욕적인 비방 발언과 근무평정 및 보직교체에 대한 불안감 등으로 인하여 심한 정신적인 스트레스를 받아오다가 우울증이 발병하여 이에 대한 치료를 계속 받으면서 교장과의 갈등, 업무에 대한 부담감 등을 호소하다가 자살에 이른 사안[3]

④ 법원사무관이 공무를 수행하는 과정에서 받은 정신적 불안감 등 정신적 스트레스로 인하여 불안신경증 등이 발병하여 악화하였고 우울증 증세까지 보인 끝에 열차에 투신 자살한 사안[4]

⑤ 망인이 비록 교육공무원 임용 이전에 노이로제 증상이 발생하여 상당 기간 약물치료를 받은 적이 있었다고 하더라도, 교육공무원으로 임용된 이후 교사로서의 업무를 정상적으로 수행하여 온 점에 비추어 보면 그와 같은 망인의 과거 증세가 자연적으로 악화되어 망인의 정신질환을 야기하였다고는 보기 어렵고, 그가 자신과 견해를 달리한 학교나 동료교사에 대하여 원망을 품거나, 비교육적인 행태가 조직적

1) 서울고등법원 2002. 10. 2. 선고 2001누8997 판결(재해 불인정한 제1심 판결 취소, 확정).
2) 서울행정법원 2001. 6. 30. 선고 2000구27127 판결(확정).
3) 서울행정법원 2003. 5. 15. 선고 2002구합21735 판결(확정).
4) 서울행정법원 2003. 9. 3. 선고 2002구합30746 판결(확정).

으로 이루어질 수 있는 교육현실에 대한 좌절감을 겪어온 데다가 동료 교사들과 원만한 인간관계를 형성하지 못하는 정도를 넘어서 동료나 제자들로부터 참기 어려운 비방과 따돌림을 당하는 상황을 거치면서 정동장애 등의 정신질환이 발병 또는 급격히 악화하여 입원치료를 받았으나 퇴원 후에도 그 증상이 완치되지 아니한 채 자살 충동을 느낀 끝에 농약을 마시고 자살하였으므로 공무상 재해로 판단함이 옳다고 본 사례1)

⑥ 망인의 아버지와 누나가 우울증 등으로 정신과적 치료를 받은 가족력이 있어 망인에게 양극성장애가 발병할 가능성이 일반인들에 비하여 높다고 하더라도 망인이 검찰직 공무원으로 임용된 이후 약 8년간 정상적으로 업무를 수행하여 온 점에 비추어 그와 같은 망인의 유전적인 요인만으로 양극성장애가 발병하였다고 단정하기는 어려운 점, 망인이 승진과 동시에 곧바로 업무의 양이나 강도의 면에서 다른 부서에 비하여 과중한 것으로 보이는 서울지방검찰청 특수부 검사실 참여계장으로 근무하게 되면서 업무에 충분히 적응하지 못한 상태에서 철야근무를 반복하는 과정에서 육체적인 피로가 극심하였을 것으로 보이고, 증거의 수집, 분석이나 부인하는 피의자 등의 대면조사 등 업무 특성상 상당한 정도의 정신적인 긴장과 스트레스를 겪었을 것으로 보이며, 반면에 망인이 느끼는 업무에 대한 보상이 만족스럽지 아니한 데다가 수사 종결 후에도 비난하는 언론 보도를 접함으로 인한 스트레스도 상당하였을 것으로 보이는 점, 망인에게 양극성장애의 증세가 발병한 시기가 망인이 특수부 검사실 참여계장으로 근무하기 시작한 지 불과 수개월 정도 지난 후인 점, 망인이 목을 매어 자살할 무렵에는 비교적 업무량이 적은 공안부 검사실에서 근무하였다 하더라도 양극성장애 환자의 경우 우울증이 심할 때보다 오히려 그와 같은 증상이 약하거나 회복되는 과정에서 자살에 이르게 되는 위험이 더욱 높은 점 등을 종합하면 망인의 자살은 공무상 재해라고 판단한 사례2)

⑦ 9급 공무원인 망인이 통상 수준을 넘는 과중한 업무와 그로 인한 스트레스에 시달려 왔으며, 위와 같은 과로 및 스트레스로 망인의 우울장애가 발병하거나 악화하여 투신 자살에 이르렀으므로 공무상 재해라고 판단한 사례3)

1) 서울행정법원 2004. 8. 17. 선고 2003구합33117 판결(확정).
2) 서울행정법원 2004. 9. 14. 선고 2003구합34929 판결(확정).
3) 서울행정법원 2006. 8. 10. 선고 2005구합41266 판결(확정).

제 2 편
산업재해

⑧ 경찰관이 공무수행 중에 교통사고를 당하여 후유증에 시달리다가 투신 자살한 사안에서, ㉮ 망인은 위 교통사고로 인하여 지속적인 중증도의 두통을 앓음으로써 심각한 육체적 고통을 겪었고, 후각 및 미각의 상실, 청각능력의 저하와 성기능장애 등으로 심한 정신적 스트레스를 받아 정신적인 불안증세와 우울증의 증상을 보인 점, ㉯ 망인은 오랫동안 위와 같은 질환들을 치료하기 위하여 노력하였으나 상태가 나아지지 않았고 나아질 가능성도 엿보이지 않아 극도의 절망감을 주위 사람들에게 표현한 점, ㉰ 망인은 사망 당시 37세 3개월 남짓의, 비교적 젊은 나이였으므로 교통사고 후유증으로 인한 절망감은 더욱 컸을 것으로 추정되고, 사망 당일에도 두통이 심하여 외출을 하였다가 그 고통을 견디기 어려워 자살에 이르게 된 것으로 보이는 점, ㉱ 외상성 뇌손상 환자가 정신과적 또는 감정 장애가 발생한 경우 다른 일반인에 비하여 자살하는 확률이 현저히 높아 외상성 뇌손상과 자살 시도와는 의미 있는 상관관계가 있다는 의학적 보고가 있는 점 등을 종합하면, 망인이 공무수행 중 입게 된 교통사고 후유증으로 고통에 시달리다가 충동적으로 자살에 이르게 되었다고 할 것이므로, 망인의 사망과 공무 사이에는 상당인과관계가 있다고 인정한 사례[1]

⑨ 국립농산물품질관리원 7급 행정주사보인 망인의 업무가 조사통계업무로서 스트레스가 많은 현장업무를 주로 하였던 점, 망인은 2003년도부터 실시한 경지 총 조사 업무로 업무량이 더욱 늘어나면서 2003년 7월경 만성스트레스증후군 등 정신질환이 발병하였던 점, 2004년 1월경 괴산출장소 전보 이후 우울증세가 더욱 악화하여 병가를 내고 치료를 위하여 휴직하려 하였으나 퇴직을 종용받고 결국 다시 출근하기에 이른 점, 그 후에도 여전히 업무 수행에서의 어려움 때문에 2005. 1. 17.에도 행정자치부 홈페이지 인사교류란에 인사교류신청을 하기까지 하였던 점, 망인은 정신과 진료를 받으면서도 계속하여 업무로 인한 스트레스를 호소하였던 점, 정신분열병은 타고난 유전적 성격이나 체질뿐 아니라 후천적인 스트레스 등의 복합에 의하여 일어나는 질환으로 스트레스가 유발요인으로 작용하는 것으로 알려져 있는 점 등을 종합하면 망인은 조사통계업무, 경지 총 조사업무 등 지속적이고 과중한 업무로 인한 스트레스 때문에 정신분열병 등이 발병, 악화하여 자살하기에 이르렀으므로

---

1) 서울행정법원 2006. 9. 14. 선고 2006구합4233 판결(확정).

그의 자살은 업무상 재해라고 판단한 사례[1]

　⑩ 경찰관이 익사체로 발견된 사안에서, 망인은 동료 직원들의 몇 배에 달할 정도의 조회실적을 올리는 과정에서 과로를 하였고, 조회실적과 승진에 대한 심리적 부담감 등으로 인해 심한 정신적 스트레스를 받아 담궐두통(항강증 상지마목 등)에 걸리게 되었던 점, 망인은 2005년 7월 말경까지 건강하였고, 가정생활도 원만하여 망인에게 공무와 관련된 것 외에 특별히 심리적인 중압감을 줄 사정이 없었다고 보이는 점, 망인은 2005년 11월경 위 증상 때문에 예전처럼 업무처리를 하지 못하여 동료들에게 피해를 주게 되자 심리적 부담감으로 보직 변경을 요청하였으나 그마저 거절당하자 우울증 증세를 보이게 된 점, 망인은 우울증이 다 낫지 아니한 상태에서 퇴원하였고, 퇴원 당시에도 업무처리를 위한 복귀에 과도하게 집착하였던 점 등에 비추어 보면, 망인은 경찰공무원으로서의 공무를 수행하는 과정에서 받은 정신적인 스트레스로 인하여 우울증이 발병하였고, 그와 같은 정신병적 증상의 발현으로 정상적인 인식능력이나 행위선택능력 또는 정신적 억제력이 현저히 떨어진 상태에서 이로 인한 자살충동을 이기지 못한 채 자살에 이르게 된 것이므로 그의 사망은 업무상 재해에 해당한다고 본 사례[2]

　⑪ 법원공무원인 망인이 법원 개원준비 서무담당으로 근무하면서 과중한 업무량과 재판업무와 다른 낯선 업무의 수행으로 극심한 긴장감 속에 육체적·정신적 스트레스를 받게 되었고, 이로 인하여 우울증 등의 증세가 최초로 발병한 것으로 보이는 점, 망인이 족구대회 연습 중 다리 부상을 당한 후 정신적·육체적으로 어려움을 겪었던 것으로 보이고 형사항소부 실무관으로 근무하면서 과도한 업무량, 무거운 재판기록의 운반으로 다리부상 후유증의 악화 등으로 극심한 스트레스를 받은 것으로 보이는 점, 망인은 위와 같은 극심한 스트레스와 심리적인 압박감 속에서 업무상 실수에 대한 두려움, 무기력, 집중력 및 판단력 저하, 불면증 등에 시달리게 되었고, 결국 우울증이 재발·악화되어 정상적인 인식능력이나 행위선택능력, 정신적 억제력이 현저히 저하된 상태에 빠져 자살에 이르게 된 것이라고 추단할 수 있으므로, 망인의 사망은 공무상 재해에 해당한다고 본 사례[3]

제 2 편
산업재해

---

1) 서울행정법원 2006. 11. 22. 선고 2006구합8648 판결(확정).
2) 서울행정법원 2007. 4. 10. 선고 2006구합32030 판결(확정).
3) 서울행정법원 2014. 3. 27. 선고 2013구합56737 판결(확정).

⑫ 소방공무원인 망인이 화재를 진압하던 중 전기에 감전되어 쓰러지면서 유리 파편이 우측대퇴부에 관통되는 부상을 입었고 그 수술과정에서 동료 소방관의 혈액을 수혈받았는데, 이후 위 동료 소방관이 B형 간염바이러스 보균자임이 밝혀져 간암진단을 받은 후 사망하였고, 망인 역시 간암 등을 진단받고 치료를 받던 중 증상이 악화되어 퇴직한 후 자살에 이르게 된 사안에서, 망인의 사망과 공무 사이에 상당인과관계를 인정하여 공무상 재해로 판단한 사례[1]

⑬ 망인이 구청 교통민원과 차량관리팀에서 민원 업무를 담당하면서 손해보험사와 정비업체 사이에 발생한 지속적인 민원 분쟁을 혼자 담당하는 과정에서 상당한 업무상 스트레스를 받은 것으로 보이고, 망인이 건설본부로 자리를 옮긴 지 불과 13일 만에 퇴직원을 제출한 것은 차량관리팀에서의 업무로 인한 스트레스에서 벗어나지 못한 상태였던 것으로 보이는 점, 망인이 스트레스를 받게 된 근본적인 원인은 망인의 퇴직 결정이며, 위 퇴직 결정은 민원 업무로 인한 업무상 스트레스로 인하여 합리적인 판단을 할 수 없는 상태에서 이루어진 점 등에 비추어 보면, 망인의 업무와 사망 사이에 상당인과관계를 인정할 수 있다고 본 사례[2]

(라) 기타

회사의 이사로서 회사 채무에 연대보증한 망인이 회사가 부도처리된 후 대표이사는 잠적하고 부사장은 재산을 타인 명의로 이전해 놓은 사실을 알고 혼자서 5억 원 이상의 연대보증채무를 부담하게 될 것으로 생각하여 극도의 불안 상태를 이기지 못하고 순간적으로 정신적 공황상태를 일으켜 회사에서 투신 자살한 사안[3]

(2) 업무기인성을 부정한 사례

하급심에서 자살을 재해로 인정하지 아니한 대표적인 사례들은 다음과 같다.

① 업무상 재해를 입고 요양 중 자살하였지만 재해의 정도가 중하지 않고, 정신분열이나 정신착란 증세를 보인 적 없이 다른 이유로 자살한 사례[4]

1) 서울행정법원 2018. 7. 13. 선고 2015구합11790 판결(확정).
2) 서울고등법원 2018. 6. 15. 선고 2017누39510 판결(확정). 제1심판결(서울행정법원 2017. 2. 17. 선고 2016구합62184 판결)은 망인이 사회평균인 입장에서 보아 도저히 감수하거나 극복할 수 없을 정도의 공무상 스트레스와 그로 말미암은 우울증에 기인하여 자살에 이르렀다고 단정하기 어렵다고 보아 망인의 사망과 공무 사이에 상당인과관계를 부정하였다.
3) 서울행정법원 2006. 5. 24. 선고 2005구합19276 판결(확정).
4) 서울행정법원 1998. 12. 17. 선고 98구9065 판결(확정), 서울행정법원 2001. 7. 10. 선고 99구35979 판

② 스트레스 상황이 유사한 직종에서 비슷한 직위에 있던 사람이 죽음을 택할 만한 사정이라고 볼 수 없어 정상적인 인식능력이나 행위선택능력 또는 정신적인 억제력이 현저히 떨어지지 않은 상태에서 자살한 사례[1]

③ 업무상 스트레스의 원인이 된 문제가 풀렸음에도 자살한 사례[2]

④ 기존질환으로 양극성 장애나 틱 장애(투렛 증후군), 정신분열증 등이 있는 상태에서 별다른 업무 과중이나 스트레스가 없음에도 자살한 사례[3]

⑤ 과중한 업무나 스트레스가 없고, 우울증 등의 정신장애로 치료를 받은바 없는 상태에서 금품수수와 관련하여 감사원의 조사를 받게 되자 정신적으로 극도의 혼란을 보이다가 자살한 사례[4]

⑥ 내성적이고 남들과 잘 어울리지 못하는 성격이었던 망인이 상관으로부터 통상 있을 수 있는 훈계성 질책을 받고 자살한 사례[5]

⑦ 회사의 업무특성상 대기발령은 통상 있는 일로서 전에도 대기발령을 받은 적이 여러 번 있는 망인이 다시 대기발령을 받자 자살한 사례[6]

⑧ 나이가 적은 후배 사원과의 싸운 후 직장상사로부터 더 크게 꾸중을 듣고 회의실에 남아 근신하도록 하자 치욕감과 자신만이 부당한 대우를 받는다는 생각으로 자살한 사례[7]

⑨ 망인의 업무량이나 강도가 과중하였거나 일반인이 견뎌낼 수 있는 범위를 넘는 스트레스가 없음에도 주관적으로 힘들어하면서 우울증으로 치료를 받다가 자살한 사례[8]

⑩ 업무상 부상을 당한 적은 있었지만 과로나 스트레스로 우울증 등 정신병적 증상을 보이지 않은 상태에서 자유로운 의지에 따라 자살한 사례[9]

결(진폐증, 확정), 서울행정법원 2004. 9. 1. 선고 2003구합16099 판결(진폐증, 확정), 서울행정법원 2006. 8. 17. 선고 2005구합33586 판결(확정).

[1] 서울행정법원 2003. 7. 3. 선고 2002구합9179 판결(확정), 서울행정법원 2005. 5. 3. 선고 2004구합17563 판결(확정).

[2] 서울행정법원 2003. 12. 16. 선고 2002구합19046 판결(확정).

[3] 서울행정법원 2004. 1. 8. 선고 2003구합21282 판결(확정), 서울행정법원 2005. 11. 17. 선고 2005구합8023 판결(확정), 서울행정법원 2006. 8. 1. 선고 2005구합29013 판결(확정).

[4] 서울행정법원 2004. 2. 5. 선고 2003구합16273 판결(확정).

[5] 서울행정법원 2004. 3. 25. 선고 2003구합20951 판결(확정).

[6] 서울행정법원 2005. 6. 28. 선고 2005구합999 판결(확정).

[7] 서울행정법원 2005. 8. 30. 선고 2004구합23636 판결(확정).

[8] 서울행정법원 2005. 12. 8. 선고 2005구합22777 판결(확정).

[9] 서울행정법원 2006. 8. 22. 선고 2006구합1647 판결(확정).

⑪ 자신의 의사에 반하여 인사발령을 받았다는 이유 또는 해고된 이후 자살한 사례[1]

⑫ 망인이 약 14년간의 공직생활 중 13년가량을 보호관찰소에서 근무하여 보호관찰소 업무에 능숙한 것으로 보이고, 이전보다 더 많은 외출과 연가를 실시한 점, 망인이 직장 상사나 동료들로부터 질책을 받거나 모욕을 당하는 등의 일이 있었다는 자료는 없는 점 등을 종합하면 사회평균인의 입장에서 보았을 때 망인이 도저히 감수할 수 없거나 극복할 수 없을 정도의 업무상 스트레스와 그로 인한 우울증으로 자살에 이르렀다고 단정할 수 없다고 본 사례[2]

⑬ 경찰공무원으로 근무하던 망인이 수사과 강력계에서의 전출을 수일 남겨두고 음독을 하여 자살한 사안에서, 망인이 사망하게 된 것은 업무상 스트레스 또는 과로가 원인이 되었다기보다는 망인의 내성적이면서 지나치게 예민한 성격 등 개인적 소인이 그 주요 원인이 되었다고 보인다는 이유에서 망인의 사망과 공무 사이에 상당인과관계를 인정한 제1심판결을 취소하고 원고의 청구를 기각한 사례[3]

⑭ 집배원으로 근무하던 망인이 우편물 배달업무 중 미끄러지는 사고로 골절상을 입게 되어 6일 동안의 연가 및 19일 동안의 병가를 사용한 후 다시 출근하여 정상적으로 근무한 지 약 한 달 정도 될 무렵 자택에서 번개탄을 피워 사망한 사안에서, 망인이 연가, 병가 등으로 휴식을 취하여 부상이 어느 정도 호전된 상태에서 업무에 복귀하였던 것으로 보이는 점, 위 사고 후 특별히 과중하게 업무를 수행하였다고 보기 어려운 점, 망인이 과도한 업무 부담을 호소하였다고 인정할 자료를 찾을 수 없는 점, 망인의 우울증, 알코올 사용의 의존증후군 등의 병력, 가족과 사이의 불화 등의 개인적 사정이 지배적인 영향을 미친 것으로 보이는 점 등을 종합하여 보면, 망인의 사망과 공무 사이에 상당인과관계가 있다고 볼 수 없다고 본 사례[4]

⑮ 망인이 홍보실에서 근무하면서 상사인 홍보실장과 갈등이 있었고, 비정기 인사발령으로 다른 부서로 전보됨으로 인하여 정신적으로 스트레스를 받았을 것으

1) 서울행정법원 2006. 9. 19. 선고 2005구합35636 판결(확정), 서울행정법원 2007. 5. 17. 선고 2006구합313 89 판결(확정).
2) 서울행정법원 2013. 1. 31. 선고 2012구합30356 판결(확정).
3) 서울고등법원 2014. 8. 27. 선고 2013누48981 판결(확정).
4) 서울행정법원 2017. 3. 10. 선고 2016구합69611 판결(확정).

로 보이며, 망인이 대학 재학 시절 최초로 우울증 치료를 받은 이후로 우울증이 호전 및 재발을 반복하여 몇 차례 우울 삽화를 경험한 것으로 보이는바, 망인이 다른 사람들보다 스트레스에 취약한 상태에서 업무상 스트레스가 망인에게 우울증을 유발하거나 심화시켰을 가능성이 없지는 아니하나, 망인의 담당업무가 과중한 것으로 보이지 아니하고 인사발령이 부당하다거나 지극히 이례적인 것으로 보이지도 아니한 점, 망인의 주치의가 종전의 처방 내역과 진단명을 유지한 점, 망인이 대체휴가 및 병가휴직을 하여 업무상 스트레스로부터 상당 기간 해방된 상태에서 자살한 점 등에 비추어 보면, 사회평균인의 입장에서 보았을 때 망인이 도저히 감수하거나 극복할 수 없을 정도의 업무상 스트레스와 그로 인한 우울증으로 자살에 이르렀다고 단정할 수 없다고 본 사례[1]

⑯ 마트계산원으로 근무하던 망인이 직장 내 따돌림과 과로로 인하여 자살하였다는 원고의 주장에 대하여, 망인이 직장동료들과 잘 어울리지 못하였고 근태와 관련하여 자주 지적을 받는 등 심리적으로 위축되고 적지 않은 스트레스를 받은 것으로 보이기는 하나, 망인이 상사로부터 업무상 부당한 대우를 받았다고 보기 어렵고, 제출된 증거들만으로는 망인이 사회통념상 도저히 수인하기 어려울 정도의 따돌림을 받았다는 점이 충분히 입증되지 않는 점, 오히려 망인이 부친의 사업 실패에 따른 막대한 금전적 손해로 인하여 집안 분위기가 극도로 가라앉자 그때부터 상당한 우울감을 겪었던 것으로 보이고, 교제하던 남성에게 사금융 대출로 3,600만 원을 빌려준 사실을 가족들이 알게 되어 심한 자책감에 시달렸으며, 위 남성과도 원만한 관계를 유지하지 못하게 되자 급격히 실의에 빠졌던 것으로 보이는 점 등에 비추어 망인의 사망과 업무와의 상당인과관계를 인정할 수 없다고 판단한 제1심판결을 정당하다고 본 사례[2]

⑰ 건설회사 공사현장에서 현장채용직원(계약직)으로 근무하던 망인이 업무 스트레스, 직장 내 괴롭힘 등으로 인해 자살하였다는 원고의 주장에 대해, 망인의 가족 등이 작성한 진술서 외에 망인이 직장 내 괴롭힘, 업무상 스트레스를 호소하였음을 뒷받침할만한 사정을 찾아보기 어려운 점, 유서나 일기장 등 망인의 자살 이유를 살펴볼 수 있는 자료를 찾아볼 수 없고 망인이 사망 직전 보낸 메시지에는 망인의

---

1) 서울행정법원 2019. 10. 17. 선고 2018구합78039 판결(확정).
2) 서울고등법원 2022. 6. 15. 선고 2021누66083 판결(확정).

채무와 개인적인 감정들만 기재된 점 등에 비추어, 망인의 자살과 업무 사이의 상당인과관계를 인정하기 어렵다고 본 사례[1]

⑱ 고등학교 교사인 망인이 다른 교사들로부터 집단 따돌림을 받는 등의 이유로 발생한 우울증에 기해 자살하였다는 원고의 주장에 대해, 제출된 증거만으로는 집단 따돌림이 실제로 있었는지 여부를 쉽게 단정하기에 부족한 점, 망인이 정신과 치료 과정에서 추상적인 부담감과 다른 교사와의 다소 불편한 관계 정도 등을 언급하였으나 그 자체로 망인에게 극심한 정신적, 육체적 스트레스를 줄 만한 요소를 호소하고 있는 것으로 보기에 부족한 점 등에 비추어 공무와 망인의 자살 사이에 인과관계가 인정되지 않는다고 본 사례[2]

라. 판례 등의 정리

(1) 대법원은 근로자나 공무원이 자살행위로 사망한 경우에, 업무(공무)로 인하여 질병이 발생하거나 업무상(공무상) 과로나 스트레스가 질병의 주된 발생원인에 겹쳐서 질병이 유발 또는 악화되고, 그러한 질병으로 정상적인 인식능력이나 행위선택능력, 정신적 억제력이 결여되거나 현저히 저하되어 합리적인 판단을 기대할 수 없을 정도의 상황에서 자살에 이르게 된 것이라고 추단할 수 있는 때에는 업무(공무)와 사망 사이에 상당인과관계를 인정할 수 있고, 그와 같은 상당인과관계를 인정하기 위해서는 자살한 사람의 질병이나 후유증상의 정도, 질병의 일반적 증상, 요양기간, 회복가능성 유무, 연령, 신체적·심리적 상황, 자살한 사람의 주위상황, 자살에 이르게 된 경위 등을 종합적으로 고려하여야 한다고 보면서, 비록 망인의 내성적인 성격 등 개인적인 취약성이 자살을 결의하게 된 데에 영향을 미쳤다거나 망인이 자살 직전에 환각, 망상, 와해된 언행 등의 정신병적 증상에 이르지 않았다고 하여 달리 볼 것은 아니라고 하였다.[3]

(2) 과거에는 근로자나 공무원이 자살한 경우 "자살의 결의 및 실행"이라고 하는 개인적 결단이 개재하고 있어 본질적으로 스스로의 자유의사에 따른 결과로 볼

---

1) 서울행정법원 2024. 2. 6. 선고 2023구합56712 판결(확정).
2) 서울행정법원 2024. 2. 29. 선고 2022구합55361 판결(확정).
3) 대법원 2018. 6. 28. 선고 2017두53941 판결, 대법원 2019. 5. 10. 선고 2016두59010 판결 등.

수 있다는 측면에 방점을 두어 업무(공무) 수행과 자살 사이에 상당인과관계의 인정 요건을 엄격하게 해석하는 경향을 보였으나, 앞서 살펴본 바와 같이 최근 들어 대법원 판례 및 하급심 판결들은 업무상 스트레스의 강도와 종류가 다양화되는 등 변화된 사회현실을 반영하여 근로자 및 공무원의 자살을 업무상 또는 공무상 재해로 인정하는 기준을 완화하고 있다.

3. 군복무 중 자살자의 국가유공자 인정 여부1)

가. 관련규정

군 복무기간은 심리사회학적으로 불안정한 시기이기도 하고, 민주적, 자유주의적 양육과 교육관 속에 자라난 요즘의 젊은이들이 군대 특유의 이질적 문화에 큰 문화 충격을 경험하게 되는 계기이기도 하여 여기서 각종 부적응 문제와 정서, 행동 장애가 발생할 수 있다.

군 복무 중 구타·가혹행위 등으로 자살하는 군인(이하 '자살자'라 한다)을 국가유공자 등 예우 및 지원에 관한 법률에 따라 국가유공자로 인정할 수 있는지에 관하여 구 국가유공자 등 예우 및 지원에 관한 법률(2011. 9. 15. 법률 제11041호로 개정되기 전의 것, 이하 같다) 제4조 제6항에는 국가유공자 및 가족, 유족에서 제외하는 경우로, "불가피한 사유 없이 본인의 고의 또는 중대한 과실로 인한 것(제1호)"뿐만 아니라, "자해행위로 인한 경우(제4호)"가 규정되어 있었으나, 2011. 9. 15. 법률 제11041호로 개정하여 2012. 7. 1.부터 시행한 국가유공자 등 예우 및 지원에 관한 법률은 위 제4호를 삭제하였다.

한편 위 개정에 따라 국가유공자 등 예우 및 지원에 관한 법률은 제4조 제1항 제5호에서 국가유공자인 "순직군경"을 "국가의 수호·안전보장 또는 국민의 생명·재산 보호와 직접적인 관련이 있는 직무수행이나 교육훈련 중 사망한 사람(질병으로 사망한 사람을 포함한다)"으로 그 대상을 축소하였고, 같은 법 제4조 제2항은 그 구체

제 2 편
산업재해

---

1) 최병률, "군인이 군 복무 중 자살한 경우 국가유공자 해당 여부", 판례해설(91), 772 참조.

적인 기준과 범위는 "직무수행이나 교육훈련과 국가의 수호·안전보장 또는 국민의 생명·재산 보호와의 관련 정도, 사망하거나 상이(질병을 포함한다)를 입게 된 경위 및 본인 과실의 유무와 정도" 등을 종합적으로 고려하여 대통령령으로 정하도록 위임하고 있다. 위 규정에 따른 국가유공자에 해당하지 않는 보훈보상대상자 등에 대한 지원을 위해 별도로 보훈보상대상자 지원에 관한 법률을 제정하여 규율하고 있는데, 위 법률은 보훈보상대상자를 ① 재해사망군경(제2조 제1항 제1호), ② 재해부상군경(제2조 제1항 제2호), ③ 재해사망공무원(제2조 제1항 제3호), ④ 재해부상공무원(제2조 제1항 제4호)으로 나누고, 보훈보상대상자에 대하여는 국가유공자에게 적용되는 모든 보훈보상은 유지하되, 보훈급여금 수준 및 일시금 지급기준을 달리 정하고, 취업지원과 보훈병원 감면진료 대상에서 자녀를 제외하였다. 또한 보훈보상대상자 지원에 관한 법률은 "불가피한 사유 없이 본인의 고의 또는 중대한 과실로 인한 것이거나 관련 법령 또는 소속 상관의 명령을 현저히 위반하여 발생한 경우(제2조 제3항 제1호)"를 보훈보상대상자 적용 대상 제외사유로 규정하였을 뿐, "자해행위로 인한 경우"와 같이 그 사망이 자살로 인한 것이라는 이유만으로 보훈보상대상자에서 제외하는 규정은 두고 있지 않다.

따라서 군 복무 중 자살로 사망한 경우 국가유공자에 해당하려면 교육훈련 또는 직무수행과 사망 사이에 인과관계가 인정된다는 것만으로는 부족하고, 망인이 수행한 교육훈련 또는 직무수행이 국가의 수호·안전보장 또는 국민의 생명·재산 보호와 직접적인 관련성이 있다는 점도 함께 입증되어야 하며, 그렇지 않은 경우 보훈보상대상자(재해사망군경)에 해당하는 것으로 보아야 할 것인바, 이에 따라 자살자가 국가유공자 또는 보훈보상대상자로 인정되기 위한 요건 등이 쟁점이 되고 있다.[1]

---

1) 국가배상법 제2조 단서에 의하면, 군인·군무원·경찰공무원 또는 예비군대원이 전투·훈련 등 직무집행과 관련하여 전사·순직하거나 공상을 입은 경우에 본인 또는 그 유족이 다른 법령에 따라 재해보상금·유족연금·상이연금 등의 보상을 지급받을 수 있을 때에는 국가에 대하여 손해배상을 청구할 수 없으므로, 군 자살자가 국가유공자 등 예우 및 지원에 관한 법률 또는 보훈보상대상자 지원에 관한 법률에서 정한 요건에 해당되어 보상을 받을 수 있는 경우에는 국가배상을 청구할 수 없게 된다.

나. 판례의 입장

종래에는 망인이 자유로운 의지가 완전히 배제된 상태에서 자살에 이르게 된 것으로 보기 어렵다는 이유로 군 자살자를 국가유공자로 인정하지 않는 판례가 주류를 이루었다.[1]

그러나 대법원은 위와 같은 2011. 9. 15.자 국가유공자 등 예우 및 지원에 관한 법률의 개정과 보훈보상대상자 지원에 관한 법률의 제정이 있었지만 각 시행되기 이전인 2012. 6. 18. "구 국가유공자 등 예우 및 지원에 관한 법률은 국가를 위하여 희생하거나 공헌한 국가유공자와 그 유족에게 합당한 예우를 다함을 입법 목적으로 하고 있고(제1조), 국가유공자의 희생과 공헌의 정도에 상응하여 국가유공자와 유족의 영예로운 생활을 유지·보장하도록 실질적인 보상을 하는 것을 예우의 기본이념으로 삼고 있음(제2조)에 비추어 보면, '교육훈련 또는 직무수행 중 사망'이라 함은 교육훈련 또는 직무수행과 사망 사이에 상당인과관계가 있는 경우를 말하고, 이는 군인의 사망이 자해행위인 자살로 인한 경우에도 마찬가지이며, 구 국가유공자 등 예우 및 지원에 관한 법률 제4조 제6항 제1호부터 제3호가 모두 교육훈련 또는 직무수행과 사망 등과의 사이에 상당인과관계를 인정하기 어려운 경우를 예시한 규정인 이상 같은 항 제4호의 '자해행위로 인한 경우' 역시 위 각 호와 마찬가지로 교육훈련 또는 직무수행과 사망 등과의 사이에 상당인과관계가 없는 자해행위의 경우에는 국가유공자에서 제외한다는 취지를 주의적·확인적으로 규정한 당연한 규정이라고 보아야 하므로, 군인이 군 복무 중 자살로 사망한 경우에도 구 국가유공자 등 예우 및 지원에 관한 법률 제4조 제1항 제5호 (가)목에서 정한 '교육훈련 또는 직무수

제 2 편
산업재해

---

[1] 대법원 2004. 3. 12. 선고 2003두2205 판결이 그 효시이다. 위 판결에서 대법원은 구 국가유공자 등 예우 및 지원에 관한 법률 시행령(2002. 3. 30. 대통령령 제17565호로 개정되기 전의 것) 제3조의2 단서 제4호 소정의 자해행위로 인한 사망은 자유로운 의지에 따른 사망을 의미한다고 할 것인데, 군인이 상급자 등으로부터 당한 가혹행위가 자살을 결의하게 하는 데 직접적인 동기나 중요한 원인이 되었다는 것만으로는 자유로운 의지에 따른 것이 아니라고 할 수 없고, 자살이 자유로운 의지에 따른 것인지는 자살자의 나이와 성행, 가혹행위의 내용과 정도, 자살자의 신체적·정신적 심리상황, 자살과 관련된 질병의 유무, 자살자를 에워싸고 있는 주위상황, 가혹행위와 자살행위의 시기 및 장소, 기타 자살의 경위 등을 종합적으로 고려하여 판단하여야 하는바, 군복무중 자살한 경우, 선임병 등으로부터 당한 가혹행위와 자살과의 사이에 상당인과관계가 있다는 이유만으로 자살이 자유로운 의지의 범위를 벗어난 상태에서 이루어진 것으로서 '자해행위로 인한 사망'에 해당하지 아니한다고 속단할 수는 없다고 보았다.

행 중 사망'에 해당하는지는 교육훈련 또는 직무수행과 사망 사이에 상당인과관계가 있는지에 따라 판단해야지, 교육훈련 또는 직무수행과 사망 사이에 상당인과관계가 인정되는데도 사망이 자살로 인한 것이라는 이유만으로, 또는 자유로운 의지가 완전히 사라진 상태에서 한 자살이 아니라는 이유로 국가유공자에서 제외하여서는 안 된다"고 판시하여 종전의 견해를 변경하였다.[1] 이로써 군인이 군 복무 중 자살로 사망한 경우에도 국가유공자로 인정할 수 있는 길을 열었다.

한편 대법원은 군인이 자살 등 자해행위로 인한 사망의 경우에 자해에 이르게 된 경위 등에 비추어 교육훈련 또는 직무수행과 상당인과관계가 인정되면 그것만으로 언제나 국가유공자 및 그 유족 등으로 인정되는 것은 아니고 거기에 '불가피한 사유' 없이 본인의 고의 또는 과실이 경합되었다는 등 구 국가유공자 등 예우 및 지원에 관한 법률 제73조의2[2]가 정한 사유가 존재할 경우에는 국가유공자에 준하는 보상대상자(지원대상자) 및 그 유족 등으로 인정될 수 있을 뿐이라고 보아야 하므로, 자해행위 당시의 객관적 상황이나 행위자의 주관적 인식 등을 모두 고려해 보아도 합리적이고 이성적인 판단을 기대하기가 매우 어렵다고 할 정도는 아니어서 자해행위에 대한 회피가능성을 부정할 정도는 아니라면, 자해행위를 감행한 데에 '불가피한 사유'가 있다고까지 할 것은 아니라 할 것이므로 그 유족은 지원대상자 유족으로 인정될 수 있을 뿐 국가유공자 유족으로 인정될 수는 없다고 판시하였다.[3]

이후 대법원은 군인 등이 복무 중 자살로 사망한 경우에 있어서도 국가유공자 등 예우 및 지원에 관한 법률 제4조 제1항 제5호에 의하여 순직군경으로 인정되기 위하여 필요한 '직접적인 원인관계'는 단순히 직무수행이나 교육훈련과 사망 사이에 상당인과관계가 있는 것만으로는 부족하고, 그 사망이 국가의 수호 등과 직접 관련

---

1) 대법원 2012. 6. 18. 선고 2010두27363 전원합의체 판결.
2) 구 국가유공자 등 예우 및 지원에 관한 법률(2011. 9. 15. 법률 제11041호로 개정되기 전의 것) 제73조의2(국가유공자에 준하는 군경 등에 대한 보상) ① 국가보훈처장은 제4조 제1항 제5호·제6호·제13호 또는 제14호의 요건에 해당하는 자로서 그 요건에서 정한 사망 또는 상이(이하 이 조에서 "사망 또는 상이"라 한다)를 입은 자 중 불가피한 사유 없이 본인의 과실이나 본인의 과실이 경합된 사유로 사망 또는 상이를 입은 자와 그 유족 또는 가족을 제4조제1항 및 제6조에 따라 등록되는 국가유공자, 그 유족 또는 가족에서 제외하되, 대통령령으로 정하는 순직을 한 경우 또는 공상기준에 준하는 사유로 사망하거나(상이를 입고 전역하거나 퇴직한 후 제6조제1항에 따른 등록신청 이전에 사망한 경우를 포함한다) 상이를 입은 경우에는 그 사망한 자의 유족 또는 상이를 입은 자와 그의 가족을 제9조, 제11조부터 제62조까지의 규정을 준용하여 보상한다. 다만, 국가보훈처장은 보상을 할 때 대통령령으로 정하는 바에 따라 국가유공자, 그 유족 또는 가족과 그 보상의 정도를 달리 할 수 있다.
3) 대법원 2013. 7. 11. 선고 2013두2402 판결.

이 있는 직무수행이나 교육훈련을 직접적인 주된 원인으로 하여 발생한 것이어야 하며, 보훈보상대상자 지원에 관한 법률 제2조 제1항의 '직무수행이나 교육훈련 중 사망'에 해당하는지 여부는 직무수행 또는 교육훈련과 사망 사이에 상당인과관계가 있는지 여부에 따라 판단하여야 하고, 직무수행 또는 교육훈련과 사망 사이에 상당인과관계가 인정되는데도 그 사망이 자살로 인한 것이라는 이유만으로, 또는 자유로운 의지가 완전히 배제된 상태에서의 자살이 아니라는 이유로 보훈보상자에서 제외되어서는 안 된다고 판시하면서, "군인 등이 직무상 과로나 스트레스로 인하여 우울증 등 질병이 발생하거나 직무상 과로나 스트레스가 우울증 등 질병의 주된 발생원인과 겹쳐서 질병이 유발 또는 악화되고, 그러한 질병으로 인하여 정상적인 인식능력이나 행위 선택 능력, 정신적 억제력이 현저히 저하되어 합리적인 판단을 기대할 수 없을 정도의 상황에서 자살에 이르게 된 것이라고 추단할 수 있는 때에는 직무수행과 사망 사이에 상당인과관계를 인정할 수 있고 이와 같은 상당인과관계를 인정하기 위하여는 자살자가 담당한 직무의 내용·성질·업무의 양과 강도, 우울증 등 질병의 발병 경위 및 일반적인 증상, 자살자의 연령, 신체적·심리적 상황 및 자살자를 에워싸고 있는 주위상황, 자살에 이르게 된 경위 등 제반 사정을 종합적으로 고려하여야 한다"는 기준을 제시하였다.[1]

다. 상당인과관계의 존부 판단 사례

군인의 자살과 직무수행 사이의 상당인과관계 인정 여부가 쟁점이 된 대법원 판례 및 하급심 판결들 중 대표적 사례 몇 가지를 보면 다음과 같다.

(1) 대법원 판례

① 징병 신체검사 당시 1급 판정을 받을 정도로 건강한 상태로 군에 입대한 망인이 소속 대대로 배치된 후 부대 내 장교나 하사관 등의 통제를 받지 않은 채 조교인 일병에 의해 실시된 신병적응훈련(일명 '돌격교육')을 받던 중 자살한 사안에서, 망인이 거의 매일 선착순, 오리걸음, 연병장 돌기, 양손 깍지를 낀 채로 머리박기(속

---

[1] 대법원 2020. 2. 13. 선고 2017두47885 판결.

칭 원산폭격) 등의 얼차려를 받았고, 조교가 망인이 다른 전입신병들에 비하여 태권
도 품새와 발차기 등의 자세가 제대로 나오지 않는다는 이유로 속칭 '다리 찢기'를
강제로 시켰으며, 망인이 자살한 날에도 망인에게 오전 교육훈련 종료 후 휴식시간
에 이르기까지 계속하여 다른 전입신병들이 보는 앞에서 사열대(높이 45㎝)에 다리
를 올려놓고 양손을 깍지 끼고 엎드려 뻗치게 하는 얼차려를 주는 등의 가혹행위를
한 점, 망인은 '조교가 너무 괴롭힌다. 양다리에 감각이 없다'는 취지의 유서를 남기
고 자살한 점, 망인에게 위와 같은 군대 내 교육훈련 중의 가혹행위 외에는 다른 자
살할 동기를 찾아볼 수 없는 점 등의 사정을 종합하여 보면, 망인이 육체적·정신적
으로 견디기 힘든 가혹행위를 지속적으로 받게 되어 그로 인한 극심한 스트레스를
견디지 못하고 자살에 이르게 되었다고 봄이 상당하므로, 망인의 사망과 군복무 중
의 교육훈련 사이에는 상당인과관계가 있다고 인정한 원심판단을 정당한 것으로 수
긍한 사례[1)

　　② 육군에 입대하여 전차대대 화포 정비병으로 복무하던 망인이 포상휴가를 나
왔다가 부대복귀 당일 열차에 뛰어들어 자살한 사안에서, 망인이 내성적이고 소극적
인 성격으로서 중학교 2학년 때 단체생활 부적응, 대인기피 성향으로 약 1개월 사이
에 3회에 걸쳐 정신과 치료를 받은 적이 있고, 입대 후 적성적응도 검사결과에서
'군생활에 부적응이나 사고 가능성이 예측되며 즉각적인 전문가 지원 및 도움이 필
요하다. 자살, 군탈, 적응장애가 예측된다.'는 판정을 받았으나, 소속 부대에서는 망
인이 중학교 때 정신과 치료 트라우마가 있어 병영생활전문상담관과의 면담을 거부
하였다는 이유로 상담관 상담과 정신건강의학과 전문의 진료를 받지 않도록 하였으
며, 가족과 연계하여 관리하지도 않은 사정 등을 살펴보면, 망인이 자살 직전 극심
한 직무상 스트레스와 정신적인 고통으로 우울증세가 악화되어 정상적인 인식능력
이나 행위 선택 능력, 정신적 억제력이 현저히 저하된 상태에서 자살에 이르게 된
것으로 추단할 여지가 충분하고, 망인의 성격 등 개인적인 취약성이 자살을 결의하
게 된 데에 일부 영향을 미쳤을 가능성이 있다고 하여 달리 볼 것은 아니라고 판단
하여, 망인의 사망과 직무수행 사이의 인과관계를 부정한 원심판단에는 보훈보상대
상자 지원에 관한 법률상 직무수행과 사망 사이의 상당인과관계 등에 관한 법리를

---

1) 대법원 2013. 7. 11. 선고 2013두2402 판결.

오해한 잘못이 있다고 본 사례[1]

③ 군에 입대한 망인이 신병훈련을 마친 후 자대 배치를 받고 복무한 지 4일 만에 부대를 이탈하여 자살한 사안에서, 자대 배치 후 총 4회에 걸쳐 가족들과 통화를 하고 간단한 운동과 부모님 면회 등을 하였던 등 망인의 일련의 행적을 살펴보면, 망인에게 감내하기 어려운 육체적 과로나 실질적으로 업무에 대한 극심한 부담 등이 있었다고 인정할 만한 객관적인 사정을 찾아보기 어렵고, 호출부호 등 암기사항을 하루 만에 외우라고 하거나 망인이 코를 골며 자는 것을 깨워 잠잘 때 긴장해서 자라고 하는 등의 선임대원들의 망인에 대한 인격침해행위의 내용이나 정도가 망인으로 하여금 자유로운 의지가 배제되거나 상당 부분 제한된 상태에서 자살에 이르게 할 정도로 과도하였던 것으로 단정하기 어렵다는 등의 이유로 망인의 사망과 직무 사이에 상당인과관계가 인정되지 않는다고 판단한 원심판결을 정당하다고 수긍한 사례[2]

제 2 편
산업재해

(2) 하급심 판결

① 망인이 신병교육훈련을 마친 후 보급계원 업무를 맡게 되었는데 통상의 경우와는 달리 보급업무에 대한 사전 교육 없이 바로 배치된 데다가 직속상관이 완벽한 업무 처리를 요구하는 등으로 긴장된 근무환경 속에서 과중한 업무와 아울러 업무 실수나 부적응에 대한 질책 등이 계속되면서 정신적·육체적인 스트레스로 인하여 심리적인 불안상태가 지속된 것으로 보이는 점, 평소 망인에게 정신질환적 소인이나 증상이 있었다고 보이지 않고 망인에 대한 정신감정 소견에서 군 복무 중 발생한 스트레스 및 그로 인한 우울증을 자살에 이르게 된 주요한 원인으로 보고 있는 점, 망인의 유서에 중대장과 1소대장을 괴롭히기 위해 자살하는 것이고 이러한 이유로 중대장이 사령이고 1소대장이 사관인 날을 선택하여 자살한다는 내용이 기재되어 있는 점 등의 사정들을 종합해 보면, 망인의 직무수행과 사망 사이에 상당인과관계가 있다고 봄이 상당하다고 보아 망인이 국가유공자(순직군경) 요건에 해당하지 않는다고 결정한 피고의 처분을 취소한 사례[3]

---

1) 대법원 2020. 2. 13. 선고 2017두47885 판결.
2) 대법원 2020. 3. 26. 선고 2017두41351 판결.
3) 서울고등법원 2013. 5. 10. 선고 2012누16598 판결(확정).

② 전차대대 군수과장(대위) 보직을 수행하게 된 망인이 새로운 업무에 대한 적응의 어려움, 예하부대 간부들과의 마찰, 과중한 업무 등으로 인해 극심한 스트레스를 호소하였고 이후 보직이 변경되었으나 2주 만에 다시 복귀 조치된 후 자살한 사안에서, 망인이 당시 담당하였던 군수업무는 통상적인 업무 수준에서 크게 벗어나지 않았던 것으로 보이는 점, 망인이 군수업무에 적응하기 위하여 노력하였던 사정은 엿볼 수 있으나 망인이 군수업무에 적응하지 못한 것은 경험 부족이라는 망인의 주관적 사정이 주된 원인으로 보이는 점, 당시 소속부대에서는 망인의 호소를 받아들여 망인으로 하여금 진료를 받게 하고 망인의 보직을 변경하는 등으로 망인의 스트레스를 경감시키기 위한 조치를 취하였던 점, 이후 망인은 군수과로 복귀한 지 5일 만에 자살을 하였던 점 등을 고려하여 보면, 망인이 담당한 군수업무로부터 야기된 업무상 스트레스가 망인의 자살로 이르게 한 상당인과관계는 인정되나 이를 넘어서 망인이 받은 업무상 스트레스가 망인의 자살과의 직접적인 관련성이 있을 정도의 주된 원인이라고는 보기 어렵고, 여기에는 망인의 평소 기질 및 성품, 경험 부족 등과 같은 사적 사정이 복합적으로 작용한 것으로 보일 뿐이므로 망인이 국가유공자 등 예우 및 지원에 관한 법률에 따른 순직군경 요건에 해당하지 않는다는 피고의 결정은 적법하다고 본 사례1)

③ 해군(해병대) 하사로 임관하여 연평도 최전방의 방공진지에서 최후임 간부로서 복무하던 망인이 부대 지침에 따른 총 근무시간을 초과하여 근무하는 등 과도한 업무로 인해 육체적 · 정신적 피로가 상당기간 누적되었을 것으로 보이는 점, 망인이 근무한 방공진지 및 통합상황실은 남북한이 첨예하게 군사적 대치관계를 형성하고 있는 서북도서 최전방에 위치하고 있어 근무 중 항상 긴장상태를 유지할 수밖에 없고, 연평도라는 지리적 특성상 내륙과 한참 떨어져 외부와 고립된 곳이며 영내 방공간부숙소에서 다른 간부 3명과 함께 지내기 시작하면서 휴식시간도 긴장상태를 해소하기 어려운 상황이었던 점, 망인이 열악한 업무 환경에서 상당한 수면부족을 겪고 계속된 긴장상태를 경험함으로 인한 피로 누적은 합리적인 판단력뿐만 아니라

---

1) 서울고등법원 2017. 9. 15. 선고 2017누52544 판결(확정). 원고는 주위적으로 국가유공자 비해당결정의 취소를, 예비적으로 보훈보상대상자 비해당결정의 취소를 각 청구하였는데, 제1심판결은 원고의 주위적 청구를 기각하면서 망인이 보훈보상대상자 지원에 관한 법률에 따른 재해사망군경 요건에 해당한다고 보아 예비적 청구를 인용하였고, 이에 원고가 패소한 주위적 청구 부분에 대하여만 항소한 사안이다.

좌절감을 이겨낼 수 있는 긍정적인 심리자원을 고갈시키는 주요한 원인이 되었을 것인 점, 망인은 주변인들에게 "휴가만 기다리고 있다."는 취지의 말을 많이 하였는데 망인이 상신한 휴가 계획이 승인되지 않았고 이후 망인이 휴가를 연기하였으나 방공중대장이 망인의 휴가를 하루 미루라는 지시를 하면서 재차 휴가의 승인을 요구하는 망인을 질책한 점 등의 사정들을 종합하면 망인의 직무수행과 자살 사이에 상당인과관계가 인정된다고 본 사례[1]

　④ 망인이 신병교육 훈련을 받던 중 부소대장에게 손가락 욕설을 하였는데, 이를 목격한 타 소대 훈련 교관이 망인을 상대로 누구에게 욕설을 한 것인지 추궁하면서 큰 소리로 화를 내고 욕설과 삿대질을 하였으며, 그 과정에서 망인의 행동이 1급 과실에 준하는 행동으로서 상급자 모욕에 해당한다는 이유로 퇴소 내지 유급까지 언급하는 등 망인을 강하게 질책하였고, 그로부터 약 2시간이 경과한 후 망인이 화장실에서 목을 매어 자살한 사안에서, 망인은 소속 부대에서의 강한 질책으로 인하여 깊은 좌절감에 빠진 나머지 스스로 목숨을 끊었다고 보아야 하고, 반드시 구타, 폭언이나 가혹행위로 인하여 자살에 이르러야만 보훈보상대상자에 해당하게 되는 것은 아니라고 본 사례[2]

---

1) 서울고등법원 2020. 11. 4. 선고 2020누36214 판결(확정).

2) 서울고등법원 2023. 8. 17. 선고 2022누57024 판결(확정). 위 판결은 판결 이유 하단에 '보론: 의무복무자에 대한 국가의 책임' 항목을 두어 "설령 망인이 받은 질책이 일반적·객관적 관점에서는 자살에 이를 정도가 아니었다 하더라도, 망인이 그에 따른 좌절감을 이기지 못하고 끝내 자살에 이른 이상, 그 사이에 인과관계의 단절을 인정할 만한 특단의 다른 사정이 없는 한 이는 군대에서의 교육훈련으로 인한 것이라고 보아야 하고, 이러한 해석이 '의무복무자에 대한 국가의 책임을 강화'하고자 하는 법령의 개정취지와 합치한다. 한편 국방의 의무를 수행하기 위하여 군대에 입대하는 것 자체가 국가에 대한 큰 희생이다. 앞서 본 바와 같이 적어도 망인의 자살이 군대에서의 교육훈련과 무관하지 않음이 명백한 이상, 설령 이 사건 사망에 망인의 잘못이 개입되어 있고, 따라서 망인을 국민으로부터 존경과 예우를 받아야 할 '국가유공자'로 인정하기는 어렵다 하더라도, 국가가 이에 대하여 최소한의 책임을 지는 것이 국민의 생명·재산보호와 직접 관련이 없는 희생에 대하여도 그에 걸맞은 보상을 하기 위한 '보훈보상대상자' 제도의 취지에 부합한다."고 부연하였다.

Ⅶ. 국가유공자

1. 서론

넓은 의미의 국가유공자는 국가보훈처의 등록 여부를 불문하고 국가를 위하여 희생하거나 공헌한 사람을 뜻한다.[1] 그런데 그들 모두가 법령에 정해진 예우와 지원을 받을 수 있는 것은 아니다. 엄격한 심사를 거쳐 희생과 공헌 사실이 확인되고, 그것이 직무수행과 직접적 혹은 상당한 인과관계가 있다고 확인되어야 국가유공자로 등록되어 법령에서 정한 예우와 지원을 받을 수 있다.[2]

국가유공자 인정 여부에서의 핵심은 직무수행 또는 교육훈련과 사망 또는 상이 사이의 인과관계를 밝히는 것이다. 구 국가유공자 등 예우 및 지원에 관한 법률이 2011. 9. 15. 법률 제11041호로 개정되어 2012. 7. 1. 시행되기 전에는 국가유공자와 보훈보상대상자를 별도로 구별하지 않고 '교육훈련 또는 직무수행 중 사망 또는 상이'를 입은 경우를 모두 국가유공자로 보았다. 국가유공자의 구체적인 기준과 범위를 정한 구 국가유공자 등 예우 및 지원에 관한 법률 시행령(2012. 6. 27. 대통령령 제23885호로 개정되기 전의 것)에서도 재해를 상황별로 구체화하였을 뿐 교육훈련 또는 직무수행과 사망 또는 상이 사이에 어느 정도의 관련성이 있어야 하는지 명확하게 정하고 있지 않았다. 이에 대하여 대법원은 '법률이 정한 상이가 되기 위하여서는 교육훈련이나 직무수행과 부상 또는 질병 사이에 상당인과관계가 있어야 한다.'고 판시하여[3] 산재보험법에서의 업무상 재해와 유사하게 상당인과관계를 기준으

---

1) 국가유공자 등 예우 및 지원에 관한 법률 제1조는 "이 법은 국가를 위하여 희생하거나 공헌한 국가유공자, 그 유족 또는 가족을 합당하게 예우(禮遇)하고 지원함으로써 이들의 생활안정과 복지향상을 도모하고 국민의 애국정신을 기르는 데에 이바지함을 목적으로 한다."고 정하고 있다.
2) 박경수, 국가유공자법, 박영사(2022).
3) 대법원 1991. 6. 28. 선고 91누2359 판결.

로[1] 인과관계를 판단하였다.

법률 제11041호로 개정되어 2012. 7. 1. 시행된 구 국가유공자 등 예우 및 지원에 관한 법률에서는 '국가의 수호·안전보장 또는 국민의 생명·재산 보호와 직접적인 관련이 있는 직무수행이나 교육훈련 중 사망 또는 상이'라고 규정하여 직무수행이나 교육훈련의 내용을 구체화하였고, 법률의 위임에 따라 국가유공자 요건에 관한 구체적인 기준과 범위를 정한 구 국가유공자 등 예우 및 지원에 관한 법률 시행령(2012. 6. 27. 대통령령 제23885호로 개정되어 2012. 7. 1. 시행)에서는 각 상황별로 직무수행 또는 교육훈련이 '직접적인 원인'이 되어 발생한 사고나 재해로 사망하거나 상이를 입은 사람이어야 국가유공자가 될 수 있다고 규정하여 인과관계의 내용을 구체화하였다. 그 내용은 현행 국가유공자 등 예우 및 지원에 관한 법률 및 같은 법 시행령에서도 크게 변하지 않았다.

위와 같이 개정된 구 국가유공자 등 예우 및 지원에 관한 법률이 2012. 7. 1. 시행되면서, '국가의 수호·안전보장 또는 국민의 생명·재산 보호와 직접적인 관련이 있는 직무수행이나 교육훈련 중 사망 또는 상이'만을 국가유공자로 정하여 그에 상응하는 예우와 보상을 하도록 함에 따라, 위 각 사항과 '직접적인 관련이 없는' 직무수행이나 교육훈련 중 사망 또는 상이에 대하여는 보훈보상대상자 지원에 관한 법률(2011. 9. 15. 법률 제11042호로 제정되어 2012. 7. 1.부터 시행)을 제정하면서 신설한 보훈보상대상자로 보아 그에 상응하는 지원을 하고 있다.

2. 국가유공자

가. 국가유공자의 정의

국가유공자 등 예우 및 지원에 관한 법률(이하 '국가유공자법'이라 한다) 제4조 제1항 각 호에서는 국가유공자로 순국선열(제1호), 애국지사(제2호), 전몰군경(제3호),

---

[1] 산재보험법은 제37조 제1항은 '근로자가 다음 각 호(제1호 업무상 사고, 제2호 업무상 질병, 제3호 출퇴근 재해)의 어느 하나에 해당하는 사유로 부상·질병 또는 장해가 발생하거나 사망하면 업무상의 재해로 본다. 다만, 업무와 재해 사이에 상당인과관계가 없는 경우에는 그러하지 아니하다.'고 규정하여, 업무와 재해 사이에 상당인과관계가 있어야 한다는 점을 법문에서 명시하고 있다.

전상군경(제4호), 순직군경(제5호), 공상군경(제6호), 무공수훈자(제7호), 보국수훈자(제8호), 6·25참전 재일학도의용군인(제9호), 참전유공자(제10호), 4·19혁명사망자(제11호), 4·19혁명부상자(제12호), 4·19혁명공로자(제13호), 순직공무원(제14호), 공상공무원(제15호), 국가사회발전 특별공로순직자(제16호), 국가사회발전 특별공로상이자(제17호), 국가사회발전 특별공로자(제18호)를 정하고 있다.

행정소송에서는 주로 전몰군경, 전상군경, 순직군경, 공상군경, 순직공무원, 공상공무원에 해당하는지 여부가 문제된다. 전몰군경(제3호)과 전상군경(제4호)은 '전투 또는 이에 준하는 직무수행 중' 사망하거나 상이를 입고 전역·퇴직한 군인이나 경찰공무원을 말한다. 순직군경(제5호)과 공상군경(제6호)은 '국가의 수호·안전보장 또는 국민의 생명·재산 보호와 직접적인 관련이 있는 직무수행이나 교육훈련 중' 사망하거나 상이를 입고 전역·퇴직한 군인이나 경찰·소방 공무원을 말한다. 순직공무원(제14호)과 공상공무원(제15호)은 '국민의 생명·재산 보호와 직접적인 관련이 있는 직무수행이나 교육훈련 중' 사망하거나 상이를 입고 퇴직한 공무원을 말한다. 다만, 상이의 경우 그 상이정도가 국가보훈부장관이 실시하는 신체검사에서 상이등급으로 판정되어야 한다는 점은 전상군경, 공상군경, 공상공무원 모두 동일하다.

국가유공자법 제4조 제2항은 국가유공자 중 전몰군경, 전상군경, 순직군경, 공상군경, 순직공무원, 공상공무원 요건에 해당하는지에 관한 구체적인 기준과 범위를 대통령령으로 정하도록 위임하고 있고, 이러한 위임에 따라 같은 법 시행령 제3조 제1항은 전몰군경(제1호)과 전상군경(제2호)을 [별표 1] 제1호의 1-1부터 1-8까지의 어느 하나에 해당하는 사망자 내지 상이자로 정하고 있으며, 순직군경, 순직공무원(제3호), 공상군경, 공상공무원(제4호)을 [별표 1] 제2호의 2-1부터 2-8까지의 어느 하나에 해당하는 사망자 내지 상이자로 정하고 있다. 국가유공자법 시행령 제3조 [별표 1]의 내용은 다음과 같다.

◼ 국가유공자 등 예우 및 지원에 관한 법률 시행령 [별표 1]

국가유공자 요건의 기준 및 범위(제3조 관련)

1. 전투 또는 이에 준하는 직무수행 중 사망하거나 상이를 입은 사람

구분	기준 및 범위
1-1	전투 또는 이와 관련된 행위 중 사망하거나 상이를 입은 사람
1-2	국외에 파병 또는 파견되어 전투 또는 이와 관련된 행위 중 사망하거나 상이를 입은 사람
1-3	공비소탕작전 또는 대간첩작전에 동원되어 그 임무를 수행하는 행위 중 사망하거나 상이를 입은 사람
1-4	1-3의 작전을 수행하기 위하여 필요한 인원, 장비, 물자, 탄약 등을 보급하고 수송하는 등의 지원행위 중 사망하거나 상이를 입은 사람
1-5	적국지역이나 반국가단체가 배타적인 영향력을 행사하는 지역에서 임무를 수행하는 행위 중 사망하거나 상이를 입은 사람
1-6	적이나 반국가단체(이에 동조한 사람을 포함한다)에 의한 테러·무장폭동·반란 또는 치안교란을 방지하기 위한 전투 또는 이와 관련된 행위 중 사망하거나 상이를 입은 사람
1-7	전투 또는 이와 관련된 행위 중 적의 포로가 되거나 국외에 파병 또는 파견 중 전투 또는 이와 관련된 행위로 억류되어 사망하거나 상이를 입은 사람(적국 등에 동조한 사람은 제외한다)
1-8	가. 적이 설치한 위험물에 의하여 사망하거나 상이를 입은 사람 나. 적이 설치한 위험물을 제거하는 작업 중 사망하거나 상이를 입은 사람

2. 국가의 수호·안전보장 또는 국민의 생명·재산 보호와 직접적인 관련이 있는 직무수행이나 교육훈련 중 사망하거나 상이를 입은 사람(국가의 수호·안전보장 또는 국민의 생명·재산 보호와 직접적인 관련이 있는 직무수행이나 교육훈련으로 인하여 질병이 발생하거나 그 질병으로 사망한 사람을 포함한다)

구분	기준 및 범위
2-1	가. 다음의 어느 하나에 해당하는 직무수행(이와 직접 관련된 준비 또는 정리행위 및 직무수행을 위하여 목적지까지 이동하거나 직무수행 종료 후 소속부대 등으로 이동하는 행위를 포함한다)이 직접적인 원인이 되어 발생한 사고나 재해로 사망하거나 상이를 입은 사람

	1) 군인(군무원을 포함한다)으로서 경계·수색·매복·정찰, 첩보활동, 강하 및 상륙 임무, 고압의 특수전류·화생방·탄약·폭발물·유류 등 위험물 취급, 장비·물자 등 군수품의 정비·보급·수송 및 관리, 대량살상무기(WMD)·마약 수송 등 해상불법행위 단속, 군 범죄의 수사·재판, 「군에서의 형의 집행 및 군수용자의 처우에 관한 법률」에 따른 계호업무, 검문활동, 범인 또는 피의자 체포, 주요 인사 경호, 재해 시 순찰활동, 해난구조·잠수작업, 화학물질·발암물질 등 유해물질 취급, 산불진화, 감염병 환자의 치료나 감염병의 확산방지, 인명구조·재해구호 등 대민지원 업무 2) 경찰공무원으로서 범인 또는 피의자 체포, 경비 및 주요 인사 경호, 교통의 단속과 위해의 방지, 대테러임무, 치안정보 수집 및 긴급신고 처리를 위한 현장 활동, 대량살상무기(WMD)·마약 수송 등 해상불법행위 단속, 해난구조·잠수작업, 화학물질·발암물질 등 유해물질 취급, 감염병 환자의 치료나 감염병의 확산방지, 범죄예방·인명구조·재산보호·재해구호 등을 위한 순찰활동 및 대민지원 업무 3) 소방공무원으로서 화재진압, 인명구조 및 구급 업무, 화재·재난·재해로 인한 피해복구, 감염병 환자의 치료나 감염병의 확산 방지, 화학물질·발암물질 등 유해물질 취급, 119에 접수된 생활안전 및 위험제거 행위(화재·재난·재해 또는 위험·위급한 상황에서의 생활안전 지원에 해당되는 경우를 말한다) 4) 공무원(군인, 경찰공무원 및 소방공무원은 제외한다)으로서 재난관리 및 안전관리, 산불진화, 산림병해충 항공 예찰·방제작업, 불법어업 지도·단속, 「형의 집행 및 수용자의 처우에 관한 법률」에 따른 계호업무, 주요 인사 경호, 감염병 환자의 치료나 감염병의 확산방지, 화학물질·발암물질 등 유해물질 취급, 국외 위험지역에서의 외교·통상·정보활동 등 생명과 신체에 고도의 위험이 따르는 업무 5) 비무장지대와 인접한 초소, 레이더기지·방공포대 및 도서·산간벽지 등에 위치한 근무지와 주거지를 이동하는 행위 나. 그 밖에 국가의 수호·안전보장 또는 국민의 생명·재산 보호와 직접적인 관련이 있는 행위로서 직무의 성질, 직무수행 당시의 상황 등을 종합적으로 고려하여 보훈심사위원회가 가목 1)부터 5)까지의 직무수행에 준한다고 인정하는 행위
2-2	2-1의 직무수행과 직접 관련된 실기·실습 교육훈련(이와 직접 관련된 준비 또는 정리행위, 전투력 측정, 직무수행에 필수적인 체력검정과 교육훈련을 위하여 목적지까지 이동하거나 교육훈련 종료 후 소속부대 등으로 이동하는 행위를 포함한다)이 직접적인 원인이 되어 발생한 사고 또는 재해로 사망하거나 상이를 입은 사람
2-3	간첩의 신고 및 체포와 관련된 행위 중 사망하거나 상이를 입은 사람
2-4	출장 또는 파견기간에 2-1의 직무수행 또는 2-2의 교육훈련이 직접적인 원인이 되어 사고나 재해로 사망하거나 상이를 입은 사람

2-5	국제평화유지 및 재난구조활동 등을 위하여 국외에 파병·파견되어 건설·의료지원·피해복구 등의 직무수행(이와 관련된 교육훈련을 포함한다)이 직접적인 원인이 되어 발생한 사고 또는 재해로 사망하거나 상이를 입은 사람
2-6	국외에서 천재지변·전쟁·교전·폭동·납치·테러·감염병 등의 위난상황이 발생하였을 경우 대한민국 국민에 대한 보호 또는 사고수습 등의 직무수행 중 그 직무수행이 직접적인 원인이 되어 발생한 사고 또는 재해로 사망하거나 상이를 입은 사람
2-7	국제회의, 국제행사, 정부합동특별대책, 비상재난대책, 국정과제 등 중요하고 긴급한 국가의 현안업무 수행 중 단기간의 현저한 업무량의 증가로 인한 육체적·정신적 위해가 직접적인 원인이 되어 사망하거나 상이를 입은 사람
2-8	다음 각 목의 어느 하나에 해당하는 질병에 걸린 사람 또는 그 질병으로 인하여 사망한 사람(기존의 질병이 원인이 되거나 악화된 경우는 제외한다) 가. 2-1부터 2-7까지의 직무수행 또는 교육훈련 중 입은 분명한 외상이 직접적인 원인이 되어 질병이 발생하였다고 의학적으로 인정된 질병 나. 2-1부터 2-7까지의 직무수행 또는 교육훈련이 직접적인 원인이 되어 질병이 발생하였다고 의학적으로 인정된 질병 다. 상당한 기간 동안 심해에서의 해난구조·잠수작업, 감염병 환자의 치료 또는 감염병의 확산방지 등 생명과 신체에 대한 고도의 위험을 무릅쓰고 직무를 수행하던 중 그 직무수행이 직접적인 원인이 되어 질병이 발생하였다고 의학적으로 인정된 질병 라. 화학물질·발암물질·감염병 등 유해물질을 취급하거나 이에 준하는 유해환경에서의 직무수행(이와 관련된 교육훈련을 포함한다) 중 이들 유해물질 또는 유해환경에 상당한 기간 직접적이고 반복적으로 노출되어 질병이 발생하였다고 의학적으로 인정된 질병

제 2 편
산업재해

나. 보훈보상대상자와의 구별

보훈보상대상자 지원에 관한 법률(이하 '보훈보상대상자법'이라 한다) 제2조 제1항 각 호에서는 재해사망군경(제1호), 재해부상군경(제2호), 재해사망공무원(제3호), 재해부상공무원(제4호)을 보훈보상대상자를 정하고 있다. 재해사망군경(제1호), 재해부상군경(제2호)은 '국가의 수호·안전보장 또는 국민의 생명·재산 보호와 직접적인 관련이 없는 직무수행이나 교육훈련 중' 사망하거나 상이를 입고 전역·퇴직한 군인이나 경찰·소방 공무원을 말한다. 재해사망공무원(제3호), 재해부상공무원(제4호)은 '국민의 생명·재산 보호와 직접적인 관련이 없는 직무수행이나 교육훈련 중' 사망하거나 상이를 입고 퇴직한 공무원을 말한다.

즉 국가의 수호·안전보장 또는 국민의 생명·재산 보호와 직접적인 관련이 있는 직무수행이나 교육훈련 중 사망하거나 상이를 입고 전역·퇴직하는 경우에는 국가유공자에 해당하고, 국가의 수호·안전보장 또는 국민의 생명·재산 보호와 직접적인 관련이 없는 직무수행이나 교육훈련 중 사망하거나 상이를 입고 전역·퇴직하는 경우에는 보훈보상대상자에 해당한다. 이와 같이 국가유공자와 보훈보상대상자를 나누어 규정한 취지는 보훈의 대상 중 국민으로부터 존경과 예우를 받아야 할 사람은 국가유공자로, 단순히 보상이 필요한 사람은 보훈보상대상자로 구분하여 그에 합당한 예우와 지원, 보상을 함으로써 보훈의 정체성 강화를 도모하기 위한 데 있다.[1]

다. 국가의 수호 등과 '직접적인 관련'이 있는 직무수행 또는 교육훈련이 '직접적인 원인'이 될 것의 의미 및 판단방법

상이 발생의 주된 원인이 된 행위가 국가의 수호 등과 '직접적인 관련'이 있는 직무수행에 해당하는 행위인지는 당해 구체적 직무수행 행위의 성격과 내용, 그 구체적 직무수행에 내재하는 위험의 내용 및 정도 또는 그 구체적 직무수행이 국가의 수호 등에 기여하는 정도, 상이의 구체적 발생 경위 등을 종합적으로 고려하여야 한다.[2]

국가유공자 요건으로서 직무수행 또는 교육훈련이 '직접적인 원인'이 되었다고 인정하기 위하여서는 단순히 직무수행 또는 교육훈련과 상이 사이에 상당인과관계가 있는 것만으로는 부족하고, 그 상이가 국가의 수호·안전보장 또는 국민의 생명·재산 보호와 직접적인 관련이 있는 직무수행 또는 교육훈련을 주된 원인으로 하는 것이어야 한다. 따라서 사망 또는 상이에 직무수행이나 교육훈련이 일부 영향을 미쳤더라도 그것이 주로 본인의 체질적 소인이나 생활습관에 기인한 경우 또는 기존의 질병이 직무수행이나 교육훈련으로 인하여 일부 악화된 것에 불과한 경우 등과 같이 직무수행이나 교육훈련이 사망이나 상이의 주된 원인이 되었다고 볼 수 없는 경우에는, 국가유공자법령에 정한 국가유공자 요건의 인정 범위에 해당한다고 할 수

---

1) 대법원 2016. 7. 27. 선고 2015두46994 판결 등 참조.
2) 대법원 2018. 8. 30. 선고 2015두54469 판결.

없다.1)

　　이 부분이 행정소송에서의 주된 쟁점이 되고 있다. 이와 관련된 구체적인 사례는 아래 3. 국가유공자 및 보훈보상대상자 요건 해당 여부 관련 판례 부분에서 살펴보기로 한다.

라. 공상인정절차와 상이등급판정 절차의 구별(전상·공상군경, 공상공무원의 경우)

　　공상군경과 재해부상군경에 관한 요건과 등록절차에 관한 법령들의 규정을 종합하면, 국가유공자법의 전상·공상군경, 공상공무원과 보훈보상대상자법의 재해부상군경, 재해부상공무원에 관한 등록 절차는 법령이 정한 특별한 경우를 제외하고는 두 절차로 명확하게 구분되어 있다. 하나는 보훈심사위원회의 심의·의결을 거쳐 해당 상이가 교육훈련 또는 직무수행 중의 상이(질병을 포함한다. 이하 이러한 상이를 '공상'이라 한다)에 해당하는지를 결정하는 절차(이하 '공상인정절차'라 한다)이고, 다른 하나는 신체검사를 통해 그 공상이 법령에서 정한 상이등급에 해당하는지를 판정하는 절차이다. 그리고 위 두 절차는 그 순서에 따라 개별적으로 진행된다.

　　따라서 상이 정도가 국가유공자법령과 보훈보상대상자법령이 정한 상이등급에 해당되는지는 공상인정절차에서 공상에 해당한다고 인정된 다음 상이등급 판정 단계에서 따져야 하고, 공상인정절차에서 고려할 것이 아니다.2)

　　국가유공자법 제73조의2, 보훈보상대상자법 제51조의2에서는 국가가 진료비용을 부담하면서 상이등급의 판정을 받지 못한 경찰·소방공무원 등에 대하여 진료를

제 2 편
산업재해

---

1) 대법원 2016. 7. 27. 선고 2015두46994 판결, 대법원 2017. 7. 11. 선고 2015두49153 판결 등.
2) 대법원 2018. 6. 15. 선고 2018두35292 판결. 갑이 군 복무 중 머리에 상처를 입었다고 주장하며 국가유공자등록신청을 하였으나 보훈지청장이 상처와 군 복무 사이에 인과관계를 인정할 수 없다는 이유로 거부처분을 한 사안에서, 위 상처로 국가유공자 또는 보훈보상대상자로 인정될 수 있는 정도의 장해가 남아 있지 않다는 등의 사정은 상이가 인정된 이후 상이등급 판정 단계에서 따져야 할 것이지, 공상인정절차에서 고려할 것이 아니므로, 법원이 갑의 상처와 군 복무 사이에 인과관계를 인정하면서도 갑이 상이등급을 받을 수 있는 대상이 아니라는 사실을 인정한 다음 그 사유를 들어 위 처분이 적법하다고 판단할 수는 없음에도, 갑이 상이등급을 받을 수 없는 사람이라는 이유를 들어 거부처분이 적법하다고 판단한 원심판결에 법리를 오해한 잘못이 있다고 한 사례.

받게 할 수 있다고 정하고 있다. 따라서 상이등급을 받지 못하더라도 공상인정은 그 자체만으로도 실익이 있다.

마. 소송의 형태

(1) 등록신청 의제에 따른 처분의 내용

보훈보상대상자 제도가 2012. 7. 1.부터 도입되면서 공무수행 중 사망하거나 상이를 입게 되면 국가의 수호·안전보장 또는 국민의 생명·재산 보호와 '직접적인 관련'이 있는지 여부에 따라 국가유공자 또는 보훈보상대상자로 구분되게 되었다. 그에 따라 국가유공자로 등록신청하면 보훈보상대상자로도 등록신청 한 것으로 간주하고(보훈보상대상자법 제4조 제2항), 보훈보상대상자로 등록신청하면 국가유공자로도 등록신청 한 것으로 간주하도록 하였다(국가유공자법 제6조 제2항).

따라서 국가유공자 또는 보훈보상대상자로 등록신청 한 경우 국가유공자 및 보훈보상대상자 요건 인정과 관련하여, ① 국가유공자 요건 인정, ② 국가유공자 요건 불인정, 보훈보상대상자 요건 인정, ③ 국가유공자 및 보훈보상대상자 요건 모두 불인정 하는 처분이 있을 수 있고, ①의 경우에는 국가유공자 및 보훈보상대상자 요건 인정에 관하여 다툴 실익이 없으므로, ②, ③의 경우에 관하여 본다.

(2) 보훈보상대상자에는 해당하나 국가유공자에는 해당하지 않는다는 처분을 다투는 경우

국가유공자에 해당하지 않는다는 내용의 국가유공자(요건)비해당처분의 취소를 구하거나, 보훈보상대상자를 국가유공자로 대상구분 변경신청을 하였다가 불승인 결정을 받고 대상구분변경불승인처분의 취소를 구하는 경우도 있다.

(3) 국가유공자 및 보훈보상대상자 모두에 해당하지 않는다는 처분을 다투는 경우

국가유공자 요건 또는 보훈보상대상자 요건에 해당함을 이유로 국가유공자 비해당결정처분과 보훈보상대상자 비해당결정처분의 취소를 청구하는 것은 동시에 인정될 수 없는 양립불가능한 관계에 있고, 이러한 두 처분의 취소청구는 원칙적으로 국가유공자 비해당결정처분 취소청구를 주위적 청구로 하는 주위적·예비적 관계에 있다.[1] 병합의 형태가 단순 병합인지 주위적·예비적 병합인지는 당사자의 의사가 아닌 병합청구의 성질을 기준으로 판단하여야 하므로, 원고가 주위적·예비적 관계에 있는 두 청구를 단순 병합 형태로 청구하였더라도 원심으로서는 이를 주위적·예비적 청구로 보아 그 순서에 따라 판단하여야 한다.[2]

바. 증명책임

국가유공자나 보훈보상대상자의 인정 요건, 즉 공무수행으로 상이를 입었다는 점이나 그로 인한 신체장애의 정도가 법령에 정한 등급 이상에 해당한다는 점은 등록신청인에게 증명책임이 있다.[3]

제 2 편
산업재해

사. 조현병(구 정신분열증, 특히 군 복무와 관련하여)[4]

(1) 국가유공자법령 내지 보훈보상자대상법령에서 '조현병'으로 인한 국가유공자 및 보훈보상대상자 인정요건의 기준 및 범위에 대하여 특별한 규정을 두고 있지 않다. 따라서 군 복무를 포함하여 직무수행이나 교육훈련 중 조현병에 걸렸다면서 국가유공자로 인정하여 달라고 하는 사안에서, 다른 질병들과 마찬가지로 교육훈련 또는 직무수행과 '조현병' 발생 및 악화 사이의 인과관계는 주장하는 쪽에서 입증하여야 한다.

그런데 군 복무 중 조현병에 걸렸다면서 국가유공자로 인정하여 달라고 하는 많은 사안에서, 감정의들은 "조현병은 실탄이 장착되어 있는 총기의 방아쇠를 당기면 총알이 발사되나 실탄이 장착되어 있지 않은 총기는 아무리 방아쇠를 당긴다고 해도 총알이 발사되지 않는 것과 마찬가지로 유전적인 성향을 지니고 있는 개인은

---

1) 대법원 2016. 7. 27. 선고 2015두46994 판결 등.
2) 대법원 2016. 8. 17. 선고 2015두48570 판결.
3) 대법원 2013. 8. 22. 선고 2011두26589 판결 등.
4) 국립국어원 표준국어대사전에 의하면 '정신분열병', '정신분열증'은 모두 '조현병'의 전 용어이다. 정신분열병이라는 명칭은 의학적 견지에서 타당하지 않은 면이 있고, 분열이라는 단어가 포함하고 있는 부정적인 의미가 매우 심각하다는 사정 등이 고려되어 2011년 말 위 병명은 공식적으로 '조현병'으로 개정되었다.

환경적인 자극이 주어지면 질환이 발생하지만 유전적인 성향이 없는 경우는 환경적인 자극이 주어진다고 할지라도 발병하지 않는 것"이라는 소견을 제시하고 있는바, "약간의 발병시기의 차이는 있으나 결국 발병할 환자가 발병한다"는 차원을 강조할 경우 군 복무와 상병 사이의 인과관계에 관한 증명이 매우 어려워질 수 있다는 특수한 사정이 있다.

(2) 조현병 일반에 대한 의학적인 소견의 주류는 다음과 같다.

○ 조현병은 일반적으로 내적 원인과 외적 원인 등 수많은 원인이 복합적으로 작용하여 발병하므로 군 복무시의 구타 등 가혹한 환경만으로는 조현병이 발생하지 않으나 가혹한 환경이 스트레스로 작용하여 발병을 촉진하거나 악화시키는 등 조현병의 외적인 유발인자가 될 수 있다.[1]

○ 조현병의 정확한 발병원인은 아직까지 정확하게 밝혀지지 않고 있고 그 원인에 대하여는 다양한 학설들이 있으나, 일반적으로 생물학적 요인(유전적 요인), 신경생화학적요인(도파민, 세로토닌, 글루타메이트 등 신경전달물질의 이상, 신경해부학적 요인, 신경생리학적 요인, 정신면역학적 요인), 심리사회학적 요인 등 다양한 원인들이 복합적으로 작용한다. 조현병에 대한 유전적 소인을 가지고 태어나 발병에 취약점을 가지고 있는 환자가 성장하면서 어떠한 다른 인자가 개입하는 시점에 조현병이 발병하는 것으로 알려져 있는데, 조현병이 가장 흔하게 발병하는 연령은 남자는 15세부터 25세 사이, 여자는 25세부터 35세 사이이다.[2]

○ 조현병이란 생각, 감정, 행동의 전반적인 붕괴현상을 말하는 것으로, 일반적으로 청소년기나 젊을 때 발병이 시작한다. 조현병은 고민을 참거나 불만이 쌓여서 생기는 병이 아니라 뇌세포의 기능이 잘못되어 생기는 뇌의 질병으로, 젊은 나이에 발병하며, 일단 병이 생기면 치료를 받지 않는 한 거의 일생을 폐인으로 지내는 무서운 병이다. 인구의 0.85%가 이 병에 걸리며, 우리나라에도 환자가 30만 명 정도 있는 것으로 추산한다. 처음에는 증상이 서서히 나타나므로 자신이나 주위 사람들이 병이 생긴 것을 모르고 지내는 경우가 많다. 환자는 일이나 학업에 대한 집중력이 떨어지고, 혼자 있기를 좋아하여 다른 사람과 어울리지 못하며 불면증을 겪는다. 희로애락의 감정구조가 변하여 표정이 굳어지고, 현실적으로 도저히 이루어질 수 없는 것을

---

1) 대법원 2007. 9. 20. 선고 2007두12767 판결.
2) 대법원 2007. 9. 6. 선고 2007두11252 판결.

자신은 옳은 것이라고 사실처럼 생각하는 경향이 있다. 조현병 증상은 양성과 음성으로 나누는바, 양성 증상이란 망상, 환청 등 병의 경과로 새로이 생긴 증상을 말하고, 음성 증상이란 감정의 둔마, 사회적 고립 등 정상적인 기능의 상실을 말한다.[1]

　　(3) 군 복무 중 조현병이 교육훈련 또는 직무수행과 인과관계가 있는지에 관한 판례를 분석하여 보면, ① 입대 전에 정신질환 증세를 보이거나 정신과 병원치료를 받은 적이 있는지, ② 입대 전 사회 적응에 문제가 없었는지, ③ 연령, 지능지수나 성격, ④ 가족 중에 정신질환증세를 보이거나 정신질환으로 치료를 받은 적이 있는지, ⑤ 구타, 폭언이나 가혹행위 등이 있었는지 및 그 정도, ⑥ 맡은 업무가 본인의 능력에 비해 과중하였거나 상급자로부터 견디기 어려운 질책을 당하였는지, ⑦ 상·하급자나 동료 등으로부터 집단 따돌림을 당하였는지, ⑧ 병상일지, 공무상병 인증서 등에 기재된 내용(상이의 발병 일시나 발병 장소 등), ⑨ 군 복무중 적절한 치료를 받았는지, ⑩ 전역 후 발병한 경우 그 발병 시기, ⑪ 현재 증상 등을 판단기준으로 판단하고 있다.

　　(4) 앞서 본 바와 같이 조현병의 경우 유전적인 소인을 지나치게 강조하여 "결국 발병할 환자가 발병한다"는 입장에 서게 되면, 국가유공자나 보훈보상대상자의 인정이 극히 어렵게 될 수 있다.

　　반면, 군 복무는 폐쇄적인 병영생활, 상명하복의 엄격한 위계질서 등 특수성이 있는바, 교육훈련 또는 직무수행과 부상·질병 사이의 인과관계의 유무는 보통 평균인이 아니라 당해 군인 등의 건강과 신체조건을 기준으로 판단하여야 함을 전제로 조현병의 유전적인 소인이 있는 자가 군 복무 중 조현병이 발병한 경우를 "군 복무를 하지 않았으면 조현병이 발병하지 않았을 것"이라는 입장에서 지나치게 넓게 인정한다면, 이는 폐쇄적인 병영생활을 하면서 상명하복의 체제에서 정상적으로 교육훈련과 직무를 수행한 많은 군 복무자들과의 형평상 불합리한 면도 없지 않다.

　　따라서 군 복무와 조현병의 발병 사이의 인과관계는 심리를 통하여 교육훈련 또는 직무수행 중에 조현병을 야기하였다고 인정할 수 있을 정도의 상당한 외부적인 요인(예컨대 구타, 가혹행위, 심한 질책, 폭언, 따돌림, 부적절한 대처, 과로, 스트레스 등)이 있었는지를 밝혀내어, 이러한 요인과 유전적인 소인을 비교한 다음 앞서 본

제 2 편
산업재해

---

1) 서울행정법원 2007. 7. 11. 선고 2006구합23296 판결(1심에서는 청구를 기각하였으나, 항소심에서 1심 판결을 취소하고 청구를 인용하였으며, 상고 기각으로 항소심 판결 확정) 사안에서의 의학적 소견.

주요 기준들을 중심으로 인정 여부를 신중히 판단하여야 할 것이다.

아. 자살[1]

국가유공자로 인정되기 위하여 필요한 '직접적인 원인'은 단순히 직무수행 또는 교육훈련과 사망 또는 상이 사이에 상당인과관계가 있는 것만으로는 부족하고, 사망 또는 상이가 국가의 수호·안전보장 또는 국민의 생명·재산 보호와 직접적인 관련이 있는 직무수행 또는 교육훈련을 주된 원인으로 하는 것이어야 하는데, 국가의 수호 등과 직접적인 관련이 있는 직무가 직접적인 원인이 되어 자살하였다고 볼 수 있는 경우는 많지 않을 것으로 보인다.

다만, 직무수행 또는 교육훈련과 자살 사이에 상당인과관계가 인정되는 경우는 보훈보상대상자로 볼 수 있다. 보훈보상대상자법 제2조 제2항, 같은 법 시행령 제2조 [별표 1] 15호는 '직무수행 또는 교육훈련과 관련한 구타·폭언, 가혹행위, 단기간에 상당한 정도의 업무상 부담 증가, 만성적인 과중한 업무의 수행 또는 초과근무 등에 따른 육체적·정신적 과로가 직접적인 원인이 되어 자해행위를 하여 사망하였다고 인정된 사람'을 보훈보상대상자의 요건에 해당한다고 정하고 있다.

3. 국가유공자 및 보훈보상대상자 요건 해당 여부 관련 판례

가. 국가유공자에 해당한다고 본 사례

(1) 원고는 1977. 7. 16. 군무원으로 인용된 이래 각급 부대에서 용접, 용접 후 연마작업 등을 수행하면서 근무하였고, 2001. 3.경 무렵부터 2007. 6.경까지 제공호 부품 국산화 개발작업에 참여하면서 직경 48㎝, 길이 132㎝의 원통 모양 후기 연소기(Afterburner) 원통 속에 상체를 가슴 부분까지 밀어 넣고, 후기 연소기 안에 부착되어 있는 알루미늄합금 재질의 핀(Casing hanger)을, 글라인더 커터를 이용하여 제거한 후 용접·연마하는 작업을 하였다. 이후 원고가 2012. 2.경 '2001. 3. 전투기(제

---

1) Ⅵ. 자살의 재해 인정 여부, 3. 군복무 중 자살자의 국가유공자 인정 여부 참조.

공호) 부품 국산화 개발작업과 관련하여 금속 원통에서 글라인더를 이용해 핀을 제거하는 작업을 수행한 이후 이명 및 난청(이 사건 상병)이 발생하였다'라면서 국가유공자등록을 신청한 사안에서, 원고가 수행한 전투기 정비행위의 성격과 구체적 내용, 그 직무수행에 내재하는 위험의 내용 및 정도, 이 사건 상병의 구체적 발생 경위 등을 종합적으로 고려할 때, 이 사건 상이는 국가의 수호·안전보장 또는 국민의 생명·재산 보호와 직접적인 관련이 있는 행위로서 국가유공자법 시행령 제3조 제1항 제4호 [별표 1] 제2호 2-1 (가)목이 예시하는 직무수행의 하나인 군수품 정비행위를 주된 원인으로 하여 발생한 것으로 인정된다는 이유로 국가유공자(공상공무원)에 해당한다고 본 사례1)

제 2 편
산업재해

(2) 원고는 1972. 12. 2. 육군에 입대하여 1973. 2. 1. 방공포 사령부 예하 포대에 배치되어 장갑차 운전병으로 근무하였다. 원고 소속 부대는 24시간 출동대기 상태로 장갑차를 운용하면서 1주일 간격으로 비상훈련을 실시하였는데, 원고는 부대의 운용 인원이 부족하여 12시간 2교대로 경계근무를 하였다. 또한 장갑차 운전병으로서 장갑차의 포 4문을 청소하고 지하벙커 안에 있는 장갑차에 시동을 걸어 30분 동안 예열시키는 업무 등을 담당하였다. 원고는 군 입대 당시 좌·우 시력이 모두 1.2로 정상이었고, 1973. 3. 20. 실시된 사격훈련에서 주간 특등사수, 야간 1등사수로 선정되기도 하였다. 원고는 1974. 1. 7. 시력검사결과 좌측 눈의 시력이 0.3으로 현저하게 낮아졌고, 좌안 중심성 망막염 및 황반부 변성 진단을 받은 후 좌안 망막박리로 악화되었으며, 1974. 11. 22. 좌측 시력이 상실 정도에 이르러 회복 불가능하다는 진단을 받아 1975. 1. 31. 의병 전역하였다. 위와 같은 사안에서, 원고가 수행한 12시간씩 2교대 경계근무, 1주일 간격의 부대 비상훈련, 포문 청소 및 장갑차 예열을 위한 사전 작업 등의 직무수행은 국가유공자법 시행령 [별표 1] 제2호의 2-1의 (가)목 또는 2-2에서 규정한 경계 및 장비 등 군수품의 정비 업무로서 국가의 수호 등과 직접 관련된 직무수행 또는 이와 직접 관련된 실기·실습 교육훈련에 해당하고, 직무수행 또는 교육훈련에 따른 과로 및 스트레스가 주된 원인이 되어 좌안 중심성 망막염, 좌안 황반부 변성, 좌안 망막박리가 발병하였거나 적어도 급격히 악화된 것으로 보아 국가유공자(공상군경)에 해당한다고 본 사례2)

---

1) 대법원 2018. 8. 30. 선고 2015두54469 판결.
2) 대법원 2016. 8. 30. 선고 2014두46034 판결.

나. 국가유공자에 해당하지 않는다고 본 사례

(국가유공자 여부만 문제된 사안에서 국가유공자에 해당하지 않는다고 본 사례, 국가유공자 및 보훈보상대상자 여부가 모두 문제된 사안에서 국가유공자에 해당하지 않고 보훈보상대상자에 해당한다고 본 사례)

(1) 육군에 입대하여 청와대 외곽 경비 업무를 수행하던 중 '우 슬관절 외측 반월상 연골 파열'이 발병한 갑이 전역 후 국가유공자 등록신청을 하였으나, 지방보훈청장이 국가유공자(공상군경)가 아닌 보훈보상대상자(재해부상군경) 요건에 해당한다는 결정을 한 사안에서, 원고가 수행한 청와대 외곽 경비 근무는 국가의 수호 등과 직접적인 관련이 있는 직무수행에 해당하지만 청와대 외곽 경비 근무 외에도 체육대회 중 무릎부상 등이 상이의 발병에 적지 않은 영향을 미쳤다고 보이는 점 등에 비추어, 위 상이가 청와대 외곽 경비 직무수행을 '주된 원인'으로 발생하였다는 점에 관한 증명이 있다고 보기 어려워 국가유공자로 볼 수 없다고 한 사례[1]

(2) 해군 전투지원함인 ○○○함 갑판병으로 근무하던 중 소화방수 훈련 및 직무수행 절차 교육(이 사건 훈련)을 받기 위하여 정박 중인 ○○○함 승조원 식당에 집합하였다가 선임병에게 화장실에 다녀오겠다고 보고한 후, 2012. 4. 20. 10:15경 ○○○함 우현 함미 해저에서 익사한 채로 발견된 사안에서, 이 사건 훈련이 국가의 수호 등과 직접적인 관련이 있는 교육훈련에 해당할 수 있다 하더라도, 화장실에 다녀오는 행위가 이 사건 훈련과 시간적·공간적으로 근접하여 이루어졌다는 사정만으로 국가의 수호 등과 직접적인 관련이 있는 교육훈련에 직결되는 것으로서 그 원활한 수행을 위하여 사회통념상 필수적으로 수반되는 필요불가결한 행위에 해당한다고 보기에는 부족하므로, 이를 위 교육훈련과 직접 관련되는 준비행위로서 위 교육훈련에 포함된다고 보기 어렵고, 화장실에 갔다가 실족하여 사망하였다면 그 실족이 국가의 수호 등과 직접 관련이 있는 직무수행 또는 교육훈련을 주된 원인으로 하여 직접적으로 발생되었다고 인정하기도 어렵다는 이유로 국가유공자로 볼 수 없다고 본 사례[2]

---

1) 대법원 2017. 7. 11. 선고 2015두49153 판결.
2) 대법원 2016. 8. 18. 선고 2014두42896 판결.

(3) 원고는 군입대 전 요추 부위와 관련하여 진료를 받은 적이 없었는데, 입대 후 1개월경이 지난 2006. 9.경 신병훈련소에서 체력단련을 위한 뜀뛰기를 하던 중 허리를 삐끗하였고, 2006. 11. 13.경 '요추간판 전위, 요추의 염좌 및 긴장 의증' 진단받았으며, 2007. 1. 4. 요추부 CT 및 MRI 검사 결과 '신경근 압박을 동반한 좌중심성 추간판탈출증' 소견으로 2007. 1. 5.부터 입원하였고, 2007. 2. 14. 의병전역 한 사안에서, 원고의 경우 이미 추간판 퇴행이 진행된 상태에서 급성적으로 추간판탈출증이 발생된 것으로 보아(신체감정의가 추간판 퇴행이 진행된 상태에서 훈련과정에서 급성적으로 추간판탈출증이 발생하였다는 의학적 소견 제시), 원고가 입대하기 전에 이미 진행된 추간판의 퇴행이 추간판탈출증 등의 상해의 발병에 적지 아니한 영향을 미쳤으므로, 교육훈련이 직접적인 원인이 되어 발생한 사고 또는 재해로 상이를 입은 경우 또는 직무수행 또는 교육훈련이 직접적인 원인이 되어 급성으로 질병이 발생하였다고 볼 수 없어 국가유공자에는 해당하지 않고, 다만 추간판탈출증 등 상해의 발생 또는 악화가 원고의 직무수행이나 교육훈련과 상당인과관계가 있다고 보아 보훈보상대상자에 해당한다고 본 사례1)

(4) 원고는 1997. 1. 1. 군무원으로 임용되어 2020. 6. 30. 정년퇴직한 사람으로, 국군지휘통신사령부 산하 정보통신대대에서 복무 중이던 2016. 11. 9. 부대정기훈령 교육, 취사장 야외 식기세척장 동계 방한대책 일환 방풍실 설치 작업(이 사건 작업) 중 그라인더에 의해 안면부, 눈, 코, 입술파열, 치아파절 부상을 입고(이 사건 사고) 전남대병원 및 국군함평병원에서 수술 후 진료를 받았다. 원고가 이 사건 사고로 '눈꺼풀 및 눈 주위의 열린 상처(좌측) 등'(이 사건 상이)이 발생하였다고 주장한 사안에서, 이 사건 작업은 부대 내 병영식당 외부 식기세척장 옆에 방풍실을 설치하는 작업으로 통상적인 군부대 내 시설물 관리 작업에 불과하여, 그 직무의 성질상 부대 관리의 일환으로 보일 뿐 국가의 수호·안전보장 또는 국민의 생명·재산 보호와 직접적인 관련이 있는 직무로서 군수품의 관리 또는 그 밖에 이에 준하는 행위에 해당한다고 보기 어려워 국가유공자에 해당한다고 볼 수 없다고 본 사례2)

(5) 원고는 1977. 4. 2. 육군 보충역으로 입대하였고, 훈련기간 중 우측 대퇴부에 농양이 발생하여 1977. 4. 25. 절개배농술을 받았으며, 그로 인한 근위축 등으로

제 2 편
산업재해

---

1) 광주고등법원(제주) 2017. 3. 22. 선고 2016누1082 판결(확정).
2) 광주고등법원 2023. 12. 7. 선고 2023누11596 판결(확정).

보행에 고도의 장애가 생겨 1977. 8. 31. 의병 전역한 사람으로, '1977. 4. 15.경 훈련을 받던 중 훈련조교가 약 30분간 얼차려를 주고 군화발로 원고의 우측 대퇴부를 여러 차례 걷어차 농양이 생기게 되었고 수술까지 받았으며 우측 고관절이 완전히 파괴되어 심한 장애인으로 살고 있다'고 주장하면서 신청상이를 '오른쪽 고관절'(이 사건 상이)로 하여 국가유공자 등록신청을 한 사안에서, 이 사건 상이는 원고가 군 입대 후 구타 혹은 가혹행위로 발생한 것으로서 군 복무 중 교육훈련 등과의 인과관계가 인정되나, 나아가 그것이 국가수호 등과 직접적인 관련이 있는 직무수행 또는 교육훈련에 의한 것이라고 볼 수 없어 보훈보상대상자에 해당할 뿐 국가유공자(공상군경)에 해당한다고 볼 수는 없다고 본 사례[1]

(6) 원고는 1990. 3. 31. 경찰공무원으로 임용되었고, 2002. 3. 18. 17:50경 오토바이를 운전하여 귀가하던 중 교통사고(이 사건 사고)를 당하여 상악골 골절 등의 부상을 당하였고, 2015. 8. 31. 명예퇴직 한 이후인 2015. 9. 11. 근무 중 절도범을 검거하기 위하여 오토바이를 운전하다가 이 사건 사고를 당하였다면서 '턱관절 골절 등'을 신청상이로 하여 국가유공자 등록신청을 한 사안에서, 이 사건 사고는 원고가 피의자 검거를 위한 수사 등 직무수행을 마치고 집으로 귀가하던 중 발생한 사고로써, 피의자 체포, 치안정보 수집 등의 직무수행 도중에 발생한 것이라거나 직무수행 종료 후 소속부대 등으로 이동하는 과정에서 발생한 사고라고 볼 수 없어 직무수행이 직접적인 원인이 되어 발생한 것으로 볼 수 없으므로 국가유공자에 해당한다고 볼 수 없다고 본 사례[2]

(7) 원고는 2014. 3. 1. 육군에 입대하여 2018. 2. 28. 중사로 전역한 사람으로, '2016. 3. 24. 사단 독도법 경연대회로 인한 야간 기동 훈련(이 사건 훈련) 중 여러 차례 발목이 꺾이면서 발목 부상을 당하였다'는 이유로 국가유공자 등록신청을 한 사안에서, 국가의 수호·안전보장 또는 국민의 생명·재산 보호와 직접적인 관련이 있는 직무수행이나 교육훈련에 해당한다고 보기 위해서는 평시에도 적과 직접적으로 맞닥뜨릴 수 있는 부대에서의 수색 또는 정찰 활동이나 국가의 안보와 국민의 생명, 재산 보장을 직접적으로 수호하는 직무수행에 해당하여야 하는데, 평시에 사단 소속 부대를 대상으로 각 부대의 독도법 능력을 겨루고 우수한 성과를 낸 부대

---

1) 수원고등법원 2023. 10. 20. 선고 2023누12800 판결(확정).
2) 서울고등법원 2021. 7. 22. 선고 2021누37603 판결(확정).

를 격려·포상하는 것을 내용으로 하는 사단 독도법 경연대회에서의 수색, 정찰은 이에 해당하지 않는다는 이유로 국가유공자에는 해당하지 않는다고 본 사례[1]

(8) 원고는 2014. 7. 1. 육군 부사관으로 임관하여 포병대대 통신반장으로 근무하던 중인 2015. 8. 15. 23:00경 상급자인 중사의 승용차에 동승하고 외출하여 2015. 8. 16. 00:23부터 같은 날 02:00경까지 유흥주점에 머물렀고, 그 후 위 중사가 운전하는 승용차 조수석에 탑승하여 이동하다가 2015. 8. 16. 02:34경 군부대 후문 앞 편도 1차로 우측 배수로에 위 승용차가 부딪치는 교통사고(이 사건 교통사고)가 발생하여 '우측 두부 급성 경막외 출혈 등'의 상이를 입은 사안에서, 원고는 '대북방송 관련 포격도발대비 즉각대기포 임무수행' 간 소집대기조 인원으로서 그 대기태세 유지를 위한 부대 복귀 중에 이 사건 교통사고를 당한 것이 아니라, 잠시 대기 해제된 틈을 타서 부대 인근 유흥주점으로 출타하였다가 숙소로 돌아가던 과정, 즉 사적인 영역에서 발생한 이 사건 교통사고로 인하여 상이를 입은 것에 불과하여 '국가의 수호 등과 직접적인 관련이 있는 직무수행'을 주된 원인으로 상이가 발생하였다고 볼 수 없어 국가유공자에 해당하지 않는다고 본 사례[2]

(9) 원고는 2008. 6. 19. 육군 35사단 신병교육대에 입대하여 교육훈련을 받던 중 2008. 7. 12. 사단 의무대에 입실하여 '(의증)볼거리' 진단으로 격리치료를 받았고, 2008. 7. 17. 고환에 부종이 발생하는 증상으로 국군논산병원에서 '(의증)고환염 및 부고환염(우측 볼거리)' 진단을 받고 비뇨기과에 입원하였다가 2008. 8. 18. '우측 볼거리 고환염'이라는 최종 진단을 받고 퇴원하였으며, 2010. 5. 6. 육군 병장으로 만기 전역하였다. 원고가 '우측 볼거리 고환염 및 우측 고환위축'에 관하여 국가유공자(공상군경) 요건에는 해당하지 않으나, 보훈보상대상자(재해부상군경) 요건에 해당한다는 결정을 받고, 대상구분 변경신청(재해부상군경→공상군경)을 하였다가 불인정처분을 받아 그 취소를 구하는 사안에서, 원고가 '신병교육훈련' 또는 신병교육대 '내무생활' 도중 볼거리 바이러스에 감염되었다고 하더라도 일반적인 신병교육훈련이나

---

[1] 서울고등법원(춘천) 2023. 6. 28. 선고 2022누274 판결(확정).
[2] 대구고등법원 2022. 10. 21. 선고 2022누2740 판결(확정). 한편, 이 사안은 원고가 이미 국가유공자(공상군경)로 등록되었다가 국가유공자 등록결정이 취소된 사안으로 기존 국가유공자 등록결정을 취소할 공익상 필요성이 있는지도 문제되었다. 해당 판결에서는 종전의 잘못된 국가유공자 적용대상 결정을 취소하고 비적용대상으로 판정하여야 할 공익상 필요성이, 원고가 입을 불이익을 정당화할 만큼 크다고 보았다.

신병교육대 내무생활이 국가의 수호 등과 직접적인 관련이 있는 직무수행 또는 그와 직접 관련된 교육훈련이라고 볼 수 없어 국가유공자(공상군경)에 해당하지 않는다고 본 사례[1]

(10) 망인은 1993. 11. 9. 광양군 지방농업서기보로 임용되어 2006. 1. 6.부터 광양시 농업기술센터에서 지방농업주사보로 근무하던 사람으로 2014. 2. 8. 자택 현관 앞 계단에 쓰러지면서 바닥에 머리를 부딪쳐 부대골이 골절되는 사고(이 사건 사고)로 2014. 2. 12. '직접사인 뇌부종, 중간사인 외상성 뇌출혈, 중간 선행사인 두개골 골절, 선행사인 낙상'으로 사망하였다. 망인의 배우자인 원고가 '망인이 평소 업무부담이 과중하였고, 특히 2014. 1. 17.경 발생한 고병원성 조류인플루엔자(AI)의 방역을 위한 이동통제초소 업무(AI 방역업무)로 심한 스트레스를 받고 과로를 하여 심신이 허약한 상태에서 이 사건 사고가 발생하여 사망하였다.'고 하면서 망인에 대한 국가유공자 등록신청을 한 사안에서, AI 방역업무는 국가유공자법 시행령 [별표 1] 2-1에서 정한 감염병의 확산 방지를 위한 업무에 해당한다고 볼 수는 있으나, 원고가 수행한 AI 방역업무의 구체적인 내용(방역초소에서 차량 통제, 방역소독 등)을 보면 '생명과 신체에 고도의 위험이 따르는 직무수행'이라고 볼 수 없고,[2] 망인의 과로와 스트레스의 주된 원인은 AI 방역업무로 인한 것이라기보다 오히려 평소 수행하던 업무로 인한 것이라고 보여 설령 AI 방역업무로 인한 과로와 망인의 사망 사이에 상당인과관계가 있다고 하더라도 그것이 사망의 주된 원인이라고 볼 수 없다는 이유로 망인을 국가유공자(순직공무원)로 인정할 수 없다고 본 사례[3]

(11) 원고는 2000. 1. 10. 육군에 입대하여 2000. 3. 7. 육군 제00사단 예하 대대에 배치받아 복무하였고, 군 복무 중 적응장애 진단을 받아 2001. 4. 3.부터 2001. 6. 8.까지 국군광주병원에서 치료를 받다가 2002. 1. 17. 영양결핍 및 빈혈 등 비전공상으로 의병 전역하였다. 원고가 2012. 11. 7. 군 복무 중 선임병들의 폭행, 따돌림, 과다한 업무 등으로 '우울증, 스트레스장애증후군, 식이장애, 조현병'(이 사건 상

---

1) 서울행정법원 2023. 4. 6. 선고 2022구단69455 판결(이후 서울고등법원 2024. 3. 27. 선고 2023누40481 판결로 확정).
2) 국가유공자법 시행령 [별표 1] 2-1 가. 4)에서는 국가유공자에 해당하기 위해서 '감염병의 확산방지 등 생명과 신체에 고도의 위험이 따르는 직무수행이 직접적인 원인이 되어 발생한 사고나 재해로 사망하거나 상이를 입은 사람'일 것을 요하고 있음.
3) 광주고등법원 2020. 9. 25. 선고 2019누12516 판결(확정).

이)이 발병하였다고 주장하면서 국가유공자 등록신청을 하였으나, 국가유공자 및 보훈보상대상자 비해당결정처분을 받아 그 취소를 구하는 사안에서, 원고는 군에 입대하기 전 내과, 정신과 등 부분에서 정상 판정을 받았으며, 입대 전까지 정신병을 앓거나 치료를 받은 바 없었고, 원고의 집안에서 정신질환의 가족력을 가진 사람도 없었던 점, 원고는 평소 내성적이고 소극적인 성격으로 군 생활 적응에 힘들어하던 중 선임병들에게서 밥을 늦게 먹고 동작이 느리며 위생상태가 불량하다는 등의 질타를 받기도 하였고, 선임병들이 매점을 갈 때 원고를 빼놓고 간다거나 원고가 인사를 할 때 답례를 하지 않는 등으로 선임병들에게서 집단 따돌림을 당하기도 한 점, 원고는 그 무렵 식욕을 잃고, 체중이 급속도로 저하되었으며, 소화 불량 등으로 국군광주병원에서 진료를 받던 중 적응장애 진단을 받았고, 그 후로 내과, 정신과 치료를 받았으나 큰 호전이 없고 체력 및 신체여건 악화가 장기화되어 정상적인 군 복무가 불가능하다는 진단을 받아 비전공상으로 의병 전역한 점 등에 비추어, 이 사건 상이의 발병에는 원고가 수행한 통신상황병으로서의 직무 외에도 군 복무 중의 일상적 스트레스와 원고의 정신적 취약성이 많은 영향을 미쳤음을 알 수 있으므로, 원고의 통신상황병으로서의 직무수행이 이 사건 상이의 주된 원인이 되었다고 보기는 어려워 국가유공자에는 해당하지 않으나, 원고가 군 복무 중 병영생활, 통신상황병으로서의 직무수행, 선임병들로부터의 따돌림 등으로 극심한 스트레스를 받았고, 이러한 스트레스가 이 사건 상이를 발병 또는 악화시키는데 영향을 주었다고 보이므로 보훈보상대상자에 해당한다고 본 사례[1]

  (12) 망인(1995. 7. 11.생)은 2016. 11. 21. 육군에 입대하여 2017. 3. 31. 현역병 복무부적합 판정을 받고 전역한 후 그 다음 날 아파트 5층에서 투신하여 자살하였고, 망인의 어머니인 원고가 망인을 국가유공자(순직군경)로 등록해달라는 신청을 하였으나, 국가유공자 및 보훈보상대상자에 해당하지 않는다는 처분을 받고 그 취소를 구하는 사안에서, 군 복무 중의 단체생활, 경직된 상하관계 등으로 인한 스트레스로 불안 및 우울을 동반한 적응장애가 발병하였다는 이유만으로 국가의 수호·안전보장 또는 국민의 생명·재산 보호와 직접적인 관련이 있는 직무수행 또는 교육훈련이 '직접적인 주된 원인'이 되어 망인이 사망에 이르게 되었다고 보기 어려워 국가유공

---

1) 대법원 2016. 8. 25. 선고 2014두46577 판결.

자(순직군경)라고 볼 수 없으나, 망인이 군 입대 전까지 미술관에서 안내원으로 근무하며 정상적으로 사회생활을 해왔고, 정신질환을 앓거나 치료를 받은 사실이 없었는데, 군에서의 자대배치 이후부터 불안 및 우울증세가 나타나기 시작했고, 군 복무중 받은 스트레스 외에는 적응장애의 발병원인이 될 만한 특별한 외부요인이 없었던 점, 망인은 현역병복무부적합 판정을 받아 2017. 3. 31. 전역하였는데, 전역 이후에도 가족들에게 부대 복귀로의 두려움을 호소하였고, 전역한 때로부터 24시간이 지나기도 전에 자살하였으므로, 군 복무 중 발병한 불안 및 우울을 동반한 적응장애가 직접적인 원인이 되어 망인이 자살에 이르렀다고 추단할 수 있는 점, 진료기록 감정의는 윗사람의 눈치를 보며 다른 사람의 나쁜 평가를 두려워하고 외부의 상황변화 및 스트레스 상황에 대처하는 능력이 부족하였던 망인의 특성상 군 복무생활 자체가 망인에게는 극심한 스트레스로 다가왔고, 이로 인하여 망인에게 불안 및 우울을 동반한 적응장애가 발병한 것이라고 진단한 점 등에 비추어, 망인은 군 복무 자체에 대한 감내하지 못할 정도의 스트레스로 인하여 정신질환적 소인이 악화되어 불안 및 우울을 동반한 적응장애가 발병하였고, 바로 위 질환이 직접적인 원인이 되어 전역한 다음 날 자살하였다고 봄이 타당하므로 보훈보상대상자(재해사망군경)에 해당한다고 본 사례[1]

다. 국가유공자 및 보훈보상대상자 모두에 해당하지 않는다고 본 사례

(1) 망인은 2001. 7. 26. 군에 입대한 후 2001. 11. 30. 육군 하사로 임관하여 복무하던 중 2003. 7. 17. 11:00경 소속 부대원들과 야유회를 가서 소주 6병을 나눠 마신 후 족구를 하고 같은 날 18:10경 독신자 간부숙소로 귀가하였는데, 숙소 출입문 열쇠가 없어 2003. 7. 17. 18:30경 옥상(12m)에서 4층 방실 창문을 통해 방으로 들어가려다가 바닥에 추락하는 사고(이 사건 추락사고)를 당하였다. 망인은 2003. 8. 1.경 국군수도병원에서 전신마취 아래 우측 뒤꿈치뼈(종골) 분쇄골절 등 부위에 대한 수술을 마치고 전신마취에서 각성시키는 회복과정에서 부정맥 증상 및 심정지가 발생하여 심폐소생술을 수차례 받았으나 심장박동이 돌아오지 않아 사망하였다. 망인

---

[1] 서울고등법원 2019. 12. 24. 선고 2018누78260 판결(확정).

의 모친인 원고가 국가유공자유족 등록신청을 하였으나 국가유공자유족 및 보훈보상대상자유족 등록거부처분을 받고, 위 결정의 취소를 구한 사안에서, 군인이 군병원에서 치료와 수술을 받는 행위 그 자체를 보훈보상대상자 요건인 '직무수행과 관련된 준비행위'라고 볼 수 없고, 이 사건 추락사고가 직무수행이나 교육훈련으로 인하여 발생한 것으로 그 치료나 수술과정에서 망인이 사망한 것이라면, 추락사고와 치료나 수술행위를 일체로 보아 직무수행과 관련성을 인정하여 '재해사망군경(보훈보상대상자)'에 해당한다고 볼 여지가 있으나, 이 사건 추락사고가 직무수행 또는 교육훈련으로 인해 발생하였다고 인정하기도 어렵다는 이유로 망인이 국가유공자 내지 보훈보상대상자에 해당하지 않는다고 본 사례[1]

제 2 편
산업재해

(2) 원고는 1994. 6. 21. 육군에 입대하여 군 복무 중이던 1996. 6. 12. '조현병'(이 사건 상이)을 진단받고, 1996. 8. 22. 만기전역한 사람으로, 원고가 이 사건 상이를 신청상이로 국가유공자 등록신청을 하였으나, 국가유공자 및 보훈보상대상자 비해당 결정을 받고, 그 취소를 구하는 사안에서, 원고가 일병(1994. 12.) 때 선임병으로부터 손바닥으로 뺨을 맞고 발로 차인 사실은 있으나, 이 사건 상이 발생 시점이 1996. 2. 말경으로 보여 위 폭행으로 이 사건 상이가 발병하였다고 보기 어려운 점, 원고가 병장으로 진급할 무렵 제대 후 사회에 복귀할 준비가 제대로 되어 있지 않았고, 사회에 복귀하여 무엇을 하면서 지낼지 고민하는 등 제대 후 자신의 진로, 미래에 대한 고민으로 인한 정신적 스트레스로 인하여 이 사건 상이가 발병하였을 가능성이 적지 않아 보이는 점, 원고는 1996. 2. 말경부터 조현병의 증상을 나타내기 시작하였는데, 그 무렵 원고의 나이는 만 22세로서 이는 조현병이 호발하는 평균 연령과 일치하는 것으로 보이는 점 등에 비추어 조현병이 국가의 수호·안전보장 또는 국민의 생명·재산 보호와 직접적인 관련이 있는 직무수행 또는 교육훈련을 주된 원인으로 하여 발병하였다거나, 조현병의 발병 또는 악화와 직무수행 등 사이에 상당인과관계가 있다고 볼 수 없어 국가유공자 및 보훈보상대상자로 인정할 수 없다고 본 사례[2]

(3) 망인은 2016. 4. 19. 육군에 입대하여 신병훈련을 마치고, 2016. 6. 1. 00보병사단 00여단 1대대 동원과 행정병으로 배치되었다. 망인은 2016. 8. 13.부터 신병

---

[1] 대법원 2023. 4. 13. 선고 2022두60257 판결.
[2] 서울고등법원 2018. 9. 19. 선고 2018누42407 판결(확정).

휴가였는데, 휴가 출발 전 유서를 작성하여 자신의 소총 비상손질구통 뭉치에 두었고, 2016. 8. 15. 여자친구를 만나 시간을 보낸 후 귀가하였으며, 다음날 01:02경 블로그의 예약글쓰기 기능을 이용하여 유서를 남기고 04:00경 방 창문을 통해 투신·자살하였다. 망인의 부모인 원고가 망인의 자살이 군복무로 인한 것이라고 주장하면서 국가유공자등록신청을 하였으나 국가유공자 및 보훈보상대상자에 해당하지 않는다는 처분을 받고 그 취소를 구하는 사안에서, 국가의 수호 등과 직접적인 관련이 있는 직무수행이나 교육훈련을 직접적인 원인으로 인하여 사망하였다고 볼 수 없어 국가유공자에 해당하지 않고, 부대 내에서 망인에 대한 구타 등 가혹행위나 부당한 업무지시 등 부조리한 행위가 있었음을 인정할 아무런 자료가 없는 점, 망인이 복무 중 업무미숙과 빈번한 야근으로 과로와 스트레스를 받았을 것임은 분명하나 과로와 스트레스의 정도가 통상의 군인이 감내할 수 없을 정도이었다고는 보이지 않는 점, 망인의 유서나 메모의 대체적인 내용은 중학교 때 끝났어야 할 자신의 삶이 원하지 않게 계속 되었고, 그리스 신화에 나오는 죽음의 신인 타나토스를 영접하기 위하여 생을 마감한다는 것으로 군복무가 자살의 주요 원인으로 보이지 아니하는 점, 망인은 입대 직후인 신병교육 훈련기간 때부터 우울, 의욕부족, 자살충동, 대인관계불안정 등으로 군생활상의 어려움이 예상되었는바, 이는 자대배치 후의 군복무가 자살의 상당한 또는 주요 원인으로 평가하기 어려움을 시사하는 점 등에 비추어 망인의 자살과 직무수행 사이에 상당인과관계가 있다고 인정할 수 없어 보훈보상대상자에도 해당하지 않는다고 본 사례[1]

---

1) 부산지방법원 2019. 2. 20. 선고 2017구단21375 판결(확정).

Ⅷ. 진폐 관련 소송의 쟁점

1. 진폐의 개념과 분류 및 진폐근로자의 급여청구권

가. 의의

진폐(塵肺, 진폐증으로도 부른다. 이하 '진폐'라고만 한다)는 석탄, 이산화규소 등 광물성 분진이나, 금속 및 유기물 등의 다양한 분진이 흡입되어 폐에 집적되고, 이로 인한 폐조직의 반응으로 폐실질에 섬유화성, 결절성, 증식성 변화를 일으킨 상태의 질병을 말한다. 산재보험법은 진폐에 관하여 '분진을 흡입하여 폐에 생기는 섬유증식성(纖維增殖性) 변화를 주된 증상으로 하는 질병을 말한다.'라고 정의하고 있다 (제5조 제7호). 진폐는 광업소를 비롯한 분진이 발생하는 사업장의 근로자에게 발생할 수 있는 대표적인 업무상 질병이다.

산재보험법은 업무상 재해인 진폐에 관하여는 휴업급여, 장해급여, 유족급여 대신 진폐보상연금과 진폐유족연금을 지급한다는 특례규정을 두어 일반적인 경우와 달리 취급하고 있다. 이외에도 진폐의 예방과 진폐근로자보호 등에 관한 법률(이하 '진폐예방법'이라 한다)은 진폐에 걸린 근로자(이하 '진폐근로자'라 한다)에 대하여 별도의 진폐위로금을 지급한다고 규정하고 있다. 뿐만 아니라 광업소 근무 중 업무상 질병에 걸린 근로자가 그 광업소의 폐광으로 퇴직하게 되면, 석탄산업법에 따른 별도의 재해위로금을 지급받을 수 있는데, 이와 같이 퇴직한 근로자의 상당수가 진폐에 걸린 경우여서, 석탄산업법도 진폐에 관련된 법령으로서 큰 부분을 차지한다.

나. 진폐의 특징

(1) 진폐는 현대의학 수준으로는 치료하더라도 이전의 상태로 돌아가지 않는 비가역적인 불치의 질병이다. 따라서 진폐에는 산재보험법에서 요양종결 또는 장해급여의 전제가 되는 '치유' 또는 '증상고정'의 개념이 있을 수 없다.

판례도 대법원 1999. 6. 22. 선고 98두5149 판결이 아래와 같이 판시한 이래 같은 취지이다.

「진폐에 관하여 현대의학으로도 완치가 불가능하고 분진이 발생하는 직장을 떠나더라도 그 진행을 계속하는 한편, 그 진행 정도도 예측하기 어렵기 때문에 산재보험법령은 진폐의 위와 같은 특성을 고려하여, 진폐에 대하여는 다른 일반 상병의 경우와는 달리 진폐가 장해등급기준이 정하는 기준에 해당하게 된 때에는 반드시 진폐증에 대한 치료를 받아 진폐증이 완치되거나 진폐에 대한 치료의 효과를 더 이상 기대할 수 없게 되고, 그 증상이 고정된 상태에 이르게 된 것을 요구하지 아니하고 곧바로 해당 장해등급에 따른 장해급여를 지급하도록 함으로써 진폐증에 걸린 근로자의 복지를 증진하도록 한 것으로 보아야 한다.」(이는 현행 산재보험법상 진폐 보험급여 특례인 진폐보상연금, 진폐유족연금이 신설되기 전의 판결이다).

(2) 진폐로 인한 합병증은 다양하다. 진폐에 대하여도 산재보험법령상 요양급여가 주어지는데, 이는 진폐 자체를 낫게 하기 위한 것이 아니라 합병증을 치료하기 위한 것이다. 산재보험법령상 요양급여의 대상으로 규정된 진폐의 합병증은 활동성 폐결핵(tba), 흉막염(ef), 기관지염(br), 기관지확장증(ec), 폐기종(em), 폐성심(cp), 비정형 미코박테리아 감염, 원발성 폐암(ca) 등이 있다(산재보험법 시행령 제83조의2 제1항, [별표 11의2] 제3항).

다. 진폐의 발생원인

진폐는 이산화규소, 규산염, 석탄 등과 같은 광물성 분진이 발생하는 채석장, 광업소 등이나, 금속의 연마, 분쇄, 천공 등의 작업을 하는 사업장에서 분진작업을 하는 근로자에게 주로 발생하고, 관련 법령에서도 진폐를 발생시킬 수 있는 '분진작업'의 범위에 관한 규정을 따로 두고 있다. 산재보험법의 경우에는 근로자가 진폐에 걸릴 우려가 있는 작업으로서 암석, 금속이나 유리섬유 등을 취급하는 작업 등 고용노동부령으로 정하는 분진작업에 종사하다가 진폐에 걸린 경우를 업무상 질병으로 본다고 규정하고(제91조의2), 진폐예방법은 토석·암석 또는 광물을 취급하는 작업 중 그 작업에 종사하는 근로자가 진폐에 걸릴 우려가 있는 것으로서 대통령령으로 정하는 작업을 '분진작업'으로 규정하고 있다(제2조 제3호). 각 법령의 내용이 대체로 비슷하나 차이가 있다면 진폐예방법은 '토석·암석 또는 광물을 취급하는 작업'만을 분진작업으로 규정하고 있음에 비하여, 산재보험법은 '금속이나 유리 섬유 등을 취급하는 작업'도 포함된다고 보아 그 범위를 더 넓게 규정한다.

라. 진폐의 분류

(1) 진폐의 발병과 진행정도는 근로자별로 노출된 분진의 종류, 노출기간 등을 비롯하여 개인마다 다른 건강상태에 따라 달라질 수 있다. 진폐의 발병 여부와 진행정도는 국제노동기구(ILO)의 진폐 방사선영상 국제분류법(2000년)에서 규정하는 '완전분류'에 따르는데, 구체적으로 흉부 단순방사선영상(흉부 엑스선영상)에서 나타난 음영의 모양과 크기 및 밀집도에 따라 아래와 같이 '병형'으로 진폐를 구분한다(산재보험법 시행령 제83조의2 제1항, [별표 11의2], 진폐예방법 시행규칙 제28조 제2항, [별표 5]).

병형		흉부 단순방사선영상
의증	0/1	양쪽 폐에 원형[1] 또는 불규칙한 작은 음영의 밀도가 제1형의 하한보다 낮은 경우
제1형	1/0 1/1 1/2	양쪽 폐에 원형 또는 불규칙한 작은 음영이 조금 있고, 큰 음영이 없다고 인정되는 경우
제2형	2/1 2/2 2/3	양쪽 폐에 원형 또는 불규칙한 작은 음영이 많이 있고, 큰 음영이 없다고 인정되는 경우
제3형	3/2 3/3 3/+	양쪽 폐에 원형 또는 불규칙한 작은 음영이 매우 많이 있고, 큰 음영이 없다고 인정되는 경우

---

1) 진폐예방법 [별표 1]에서는 '원영(圓影)'이라고 규정하나 의미에 큰 차이는 없다.

제 2 편
산업재해

| 제4형 | A
B
C | 큰 음영이 있다고 인정되는 경우 |

(2) 판독 결과 적어도 제1형 이상으로 분류된 경우만이 업무상 재해에 해당한다고 인정되고, '의증'인 경우에는 업무상 재해로 볼 수 없다.[1] 다만 진폐의증이더라도 합병증으로 활동성 폐결핵이 동반된 경우에는 예외적으로 요양급여와 간병급여의 대상이 된다(산재보험법 시행령 [별표 11의2] 제3항 나목).

(3) 산재보험법 시행령과 진폐예방법 시행규칙에서는 진폐의 병형 분류방법으로 흉부 단순방사선영상을 판독하는 완전분류 방법만이 규정되어 있기 때문에, 흉부 CT 영상을 병형 분류의 판독자료로 사용할 수 있는지 문제된다. 실제로 공단의 심사과정에서 흉부 CT 영상을 판독자료로 삼지 않았다는 점이 소송상 쟁점이 되기도 한다.

과거에는 일관성 있는 판정을 위해 국제노동기구에서 제시하는 기준인 흉부 단순방서선영상으로만 진폐병형을 판정하는 것이 타당하다고 본 선례도 있었다.[2]

그러나 산재보험법이나 진폐예방법은 모두 진폐에 걸린 근로자를 보호하고자 하는 취지의 법령으로서 해당 법령에서 규정된 진폐병형 판정기준도 이에 부합하게 해석되어야 하고 기준의 일관성만을 앞세워 업무상 재해인 진폐의 범위를 축소시킬 수는 없는 점, 위 규정은 진폐의 발병 및 분류에 관한 수단적 규정에 불과하지 업무상 재해인 진폐의 범위를 제한하고자 하는 규정이 아닌 점, 국제노동기구가 정한 완전분류에 대한 가이드라인에 따르더라도 판독의 정확성을 높이기 위하여 다수의 판독자들이 참여하여 각자 독립적으로 판독할 것을 권하고 있는 점, 대상을 여러 종·횡단면에서 고해상도로 단층촬영하는 컴퓨터단층촬영영상 방식이 대상을 단순 투영하여 촬영하는 단순방사선영상 방식보다 공간 해상도 및 대조도의 측면에서 우수하여 대상을 보다 정밀하고 입체적으로 재현할 수 있고, 두 방식의 검사는 방사선을 검사자의 신체에 투영 및 재현하는 기법에서 차이가 있을 뿐 상호 양립할 수 없는 것이 아닌 점, 관련 법령에서 특별히 흉부 CT 영상의 판독을 금지하는 규정도 없는 점 등에 비추어 보면, 흉부 단순방사선영상을 보완하거나 이를 보조하여

---

1) 서울행정법원 2022. 5. 25. 선고 2021구단52740 판결(확정).
2) 서울행정법원 2016. 1. 29. 선고 2015구단53063 판결(확정).

판독의 정확성 및 객관성 등을 제고하는 차원에서 흉부 CT 영상을 병행하여 판독에 활용한다고 하여, 산재보험법령과 진폐예방법령이 규정한 진폐 판정기준에 어긋난다고 할 수 없다.

서울고등법원 2021. 10. 7. 선고 2020누59460 판결(확정) 등을 비롯한 다수의 판결들도 위와 같은 이유로 진폐 발병 여부와 진폐병형의 정확한 진단을 위하여 추가 검사의 필요성이 인정되고 근로자가 추가 검사에 동의하는 등의 경우에는 흉부 CT 영상을 진폐병형의 판독자료로 삼을 수 있다고 보았다.

마. 진폐로 인한 장해

(1) 폐기능장해의 정도와 기준

진폐는 폐기능에 별다른 장해를 발생시키지 않는 경우도 있으나 보통은 폐활량이나 환기기능이 저하되는 폐기능장해를 동반하는 경우가 많고, 이러한 폐기능장해가 진폐에 관한 장해등급 판정의 기준이 된다. 폐기능장해의 발생과 정도를 측정하는 검사의 방법과 판정기준에 관하여는 산재보험법 시행령 제83조의2 제1항, [별표 11의2] 및 진폐예방법 시행규칙 제28조 제2항, [별표 5]에서 아래와 같이 규정하고 있다.

장해구분	판정기준	
	산재보험법 시행령	진폐예방법 시행령
고도장해 (F3)	폐기능검사에서 노력성폐활량(FVC) 또는 일초량(FEV1)이 정상 예측치의 45% 미만인 경우(일초량인 경우는 노력성폐활량의 70% 미만이어야 함. 이하 이 목에서 같다)	환기기능이 55퍼센트 이상 제한되고, 대화를 하거나 옷을 입는 정도의 움직임에도 호흡곤란이 있는 등 심폐기능의 장해 정도가 70퍼센트 이상인 자
중등도장해 (F2)	폐기능검사에서 노력성폐활량(FVC) 또는 일초량(FEV1)이 정상 예측치의 45% 이상, 55% 미만인 경우	환기기능이 45퍼센트 이상 제한되고, 50미터 이상 걸으면 호흡곤란이 생기는 등 심폐기능의 장해 정도가 50퍼센트 이상인 자
경도장해 (F1)	폐기능검사에서 노력성폐활량(FVC) 또는 일초량(FEV1)이 정상 예측치의 55% 이상, 70% 미만인 경우	환기기능이 30퍼센트 이상 제한되고, 평지에서 1킬로미터 이상을 건강한 사람과 같이 걸어갈 수 없는 상태의

		호흡곤란이 있는 등 심폐기능의 장해 정도가 40퍼센트 이상인 자
경미장해 (F1/2)	폐기능검사에서 노력성폐활량(FVC) 또는 일초량(FEV1)이 정상 예측치의 70% 이상, 80% 미만인 경우	환기기능이 20퍼센트 이상 제한되고, 건강한 사람과 같은 정도로 걸을 수는 있으나 언덕이나 계단의 경우에는 같은 연령의 건강한 사람과 같이 올라갈 수 없을 정도의 호흡곤란이 있는 등 심폐기능의 장해 정도가 20퍼센트 이상인 자

※ 노력성폐활량(FVC, Forced Vital Capacity): 공기를 최대한 들이 마신 후 최대한 빠르고 세게 불어 낸 날숨량
※ 일초량(FEV1, Forced Expiratory Volume in 1 second): 노력성폐활량 중에서 최초 1초간 불어낸 날숨량
※ F0: 무장해 또는 정상

(2) 폐기능검사의 신뢰성

(가) 의의

진폐장해등급(또는 장해등급)은 진폐병형과 폐기능검사 결과에 따른 폐기능 장해로 판정된다. 그런데 공단이 폐기능검사의 신뢰성을 부정하면서 그 검사에 나타난 결과대로 장해등급 판정을 하지 않는 경우가 있고, 진폐근로자가 이러한 조치를 다투면서 소를 제기하게 되면, 해당 폐기능검사의 신뢰성 여부가 소송상 쟁점이 된다.

(나) 적합성과 재현성

폐기능검사의 방법과 기준에 관하여 정하고 있는 대한결핵 및 호흡기학회가 발간한 「2016 폐기능검사지침」에 따르면, 폐기능검사는 적합성(Acceptability)과 재현성(Reproducibility)이 만족되어야 한다. 적합성은 피검사자의 폐기능이 정확하게 측정되었다는 의미로서 검사가 적절한 방법으로 수행되었음을 나타내고, 재현성은 수회 실시된 검사마다 그 결과가 일정한 범위 내에 있어 유사한 결과를 갖는 것을 나타낸다. 폐기능검사는 피검사자 스스로 실시하는 최대한의 호기량과 흡기량에 대한 검사로서 피검사자의 검사의지와 태도에 의존하기 때문에 적합성과 재현성이 만족되어야 검사를 신뢰할 수 있다고 본다.

① 적합성은, 피검사자의 기류용적을 측정하는 데는 호기의 시작이 적정하여야 하고, 기류가 새거나 기침을 하는 등 기류에 방해되는 등의 사정이 없어야 하며, 호기 시간이 6초를 넘기면서 호기 종료 직전 1초 이상 용적이 없는 상태(25ml 미만의 변화)가 유지되어야 충족된다. 다만 피검사자의 검사 당시 신체상태나 연령 등에 비추어 위 기준을 완화할 수 있다.

② 재현성은 적합성을 가진 검사들 사이의 결과를 비교하여, 가장 높은 2개 FVC값이 5% 이내 또는 150ml 이내일 것, FVC값이 1.0L 미만이면 가장 높은 2개 수치의 차가 100ml 이내일 것, 가장 높은 2개 FEV1값의 차이도 150ml 이내일 것 등을 기준으로 판단한다.

그러나 「2016 폐기능검사지침」은 폐기능장해의 판정을 위한 절대적인 기준은 아니다. 따라서 폐기능검사가 위 적합성과 재현성의 기준에 완벽하게 부합하지는 않더라도, 여러 번에 걸친 검사가 어느 정도 일관성을 보이고 있다면 그 검사결과와 아울러 검사 당시 환자의 상태, 평소 증상, 폐기능을 판단할 수 있는 의무기록이나 처방내역 등 다른 자료들도 함께 종합적으로 살펴 폐기능장해 정도를 판단할 수 있다.[1]

(3) 진폐와 폐기능검사 결과 사이의 관련성

진폐와 폐기능에 남은 장해 사이에는 상당인과관계가 인정되어야 하고, 그 상당인과관계를 증명할 책임은 이를 주장하는 측에 있다.[2] 폐기능장해는 '진폐와 그 합병증'뿐만 아니라 다른 질환이 원인이 되어 발생할 수도 있으므로, 폐기능검사 결과 장해가 나타나더라도 그 장해가 진폐와 무관한 다른 원인에서 비롯된 것이라면, 이를 '진폐로 인한 장해상태'라고 단정할 수 없다.

바. 법령상 진폐근로자에게 인정되는 청구권

진폐가 업무상 재해로 인정되는 경우 진폐근로자는 ① 산재보험법에 따른 보험급여 청구권, ② 진폐예방법에 따른 진폐위로금 청구권, ③ 석탄산업법에 따른 재해위로금 청구권을 가진다.

---

1) 서울고등법원 2023. 8. 24. 선고 2022누46444 판결(확정).
2) 대법원 2017. 3. 30. 선고 2016두55292 판결.

특히 위 ②, ③항의 청구권은 모두 '위로금'이라는 명칭을 쓰고 있고, ②항의 진폐위로금은 진폐예방법이 2010. 5. 20. 법률 제10304호로 개정되기 전에는 장해위로금과 유족위로금이라는 명칭이었다가, 위 개정 후에는 장해위로금과 유족위로금이 통합되어 진폐재해위로금이라는 명칭으로 변경되어 용례에 다소 혼선이 있어 왔다. 실무적으로도 위 각 명칭을 구별하는 특별한 기준 없이 개별 사안마다 편의에 따라 용어를 사용하였던 것으로 보이나, 본장에서는 개념상 혼돈을 방지하고자 '위로금'의 명칭이 사용되는 청구권을 다음과 같이 분류하기로 한다.

- 장해위로금: 구 진폐예방법(2010. 5. 20. 법률 제10304호 개정 전) 제24조 제1항 제2호 규정 '장해위로금'
- 유족위로금: 구 진폐예방법(2010. 5. 20. 법률 제10304호 개정 전) 제24조 제1항 제3호 규정 '유족위로금'
- 진폐재해위로금: 현행 진폐예방법 제24조 제1항 제2호 규정 '진폐재해위로금'
- 진폐위로금: 위 '장해위로금', '유족위로금', '진폐재해위로금'을 통칭하는 경우
- 재해위로금: 석탄산업법 제39조의3 제1항 제4호, 석탄산업법 시행령 제41조 제3항 제5호에 따라 폐광대책비의 일환으로 지급되는 '재해위로금'

2. 산재보험법상 보험급여

가. 산재보험법에 따른 보험급여청구권

(1) 산재보험법에 따른 보험급여의 결정과 지급은 공단이 실시한다(산재보험법 제11조 제1항 제3호). 따라서 보험급여에 관한 소송의 피고는 공단이 된다.

(2) 일반적인 업무상 재해에 대하여 주어지는 보험급여는 산재보험법 제36조 제1항 본문이 정하고 있는 요양급여, 휴업급여, 장해급여, 유족급여, 상병보상연금, 장례비 등이다. 그러나 진폐에 따른 보험급여는 '휴업급여, 장해급여, 상병보상연금'이 아닌 '진폐보상연금'(산재보험법 제91조의3)이고, 유족급여가 없는 대신 '진폐유족연금'(산재보험법 제91조의4)이 있다. 즉 진폐에 따른 보험급여는 요양급여, 진폐보상연금, 진폐유족연금, 장례비 등이 된다.

(3) 당초에는 진폐도 일반적인 업무상 재해와 마찬가지로 휴업급여, 장해급여, 상병보상연금, 유족급여 등이 주어지고 있었다. 그리고 공단은 진폐근로자에 대하여도 다른 업무상 질병과 동일하게 요양급여와 휴업급여를 지급하는 단계, 즉 요양이 종료되기 전에는 요양종결을 전제로 하는 장해판정을 하지 않았다. 따라서 진폐근로자도 요양급여, 휴업급여를 받는 동안에는 장해급여를 받지 못하였다.

그러나 대법원 1999. 6. 22. 선고 98두5149 판결에서, 진폐근로자에 대하여는 다른 경우와는 달리 반드시 진폐에 대한 치료를 받아 진폐가 완치되거나 진폐에 대한 치료의 효과를 더 이상 기대할 수 없게 되고, 그 증상이 고정된 상태에 이르게 된 것을 요구하지 아니하고 곧바로 해당 장해등급에 따른 장해급여를 지급하여야 한다고 판시함에 따라, 진폐에 대하여는 요양급여, 휴업급여와 장해급여가 양립할 수 있게 되었다. 그 결과 진폐근로자는 요양급여, 휴업급여, 장해급여를 동시에 받는 것이 가능하게 되었다.

이에 따라 진폐근로자가 요양의 대상이 되면 휴업급여와 함께 장해급여까지 받는 반면 요양급여의 대상이 아닌 진폐근로자는 장해급여만 받게 되었고, 이 때문에 요양이 장기화되고 진폐근로자 사이에 보상수준의 현격한 차이가 발생하게 되었다. 결국 보상의 형평성을 제고하기 위하여 2010. 5. 20. 법률 제10305호로 산재보험법이 개정되어 진폐에 관하여는 진폐보상연금과 진폐유족연금이라는 새로운 형태의 보험급여를 신설하게 되었다.

위 개정으로 진폐의 장해급수를 지칭하는 용어는 '장해등급'에서 '진폐장해등급'으로 변경되었고, 그에 따른 지급일수도 '[별표 6] 진폐장해연금표'를 따로 규정하여 일반적인 경우의 '장해등급'과는 별도의 지급일수 규정을 두게 되었다.

(4) 한편 위 개정 산재보험법은 부칙에서 원칙적으로 종전 규정에 따른 장해급여를 받고 있는 사람(개정 전 지급사유가 발생한 사람 포함)에 대하여도 개정법을 적용하되, 종전 규정이 근로자에게 유리한 경우에는 종전 규정을 적용하기로 하였고, 개정 후 진폐장해등급이 변경된 경우에는 개정 전 받은 장해보상연금이나 장해보상일시금의 지급일수를 공제한 나머지 지급일수로 산정한 진폐장해연금을 지급한다는 내용의 경과규정을 두었다.

나. 진폐근로자의 보험급여 청구 절차

(1) 개관

근로자의 보험급여 청구 → 공단의 진폐진단의뢰 → 건강진단기관의 진폐진단 및 진단결과 공단 제출 → 공단 내 진폐심사회의 심사 및 공단의 진폐 판정 → 공단의 진폐장해등급 결정 및 보험급여 지급.

(2) 구체적 내용

(가) 근로자의 보험급여 청구

분진작업에 종사하고 있거나 종사하였던 근로자가 업무상 질병인 진폐로 요양급여 또는 진폐보상연금을 받으려면 사업주가 증명하는 분진작업 종사경력 확인서(사업의 휴업이나 폐업 등으로 사업주의 증명을 받을 수 없는 경우에는 공단이 정하는 서류) 및 진폐에 관한 의학적 소견서 또는 진단서(요양급여 신청을 하는 경우만 해당)를 첨부하여 공단에 보험급여 청구를 하여야 한다(산재보험법 제91조의5 제1항, 산재보험법 시행규칙 제33조).

(나) 공단의 진폐진단의뢰

공단이 근로자로부터 진폐 보험급여의 청구를 받으면, 진폐예방법 제15조에 따른 건강진단기관(이하 "건강진단기관"이라 한다)에 진폐병형, 합병증의 유무 및 종류, 심폐기능의 정도 등의 판정에 필요한 진단을 의뢰한다.

(다) 건강진단기관의 진폐진단 및 진단결과 제출

건강진단기관이 진폐진단을 의뢰받으면, 흉부 방사선 직접 촬영, 폐기능검사, 합병증 검사를 실시한다(산재보험법 제91조의5 제1항, 산재보험법 시행규칙 제34조 제2항, 진폐예방법 제11조 제4호, 제13조 제1항 제2호). 건강진단기관은 진폐진단이 끝난 날부터 5일 이내에 진폐건강진단 소견서, 흉부 방사선영상 및 심폐기능검사 결과지 등을 첨부하여 그 진단결과를 공단에 제출하여야 한다(산재보험법 시행규칙 제35조).

(라) 진폐심사회의의 심사 및 진폐판정

공단이 건강진단기관으로부터 진단결과를 받으면, 직업환경의학과 전문의, 영상의학과 전문의, 내과 전문의(호흡기 분야) 등으로 구성된 진폐심사회의에서 진폐 해당 여부, 요양대상 여부, 장해정도 등에 관한 심사를 받아, 해당 근로자의 진폐병형, 합병증의 유무 및 종류, 심폐기능의 정도 등을 판정한다(산재보험법 제91조의7, 제91조의8 제1항).

(마) 진폐장해등급 결정 및 보험급여 지급

공단은 진폐판정 결과에 따라 요양급여의 지급 여부, 진폐장해등급과 그에 따른 진폐보상연금의 지급 여부 등을 결정한다(산재보험법 제91조의8 제2항).

다. 요양급여

(1) 진폐는 다른 업무상 재해와는 달리 단지 진폐에 걸렸다는 이유만으로는 요양급여의 대상이 되지 않는다. 산재보험법은 제91조의5부터 제91조의9까지 진폐에 관한 요양급여의 특례를 규정하고 있고, 특히 산재보험법 제91조의8 제2항, 산재보험법 시행령 제83조의2 제1항, [별표 11의2]에서 그 요양대상 인정기준에 관하여 구체적으로 규정하고 있다. 위 인정기준에 따른 요양대상 인정기준은 다음과 같다(산재보험법 시행령 [별표 11의2]).

---

3. 합병증 등에 따른 요양대상 인정기준
가. 진폐병형이 제1형 이상인 경우로서 다음의 어느 하나에 해당되는 경우
   (1) 진폐의 합병증으로 활동성 폐결핵, 감염에 의한 흉막염(가슴막염), 기관지염, 기관지확장증, 공기가슴증, 폐기종(폐공기증, 심폐기능이 경도 장해 이상인 경우에만 해당한다), 폐성심, 비정형(非定型) 미코박테리아 감염으로 확인된 경우
   (2) 진폐로 인하여 고도의 심폐기능장해(F3)로 확인된 경우
   (3) 진폐의 병형이 제4형이고 큰음영의 면적 합계가 오른쪽 폐의 윗쪽 2분의 1을 넘는 경우
   (4) 분진작업 종사경력이 있는 진폐근로자에서 원발성(原發性) 폐암이 발생한 경우
나. 진폐의증(0/1)에 활동성 폐결핵이 합병된 경우(법 제36조의 보험급여 중 제1호의 요양급여 및 제4호의 간병급여만 해당한다)

진폐의증(0/1)은 활동성 폐결핵이 합병된 경우 요양대상으로 인정되나, 이는 진폐의증도 진폐로 인정하는 것이 아니라 합병증인 활동성 폐결핵을 요양대상이라고 보는 것이다[1. 라. (2) 부분 참조].

(2) 일정한 요건을 충족한 경우에만 요양대상으로 인정되는 결과, ① 진폐병형이 제4형에 해당하지 않고, ② 심폐기능장해가 고도(F4)에 이르지 않으며, ③ 합병증이 없는 경우에는, 요양급여 없이 진폐장해연금(개정 전 장해급여)만 받을 수 있다.

(3) 요양급여를 지급하기로 결정된 진폐근로자에 대하여는 산재보험법 제40조 제2항[1] 본문에도 불구하고 산재보험 의료기관 중 진폐근로자의 요양을 담당하는 의료기관(진폐요양 의료기관)에서 요양을 하게 한다.

라. 휴업급여 및 상병보상연금

2010. 5. 20. 산재보험법의 개정으로 진폐에 관하여는 휴업급여, 상병보상연금 및 장해급여 대신 진폐보상연금을 지급하게 되었고, 위 개정법 부칙 제3조에서는 개정 법 시행 당시 진폐로 인하여 요양 또는 재요양을 받고 있는 사람(개정 법 시행 전에 지급사유가 발생한 사람을 포함)에 대해서 그 요양 또는 재요양이 종결되기 전까지 종전 규정에 따라 휴업급여나 상병보상연금을 지급한다고 규정하였으므로, 2010. 5. 20. 산재보험법 개정 이후 비로소 진폐로 진단된 경우에는 더 이상 휴업급여나 상병보상연금이 지급될 여지가 없다.

마. 진폐보상연금(개정 전[2] 장해급여)

(1) '치유' 요건 불요

장해급여는 업무상 재해가 치유된 후 신체 등에 장해가 있는 근로자에게 지급하는 보험급여이다(산재보험법 제57조 제1항). 따라서 장해급여의 지급사유는 업무상 재해가 치유된 때, 즉 '부상 또는 질병이 완치되거나 치료의 효과를 더 이상 기대할

---

1) 제40조(요양급여) ② 제1항에 따른 요양급여는 제43조제1항에 따른 산재보험 의료기관에서 요양을 하게 한다. 다만, 부득이한 경우에는 요양을 갈음하여 요양비를 지급할 수 있다.
2) 2010. 5. 20. 산재보험법 개정 전을 의미한다. 이하 이 항에서 같다.

수 없고 그 증상이 고정된 상태에 이르게 된 때'에 발생한다.

그러나 진폐는 현대의학으로도 완치가 불가능하고 분진이 발생하는 직장을 떠나더라도 그 진행을 계속하는 한편, 그 진행 정도도 예측하기 어렵다. 이러한 진폐의 특성을 고려하여 1995. 4. 29. 노동부령 제97호로 전부 개정된 산재보험법 시행규칙 제57조 및 [별표 5]에서 '진폐근로자에 대한 요양기준·폐질등급기준 및 장해등급기준'을 별도로 정하여 그 장해등급기준에 해당하게 된 때에는 반드시 진폐증에 대한 치료를 받아 진폐증이 완치되거나 진폐증에 대한 치료의 효과를 더 이상 기대할 수 없게 되고 그 증상이 고정된 상태에 이르게 된 것을 요구하지 아니하고 곧바로 해당 장해등급에 따른 장해급여를 지급하도록 규정하게 되었다.

공단은 진폐근로자에 대하여는 치유 없이도 장해급여가 지급되어야 한다는 관련 대법원 판결이 선고되고, 같은 취지로 산재보험법 시행규칙이 개정되었음에도 불구하고 한동안 계속하여 합병증 등으로 요양 중인 진폐근로자에 대하여는 장해판정을 거부하고 장해급여를 지급하지 않았으나, 이를 이유로 장해급여를 부지급한 처분의 취소를 구하는 사건에서 법원이 요양 중이라는 이유로 진폐에 대한 장해급여를 지급하지 않는다는 것이 위법하다고 판결함에 따라,[1] 2017. 5. 8. 진폐보상연금 도입 이전부터 요양 중이거나 요양 중 사망한 진폐근로자에 대하여도 장해급여를 지급하는 내용의 '요양 중 진폐 장해급여 소송 패소에 따른 업무처리기준[보험급여관리부-1637(2017. 5. 8.)]'을 시행하여 요양 중인 진폐근로자에 대하여도 장해급여를 지급하기 시작하였다.

제 2 편
산업재해

(2) 진폐장해등급(개정 전 장해등급)

(가) 진폐장해등급(개정 전 장해등급)은 원칙적으로 진폐의 병형과 진폐로 인한 심폐기능장해의 정도에 따라서 분류한다. 심폐기능장해가 없는 경우에도 진폐병형이 제1형인 경우는 제13급으로, 제2, 3, 4형인 경우에는 제11급으로 각각 인정된다.

(나) 종래 산재보험법령에 진폐만을 규율하는 별도의 신체장해등급이나 장해판정기준에 관한 규정은 없었다. 그러다가 1995. 4. 29. 노동부령 제97호로 전부 개정되어 1995. 5. 1. 시행된 산재보험법 시행규칙 제57조, [별표 5]에서 진폐근로자에

---

[1] 서울행정법원 2016. 4. 8. 선고 2016구단50924 판결, 위 판결에서는 근로자가 합병증인 폐암으로 요양 중이더라도 장해판정을 거부할 수 없다고 판시함, 이후 서울고등법원 2016. 7. 20. 선고 2016누43994 판결로 항소기각, 대법원 2016. 11. 25.자 2016두48485 판결로 심리불속행 기각 확정.

대한 장해등급기준이 처음 규정되었고, 진폐로 인한 장해등급은 제1급, 제3급, 제5급, 제7급, 제9급, 제11급으로 분류되었는데, 2003. 7. 1. 노동부령 제193호로 산재보험법 시행규칙이 개정되면서 심폐기능장해 없는 제1형의 진폐에 관하여도 제13급의 장해등급이 부여되게 되었다. 이후 2008. 7. 1. 노동부령 제304호로 산재보험법 시행규칙이 전부 개정됨에 따라 진폐에 관한 장해등급기준은 2008. 6. 25. 대통령령 제20875호로 전부 개정된 산재보험법 시행령 제53조 제1항, [별표 11의2]에 규정되었고, 이때 장해등급 제1급은 삭제되었다.

　　산재보험법이 2010. 5. 20. 법률 제10305호로 개정되어 진폐장해연금, 진폐유족연금 등과 같은 특례규정이 신설된 이후에는 진폐의 장해급수를 지칭하는 용어가 '장해등급'에서 '진폐장해등급'으로 바뀌었고, 그 기준도 2010. 11. 15. 대통령령 제22492호로 개정된 산재보험법 시행령 제83조의2 제1항, [별표 11의2]에 별도의 규정을 두었으며, 다시 진폐장해등급으로 제1급이 추가되었다. 진폐장해등급의 개정경과와 판정기준에 관한 개략적인 내용은 아래 표와 같다.

	장해급수 지칭 용어			
	장해등급			진폐장해등급
	산재보험법 시행규칙(노동부령 제97호, 1995. 4. 29. 전부개정) 제57조, [별표 5]	산재보험법 시행규칙(노동부령 제193호, 2003. 7. 1. 일부개정) 제57조, [별표 5]	산재보험법 시행령(대통령령 제20875호, 2008. 6. 25. 전부개정) 제53조, [별표 6]	산재보험법 시행령(대통령령 제22492호, 2010. 11. 15. 일부개정) 제83조의2, [별표11의2]
1급	고도장해(F3)		-	제1형 이상 + 고도장해(F3)
3급	중등도장해(F2)		제1형 이상 + 중등도장해(F2)	
5급	경도장해(F1) + A형(제4형)		제4형 + 경도장해(F1)	
7급	경도장해(F1) + 제1·2·3형		제1·2·3형 + 경도장해(F1)	
9급	경미장해(F1/2) + 제3·4형		제3·4형 + 경미장해(F1/2)	
11급	경미장해(F1/2) + 제1·2형		제1·2형 + 경미장해(F1/2)	
	무장해(F0) + 제2형 이상		제2·3·4형	
13급	-	무장해(F0) + 제1형	제1형	

(다) 2003. 7. 1. 산재보험법 시행규칙 [별표 5]가 개정됨에 따라 심폐기능정상(F0)인 진폐근로자도 장해등급을 부여받을 수 있게 되었는데, 위 개정 시행규칙 전에 제1형으로 진단된 경우에도 개정된 위 시행규칙에 따라 장해급여의 지급대상이 될 수 있는지가 문제된다.

살피건대, 산재보험법 시행규칙 부칙〈노동부령 제193호, 2003. 7. 1.〉 제3항은 [별표 5] 제4호(진폐근로자에 대한 장해등급기준)의 개정규정을 이 규칙 시행 후 치료가 종료되거나 제52조 제2항의 규정에 의한 장해정도의 판정을 받은 장해에 대하여 적용한다고 규정하고 있다. 위 부칙에 관하여 서울고등법원 2018. 12. 12. 선고 2018누50231 판결은, 원칙적으로 위 개정 시행규칙 시행 이후 진폐병형 제1형으로 판정된 경우에만 위 개정 시행규칙의 적용대상으로 하고, 시행 이전 이미 진폐병형 제1형으로 판정받았던 경우는 적용되지 않으나, 시행 전 제1형으로 판정받은 경우라고 할지라도 시행 당시 합병증 등에 관한 요양을 받던 중이어서 시행 이후에서야 요양이 종결되었다면, 위 개정 시행규칙이 적용될 수 있다고 판시하였다. 위 판결은 대법원 2019. 5. 30. 선고 2019두31334 판결로 상고기각되어 확정되었다.

(라) 이미 장해진단을 받은 진폐근로자가 심폐기능장해가 더 악화됨에 따라 진폐장해등급(또는 장해등급)이 상향되어야 한다고 주장하면서 상향된 진폐장해등급(또는 장해등급)에 해당하는 진폐보상연금(또는 장해급여)과 이미 지급받은 급여의 차액을 추가로 청구하는 경우가 있다.

진폐와 폐기능에 남은 장해 사이에는 상당인과관계가 인정되어야 하고, 그 상당인과관계의 증명책임은 이를 주장하는 측에 있다.[1] 따라서 심해진 심폐기능장해와 진폐근로자의 진폐 사이에도 상당인과관계가 있어야 하고, 그 심해진 심폐기능장해가 다른 원인에서 비롯된 것이거나 진폐와 무관한 다른 질환으로 인한 일시적 악화가 아니라는 사정, 즉 장해등급이 상향되어야 한다는 점에 대한 증명책임은 근로자에게 있다.[2]

(3) 진폐심사 및 판정 절차의 경유 필요성

(가) 진폐보상연금 등을 받기 위해서는 진폐진단 및 진폐심사를 거쳐 진폐판정

1) 대법원 2017. 3. 30. 선고 2016두55292 판결.
2) 서울고등법원 2023. 11. 2. 선고 2023누32114 판결(확정).

을 받는 절차를 거쳐야 한다(위 나. 참조). 그런데 유족이 사망한 진폐근로자의 미지급 보험급여를 청구하는 경우 위와 같은 법령이 정한 방법의 진폐판정절차를 거치지 않았다는 이유로 공단이 실질적인 심사를 하지 않고 미지급 보험급여의 지급을 거부할 수 있는지 문제된다.

(나) 다수의 하급심 판결은,[1] 진폐근로자가 사망한 후 그 유족이 진폐근로자의 진폐증이 악화되어 이미 결정된 진폐장해등급과 다른 진폐장해등급이 정하는 기준에 해당하게 되었다는 객관적인 근거 자료를 제출하면서, 변경된 진폐장해등급에 따른 진폐보상연금 등의 지급을 청구하는 경우, 특별한 사정이 없는 한 공단으로서는 진폐근로자가 이미 결정된 진폐장해등급과 다른 진폐장해등급이 정하는 기준에 해당하게 되었는지를 심사하여 보험급여에 대한 결정을 하여야 하고, 이와 달리 진폐근로자 사망 전 진폐정밀진단 등의 판정절차를 거치지 않았다는 이유만으로 그 유족의 미지급 진폐보상연금 등의 지급청구를 거부할 수는 없다고 판시하였다.[2]

---

1) 서울행정법원 2023. 2. 9. 선고 2021구단61676 판결(확정), 서울행정법원 2022. 5. 11. 선고 2021구단 62990 판결(확정) 등.
2) 아래와 같은 근거를 판시하고 있다.
   (1) 진폐근로자가 사망한 후 그 유족이 보험급여 등의 지급을 청구하는 경우에는 진폐정밀진단을 실시하는 것이 불가능하기 때문에, 사망한 진폐근로자가 생전에 진폐정밀진단 절차를 거치지 않았다는 이유만으로 공단이 유족의 보험급여 지급청구를 거부할 수 있다면, 유족의 보험급여 청구가 가능하도록 규정한 산재보험법 제81조에 어긋날 수 있다.
   (2) 진폐판정절차에 관한 규정은 종래 법령상 위임의 근거 없이 구 산재보험법 시행규칙(2010. 11. 24. 고용노동부령 제8호로 개정되기 전의 것) 제33조 내지 제39조에 규정되어 있다가 산재보험법이 2010. 5. 20. 법률 제10305호로 개정되면서 신설되었다. 이러한 개정의 이유는 법에 주요한 내용을 규정할 필요가 있었고, 진폐판정의 절차가 복잡하여 간소화, 단순화함으로써 관련 업무의 신속성 및 공정성을 제고하기 위한 것으로 보이고, 위와 같은 절차를 거치지 않은 경우를 일률적으로 배제하기 위한 것이라고 보기는 어렵다.
   (3) 산재보험법 제91조의5 제2항은 '제1항에 따라 요양급여 등을 청구한 사람이 제91조의8 제2항에 따라 요양급여 등의 지급 또는 부지급 결정을 받은 경우에는 제91조의6에 따른 진단이 종료된 날부터 1년이 지나거나 요양이 종결되는 때에 다시 요양급여 등을 청구할 수 있다'라고 규정하고 있다. 그러나 위와 같은 규정도 진폐정밀진단 종료일로부터 1년이 지난 이후에 요양급여 등을 다시 청구할 수 있다는 취지이지, 1년이 지난 이후에 요양급여 등을 청구하지 않던 중 근로자가 사망하여 위와 같은 진폐정밀진단을 받을 수 없는 경우에 그 청구를 제한하려는 취지의 규정으로 해석하기는 어렵다.
   (4) 산재보험법 및 진폐예방법이 규정한 건강검진기관에 관한 규정은 진단의 공정성 및 객관성과 진단 결과의 신뢰성 등을 담보하기 위한 것이지 법령에서 정한 건강진단기관이 아닌 다른 검진기관에서 검사한 결과 자체를 진폐심사회의 심의대상으로 삼는 것을 금지하려는 규정이 아니다. 또한 망인이 산재보험법에서 건강진단기관에 의한 진단을 받도록 규정한 취지를 잠탈하기 위하여 요양급여 등 청구를 하지 아니한 채 임의로 심폐기능검사를 받은 것으로는 보이지 않는 한, 망인이 건강진단기관에서 공단의 의뢰 없이 자체적으로 심폐기능검사를 받은 다음 유족이 그 결과를 가지고서 미지급 보험급여 등을 청구하는 경우와 망인이 공단에게 먼저 요양급여 등을 청구한 다음 공단의 의뢰에 따라 건강진

(다) 대법원 2016. 9. 28. 선고 2014두14297 판결은, ① 구 산재보험법 시행령 제21조 제1항 제2호에 따라 장해급여의 청구를 받은 공단이 결정하여야 할 사항인 '장해급여의 지급 여부와 지급 내용 등'에는 '장해등급의 결정'도 포함된다고 보아야 하는 점, ② 구 산재보험법 시행규칙(2010. 11. 24. 고용노동부령 제8호로 개정되기 전의 것)은 제32조부터 제39조에서 정밀진단 등 진폐증의 판정 절차 등에 관하여 규정하면서, 제39조에서 "공단은 제37조 제1항에 따라 정밀진단 결과를 받으면 지체 없이 진폐심사회의의 심사를 거쳐 진폐증에 걸렸는지 여부와 그에 따른 요양의 필요성 및 장해 정도를 판정"하도록 정하고 있는데, 이러한 규정은 법령상 위임의 근거 없이 공단이 보험급여의 지급 여부 및 내용 등을 결정함에 있어 내부적인 절차를 정한 것으로 보이는 점 등을 종합하면, 구 산재보험법에 따라 진폐를 원인으로 한 장해급여 청구를 받은 공단으로서는, 장해급여의 요건에 해당하는지 여부와 함께 구 산재보험법 시행령이 정한 장해등급에 해당하는지도 아울러 심사하여 보험급여에 대한 결정을 하여야 하고, 이와 달리 보험급여청구에 앞서 별도로 진폐판정 또는 장해등급의 결정을 받지 아니하였다는 사정만으로 장해급여청구를 거부할 수는 없다고 판시하였다.

또한 대법원 2019. 7. 25. 선고 2018두42634 판결도 공단이 사망한 진폐근로자가 이미 결정된 진폐장해등급(제7급)과 다른 진폐장해등급(제1급)이 정하는 기준에 해당하게 되었는지를 심사하여 보험급여에 대한 결정을 하여야 함에도, 망인이 사망 전 진폐요양신청 및 판정절차를 거치지 않았다는 이유만으로 유족의 청구를 거부한 것은 위법하다고 판단한 원심의 판단이 정당하다고 판시하였다.

(4) 급여액의 산정

(가) 진폐장해등급(개정 전 장해등급)별 차등지급

2010. 5. 20. 산재보험법 개정 전의 경우에는 일반적인 경우와 마찬가지로 장해등급별 지급일수와 평균임금을 곱한 금액을 장해급여액으로 하고, 지급의 방법은 장해보상연금 또는 장해보상일시금으로 한다. 2010. 5. 20. 산재보험법 개정으로 신설된 진폐보상연금은 진폐장해등급별 지급일수와 평균임금을 곱한 진폐장해연금에 기초연금액을 합산한 금액으로 한다. 장해보상연금, 진폐보상연금은 매년 이를 12등분

단기관에서 심폐기능검사를 받은 경우를 달리 볼 이유가 없다.

하여 매달 그 달치의 금액을 지급한다(산재보험법 제70조 제3항).

(나) 평균임금

1) 의의

평균임금은 이를 산정하여야 할 사유가 발생한 날 이전 3개월 동안에 그 근로자에게 지급된 임금의 총액을 그 기간의 총일수로 나눈 금액을 말한다(근로기준법 제2조 제1항 제6호). 그리고 진폐를 비롯한 업무상 질병에 대해서는 진단에 따라 질병이 발생되었다고 확정된 날이 평균임금의 산정 사유가 발생한 날이 된다(근로기준법 시행령 제52조). 한편 위와 같이 계산된 평균임금이 근로자의 통상임금액보다 낮으면 통상임금액을 평균임금으로 한다(근로기준법 제2조 제1항 제9호).

2) 평균임금 산정기간[1]에서 제외되는 기간

가) 진폐 및 그 합병증에 따른 요양기간은 평균임금 산정기간에서 제외된다. 근로기준법 시행령 제2조 제1항 제4호가 정한 "업무상 부상 또는 질병으로 요양하기 위하여 휴업한 기간"에 근거한 기간이다.

나) 퇴직한 근로자에게 직업병 진단이 확정되어 그 직업병 진단 확정일을 평균임금 산정 사유 발생일로 하여(근로기준법 시행령 제52조 참조) 평균임금을 산정하고 이에 따라 산재보험법상 보험급여를 지급하는 경우, 그 근로자의 퇴직일 이후 평균임금 산정 사유 발생일, 즉 진단 확정일까지 기간 역시 평균임금 산정 기간에서 제외하여야 한다.[2]

한편 근로자가 여러 사업장에서 근무하다 퇴직한 후 진폐 등 직업병 진단이 확정되어 평균임금을 산정할 때 그 기준이 되는 퇴직일은, 원칙적으로 그 직업병의 발병 또는 악화와 상당인과관계가 있는 업무를 수행한 사업장들 중 직업병 진단 확정일에 가장 가까운 마지막 사업장에서 퇴직한 날을 의미한다.[3] 따라서 근로자가 여러 분진사업장에서 근무하다가 퇴직 후 진폐로 진단된 경우에는 근무한 분진사업장 중 진폐와 상당인과관계가 있는 분진사업장을 먼저 확정한 다음 그 분진사업장 중 마지막으로 근무하다가 퇴직한 사업장의 퇴직일을 기준으로 평균임금을 산정한다.

---

1) 평균임금을 산정할 사유가 발생한 날 이전 3개월.
2) 대법원 2007. 4. 27. 선고 2005두10903 판결.
3) 대법원 2023. 6. 1. 선고 2018두60380 판결.

3) 고용노동부장관이 정하는 특례가 적용되는 경우(근로기준법 시행령 제4조)

근로기준법령이 정한 방법으로 따라 평균임금을 산정할 수 없는 경우 고용노동부장관이 정하는 바에 따라 평균임금을 산정한다(근로기준법 시행령 제4조). 이에 따라 「평균임금산정 특례고시」가 2004. 7. 26. 노동부 고시 제2004-22호로 처음 마련되어 폐지, 제정 및 개정 등을 거쳐 현재까지 시행 중에 있다.

가) 평균임금 산정기간에서 제외되는 기간이 3개월 이상인 경우에는 제외되는 기간의 최초일을 평균임금의 산정사유 발생일로 한다. 따라서 위와 같이 진폐근로자가 요양한 경우 그 요양기간 또는 퇴직 후 진폐로 진단됨에 따라 퇴직일부터 진단일까지의 기간이 3개월 이상인 경우에는 각 그 기간의 최초일을 평균임금의 산정사유 발생일로 한다.

나) 그 밖에 평균임금의 산정기간 중에 지급된 임금총액의 일부나 전부가 명확하지 않은 경우에는 위 평균임금 특례고시가 별도로 정하고 있는 방법에 따라 평균임금을 계산한다.

다) 위 특례는 '근로기준법'에 따른 특례로서, 아래 5)항의 산재보험법상 평균임금 산정특례와는 구별하여야 한다. 근로기준법에 따른 특례에 따라 평균임금을 산정하여도 그 평균임금이 근로자 보호에 적당하지 않으면 그제야 비로소 아래 5)항의 산재보험법상 특례가 적용된다.

4) 평균임금 증감

가) 산재보험법 제36조 제3항에 따르면, 평균임금 산정사유일로부터 1년이 지난 이후에는 매년 전체 근로자의 임금 평균액의 증감률에 따라 평균임금을 증감하되, 그 근로자의 연령이 60세에 도달한 이후에는 소비자물가변동률에 따라 평균임금을 증감하여야 한다.

나) 한편 평균임금 증감에 관한 현행 산재보험법 제36조 제3항의 규정은 산재보험법이 2007. 4. 11. 법률 제8373호로 전부 개정되면서 신설된 조항인데, 위 개정 전 구 산재보험법은 제38조 제3항에서 평균임금 증감규정을 두면서 구체적인 기준을 대통령령에 위임하였고, 그 위임에 따른 구 산재보험법 시행령(2008. 6. 25. 대통령령 제20875호로 전부 개정되기 전의 것) 제25조, [별표 1]에서 구체적인 산정방법을 규

정하고 있었다.[1] 이와 같이 평균임금 증감규정이 개정 전후로 그 증감의 방법을 달리 규정하고 있는 경우에는 어떠한 평균임금 증감규정을 적용하여야 할지 문제되는데, 원칙적으로는 평균임금 산정사유가 발생한 당시 시행되고 있던 평균임금 증감규정에 따른 방법으로 증감하여야 한다.

다) 다만, 진폐근로자의 경우에는 요양 중이라도 장해급여를 지급하여야 한다는 대법원 1999. 6. 22. 선고 98두5149 판결이 선고되었음에도 공단은 계속해서 요양 중인 진폐근로자의 장해급여를 부지급하여 오다가 법원에서 장해급여를 지급하여야 한다는 판결이 계속 선고됨에 따라 2017. 5. 8. '요양 중 진폐 장해급여 소송 패소에 따른 업무처리기준'을 시행하여 요양 중이거나 요양 중 사망한 진폐근로자에 대하여도 장해급여를 지급하게 되었다. 그러나 공단은 위 업무처리기준을 시행한 이후에도 장해급여 청구 당시 진폐진단일로부터 시효기간이 도과한 경우에는 소멸시효 완성을 이유로 그 지급을 거부하였고, 이에 대하여 법원은 위 업무처리기준이 마련되기 전에는 근로자에게 장해급여 청구권의 행사를 기대하기 어려웠기 때문에 공단이 시효를 주장하는 것이 권리남용이라는 판결을 선고하였다.[2] 이에 따라 공단은 다시 2018. 2. 7.부터 '진폐로 요양 중인 장해급여 관련 소멸시효 적용기준'을 마련하여 2017. 5. 8.부터 기산하여 소멸시효 기간 내에 청구된 진폐근로자의 장해급여에 대하여는 소멸시효를 원용하지 않는 것으로 업무처리기준을 변경하였다.

문제는 그 과정에서 이미 오래 전에 진단된 진폐에 관하여 나중에서야 장해급여를 지급함에 따라 진단일 당시의 평균임금이 적용되어 물가변동률 등이 반영되지 못한 실질적인 가치가 하락된 보험급여가 지급되는 경우가 있었는데, 대법원 2024. 4. 16. 선고 2019두45616 판결에서는, 공단이 정당한 이유 없이 그 지급을 거부하거나 늦춤으로 인하여 보험급여의 실질적 가치가 하락한 경우에는 진폐 진단일까지만

---

1) **구 산재보험법(2007. 4. 11. 법률 제8373호로 개정되기 전의 것) 제38조**(보험급여의 종류와 산정기준등) ③ 보험급여의 산정에 있어서 그 근로자가 소속된 사업과 동일한 직종의 근로자에게 지급되는 통상임금이 변동되거나 사업의 폐지·휴업 기타 부득이한 사유가 있을 때에는 대통령령이 정하는 기준에 따라 평균임금을 증감할 수 있다.
   구 산재보험법 시행령(2008. 6. 25. 대통령령 제20875호로 개정되기 전의 것) 제25조(평균임금의 증감) ① 법 제38조제3항의 규정에 의하여 보험급여를 산정하는 경우에 적용할 평균임금의 증감은 별표 1의 규정에 의한다.
   [별표 1] 평균임금의 증감(제25조 제1항 관련) (생략)
2) 서울행정법원 2017. 8. 31. 선고 2016구단64848 판결(서울고등법원 2018. 1. 18. 2017누73480 판결로 항소기각 확정).

이 아니라 실제 보험급여를 지급하기로 결정한 날까지 평균임금을 증감하여야 한다고 판시하였다. 그리고 위 판결은 2010. 5. 20. 법률 제10305호로 개정된 산재보험법 시행 전에 지급 사유가 발생한 진폐에 대한 장해보상일시금을 산정하는 경우에도 현행 산재보험법 제36조 제3항 본문에 따라 증감을 한 금액을 평균임금으로 삼아야 한다고 판시하였다.

위 대법원 판결의 내용은 다음과 같다.

『산재보험법 제36조 제3항 본문은 보험급여를 산정하는 경우 해당 근로자의 평균임금을 산정하여야 할 사유가 발생한 날부터 1년이 지난 이후에는 매년 전체 근로자의 임금 평균액의 증감률에 따라 평균임금을 증감하되, 그 근로자의 연령이 60세에 도달한 이후에는 소비자물가변동률에 따라 평균임금을 증감한다고 규정하고 있다. 평균임금의 증감 제도는 오랜 기간 보험급여를 받거나 오랜 기간이 지난 후 보험급여를 받을 때, 평균임금을 산정할 사유가 생긴 날인 재해일 또는 진단 확정일을 기준으로 평균임금을 산정하여 보험급여액을 정할 경우 보험급여의 실질적 가치를 제대로 반영하지 못하는 불합리한 결과를 시정하기 위하여 마련된 것이다(대법원 2006. 9. 22. 선고 2004두2103 판결 참조). 근로자의 업무상의 재해를 신속하고 공정하게 보상하고자 하는 산재보험법의 입법 목적과 평균임금 증감 제도를 둔 취지에 아래와 같은 사정을 더하여 보면, 2010. 5. 20. 법률 제10305호로 개정된 산재보험법 시행 전에 지급 사유가 발생한 진폐에 대하여 장해보상일시금을 산정하는 경우 피고가 정당한 이유 없이 그 지급을 거부하거나 늦춤으로 인하여 보험급여의 실질적 가치가 하락한 경우에는 보험급여 지급결정일까지 평균임금을 증감해야 한다고 보아야 한다.

① 산재보험법 제36조 제3항 본문은 평균임금을 증감하여야 하는 경우를 특별히 한정하고 있지 않고, 평균임금 증감의 종기(終期)에 관해서도 따로 규정하고 있지 않다.

② 피고는 ㉠ 유족보상연금이나 장해보상연금을 지급할 경우에는 평균임금 산정 사유 발생일의 평균임금을 연금 지급 시까지 증감을 하고, ㉡ 유족보상일시금을 지급할 경우에는 사망 시까지 증감을 하며, ㉢ 평균임금 산정 사유 발생일 자체도 경우에 따라서는 어느 특정일로 앞당긴 후 증감을 하는(대법원 2007. 4. 26. 선고 2005두2810 판결에 따른 실무 처리) 등 보험급여의 실질적인 가치가 유지되도록 평균임금

증감의 시기나 종기를 다양하게 적용하여 평균임금을 증감하고 있다.

　③ 통상적인 경우에는 재해근로자가 장해를 진단 받아 장해보상일시금의 지급 사유가 발생하면 지급 신청을 하여 곧바로 피고로부터 지급결정을 받을 수 있으므로 장해 진단일부터 지급결정일까지 평균임금을 증감할 필요가 없다. 그런데 피고가 정당한 이유 없이 보험급여의 지급을 거부하거나 지급을 늦춘 경우에는 산재보험법은 지연보상을 하는 규정을 두고 있지 않으므로, 피고의 지급 거부나 지체가 불법행위에 이르지 않는 한 재해근로자가 손해를 보전 받기 어렵다. 이러한 제도 미비의 상황에서 부당한 지급 거부 또는 지체 시 보험급여 지급결정일까지 평균임금을 증감하는 것은 재해근로자의 보호와 행정의 적법성 확보를 위해 반드시 필요하고, 평균임금 증감 제도의 취지에도 부합한다.

　앞서 본 사실관계를 이러한 법리에 따라 살펴보면, 이 사건은 피고가 정당한 이유 없이 원고에 대한 장해일시보상금의 지급을 늦추어 보험급여의 실질적 가치가 하락한 경우에 해당하므로 위 보상금 산정 시 적용되는 원고의 평균임금은 그 지급 결정일까지 산재보험법 제36조 제3항 본문에 따른 증감을 한 금액이라고 보아야 한다. 그런데도 원심은 이와 같이 평균임금을 증감하지 아니한 이 사건 처분이 적법하다고 판단하였으니, 원심의 판단에는 평균임금 증감에 관한 법리를 오해하여 판결에 영향을 미친 잘못이 있다. 이를 지적하는 취지의 상고이유 주장은 이유 있다.」

5) 산재보험법상 평균임금 산정특례

　산재보험법 제36조 제6항은 진폐 등 일정한 직업병에 대하여 평균임금을 적용하는 것이 근로자의 보호에 적당하지 아니하다고 인정되면 별도의 산정 방법에 따라 산정한 금액을 그 근로자의 평균임금으로 한다고 규정하고 있다. 이는 앞서 본 근로기준법 시행령 제4조에 근거하여 고용노동부장관이 고시한 「평균임금산정 특례고시」와는 별도의 규정이다(이하 '평균임금 특례 규정'이라 하고, 이에 따른 금액을 '특례임금'이라 한다). 위 조항의 위임에 따른 산재보험법 시행령 제25조 제2항에 따르면, 진폐에 대한 특례임금은, 진폐가 확인된 날을 기준으로 제26조 제1항에 따른 전체 근로자의 임금 평균액[1]을 고려하여 고용노동부장관이 매년 고시하는 금액이라고 규

---

1) 「고용정책 기본법」 제17조의 고용구조 및 인력수요 등에 관한 통계에 따른 전전 보험연도의 7월 1일부터 직전 보험연도의 6월 30일까지 상용근로자 5명 이상 사업체의 전체 근로자를 대상으로 산정한 근로자 1명당 월별 월평균 임금총액의 합계를 365(산정 기간에 속한 2월이 29일까지 있는 경우에는

정하고 있다. 위 평균임금 특례 규정은 2007. 4. 11. 법률 제8373호로 전부 개정되기 전의 구 산재보험법에서는 제38조 제5항[1])에 규정되어 있었다.

산재보험법이 평균임금 특례 규정을 둔 것은 진폐 등 일정한 직업병의 경우 그 진단이 쉽지 아니한 까닭에 근로자가 업무로 말미암아 직업병에 걸렸음에도 이를 확인하지 못하고 업무를 계속 수행함으로써 그 직업병 때문에 근로 제공을 제대로 하지 못하여 임금을 제대로 받지 못하였음에도 그 임금액에 터잡아 평균임금을 산정하는 것은 근로자의 보호에 적당하지 아니하므로, 이러한 경우 그 평균임금 대신 동종 직종 근로자의 노동통계조사보고서상의 임금액을 그 근로자의 평균임금으로 하여 근로자를 보호하려는 데 그 취지가 있다.[2]) 따라서 산재보험법 제4조 제2호에 따라 근로기준법이 정하는 원칙적인 방법으로 평균임금을 산정할 수 없는 경우에도 곧바로 평균임금 특례 규정을 적용할 것이 아니라 근로자의 통상의 생활임금을 사실대로 산정할 수 있는 합리적인 평균임금 산정 방법이 있는지를 먼저 찾아보아야 하고, 그러한 방법에 의하는 것이 평균임금 특례 규정을 적용하여 평균임금을 산정하는 것보다 근로자 보호에 부적당한 경우에 한하여 비로소 평균임금 특례 규정을 적용할 수 있다.[3])

제 2 편
산업재해

---

366)로 나눈 금액.

1) **구 산재보험법(2007. 4. 11. 법률 제8373호로 개정되기 전의 것) 제38조**(보험급여의 종류와 산정기준등) ⑤ 보험급여의 산정에 있어서 진폐등 대통령령이 정하는 직업병으로 인하여 보험급여를 받게 되는 근로자에게 그 평균임금을 적용하는 것이 근로자의 보호에 적당하지 아니하다고 인정되는 경우에는 대통령령이 정하는 산정방법에 따라 산정한 금액을 당해근로자의 평균임금으로 한다.

2) 대법원 2012. 1. 12. 선고 2011두2545 판결.

3) 대법원 2019. 11. 14. 선고 2016두54640 판결, 구체적 판시는 아래와 같다.
　「구 산재보험법 제4조 제2호는 같은 법에서 말하는 평균임금은 근로기준법에 의한 평균임금을 말하고, 근로기준법에 의하여 평균임금을 결정하기 곤란하다고 인정되는 경우에는 노동부장관이 정하여 고시하는 금액을 당해 평균임금으로 한다고 규정하고 있다. 또한 구 근로기준법 시행령(2003. 12. 11. 대통령령 제18158호로 개정되기 전의 것, 이하 같다) 제4조는 구 근로기준법과 구 근로기준법 시행령에 의하여 평균임금을 산정할 수 없는 경우에는 노동부장관이 정하는 바에 의한다고 규정하고 있다. 이에 따라 노동부장관이 제2004-22호로 고시한 구 평균임금 산정 특례 고시(노동부 고시 제2007-47호 부칙 제2항으로 폐지, 이하 '특례 고시'라고 한다) 제5조는 "제1조 내지 제4조의 규정에 의하여 평균임금을 산정할 수 없는 경우 지방노동관서장이 당해 사업장 소재 지역의 임금 수준 및 물가 사정에 관한 사항(제1호), 당해 근로자에 대한 소득세법령상 기재된 소득자별 근로소득원천징수부, 국민연금법·국민건강보험법·고용보험법상 신고된 보수월액·소득월액·월평균임금 등에 관한 사항(제2호), 당해 사업장 소재 지역의 업종과 규모가 동일하거나 유사한 사업장에서 해당 근로자와 동일한 직종에 종사한 근로자의 임금에 관한 사항(제3호), 당해 사업장의 근로제공기간 중에 받은 금품에 대하여 본인 또는 그 가족 등이 보유하고 있는 기록(사업주가 인정하는 경우에 한한다) 등 증빙서류에 관한 사항(제4호), 노동부장관이 조사·발간하는 임금구조기본통계조사보고서, 매월노동통계조사보고서 및 소규모사업체근로실태조사보고서 등 노동통계에 관한 사항(제5호)을 감안하여 적정하다고 결정한 금액

6) 검토

정리하면, 진폐에 따른 산재보험급여나 진폐재해위로금 등을 지급하기 위한 기초가 되는 평균임금을 확정하기 위해서는, 우선 평균임금 산정사유 발생일을 특정하고 산정기간에서 제외되는 기간을 확정한 다음(만약 제외되는 기간이 3개월을 넘어가는 경우에는 근로기준법 시행령 제4조 및 「평균임금산정 특례고시」에 따라 산정사유 발생일도 변경된다) 이에 따라 근로기준법에 따른 평균임금을 산정해보아야 하고, 그 평균임금에 산재보험법에서 규정한 평균임금 증감규정에 따라 증감된 평균임금을 산정하여야 한다.

다음으로 위와 같이 산정한 평균임금이 산재보험법이 규정한 '평균임금 특례규정'에 따른 특례임금에 미치지 못하는 경우에 한하여 위 특례임금을 평균임금으로 하게 된다.

(다) 2010. 5. 20. 개정 전 산재보험법에 따라 장해급여를 받은 경우(또는 개정 전에 이미 지급사유가 발생한 경우)

1) 종전 규정에 따른 장해보상'연금'을 받은 경우(또는 개정 전 지급사유가 있었던 경우)

2010. 5. 20. 산재보험법 개정 전 장해보상연금을 받고 있던 진폐근로자(개정법 시행 전 지급사유가 발생한 경우 포함)에 대하여도 진폐보상연금을 지급하되, 종전 규정에 따른 장해보상연금액이 진폐보상연금액보다 많은 경우에는 종전 규정에 따른 장해보상연금을 지급한다. 종전 규정에 따른 장해보상연금을 받고 있는 진폐근로자(개정법 시행 전 지급사유가 발생한 경우 포함) 중 2010. 5. 20. 개정된 산재보험법 시행 후 진폐장해등급이 변경된 경우에도 위 개정법에 따르되, 종전 규정에 따라 산정된 장해보상연금액이 진폐보상연금액보다 많은 경우에는 종전규정에 따른 장해보상

을 당해 근로자의 평균임금으로 본다."라고 정하고 있다. 이와 같이 특례 고시 제5조는 구 근로기준법과 구 근로기준법 시행령 및 특례 고시 제1조 내지 제4조에 따라 평균임금을 산정할 수 없는 경우에 평균임금을 결정하면서 고려해야 할 사항을 구체적으로 정하고 있으므로, 피고가 진폐 등 직업병에 걸린 근로자에게 적용되는 평균임금을 결정할 때에는 특례 고시 제5조 각호의 사항을 고려하여 최대한 근로자의 통상의 생활임금에 가까운 합리적인 평균임금을 산정하여 평균임금 특례 규정에 따라 산정된 금액과 비교하여야 한다.
그리고 특례 고시 제5조 각호에서 정한 자료의 일부를 확인할 수 없다고 하더라도, 나머지 각호에서 정한 자료를 통해 통상의 생활임금에 가까운 합리적인 평균임금을 산정할 수 있는 이상, 곧바로 평균임금 특례 규정을 적용할 것은 아니다.」

연금을 지급한다(산재보험법 부칙〈법률 제10305호, 2010. 5. 20.〉 제2조 제1항, 제2항).

2) 종전 규정에 따른 장해보상 '일시금'을 받은 경우(또는 개정 전 지급사유가 있었던 경우)

종전 규정에 따라 장해보상일시금을 받은 진폐근로자(개정 법 시행 전 지급사유가 발생한 경우 포함, 이하 같다)에 대하여도 진폐보상연금을 지급하되, 같은 개정규정에 따른 진폐보상연금액 중에서 기초연금액만을 지급한다. 종전 규정에 따라 장해보상일시금을 받은 진폐근로자 중 2010. 5. 20. 개정된 산재보험법 시행 후에 진폐장해등급이 변경된 경우에도 위 개정 법에 따르되, 변경된 진폐장해등급에 해당하는 지급일수에서 종전 장해등급에 해당하는 지급일수를 공제하고 남은 일수를 기준으로 진폐장해연금액을 산정하여 지급한다(위 부칙 제2조 제3항, 제4항).

(라) 2010. 5. 20. 개정 전 산재보험법에 따라 휴업급여나 상병보상연금을 받은 경우(또는 개정 전 지급사유가 있었던 경우)

1) 문제점

개정 당시 휴업급여나 상병보상연금을 받고 있었거나 개정 전 지급사유가 발생하여 있었던 경우에는 요양 또는 재요양이 종결되기 전까지는 종전 규정에 따른 휴업급여나 상병보상연금을 지급한다(위 부칙 제3조). 이 경우 그 이후 장해보상연금을 지급함에 있어서 이미 지급받은 휴업급여나 상병보상연금을 공제할 수 있는지 문제된다.

2) 이미 지급받은 휴업급여의 경우: 일정 요건 해당시 공제

2009. 7. 17. 진폐 진단을 받고 합병증으로 요양하던 중 심폐기능의 악화로 사망한 진폐근로자의 유족이 공단에 망인의 사망 당시 심폐기능이 고도장해에 해당하였다면서 장해등급 제1급에 해당하는 장해급여를 청구하자, 공단이 장해등급 제1급에 해당하는 장해보상연금에서 망인의 요양당시 지급된 휴업급여를 공제하고 지급하여, 위 공제의 정당성이 문제된 사건에서, 대법원 2020. 12. 10. 선고 2020두39228 판결은 아래와 같이 판단하고 있다.

『요양 중 휴업급여를 지급받은 재해근로자에게 같은 기간 동안의 장해보상연금을 지급하는 경우에는 1일당 장해보상연금액과 1일당 휴업급여 지급액을 합한 금액이 장해보상연금의 산정에 적용되는 평균임금의 100분의 70을 초과하면(장해등급 1급 내지 3급이 이에 해당함) 지급될 장해보상연금에서 '이미 지급된 휴업급여에 해당하는 금액을 공제'하고 지급하여야 한다고 보아야 한다. 그 구체적인 이유는 다음과 같다.

① 산재보험법 제56조 제3항은 장해보상연금을 지급받은 자가 재요양을 받는 경우 재요양으로 인한 휴업급여까지 전액 지급받게 되면 동일한 성격의 보험급여가 중복하여 지급되므로 이를 조정하기 위한 목적에서 규정된 것이다. 휴업급여와 장해급여는 모두 업무상 재해로 인하여 발생한 노동능력 상실에 따른 일실수입을 전보하기 위하여 지급되는 보험급여이므로 같은 기간 동안 휴업급여와 장해급여가 중복하여 지급되는 경우 동일한 목적의 경제적 보상이 이중으로 이루어지는 결과가 된다. 예컨대, 망인과 같이 장해등급이 1급인 근로자의 경우 평균임금의 90%(=329일분÷365×100%) 수준에 해당하는 금액을 장해보상연금으로 지급받게 되는데, 여기에 더하여 평균임금의 70% 수준인 휴업급여를 지급받을 경우 무려 160%에 상당하는 금액을 일실수입으로 전보받게 되므로, 재해 발생 전에 노동능력 100%인 상태에서 얻은 수입보다 더 많은 금액을 보상받게 된다. 일실수입을 보전하기 위한 목적에서의 보험급여 지급액이 평균임금의 100%를 초과하는 것은 그 제도의 목적에 반할 뿐만 아니라, 나아가 근로자의 업무상 재해를 '공정하게 보상'하고자 하는 산재보험법의 입법 목적에도 반한다.

② 산재보험법 제56조 제3항은 "그 초과하는 금액 중 '휴업급여'는 지급하지 아니한다."라고 규정하지 않고, "그 초과하는 금액 중 '휴업급여에 해당하는 금액'은 지급하지 아니한다."라고 규정하고 있으므로, 반드시 그 조정 대상을 '휴업급여'로 한정하는 것이라고 볼 수는 없다. 산재보험법 제56조 제3항은 '장해보상연금 수급권자가 재요양을 받음으로써 그로 인한 휴업급여를 지급받게 된 경우'를 장해급여와 휴업급여가 중복지급될 수 있는 가장 전형적인 상황으로 예시하여 규정한 것일 뿐이므로, '먼저 휴업급여를 지급받던 자가 나중에 장해보상연금을 받게 된 경우'에도 산재보험법 제56조 제3항에 따라 '장해급여'의 액수를 조정하는 것이 가능하다고 보아야 한다. 산재보험법 제56조 제3항의 입법 취지를 고려하더라도 장해급여와 휴업급여 중 어떠한 급여를 먼저 지급받았는지라는 우연한 사정에 따라 산재보험법 제56조 제3항의 적용 여부를 달리할 이유가 없다.

③ 산재보험법 제56조 제3항은 장해보상연금 수급권자가 '재요양'을 받는 경우 뿐 아니라 '최초 요양'을 받는 경우에도 적용된다고 보아야 한다. '재요양'은 일단 요양이 종결된 후에 당해 상병이 재발하거나 당해 상병에 기인한 합병증에 대하여 실시하는 요양이라는 점 외에는 '최초의 요양'과 그 성질을 달리하지 않으므로,[1] '재요양'에 관한 규정은 같은 성질을 지닌 '요양'에 관하여도 적용될 수 있다. 일반적인 상병의 경우 요양이 종결된 후에야 장해보상연금이 지급되므로 '요양' 중 장해보상연금과 휴업급여가 동시에 지급되는 경우를 상정하기 어렵고, 이러한 점 때문에 산재보험법 제56조 제3항은 장해보상연금을 지급받는 자가 '재요양'을 받는 경우에 관하여 규정한 것으로 보인다. 그러나 진폐증과 같이 '진단 즉시 장해급여의 지급대상에 해당하면서 그와 동시에 요양이 이루어지는 경우'는 최초 요양 종결 후 '장해급여의 지급대상에 해당하게 된 사람이 다시 요양이 필요하게 되어 재요양을 받는 경우'와 실질적으로 다를 바가 없다. 진폐증의 경우 그 증상이 고정된 상태에 이를 것을 요구하지 아니하고 곧바로 장해급여를 지급하도록 하고 있어 그 이후의 요양이 최초 요양인지 재요양인지의 구별이 불분명한 경우가 있을 수 있는데, 요양과 재요양을' 엄격히 구별하여 재요양 중인 자에 대하여만 산재보험법 제56조 제3항이 적용된다고 볼 경우 같은 등급의 진폐근로자라도 최초 요양 중에 있는 사람과 재요양 중에 있는 사람은 지급받는 보험급여 액수가 현격히 달라져 형평에 반하는 결과가 발생한다.』

3) 이미 지급받은 상병보상연금의 경우: 일정 요건 해당시 공제

상병보상연금은 요양급여를 받는 근로자가 요양을 시작한 지 2년이 지난 날 이후에도 그 부상이나 질병이 치유되지 않고, 그 부상이나 질병에 따른 중증요양상태의 정도가 대통령령으로 정하는 중증요양상태등급 기준에 해당하며, 요양으로 인하여 취업하지 못한 경우가 계속되면 휴업급여 대신 지급하는 보험급여로서, 휴업급여와 동일한 경제적 목적을 가지고 있다. 따라서 상병보상연금을 수령한 경우에도 위 휴업급여에 관한 법리가 그대로 적용될 수 있다.

다수의 실무례도 위 대법원 판결을 원용하여, 진폐로 요양 중 상병보상연금을 지급받은 재해근로자에게 같은 기간 동안의 장해보상연금을 지급하는 경우에는 이미 지급한 상병보상연금액을 공제한 장해보상연금을 지급하여야 한다고 판시하고

---

[1] 대법원 2002. 4. 26. 선고 2002두1762 판결 등.

있다.[1]

바. 진폐유족연금(개정 전 유족급여)

(1) 지급요건

(가) 상당인과관계

2010. 5. 20. 개정 전 산재보험법에서는 진폐에 대하여도 일반적인 경우와 마찬가지로 유족급여의 지급대상으로 규정하고 있었으나, 2010. 5. 20. 개정된 산재보험법에서는 진폐에 관하여 유족에게 진폐유족연금을 지급한다는 특례규정을 두게 되었다(제91조의4). 그리고 위 개정된 산재보험법 제91조의10은 분진작업에 종사하고 있거나 종사하였던 근로자가 진폐, 합병증이나 그 밖에 진폐와 관련된 사유로 사망하였다고 인정되면 업무상의 재해로 본다고 규정하고 있다. 따라서 진폐와 사망 사이에 관련성이 있어야 진폐유족연금을 받을 수 있다.

대법원도, 분진작업에 종사하였던 근로자가 사망한 경우에 업무상 재해로 인정되기 위해서는 진폐 및 합병증 등과 사망 사이에 상당인과관계가 인정되어야 하고, 그 인과관계는 반드시 의학적, 자연과학적으로 명백하게 증명되어야 하는 것은 아니며, 근로자의 진폐병형, 심폐기능, 합병증, 성별, 연령 등을 고려하였을 때 진폐 및 합병증 등과 재해 사이에 상당인과관계가 있다고 추단된다면 그 증명이 있다고 보아야 할 것인데, 이 경우 업무상 발병한 질병이 사망의 주된 발생 원인이 아니라고 하더라도, 업무상 발병한 질병이 업무와 직접적인 관계가 없는 기존의 다른 질병과 복합적으로 작용하여 사망하게 되었거나, 업무상 발병한 질병으로 인하여 기존 질병이 자연적인 경과 속도 이상으로 급속히 악화되어 사망한 경우에도 업무와 사망 사이에 인과관계가 있다고 판시하였다.[2]

(나) 진폐판정절차

산재보험법 제91조의4 제3항에 의하면, 산재보험법 제91조의6이 정한 진폐판정절차를 받지 않은 근로자가 업무상 질병인 진폐로 사망한 경우에 그 근로자에 대한

진폐유족연금은 진폐보상연금을 구성하는 기초연금(제91조의3 제2항)과 심폐기능의 정도를 판정하기 곤란하여 진폐병형으로만 결정되는 진폐장해등급(제91조의8 제3항)으로 산정한 진폐장해연금을 합산한 금액을 진폐유족연금으로 지급한다.

산재보험법은 진폐근로자가 직접 진폐요양급여 또는 진폐보상연금 등을 청구하는 경우에는 그 지급 여부, 진폐의 진단, 진폐심사회의, 진폐판정 등에 관하여 명문의 규정을 두고 있으나(제91조의5 내지 제91조의9), 진폐로 사망한 진폐근로자의 유족이 진폐유족연금을 청구하는 경우에는 진폐판정절차에 관하여 특별한 규정을 두고 있지 않다. 그러나 진폐보상연금의 수급권자가 사망한 후 그 유족이 이미 결정된 진폐장해등급과 다른 진폐장해등급에 해당됨을 전제로 이에 따른 진폐유족연금을 청구하는 경우에는, 망인이 사망하기 전 진폐판정절차를 거치지 않았다는 사정만으로 이를 거부할 수는 없고, 그와 같은 법령상의 진폐판정절차를 거치지 않은 사유와 경위 등을 참작하여 제출된 자료를 기초로 유족이 주장하는 진폐장해등급의 해당 여부를 심사하여야 한다.[1] 따라서 사망한 진폐근로자가 생전에 진폐판정을 위한 진단이 종료된 날로부터 1년이 지나 다시 진폐판정절차를 밟을 수 있었음에도 이를 거치지 않았다는 사유만으로 유족의 진폐유족연금 등의 추가지급 신청에 따른 진폐장해등급 재판정을 거부한 것은 위법하다.

(2) 지급상대방

진폐유족연금은 유족에게 지급한다. 유족의 범위 및 순위, 자격 상실과 지급 정지 등에 관하여는 산재보험법 제5조 제3호, 제63조, 제64조를 준용한다(산재보험법 제91조의4 제4항). 선순위 유족이 있는 경우 후순위 유족은 진폐유족연금에 관한 처분을 다툴 원고적격이 없다.[2]

사. 소멸시효

(1) 시효기간

진폐보상연금 및 진폐유족연금을 받을 권리는 5년간 행사하지 않으면 시효의

---

1) 대법원 2022. 5. 26. 선고 2022두33385 판결.
2) 서울행정법원 2024. 1. 16. 선고 2022구합4547 판결(확정).

완성으로 소멸한다(산재보험법 제112조 제1항 단서). 당초 진폐보상연금 및 진폐유족연금에 대한 소멸시효기간은 3년이었으나 2018. 6. 12. 법률 제15665호로 산재보험법 제112조 제1항이 개정되어 그 기간이 5년으로 연장되었으므로, 위 개정 법이 시행된 2018. 12. 13. 이전에 이미 3년의 소멸시효가 완성된 경우에는 위 개정 법에 따른 5년의 시효기간은 적용되지 않고, 2018. 12. 13. 아직 시효가 완성되지 않은 경우에만 개정된 5년의 시효기간이 적용된다.

그러나 후술할 진폐예방법에 따른 진폐재해위로금을 받을 권리의 소멸시효기간은 3년이라는 점을 유의하여야 한다(진폐예방법 제28조, 구 진폐예방법에 따른 장해위로금 및 유족위로금의 경우도 같다). 진폐근로자는 산재보험법상 보험급여와 진폐예방법상 진폐재해위로금을 같이 청구하는 경우가 많은데, 진폐보상연금(장해급여)과 진폐재해위로금의 소멸시효 기산점은 통상 동일하므로, 진폐보상연금의 소멸시효가 완성되기 전이라도 진폐재해위로금 청구권의 소멸시효만 완성되는 경우도 있을 수 있다.

(2) 기산점

(가) 추상적 청구권과 구체적 청구권의 구별

사회보장수급권은 법령에서 실체적 요건을 규정하면서 수급권자 여부, 급여액 범위 등에 관하여 행정청이 1차적으로 심사하여 결정하도록 정하고 있는 경우가 일반적이다. 이러한 사회보장수급권은 관계 법령에서 정한 실체법적 요건을 충족시키는 객관적 사정이 발생하면 추상적인 급부청구권의 형태로 발생하고, 관계 법령에서 정한 절차·방법·기준에 따라 관할 행정청에 지급 신청을 하여 관할 행정청이 지급 결정을 하면 그때 비로소 구체적인 수급권으로 전환된다.[1]

진폐에 따른 보험급여를 받을 권리는 산재보험법령에 의하여 직접 발생하는 것이 아니라, 보험급여 요건을 충족시키는 객관적 사정이 발생하면 추상적인 급부청구권의 형태로 발생하고, 보험급여를 받으려고 하는 근로자가 보험급여신청서에 소정의 서류를 첨부하여 공단에 청구함에 따라 공단이 진폐판정을 하고 그 결과에 따라 진폐장해등급 및 그에 따른 보험급여의 지급 여부를 결정함으로써 그 권리가 구체

---

1) 대법원 2021. 3. 18. 선고 2018두47264 전원합의체 판결, 대법원 2021. 4. 29. 선고 2016두59683 판결 등.

적인 형태의 수급권으로 전환된다.

그리고 산재보험법 제112조 제1항의 소멸시효기간은 ① 업무상 질병인 진폐에 걸린 근로자가 곧바로 취득하는 진폐에 따른 추상적 진폐보상연금청구권뿐 아니라, ② 해당 근로자가 산재보험법 제91조의5에 따른 청구를 하여 제91조의8에서 정한 공단의 진폐판정 및 진폐보상연금 지급결정을 거쳐 전환된 구체적 수급권을 취득한 근로자가 진폐 진단 다음 달부터 갖게 되는 월별 수급권에 대하여도 동일하게 적용된다. 구체적 진폐보상연금수급권을 구성하는 월별 수급권의 변제기가 매달 도래하여 월별 수급권 전부가 시효로 소멸하지 않는 이상 구체적 수급권만이 월별 수급권과 독립하여 시효로 소멸할 여지는 없다.[1]

(나) 추상적 청구권의 경우

1) 소멸시효는 권리를 행사할 수 있는 때부터 진행하는바(산재보험법 제112조 제2항, 민법 제166조 제1항), 산재보험법에 따른 보험급여를 받을 권리의 소멸시효는 특별한 사정이 없는 한 재해근로자의 업무상 재해가 산재보험법령이 규정한 보험급여 지급요건에 해당하여 공단에게 보험급여를 청구할 수 있는 때부터 진행한다. 산재보험법 제91조의3, 제91조의8에 따른 진폐보상연금의 경우 진폐근로자의 진폐병형, 심폐기능의 정도 등 진폐 장해상태가 산재보험법 시행령 제83조의2 [별표 11의2], [별표 11의3]에서 정한 진폐장해등급 기준에 해당하게 된 때에 진폐장해등급에 따른 진폐보상연금을 지급하도록 규정하고 있다. 따라서 진폐보상연금 청구권의 소멸시효는 특별한 사정이 없는 한 진폐근로자의 진폐 장해상태가 산재보험법 시행령에서 정한 진폐장해등급 기준에 해당하게 된 때부터 진행한다고 보아야 한다.[2] 진폐근로자의 진폐병형과 심폐기능장해가 진단된 때부터 진폐근로자는 그 결과에 따른 진폐보상연금 또는 더 높은 진폐장해등급에 따른 진폐보상연금을 청구할 수 있고, 그 때부터 진폐보상연금에 대한 소멸시효가 진행한다.

그리고 진폐근로자가 사망한 경우 그 유족이 사망한 진폐근로자의 미지급 보험급여 등을 청구하는 경우에도 그 기산점은 동일하다.[3]

2) 진폐병형 및 장해진단을 받은 이후 공단이 구체적인 장해등급결정 또는 변

---

[1] 대법원 2019. 12. 27. 선고 2018두46780 판결 취지 참조, 서울고등법원 2022누68789 판결(확정).
[2] 대법원 2019. 7. 25. 선고 2018두42634 판결.
[3] 대법원 2019. 7. 25. 선고 2018두42634 판결.

경결정을 하지 않거나, 결정을 하더라도 나중에서야 근로자나 그 유족에게 통지하는 경우가 문제될 수 있다.

그러나 소멸시효는 그 권리를 행사할 수 없는 동안에는 진행하지 아니하고, 여기서 '권리를 행사할 수 없다'라고 함은 그 권리행사에 법률상의 장애사유, 예컨대 기간의 미도래나 조건불성취 등이 있는 경우를 말하는 것으로서, 사실상 그 권리의 존부나 권리행사의 가능성을 알지 못하였거나 알지 못함에 과실이 없다고 하여도 이러한 사유는 법률상 장애사유에 해당한다고 할 수 없다.[1]

살피건대 공단의 구체적인 장해급여에 관한 결정이 있어야 근로자가 장해급여 청구권을 행사할 수 있는 것이 아니고, 근로자는 진폐진단 또는 장해등급결정을 통지받지 못하더라도 이는 장해급여 청구권을 행사하는데 아무런 법률적 장애가 되지 않으므로, 근로자나 그 유족이 장해등급에 관한 통지를 받은 때부터 시효가 진행한다고 할 수 없다.[2]

(다) 구체적 청구권의 경우

구체적 진폐보상연금수급권을 구성하는 월별 수급권은 권리를 행사할 수 있는 때로부터 진행한다(산재보험법 제112조 제2항, 민법 제166조 제1항). 앞서 본 바와 같이 구체적인 형태의 월별 수급권은 공단의 장해등급결정 및 진폐보상연금 지급결정에 의하여 비로소 행사할 수 있게 된다. 산재보험법 제91조의8 제4항은 '공단은 보험급여의 지급 여부 등을 결정하면 그 내용을 해당 근로자에게 알려야 한다.'는 취지의 내용을 정하고 있으므로 공단은 해당 근로자에게 행정절차법 제14조에서 정한 바에 따라 송달하는 등의 방법으로 장해등급결정 및 진폐보상연금 지급결정의 내용을 통지하여야 한다. 위 각 규정을 종합하여 보면, 구체적 진폐보상연금수급권을 구성하는 월별 수급권은 근로자가 보험급여 지급 청구에 대한 공단의 장해등급결정 및 진폐보상연금 지급결정을 통지받은 날로부터 진행하고,[3] 그 이후에 변제기가 도래하는 월별 수급권에 관하여는 기간 미도래의 법률상 장애사유가 해소되는 매달 연금 지급일부터 진행한다.

---

1) 대법원 1992. 3. 31. 선고 91다32053 전원합의체 판결 등.
2) 서울행정법원 2017. 8. 31. 선고 2016구단64848 판결(확정).
3) 대법원 2021. 3. 18. 선고 2018두47264 전원합의체 판결, 대법원 2021. 4. 29. 선고 2016두59683 판결 등 취지 참조.

(3) 시효주장의 권리남용 여부

(가) 권리남용으로서 허용되지 않는 경우

채무자의 소멸시효에 기한 항변권의 행사도 우리 민법의 대원칙인 신의성실의 원칙과 권리남용금지의 원칙의 지배를 받는다. 채무자가 시효 완성 전에 채권자의 권리행사나 시효 중단을 불가능 또는 현저히 곤란하게 하였거나, 그러한 조치가 불필요하다고 믿게 하는 행동을 하였거나, 객관적으로 채권자가 권리를 행사할 수 없는 장애사유가 있었거나, 또는 일단 시효 완성 후에 채무자가 시효를 원용하지 아니할 것 같은 태도를 보여 권리자로 하여금 그와 같이 신뢰하게 하였거나, 채권자 보호의 필요성이 크고, 같은 조건의 다른 채권자가 채무의 변제를 수령하는 등의 사정이 있어 채무이행의 거절을 인정함이 현저히 부당하거나 불공평하게 되는 등의 특별한 사정이 있는 경우에는 채무자가 소멸시효의 완성을 주장하는 것이 신의성실의 원칙에 반하여 권리남용으로서 허용될 수 없다(2008. 9. 18. 선고 2007두2173 전원합의체 판결 등).

공단은 종래 진폐근로자가 2010. 5. 20. 개정 산재보험법이 시행된 2010. 11. 21. 이전부터 요양 중인 경우에는 장해급여를 지급하지 않고 휴업급여(상병보상연금)만을 지급하여 왔으나, '2010. 11. 21. 이전부터 요양 중인 진폐근로자에게도 장해급여를 지급하여야 한다'는 관련 판결[1]이 확정됨에 따라 2017. 5. 8. 진폐보상연금 도입 이전부터 요양 중이거나 요양 중 사망한 진폐근로자에 대하여도 장해급여를 지급하는 내용의 '요양 중 진폐 장해급여 소송 패소에 따른 업무처리기준[보험급여관리부-1637(2017. 5. 8.)]'을 시행하였다.

이처럼 공단은 2017. 5. 8. 위 업무처리기준을 시행하기 전까지는 2010. 11. 21. 이전부터 진폐로 요양하던 근로자에 대하여는 장해급여를 지급하지 않았으므로, 그 이전에는 근로자가 장해급여의 지급을 청구하였더라도 공단이 이를 거절하였을 것으로 보인다. 물론 공단의 지급결정이 있어야 장해급여 등 청구권이 발생한다거나 이를 행사할 수 있는 것은 아니므로, 위 업무처리기준의 존재가 근로자의 권리행사에 있어 법률상의 장애사유에 해당하지는 않으나, 법률전문가가 아닌 근로자의 입장

---

[1] 서울행정법원 2016. 4. 8. 선고 2016구단50924 판결(서울고등법원 2016. 7. 20. 선고 2016누43994 판결로 항소기각되고, 대법원 2016. 11. 25. 자 2016두48485 판결로 심리불속행 기각되어 확정).

에서는 공단이 종전 부지급 방침을 변경하지 않는 한 장해급여 등을 청구하는 것이 무의미한 일이라고 믿을 수밖에 없었다고 보이므로, 이와 같은 상황은 일반인의 입장에서 권리행사를 하는 것을 기대하기 어려운 특별한 사정이 있었던 것으로 평가될 수 있다.

따라서 이러한 경우에도 시효를 주장하는 것은 신의성실의 원칙에 반하는 권리남용에 해당할 수 있다.[1]

(나) 권리행사 가능시점으로부터 상당한 기간이 경과한 경우

소멸시효주장이 권리남용이 될 수 있는 사유가 있는 경우에도, 그 사유가 해소된 때부터 권리행사를 기대할 수 있는 상당한 기간 내에 자신의 권리를 행사한 경우라야 비로소 그 소멸시효주장을 권리남용으로 배척할 수 있다. 그런데 신의성실의 원칙을 들어 시효 완성의 효력을 부정하는 것은 법적 안정성의 달성, 입증곤란의 구제, 권리행사의 태만에 대한 제재를 그 이념으로 삼고 있는 소멸시효 제도에 대한 대단히 예외적인 제한에 그쳐야 할 것이므로, 위 권리행사의 '상당한 기간'은 특별한 사정이 없는 한 민법상 시효정지의 경우에 준하여 단기간으로 제한되어야 한다.[2]

공단의 종전 부지급 방침이 근로자에게 장해급여 등의 청구권을 행사할 수 없는 사실상의 장애사유로 작용하였다고 하더라도, 공단이 업무처리기준을 변경하여 요양이거나 요양 중 사망한 진폐근로자에 대하여도 장해급여를 지급하기로 한 2017. 5. 8.에는 근로자가 권리를 행사하기 어려운 장애사유가 해소된 것이므로, 근로자는 위와 같은 장애사유가 해소된 때로부터 권리행사를 기대할 수 있는 상당한 기간 내인 민법상 시효정지의 경우에 준하는 단기간 내에 자신의 권리를 행사하여야 공단의 소멸시효 항변을 저지할 수 있다.

다만 국가나 행정청이 각종 법령에 따라 인정될 수 있는 급여의 지급 여부나 그 가능성 등에 관하여 적극적으로 안내하거나 설명할 의무가 있다고 보기 어려우므로, 각종 법령에 따라 인정될 수 있는 급여청구권을 모두 안내하거나 설명하지 아니할 경우 그러한 안내 또는 설명이 누락된 급여청구권에 관하여는 소멸시효의 완성을 주장할 수 없는 부담을 지게 된다고 해석하는 것은 바람직하지 아니하다.[3] 그

---

1) 서울행정법원 2017. 8. 31. 선고 2016구단64848 판결(확정).
2) 대법원 2013. 12. 26. 선고 2011다90194, 90200 판결 등.
3) 대법원 2014. 3. 13. 선고 2013두23805 판결의 취지 참조.

러므로 공단이 종전 부지급 방침을 바꾸어 장해급여를 지급하기로 한 것을 근로자나 그 유족에게 적극적으로 안내하고 설명하지 않았더라도, 그것이 장해급여 청구권 행사를 불가능 또는 현저히 곤란하게 하거나 그런 조치가 불필요하다고 믿게 할 만한 언동을 한 것이라고 볼 수 없는 이상은 그 사유만으로 권리행사를 기대할 수 있는 상당한 기간(즉 민법상 시효정지의 경우에 준하는 단기간)의 진행이 정지되지는 않는다.[1]

3. 진폐예방법상 진폐위로금

가. 진폐예방법에 따른 진폐위로금청구권

※ 진폐위로금, 진폐재해위로금, 장해위로금, 유족위로금의 용례에 관하여는 위 1. 바. 부분 참조

(1) 진폐예방법은 1984. 12. 31. '진폐의 예방과 분진작업에 종사하는 근로자에 대한 건강관리를 강화하고 진폐에 걸린 근로자 및 그 유족에 대한 위로금의 지급에 관한 사항을 정함으로써 근로자의 건강보호와 복지증진에 이바지'(제1조)하는 것을 목적으로 제정되었다. 진폐예방법은 진폐의 예방을 위한 사업주와 근로자의 의무와 분진사업장에서 근무하는 근로자의 건강관리에 관한 규정과 함께 진폐근로자 보호사업에 대한 여러 조항을 두고 있는데, 진폐근로자에 대한 진폐위로금의 지급을 위 보호사업의 하나로 규정하고 있다(제24조).

(2) 현행 진폐예방법은 진폐위로금을 작업전환수당(제24조 제1항 제1호)과 진폐재해위로금(같은 항 제2호)으로 구별하고 있다. 작업전환수당은 진폐근로자 중 일정 수준 이상의 병형이나 장해를 가진 경우로서 분진작업이 아닌 작업으로 전환된 근로자에게 지급하고, 진폐재해위로금은 산재보험법이 정한 진폐판정절차에 따라 진폐장해등급이 결정된 근로자에 대하여 지급한다. 당초 진폐위로금의 종류는 진폐근로자 본인에게 지급하던 '작업전환수당' 및 '장해위로금'과 진폐근로자의 유족에게 지

---

1) 서울행정법원 2023. 10. 27. 선고 2023구단52829 판결(확정).

급하던 '유족위로금'으로 구별되어 있었는데, 2010. 5. 20. 법률 제10304호로 진폐예
방법이 개정됨에 따라 위 '장해위로금'과 '유족위로금'이 통합되어 '진폐재해위로금'
으로 변경되었고, 그 지급요건과 지급범위도 달라지게 되었다.

소송상 주로 문제되는 쟁점은 근로자가 지급받을 수 있는 진폐위로금이 개정
전 법률에 따른 장해위로금 또는 유족위로금인지, 개정 후 법률에 따른 진폐재해위
로금인지 여부와 진폐장해등급의 변경에 따른 진폐위로금 차액을 지급받을 수 있는
지, 지급받을 수 있다면 그 범위가 어떠한지 등이 된다.

(3) 진폐위로금의 결정과 지급은 공단이 그 권한을 위임받아 실시하므로(진폐예
방법 제32조, 진폐예방법 시행령 제16조 제2항 제6호), 이를 다투기 위한 소송의 피고도
공단이 된다.

나. 진폐예방법 적용대상

(1) 개요

① 근무한 사업장이 진폐예방법 적용 대상 사업장이고, ② 진폐예방법이 규정
한 분진작업을 수행하였어야 한다.

(2) 분진사업장 요건

(가) 진폐예방법 제3조, 진폐예방법 시행령 제2조 제1호, [별표 1]의 적용 광업

산업표준분류(통계법에 따라 통계청장이 고시하는 산업에 관한 표준분류)에 따른 광업의 분류	적용 광업
석탄광업	석탄광업(연탄과 그 밖의 응집 연료 생산업은 제외)
철광업	철광업
그 밖의 비철금속 광업	텅스텐광업
금·은 및 백금광업	금·은광업
연·아연광업	연·아연광업
건설용 석재 채굴업	규석채굴광업
그 밖의 비금속광물 광업	흑연광업, 활석광업

진폐예방법이나 그 시행령이 '광업'의 정의에 관한 규정을 두고 있지는 않으나,

한국표준산업분류는 '광업'을 '지하 및 지표, 해저 등에서 고체, 액체 및 기체 상태의 천연광물을 채굴·채취·추출하는 산업활동'으로 정의하고 있으므로, 진폐예방법 시행령 제2조가 정한 '광업' 역시 위와 같은 산업활동을 하는 사업을 의미한다고 해석된다.[1]

(나) 위 광업(제1호) 외의 광업 중 진폐로 인하여 산재보험법에 따른 유족급여를 지급받은 자 또는 같은 법에 따른 장해급여를 지급받고 퇴직한 자가 있는 광업

반드시 2010. 5. 20. 개정 전 산재보험법에 따라 진폐로 '장해급여', '유족급여'를 지급받은 경우뿐만 아니라 개정 후 '진폐보상연금', '진폐유족연금'을 지급받은 경우도 포함된다.

(다) 개정 전 진폐예방법 시행령이 적용되는 경우

1) 상시 5인 이상의 근로자를 사용하는 사업장이어야 하는 경우

구 진폐예방법 시행령(2002. 9. 18. 대통령령 제17743호로 개정되기 전의 것) 제3조는 '법 제3조에서 대통령령이 정하는 분진작업을 행하는 사업이라 함은 다음 각호의 1에 해당하는 사업 또는 사업장으로서 상시 5인 이상의 근로자를 사용하는 사업을 말한다'고 규정하여 일정한 수 이상의 근로자를 사용하는 사업장으로 제한하고 있었다. 위 시행령은 2002. 9. 18. 대통령령 제17743호로 개정되면서 적용 사업을 모든 분진작업을 하는 사업으로 확대하였으므로, 위 규정이 시행되기 전 진폐위로금의 지급사유가 발생하게 된 때에는 해당 근로자가 분진작업을 한 사업장이 '상시 5인 이상의 근로자를 사용하는 사업'에 해당하여야 한다.

'상시 5인 이상의 근로자를 사용하는 사업'이라 함은 '상시 근무하는 근로자의 수가 5인 이상인 사업 또는 사업장'이 아니라 '사용하는 근로자의 수가 상시 5인 이상인 사업 또는 사업장'을 뜻하는 것이고, 이 경우 상시란 상태(常態)를 의미하므로 근로자의 수가 때때로 5인 미만이 되는 경우가 있어도 사회통념에 의하여 객관적으로 판단하여 상태적으로 5인 이상이 되는 경우에는 이에 해당한다.[2]

제 2 편
산업재해

---

[1] 서울행정법원 2023. 12. 22. 선고 2020구단61037 판결(확정).
[2] 근로기준법에 관한 대법원 2000. 3. 14. 선고 99도1243 판결, 대법원 2008. 3. 27. 선고 2008도364 판결 등.

이에 해당하는지 여부는 사업장의 공적보험 등과 같은 고용상황을 알 수 있는 객관적인 자료가 있다면 그에 의하되, 그와 같은 자료가 없더라도 당시 사업장의 규모, 면적, 허가량, 생산량, 사업내용, 보유하고 있는 장비의 대수 등과 같은 간접적인 자료로도 이를 판단할 수 있다.

2) 연탄제조업의 경우

연탄제조업은 한국표준산업분류상 1991. 12. 31.까지는 '제조업'이었다가 1992. 1. 1.부터 2008. 1. 31.까지는 '석탄광업'이었다(2008. 2. 1.부터 다시 제조업이 되었다). 그런데 진폐예방법 시행령은 제정 당시부터 '석탄광업'을 분진사업의 하나로 규정하고 있다가 1999. 6. 16. 이후부터 석탄광업 중 연탄제조업을 분진사업에서 제외하는 개정이 이루어져 같은 날부터 시행되었다. 따라서 1992. 1. 1.부터 1999. 6. 15.까지 연탄제조업은 석탄광업에 해당하면서 분진사업의 예외에도 해당하지 않아 진폐예방법이 적용될 수 있는 사업장이다.

따라서 연탄제조업 사업장에서 근무한 근로자가 1992. 1. 1.부터 1999. 6. 15.까지 사이 진폐장해등급 기준에 해당하는 장해상태가 되었거나 그에 따른 장해등급 결정을 받았다면, 분진작업을 하는 사업장에 근무한 것으로 인정된다.

(3) 분진작업 요건

분진작업은 토석·암석 또는 광물을 취급하는 작업 중 그 작업에 종사하는 근로자가 진폐에 걸릴 우려가 있는 것으로서, ① 토석·암석 또는 광물을 채굴하는 작업, ② 토석·암석 또는 광물을 절단·가공하는 작업, ③ 토석·암석 또는 광물을 부스러뜨리거나 가려내는 작업, ④ 토석·암석 또는 광물을 차에 싣거나 내리는 작업, ⑤ 토석·암석 또는 광물을 갱내에서 실어 나르는 작업, ⑥ 그 밖에 광물성 분진이 날리는 장소에서 토석·암석 또는 광물을 취급하는 작업을 말한다(진폐예방법 제2조 제3호, 진폐예방법 시행령 제1조의2 각호).

위 ①~④의 작업은 토석·암석 또는 광물을 직접 채굴, 절단, 가공, 파쇄, 분쇄, 선별, 상차, 하차하는 작업으로서, 위 토석·암석 또는 광물 그 자체를 직접적인 대상으로 하는 작업이고, ⑤의 작업은 그 장소가 '갱내'에서 이루어지는 작업이다. 따라서 위 ⑥에서 말하는 '광물성 분진이 날리는 장소'도 '갱내'와 같은 정도의 고농도

의 분진이 노출되는 장소를 의미하는 것으로 봄이 타당하다.[1]

(4) 산재보험법에 따른 심사청구, 재심사청구의 대상이 아님

　　진폐위로금의 근거법령은 진폐예방법으로서 그 부지급처분에 대하여는 산재보험법 제6장(제103조부터 제111조까지)의 심사 청구 및 재심사 청구의 대상이 되지 않고, 일반 행정심판의 대상이 될 뿐이다. 따라서 진폐위로금 부지급처분을 받고 이에 대하여 산업재해보상보험심사위원회에 심사 청구를 하거나 또는 산업재해보상보험재심사위원회에 재심사 청구를 하여 각하 결정 또는 각하 재결을 받은 경우에는, 그 결정 또는 재결일로부터 제소기간 내에 위 부지급처분의 취소를 구하는 항고소송을 제기하였다고 하더라도 제소기간을 준수한 것이 아니다.

다. 2010. 5. 20. 법률 제10304호 개정 전후 진폐예방법 규정 변화

개정 전	개정 후
제24조 (진폐위로금의 종류와 지급 사유) ① 이 법에 따른 진폐위로금의 종류는 다음과 같다. 1. 작업전환수당 **2. 장해위로금** **3. 유족위로금** ② (생략) ③ 제1항제2호에 따른 장해위로금은 진폐로 「산업재해보상보험법」에 따른 장해급여의 대상이 된 근로자가 퇴직하거나 퇴직한 근로자가 진폐로 「산업재해보상보험법」에 따른 장해급여의 대상이 되는 경우에 지급한다.	제24조(진폐위로금의 종류와 지급 사유) ① 이 법에 따른 진폐위로금의 종류는 다음과 같다. 1. 작업전환수당 **2. 진폐재해위로금** 3. 삭제 <2010.5.20> ② (생략) ③ 제1항제2호에 따른 진폐재해위로금은 「산업재해보상보험법」 제91조의8의 진폐판정에 따른 진폐장해등급(이하 "진폐장해등급"이라 한다)이 결정된 근로자에게 지급한다. 다만, 진폐장해등급이 결정되지 아니한 근로자가 진폐로 사망한 경우에는 「산업재해보상보험법」 제91조의4제3항에 따라 진폐유족연금을 산정할 때 결정되는 진폐장해등급을 기준으로 그 유족에게 지급한다.
④ 제1항제3호에 따른 유족위로금은 근로자가 진폐로 사망하여 그 유족이 「산업재	④ 제3항 단서에 따라 진폐재해위로금을 받을 수 있는 유족의 범위는 「산업재해보상보

---

[1] 서울행정법원 2023. 4. 19. 선고 2022구단69196 판결(확정).

해보상보험법」에 따른 유족급여의 대상이
된 경우에 지급한다.
⑤ 제1항제1호부터 제3호까지의 규정에
따른 위로금은 근로자나 그 유족에게 지급
하되 유족의 결정에 관하여는 「산업재해보
상보험법」 제5조제3호 및 같은 법 제46조
를 준용한다.

험법」 제5조제3호 및 제65조를 준용한다.

⑤ 삭제 <2010.5.20>

제25조 (위로금의 지급 기준)
① (생략)
② 제24조제1항제2호에 따른 **장해위로금**
은 「산업재해보상보험법」 제5조제2호 및
제35조제5항에 따른 해당 근로자의 퇴직
당시 평균임금을 기준으로 「산업재해보상보
험법」의 진폐에 따른 장해보상일시금의 100
분의 60에 해당하는 금액으로 한다.
③ 제24조제1항제3호에 따른 유족위로금
은 「산업재해보상보험법」에 따른 유족보상
일시금의 100분의 60에 해당하는 금액으
로 한다.

제25조(위로금의 지급 기준)
① (생략)
② 제24조제1항제2호에 따른 **진폐재해위로
금**은 「산업재해보상보험법」 제5조제2호 및
제36조제6항에 따른 평균임금에 별표 2에
따른 진폐장해등급별 지급일수를 곱한 금액
으로 한다.

③ 삭제 <2010.5.20>

부칙<법률 제10304호, 2010. 5. 20.>
제2조(진폐재해위로금의 지급에 관한 적용례)
제24조 및 제25조의 개정규정은 이 법 시
행 후에 최초로 진폐재해위로금의 지급사유
가 발생한 사람부터 적용한다.
제4조(장해위로금의 지급에 관한 경과조치)
이 법 시행 전에 종전의 규정에 따라 장해
위로금을 받은 근로자(이 법 시행 전에 지급
사유가 발생한 근로자를 포함한다)가 이 법
시행 후에 진폐장해등급이 변경된 경우(종전
의 장해등급과 비교하여 등급의 급수가 다
른 경우를 말한다)에도 종전의 규정에 따라
장해위로금을 지급한다.
제5조(유족위로금의 지급에 관한 경과조치)
이 법 시행 전에 종전의 규정에 따라 장해
위로금을 받은 근로자(이 법 시행 전에 지급
사유가 발생한 근로자를 포함한다)가 진폐로
사망한 경우에는 그 유족에 대하여는 종전
의 규정에 따라 유족위로금을 지급한다.

(1) 개요

2010. 5. 20. 법률 제10304호로 개정되기 전의 구 진폐예방법 제24조 제1항은 진폐위로금을 작업전환수당, 장해위로금, 유족위로금으로 구분하고 있다가, 2010. 5. 20. 위 조항이 개정되어 그중 장해위로금과 유족위로금이 진폐재해위로금으로 변경 되면서, 지급대상도 '퇴직한 진폐근로자'에서 '모든 진폐근로자'로 확대되었고, 지급 액수를 산정하는 방법도 변경되었다. 따라서 개정 전후의 어느 법률이 적용되느냐에 따라 진폐근로자가 지급받을 수 있는 진폐위로금의 종류와 액수가 달라진다. 이하에 서는 따로 개정날짜와 개정번호를 특정하지 않고 '구 진폐예방법'이라고 표시하면 2010. 5. 20. 법률 제10304호로 개정되기 전의 구 진폐예방법을 가리키고, 위 개정 이후의 것은 '개정 진폐예방법'으로 표시한다.

(2) 개정 전후 신구법의 적용대상 구분

(가) 개정 진폐예방법상 진폐재해위로금 지급대상

개정 진폐예방법에 따른 진폐재해위로금은 개정 진폐예방법 시행 이후 최초로 진폐재해위로금의 지급사유가 발생한 사람, 즉 시행 이후 최초로 진폐장해등급이 결 정된 경우부터 적용된다. 한편 2010. 5. 20. 개정된 산재보험법 제91조의8에 의한 진폐장해등급결정 기준을 정한 개정 산재보험법 시행령 제83조의2는 진폐판정 및 보험급여의 결정을 위한 진단서 또는 소견서가 개정 시행령 시행 후 최초로 발급된 경우부터 적용하도록 되어 있다. 그러나 이는 개정 산재보험법령이 정한 새로운 진 폐장해등급결정 기준의 적용시기를 규정한 것일 뿐이므로, 그 시행 전에 진단서 등 을 발급받은 진폐근로자라도 시행 이후에 장해등급결정을 받으면 진폐재해위로금의 지급대상이 될 수 있다.[1]

결국 위 개정된 산재보험법 시행령 제83조의2의 시행일인 2010. 11. 21. 이전 에 진단서 등을 발급받은 근로자는 위 개정된 산재보험법 시행령 제83조의2의 적용 대상이 아니어서 그 조항에 따른 '진폐장해등급'이 부여될 수는 없고, 개정 전 구 산 재보험법 시행령 제35조, 제53조, [별표 4], [별표 6]의 규정에 따른 '장해등급'을 결

제 2 편
산업재해

---

[1] 대법원 2017. 4. 7. 선고 2016두51429 판결.

정받게 되는데, 설령 그 장해등급결정이 개정 진폐예방법이 시행된 2010. 11. 21.(위 개정 산재보험법 시행령 제83조의2의 시행일과 같다) 이후에 이루어지더라도, 위 근로자에 대하여는 개정 진폐예방법에 따른 진폐재해위로금이 지급될 수 있다는 것이다.

(나) 구 진폐예방법상 장해위로금 지급대상

진폐예방법 부칙〈법률 제10304호, 2010. 5. 20.〉 제4조는 "이 법 시행 전에 종전의 규정에 따라 장해위로금을 받은 근로자(이 법 시행 전에 지급사유가 발생한 근로자를 포함한다)가 이 법 시행 후에 진폐장해등급이 변경된 경우(종전의 장해등급과 비교하여 등급의 급수가 다른 경우를 말한다)에도 종전의 규정에 따라 장해위로금을 지급한다."라는 경과규정을 두고 있으므로, 앞서와 같이 2010. 11. 21. 이전에 진폐에 관한 진단서 등을 발급받았다가 2010. 11. 21. 이후 위 기존 진단서 등에 나타난 진폐상태와 다른 진폐장해등급에 해당할 수 있는 진단을 받음으로써 진폐장해등급이 변경될 수 있는 경우에는, 위 경과규정에 따라 구 진폐예방법에 따른 장해위로금이 지급된다. 즉 2010. 11. 21. 이전에 진폐에 관한 진단서 등을 발급받은 근로자는 구 진폐예방법상 장해위로금의 지급요건인 '장해급여의 대상이 되는 경우'를 충족하게 되므로 위 경과규정에서 정한 '이 법 시행 전에 지급사유가 발생한 근로자'에 해당하게 되고, 여기에 추가로 2010. 11. 21. 이후 이미 발생한 지급사유보다 더 높은 진폐장해등급으로 변경될 수 있는 진단까지 받은 경우에는 위 경과규정에 의하여 구 진폐예방법에 따른 '장해위로금'의 지급대상이 되는 것이다.

또한 위 경과규정에 따르면, 구 진폐예방법에 따라 장해위로금을 이미 받았던 진폐근로자는 개정 진폐예방법이 시행된 이후에 진폐장해등급이 변경되었더라도(종전에 '장해등급'을 받은 경우라면, 그 장해등급과 급수가 다른 진폐장해등급을 받은 경우를 지칭한다) 종전과 같이 구 진폐예방법에 따른 장해위로금을 지급받게 된다. 구 진폐예방법 시행 전 장해등급 판정을 받고 산재보험법에 따른 장해급여만 받았을 뿐 구 진폐예방법상 장해위로금을 지급받지 않은 채 개정 진폐예방법 시행 후 장해등급이 변경된 경우에도 구 진폐예방법에 따른 장해위로금 지급대상이 된다.

(다) 유족의 청구권

진폐예방법 부칙〈법률 제10304, 2010. 5. 20.〉 제5조는 "이 법 시행 전에 종전의 규정에 따라 장해위로금을 받은 근로자(이 법 시행 전에 지급사유가 발생한 근로자를 포함한다)가 진폐로 사망한 경우에는 그 유족에 대하여는 종전의 규정에 따라 유족위로금을 지급한다.”고 규정하고 있으므로, 개정 진폐예방법 시행 전에 이미 장해위로금을 받았거나 받을 수 있었던 진폐근로자가 개정 진폐예방법 시행 후 사망하더라도, 그 진폐근로자의 유족은 구 진폐예방법에 따른 유족위로금의 지급대상이 된다. 여기에서 장해위로금을 받을 수 있었던 근로자라 함은, 개정 진폐예방법 시행 전에 이미 장해급여의 대상이 될 수 있는 진폐 내지 심폐기능장해 진단을 받은 경우이거나 그에 따라 장해등급 판정은 받았으나 장해위로금까지는 지급받지 않은 경우 등을 의미한다.

라. 개정 진폐예방법상 진폐재해위로금

(1) 진폐예방법의 적용대상

진폐예방법을 적용받는 근로자에 대하여 지급된다. 따라서 ① 근로자가 근무한 사업장이 진폐예방법 적용 대상 사업장이고, ② 진폐예방법이 규정한 분진작업을 수행하였어야 함은 앞서 본 바와 같다.

(2) 지급요건

개정 진폐예방법상 진폐재해위로금은 산재보험법 제91조의8의 진폐판정에 따른 진폐장해등급이 결정된 근로자에게 지급한다. 구 진폐예방법상 장해위로금, 유족위로금은 장해급여, 유족급여의 대상이 되는 것만을 요구하여 공단의 장해급여, 유족급여 지급결정이 없더라도 지급사유가 발생할 수 있었던 것과는 달리 개정 진폐예방법상 진폐재해위로금의 지급사유는 산재보험법 제91조의8의 진폐판정에 따른 진폐장해등급이 결정된 때에 생긴다.[1]

(3) 진폐장해등급이 결정되지 않은 근로자가 진폐로 사망한 경우

진폐재해위로금을 받을 수 있는 근로자가 진폐판정절차를 거치지 않고 사망한 경우 그 유족이 미지급 진폐재해위로금을 청구하는 경우에도 위로금을 지급받을 수

---

[1] 대법원 2017. 4. 7. 선고 2016두51429 판결.

있는지에 관하여, 다수의 실무례는 진폐예방법 시행규칙 제42조에서는 진폐재해위로금을 받을 근로자가 사망하면 유족이 그 미지급 위로금을 신청할 수 있다고 규정하고 있는 점, 망인이 사망하기 전 진폐판정절차를 거치지 않았다는 사정만으로 진폐유족연금의 지급을 거부하여서는 안 되고 그와 같은 법령상의 진폐판정절차를 거치지 않은 사유와 경위 등을 참작하여 제출된 자료를 기초로 유족이 주장하는 진폐장해등급의 해당 여부를 심사하여야 한다는 대법원 2022. 5. 26. 선고 2022두33385 판결의 법리가 진폐재해위로금의 경우에도 적용될 수 있는 점 등을 들어 이를 긍정하고 있다. 따라서 사망한 진폐근로자의 유족은 그 진폐근로자가 진폐판정절차를 거쳐 진폐장해등급을 받지 않았거나 상향 변경되지 않았더라도, 진폐장해등급이 결정되거나 상향되어야 함을 전제로 곧바로 공단에 사망한 진폐근로자의 미지급 진폐재해위로금의 지급을 청구할 수 있다.

(4) 지급액의 산정

(가) 기본원칙

진폐재해위로금은 산재보험법 제5조 제2호 및 제36조 제6항에 따른 평균임금에 진폐예방법 제25조 제2항 [별표 2]에서 정한 진폐장해등급별 지급일수[1]를 곱한 금액으로 한다. 진폐장해등급별 지급일수는 진폐예방법에 명시적으로 규정되어 있으므로, 지급액 산정에서는 산재보험법에 따른 평균임금의 해석과 적용이 주로 문제된다. 따라서 이 부분에서 주로 쟁점이 되는 평균임금의 문제는 진폐로 인한 산재보험급여액의 산정에서도 공통적으로 문제될 수 있다. 실제로 진폐근로자는 보험급여와 진폐위로금 산정의 기초가 되는 평균임금이 잘못 적용되었다고 주장하면서, 공단에 평균임금의 정정과 그에 따른 산재보험급여 및 진폐위로금의 차액을 구하고, 공단이 이를 거부하면 위 거부처분의 취소소송을 제기하고 있다.

---

[1]

진폐장해등급	지급일수
제1급	1,040일
제3급	849일
제5급	677일
제7급	526일
제9급	387일
제11급	288일
제13급	215일

(나) 평균임금

- 2. 마. (4) (나)의 산재보험법상 보험급여 청구권 부분의 평균임금 부분 참조.

(5) 소멸시효

개정 진폐예방법 제28조에 따라 진폐재해위로금에 대하여는 3년의 시효기간이 적용된다. 위 규정은 구 진폐예방법도 동일하였다(다만 산재보험법에 따른 보험급여인 진폐보상연금 및 진폐유족연금의 소멸시효에 관하여는 산재보험법 제112조 제1항이 2018. 6. 12. 법률 제15665호로 개정되어 종전의 3년에서 5년으로 시효기간이 연장되었으나, 진폐예방법에는 그러한 소멸시효 기간에 관한 개정이 없었음을 유의하여야 한다).

소멸시효는 권리를 행사할 수 있는 때부터 진행하므로(민법 제166조 제1항), 개정 진폐예방법에 따른 진폐재해위로금을 받을 권리의 소멸시효도 특별한 사정이 없는 한 진폐재해위로금의 지급사유가 발생하여, 이를 청구할 수 있는 때부터 진행한다. 따라서 위 (2)항에서 본 지급요건이 충족되는 때부터 3년의 소멸시효 기간이 진행하게 된다. 그 밖의 소멸시효에 관한 권리남용에 관하여는 앞서 2. 사. (3)에서 본 산재보험법상 보험급여에 관한 소멸시효 부분에 기술한 바와 같다.

마. 구 진폐예방법상 장해위로금 및 유족위로금

(1) 구 진폐예방법의 적용대상

구 진폐예방법에 따른 장해위로금 및 유족위로금도 적용 대상 광업소에서 분진작업을 한 경우로서 구 진폐예방법의 적용대상이 되는 근로자에 대하여 지급된다.

(2) 지급요건

(가) 장해위로금의 지급요건은 ① '진폐근로자가 산재보험법에 따라 장해급여의 대상이 되는 것'과 ② '퇴직'이다. 구 진폐예방법 시행 당시의 구 산재보험법은 진폐에 관한 특례규정이 신설되기 전이었으므로, 위 ① 요건 중 '장해급여'의 대상이 된다는 것은 2010. 5. 20. 법률 제10305호로 개정된 산재보험법상 진폐에 관한 특례규정이 적용되는 경우가 아니라 위 개정 전의 구 산재보험법에 따른 일반적인 '장해급

제 2 편
산업재해

여'의 대상이 됨을 의미한다. 그리고 위 요건은 장해급여를 받을 수 있는 대상이 되면 충족되는 것이지, 개정 진폐예방법의 진폐재해위로금과 같이 반드시 공단으로부터 장해등급 결정이나 장해급여 지급결정을 받아야 하는 것이 아니다. 따라서 근로자가 진폐로 진단받거나 심폐기능장해가 있다고 인정되면 공단으로부터 반드시 장해등급 결정 또는 장해급여 지급결정을 받지 않았더라도 위 ① 요건은 충족된다.

(나) 유족위로금은 근로자가 진폐로 사망하여 그 유족이 산재보험법상 유족급여의 대상이 되는 경우에 지급한다. 근로자가 진폐로 사망한다는 것은 그 사망이 업무상 재해에 해당하여야 함을 의미한다. 그리고 분진작업에 종사하고 있거나 종사하였던 근로자가 사망한 경우에 업무상 재해로 인정되기 위해서는 진폐 및 그 합병증 등과 사망 사이에 상당인과관계가 인정되어야 하고, 그 인과관계는 반드시 의학적, 자연과학적으로 명백하게 증명되어야 하는 것은 아니며, 근로자의 진폐병형, 심폐기능, 합병증, 성별, 연령 등을 고려하였을 때 진폐 및 그 합병증 등과 재해 사이에 상당인과관계가 있다고 추단된다면 그 증명이 있다고 보아야 할 것이나, 그 증명책임은 이를 주장하는 측에 있다.[1] 따라서 진폐에 걸린 근로자의 사망원인이 진폐나 그 합병증이 아니라면 유족위로금의 지급대상이 될 수 없다.

유족위로금의 경우에도 유족급여의 대상이 되기만 하면 지급사유가 발생하고, 반드시 먼저 공단으로부터 유족급여 지급결정을 받아야 하는 것은 아니다. 따라서 근로자의 사망과 진폐 및 그 합병증 사이에 상당인과관계가 인정되는 경우에는 공단의 유족급여 지급결정과 무관하게 유족위로금을 청구하여 지급받을 수 있다. 다만 실무상 사망한 진폐근로자의 유족들은 산재보험법에 따른 유족급여와 진폐예방법상 유족위로금을 함께 청구하고 있어, 유족급여 지급 없이 유족위로금만 지급받는 경우는 드물다.

유족위로금을 지급받을 수 있는 유족의 범위와 순위는 산재보험법이 정한 바에 따른다. 위 개정 전 구 진폐예방법 제24조 제5항에서 규정된 "「산업재해보상보험법」 제46조"라 함은 2007. 12. 14. 법률 제8694호로 전부 개정되기 전의 구 산재보험법 제46조로서, 위 규정은 현행 산재보험법 제65조가 규정하고 있는 유족의 순위에 관한 규정이었다.

---

1) 대법원 2017. 3. 30. 선고 2016두55292 판결.

(다) 진폐근로자가 사망한 경우 유족은 자기가 지급받을 수 있는 유족위로금과 함께 사망한 진폐근로자가 지급받지 못한 장해위로금도 같이 청구할 수 있다. 즉 미지급 장해위로금과 유족위로금은 병존하는 권리로서 함께 청구할 수 있다.

(3) 지급액 산정

(가) 기본원칙

장해위로금 및 유족위로금의 지급기준을 정하고 있는 구 진폐예방법 제25조는 장해위로금에 관하여는 산재보험법에 따른 근로자의 퇴직 당시 평균임금을 기준으로 산재보험법상 장해보상일시금의 100분의 60에 해당하는 금액이라 규정하고, 유족위로금에 관하여는 산재보험법상 유족보상일시금의 100분의 60에 해당하는 금액으로 규정하고 있다. 위 규정 문언에서 알 수 있듯이, 장해위로금과 유족위로금은 산재보험법상 장해보상일시금, 유족보상일시금이 산정되면 곧바로 그 액수가 결정되므로, 장해위로금과 유족위로금의 지급 범위에 관하여는 장해보상일시금, 유족보상일시금의 액수를 산정하는 산재보험법령의 해석이 주로 문제된다.

(나) 평균임금

1) 장해위로금을 산정하기 위한 장해보상일시금의 결정에 적용되는 평균임금은 구 진폐예방법 제25조 제2항에서 '근로자의 퇴직 당시 평균임금'이라고 명문으로 규정하고 있으므로, 근로자의 퇴직일을 산정사유 발생일로 하는 평균임금을 적용하여 장해보상일시금이 산정된다. 이는 장해위로금의 경우 '근로자의 퇴직'을 지급요건으로 하고 있기 때문인 것으로 풀이된다.

2) 그러나 유족위로금의 경우에는 구 진폐예방법 제25조 제3항에서 직접 평균임금에 관한 규정을 두고 있지 않기 때문에, 산재보험법상 유족급여의 기초가 되는 평균임금을 토대로 산정된 유족보상일시금에 따라 유족위로금이 결정된다. 장해위로금과는 달리 유족위로금은 '근로자의 퇴직'을 지급요건으로 하고 있지 않기 때문에, 장해위로금에 적용되는 '근로자의 퇴직 당시 평균임금'을 유족위로금을 산정하기 위한 평균임금에 유추적용할 수는 없다고 본다.[1] 유족위로금을 산정하기 위한 평균임금의 결정에 관하여는 앞서 본 2. 마. (4) (나)에서 기술한 바와 같다.

---

[1] 서울고등법원 2017. 4. 6. 선고 2016누76970 판결(확정).

제 2 편
산업재해

(다) 장해등급이 상향된 경우 장해위로금의 지급범위

1) 문제점

장해위로금은 산재보험법상 장해일시보상금의 지급기준과 산정방법에 따르므로, 장해등급이 상향된 경우에도 산재보험법이 정한 규정에 따르게 된다. 종전에 장해등급을 판정받은 퇴직 진폐근로자가 그 이후 진폐가 악화되어 장해등급이 상향된 경우, 종전 장해등급에 따른 장해위로금을 이미 지급받았다면, 상향된 장해등급에 따른 장해위로금은 위 상향된 장해등급의 지급일수에서 종전 장해등급의 지급일수를 공제한 일수를 기초로 산정한다는 데에는 이견이 없다.

문제는 퇴직한 진폐근로자가 장해등급 판정을 받았음에도 그에 대한 장해위로금을 지급받지 않던 중 진폐가 악화되어 장해등급이 상향되었는데, 종전 장해등급에 따른 장해위로금의 소멸시효가 이미 완성된 경우, 진폐근로자가 지급받은 적이 없는 종전 장해위로금의 장해등급의 지급일수를 상향된 장해등급의 지급일수에서 공제하여야 하는지 문제된다.

2) 대법원 2012. 11. 15. 선고 2010두13012 판결: 공제 긍정

가) 판결요지

산재보험법 시행령 제53조 제4항은 이미 장해가 있는 부위에 업무상 재해로 그 정도가 더 심해진 경우 그 부분에 한하여 장해위로금을 지급한다는 데 그 취지가 있는 점, 심해진 장해에 대한 장해위로금 지급청구권은 당해 장해등급이 결정됨으로써 비로소 발생하는 것으로서 기존의 장해에 대한 장해위로금 지급청구권과는 별개의 청구권이므로 장해위로금은 장해등급별로 별도로 계산되어야 하는 점, 산재보험법 시행령 제53조 제4항은 심해진 장해에 대한 장해위로금은 심해진 장해에 해당하는 장해위로금의 지급일수에서 기존의 장해에 해당하는 장해위로금의 지급일수를 뺀 일수로 계산한다고 규정하고 있는 점 등의 사정을 종합하면, 심해진 장해에 대한 장해위로금의 금액을 계산함에 있어서는 기존의 장해에 대한 장해위로금을 지급받았는지 여부와 상관없이 심해진 장해에 해당하는 장해위로금의 지급일수에서 기존의 장해에 해당하는 장해위로금의 지급일수를 빼야 할 것이다.

나) 검토

위 대법원 판결의 사안은 다음과 같다. 공단이 분진작업에 종사하다가 퇴직한 후 진폐로 진단된 근로자에 대하여 2004. 10.경 장해등급 제13급의 장해급여(산재보험급여)를 지급한 후 2006. 2.경 제11급, 2008. 9.경 제7급으로 장해등급을 상향하여 각각 그 상향된 장해등급에 해당하는 장해급여를 지급하였는데, 2008. 10.경 위 진폐로 인한 장해에 대하여 장해위로금을 지급하면서는, 2004. 10.경 판정된 장해등급 제13급에 따른 장해위로금은 이미 소멸시효가 완성되었기 때문에 상향된 장해등급 제11급의 지급일수에서 제13급의 지급일수를 공제한 일수를 기초로 장해위로금을 산정한 사안이었다. 위 대법원 판결은 이와 같은 공단의 장해위로금 산정이 적법하다고 판시하였다.

다만 대법원은 이 사안에서 공단이 상향된 장해등급에 관한 장해위로금을 산정하면서 지급일수 산정의 근거법령을 산재보험법 시행령 제53조 제4항으로 삼은 것 자체의 당부는 판단하지 않았다. 단지 위 규정이 적용될 경우에는 기존 장해에 관한 장해위로금을 지급받은 적이 없더라도 그 지급일수를 공제할 수 있다고 판시하였다.

3) 대법원 2015. 4. 16. 선고 2012두26142 전원합의체 판결: 공제 부정

가) 판결요지

[다수의견] 산재보험법 시행령 제58조 제3항 제1호의 취지는 업무상 재해로 요양급여 및 장해보상일시금을 받은 사람이 재요양 후 장해상태가 악화되어 변경된 장해등급에 해당하는 장해보상연금을 전액 받게 된다면 이미 보상받은 장해급여 부분에 대해서까지 중복하여 장해급여를 받는 결과가 되므로, 이러한 불합리한 결과가 발생하는 것을 막기 위함이다.

따라서 업무상 재해로 신체장해를 입은 사람이 당시에 판정된 장해등급에 따른 장해급여를 청구하지 아니하여 기존의 장해에 대해서 전혀 보상을 받지 못하고 있다가 기존의 장해상태가 악화되어 장해등급이 변경된 후 비로소 변경된 장해등급에 따라 장해보상연금을 청구한 경우에는, 그와 같은 중복지급의 불합리한 결과는 발생하지 아니하므로, 공단은 재요양 후 치유된 날이 속하는 달의 다음 달부터 변경된 장해등급에 해당하는 장해보상연금의 지급일수에 따라 장해보상연금을 지급하여야 하고, 위 조항을 근거로 삼아 근로자에게 지급한 적이 없는 기존의 장해등급에 따른 장해보상일시금의 지급일수에 해당하는 기간만큼의 장해보상연금을 부지급하여서는 아니 된다. 그리고 이러한 이치는 기존의 장해등급에 대한 장해급여청구를 하지 않고 있던 중 청구권이 시효 소멸된 경우에도 마찬가지로 적용된다. 중복지급의 가능성이 없는 것은 이때에도 동일하며, '이미 지급한 장해보상일시금의 지급일수'라고 표현한 위 조항의 문언에도 부합하기 때문이다.

나) 검토

우선 위 대법원 전원합의체 판결은 구 진폐예방법상 장해위로금이 아니라, 산재보험법상 장해급여에 관한 사안이었고, 장해급여를 지급함에 있어 기존 장해에 따른 장해급여 지급청구권의 소멸시효가 완성된 경우 심해진 장해에 따른 장해급여를 산정함에 있어 기존 장해의 지급일수를 공제할지 여부가 쟁점이었다. 그런데 구 진폐예방법은 장해위로금을 산재보험법상 장해급여(장해일시보상금)의 100분의 60으로 규정하고 있으므로, 산재보험법령의 해석에 관한 위 대법원 전원합의체 판결의 판시 내용은 장해위로금의 산정에도 그대로 적용될 수 있다.

4) 실무상 처리

다수의 하급심 실무례는 나중에 선고된 2012두26142 전원합의체 판결의 법리를 원용하고 있다. 즉 기존 장해등급에 따른 장해위로금이 지급되지 않은 채 소멸시효가 완성되었더라도, 상향된 장해등급에 따른 장해위로금을 산정할 때는 상향된 장해등급의 지급일수에서 시효가 완성된 기존 장해등급의 지급일수를 공제하여서는 안 된다는 것이다.

대법원도 이와 같은 위 2012두26142 전원합의체 판결을 적용하여 공제를 부정한 하급심 판결을 파기하지 않고 그대로 확정시키고 있고,[1] 석탄산업법에 근거하여 지급되는 장해보상일시금 상당의 재해위로금을 산정하는 경우에서도 위 2012두26142 전원합의체 판결과 동일한 논리로 기존 장해등급의 지급일수 공제를 부정하는 판결을 선고한 바 있다(대법원 2020. 10. 29. 선고 2019두31426 판결).

살피건대, 위 2010두13012 판결에서는 공단이 공제의 근거조항으로 산재보험법 시행령 제53조 제4항을 든 것 자체를 문제삼지 않았으나, 애초에 진폐에 걸린 근

---

1) 서울고등법원 2021. 7. 16. 선고 2020누69214 판결(확정).

로자의 장해등급 상향에 대해서 산재보험법 시행령 제53조 제4항을 적용하는 것은 적절하지 않다고 사료된다.

산재보험법 시행령 제53조 제4항은 '이미 장해가 있던 사람이 업무상 부상 또는 질병으로 같은 부위에 장해의 정도가 심해진 경우'를 적용대상으로 한다. 여기에서 말하는 '이미 장해가 있던 사람'은 업무상 재해로 인한 경우뿐만 아니라 다른 원인으로 장해를 가지게 된 사람도 포함하는 것이나,[1] 위 규정 중 '업무상 부상 또는 질병으로…'라는 문언은 기존 장해를 발생시킨 원인과는 무관한 새로운 업무상 재해가 발생한 경우를 의미한다. 이와 달리 어떤 업무상 재해로 장해를 가지게 된 사람이 다른 업무상 재해 없이 다시 당초의 동일한 업무상 재해가 원인이 되어 기존 상병이 재발하거나 추가상병이 발생하는 등에 따라 장해상태가 가중되면, 위 재발된 상병의 재요양 후 장해상태가 변경된 경우를 규율하는 산재보험법 시행령 제58조가 적용되어야 한다.

진폐는 현대의학으로도 완치가 불가능하고 분진이 발생하는 직장을 떠나더라도 그 진행을 계속하게 되므로, 한번 진폐에 걸리게 되면 그 진행속도에 따라 장해등급이 상향되는 것은 이미 예정되어 있다. 따라서 진폐근로자의 장해등급이 상향되었더라도 이는 기존 장해등급의 원인이 되었던 최초 진폐와 무관한 새로운 추가 재해로 장해상태가 악화된 것이 아니라 위 최초 진폐의 악화에 따라 장해상태가 변경된 것이라 봄이 타당하고, 그렇다면 진폐근로자의 기존 장해등급이나 상향된 장해등급은 모두가 동일한 업무상 재해를 원인으로 하는 장해상태에 해당한다. 따라서 진폐로 장해등급이 상향된 경우의 장해급여 산정은, 기존 장해를 일으킨 원인이 아닌 새로운 업무상 재해가 발생한 경우에 관한 산재보험법 시행령 제53조 제4항이 아니라, 같은 업무상 재해에서 장해등급이 변경된 경우를 규율하는 산재보험법 시행령 제58조가 적용되는 것이 더 타당하다. 더군다나 구 진폐예방법상 장해위로금은 진폐근로자의 퇴직을 요건으로 하므로, 기존 장해등급 판정 당시부터 장해위로금을 지급받을 수 있었던 진폐근로자가 그 이후 장해등급이 상향되었다면, 위 상향은 이미 퇴직하여 더 이상 새로운 업무상 재해가 발생할 여지가 없이 오로지 종전의 진폐가 진행됨에 따라 이루어진 것으로 볼 수 있으므로, 이 점에서도 산재보험법 제53조 제4항

제 2 편
산업재해

---

[1] 대법원 2011. 10. 27. 선고 2011두15640 판결.

은 적용될 수 없다고 보는 것이 타당하다.[1] 물론 산재보험법 시행령 제58조는 재요양 후 치유된 다음의 장해상태 변경을 상정하고 있으나, 진폐는 일반적인 의미의 '치유' 또는 '증상고정'의 개념이 있을 수 없으므로, 진폐로 인한 장해상태 변경에 관하여는 재요양과 치유를 전제하지 않고도 위 조항의 적용이 가능하다고 볼 것이다.

위와 같은 측면을 고려할 때 현재 다수의 실무례와 같이 장해등급의 상향에 따른 장해위로금 산정에 관하여는, 산재보험법 시행령 제58조의 법리가 적용되는 것이 타당하다. 결국 위 조항에 관한 2012두26142 전원합의체 판결에 따라 진폐근로자의 상향된 장해등급의 장해위로금을 산정함에 있어, 상향된 장해등급의 지급일수에서 장해위로금이 지급되지 않았던 기존 장해등급에 따른 장해위로금의 지급일수를 공제할 것은 아니다.

(라) 소멸시효

1) 장해위로금

구 진폐예방법에 따른 장해위로금은 3년의 소멸시효에 걸린다(진폐예방법 제28조). 이는 유족위로금도 마찬가지이고 개정 진폐예방법의 진폐재해위로금에서도 다르지 않다. 기산점은 장해위로금의 지급사유가 발생한 때, 즉 ① 진폐근로자가 산재보험법에 따라 장해급여의 대상이 되는 것과 ② 퇴직의 요건을 갖춘 때이다.

한편 개정 진폐예방법 시행 이전 이미 진폐에 따른 장해진단을 받았거나 그에 따른 장해등급 결정을 받았다가 개정 진폐예방법이 시행된 이후 상향된 장해등급에 해당하는 장해진단을 받은 경우 또는 그에 따라 실제 장해등급 상향 결정을 받은 경우에는 여전히 구 진폐예방법에 따른 장해위로금을 지급받을 수 있고, 이 경우에는 상향된 장해등급에 해당하는 장해진단을 받은 때부터 그 시효기간이 진행한다.

2) 유족위로금

유족위로금은 근로자가 진폐나 그 합병증으로 사망한 경우에 지급사유가 발생하므로, 사망시부터 3년의 소멸시효가 진행하게 된다.

---

1) 만약 재직 중인 상태에서 기존 장해등급을 부여받고 퇴직 전에 장해등급이 상향된 경우라면, 기존 장해등급에 따른 장해위로금은 처음부터 발생하지 않는 것이므로, 그 공제가능 여부가 문제될 여지도 없다.

3) 시효원용이 권리남용인 경우

　근로자가 개정 진폐예방법이 시행되기 전 진폐로 진단받고 요양하고 있었으나 아직 장해등급 판정을 받지 않은 상태에서 개정 진폐예방법이 시행된 이후 진폐로 사망하게 되면, 위 근로자에 대하여는 개정 진폐예방법이 적용되지 않으므로, 그 유족은 위 근로자의 구 진폐예방법에 따른 장해위로금의 지급을 구할 수 있다. 그리고 위 근로자에 대하여 개정 진폐예방법 시행 전 이미 장해위로금 지급사유가 발생하여 있었으므로, 위 유족은 자기의 권리로서 구 진폐예방법에 따른 유족위로금의 지급을 구할 수도 있다. 당초 공단은 이와 같은 경우에도 유족들에게 구 진폐예방법에 따른 장해위로금과 유족위로금이 아니라, 당시 시행 중이던 개정 진폐예방법에 따른 진폐재해위로금을 지급하여야 한다는 2013. 10. 29.자 「진폐사망 근로자의 진폐재해위로금 등 지급 관련 업무지시」를 마련하여 시행하고 있었는데, 구 진폐예방법에 따른 유족위로금이 지급되어야 한다는 법원의 판결이 선고되어 확정되자,[1] 2017. 4. 26.부터는 개정 진폐예방법 시행일 이전 진폐로 진단되어 요양하던 근로자가 장해위로금을 지급받은 사실이 없이 사망한 경우에도 그 유족에게 구 진폐예방법상 유족위로금을 지급하는 것으로 업무처리기준을 바꾼 「진폐위로금 지급 업무처리기준」을 시행하게 되었다.

제 2 편
산업재해

　그런데 종전 업무처리기준에 따라 개정 진폐예방법상 진폐재해위로금을 지급받았던 유족이 위와 같이 업무처리기준이 바뀐 이후부터 3년이 지나서야 구 진폐예방법에 따른 장해위로금과 유족위로금을 청구하였을 때, 이러한 경우에도 공단이 유족위로금의 소멸시효 완성을 원용하는 것이 권리남용으로서 허용되지 않는지 문제된다.

　다수의 실무례는 2017. 4. 26. 공단이 업무처리기준을 바꾸기 전까지는 유족들에게 유족위로금을 청구하는 것이 무의미한 일이라고 믿을 수밖에 없었다고 보이고, 이와 같은 상황은 일반인의 입장에서 권리행사를 하는 것을 기대하기 어려운 특별한 사정이 있었던 경우로 평가될 수는 있으나, 공단이 업무처리기준을 변경하여 그와 같은 사정이 해소된 2017. 4. 26.부터는 최소한 권리행사를 기대할 수 있는 상당한 기간인 민법상 시효정지의 경우에 준하는 6개월 또는 적어도 유족위로금 청구권

---

1) 서울행정법원 2016. 6. 30. 선고 2016구단50450 판결(서울고등법원 2016. 11. 17. 선고 2016누57726 판결로 항소기각, 대법원 2017. 4. 13. 자 2016두64418 판결로 심리불속행 항소기각되어 확정).

의 소멸시효기간인 3년 이내에는 권리를 행사하여야 소멸시효 항변을 저지할 수 있다고 보아서, 그 이후에 청구된 유족위로금에 대하여는 소멸시효 완성을 이유로 이를 부지급하였더라도 위법한 것이 아니라고 판시하고 있다. 그리고 공단이 그 과정에서 업무처리기준의 변경을 통지하지 않았다고 하여, 유족위로금 청구권 행사를 불가능 또는 현저히 곤란하게 하거나 그런 조치가 불필요하다고 믿게 할 만한 언동을 한 것으로 평가할 수도 없으므로, 이를 들어 공단의 소멸시효완성의 원용이 권리남용이 되는 것도 아니라고 보고 있다.[1]

바. 구 진폐예방법상 장해위로금·유족위로금과 개정 진폐예방법상 진폐재해위로금의 관계

(1) 진폐예방의 개정 전후 시기 개정법의 적용 여부에 관한 법원의 판단 등이 확립되기 전 공단은 자체적으로 마련한 업무처리기준에 따라 구 진폐예방법상 장해위로금 및 유족위로금이 지급되어야 할 사안에 대하여 개정 진폐예방법상 진폐재해위로금을 지급하는 경우가 있었다. 또한 개정 진폐예방법 시행 전 진폐로 진단받았다가 그 시행 후 장해등급결정을 받은 근로자는 개정 진폐예방법에 따른 진폐재해위로금을 지급받을 수 있으나, 위 근로자에게는 개정 진폐예방법 시행 전 이미 구 진폐예방법상 장해위로금 지급사유가 발생하여 있었으므로, 위 근로자 사망시 유족은 구 진폐예방법에 따른 유족위로금을 지급받을 수도 있게 된다.

이와 같이 개정 진폐예방법상 진폐재해위로금이 먼저 지급되었다가 나중에 장해위로금, 유족위로금이 지급되는 경우에 위 각 진폐위로금의 관계를 어떻게 보아야 하는지가 문제된다.

(2) 공단은 개정 전후 각 진폐위로금의 성질을 같다고 보아, 구 진폐예방법상 장해위로금, 유족위로금에서 먼저 지급된 개정 진폐예방법상 진폐재해위로금을 공제

---

[1] 서울행정법원 2023. 10. 12. 선고 2022구합74454 판결 등 다수.
   그 근거로는, 국가나 행정청이 각종 법령에 따라 인정될 수 있는 급여의 지급 여부나 그 가능성 등에 관하여 적극적으로 안내하거나 설명할 의무가 있다고 보기 어려우므로, 각종 법령에 따라 인정될 수 있는 급여청구권을 모두 안내하거나 설명하지 아니할 경우 그러한 안내 또는 설명이 누락된 급여청구권에 관하여는 소멸시효의 완성을 주장할 수 없는 부담을 지게 된다고 해석하는 것은 바람직하지 아니하다는 대법원 2014. 3. 13. 선고 2013두23805 판결의 취지를 들고 있다.

하여 그 나머지만을 지급하고 있다.

　　이에 관하여 다수의 실무례는, ① 구 진폐예방법 제26조나 개정 진폐예방법 모두 각 진폐위로금에 관하여 근로자 또는 그 유족이 민법이나 그 밖의 법령에 따른 손해배상 청구를 갈음하여 진폐위로금의 지급을 청구하는 경우에만 지급한다고 규정하고 있으므로 위 각 진폐위로금의 본질은 민사상 손해배상청구권을 갈음하는 취지인 점, ② 위 각 진폐위로금이 모두 근로자가 얻고 있던 수입을 기준으로 한 일실이익으로 산정됨에 비추어 이는 근로자의 '소극적 손해'의 성격을 가진다고 볼 수 있고, 따라서 이미 진폐재해위로금을 지급받았다면 그에 상응하는 금액만큼은 같은 소극적 손해의 성격을 가진 장해위로금 및 유족위로금에서 공제하여야 중복배상에 따른 부당이득을 방지할 수 있게 되는 점, ③ 원고가 이미 수령한 진폐재해위로금 상당의 금액을 공제하지 않고 장해위로금을 청구하는 것은 같은 성격의 급여에 대한 이중보상을 구하는 것에 해당하여 허용될 수 없는 점 등의 근거를 들어 공단이 장해위로금 및 유족위로금에서 진폐재해위로금을 공제하는 조치가 적법한 것으로 본다.

　　(3) 근로자는 설령 위 각 진폐위로금의 성질이 같다고 하더라도, 장해위로금, 유족위로금에서 진폐재해위로금을 공제하려면 공단이 먼저 지급한 진폐재해위로금을 근로자로부터 부당이득으로 반환받을 수 있음이 전제되어야 하는데, 위 진폐재해위로금을 지급한 때부터 국가재정법상 소멸시효기간인 5년을 지나면 공단의 근로자에 대한 위 진폐재해위로금에 관한 부당이득반환청구권은 소멸하기 때문에, 그 시점 이후에는 장해위로금 및 유족위로금에서 위 진폐재해위로금을 공제할 수 없다는 주장도 하고 있다.

　　여기에 대하여 법원은, 이미 근로자에게 구 진폐예방법에 따른 장해위로금 및 유족위로금을 청구할 수 있는 법률상 권원이 있었으므로 공단으로부터 지급받은 진폐재해위로금에 관하여도 위 구 진폐예방법에 따른 장해위로금 및 유족위로금이라는 법률상 원인으로 이를 유효하게 보유할 수 있다고 할 것이므로, 원고가 지급받은 진폐재해위로금을 두고 법률상 원인 없이 얻은 부당이득이 아니라는 이유로 부당이득청구권 자체가 아예 발생하지 않는다고 보거나,[1] 설령 부당이득청구권이 발생하

---

[1] 서울행정법원 2023. 5. 3. 선고 2022구단60397 판결(항소심 계속 중) 등.

더라도 공단은 산재보험법 제35조에 따라 산재보험법과 「공공기관의 운영에 관한 법률」에 규정된 것 외에는 민법 중 재단법인에 관한 규정이 준용되므로 진폐재해위로금에 대한 부당이득반환청구권의 소멸시효기간은 국가재정법에 따른 5년이 아니라 민법 제162조 제1항에서 정한 10년의 소멸시효가 적용된다고 보아서[1] 근로자의 주장을 배척하고 있다.

사. 잘못 지급된 진폐위로금의 부당이득징수결정의 가부

산재보험법 제84조 제1항은 거짓이나 그 밖의 부정한 방법으로 보험급여를 받은 경우이거나 그 밖에 잘못 지급된 보험급여가 있는 경우 그 급여액에 해당하는 금액을 징수하여야 하는 것으로 규정하고, 이 경우 거짓이나 그 밖의 부정한 방법으로 보험급여를 받으면 그 급여액의 2배까지 징수할 수 있다고 규정하고 있다.

그러나 진폐예방법은 진폐위로금이 잘못 지급된 경우 이에 해당하는 금액을 징수할 수 있다는 취지의 규정을 두고 있지 아니하고, 진폐위로금의 지급 등과 관련하여 산재보험법 제84조 제1항 제3호의 규정을 준용하고 있지도 않다.

따라서 진폐위로금이 잘못 지급된 경우라도 공단이 이를 부당이득으로 반환청구를 하는 것은 별론으로 하고, 진폐예방법에 따른 진폐위로금을 부당이득으로 징수하는 결정은 이에 관한 근거법령이 없어 불가능하고, 설령 이루어지더라도 위법한 처분이다.

4. 석탄산업법상 재해위로금 청구

가. 석탄산업법에 따른 폐광대책비와 재해위로금

1986. 1. 8. 석탄자원의 합리적인 개발과 효율적인 이용을 위하여 석탄산업을 건전하게 육성·발전시키고 석탄 및 석탄가공제품의 수급안정과 유통의 원활을 기함

---

1) 서울고등법원 2023. 9. 7. 선고 2023누36246 판결(상고심 계속 중) 등.

으로써 국민경제의 발전과 국민생활의 향상에 이바지함을 목적으로 석탄산업법이 제정되었다. 이후 석탄산업법은 1988. 12. 26. 법률 제4030호로 개정되면서 '제4장의2 석탄광업의 폐광정리'를 신설하여 그 아래 제39조의2부터 제39조의7의 규정을 두어 정부가 매장량, 생산량 및 탄질 등을 감안하여 특정 석탄광산을 폐광정리할 수 있도록 하되, 폐광정리되는 광산을 운영하던 사업자와 그 광산에서 근무하던 근로자에게는 '폐광대책비' 지급 등과 같은 특별한 지원을 할 수 있도록 하였다.

　　구체적으로 보면, 석탄산업법 제39조의3 제1항은 폐광되는 광산의 석탄광산업자가 당해 광업권등의 소멸등록을 마쳤을 때에는 해당 광산의 석탄광업자와 퇴직근로자 등에게 폐광대책비를 지급할 수 있다고 하면서, 그 종류로 퇴직근로자에 대한 실직위로금(제1호), 석탄광업자에 대한 폐광지원비(제2호), 시·도지사에게 지급하는 광해[1]방지 비용(제3호), 기타 대통령령이 정하는 폐광대책비(제4호)를 규정하고 있다. 그리고 위 대통령령인 석탄산업법 시행령 제41조 제4항은 산림청장이나 시·도지사에 지급하는 산림복구비, 퇴직근로자에 지급하는 전업지원금, 자녀학자금 및 폐광되는 광산에서 업무상 재해를 입고 퇴직한 근로자에게 지급하는 재해위로금을 규정하고 있다.

　　즉 폐광되는 석탄광산에서의 근무로 진폐 등과 같은 업무상 재해를 입게 되면 그 근로자는 위 석탄산업법 제39조의3 제1항 제4호, 석탄산업법 시행령 제41조 제4항 제5호[2]에 근거한 재해위로금의 지급을 청구할 수 있다. 여기에서 말하는 업무상 재해는 반드시 '진폐'로 국한되지 않고 만성폐쇄성폐질환 등 광산 근무로 인한 어떠한 업무상 재해라도 포함되는 것이나, 실무상 위 재해위로금을 청구하는 상당수의 퇴직근로자는 진폐를 업무상 재해로 하는 진폐근로자이다.

나. 재해위로금의 성질과 종류

　　(1) 폐광대책비의 일환으로 폐광된 광산에서 업무상 재해를 입은 근로자에게 지급되는 재해위로금은, 국내의 석탄수급상황을 감안하여 채탄을 계속하는 것이 오

---

1) 광해(鑛害)란 석탄산업을 영위하면서 발생하는 토지의 굴착, 갱내수(坑內水)나 폐수의 유출, 폐석의 유실(流失)이나 석탄가루의 날림 등으로 인한 피해를 말한다(석탄산업법 제2조 제8호).
2) 최초 제정시에는 제4호에서 재해위로금을 규정하였는데, 1990. 12. 31. 대통령령 제13216호로 위 조항이 개정된 이후부터는(같은 날 시행) 제5호에서 재해위로금을 규정하고 있다.

히려 국민경제의 균형발전을 위하여 바람직하지 못하다고 판단되는 경제성이 없는 석탄광산을 폐광하면서 그 광산에서 입은 재해로 특히 전업 등에 특별한 어려움을 겪게 될 근로자에게 사회보장적인 차원에서 통상적인 재해보상금에 추가하여 지급되는 위로금의 성격을 갖는다.[1]

(2) 재해위로금은 통상의 재해보상금인 산재보험급여와는 제도의 취지와 성격이 달라 서로 조정의 대상이 될 수 없다.[2] 소관부서도 석탄산업법은 산업통상자원부이고, 산재보험법은 고용노동부이다. 급여의 재원도 석탄산업법상 재해위로금은 국고에서만 지원되는 반면 산재보험급여는 산재보험료도 재원이 된다. 따라서 진폐근로자가 산재보험법상 보험급여를 받았다고 하더라도 이를 석탄산업법상 재해위로금에서 공제할 것은 아니다. 진폐예방법상 진폐위로금과 석탄산업법상 재해위로금도 서로 공제되지 않음은 마찬가지로 보아야 할 것이다. 다만, 석탄산업법 시행령이 2014. 12. 9. 대통령령 제25831호로 개정되면서 산재보험법에 따라 진폐를 업무상 재해로 인정받은 보험급여 수급자는 재해위로금의 지급대상에서 제외되었으므로, 위 개정 시행령이 적용되는 경우에는 하나의 진폐에 대하여 산재보험법상 보험급여 청구권과 석탄산업법상 재해위로금 청구권이 양립할 수 없다(실무상 이러한 경우가 문제되는 경우는 드물다).

(3) 재해위로금은 ① 업무상 재해로 인한 장해판정을 받은 때 발생하는 장해보상일시금 상당의 재해위로금, ② 업무상 재해로 인하여 사망한 때 발생하는 유족보상일시금 상당의 재해위로금이 있다. 위 두 가지 재해위로금은 상호 중복되지 않아 양자 모두 청구할 수 있으므로, 근로자가 장해보상일시금 상당의 재해위로금을 지급받고 사망하였더라도 그 유족은 유족보상일시금 상당의 재해위로금을 지급받을 수 있고, 근로자가 장해보상일시금 상당의 재해위로금을 지급받지 못하고 사망하면 유족은 위 각 재해위로금 모두를 지급받을 수 있다.[3]

---

1) 대법원 2019. 7. 25. 선고 2017두69830 판결 등.
2) 대법원 2020. 9. 24. 선고 2020두31699 판결.
3) 대법원 2002. 3. 29. 선고 2001두9592 판결 취지 참조.

다. 재해위로금 청구 소송의 특징

(1) 소송의 형태: 당사자소송

재해위로금은 석탄산업법령에 따라 그 존부 또는 범위가 구체적으로 확정된 청구권으로서 당사자소송으로 청구하여야 한다[행정소송규칙 제19조 제2호 (나)목]. 물론 행정소송규칙이 2023. 8. 31. 제정되기 이전부터 석탄산업법상 재해위로금의 지급은 대법원 1999. 1. 26. 선고 98두12598 판결에 따라 당사자소송으로 청구하여 왔다.

(2) 지급의무자: 한국광해광업공단

석탄산업법 제39조의3 제1항은 폐광대책비의 지급 주체를 한국광해광업공단으로 규정하고 있다.[1] 당초에는 1986. 1. 8. 제정된 석탄산업법 제31조에 근거한 석탄합리화사업단이 석탄산업법에 따른 폐광대책사업을 수행하면서 재해위로금의 지급 업무를 담당하고 있었다. 그러다가 2005. 5. 31. 법률 제7551호로 「광산피해의 방지 및 복구에 관한 법률」이 제정되면서 위 법 제31조에 따라 광해방지사업단이 설립되었고, 위 법 부칙〈제7551호, 2005. 5. 31.〉 제3조에 의하여 광해방지사업단이 석탄합리화사업의 모든 권리·의무를 승계하였으며, 2008. 3. 28. 법률 제9010호로 위 법이 개정되면서 광해방지사업단이 한국광해관리공단으로 변경되었다. 이후 2021. 3. 9. 법률 제17919호로 한국광해광업공단법이 제정되어 위 법 부칙〈법률 제17919호, 2021. 3. 9.〉 제6조 제1항에 따라 한국광해광업공단이 한국광해관리공단의 권리·의무를 포괄적으로 승계하였다. 따라서 구 석탄산업법령이 적용되는 경우에도 한국광해광업공단이 종전 재해위로금의 지급의무를 포괄적으로 승계하였으므로, 과거의 석탄산업법령이 적용되는 재해위로금이라도 한국광해광업공단을 상대방으로 청구하여야 한다.

(3) 청구의 방식

재해근로자나 그 유족은 한국광해광업공단을 피고로 하여 재해위로금의 지급을 구하는 이행청구의 소를 제기한다. 따라서 청구취지도 '피고는 원고에게 ○○○원

---

1) 석탄산업법 제39조의3 제1항은 '공단'이라고만 되어 있으나, 석탄산업법 제27조 제1항 제5호에 따라 '공단'은 한국광해광업공단을 지칭한다.

및 이에 대한 지연손해금을 지급하라'는 형태가 되고, 인용되는 경우의 주문도 이와 같이 이행을 명하는 주문이 되며, 여기에는 가집행이 붙을 수 있다.

(4) 청구권 포기 또는 부제소합의의 효력

석탄산업법령이 정하는 폐광대책비의 일종으로서의 재해위로금 청구권은 개인적 공권으로서 당사자의 합의에 의하여 포기할 수 없다.[1] 당사자 사이에 재해위로금 청구권에 관한 부제소합의가 있었다고 하더라도 그러한 합의는 무효다.[2]

(5) 재해위로금 지급거부, 환수의 법적 성격

재해위로금은 이미 석탄산업법령에 따라 그 존부 또는 범위가 구체적으로 확정된 청구권이기 때문에 한국광해광업공단이 지급을 거부하였더라도 이는 항고소송의 대상이 되는 거부처분이 아니다. 또한 한국광해광업공단이 과오지급된 재해위로금의 반환을 통보하였더라도 마찬가지로 위 반환통보는 처분이 아니기 때문에, 위 반환통보를 취소의 대상으로 삼아 항고소송을 제기할 수 없다.

라. 재해위로금에 관한 석탄산업법령의 개정 경과

(1) 석탄산업법

석탄산업법은 폐광대책비의 종류만을 규정하고 있을 뿐 재해위로금의 구체적 내용은 석탄산업법 시행령이 규정하고 있다. 구체적으로 보면, 석탄산업법이 1988. 12. 26. 개정되면서 종전 폐광대책비에 관한 규정이었던 제32조가 삭제되고, 폐광대책비의 종류와 범위를 새롭게 규정한 제39조의3이 신설되었는데, 제39조의3 제1항 제4호에서 폐광대책비의 한 종류로 '기타 대통령령이 정하는 폐광대책비'를 규정하게 되었고, 그에 따라 석탄산업법 시행령 제41조에서 비로소 재해위로금에 관한 규정을 두게 되었다.

---

1) 서울고등법원 1997. 1. 28. 선고 96구13486 판결(확정).
2) 대법원 1999. 1. 26. 선고 98두12598 판결.

(2) 석탄산업법 시행령

(가) 이처럼 재해위로금의 내용에 관한 직접적인 근거는 석탄산업법 시행령이
고, 그 개정 연혁은 다음과 같다(소관기관의 명칭, 직제 변경이나 조문의 위치 변경 등에
따른 개정은 제외한다). 이하부터는 편의상 '개정연혁'란 기재와 같이 제○시행령으로
구별한다.[1]

개정연혁	석탄산업법 시행령
제1시행령 1989. 5. 6. 개정 대통령령 제12697호 [1989. 5. 6. 시행]	제41조(폐광대책비) ③ 법 제39조의3 제1항 제4호에서 "기타 대통령령이 정하는 폐광 대책비"라 함은 다음의 구분에 따른 금액을 말한다. 4. 폐광일로부터 소급하여 1년 이내에 업무상 재해를 입은 자로서 폐광일 현재 장해등급이 확정된 자 또는 재해발생기간에 불구하고 폐광일 현재 장해등급이 확정되지 아니한 자에 대하여 지급하는 재 해위로금. 이 경우 재해위로금액은 퇴직근로자가 지급받은 산업재해 보상보호법 제9조의5 제1항의 규정에 의한 장해보상일시금 또는 동 법 제9조의6 제1항의 유족보상일시금과 동일한 금액으로 한다.
제2시행령 1990. 12. 31. 개정 대통령령 제13216호 [1990. 12. 31. 시행]	(상동) 5. 제42조의2 제1항의 규정에 의하여 확인을 받기 위한 신청일 또 는 법 제39조의3 제2항의 규정에 의하여 위원회의 심의를 거쳐 폐 광하는 경우에는 위원회에서 정한 날부터 소급하여 1년전부터 폐광 일까지의 기간중에 업무상 재해를 입은 자로서 폐광일 현재 장해등 급이 확정된 자 또는 재해발생기간에 불구하고 폐광일 현재 장해등 급이 확정되지 아니한 자에 대하여 지급하는 재해위로금. 이 경우 재 해위로금액은 퇴직근로자가 지급받은 산업재해보상보험법 제9조의5 제1항의 규정에 의한 장해보상일시금 또는 동법 제9조의6 제1항의 유족보상일시금과 동일한 금액으로 한다.

제3시행령
2000. 12. 29.
개정
대통령령
제17055호
[2000. 12. 29.
시행]
	제41조(폐광대책비)
	④ 법 제39조의3 제1항 제4호에서 "기타 대통령령이 정하는 폐광
	대책비"라 함은 다음의 구분에 따른 금액을 말한다.[1]
	5. 다음 각목의 1에 해당하는 자에 대하여 지급하는 재해위로금. 이
	  경우 재해위로금액은 퇴직근로자가 지급받은 산업재해보상보험법
	  제42조 제1항의 규정에 의한 장해보상일시금 또는 동법 제43조
	  제1항의 유족보상일시금과 동일한 금액으로 한다.

제 2 편
산업재해

---

[1] 1993. 12. 31. 대통령령 제14092호로 개정된 석탄산업법 시행령부터는 제3항에서 제4항으로 조문위치
가 변경되었다.

<table>
<tr><td></td><td>

가. 제42조의2 제1항의 규정에 의한 확인의 신청일(법 제39조의 3 제2항의 규정에 해당하는 경우에는 산업자원부장관이 정하는 날을 말한다)부터 소급하여 1년전부터 폐광일까지의 기간 중에 업무상 재해를 입은 자로서 폐광일 현재 장해등급이 확정된 자

나. 업무상 재해를 입고 폐광일 현재 산업재해보상보험법 제40조 제2항의 규정에 의한 요양급여를 받고 있거나 요양급여를 신청한 자로서 장해등급이 확정되지 아니한 자

</td></tr>
</table>

	부칙 <제17055호, 2000. 12. 29.> ② (폐광대책비의 적용례) 제41조 제2항 및 제4항의 개정규정은 이 영 시행 후 제42조의2 제1항의 규정에 의한 폐광확인을 받거나 제42조의3 제1항의 규정에 의하여 소재불명의 확인을 받은 석탄광업자 및 그 퇴직근로자에게 지급하는 폐광대책비부터 이를 적용한다.
제4시행령 2014. 12. 9. 개정 대통령령 제25831호 [2014. 12. 9. 시행]	(상동) 5. 다음 각 목의 어느 하나에 해당하는 자에 대하여 지급하는 재해위로금. 이 경우 재해위로금액은 퇴직근로자가 지급받은 「산업재해보상보험법」 제57조 제2항에 따른 장해보상일시금 또는 같은 법 제62조 제2항에 따른 유족보상일시금과 동일한 금액으로 한다. 　가. 제42조의2 제1항에 따른 확인의 신청일(법 제39조의3 제2항에 따라 폐광대책비를 지급하는 경우에는 산업통상자원부장관이 정하는 날을 말한다)부터 소급하여 1년전부터 폐광일까지의 기간중에 업무상 재해(「산업재해보상보험법」 제91조의2에 따라 진폐로 인한 업무상 재해로 인정된 경우는 제외한다. 이하 나목에서 같다)를 입은 자로서 폐광일 현재 장해등급이 확정된 자 　나. 업무상 재해를 입고 폐광일 현재 「산업재해보상보험법」 제40조에 따른 요양급여를 받고 있거나 요양급여를 신청한 자로서 장해등급이 확정되지 아니한 자
	부칙 <제25831호, 2014. 12. 9.> 제2조(재해위로금 지급에 관한 경과조치) 이 영 시행 전에 종전의 규정에 따라 재해위로금의 지급 대상에 해당한 경우의 재해위로금 지급에 관하여는 제41조 제4항 제5호의 개정규정에도 불구하고 종전의 규정에 따른다.

(나) 법령의 구체적인 내용

　　제1시행령, 제2시행령의 경우, 위 조항의 전문에서 ' … 자에 대하여 지급하는 재해위로금'이라고 규정하고, 후문에서 '이 경우 재해위로금액은 … 과 동일한 금액으로 한다'고 규정하고 있으므로, 전문은 '지급대상(지급요건)'에 관한 규정이고, 후문

은 전문의 지급요건이 충족된 자에게 지급하는 재해위로금의 '금액 산정기준'을 규정한 것이다.[1] 제3시행령, 제4시행령은 전문만 (가)목, (나)목으로 세분화되었을 뿐 후문은 개정되지 않았다. 결국 제3시행령, 제4시행령은 재해위로금의 지급대상(지급요건)만이 개정되었다고 할 수 있다. 그 구체적인 개정 내용은 다음과 같다.

1) 제1시행령: 재해위로금을 신설한 최초의 근거규정이다. 제41조 제3항 제4호에서 규정하고 있었고, 업무상 재해를 입은 기간의 시기를 '폐광일'로만 규정하고 있었다.

2) 제2시행령: 같은 항 제5호로 조문 위치가 바뀌었다. 업무상 재해를 입은 기간의 시기를 제42조의2 제1항의 규정에 의하여 확인을 받기 위한 신청일(법 제39조의3 제3항에 의하는 경우에는 따로 정해진 날, 이하 통틀어 '폐광예비신청일'이라 한다)로 구체화하였다.

3) 제3시행령: 제41조 제4항 제5호로 조문 위치가 바뀌었다. 재해위로금 지급 사유를 세분하여 폐광일 당시 장해가 확정된 경우는 (가)목으로, 폐광일 당시 장해 등급이 확정되지 않은 경우는 (나)목으로 나누어 규정한 다음, (나)목의 경우에는 폐광일 당시 산재보험법에 따라 요양급여를 받거나 요양급여를 신청한 재해근로자를 그 지급대상으로 하여 종전보다 그 지급대상의 범위를 축소하였다.

4) 제4시행령: 폐광일 당시 장해가 확정된 (가)목의 경우 그 재해근로자가 산재보험법상 진폐를 업무상 재해로 하는 보험급여 대상자인 경우에는 지급대상에서 제외하여 지급대상을 종전보다 더 축소하였다.

재해근로자가 근무한 광산이 폐광한 날을 기준으로 적용되는 시행령이 달라진다. 예컨대, 2001. 1. 1. 폐광한 광산에서 근무한 재해근로자의 경우에는 제3시행령이 적용된다.

마. 재해위로금의 청구권 주체

(1) 장해보상일시금 상당의 재해위로금은 재해근로자가 청구권 주체임은 의문의 여지가 없다.

---

[1] 대법원 2020. 9. 24. 선고 2020두31699 판결.

(2) 유족보상일시금 상당의 재해위로금도 재해근로자 본인의 권리로서 사망과 동시에 발생하여 상속인에게 승계된다고 본다. 이는 산재보험법상 유족급여가 유족 자기의 권리인 것과 대비된다. 유족보상일시금 상당의 재해위로금에 관해서는 재산 권의 상속에 관한 일반법인 민법을 적용할 수 있다. 따라서 재해근로자가 사망하면 공동상속인들이 각자의 상속분에 해당하는 권리를 행사하거나 필요한 경우에는 일정한 요건 아래 공동상속인들 사이에 상속재산 분할협의를 통하여 특정 상속인에게 재해위로금 수급권을 전부 귀속시킬 수도 있다.[1]

바. 재해위로금의 지급요건

(1) 폐광한 광산에서 3개월 이상 근무하다 퇴직하였을 것

(가) 재해근로자는 폐광된 광산에서 3개월 이상 근무하였어야 한다.[2] 여기에서 말하는 근무기간은 폐광된 당해 석탄광산 사업장에서의 근무기간만을 의미하나,[3] 폐광되는 당해 석탄광산에서 근무하였다면, 그 근무기간에는 당해 석탄광산의 광업 자뿐만 아니라 그 하청업체에 소속되어 당해 광산에서 근무한 기간도 포함된다.[4]

(나) 재해근로자는 폐광예비신청일 현재 해당 광산에서 3개월 이상 재직하고 있어야 한다. 따라서 그 이전에 3개월 이상 재직하였더라도 확인 신청일 이전에 폐광과 무관하게 이미 퇴직한 사람은 재해위로금 지급대상에 해당되지 않는다.[5]

---

1) 대법원 2016. 5. 4. 자 2014스122 결정, 대법원 2020. 9. 24. 선고 2020두31699 판결.
2) **석탄산업법 제39조의3(폐광대책비의 지급)** ① 제39조의2에 따른 기준에 해당하는 광산의 석탄광업자 가 해당 광업권 또는 조광권(이하 "광업권등"이라 한다)의 소멸등록을 마쳤을 때에는 공단은 해당 광 산의 석탄광업자 및 대통령령으로 정하는 요건을 갖춘 퇴직근로자 등에게 다음 각 호의 금액(이하 "폐광대책비"라 한다)을 지급하여야 한다.
   석탄산업법 시행령 제42조(폐광대책비의 지급 대상) ① 법 제39조의3제1항 각 호 외의 부분에서 "대 통령령으로 정하는 요건을 갖춘 퇴직근로자"란 제42조의2제1항에 따른 확인을 신청한 날[법 제39조의 3제3항에 따라 같은 조 제1항에 따른 폐광대책비(이하 "폐광대책비"라 한다)를 지급하는 경우에는 산 업통상자원부장관이 정하는 날을 말한다] 현재 해당 광산에서 3개월 이상 재직한 사람(법인인 석탄광 업자의 등기이사, 감사 및 「상법」 제401조의2 제1항에 해당하는 사람은 제외한다)을 말한다.
3) 대법원 2003. 3. 14. 선고 2002두13024 판결.
4) 대법원 2012. 1. 27. 선고 2011두20123 판결.
5) 대법원 2018. 6. 15. 선고 2018두31757 판결.

(2) 폐광한 광산에서 한 근무로 업무상 재해가 발생하였을 것

폐광한 광산에서 최초로 업무상 재해가 발생한 경우이거나, 폐광한 광산에서 근무하기 전에 발생한 업무상 재해라도 폐광한 광산에서 한 근무로 인하여 그 업무상 재해가 자연경과적 이상으로 악화된 경우여야 한다. 즉 폐광한 광산의 업무와 재해 사이에 상당인과관계가 있어야 하고, 그 판단기준은 산재보험법령에서의 업무상 질병과 동일하며, 이에 대한 증명책임은 재해근로자에게 있다.[1]

(3) 업무상 재해로 장해가 판정되었을 것

폐광일 현재 장해가 확정된 경우와 확정되지 않은 경우를 구별하여야 한다.

(가) 폐광일 현재 장해가 확정된 경우에는 그 확정된 장해의 원인인 업무상 재해가 폐광예비신청일[2] 이전 1년 전부터 폐광일까지 사이에 발생하였어야 한다. '폐광예비신청일 등을 기준으로 1년 이전에 재해를 입어 장해등급이 확정된 사람'은 이미 석탄광업자로부터 재해에 관하여 손해배상을 받았거나 받을 수 있었을 것임을 고려하여 재해위로금 지급대상자에서 제외시킨 것이다.[3] 폐광일 현재 장해가 확정된 경우란, 폐광일 현재 장해등급이 결정된 상태로서 그 장해등급이 변동되지 않는 최종 장해등급으로 볼 수 있는 경우를 말한다. 진폐를 업무상 재해로 하는 경우 폐광일 당시의 장해등급이 퇴직 이후에도 계속 변경되지 않은 채 유지되었다면, 이를 최종 장해등급으로 볼 수 있고 이 경우에는 폐광일 현재 장해가 이미 확정된 경우로 볼 수 있다.

(나) 폐광일 현재 장해가 확정되지 않은 경우에는 업무상 재해가 발생한 기간에 제한이 없다. '폐광일로부터 소급하여 1년 이내에 업무상 재해를 입어 장해등급이 확정된 사람 또는 재해발생기간에 불구하고 폐광일 현재 장해등급이 확정되지 않은 사람'은 석탄광업자로부터 업무상 재해에 관하여 적정한 손해배상을 받지 못할 가능성이 높기 때문에 재해위로금 지급대상자에 포함시킨 것이다.[4] 그러나 위 업무상 재해는 어디까지나 폐광한 광산에서 근무할 당시 발생한 업무상 재해여야

제 2 편
산업재해

---

1) 서울고등법원 2023. 6. 21. 선고 2022누55615 판결(확정).
2) 제1시행령이 적용되는 경우에는 폐광일이 기준이다.
3) 대법원 2019. 7. 25. 선고 2017두69830 판결 등.
4) 대법원 2019. 7. 25. 선고 2017두69830 판결 등.

하므로, 폐광한 이후 업무상 재해를 입은 근로자에게는 재해위로금이 지급될 수 없다.[1]

일단 최초의 요양을 종결한 다음 그에 따른 신체장해등급 판정을 받고 그에 상응하는 재해위로금을 받았다가 폐광일 이후 해당 상병이 재발하거나 또는 해당 상병에 기인한 합병증이 발생하여 재요양을 받게 된 경우도 폐광일 현재 장해가 확정되지 않는 경우에 포함된다.[2] 그리고 폐광일 이전에 장해등급 판정을 받지 못하였더라도 폐광일 후에 장해상태가 악화되어 장해등급 판정을 받게 되거나 또는 폐광일 후에 진폐병형이나 심폐기능에는 변화가 없으나 산재보험법령상 진폐장해등급 판정기준의 개정에 따라 장해등급 판정을 받게 된 경우에도 '재해발생기간에 불구하고 폐광일 현재 장해등급이 확정되지 아니한 자'에 해당한다.[3] 또한 폐광된 광산에서 진폐로 인한 업무상 재해를 입은 근로자가 사망한 후에 장해등급이 변경된 경우 장해등급 변경에 따른 재해위로금은 그 유족에게 지급하여야 한다.[4]

(4) 유족보상일시금 상당의 재해위로금의 경우에는 재해근로자가 사망하였을 것

유족보상일시금 상당의 재해위로금은 장해보상일시금 상당의 재해위로금과는 별도의 청구권으로서 재해근로자가 업무상 재해로 사망하는 것을 추가 지급요건으로 한다. 이때의 재해근로자는 폐광한 광산에서 발생한 업무상 재해와 상당인과관계가 있는 사유로 사망한 경우라야 한다.[5]

(5) 개정 산재보험법에 따른 진폐보상연금 또는 진폐유족연금의 지급대상인 경우

산재보험법상 장해보상일시금 또는 유족보상일시금을 실제로 지급받았는지 여부가 재해위로금의 지급요건은 아니다.[6] 석탄산업법 시행령 제41조 제3항 제5호 후문의 '이 경우 재해위로금액은 … 과 동일한 금액으로 한다'는 규정은 재해위로금의

---

1) 서울행정법원 2023. 9. 21. 선고 2023구합52147 판결(확정).
2) 대법원 1999. 1. 26. 선고 98두12598 판결, 대법원 2020. 10. 15. 선고 2019두60523 판결 등.
3) 대법원 2019. 7. 25. 선고 2017두69830 판결 등.
4) 대법원 2020. 10. 29. 선고 2019두31426 판결.
5) 대법원 2002. 3. 29. 선고 2001두9592 판결.
6) 다만 제4시행령이 적용되는 경우에는 산재보험법 제91조의2에 따라 진폐로 인한 업무상 재해가 인정되면 재해위로금의 지급대상에서 제외될 수 있을 뿐이다.

'금액 산정기준'을 규정한 것이지 '지급요건'에 관한 규정이 아니기 때문이다. 따라서 2010. 5. 20. 법률 제10305호로 산재보험법이 개정되어 진폐에 관해서는 휴업급여, 장해급여, 유족급여, 상병보상연금을 지급하지 않고, 진폐보상연금 및 진폐유족연금을 지급하도록 함에 따라, 진폐근로자가 장해보상일시금 또는 유족보상일시금을 받지 못하는 경우일지라도 석탄산업법상 재해위로금의 지급대상에서 배제되지 않는다. 이 경우 재해위로금의 액수는 개정 산재보험법에 따른 장해보상일시금 산정기준(제57조 제2항 [별표 2])과 유족보상일시금 산정기준(제62조 제2항 [별표 3])을 유추적용하여 산정한다.[1]

사. 지급액수

(1) 원칙

(가) 지급일수

산재보험법상 장해보상일시금, 유족보상일시금 상당액이다. 장해보상일시금이나 유족보상일시금을 실제로 지급받은 경우 그와 산술적으로 동일한 금액을 지급하여야 하는 것이 아니라, 산재보험법령에 따라 정당하게 산정한 장해보상일시금 또는 유족보상일시금과 동일한 금액을 재해위로금으로 지급하여야 한다.

장해보상일시금은 산재보험법 제57조 제2항, [별표 2]에서 규정한 장해등급별 지급일수와 평균임금을 곱한 금액이고, 유족보상일시금은 산재보험법 제62조 제2항, [별표 3]에 따라 1,300일분의 평균임금이므로, 재해위로금도 이와 같은 금액이 된다.

2010. 5. 20. 법률 제10305호로 산재보험법이 개정됨에 따라 장해보상일시금, 유족보상일시금이 아닌 진폐보상연금, 진폐유족연금을 지급받은 진폐근로자의 경우에도 위 규정을 유추적용함은 앞서 살핀바와 같다. 따라서 장해보상일시금 상당의 재해위로금은 근로자의 진폐장해등급에 해당하는 위 [별표 2]상 장해등급별 지급일수의 평균임금액으로 산정하고, 유족보상일시금 상당의 재해위로금은 1,300일분의 평균임금액으로 산정한다.

---

1) 대법원 2020. 10. 15. 선고 2020두34308 판결.

(나) 평균임금

1) 석탄산업법령에 따른 재해위로금 지급청구권은 위 법령이 정하는 지급요건이 충족되면 당연히 발생함과 아울러 그 금액도 확정되는 것으로서, 변경된 장해등급에 따른 장해보상일시금 상당의 재해위로금 청구권은 그 변경된 장해등급이 판정된 날에 발생하여 그 금액이 확정되므로,[1] 원칙적으로는 변경된 장해등급이 판정된 날의 평균임금이 적용되어야 한다. 장해등급이 판정된 날이란, 장해등급 결정일을 의미하고, 해당 장해등급의 기초가 된 검사일이 아니다.

2) 근로자가 사망한 이후 장해등급이 변경되었더라도 그 변경된 장해등급에 따른 재해위로금은 생전에 '장해등급 변경기준에 해당하게 된 때' 재해위로금에 관한 권리가 근로자 본인에게 발생하였다가 상속재산이 되어 상속인들에게 승계되는 것이다.[2] 그러므로 이러한 재해위로금에 관한 권리도 어디까지나 사망한 근로자의 권리인 이상 그 재해위로금에 적용되는 평균임금은 근로자 생전의 평균임금이어야 하고, 따라서 근로자 사망 이후 장해등급이 상향된 경우에 있어서 재해위로금에 적용되는 평균임금은 근로자의 마지막 생존시점인 사망일 당시의 평균임금으로 보아야 한다.[3]

(2) 장해등급이 상향된 경우

(가) 기존 장해등급에 따른 재해위로금을 받은 경우

상향된 장해등급에 따른 재해위로금에서 기존 장해등급에 따른 재해위로금을 공제한 차액을 지급하여야 한다.[4] 공제하는 방식에 관한 대법원 판결이나 명문의 규정은 없으나 여기서 '차액'은, 새로운 장해등급에 따른 재해위로금에서 종전 장해등급에 해당하는 재해위로금의 '지급일수'를 공제하는 것이라고 보는 것이 주된 실무례이다.[5]

---

1) 대법원 1999. 1. 26. 선고 98두12598 판결.
2) 대법원 2020. 10. 29. 선고 2019두31426 판결.
3) 서울행정법원 2023. 7. 12. 선고 2022구단53023 판결(확정).
4) 대법원 1999. 1. 26. 선고 98두12598 판결, 대법원 2020. 10. 15. 선고 2019두60523 판결 등.
5) 종전 장해등급에 따라 재해위로금을 지급받은 경우라도 그 지급일수가 아니라 기존에 지급받은 재해위로금의 액수를 공제하여야 한다는 주장을 배척한 서울고등법원 2022. 6. 24. 선고 2021누42285 판결에 대하여 현재 대법원 2022두50694호로 상고심 계속 중에 있다.

(나) 기존 장해등급에 따른 재해위로금을 받지 않은 경우

산재보험법 시행령 제58조 제3항 제2호의 취지[1]에 따라, 폐광된 광산에서 진폐로 인한 업무상 재해를 입은 사람이 기존 장해등급에 따른 재해위로금을 청구하지 아니하여 지급받지 못하고 있다가 장해상태가 악화되어 장해등급이 변경된 후 비로소 변경된 장해등급에 따라 재해위로금을 청구한 경우에는 '종전 장해등급에 해당하는 장해보상일시금의 지급일수를 공제하지 않고 변경된 장해등급에 따라 산정된 장해보상일시금'으로 재해위로금을 지급하여야 한다.[2] 따라서 기존 장해등급에 따른 재해위로금을 지급받은 적이 없이 장해등급이 상향된 경우의 재해위로금은 상향된 장해등급의 지급일수에 그 상향된 장해등급 결정 당시의 평균임금(근로자의 사망 이후 장해등급이 상향되었다면, 사망 당시의 평균임금)을 곱한 금액이 된다.

(다) 장해등급이 2회 이상 상향된 경우

1) 재해위로금을 지급받은 적이 없다면, 최종 장해등급의 지급일수 전체를 기준으로 산정하면 된다.

2) 장해등급이 상향된 후 재해위로금을 지급받으면서 재해위로금이 지급되지 않았던 그 이전 장해등급의 지급일수가 공제되거나, 그 이전 장해등급 결정 당시의 평균임금 등이 적용되는 등으로 상향된 장해등급에 따른 재해위로금을 전액 지급받지 못한 상태에서 다시 장해등급이 상향되는 경우가 있을 수 있다.

예컨대, 장해등급이 제7급 → 제3급 → 제1급으로 상향된 근로자의 경우, 제7

---

[1] 산재보험법 시행령 제58조 제3항 제2호의 취지는 업무상의 재해로 요양급여 및 장해보상일시금을 받은 사람이 재요양 후 장해상태가 악화되어 변경된 장해등급에 해당하는 장해보상일시금을 전액 받게 된다면 이미 보상받은 장해급여 부분에 대해서까지 중복하여 장해급여를 받는 결과가 되므로, 이러한 불합리한 결과가 발생하는 것을 막기 위함이다. 따라서 업무상 재해로 인하여 신체장해를 입은 사람이 그 당시에 판정된 장해등급에 따른 장해급여를 청구하지 아니하여 기존의 장해에 대해서 전혀 보상을 받지 못하고 있다가 기존의 장해상태가 악화되어 장해등급이 변경된 후 비로소 변경된 장해등급에 따라 장해보상일시금을 청구한 경우에는, 그와 같은 중복지급의 불합리한 결과는 발생하지 아니하므로, 공단으로서는 변경된 장해등급에 해당하는 장해보상일시금의 지급일수에 따라 장해보상일시금을 지급하여야 할 것이고, 구 산재보험법 시행령 제58조 제3항 제2호를 근거로 삼아 근로자에게 지급한 적이 없는 기존의 장해등급에 따른 장해보상일시금의 지급일수에 해당하는 기간만큼의 장해보상일시금을 부지급하여서는 아니 된다. 그리고 이러한 이치는 기존의 장해등급에 대한 장해급여청구를 하지 않고 있던 중 그 청구권이 시효 소멸된 경우에도 마찬가지로 적용된다고 보아야 한다(대법원 2015. 4. 16. 선고 2012두26142 전원합의체 판결).

[2] 대법원 2020. 10. 29. 선고 2019두31426 판결.

급에 대한 재해위로금을 지급받지 못한 채 제3급으로 장해등급이 상향되었을 때 지급받을 수 있는 재해위로금은, 제3급의 지급일수 전체에 장해등급 제3급 결정 당시의 평균임금을 곱한 금액이 되어야 하는데, 실제 지급받은 재해위로금은 제3급의 지급일수에서 제7급의 지급일수를 공제하여 산정된 금액이거나 또는 이렇게 산정한 금액에 단지 제7급 지급일수에 제7급 결정 당시의 평균임금을 곱한 금액만을 더한 경우에 불과할 때가 있다. 그 상태에서 근로자가 제1급으로 다시 장해등급이 상향되었을 때의 재해위로금은 다음과 같이 산정한다.

① 우선 장해등급 제3급에 따른 재해위로금은 지급받았으므로, 제1급 지급일수에서 제3급 지급일수를 공제한 일수에 제1급 결정 당시의 평균임금(사망한 이후 장해등급이 상향되었다면 사망 당시 평균임금)을 곱한다.

② 그런데 장해등급 제3급에 따른 재해위로금은 원래대로라면 제3급의 전체 지급일수에 제3급 결정 당시의 평균임금을 곱한 금액을 지급받았어야 하므로, 그에 미치지 못하게 지급받은 부분은 아직 전액 지급받은 것이 아니다. 이 부분을 처리하는 방법은, 현재 지급을 구하는 제1급에 따른 재해위로금 청구에 위 미지급된 제3급 재해위로금의 지급도 구하는 취지가 포함되어 있다고 보아 이를 추가로 인용하는 사례, 또는 위 미지급액을 위 ①에서 산정한 금액에 더하는 방법으로 위 미지급 부분이 제3급 재해위로금 공제 부분에서 제외된다고 보는 방법이 있다. 어느 경우에나 최종 계산되는 재해위로금의 액수는 동일하다.

아. 소멸시효

(1) 시효기간

석탄산업상 폐광대책비의 소멸시효는 5년이다(석탄산업법 제39조의3 제5항). 다만 위 소멸시효 규정은 석탄산업법이 2016. 1. 27. 법률 제13849호로 개정되면서 신설된 조항이고, 석탄산업법 부칙〈제13849호, 2016. 1. 27.〉 제2조는 위 개정된 석탄산업법이 시행된 2016. 7. 28. 이후 발생하는 폐광대책비부터 적용한다고 규정한다.

위 개정 전에는 석탄산업법이 폐광대책비에 관한 특별한 소멸시효 규정을 두고 있지 않았으므로, 신설된 소멸시효 규정이 적용되지 않는 개정 전 발생한 폐광대책

비는 일반채권으로서 민법 제162조 제1항에 따라 그 소멸시효기간은 10년이다.[1]

(2) 기산점

소멸시효는 그 권리를 행사할 수 있는 때로부터 진행한다(민법 제166조 제1항). ① 폐광일 현재 장해등급이 확정된 경우에는 근로자가 폐광한 광산에서 퇴직한 때가 소멸시효의 기산점이 된다. ② 폐광일 현재 장해등급이 확정되지 아니한 근로자의 장해보상일시금 상당의 재해위로금은 장해등급이 확정되는 때 행사할 수 있게 되므로 그 권리의 소멸시효의 기산점도 장해등급이 변경·확정되어 그에 따른 장해보상일시금을 수령할 수 있게 되는 때이다. 따라서 변경된 장해등급에 따른 재해위로금은 그 장해등급이 변경되어 결정된 때부터 시효가 진행한다. ③ 유족보상일시금 상당액은 근로자가 사망한 때부터 소멸시효가 진행한다.[2]

(3) 시효중단

민법상 소멸시효 중단사유가 그대로 적용된다. 특히 장해등급이 상향된 경우 재해위로금 전액이 아닌 일부만 지급한 경우에도 이는 채무승인의 시효중단사유에 해당할 수 있다. 그러나 장해등급이 확정되었음을 요건으로 하는 장해보상일시금 상당의 재해위로금을 지급하였다고 하여 그와 별개의 권리인 재해근로자의 사망을 요건으로 하는 유족보상일시금 상당의 재해위로금에 대한 채무승인으로 볼 수 없다.

(4) 업무처리기준을 들어 소멸시효완성을 원용하는 것이 권리남용인지 여부

실무상 한국광해광업공단이 지급을 거절하여 왔던 업무처리기준을 들어 소멸시효를 원용하는 것이 권리남용인지 쟁점이 되는 경우가 많다. 그러나 다수의 실무례는 재해위로금 지급청구권은 관계 법령이 정하는 지급요건을 충족하면 당연히 발생함과 동시에 그 금액까지 자동 확정되는 것이지, 한국광해광업공단의 지급 결정 여부에 따라 그 청구권의 발생이나 금액이 좌우되는 것은 아니어서,[3] 관련 대법원 판결 선고 이전까지는 잘못된 법령 해석으로 재해위로금의 지급이 거절되어 왔고, 그

---

1) 대법원 2020. 9. 24. 선고 2020두31699 판결.
2) 대법원 2020. 9. 24. 선고 2020두31699 판결.
3) 대법원 1999. 1. 26. 선고 98두12598 판결 등.

제 2 편
산업재해

결과 소멸시효 완성 전에 재해위로금 지급을 청구하였더라도 지급받을 수 없었을 것이라는 사정은, 채권자가 권리를 행사할 수 없는 사실상의 장애사유라거나 일반인의 입장에서 채권자의 권리행사를 기대하기 어려운 특별한 사정이라고 평가하기 어렵다는 이유로, 권리남용을 부정하는 것이 대부분이다.[1]

---

1) 서울고등법원 2023. 3. 7. 선고 2022누60846 판결(확정), 서울행정법원 2024. 8. 21. 선고 2023구단71820 판결(항소심 계속 중) 등.

판례색인

사항색인

『행정소송의 이론과 실무 Ⅲ』 발간위원회 위원

(2025. 2. 20. 현재)

구분		소속 및 직위	성명
위원장		서울행정법원 수석부장판사	이주영
노동 분야	주무위원	서울행정법원 부장판사	박정대
	위원	서울행정법원 판사	김민아
	위원	서울행정법원 판사	김준영
	위원	서울행정법원 판사	김찬영
	위원	광주지방법원 · 광주가정법원 해남지원 판사 (전 서울행정법원 판사)	변이섭
	위원 겸 간사	서울행정법원 판사	신철민
	위원	서울행정법원 판사	심용아
산업재해 분야	주무위원	서울행정법원 부장판사	이정희
	위원	서울행정법원 판사	김주완
	위원 겸 간사	서울행정법원 판사	김형준
	위원	부산지방법원 판사 (전 서울행정법원 판사)	신은진
	위원	서울행정법원 판사	신일성
	위원	서울행정법원 판사	윤성진
	위원	서울행정법원 판사	이강은
	위원	서울행정법원 판사	허준기

행정소송의 이론과 실무 Ⅲ - 노동 및 산업재해

초판발행   2025년 4월 15일

엮은이   서울행정법원 실무연구회
펴낸이   안종만·안상준

편 집   김선민
기획/마케팅   조성호
표지디자인   이은지
제 작   고철민·김원표

펴낸곳   (주) **박영사**
                서울특별시 금천구 가산디지털2로 53, 210호(가산동, 한라시그마밸리)
                등록 1959. 3. 11. 제300-1959-1호(倫)

전 화   02)733-6771
f a x   02)736-4818
e-mail   pys@pybook.co.kr
homepage   www.pybook.co.kr
ISBN   979-11-303-4887-2   93360

정 가   59,000원